Brunswig · Feuersturm über Hamburg

Hans Brunswig

Feuersturm über Hamburg

Die Luftangriffe auf Hamburg im 2. Weltkrieg und ihre Folgen

Motor buch Verlag
spezial

Einbandgestaltung: Dos Luis Santos unter Verwendung von Abbildungen aus dem Inhalt.

Bildquellen: Erich Andres 3, Archiv Brunswig 151, Bundesarchiv Koblenz 1, Landesbildstelle Hamburg 3, Werner Schlünz (Zeichnungen) 6, Hugo Schmidt-Luchs 7.

ISBN 3-613-02367-9

Spezialausgabe: 1. Auflage 2003

Ein Unternehmen der Paul Pietsch Verlage GmbH + Co.

Druck: Henkel-Druck, 70435 Stuttgart
Bindung: Karl Dieringer GmbH, 70839 Gerlingen
Printed in Germany

Inhalt

Vorwort

»... und Sie, Brunswig, schreiben einmal die Geschichte dieser Katastrophe ...« – mit diesen Worten schloß der »Kommandeur der Feuerschutzpolizei und Führer des Feuerlösch- und Entgiftungsdienstes der Luftschutzpolizei Hamburg«, Dr.-Ing. Otto Zaps, die Kommandeurbesprechung am Nachmittag des 04. August 1943. In vielen Hamburger Stadtteilen qualmten um diese Zeit noch die Brandstellen des letzten Luftangriffs jener Reihe von Luftangriffen, die in England unter dem Stichwort »Gomorrha« zusammengefaßt waren und in Hamburg die »Juli-Katastrophe von 1943« auslösten.

Seit diesem Geschehen sind nun 35 Jahre vergangen. Der gleich nach Kriegsende gefaßten Absicht, das Luftkriegsgeschehen in Hamburg zu schildern, standen viele Hindernisse entgegen: Schwierigkeiten bei der Beschaffung genauer Unterlagen, Zeitmangel, Geldmangel und nicht zuletzt das Problem, überhaupt einen Verleger für die Veröffentlichung zu finden. Dem einen war das Manuskript nicht »wissenschaftlich« genug, dem andern mißfiel die fehlende politische Wertung des Geschehens und ein dritter sagte ganz offen, daß eine solche Arbeit nur zu verkaufen sei, wenn sie »mehr Sex und Sentiment« enthielte.

Zu danken habe ich deshalb dem Motorbuch Verlag, daß er das Wagnis eines Druckes auf sich genommen hat. Zu danken habe ich ebenso all denen, die mir bei meiner Arbeit geholfen haben: Dem Staatsarchiv der Freien und Hansestadt Hamburg (Direktor Dr. Jürgen Bolland †), Polizei-Hauptkommissar Andreas Werner † und meinen Mitarbeitern im Feuerwehramt, hier insbesondere Werner Schlünz †.

Dem einen oder anderen Leser mag nicht gefallen, daß ich an einigen Stellen – meist mit Zitaten deutscher Zeugen – auch versucht habe, die Leiden z.B. der britischen Zivilbevölkerung anzudeuten. Ich wollte aber jetzt – 35 Jahre nach Kriegsende – den bereits vorhandenen »Weißbüchern« nicht ein weiteres hinzufügen. Dem Bürger einer Nation und einer Stadt ziemt es nicht, in dem Bürger einer anderen Nation und anderen Stadt einen »Gegner« zu sehen! Politiker und Militärs sollten auch endlich aufhören, eine schutzlose Bevölkerung als billiges Faustpfand im Kräftespiel zwischen Angriff und Verteidigung zu betrachten.

Die vorliegende Arbeit möge deshalb als ein weiterer Beitrag zur Dokumentation der Sinnlosigkeit gewaltsamer Auseinandersetzungen gewertet werden!

Hamburg, am 18. Mai 1978

Hans Brunswig

Vorwort zur 11. Auflage (1. Spezialausgabe)

„Soll man noch einmal darüber sprechen?" war der ersten Auflage dieses Buches fragend vorangestellt. Insgesamt 11 Auflagen haben das große Interesse vieler Menschen an den Geschehnissen im 2. Weltkrieg in Hamburg belegt und eine vielfältige Resonanz aus Leserkreisen hat dem Verfasser die Frage zustimmend beantwortet.

Jetzt, 60 Jahre nach der Juli-Katastrophe von 1943 in Hamburg wird mit einer Spezialausgabe mein Beitrag zur Dokumentation eines dunklen Kapitels der Hamburger Stadtgeschichte neu aufgelegt. Nur noch ganz wenige der damals aktiv in das Geschehen Eingebundenen sind noch am Leben und können Zeugnis geben, so dass mit dieser Ausgabe dem offensichtlich unverminderten Interesse an den Ereignissen Rechnung getragen werden kann:

- Für die älteren Bürger zur Erinnerung an eine Zeit tiefsten menschlichen Leids, aber auch des Opfermutes und der Bewährung,
- für die jüngeren Bürger als ein mahnendes Beispiel für das Unheil der Gewalt und der Sinnlosigkeit eines Luftkrieges, in dem in früheren Sprachregelungen verharmlosend die Metapher *„die Bevölkerung hatte Verluste"* zur Anwendung kam und heute von *„Kollateralschäden"* gesprochen wird.

Hamburg/Kirchlengern, im Juni 2003

Hans Brunswig

1. *Soll man noch einmal darüber sprechen?*

»... Über Geschichte kann niemand urteilen, als wer an sich selbst Geschichte erlebt hat ...«

(Goethe, Maximen und Reflexionen)

Über eine Million Hamburger Bürger ist im Zweiten Weltkriege unmittelbar von Luftangriffen betroffen worden, mußte flüchten, verlor Heim und Habe, und erlitt Verletzungen, wurde zum Krüppel oder büßte gar das Leben ein. Unter der Wucht der Bombenteppiche, Flächenbrände und Feuerstürme wandelte sich das in Jahrhunderten geprägte Bild dieser Stadt. Quadratkilometerweite Ruinenfelder lagen bei Kriegsende in den Stadtteilen Hammerbrook und Rothenburgsort, in Eimsbüttel, Barmbek und Altona.

Wer heute aber im pulsenden Verkehr durch Hamburg wandert, ist angetan von Form und Größe neuer Bauten, von weiten Straßenzügen, schönen Grünanlagen und emsiger Geschäftigkeit in Stadt und Hafen. Die Spuren des Luftkriegs sind fast verwischt!

Hamburg hat in seiner neueren Geschichte drei *weltweit* beachtete Katastrophen erlebt:

den *»Großen Brand«* vom 5. bis 8. Mai 1842,

die *»Julikatastrophe von 1943«* als grausamstes Geschehen des europäischen Luftkriegs von 1939 bis 1945,

die *»Große Flut«* am 17. Februar 1962.

Über den »Großen Brand« und die »Große Flut« gibt es eine Fülle von genau belegten Darstellungen (20), (37), (108)*.

*) Die Zahlen in Klammern verweisen auf das Schrifttum-Verzeichnis unter Abschnitt 14.2. Buchstaben u n d Zahlen in Klammer geben die Archiv-Nummer des Bundesarchivs – Militärarchiv – an, hochgestellte Zahlen beziehen sich auf den Abschnitt 12 »Anmerkungen«.

Die »Juli-Katastrophe von 1943« hat zwar gar manchen in- und ausländischen Schriftsteller zu teils romanhaften (66), teils reportageähnlichen (21), (67) oder auch frei erfundenen Darstellungen (83) veranlaßt. Was aber in den Kriegsjahren zuvor und vor allem danach wirklich geschah, wird kaum erwähnt. Selbst die »Heimatchronik der Freien und Hansestadt Hamburg« (77) widmet kaum eine Seite den Luftkriegsereignissen und auch hierbei noch beschränkt auf die Juli-Katastrophe 1943.

Ein Gesamtbericht über das Geschehen des Luftkriegs in Hamburg von 1939 bis 1945 – eine »Chronik« – fehlte aber bislang, wahrscheinlich wohl, weil in den Wirren des Kriegsendes und der ersten Nachkriegszeit teils »befehlsgemäß«, teils in sinnlosem Wirken fast alle jene »amtlichen« Unterlagen vernichtet worden sind oder verloren gingen, deren ein Historiker für seine Arbeit bedarf.

Dabei ist der Name »Hamburg« mit zwei wesentlichen Geschehnissen der »Luftschlacht über Deutschland« (96) verbunden:

- am 18. Mai 1940 griff zum ersten Male ein stärkerer Kampfflugzeugverband der Royal Air Force mit beachtlichen Treffererfolgen eine deutsche Großstadt – Hamburg – an

und

- die Julikatastrophe von Hamburg 1943 war ein Wendepunkt in der Geschichte des europäischen Luftkriegs.

Beide Male gelangen der RAF *»Überraschungsangriffe«*.

Seit Kriegsende sind nun über dreißig Jahre vergangen, genügend Zeit, um »ohne Zorn und Eifer« das Luftkriegsgeschehen in und um Hamburg mit soviel Sachlichkeit zu schildern, wie es jemandem möglich ist, der – wenn auch nur als Statist – mit auf der Bühne des Geschehens stand.

Deshalb sei der Versuch unternommen, aus eigenem Erleben und den im Laufe von über drei Jahrzehnten gesammelten Zahlen und Berichten einen Beitrag zur Geschichte der Freien und Hansestadt Hamburg im Zweiten Weltkrieg zu liefern. Er soll sich aber nicht nur »abgekapselt« mit den Vorgängen in Hamburg befassen, sondern auch den Blick über die Grenzen dieser Stadt auf die Zusammenhänge mit dem Luftkriegsgeschehen bei »Freund und Feind« richten.

Zugleich möge dieser Bericht den zeit- und sachbezogenen Rahmen für all die vielen persönlichen Erlebnisberichte geben, die im Laufe der Jahre besonders an Gedenktagen veröffentlicht worden sind[1*].

Am ernsten Bemühen um eine möglichst leidenschaftslose, sachgerechte und belegte Darstellung hat es dabei sicher nicht gefehlt, wenn auch bei dem Beruf des Berichters der Blickwinkel »Feuerwehr« unverkennbar bleibt. Der Leser möge dafür Verständnis haben.

Zudem ist es wohl an der Zeit, daß einmal die »Basis« zu Wort kommt und an

*) Alle Anmerkungen sind in Kapitel 12, Seiten 428ff, zusammengefaßt.

manchen Beispielen die Wahrheit des alten Sprichworts aufzeigt: »Der Teufel steckt im Detail!«

In wenigen Jahren wird niemand mehr von den Menschen zur Verfügung stehen, die aus überschauender Sicht jenes Kapitel Hamburger Stadtgeschichte miterlebt haben, das die tiefgreifendsten Veränderungen in der Bevölkerungsstruktur, im Bauwesen, in allen Wirtschaftszweigen sowie der Verkehrslage ausgelöst hat. So mag es denn besser sein, noch einmal darüber zu sprechen, das Vorhandene an Daten und Sachverhalten einem weiteren Kreise zugänglich zu machen und einen »Blick hinter die Kulissen« zu tun, als schweigend im Schicksalskreis zu verharren.

Es möge zugleich auch geschehen

- den *älteren* Bürgern zur Erinnerung an eine Zeit tiefsten menschlichen Leids, aber auch des Opfermuts und der Bewährung,
- den *jüngeren* Bürgern als ein Beispiel für das Unheil der Gewalt und Sinnlosigkeit eines »totalen« Krieges.

2. *Hamburg – ein Luftschutzort 1. Ordnung*

». . .Hamburg als größter deutscher Hafen, als bedeutender Verkehrsknotenpunkt und Standort kriegs- und lebenswichtiger Industrien ist durch die starke Zusammenballung von Arbeits- und Wohnstätten in besonderem Maße luftempfindlich und durch seine geographische Lage luftgefährdet . . .«
(Aus einer Verlautbarung des Senats vom 31. März 1937 über die Verteilung der Aufgaben im Zivilen Luftschutz)

Seit der italienische General Guilio Douhet Ende der zwanziger Jahre in seinen Schriften (33) eine überragend starke Angriffsluftwaffe als »Waffe des Raumes« gefordert hatte, waren Strategie, Taktik und Auswirkungen des Luftkriegs ein oft und gern behandeltes Thema von Militärschriftstellern und Politikern aller Länder um Deutschland.

Die übereinstimmende Ansicht französischer, britischer, italienischer und russischer Luftkriegs-Sachverständiger wurde etwa so zusammengefaßt (125):

». . . Die Luftwaffe wird um strategischer Interessen willen den Krieg beginnen, d. h. die *Zerstörung menschlicher Siedlungsgebiete* mit all ihren Kulturwerten wird nicht von dem Zufall einer weiteren Entwicklung des Krieges, oder einer Laune des Kriegsglücks abhängen, sondern das Ziel der ersten operativen Maßnahmen jedes Feldherrn sein müssen, wenn er sich nicht aller Vorteile a priori begeben will. Die *Zerstörung einer hochentwickelten Kultur* um strategischer Interessen willen mag von einem rationellen Standpunkt aus ein Absurdum sein; aber dieses Absurdum macht ein gut Teil der Geschichte aus, in der eben nicht Vernunft und Logik, sondern blind mechanische Zusammenhänge walten . . .«

– und ganz offen wurden Meinungen ausgesprochen wie:

». . . Die wesentlichste Wirkung von Luftangriffen auf Städte ist die *Terrorisierung der Bevölkerung . . .*«[2]

oder:

». . . Man muß mehr Frauen und Kinder töten, als der Feind, wenn man sich selbst schützen will . . .«[3]

Kein Geringerer, als Erich Ludendorff hatte 1936 eine Schrift mit dem Titel »Der totale Krieg« (79) veröffentlicht, in der zwar viel von »seelischer Geschlossenheit«, »Volksseele«, »Feldherren«,. »Kraft« und »Wille« die Rede war, aber auch von »Wirtschaft und totaler Krieg« und der »Durchführung des totalen Krieges«. Er schrieb weiter und sah dies sicher richtig:

». . . Der kommende Krieg wird noch ganz andere Anforderungen an das Volk in der Bereitstellung seiner seelischen, physischen und materiellen Kräfte für die Kriegsführung stellen, als es schon der Weltkrieg tat. Die Abhängigkeit der Wehrmacht vom Volke und namentlich von seiner seelischen Geschlossenheit wird in Zukunft gewiß nicht geringer, sondern noch erheblich größer sein . . .«

Die strategischen Ziele von Luftangriffen – das Brechen des *materiellen Vermögens* und des *moralischen Willens* eines Gegners durch

Zerstörung seiner *Rüstungsindustrie,*
Zerstörung seiner *Siedlungsgebiete* mit all ihren Kulturwerten,
Terrorisierung der Bevölkerung

– kurzum der *»Totale Krieg«* waren also keineswegs Erfindungen des Zweiten Weltkriegs – etwa von Winston Churchill, Arthur Harris oder Joseph Goebbels, sondern schon viele Jahre zuvor in aller Breite und Öffentlichkeit erörtert worden.

Unter diesen Betrachtungsweisen vollzog sich die *Organisation des Luftschutzes* in Hamburg[4] auf der Grundlage des Luftschutzgesetzes vom 26. Juni 1935 und seiner Durchführungsverordnungen (26). Aufgabe des Luftschutzes war es danach, ». . . organisatorische und technische Vorkehrungen zu treffen, um die Kampfkraft und Arbeitskraft und den Widerstandswillen des gesamten Volkes gegen die Wirkungen von Luftangriffen zu erhalten, Luftangriffsschäden durch raschen Einsatz zu bekämpfen und dem Entstehen von Katastrophen entgegenzutreten . . .« (Erste Durchführungsverordnung zum Luftschutzgesetz in der Fassung vom 31. 8. 1943).

Dieses Gesetz schrieb leider die *»Zweigleisigkeit«* des Luftschutzes fest, denn »Aufgabe, Organisation und Durchführung der Organisation des Luftschutzes« war zwar Sache des Reichsministers der Luftfahrt und Oberbefehlshabers der Luftwaffe (RdLuObdL), aber dieser blieb vor allem auf die Mitwirkung des Reichsministers des Innern – hier des »Chefs der Ordnungspolizei« – angewiesen.

Die Referenten des Gesetz-Entwurfs konnten als »Verwaltungsbeamte« damals noch nicht ahnen, daß sie damit den späteren Wirkungsgrad sehr vieler Luftschutzmaßnahmen schwer beeinträchtigten – woher sollten sie auch wissen, welche persönlichen Spannungen etwa zwischen Hermann Göring und Heinrich Himmler viele Jahre später die Zusammenarbeit belasteten?

Örtlicher Luftschutzleiter des Luftschutzortes I. Ordnung Hamburg[5] war danach der *Polizeipräsident*, seine sachbearbeitende Dienststelle das »Kommando der Schutzpolizei – Luftschutzabteilung S 3 (L)«. Polizeipräsident Hans Kehrl[6] mußte »zween Herren« dienen, obwohl dies nach alter Weisheit eigentlich niemand kann: Dem Befehlshaber des Luftgaus XI – während des ganzen Krieges der General der Flieger Wolff – und dem Befehlshaber der Ordnungspolizei im Wehrkreis X, dessen Person mehrfach wechselte.

Dem BdO war noch übergeordnet »Der Höhere SS- und Polizeiführer beim Reichsstatthalter Hamburg« – zuletzt SS-Gruppenführer Graf von Bassewitz-Behr.

Zum Glück war Hamburg auch das Stabsquartier dieser Befehlshaber und obendrein ja noch Sitz des Reichsstatthalters, der Rüstungsinspektion und des Rüstungskommandos. So vereinfachten sich viele Wege und die möglichen persönlichen Verbindungen (und gelegentlichen »Gefälligkeiten«!) ebneten manchen Aktenberg von Verwaltungshindernissen.

Im Hamburger Staatsgebiet gab es drei *Luftschutz-Gruppenkommandos* – West, Ost und Hafen. Innerhalb der Gruppenkommandos bestanden die *Luftschutz-Abschnittkommandos* und zwar
in Gruppe *West* die Abschnitte I, II, III, VII und IX,
in Gruppe *Ost* die Abschnitte IV, V, VI und X,
in Gruppe *Hafen* die Abschnitte A, B und C.
Harburg bildete einen selbständigen Abschnitt VIII.

Jeder Abschnitt hatte als weitere Aufgliederung mehrere *Luftschutz-Reviere* – in der Regel die friedensmäßigen Polizeireviere.

Als tragende Elemente der Gefahrenabwehr waren schon 1937 auf der Grundlage des Groß-Hamburg-Gesetzes der *Sicherheits- und Hilfsdienst* (SHD) und der *verstärkte Polizeischutz* (VPS) aufgestellt. Es gab in diesem Rahmen den

- *Sicherheitsdienst* – von der Polizei wahrgenommen,
- *Feuerlöschdienst* (F-Dienst), von den Feuerwehren getragen[7]
- *Instandsetzungsdienst* (I-Dienst), eine Aufgabe der Technischen Nothilfe,
- *Entgiftungsdienst* (E-Dienst), zuerst von der Straßenreinigung, ab 1940 nach einer Umorganisation zum F-Dienst gelegt, nunmehr Feuerlösch- und Entgiftungsdienst (FE-Dienst) benannt,
- *Sanitätsdienst* (San-Dienst), eine Sache der öffentlichen Gesundheitseinrichtungen und des Roten Kreuzes,
- *Veterinärdienst,* zuständig der öffentliche Veterinärdienst,
- Fachtrupps der Versorgungsbetriebe *Gas, Wasser, Elektrizität,*
- *Havarietrupps* von Strom- und Hafenbau.

Die Aufgaben der örtlichen Luftschutzführung lagen in der Luftwaffen-Dienstvorschrift »Führung im Luftschutzort« (LDv. 751/1) fest (49).

Der Polizeipräsident und seine Dienststellen waren den ganzen Krieg über der »Antriebsmotor« im Luftschutzgetriebe, dabei fachlich stark unterstützt von der Feuerwehr (Feuerschutzpolizei), die mit der Verstärkung des Brandkriegs vor allem auf dem Gebiet des vorbeugenden Brandschutzes tätig wurde.

Dies war nicht in allen Luftschutzorten so und vielfach haben sich dort Parteidienststellen – vom jeweiligen Gauleiter angefangen – in Dinge eingemischt, von denen sie weder etwas verstanden, noch für die sie rechtlich zuständig waren – vgl. hierzu die Bemerkungen in (31) oder (6). Hamburg ist glücklicherweise von solchen Einwirkungen im Wesentlichen verschont geblieben.

In Hamburg bestand ferner eine Landesgruppe (über 300000 Mitglieder!) des bereits 1933 gegründeten *Reichsluftschutzbundes* (RLB) mit einem »General-Luftschutzführer« (Senator Richter) an der Spitze. Seine »Amtsträger« waren attraktiv uniformiert (mit Dolch!). Ihre Aufgabe sollte die Organisation und Ausbildung des *Selbstschutzes* der Bevölkerung sein – auf unterer Ebene etwa dargestellt vom *Hausluftschutz-Wart*.

Die *Reichsgruppe Industrie* hatte in Hamburg die Werkluftschutz-Bereichsstelle Nordmark zur Organisation und Unterstützung des Werkluftschutzes der Industriebetriebe eingerichtet.

Reichsbahn und *Reichspost* verfügten über einen eigenen »Luftschutz der besonderen Verwaltungen«[8].

Gedruckt und ausgabebereit, aber unter Verschluß, lagen selbst Weisungen für Nebensächlichkeiten vor, z.B. ein Befehl über das Verhalten in den Unterkünften des SHD und VPS.

Das für diese Dienste erforderliche Personal war in langen Listen »erfaßt«, zahlreiche Sonderfahrzeuge – aus Reichsmitteln vom Reichsluftfahrtministerium beschafft – standen auf Lager. Weitere Fahrzeuge (Pkw, Lkw und Kräder) sollten bei Aufruf des Luftschutzes beschlagnahmt werden. Die noch offenen Fragen der Bekleidung von Hilfskräften und der Ausstattung von Unterkünften – so hofften die Organisatoren – würden sich zu gegebener Zeit »irgendwie« regeln.

Was dagegen praktisch ganz fehlte, waren *bombensichere Schutzräume* für die Bevölkerung – wahrscheinlich aus zwei Gründen:

1. weil es psychologisch untunlich erschien, durch den Bau solcher Schutzwerke die kalkulierte Möglichkeit von Bombenabwürfen einzugestehen,
2. weil bei der allgemeinen Anspannung des Baugewerbes durch den Westwallbau, Kasernenbauten, Aufbau der Rüstungsindustrie, Bauten für den Vierjahresplan (z.B. die Reichswerke Hermann Göring!) weder Material, noch Arbeitskräfte, noch Geld zur Verfügung standen.

So mußte man sich mit dem behelfsmäßigen Abstützen von Kellerdecken und dem Dichtsetzen von Kellerfenstern begnügen. Auch die Befehlsstellen des Luftschutzdienstes waren nicht besser geschützt.

Wie Schutzräume beschaffen sein sollten, lag jedoch in besonderen »Schutzraumbestimmungen« (2. DV zum LS-Gesetz v. 4. 5. 1937) und »Ausführungsbestimmungen« natürlich fest.

Kaum 14 Tage vor Kriegsbeginn – am 17. 8. 1939 – zog auch der RMdLuObdL die Schlußfolgerungen aus dem überall in Deutschland gegebenen Fehlen von Schutzräumen und verfügte mit der Neunten Durchführungsverordnung zum Luftschutzgesetz »behelfsmäßige Luftschutzmaßnahmen in bestehenden Gebäuden«.

In der Hamburger Presse vom 22. 8. 1939 wurde diese Weisung unter Überschriften wie »Der bombensichere Keller« und »Luftschutz für jedes deutsche Haus« erläutert.

Am 26. 8. 1939 hieß es »Luftschutzartikel sind kein Gewinnobjekt« – denn allzutüchtige Geschäftsleute hatten die Chance erspäht, die allgemeine Nervosität und Sorge in bare Münze umzusetzen.

Am 27. 8. 1939 wurde der Reichsparteitag (2.–11.9.) abgesagt.

Am 29. 8. 1939 verlautete unter der Überschrift »Gerechte Verteilung lebenswichtiger Verbrauchsgüter«, daß für »gewisse Lebensmittel« die Bezugsscheinpflicht eingeführt werden muß. Die ersten Wochenmengen für »Normalverbraucher« betrugen

200 g Fleisch,
250 g Fette,
500 g Zucker,
150 g Graupen,
90 g Butter,
80 g Käse oder 160 g Frischquark,
1½ Milch

Schwer- und Schwerstarbeiter erhielten höhere Rationen.

Zusammenfassend:

Es war in Hamburg wie auch in den meisten anderen LS-Orten I. Ordnung bis zum Sommer 1939 zwar eine ganze Menge überlegt und getan, um den Folgen von Luftangriffen begegnen zu können.

Einer schier perfekt erscheinenden Planung standen aber *krasse Mängel* in der technischen Durchführung – angefangen bei baulichen Schutzmaßnahmen für die Bevölkerung bis zur fehlenden Kübelspritze für den Selbstschutz – gegenüber. Sie waren durch die Personal- und Materiallage eines Reiches gegeben, das *gleichzeitig* wirtschaftlich unabhängig werden und eine gewaltige Rüstung für Heer, Luftwaffe und Marine aufbauen wollte.

Hamburg war zwar in der Organisation, in der Sache aber noch nicht luftschutzbereit!

Niemand wußte jedoch oder konnte sich recht vorstellen, wie denn ein Krieg mit einem als sicher erwarteten Luftangriff nun wirklich ablaufen würde.

Diese Übersicht an den Anfang eines Berichts über die Luftangriffe auf Hamburg zu stellen erschien notwendig, denn wer die Schilderungen des Luftkriegsschicksals anderer deutscher Städte liest (6), (31), (43) möchte glauben, daß es außer einigen Tag- und Nachtjägern sowie Flak kaum etwas anderes zum Schutz der Zivilbevölkerung gegeben habe und Parteigewaltige das Ausmaß von Luftschutzvorbereitungen bestimmt hätten.

3. *1939 – Worte weichen der Gewalt!*

»... Seit 4 Uhr 45 wird jetzt zurückgeschossen! Und von jetzt ab wird Bombe mit Bombe vergolten! Wer mit Gift kämpft, wird mit Giftgas bekämpft, wer sich selbst von den Regeln einer humanen Kriegsführung entfernt, kann von uns nichts anderes erwarten, als daß wir den gleichen Schritt tun ...«

(Adolf Hitler vor dem Deutschen Reichstag am 1. September 1939)

3.1 DER ZIVILE LUFTSCHUTZ IST AUFGERUFEN!

Am Freitag, dem 1. September 1939, 05 Uhr 36 früh:

Über die Fernschreiber der Feuerwehr Hamburg läuft das seit Tagen erwartete »SZL-Telegramm« – entschlüsselt heißt es »Sofort Ziviler Luftschutz!«.

Alsbald klebte an allen Plakatsäulen und öffentlichen Dienststellen die schon lange vorbereitet in Panzerschränken liegende Bekanntmachung des Polizeipräsidenten als örtlichem Luftschutzleiter, die mit dem Satz begann:

»Der zivile Luftschutz ist aufgerufen!«

und in der auch stand:

»... Der Notruf durch Fernsprecher (Überfall, Feuer, Polizei) wird hiermit aufgehoben. Die öffentlichen Feuermelder werden außer Betrieb gesetzt. Wer Hilfe der Polizei oder der Feuerwehr benötigt, muß sich an das zuständige Polizei- (Luftschutz-) Revier wenden ...«

Nach oft geübtem Plan wurden die zum Sicherheits- und Hilfsdienst verpflichteten Männer einberufen, Unterkünfte bezugsfertig gemacht und von Zentrallagern die dort abgestellten »reichseigenen« Fahrzeuge geholt.

Beim Feuerlöschdienst lief dies so ab:

Die Feuerwehrfahrzeuge für die Feuerlösch- und Bergungstrupps und Löschzüge standen ausgerichtet an der »Dienststelle Heußweg« – einer ehemaligen Straßenbahnhalle. Zwei Stunden später waren die Hallen leer und um die Mittagsstunden konnte der »Feuerlöschdienst« als »einsatzbereit« gelten – es hatte alles geklappt!

Die Hamburger Presse verkündete: »Hamburg wird heute Abend verdunkelt!«, wies auf die eingerichteten »Beratungsstellen für Luftschutzfragen« hin und stellte Betrachtungen an »Wie soll es auf einem Dachboden aussehen?«.

Das Ganze wurde aber mehr als eine neuerliche Ernstfallübung betrachtet, denn wer sollte schon Hamburg angreifen? Die verzweifelt um ihre Existenz kämpfenden Polen ganz sicher nicht!

Die SHD-Einheiten richteten sich behelfsmäßig in ihren Unterkünften ein und schrieben im übrigen munter »Fehlmeldungen«, wobei die »Losantinpäckchen« (gegen Kampfstoffe) eine ganz besondere Rolle spielten. Alle rechneten damit, nach einigen Tagen Kriegsspiel wieder heimgehen zu können, denn der Sieg über Polen schien nach den Rundfunkmeldungen nur noch eine Sache von wenigen Tagen zu sein.

Da kam am Sonntag, dem 3. September, die Kriegserklärung von Frankreich und England! Hamburg lag nun im Wirkungsbereich alliierter Bomber und niemand von uns zweifelte daran, daß entsprechend den seit Jahren verbreiteten Kriegsbild-Theorien alsbald ganze Geschwader von Flugzeugen Luftangriffe zumindest versuchen würden.

Am Spätnachmittag des 4. September wurden alle diese Möglichkeiten in einer Dienstbesprechung der Gruppenkommandeure und Abteilungsleiter beim Oberbranddirektor (als »Führer des F-Dienstes«) erörtert – die lebhaften Diskussionen endeten jedoch um 17.35 Uhr jäh durch »Fliegeralarm«. Es schien dies nur eine Bestätigung aller Erwartungen zu sein! 13 min später kam aber schon »Entwarnung« – ein »technischer Fehler« war angeblich vorgekommen. Um 19.55 Uhr wiederholte sich der Vorgang – eine schwere Nervenbelastung für die gesamte Bevölkerung, die ohnehin schon durch die seit Wochen aufheizende Propaganda und den nicht mehr wegzuleugnenden Beginn eines neuen Zweifronten-Krieges stark erregt war.

Tatsächlich hatten jedoch 29 Kampfflugzeuge der Royal Air Force um diese Zeit deutsche Kriegsschiffe vor Brunsbüttel und Schillingreede angegriffen. Zwar waren sieben davon abgeschossen worden, aber eine der abstürzenden Maschinen fiel auf die Back des leichten Kreuzers »Emden« und das Panzerschiff »Admiral Scheer« wurde von zwei allerdings nicht detonierten 250-kg-Sprengbomben getroffen (117, S. 110).

Bereits am Vortage war es einzelnen sehr hoch fliegenden britischen Flugzeugen gelungen, Flugblätter über Hamburg, Bremen und dem Ruhrgebiet abzuwerfen und in der Folgezeit wurden diese Aktionen fortgesetzt – zumindest ein Beweis dafür, daß die Luftverteidigungszonen doch nicht ganz so unüberwindlich waren und der britische Löwe Flügel hatte.

Am 9. September 1939 sprach Göring vor Arbeitern in den Berliner Rheinmetall-Borsig-Werken und erklärte zu diesen zumindest peinlichen Einflügen[9]:

». . . Der Engländer glaubte, während wir in Polen kämpfen, könnte er im Nordwesten ungestraft unsere Häfen angreifen. Er hat das einmal getan. Er ist belehrt worden, daß auch dort die deutsche Abwehr auf der Wacht steht . . .«

». . . Wenn sie jetzt des Nachts in riesigen Höhen ab und zu noch im deutschen Raum spazieren fliegen, um ihre lächerlichen Propagandazettel abzuwerfen, so habe ich eigentlich nichts dagegen. Wehe aber, wenn sie den Propagandazettel mit einer Bombe verwechseln sollten! Dann wird die Vergeltung keinen Augenblick auf sich warten lassen! Sie wird dann mit der gleichen Schlagkraft geführt, wie die Luftwaffe sie in Polen bewiesen hat . . .«(2)

In Hamburg und den anderen Luftschutzorten richtete sich der Sicherheits- und Hilfsdienst nun wohl oder übel doch für eine längere Tätigkeit ein. Zunächst wurde am 8. 9. 1939 der Bereitschaftsgrad I (100 % der Kräfte) auf Bereitschaftsgrad II (75 %) herabgesetzt. Am 10. 9. 1939 und 11. 10. 1939 folgten die Bereitschaftsgrade III (50 %) und IV (33 %). Dieser letzten Stufe war eine Personalüberprüfung vorangegangen, denn nach Aufruf des Luftschutzes hatte es eine Fülle von Einsprüchen der verschiedensten Bedarfsstellen (Verkehr, Versorgungsbetriebe) gegeben.

Für den Feuerlöschdienst sollten als volle Stärke zur Verfügung stehen: 637 Feuerwehrbeamte[10] und 2918 Freiwillige Feuerwehrmänner sowie beorderte »Ergänzungskräfte«, zusammen 3555 Mann. Diese Endzahl hat sich während des ganzen Krieges nicht wesentlich verschoben, nur der Personenkreis wechselte ständig (letzte Stärkemeldung vom 1. 2. 1945: 1938 Deutsche (rd. 67 %), 723 Ukrainer (rd. 25 %), 83 Polen (rd. 3 %) und 134 Frauen (rd. 5 %) – zusammen also 2878 Köpfe).

Offiziell hatte beim Aufruf des Luftschutzes und der Aufstellung des SHD zwar alles »glänzend« geklappt, aber hinter den Kulissen gärte es und die Feuerwehr reichte am 25. 9. 1939 einen sehr deutlichen »Bericht über die Erfahrungen beim Aufruf des Zivilen Luftschutzes« an den Polizeipräsidenten. Im Auszug seien daraus folgende Sätze aufgeführt:

». . . Rund etwa 8 – 900 *Ergänzungskräfte* mußten sofort wieder entlassen werden, weil die Ausstattung mit Fahrzeugen nur zu 75 % vorhanden war . . .«

». . . Die Ergänzungskräfte können weder in *Zivilzeug*, noch mit Halbschuhen usw. auf einer Brandstelle eingesetzt werden.

Es ist unbedingt notwendig, die Ergänzungskräfte der Feuerwehr mit *Stiefeln*, Tuchuniformen und Mützen auszurüsten . . .«

». . . Die Außerbetriebsetzung der *Feuermelder* hat nur einen Sinn für die Zeit während und nach Fliegerangriffen, in der übrigen Zeit ist sie schädlich . . .«

». . . Die *Ausrüstung* ist noch in vielen Punkten mangelhaft . . .«

». . . Desgleichen wurde die *Kraftstoffversorgung* viel zu spät geregelt . . .«

». . . Das Schlafen auf losem Stroh ist nur vorübergehend vertretbar. Ferner sind je Mann 2 Wolldecken unbedingt notwendig . . .«

». . . Die Beamten der Feuerschutzpolizei machen *Dauerdienst,* während die Polizeibeamten wie im Frieden 24-Stunden-Dienst mit nachfolgender 24-stündiger Freizeit haben . . .«
– und – sehr zurückhaltend ausgedrückt:

». . . Das Verhältnis zwischen *Schutzpolizei* und *Feuerschutzpolizei* gestaltete sich im Anfang nicht überall reibungslos . . .«

Was die letzte Bemerkung angeht, so änderte sich wenige Tage später – am 3. Oktober 1939 – wenigstens die äußere Organisationsform: Die bisherige Hamburger Feuerwehr wurde *»Feuerschutzpolizei«* und gehörte damit offiziell als vierte Sparte (neben der Schutzpolizei des Reiches und der Gemeinden sowie der Gendarmerie) zur *Ordnungspolizei* (vgl. Anmerkung 7). An Stelle der bisherigen »zivilen« Dienstbezeichnungen traten die Dienstgrade der Polizei (Hauptmann, Major . . .). Wenige Tage nach Kriegsbeginn stellte sich auch heraus, daß der Nachschub für Feuerwehren als Trägern des Brandschutzdienstes in der Gesamtplanung regelrecht *vergessen* worden war.

Das Dilemma rührte daher, daß die bestehenden Feuerlöschorganisationen der Gemeinden (Berufs- und Freiwillige Feuerwehren) vor Erlaß des Reichsfeuerlöschgesetzes keine Vertretung in einem Reichsministerium besaßen und – nach Sachlage verständlich – auch jeder Bedarfsüberblick fehlte – seien es nun Fahrzeuge, Kraftstoffe oder Schläuche, Taschenlampenbatterien oder Schuhbesohlmaterial.

Stellte z. B. die Feuerschutzpolizei beim Wirtschaftsamt einen Nachschubantrag, dann wurde sie – als zum »Luftschutz« gehörig – auf den *Luftwaffen-Dienstweg* verwiesen. Dort aber hieß es entrüstet: Feuerschutzpolizei ist Sache des Hauptamts Ordnungspolizei! Die Wirtschaftsdienststellen der Polizei wehrten sich jedoch energisch, denn diesen gerade mit Kriegsbeginn »frischgebackenen« Bedarfsträger hatten sie auch nicht eingeplant! Die alte Binsenwahrheit »Der Teufel steckt im Detail!« wurde hier wieder einmal drastisch bestätigt!

3.2 »WARSCHAU BRENNT!«

Warschau – Polens Hauptstadt und Endziel des »Blitz-Feldzuges« – galt als »befestigte Stadt« und fiel deshalb weder unter die Bestimmungen der Haager Landkriegsordnung (1907) über den Schutz der Zivilbevölkerung, noch unter die Wünsche der Roosevelt-Botschaft vom 1. 9. 1939 über den Verzicht auf Bombenangriffe auf die Zivilbevölkerung unbefestigter Städte (112), (30).

Es ist müßig, heute darüber zu streiten, ob die Bombardierung Warschaus innerhalb oder außerhalb der Legalität lag – keine der kämpfenden Parteien hat sich während des letzten Krieges, nach dem alten Wahrspruch »Right or wrong: my country!«, um Recht oder Unrecht gekümmert.

Vom Standpunkt des Luftschutzes war Warschau eine gut organisierte Großstadt mit rund 1,2 Millionen Einwohnern, in deren Randbezirken (das Stadtgebiet war 125 km^2 groß!) es auch Rüstungsbetriebe und militärische Anlagen gab – wie in Dutzenden ähnlicher Großstädte in der ganzen Welt. Und im Stadtzentrum lagen die Verwaltungsgebäude der Staatsregierung, darunter natürlich ebenso das Kriegsministerium (wie in Berlin – Rom – Paris oder London). Eine *»Festung«* im traditionellen Sinne war es aber ganz sicher nicht und was polnische Truppen und Bevölkerungsteile hastig an Verteidigungsanlagen gebaut hatten, konnte nur als primitiv und ohne Kampfwert bezeichnet werden.

Am 25. September 1939 früh begann nun die deutsche Luftwaffe mit einem Großangriff auf die seit dem 22. 9. von allen Seiten eingeschlossene, aber nicht kapitulationsbereite »Festung Warschau«. Etwa 400 Maschinen warfen in mehreren Anflügen 560 t Sprengbomben und 72 t Brandbomben ab. Dabei sollen die Brandbomben[11] aus den eingesetzten Ju-52-Transportmaschinen in Bündeln zur Seite »hinausgeschaufelt« worden sein – als nicht gerade perfekter Bombenwurf »mittels Kartoffelschaufel« bezeichnet(5, S. 62).

Die 8. Armee sei darüber erbost gewesen, weil Brand und Rauch der Heeresartillerie das Zielen und Einschießen erschwere. Am Abend stand glutroter Feuerschein über Warschau, am übernächsten Tage kapitulierte die Stadt, wobei der Wirkungsanteil der Luftangriffe dahingestellt bleiben mag.

Bei dem Herunterkübeln von Spreng- und Brandbomben waren kaum »militärische Ziele« getroffen worden, sondern in erster Linie Wohnviertel, Geschäfts- und Verwaltungsbauten und Kulturstätten – das steht nach dem Bericht des Warschauer Feuerwehr-Chefs[12] und dem späteren Augenschein deutscher Feuerwehringenieure – auch aus Hamburg – eindeutig fest.

Wir waren natürlich sehr daran interessiert zu erfahren, was massive Luftangriffe nun wirklich in einer mit Hamburg vergleichbaren Großstadt angerichtet hatten, denn Warschau war die erste Stadt, die in einem Kriege systematisch mit großen Mengen (für damalige Vorstellungen!) von Spreng- und Brandbomben belegt wurde.

Die Feuerwehr Warschau – eine bekannt gut ausgerüstete und ausgebildete Berufsfeuerwehr – war während der Belagerung etwa 1200 Mann stark und in 54 »Sektionen« über das ganze Stadtgebiet verteilt. Außerdem hatte man rund 1000 Mann als »Blockfeuerwehren« eingeteilt und mit Kleinlöschgerät ausgerüstet.

Die genaue Zahl der durch Bomben und Beschuß ausgelösten Brände konnte zwar nicht mehr ermittelt werden – es sollen gleichzeitig bis zu 400 – insgesamt etwa 800 – gewesen sein. Bemerkenswert schien aber, daß es »nur« 43 Großbrandstellen durch Bomben und Artilleriefeuer gegeben hatte, jedoch keineswegs »Riesenbrände« oder »Flächenbrände«. Zerstört oder schwer beschädigt waren alles in allem etwa 4000 Häuser. Die deutschen Brandbomben ließen sich gut mit Sand löschen, es gab darunter aber auch viele Blindgänger. Die Wirkung der Sprengbomben war nicht so groß, wie erwartet und die Zielgenauigkeit »mäßig«. Nur beim Theater und beim Schloß kam es zu größeren Bränden von mehreren zusammenstehenden Häusern. In dem mit 700 Kranken und Verwundeten belegten Krankenhaus »St. Spiritus« brach nach Einschlag von Spreng- und Brandbomben eine Panik aus.

Sonst wurde das Feuer meist innerhalb des Häuser-Blocks an Brandmauern zum Stehen gebracht – BILD 1 –.

Das spätere Studium der Wirkung dieser Luftangriffe durch verschiedene deutsche Stellen brachte folgende Ergebnisse (CD 654):

1.*RdLuObdL – L In 2/A/B vom 28. 11. 1939 »Wirkungen von Bombenangriffen in Polen«:*

BILD 1 Warschau 1939: Die meisten Häuser stehen noch. Nur vereinzelt sind Dachstühle ausgebrannt oder Gebäude zerstört (Pfeile!).

Brandbomben B 1 El: ». . . Ihre hervorragende Wirkung auf großstädtische Wohnblocks steht nach dem großen Erfolg von Warschau außer jedem Zweifel . . . Abwurf in großen Mengen, um gleichzeitig möglichst viele Brandherde zu erzeugen. Dazu überlagernd in rollenden Störangriffen Spreng- bzw. Splitterbomben (SC und SD 50, SC 250), um Bevölkerung in Schutzräumen zu halten, so daß einzelne Brandherde sich ausdehnen und eine Brandkatastrophe entsteht . . .«

(*Anmerkung:* Damit war genau das Rezept beschrieben, nach dem später alliierte Bombenverbände deutsche Städte angegriffen haben!)

2. Der *General der Flakartillerie beim ObdL* berichtete am 25. 10. 1939:

». . . Die Stadt ist *restlos zerstört;* Wiederaufbau erfordert Jahre . . .«

». . . Die Zerstörung ist durch die Luftangriffe und die Beschießung am 24. und 25. 9. 1939 herbeigeführt . . .«

». . . Man darf erwarten, daß unsere stärkeren Feuerwehren auch bei stärksten Luftangriffen in der Lage sind, die entstehenden Brände wirksam zu bekämpfen oder zu begrenzen . . .«

(*Anmerkung:* Die Stadt war keineswegs »restlos zerstört«. Die Meinung, daß unsere »stärkeren« Feuerwehren die Lage meistern würden, kann nur als Wunschvorstellung eines hier sicher nicht sachkundigen Generals bezeichnet werden.)

3. Das *Luftflottenkommando 4* – Führungsabteilung I a op 3(LS) stellte am 9. 10. 1939 fest:

». . . Der *totale Krieg* kam bei diesem Angriff erstmalig zur Auswirkung . . .«

». . . Die Sprengbombe ist die *Wegbereiterin* der Brandbombe . . .«

». . . Die Stadt Warschau wurde *völlig zerstört.* Nur 260 Räumlichkeiten blieben in der Millionenstadt unversehrt . . .«

». . . Die Hauptträgerin der Schadensbekämpfung ist die Feuerlöschpolizei. Ihr sind der Instandsetzungsdienst, der Gasabwehrdienst, der Fachdienst und der neu aufzustellende Sprengdienst zu unterstellen . . .«

(*Anmerkung:* Leider paßte dieser letzte und das Wesentliche richtig treffende Satz so gar nicht in das Konzept der deutschen Luftschutzorganisation – und blieb deshalb auch unbeachtet!)

4. Der *»Bericht über den Zustand der techn. Versorgungseinrichtungen u. öffentlichen Verkehrsmittel der Stadt Warschau«* der Technischen Wehrwirtschafts-Einheit T.W.E. XIII vom 26. 10. 1939 spricht zwar auch davon, daß 50% sämtlicher Häuser der Stadt »vollkommen zertrümmert« gewesen seien, gibt aber gleichzeitig (mit unverhohlenem Stolz!) an:

Die *Stromversorgung* begann wieder am 2. 10. Am 6. 10. wurden bereits 16000 KW abgegeben . . .

Die *Wasserversorgung* war zwar lahmgelegt, am 10. 10. konnten aber bereits wieder 27910 m³ Wasser geliefert werden . . .

Ab 11. 10. 39 arbeitete auch die *Gasversorgung* wieder.

(*Anmerkung:* Wenn es gelungen war, in einer angeblich »restlos« zerstörten Stadt die wichtigsten Versorgungseinrichtungen in wenigen Tagen wieder in Gang zu bringen, kann es wohl doch nicht ganz so schlimm gewesen sein. Der Instandsetzungserfolg bewies – erstmals – daß mit Findigkeit und Behelfsmitteln manches wieder zu bewegen ist, was in den Augen von Laien »vollständig kaputt« erschien!)

5. Nach einer Meldung *deutscher Polizeidienststellen* sollten:
   40 % der Häuser zerstört,
   30 % stark beschädigt,
   20 % ausbesserungsfähig und nur
   10 % völlig unversehrt

gewesen sein.

(*Anmerkung:* Auch diese Darstellung war sicher weit übertrieben und zeigt, wie schwer es ist, eine Schadenslage zu beurteilen, vor allem wenn die baulichen Sachkenntnisse fehlen. Ein Haus, dessen Dachstuhl abbrannte, ist zwar »erheblich« beschädigt, aber längst noch nicht »praktisch zerstört«. Auch die Alliierten sind im weiteren Verlauf des Krieges allerlei Trugschlüssen erlegen, vor allem bei der Auswertung von Luftbildern.)

Für einen *Feuerwehr-Ingenieur,* der Ausmaß und Gefährlichkeit eines Brandes weder nach der Dichte von Qualmwolken und loderndem Feuerschein beurteilt, noch die pathetische Wortführung eines Kriegsberichters beherrscht, waren die Brände in Warschau zwar sicher erheblich, aber keineswegs unbeherrschbar. Mit einem gewissen Optimismus konnte daraus gefolgert werden, daß mit einer guten Ausbildung des Selbstschutzes, einer sauberen Entrümpelung der Dachböden, einwandfreiem Zustand der Brandmauern und einem weitverzweigten Ausbau der unabhängigen Löschwasserversorgung die wesentlichsten Voraussetzungen für einen Luftschutzerfolg zu schaffen sind. Hinzu kam die damals wohl berechtigte Annahme, daß Hamburg nicht von einem Gegner angegriffen werden kann, der so überlegen den Luftraum beherrscht, wie dies in Warschau der Fall war.

Jedenfalls hatte das *»brennende Warschau«* den deutschen Luftschutzkräften, insbesondere dem Feuerlöschdienst, einen ersten Eindruck vermittelt, mit welchen tatsächlichen Wirkungen bei einem Luftangriff zu rechnen war. Deshalb schien es angebracht, auf diesen Vorfall auch in einer sonst auf Hamburg bezogenen Darstellung näher einzugehen.
1939 stand jedenfalls schon eindeutig fest:
Hauptkampfmittel und *Hauptgegner* bei Luftangriffen ist das *Feuer*.
– eine Erkenntnis, die sich beim Oberkommando der Wehrmacht leider erst nach der Hamburger Juli-Katastrophe durchsetzte.

Warschau war im übrigen – so meine ich – das erste *Typenbeispiel* für eine militärische »Erpressung« durch uneingeschränkte Luftangriffe. Die Verteidiger sollten durch die Leiden der schutzlos den Bomben ausgelieferten und hier regelrecht eine »Geiselrolle« spielenden Zivilbevölkerung zum Nachgeben, zur Kapitulation gezwungen werden.

3.3 DIE LUFTKRIEGSLAGE IN DEN ERSTEN VIER KRIEGSMONATEN

»... Erkundungsflüge über Deutschland finden dauernd statt, und unsere Flieger haben nacheinander Hamburg, Bremen, das Ruhrgebiet, Berlin, München und Nürnberg mehr als einmal überflogen ...«

– so berichtete der britische Luftwehr-Minister Sir Kingsley Wood am 12. Dezember 1939 und kennzeichnete damit zugleich die Luftkriegslage im Westen.

Diese Meldung ist dem 1. Jahrgang, Nr. 4 – Luftpost-Ausgabe – des britischen Flugblatt-Dienstes »Wolkiger Beobachter« – **BILD 2** – entnommen.

Seit den ersten Kriegsnächten flogen britische Kampfflugzeuge in »Himalaya-Höhen« – wie die deutsche Presse meinte – über Deutschland und wurden dabei weder durch Flak noch Nachtjäger behindert. Sie warfen Flugblätter ab, deren Inhalt so ungeschickt war, daß sie tatsächlich keine Wirkung auslösten[13]. Selbst der britische Luftmarschall Harris meinte später, dies sei eine »... Versorgung des Kontinents mit Klopapier ...« gewesen (96, S. 13).

Das Reichspropaganda-Ministerium verlautbarte, es wäre ein Reklametrick, aber kein militärisches Unternehmen und im übrigen sei das Deutsche Volk immun gegen das Gift aus dem Londoner Lügenministerium.

Schon im ersten Weltkrieg hatte es eine alliierte und deutsche »Flugzettelpropaganda« gegeben. Ein merkbarer Erfolg war dieser »Vierten Waffe des Luftkriegs« (neben Spreng- Brand- und Gasbomben) allerdings nicht beschieden[14].

Wir wissen heute von Sefton Delmer (28), daß die damaligen britischen Vorstellungen von einer wirkungsvollen Propaganda gegen Hitler seiner Ansicht nach »... eine Verschwendung von Atem und elektrischem Strom ...« waren, aber es ist durchaus möglich, daß 1939/40 noch wirklich jemand in England glaubte, damit einen nützlichen Beitrag zur psychologischen Kriegsführung zu leisten.

Der Sicherheits- und Hilfsdienst beobachtete diese Propagandaflüge mit einiger Besorgnis, denn einmal zeigten sie nun schon über Monate hin, daß der vorher vielgerühmte »Luftsperr-Riegel« einige Löcher hat. Weiter war unschwer erkennbar, daß die RAF hier eine gute Gelegenheit fand, ihre Besatzungen zu schulen. Wer konnte schon davor sicher sein, daß nicht eines Tages einmal zehn oder zwanzig Flugzeuge nacheinander eine Stadt überflogen und statt Papier jetzt Brand- und Sprengstoffe abwarfen.

Am 3., 14. und 18. Dezember 1939 hatten Verbände der RAF bei hellichtem Tage und in Flughöhen zwischen 3500 und 4000 m versucht, Schiffsziele an der Nordseeküste anzugreifen oder »Aufklärung« zu fliegen (5). Sie erlitten zwar durch deutsche Jäger schwere Verluste, aber wir mußten doch zu dem Schluß kommen, daß bei dem gezeigten Mut und Draufgängertum die Erfolgschancen

1. Jahrgang Nr. 4 Luftpost-Ausgabe

WOLKIGER BEOBACHTER

"Die Presse hat hierzulande keinen Mut; sie ist feige ..." – Bismarck, 1890.

„Der Nationalsozialismus ist tot ..."

" Der Nationalsozialismus ist tot. Hitler selbst hat ihn getötet. Für Millionen Deutscher hatte der Nationalsozialismus die Wiederherstellung der nationalen Würde bedeutet. Als Hitler die Tschechen unterwarf, tötete er dieses Ideal. Als er einen europäischen Krieg entfesselte, verriet er sein heiligstes Versprechen an das deutsche Volk. Als er Stalin den Weg nach Europa ebnete, verlöschte er den letzten Funken nationalsozialistischen Idealismus."

Die amerikanische Schriftstellerin, Dorothy Thompson.

und Finnland überlassen. Die Sowjetregierung aber beschränkte sich darauf, Hilfe zu versprechen, ohne sie zu leisten. Die Russen nahmen sich, was ihnen keine andere deutsche Regierung jemals zugebilligt hätte.

So haben die nationalsozialistischen Machthaber Deutschlands Interessen „vertreten".

Bolschewismus vor den Toren.

BILD 2 Titelseite des britischen Flugblatts »Wolkiger Beobachter«, abgeworfen im Dezember 1939 über Hamburg.

bei einem Nachtangriff auf Seiten der Angreifer liegen dürften. Genau ein halbes Jahr später – am 18. Mai 1940 – geschah dies denn auch!

Bei diesen Dezember-Angriffen und auch noch Einzelangriffen am 20. und 21. 12. fielen Sprengbomben auf Inseln in der Deutschen Bucht (Borkum, Sylt, Juist, Amrum und Helgoland) – zweifellos in der Absicht, hier militärische Anlagen zu treffen. Die angerichteten Schäden waren unbedeutend.

Auf Siedlungsgebiete des deutschen Festlandes sind jedoch bis Ende 1939 keine Bomben gefallen. Die französische Luftwaffe und die RAF hielten sich strikt an ihre Weisungen, keine deutschen Gegenangriffe zu provozieren. Auch die deutsche Luftwaffe gab keinen Anlaß dazu. Die Luftflotten 2 und 3 hatten in besonderen eindeutigen Weisungen die Verantwortung für die Eröffnung von Luftangriffs-Handlungen England und Frankreich überlassen. Luftangriffe auf französisches Gebiet, das englische Mutterland und Handelsschiffe waren verboten. Die Lufthoheit neutraler Staaten sollte geachtet werden (RL 2 II/25).

In der ausländischen Presse erschienen jedoch hin und wieder Berichte über angebliche Bombardierungen, z. B.

»Die Zeppelinwerke in Friedrichshafen bombardiert! Bern, Montag

Drei Luftangriffe wurden gestern Abend spät auf die deutsche Zeppelinwerft in Friedrichshafen am Bodensee durchgeführt. Die Bombeneinschläge und das kräftige Feuer der deutschen Flak konnte man noch tief im Schweizergebiet hören . . . Dagens Nyheter vom 26. 9. 1939«

3.4 BEMERKUNGEN ZUM DEUTSCHEN LUFTKRIEGSBILD VON 1939

Die Luftangriffe auf Warschau und andere polnische Städte hatten zwar der deutschen militärischen Führung einen Eindruck vom möglichen Wirkungsgrad vermittelt, aber sie waren ja durch Gegenwehr kaum behindert.

Das allgemein verbreitete deutsche Luftkriegsbild von 1939 ist dadurch deshalb kaum beeinflußt worden. Es war vor allem geprägt durch die Annahme, *»Feindeinbruch durch die Luft im Westen unmöglich!«* [15]

Anlaß hierzu war nicht etwa nur die Erklärung von Hermann Göring[16]

». . . Das Ruhrgebiet werden wir auch nicht einer einzigen Bombe feindlicher Flieger ausliefern . . .«

sondern auch zahlreiche Berichte anderer »Sachverständiger« z. B. über die Luftverteidigungszonen im Westen sowie an der Nord- und Ostseeküste, in denen es u. a. hieß:

». . . Batteriestellungen liegen in mehreren Ringen derart um das zu schützende Industrie-, Stadt- oder Hafengebiet herum, daß die Flakartillerie vor Erreichen der Wurfzone für Hoch- und Tiefangriffe die feinlichen Flieger bei Tag und Nacht abschießen kann . . .«[17]

Wir sind heute sicher, daß diese Äußerungen nicht nur Bluff und Zweckoptimismus waren, sondern auch nach den Erfahrungen des Spanien-Krieges die Meinung vorherrschte, Flak und Jäger könnten den deutschen Luftraum tatsächlich jederzeit schützen.

Das sicher auf »amtliche Anregung« verfaßte Buch »Kampf um Spanien« (7, S. 148, 154) enthält Sätze wie:

». . . Die Ketten der deutschen Me 109, hungrig und beutegierig, die Raubvögel des Luftraums, die gefürchteten Jäger . . .«

». . . und schon glitzerten oben die raschen Vögel der Jäger silbern auf, als badeten sie vor toller Angriffsfreude im Licht . . .«

». . . die Flak kämmte die Gipfel sauber . . .«

Es gab dazu »Milchmädchenrechnungen«, wonach im I. Weltkrieg 5000

Schuß notwendig gewesen wären, um ein Flugzeug abzuschießen, im Spanienkrieg mit der 8,8-Flak aber nur noch 150 Schuß. Ebenso wurde verbreitet, daß bei Luftangriffen auf Barcelona 0,5 t Sprengstoff genügt hätten, um einen Menschen zu töten – eine wahrlich makabere Rechnung![18]

Über den Fall »Guernica« schwieg man lieber, denn in dieser baskischen Kleinstadt waren am 26. April 1937 bei dem vergeblichen Versuch von Kampfflugzeugen der Legion »Condor«, eine strategisch angeblich wichtige Brücke zu zerstören, große Schäden in den umliegenden Wohngebieten angerichtet und (angeblich) etwa 1600 Menschen getötet worden[19].

Guernica kann eher als ein Typenbeispiel dafür gelten, wie gering die Zielgenauigkeit von Kampfflugzeugen in jener Zeit war.

K.-H. Völker (119) meint in seiner Rückschau: ». . . Es soll . . . nicht bestritten werden, daß der gesamten Heimatluftverteidigung friedensmäßig recht geringe Bedeutung beigemessen worden ist . . .« und sagt ferner ». . . daß der Feind bei Tage in das Innere Deutschlands einfliegen würde, war im Frieden als *absurd* abgetan worden . . .«

Aus Feuerwehrsicht sind wir versucht zu sagen: Hier galten die Worte von Christian Morgenstern (Palmström): ». . . daß nicht sein kann, was nicht sein darf!«

Vor dem Kriege waren auch die Meinungen der Experten über die wirksamste Abwurfmunition sehr geteilt. Die Anhänger der Sprengbombe überwogen bei weitem, eine gute Chance wurde den Kampfstoffen eingeräumt – die Brandbombe hatte man aber nicht auf der Rechnung!

Nach den Warschauer Erfahrungen kam nun zwar doch der militärischen Brandstiftung einige Bedeutung zu. Dennoch widmet das 1940 in 3. Auflage erschienene Buch »Die Gefahren der Luft und ihre Bekämpfung im täglichen Leben, in der Technik und im Kriege« (125) von 287 Seiten Text ganze 6 Seiten der Brandbombe und dem Brandschutz und bemerkt u. a. dazu:

». . . Die Bedeutung der Brandbomben ist *umstritten.* Die Phosphorbombe hat keine besondere Zündkraft, die Thermitbombe hat keine besondere Durchschlagskraft und nur eine lokale Wirkung . . .«

». . . die Brandbombe ist nur der Branderreger, die Wirkung der Bombe hängt von dem betroffenen Gegenstand selbst ab. Und in dieser Beziehung ist die Brandgefahr am *leichtesten* zu bekämpfen, da der Erfolg . . . verheerende Brandstiftung oder wirkungsloses Feuerwerk . . . von unseren Gegenmaßnahmen, d. h. von unserer vorbeugenden Tätigkeit oder von unserer Nachlässigkeit abhängt . . .«

». . . Die Organisation des Feuerlöschdienstes ist also das erste Mittel jeder Brandgefahrbekämpfung. Zwei beherzte Menschen in jedem Haus genügen! . . .«

Diese konfusen und durch die Ereignisse in Warschau bereits widerlegten Ansichten hat aber nicht irgendein »Schreiberling« geäußert. Der eine Verfasser war vielmehr Ministerialrat im Heereswaffenamt und Professor an der Technischen Hochschule Berlin, der andere Oberarzt und Professor an der Universität Prag! Was beide – sicherlich »nach bestem Wissen und Gewissen« – mit amtlicher Billigung geschrieben haben, entsprach genau der in »Partei und Staat« sowie weiten Kreisen der Bevölkerung vorherrschenden Auffassung.

Zu den wenigen international anerkannten Zahlen des Zweiten Weltkrieges gehört nun aber die Feststellung, daß 75 bis 80 % aller Zerstörungen in Deutschland durch *Brände* verursacht wurden (16), (17), (18), (105), (106), (107). Und es wird ebenso kaum bestritten, daß die erfolgreichste, mit weitem Abstand billigste, in der Anwendung bequemste und zugleich sicherste Abwurfmunition jener simple *»Brandstab«* (Stabbrandbombe) war, der erstmals am 18. Mai 1940 auf Hamburg und dann in Millionenmengen auf deutsche Städte, Dörfer, Industrieanlagen und Verkehrseinrichtungen regelrecht herunterregnete und hunderttausende von Brandherden verursachte (49).

Schon 1927 hatte der Inspekteur der Fliegertruppen im Ersten Weltkriege, Oberstleutnant Siegert, dieses vorausgeahnt und geschrieben[20]:

». . . Gelingt es, in einer Stadt mehr Brandherde zu erzeugen, als durch die vorhandenen Feuerwehren gleichzeitig gelöscht werden können, so sind die Keime von Katastrophen gelegt. Die einzelnen Feuerherde schließen sich zusammen. Die erhitzte Atmosphäre schießt wie ein Riesenkamin nach oben. Die längs des Erdbodens nachstürzende Luft erzeugt den »Feuersturm«, der wiederum die kleineren Brände zur vollen Entfaltung bringt . . .«
– damals eine *Vision* – die 16 Jahre später in der Hamburger Feuersturmnacht vom 28. Juli 1943 grausame Wirklichkeit wurde!
Ein ungenannter französischer Militärschriftsteller meinte[21]:

». . . Es hat den Anschein, als ob unsere Städte von einem Nero absichtlich zu dem Zweck gebaut sind, sich das Schauspiel einer Feuersbrunst zu verschaffen, wenn er einmal Lust dazu hat . . .«

Die kleine Gruppe deutscher Feuerwehringenieure – darunter der Hamburger Oberbranddirektor Dr.-Ing. Otto Zaps – die sich neben der Fülle drängender Tagesaufgaben mit dem Thema »Brandschutz im Luftschutz« beschäftigte, schätzte das Brandrisiko richtig ein (103), (104), (126). Niemand hörte aber ihre mahnenden Stimmen gerne[22].

Ebensowenig konnten sich die sachkundigen, nüchtern denkenden Referenten für Brandschutzfragen im Reichsluftfahrtministerium (ab 1934) und im Reichsinnenministerium (ab 1937) mit ihren Ansichten über die Gefahren militärischer Brandstiftung und die Dringlichkeit von Brandschutzmaßnahmen durchsetzen (78).

Das deutsche Luftkriegsbild von 1939 blieb gezeichnet von der Annahme absoluter Luftüberlegenheit und – wider besseres Wissen – von einer Überschätzung der Abwehrmöglichkeiten der Flak bei Dunkelheit, Wolkendecken und größeren Einflugzahlen. Was in Warschau vor allem mit Brandbomben gelungen war, sollte in deutschen Städten ausgeschlossen sein!

3.5 HAMBURGER BILANZ DES LUFTKRIEGSJAHRES 1939

Hamburg hatte in den ersten vier Kriegsmonaten mit Ausnahme der beiden »Fehlauslösungen« am 4. 9. nur einen nächtlichen Fliegeralarm am 9. September von 01.45 bis 03.17 Uhr erlebt. Die Warnzentrale war sich wohl im Unklaren über die wahren Absichten der einfliegenden Luft-Propagandisten gewesen.

Die Stadt ist aber wiederholt von einzelnen britischen Kampfflugzeugen mit »Drucksachen« versorgt worden. Flak und Scheinwerfer hatten jedoch auf eine Tätigkeit verzichtet, nicht zuletzt wohl auch, weil der Gegner Flughöhen vorzog, die über der Wirksamkeitsgrenze der Abwehr lagen. Die RAF erlitt dennoch mancherlei Verluste durch Vereisung von Maschinen (99), (122).

Der Sicherheits- und Hilfsdienst – bei Bereitschaftsgrad IV mit einem Drittel seiner Sollstärke im Dienst – hatte sich einigermaßen in seine Aufgabe eingelebt. Die zum Luftschutzdienst herangezogenen Männer liefen in schlechtsitzenden polnischen und tschechischen »Beute-Uniformen« herum und machten zum Kummer vieler militärischer Dienstgrade gerade keinen sehr soldatischen Eindruck.

Die Tätigkeit des SHD bestand vorwiegend aus »Arbeitsdienst«, der sich aber nicht nur auf das Herrichten und Verbessern der eigenen Unterkünfte beschränkte, sondern sehr freizügig auch an allen möglichen anderen Stellen geleistet wurde nach dem Motto »kein SHD-Mann darf zur Untätigkeit verurteilt werden . . .« (Luftschutz-Tagesbefehl Nr. 13 v. 30. 9.)

Die bei Aufruf des Luftschutzes in aller Eile an den verschiedensten Stellen im Stadtgebiet ausgehobenen Deckungsgräben verfielen langsam, dagegen machte das Herrichten von Kellern als Luftschutzräume und der Bau von splittersicheren Luftschutzbauwerken gute Fortschritte. Niemand wollte allerdings mehr so recht daran glauben, daß »Luftschutz« doch noch einmal notwendig werden könnte.

In Hamburg ging das Leben aber sonst im Grunde »friedensmäßig« weiter. Die Anfangsschwierigkeiten mit der Verdunklung waren überwunden. Wohl oder übel hatten sich die Bürger Verdunklungsvorhänge beschafft, zur Beleuchtung nicht notwendige Fenster dichtgesetzt und Verkehrsleuchten blau eingefärbt. Gehwegkanten waren weiß gestrichen. Die wenigen noch zugelassenen Kraftfahrzeuge fuhren im dürftigen Licht der Tarnscheinwerfer bei Dunkelheit doch schon wieder recht flott durch die Straßen.

Offiziell standen dem Normalverbraucher 2435 Kalorien täglich zu. Die *Lebensmittelversorgung* klappte im Ganzen gut und war ausreichend. Es gab auch hin und wieder etwas »unter dem Tisch« für die Stammkunden. Die *Kohlenlieferungen* genügten ebenfalls.

Kinos und *Theater* spielten uneingeschränkt. In Farmsen wurden Trabrennen veranstaltet und zu Weihnachten spielte (und verlor!) der HSV gegen Sparta-Prag 4:5!

U-Bahn, S-Bahn und der Reichsbahn-Fernverkehr mit Speise- und Schlafwagen rollten pünktlich wie eh und je.

Neu in der Hamburger Kriminalgeschichte waren jedoch die Verstöße gegen Kriegswirtschaftsverordnungen und Vergehen oder Verbrechen unter Ausnutzung der Verdunklung. Sie wurden vor dem dazu gebildeten Hanseatischen Sondergericht verhandelt.

Am 9. 9. 1939 gab es für den ersten Raubversuch unter Ausnutzung der Verdunklung 8 und 10 Jahre Zuchthaus, am 12. 11. stand der erste »Hamsterer« vor dem Schnellgericht und bekam 1 Jahr und 6 Monate Gefängnis, am 30. 11. wurde der Geschäftsführer einer Schiffmaklerfirma angeklagt, weil er die »bedrängte Lage auswanderungswilliger Juden ausgenützt . . .« und RM 100000,– Schmiergelder angenommen hatte!

Zu Jahresende fand in der Börse – äußerlich kaum beeindruckt vom Kriegsgeschehen – die Jahresversammlung eines Ehrbaren Kaufmanns statt.

Am 27. 12. hatte Stalin ein Glückwunschtelegramm an den »Führer« gerichtet und die Hamburger Presse berichtete »Die Wirtschaftswege nach dem Osten sind offen!«

Der »Hamburger Anzeiger« brachte noch vier Seiten Neujahrsglückwünsche Hamburger Geschäftsleute, die Polizeistunde in der Silvesternacht war auf 1 Uhr festgesetzt.

Am 31. Dezember 1939 gab das Oberkommando der Wehrmacht bekannt.:

». . . An der Westfront verlief der Tag ruhig. Die Kriegsmarine setzte auch in den letzten Wochen die Aufklärungs- und Überwachungstätigkeit sowie eine laufende Kontrolle der Handelswege in Ost- und Nordsee planmäßig fort. Der Einsatz von Seestreitkräften im Handelskrieg war weiterhin erfolgreich . . .«
– und Gauleiter Kaufmann hatte verkündet:

»Hamburg wird sich bewähren!«

Niemand konnte sich aber recht vorstellen, wie nun das Kriegsgeschehen weitergehen sollte!

4. *1940 – Der Luftkrieg über Hamburg beginnt!*

»... Möge das Jahr 1940 die Entscheidung bringen. Sie wird, was immer auch kommen mag, unser Sieg sein ...«

(Adolf Hitler in seinem Neujahrs-Aufruf 1939/40)

Der Neujahrsaufruf Hitlers ließ der deutschen Öffentlichkeit keinen Zweifel, daß im Jahre 1940 ein Angriff im Westen kommen würde. Für Hamburg bedeutete dies, daß zumindest die RAF dann versuchen würde, den Hafen und die Werften anzugreifen, um den Seeverkehr und vor allem die Fertigung und Ausrüstung von Kriegsschiffen[23], insbesondere U-Booten, zu behindern.

4.1 UMORGANISATION UND UNLUST

Als eine Schlußfolgerung aus den bisherigen Erfahrungen mit doch recht bunt gewürfelten Gruppen und Grüppchen der verschiedenen Hilfsdienste des Luftschutzes ordnete das Reichsluftfahrtministerium mit Erlaß vom 25. 1. 1940 eine straffere Zusammenfassung des SHD, insbesondere des Feuerlösch- und Entgiftungsdienstes an. Beide Dienste wurden führungsmäßig zusammengelegt. Im »FE-Dienst« gab es nun *leichte* und *schwere Löschgruppen,* daraus gebildet *Löschzüge, Bereitschaften* und *Abteilungen*[24]. In Hamburg verfügte der FE-Dienst danach über 108 Löschzüge in 30 FE-Bereitschaften – **BILD 3** –, die wiederum zu 13 FE-Abteilungen in den 13 Hamburger Luftschutz-Abschnitten zusammengefaßt waren.

Diese Neuordnung löste eine Fülle von Organisations- und Umstellungsarbeiten aus, aber es bestand kein Zweifel darüber, daß dies zweckmäßig war. Bis

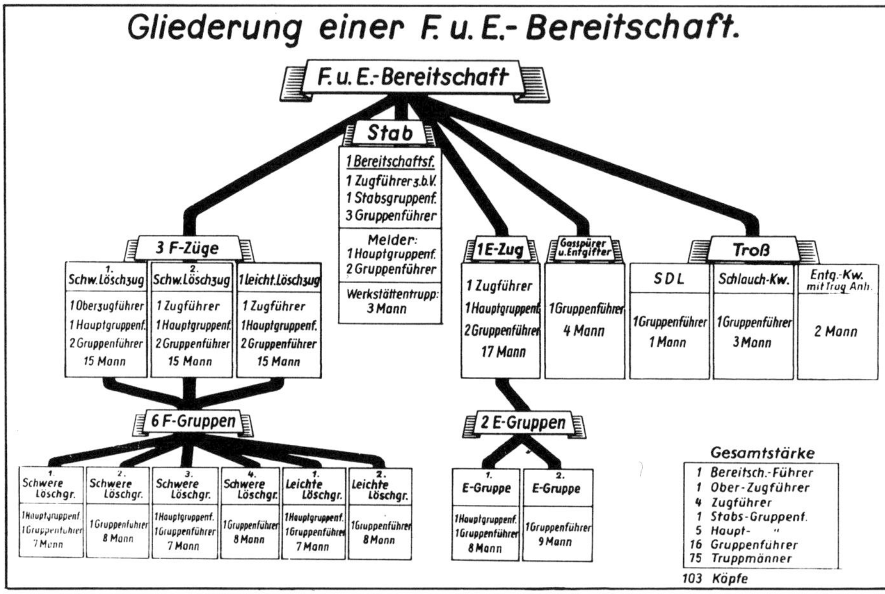

BILD 3 Gliederung einer Feuerlösch- und Entgiftungs-Bereitschaft nach der Umorganisation Anfang 1940.

Ende April 1940 hatten sich die neuen Einheiten soweit zusammengefunden und »eingelebt«, daß von voller Einsatzfähigkeit gesprochen werden konnte. Inzwischen gelang es auch, zahlreiche Mängel in der technischen Ausrüstung zu beheben, vor allem waren die nötigen Übergangsstücke für noch nicht genormte Hydranten und Schlauchkupplungen beschafft.

Um die Jahreswende 1939/40 begann noch ein anderes Unternehmen, das in einem Schnellbrief des Chefs der Ordnungspolizei vom 20. 12. 1939 mit dem Satz angekündigt wurde: »Im Interesse der Landesverteidigung muß beschleunigt ein *Regiment Feuerschutzpolizei* aufgestellt werden . . .«. Hamburg hatte dazu 21 befähigte Feuerwehrbeamte abzuordnen, die hier allerdings nun als Führungskräfte fehlten. Das Feuerschutzpolizei-Regiment »Sachsen«[25] war dann als »überörtliche Einheit« Anfang April einsatzbereit (105).

Zur gleichen Zeit strebte das Reichsluftfahrtministerium nach *eigenen* Luftschutztruppen (58). Als Reserve der örtlichen Luftschutzleitung war gleich zu Kriegsbeginn in Hamburg (wie in anderen großen Luftschutzorten) eine »Marschstaffel« aufgestellt und in der Kaserne Wentorf untergebracht. Mit der Neugliederung des SHD wurde diese Einheit aber unter der neuen Bezeichnung »SHD-Abteilung (mot) 21« direkt dem Luftgaukommando IX zugeordnet.

Allein schon diese gleichzeitige Aufstellung zweier verschiedener Einheitsformen für den gleichen Zweck, nämlich »Luftschutzeinsatz«, zeigt deutlich die

Zweigleisigkeit der Befehlsführung im Luftschutz und ließ die Spannungen offenbar werden, die von den Führungsspitzen angefangen (Göring – Himmler) zwischen Luftwaffe und Polizei bestanden. Ausgetragen wurden diese Macht- und Prestige-Kämpfe leider auf dem Rücken der örtlichen Luftschutz-Organisationen und zu Lasten ihres Personalbestandes.

Die Bemühungen, während der Wintermonate – nicht zuletzt nach den Warschauer Erfahrungen – die Ausbildung des *Selbstschutzes* in Hamburg voranzutreiben, hatten leider nur geringe Erfolge. Die Ausbildungs-Veranstaltungen waren schlecht besucht, viele Teilnehmer verschwanden wieder, sobald sie sich in die Teilnehmerlisten eingetragen hatten; der Rest blieb gleichgültig.
Bei LS-Übungen gab es recht naive Annahmen, wie z.B.:

». . . Der Luftkampf über dem östlichen Stadtgebiet *tobt* . . . noch, jedoch sind die Bombenangriffe nicht mehr in unmittelbarer Nähe des Dienstgebäudes zu beobachten . . .«

In Berichten hieß es, daß die Kräfte des Selbstschutzes oder erweiterten Selbstschutzes »vollkommen versagten« oder »mangelhafte Leistungen« zeigten[26].

Kurzum: Mit der »Luftschutzbereitschaft« der Bevölkerung war es nicht weit her. Inzwischen hatten sich auch die zum Löschen von Brandbomben bestimmten Papiertüten mit Sand aufgelöst und waren »über Bord« geworfen, in den Löscheimern gefror das Wasser und stank. Viele Luftschutz-Einstellspritzen verdarben durch Frost und Korrosion.

Profitiert hatten bislang nur einige clevere Verkäufer von Löschgeräten, die »Löschfackeln« für RM 9,90 (Herstellungswert unter RM 1,–!) und selbsttätige »Löschbomben« anboten, mit denen das ganze Brandbombenproblem auf einfachste und billigste Weise zu lösen sei.

Die Besetzung von Dänemark und Norwegen ab 9. April 1940 berührte die Hamburger Luftschutzorganisation nicht. Die im Hafen und auf den Werften tätigen Bürger waren allerdings in das Geschehen stark eingespannt, besonders als nach dem 9. 4. der Nachschub »rollte«.

Für den Schutz der Bevölkerung vor Luftangriffen geschah inzwischen aber doch eine ganze Menge. Es gab viele Keller, die durch zusätzliche Abstützungen, Einbau von Stahltüren sowie Dichtsetzen von Schächten, Luken und Fenstern als »Öffentliche Luftschutzräume« hergerichtet waren. Sie galten als »splittersicher« und »gasdicht«, aber nicht als »bombensicher«.

Auch private Hauseigentümer hatten »ein wenig« für den Ausbau von Schutzräumen getan – mit der vorwurfsvollen Frage »Warum?«, »Wozu denn?« Der bislang einzige nächtliche Fliegeralarm war Anfang September 1939 ausgelöst und das Vertrauen in die Stärke der deutschen Abwehr so groß, daß vorbereitende Schutzmaßnahmen schier als »Defaitismus« galten.

In Gebieten mit hohem Grundwasserstand, besonders den neuen Harburger und Wilhelmsburger Siedlungsgebieten hatte die Bauverwaltung kleine Rundbunker als »Splitterschutzbauten« errichtet – gegen den lebhaften Protest der Siedler, deren Gartenbaukünste dadurch natürlich beeinträchtigt wurden.

Schätzungsweise gab es Ende April 1940 für keine 5 % der Hamburger Bürger Schutzbauten, die diesen Namen verdienten.

Fern von Hamburg – aber hier doch vermerkt – ging am 6. Mai 1940 die Geschichte der deutschen Luftschiffahrt zu Ende: An diesem Tage wurden auf Anordnung des Oberbefehlshabers der Luftwaffe die beiden Luftschiffhallen auf dem Rhein-Main-Flughafen gesprengt. Sie galten mit ihren 60 m Höhe (Länge 275 m, Breite 51 m) als ein gefährliches Hindernis für anfliegende Flugzeuge bei Schlechtwetter. Die beiden Luftschiffe LZ 127 »Graf Zeppelin« und LZ 130 hatte man vorher »demontiert« und das Material »anderer Verwendung« zugeführt. Wahrscheinlich wollte aber die deutsche Luftwaffenführung dem Gegner auch kein verlockendes, propagandawirksames Ziel anbieten – in Erinnerung an jenen Erfolg eines einzelnen von Dünkirchen gestarteten britischen Fliegers, der am 8. 10. 1914 Bomben auf die Luftschiffhalle Düsseldorf warf. Das darin liegende Luftschiff Z IX ging in Flammen auf!

So ganz unbeteiligt sollen Zeppeline übrigens nicht an den Kriegsvorbereitungen gewesen sein, denn LZ 127 hatte (angeblich) am 3. 8. 1939 bei einer Fahrt über dem Ärmelkanal zu erkunden versucht, ob die Engländer so etwas wie »Funkmeß« haben (4). Tatsächlich gab es nach Angabe von Churchill im Juli 1939 bereits 20 Radarstationen zwischen Portsmouth und Scapa Flow.

4.2 »DIESER FELDZUG FÄNGT JA GUT AN!«
Luftangriffe zu Beginn des Westfeldzugs

»Dieser Feldzug fängt ja gut an! Die Luftwaffe und ich haben sich schwer blamiert – wie kann man das vor dem deutschen Volke verantworten?« – mit diesen Worten soll Hermann Göring in heftiger Erregung am Spätnachmittag des 10. Mai 1940 auf die Meldung von einem Bombenabwurf vermutlich eigener Flugzeuge auf die badische Stadt Freiburg im Breisgau geantwortet haben (55).

Sein Ausspruch – wenn er richtig wiedergegeben ist – war wohl berechtigt, denn die Offensive im Westen hatte gerade neun Stunden vorher begonnen und noch war keine Bombe alliierter Kampfflugzeuge auf deutsches Gebiet gefallen.

Der Vorfall wurde als »Geheime Kommandosache« behandelt und kriegsgerichtlich gründlich untersucht, dann aber regelrecht totgeschwiegen. Die Akten darüber sind vernichtet. Bis in unsere Tage ist selbst in ernsthaften Büchern –

z.B. von Baumbach (3) – die Meinung verbreitet, der Luftkrieg gegen die deutsche Zivilbevölkerung sei am 10. Mai 1940 durch britische Bombenangriffe auf die offene Stadt Freiburg sowie auf Heidelberg begonnen worden[27].

Tatsächlich hat aber die deutsche Propaganda den unglückseligen Irrtum eigener Flieger zu einem »beabsichtigten Verbrechen« des Gegners gestempelt (55).

Was war geschehen?

Eine Kette (drei HE 111 P[28]) der 8. Staffel des Kampfgeschwaders 51 (Oberst Kammhuber) vom Fliegerhorst Landsberg sollte den französischen Flugplatz Dijon-Lonvic angreifen, verfranzte sich aber bereits über dem Schwarzwald in den Wolken, verlor den Anschluß an den Kampfverband und warf ihre 69 Bomben gegen 16.00 Uhr auf das angenommene Ausweichziel Dole-Tavaux, als durch Wolkenlöcher bebautes Gelände und ein Flugplatz sichtbar wurden. *Leider war es aber Freiburg!*

Die 45 detonierenden Bomben (Typ SC 50 mit elektrischem Zünder und Pfeifgerät (»Jericho-Pfeife«) aus der Luftwaffen-Munitionsanstalt Schwabstadl) töteten 57 Menschen, darunter 11 Soldaten und verletzten 101 Personen. Der Sachschaden war gering. 24 Bomben blieben als »Blindgänger« liegen – sie ermöglichten eine genaue Ermittlung ihrer Herkunft.

Die Wehrmacht hatte damals guten Grund, den peinlichen Vorfall »Geheim« zu halten – Schließlich stand das ». . . Ansehen Deutschlands und der deutschen Luftwaffe auf dem Spiel . . .« (55) und die alliierte Propaganda hätte mit Freuden den Fehlabwurf »ausgeschlachtet«.

Aus den Fingern gesogen war aber die 1947 veröffentlichte Behauptung der Badischen Staatskanzlei (Badische Zeitung v. 2. 12. 1947), daß Freiburg von deutschen Flugzeugen auf einen »perfiden Befehl Hitlers« bombardiert worden sei.

Es wäre müßig, heute noch einmal über diesen im Kriegstheater scheinbar so nebensächlichen Vorfall zu sprechen. Es war aber das *erste Typenbeispiel* des Zweiten Weltkriegs dafür, daß ein *richtiger Befehl* und *guter Wille* sehr schnell an menschlichem Unvermögen und technischen Zufällen scheitern können. Vor allem die RAF hat dies in allen Kriegsjahren vielfach und peinlich bei der Auswertung von Ziel-Photographien erfahren müssen. Daran sollten wir auch heute noch bei der Beurteilung von Bombentreffern denken, die scheinbar »absichtlich« Kulturdenkmäler oder Kultstätten zerstörten!

Die ersten Sprengbomben alliierter Kampfflugzeuge auf deutsches Reichsgebiet *westlich* des Rheins fielen allerdings dann rund 7 Stunden nach der »Bombardierung von Freiburg« – in der Nacht vom 10./11. Mai im Raum Aachen – Geldern – Kleve – Wesel.

In den folgenden Nächten warfen ebenfalls einige wenige alliierte Kampfflugzeuge Bomben im Aufmarschgebiet der 6. und 18. Armee. In diesem Zusammenhang müssen wir auch die Bombenabwürfe auf die Ortsausgänge von Mönchen-Gladbach in der Nacht zum 12. Mai sehen, die gerne als der Beginn des Bombenkriegs gegen die Zivilbevölkerung bezeichnet worden sind. Schon gar nicht hat Churchill am 11. Mai 1940 ». . . den ersten großen Luftangriff auf eine offene deutsche Stadt, auf Mönchen-Gladbach . . .« angeordnet[29]. Das neue britische Kabinett unter Churchill als Premierminister und Verteidigungsminister war an diesem Tage erst gebildet worden!

Wir wollen doch nicht vergessen, daß diese rund 30 km von der Grenze entfernt liegende Stadt mitten im Aufmarschgebiet der Heeresgruppe B lag und daß aus diesem Raum die Maas-Übergänge erzwungen wurden. Schließlich griff zur gleichen Zeit die weit überlegene Luftflotte 2 bei Tag und Nacht Eisenbahntransporte und Marschkolonnen im belgischen und französischen Hinterland an. Dabei sind fraglos viele Zivilisten umgekommen und militärisch bedeutungslose Gebäude zerstört worden.

Am 13. Mai 1940 schlugen kurz nach Mitternacht die ersten Bomben im Kölner Stadtgebiet ein. Sie galten sehr wahrscheinlich der Südbrücke, über die schier endlose Kolonnen von Kampfverbänden marschierten.

Fliegeralarm war bei keinem Luftangriff gegeben worden, vermutlich weil bei der regen eigenen Fliegertätigkeit gar keine Erkennung der Maschinen möglich war. Die angerichteten Schäden blieben unbedeutend.

Am 16. Mai 1940 starb in Köln-Worringen ein Gutsarbeiter. Er hatte auf dem Wege zum Abort versehentlich die Hofbeleuchtung eingeschaltet und auf dieses Licht stürzten prompt 12 Sprengbomben! Zur gleichen Zeit marschierten aber auch drei Kolonnen Nachrichtentruppen mit je etwa 250 Fahrzeugen durch Köln! (CD 801)

Die wenigen Bomben, die dann weiter in den Tagen bis zum 18. Mai an einzelnen Stellen bis in die Gegend Kamen – Oberhausen – Remscheid fielen, ». . . machten den Eindruck der Planlosigkeit (30, S. 121).

Alle diese Abwürfe waren letztlich nichts anders, als verzweifelte Versuche, den deutschen Aufmarsch zu stören. Es kann aber keine Rede davon sein, daß damit schon die »Terrorangriffe auf die Zivilbevölkerung« begonnen hätten.

In Hamburg war am 10. Mai früh für den gesamten Sicherheits- und Hilfsdienst der »Bereitschaftsgrad I« angeordnet.

Als dann aber »nichts passierte«, kein »Feindflugzeug« im Warnbereich geortet wurde, der Siegeszug im Westen unaufhaltsam schien und obendrein das Pfingstfest nahte, hatte das LGK XI keine Bedenken, ab 12. Mai den »Bereitschaftsgrad II« zu bestimmen und in den nächsten Tagen sogar auf »Bereitschaftsgrad III« zurückzugehen.

Die Hamburger waren guten Muts, daß nun der Krieg bald zu Ende sei. Sie wußten nichts davon, daß Churchill am 13. Mai 1940 den berühmt gewordenen Satz gesprochen hatte ». . . Ich habe nichts zu bieten, als Blut, Mühsal, Tränen und Schweiß . . .« (2). Und das britische Kriegskabinett hatte die RAF ermächtigt, nunmehr auch Luftangriffe *ostwärts* des Rheins zu fliegen, nachdem am 14. Mai 1940 die Stadt Rotterdam von einem deutschen Kampfverband bombardiert worden war.

4.3 FLÄCHENBRÄNDE IN ROTTERDAM

Schon in den ersten Stunden des Westfeldzugs waren deutsche Fallschirmjäger in der (angeblichen) »Festung Holland« bei Rotterdam und an der Moordijk-Brücke gelandet, um Brücken und Brückenköpfe in die Hand zu bekommen. Der Einsatz schien angesichts des Widerstandes der holländischen Armee dringend, sollte nicht das ganze Flanken-Unternehmen mißlingen.

Unter diesen militärischen Gesichtspunkten müssen wir die Aufforderung an den Stadtkommandanten von Rotterdam zur Übergabe und die Androhung eines Bombardements bei Verweigerung verstehen.

Das schon im ersten Weltkriege von keiner kriegführenden Partei mehr beachtete formale Kriegsrecht dazu war auf deutscher Seite: In Artikel 25 der Haager Landkriegsordnung von 1907 (!!) hieß es:

». . . Es ist untersagt, unverteidigte Städte, Dörfer, Wohnstätten oder Gebäude, mit welchen Mitteln es auch sei, anzugreifen oder zu beschießen . . .«

Rotterdam konnte – genau wie Warschau – zwar als »verteidigte Stadt« gelten – eine »befestigte Stadt« war es aber ganz sicher nicht. Der Stadtkommandant wurde am 14. Mai 1940 in gehöriger Form, zunächst jedoch vergeblich zur Übergabe aufgefordert.

Ein Angriffsauftrag an das Kampfgeschwader 54 wurde deshalb als »rechtens« angesehen und nun passierte das, was im Zweiten Weltkriege so oft ungewollte Wendungen und Reaktionen auslöste: Der Befehl zum Angriffs-Stop nach Eingang des Kapitulations-Angebots erreichte wegen eines simplen technischen Details nicht mehr alle bereits anfliegenden Verbände: An der HE 111 mußte die Schleppantenne vor einem Bombenwurf eingezogen werden und dadurch war vorübergehend kein Funkempfang aus größerer Entfernung möglich.

Hier steckte auch wahrlich der »Teufel im Detail«, denn 57 Kampfflugzeuge warfen 97 t Sprengbomben (158 zu 250 kg und 1150 zu 50 kg), aber *keine Brandbomben,* auf die Altstadt von Rotterdam – genau in das befohlene Dreieck am Kopf der Maas-Brücken (5).

Eine der ersten Bomben war ein Zufallstreffer auf die 1250 mm-Hauptversorgungsleitung der Wasserwerke. Schon 10 min später soll der Leitungsdruck auf

»0« abgesunken gewesen sein und damit war auch die gesamte Löschwasserversorgung über Hydrantenleitungen zusammengebrochen.

Erst etwa eine halbe Stunde nach dem Angriff entwickelten sich vereinzelte Brände in den Trümmern getroffener Häuser – ausgelöst durch geborstene Gasleitungen, umgestürzte Öfen und Kurzschlüsse in elektrischen Leitungen.

Im Verlaufe von vier Tagen (14. bis 17. Mai 1940) wuchsen sie dann nach und nach zu einem *Flächenbrandgebiet* von ungefähr 2,6 km^2 zusammen – **BILD 4** –. Etwa 11000 Häuser mit 25000 Wohnungen – rund ein Sechstel der bebauten Fläche der Stadt – wurden vernichtet und 75000 Menschen (bei etwa 575000 Einwohnern) obdachlos. 1147 Menschen verloren ihr Leben.

Die spätere Behauptung (74), ». . . daß einige Bunker für die Öl- und Margarineerzeugung ausliefen, das auslaufende Fett in Brand geriet und die Fachwerkhäuser der Altstadt somit in Brand gesetzt wurden . . .« ist brandtechnischer Unsinn und durch die Feststellungen zahlreicher Feuerwehr-Ingenieure an Ort und Stelle widerlegt.

Das Ausmaß der Katastrophe wurde im wesentlichen durch drei Umstände bestimmt:

- Den Baucharakter des betroffenen alten Stadtzentrums: Es waren überwiegend ältere, mehrgeschossige Fachwerkhäuser, dicht ineinandergeschachtelt, die sehr viel Holzwerk enthielten und zahlreiche Feuerbrücken untereinander bildeten. Ihre Struktur war sehr ähnlich den Bauweisen in den Altstädten von Lübeck, Rostock oder auch Hamburg (z. B. in der Umgebung Reichenstraße, Gängeviertel, Alt-St. Pauli oder Alt-Altona).
- die vom Krieg überraschte Bevölkerung, völlig schutzlos den Bomben ausgeliefert, verängstigt durch Gewehrfeuer und Granatwerfer-Einschläge, auf der Flucht vor den anrückenden deutschen Kampfverbänden, konnte nicht mehr die Kraft aufbringen, mitten im Kampfgebiet nun noch mit Löschen anzufangen.
- die vorhandenen Löschkräfte waren ebensowenig weder nach Zahl, noch Organisation, noch Ausbildung und Ausrüstung in der Lage, die zahlreichen Entstehungsbrände zu bekämpfen. Einen »Selbstschutz« gab es nicht – schließlich hatten die Niederlande ja auch nicht mit einem solchen Überfall gerechnet!

Die Lage in den Brandtagen glich in vieler Hinsicht den Verhältnissen während des Hamburger Brandes 1842 – auch hier kam das Feuer schließlich nach vier Tagen mehr oder minder von selbst zum Stehen[30].

Rotterdam hatte nur eine Freiwillige Feuerwehr mit etwa 1650 Mann und einen Stamm von 30 »ständigen« Feuerwehrmännern. Sie wurden kommandiert von 12 »Hauptleuten« und etwa 300 anderen »Befehlführenden«. Die Löschkräfte verfügten über 30 Tragkraftspritzen und 7 Löschfahrzeuge sowie 67 auf

BILD 4 Rotterdam 1940: Übersicht des Hauptschadengebiets in der Altstadt; rechts der Turm von Sint Laurens (erbaut 1472).

das Stadtgebiet verteilte Handschlauchwagen – aber diese nutzten nur etwas, wenn die Hydrantenleitungen Wasser gaben (105).

Daß die Feuerwehr nur ». . . mit alten zweirädrigen »Schlangenspritzen« ausgestattet . . .« gewesen sei (74), ist dagegen eine schier böswillige Verleumdung.

Von einer systematischen Brandbekämpfung und Einsatzführung – auf die sich auch niemand vorbereiten konnte – war nach der Wucht dieses Bombenangriffs nicht die Rede. Zwei bis drei Stunden nach dem Angriff konnte die Löschaufgabe ohnehin weder taktisch noch technisch mehr gelöst werden.

Der Fall »Rotterdam« gilt als *Typenbeispiel* des Zweiten Weltkriegs für eine *Brandstiftung* durch *Sprengbomben.* Er führte bei in- und ausländischen Luftwaffen-Experten zu dem Trugschluß, daß mit einem relativ geringen Aufwand von Sprengmunition leicht außerordentliche Zerstörungswirkungen zu erzielen sind. Tatsächlich verbessern Sprengbomben aber nur die Voraussetzungen für eine Brandausbreitung und lösen in günstigen Fällen sekundär eine Zündung aus, wobei allerdings die Baustruktur eine wesentliche Rolle spielt.

Rotterdam war ebenso ein *Typenbeispiel* dafür, welches Schicksal eine Stadt ohne starke, gut ausgebildete und ausgerüstete Löschkräfte und ohne vorbereiteten Selbstschutz der Bevölkerung erleidet.

In der heute wieder aktuellen Strategie der »Verteidigung des Westens« hat diese Erkenntnis allerdings immer noch keinen Platz gefunden. Dies sollten vor allem jene erkennen, die in einem umfassenden Bevölkerungsschutz sogar ein »Kriegsführungselement« sehen, das in einem »Abschreckungssystem« fehl am Platze sei (vgl. die Fernsehsendung »Überleben im Ernstfall nur die Befehlshaber?« – NDR III. Programm, 28. 6. 1977).

Schließlich war Rotterdam das *zweite Typenbeispiel* des II. Weltkriegs für eine militärische Erpressung mittels eines Luftangriffs, der in erster Linie eine ahnungslose, wehrlose Zivilbevölkerung treffen mußte. Was blieb hier dem niederländischen Befehlshaber angesichts des menschlichen Elends und der Vernichtung um ihn herum anderes übrig, als zu kapitulieren? Was sollen all die auch heute noch immer wieder kolportierten Rechtfertigungsversuche für das Vorgehen der deutschen Streitkräfte (74) angesichts der Tatsache, daß hier ein sicher nicht kriegslüsternes Land kurzerhand überfallen wurde?

Fast auf den Tag genau 98 Jahre nach dem letzten europäischen Flächenbrand in einer Großstadt – Hamburg 1842 – war hier der erste Flächenbrand der Geschichte durch Bombenabwürfe zu verzeichnen – rund fünfmal größer, als einst in Hamburg, aber nur ein Zehntel dessen, was drei Jahre später – 1943 – wieder in Hamburg geschah!

Das tragische Geschehen in Rotterdam löste unmittelbar einen Tag später – am 15. Mai 1940 – den Befehl des britischen Kriegskabinetts an das Bomberkommando der RAF aus, nunmehr die strategische Bombenoffensive gegen Deutschland zu eröffnen. In dem britischen kriegsgeschichtlichen Werk »The Strategic Air Offensive against Germany« (122) steht darüber (S. 144) wörtlich:

». . . Any hopes that Germany might apply a code of morals in the West different from that which Poland had experienced in the East were quickly shattered by the mass bombing of Rotterdam . . .«

». . . On the same day the War Cabinet authorised Bomber Command to attack East of the Rhine . . .«

». . . Thus began the Bomber Command Strategic air offensive against Germany . . . It was probably the most continous and gruelling operation of war ever carried out . . .«

Heute mögen wir rückschauend an die Wahrheit der Schiller-Worte denken:

». . . Das eben ist der Fluch der bösen Tat,
daß sie fortzeugend immer Böses muß gebären . . .«

4.4 »VON ZUG 14: FÜNFTER ALARM!«

Hamburg in der Nacht zum Samstag, dem 18. Mai 1940:

Die Stadt schläft scheinbar friedlich. Nur in einigen sorgsam abgedunkelten Rüstungsbetrieben und auf den Werften wird verhalten gearbeitet. In der Einsatzzentrale der Feuerschutzpolizei an der Hauptfeuerwache Berliner Tor ist »nichts los«. Kurz vor Mitternacht – um 23 Uhr 48 – war zuletzt ein nebensächliches Fernschreiben durchgelaufen und dann kam nur pünktlich um 00.00 Uhr die Anzeige des Tageswechsels – »hmb 18 5 40« – auf dem Fernschreiberblatt.

Auch in der Feuerwache 14 – Harburg – hatte sich der Telegraphist neben seinem Fernschreiber und Telefon »langgelegt«. Mitternacht war vorüber, als plötzlich um 00 Uhr 41 das Laufwerk der Feuermelderzentrale anspringt, gleichzeitig das Alarmlicht in der Wache aufflammt und die Alarmglocke 6 Schläge = »Vollalarm!« auslöst.

»Brinckmann & Mergell – Melder« ruft der Telegraphist in die Fahrzeughalle, in der eben aus den Rutschstangen-Schächten die ersten Männer auftauchen! 45 Sekunden später verläßt Zug 14 mit seinen drei Fahrzeugen die Fahrzeughalle, gleichzeitig mit dem Wilhelmsburger Zug 15, denn der als feuergefährlich bekannte Mühlen- und Extraktionsbetrieb steht in der Ausrückeordnung unter »2. Alarm«, d.h. es müssen bei jedem Alarm sofort 2 Löschzüge ausrücken.

Draußen ist inzwischen »die Hölle los«: Über die Dächer von Harburg zischen kreuz und quer die Leuchtspur-Geschoßbahnen der 2-cm-Flak. Dumpfe Detonationen sind zu hören, die 8,8-cm-Flakbatterie an der Autobahn-Auffahrt Harburg schießt Salven und andere schwere Flakbatterien nah und fern fallen ein. Am Himmel blitzt und kracht es von detonierenden Flakgeschossen – aber auch auf der Erde von Sprengbomben-Einschlägen und grellweiß aufleuchtenden Brandbomben[31]. Zahlreiche Fallschirm-Leuchtbomben machen die Nacht zum Tage.

Zug 14 sieht auf der Fahrt beim Eisenbahn-Übergang Blohmstraße schon einen großen Feuerschein hinter einem Silobau, kann in der Seehafenstraße gerade eben noch einem Bombentrichter auf der Straße ausweichen und wird dann vom völlig verstörten »Hobum«-Betriebspersonal zum Kraftfutterwerk der Kieler Futtermittel A.G. in der Wilhelm-Weber-Straße gewiesen.

Der langgestreckte Bau von 20 × 110 m brennt lichterloh, auch in Richtung »Guanowerke«, 1. Hafenstraße, ist Feuerschein zu sehen und der Zugführer gibt deshalb das in Hamburg als erste Rückmeldung ungewöhnliche Stichwort »5. Alarm!« – es geht um 00.59 Uhr über Fernschreiber an alle 17 Hamburger Feuerwachen.

Während der Brandbekämpfung wurden weitere Sprengbomben geworfen – angeblich sind die Löschmannschaften auch mit Maschinengewehren beschos-

BILD 5 **Teilansicht der Brandstelle Guano-Werke Harburg, 1. Hafenstraße, der ersten Großbrandstelle des Luftkriegs über Hamburg.**

sen worden. Wahrscheinlich fielen die ersten Spreng- und Brandbomben hier schon gegen 00.35 Uhr!

Bei den »Guanowerken« (Mercksche Guano-Werke AG) mußten ebenfalls fünf Löschzüge eingesetzt werden, die eine für Hamburg ganz ungewöhnlich große Zahl von 32 Strahlrohren vornahmen. Zwar konnte das Feuer damit am Übergreifen auf Nachbarschuppen gerade noch gehindert werden. Die Betriebsanlagen mit einer Fläche von 150×95 m = 14250 m^2 wurden jedoch vernichtet – **BILD 5** –.

Inzwischen sind weitere Feuermelder gezogen – in Harburg, im Petroleumhafen und in Altona. Überall können noch sofort Löschkräfte entsandt werden – aber inzwischen ist auch klar geworden, daß es sich um einen überfallartigen großen Luftangriff handelt.

Als »Beweis« lieferte die Luftschutz-Warnzentrale das um 00.53 Uhr über die Feuerwehr-Fernschreiber gegebene Stichwort »Luftgefahr 15« und um 01.03

Uhr wurde »Fliegeralarm« gegeben – zu einem Zeitpunkt, als der erste Luftangriff von etwa 30 britischen Kampfflugzeugen schon beendet war – BILD 6 –.

Sie hatten bei etwas diesigem Wetter rund 80 Spreng- und 400 Brandbomben auf die durch Fallschirm-Leuchtbomben angestrahlten Ziele – vornehmlich im Harburger Industriegebiet – geworfen und damit neben zahlreichen Sprengschäden 6 ausgedehnte Großfeuer, 1 Mittelfeuer und 29 Kleinfeuer verursacht. Den Sprengbomben waren außerdem 34 Menschen (24 Männer, 9 Frauen und 1 Kind) zum Opfer gefallen, 72 Menschen hatten mehr oder minder schwere Verletzungen davongetragen.

0000 00 hmb 18 5
0041 14 hrb seehafenstr brinkmann u mergell mld slz 13/8 u kl aus ++
0041 07 petroleumhafen tankweg mld hk 7 aus ++
0046 14 bd we zf ++
0046 14 hrb hohlweg ecke staderstr mld ++
0048 15 slz 33/b u kl 3/b aus nach hrb brinkmann u mergell ++
0053 00 luftgefahr 15 ++
0055 00 hrb buxtehuderstr lokal gambrinus feuer ++
0058 02 wlz 15/a aus ++
0059 00 v z 14 u 15 5ter alarm ++
0100 12 slz 23/b u kl 2/b bi aus ++
0102 08 slz 13/c u kl 1/c aus ++
0102 06 slz 23/4 u kl 2/4 obr aus ++
0102 07 wlz 25b/c mit hk ein ++
0102 01 bt el n abschnitt ++
0105 00 fliegeralarm ++
0106 00 obd u obt sl zf ++
0106 10 bt sw u bi dg aus n abschnitt ++
0108 02 obt su aus stadthaus bi sp n abschnitt ++
0108 17 bt kt n gruppe u bi du n abschnitt ++
0108 08 bt bs n abschnitt ++
0108 00 schlachthof rinderhalle feuer ++
0108 00 paulinenplatz 3 feuer ++
0114 00 jaegerstr 28 feuer ++
0117 00 eimsbuettelerstr 44 feuer ++
0122 00 feldstr 45 feuer ++

BILD 6 **Auszug aus dem Fernschreiberblatt der Feuerwehr-Einsatzzentrale vom 18. Mai 1940.**

Der erste »Lagebericht« des Polizeipräsidenten – **BILD 7** – verzeichnete 188 Schadensstellen!

Der Berichter war in jener Nacht »dienstfrei«, wachte vom Flakschießen auf, sah von der Dienstwohnung aus einen hell erleuchteten Himmel über Harburg und hörte – noch ehe er in den Stiefeln stand – das »Großfeuerhorn« der Hauptfeuerwache. In der friedensmäßig mit 3 Telegraphisten besetzten Einsatzzentrale überschlugen sich die Meldungen. Sämtliche Signallampen der Notrufleitungen (»02«), der Amtsleitungen und der Anschlüsse des Behörden-Fernsprechnetzes leuchteten fast gleichzeitig auf. Auch alle »abgehenden« Leitungen schienen blockiert.

Beim Abfragen der Anrufer gab es die nebensächlichsten Erkundigungen »Was ist los?«, »Ist Fliegeralarm?«, »Ist die Gefahrt vorbei?«, »Wo kann ich eine Gasmaske bekommen?« u. a. Dazwischen kamen verzweifelte Hilferufe aus den südlichen und westlichen Stadtteilen.

Der Versuch der Einsatzzentrale, eingegangene Feuermeldungen »vorschriftsmäßig« an die Luftschutzabschnitte abzusetzen, mißlang, weil die dort verfügbaren wenigen Leitungen ständig besetzt waren – wahrscheinlich um zunächst die zuständigen Führungskräfte heranzutelefonieren. Die Meldungen gingen deshalb an die in den LS-Abschnitten liegenden Feuerwachen.

Die Hamburger Luftschutzorganisation wurde von dem Angriff *regelrecht überrumpelt!* Die Last der Arbeit lag mindestens in den ersten zwei Stunden fast ganz auf den Schultern der Feuerwehr, die nach »friedensmäßigen« Ausrücke-Grundsätzen die Brände bekämpfte und überall Hilfe zu leisten versuchte.

In den Presseberichten war es natürlich ein »ruchloser Terrorangriff auf die Zivilbevölkerung«. Bei der Beisetzung der Opfer in einem Gemeinschaftsgrab am 22. Mai 1940 wurde noch ein Kranz des »Führers« niedergelegt und der Gauleiter selbst sprach den Angehörigen das Beileid aus.

In Wirklichkeit hatte der Angriff – wie wir aus einem amerikanischen Nachkriegsbericht wissen[32] – der Werft von Blohm & Voss gegolten. Wahrscheinlich haben aber die meisten Angreifer in der Nervosität dieses ersten Ernstfall-Einsatzes und bei der über Hamburg liegenden Dunstschicht das Harburger Hafengebiet mit dem aus größerer Höhe recht ähnlich aussehenden Hafengebiet um Blohm & Voss verwechselt – beide Gebiete liegen rund 7 km auseinander. Bei den Bombeneinschlägen in St. Pauli dürfte es sich ebenfalls um Zielfehler gehandelt haben – gemeint war bei der Zielansprache sicher ebenfalls Blohm & Voss.

Die britische Luftwaffe hat während des ganzen Krieges *nie wieder* mit einem *so geringen Einsatz* von Flugzeugen und Abwurfmunition einen *so großen Erfolg* erzielt. Auf das eigentliche Ziel – das Werftgelände von Blohm & Voss – waren allerdings nur 2 Spreng- und 26 Brandbomben gefallen, ohne nennenswerte Schäden anzurichten.

Der Polizeipräsident
- S 3 (L) -
Örtl. LS-Leitung

Hamburg, den 27. Mai 1940

Nur für den Dienstgebrauch!

B e r i c h t

über den

Angriff am 18. Mai 1940, von 00,28 Uhr bis 03,00 Uhr.

Art des Angriffs: Nachtangriff in mehreren Wellen.

Geschätzte Stärke des Feindes: etwa 30 Kampfflugzeuge.

Geschätzte Anzahl der abgeworfenen Bomben [+]): etwa 80 Spreng- und 400 Brandbomben.

Schädenübersicht (schätzungsweise):

Schäden durch Brandbomben: 28

Schäden durch Brisanzbomben: 160 einschl. kleinerer Schäden, die nachstehend im einzelnen nicht aufgeführt sind.

Schäden durch Kampfstoffbomben: keine.

Verluste	tot	verletzt	vergiftet	Bemerkungen
Männer	24 [1)][3)]	60 [2)]	-	1) davon 5 Wehrmachtangehörige. 2) davon 18 Wehrmachtangehörige u.3 Polizeibeamte 3) dav.1 Wehrm.Angeh.nachtr. verstorben.
Frauen	9	10		
Kinder	1	2		

Verluste von Gerät des SHD: keine.

Kurze Darstellung der eingetretenen Schäden:

a) im Bereich der Gruppe West:

Reeperbahn 154/156 durch Sprengbombe teilweise zerstört.

Gr. Freiheit 2, 6/8, 12/16 durch die Reeperbahn niedergegangene Sprengbombe infolge starker Splitterwirkung beschädigt.

Jägerstraße 23, Eimsbüttelerstraße 44, Kielerstraße 53 und 72, Thalstr. 71, Paulinenplatz 11, Eckernförderstraße (Lazarett) und Eimsbüttelerstraße (Rinderhalle) von Brandbomben getroffen.

Verluste: 1 Toter, 14 Verletzte.

b) im Bereich der Gruppe Ost:

Spadenland 40 u. 41 Häuser durch in der Nähe eingeschlagene Sprengbomben beschädigt.

+) 1 Stadtplan mit eingezeichneten Schadensstellen ist beigefügt.

- 2 -

BILD 7 Wiedergabe des ersten (endgültigen) Lageberichts des Polizeipräsidenten über den ersten Luftangriff auf Hamburg am 18. Mai 1940. Die Zeiten von »Luftgefahr 15« und »Fliegeralarm« sind – im Gegensatz zu allen späteren Berichten – nicht angegeben.

Der *Selbstschutz* hatte trotz aller Überraschung recht gut gearbeitet und allein 26 Brände gelöscht.

In Bremen waren übrigens etwa zur gleichen Zeit und ebenso überraschend (ohne »Fliegeralarm«) Bomben (angeblich 65 Spreng- und 35 Brandbomben) gefallen. Dabei wurden 13 Personen getötet und 55 verletzt. Zwei Hafenschuppen von 60 × 100 m, voll mit Umzugsgut (sogen. »Judenkisten«) gingen in Flammen auf. Es gab im Ganzen aber nur 6 Brände – der Angriff war also wesentlich schwächer und längst nicht so »erfolgreich«.

Die Hamburger Feuerwehr lernte zum ersten Male richtige Brandbomben – besser »Brandstäbe« – kennen – **BILD 8** – und es gab dabei eine große Überraschung: Entgegen allen bisherigen Theorien war die Durchschlagskraft so groß (Betondecken von 10 cm Stärke, 10-mm-Stahlblechplatten), daß diese Dinger nicht theoriegerecht im Dachgeschoß liegen blieben, sondern gleich Zimmer- und Geschoßbrände verursachten. Im Petroleumhafen wurden Dach und Boden von Mineralöltanks glatt durchschlagen.

Zum Glück fanden sich einige Blindgänger, die wir schnell verschwinden ließen, noch ehe Wehrmacht-Feuerwerker und Sprengmeister heran waren. Sie wurden in der Werkstattmeisterei an der Hauptfeuerwache vorsichtig zerlegt und – nachdem der Mechanismus erkannt war – zu einem sauberen Schnittmodell verarbeitet. Zeichnung und Bilder hiervon bildeten dann die erste allgemeine Information der deutschen Feuerlöschkräfte über die Praxis der Kriegsbrandstiftung.

Die Sprengbomben[33] hatten Aufschlagzünder und eine sehr starke Splitterwirkung.

Von amtlicher deutscher Seite sind die blamablen Umstände dieses ersten Überraschungsangriffs und vollendeten Luftüberfalls natürlich totgeschwiegen worden[34]. Auch in der Hamburger örtlichen Luftschutzleitung waren die Führungskräfte betroffen und im Stillen nur froh, daß die Feuerwehr sofort ausge-

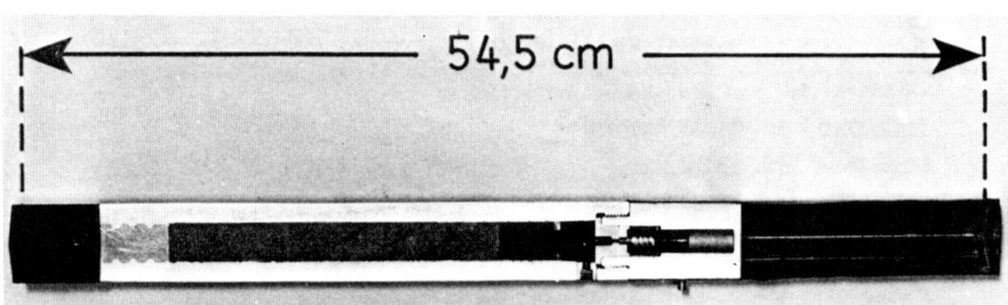

BILD 8 Britische Brandbombe (Brandstab) – die wirkungsvollste und billigste Abwurfmunition des 2. Weltkriegs – teilweise aufgeschnitten – Gewicht 1,7 kg.

rückt war und auf das Einlaufen von Feuermeldern reagierte.

Geflüstert wurde, daß sich der britische Kampfflugzeugverband angeblich an einen heimkehrenden deutschen Verband »gehängt« hätte und dadurch unbemerkt über die Grenze gekommen sei. Wahrscheinlicher ist, daß es damals bei der regen deutschen Fliegertätigkeit im westlichen Kampfgebiet gar keine technische Möglichkeit gab, zwischen »Freund und Feind« bei Nacht zu unterscheiden. Die Flugwachen des LS-Warndienstes konnten auch noch keine Erfahrung im Unterscheiden von Motorengeräuschen haben.

Offenkundig wurde aber schon bei diesem ersten Angriff – was sich später wiederholt bestätigte – daß die Nachrichten-Netze vom Flugmeldedienst der Luftwaffe und der Kriegsmarine sowie dem Luftschutz-Warndienst nicht genügend koordiniert waren und die Flak über bessere und vor allem schnellere Informationen verfügte – die Batterien hatten längst »Feuererlaubnis«, ehe »Luftgefahr 15« durchkam!

Schon zwei Tage später – am 20. 5. 1940 – wurden von Göring aus diesem und anderen ähnlichen Anlässen in Westdeutschland die Schlußfolgerungen gezogen: In flakgeschützten Gebieten entschied künftig der örtliche Flakführer, ob die Warnzentrale Alarm und Entwarnung geben sollte (49, S. 305).

Schließlich bestätigten sich nun im Ernstfall die Erfahrungen beim Aufruf des Luftschutzes am 1. September 1939, daß allen »Befehlen« zum Trotz plötzliche Zuständigkeitsänderungen bei der Bevölkerung nur sehr langsam durchdringen. Damals erging die Weisung, für die Dauer des Luftschutzaufrufs alle Hilfeanforderungen *nur* an das *zuständige Polizeirevier* zu richten. Die Feuermelder sollten außer Betrieb gesetzt werden. Welches Glück, daß der Hamburger Bevölkerung bei diesem ersten Angriff Feuermelder zur Verfügung standen und ebenso der Notruf »02« abgefragt wurde!

Für zahlreiche prominente »Luftschützer« und »Kriegsbild-Theoretiker« jener Zeit entbehrte es auch nicht einer gewissen Peinlichkeit, daß die warnenden Voraussagen der Feuerwehr-Ingenieure über die Bedeutung des Feuers als Kriegswaffe prompt und überzeugend eingetroffen waren.

Über die Zahl der Angreifer gab es verschiedene Versionen: Im Bericht des Polizeipräsidenten wurde von etwa 30 Kampfflugzeugen gesprochen, der BdO gab die Zahl mit 20 an; das Kriegstagebuch der Luftwaffeninspektion LIn 13 im RLM nannte 40 – 50 Flugzeuge (30) und bemerkte: ». . . Der Luftangriff gegen Hamburg-Harburg wurde in rollendem Einsatz durchgeführt . . .«

Wie viele Maschinen wirklich über Hamburg geflogen sind, wußte vermutlich nicht einmal die RAF, denn damals gab es so viele falsche Zielansprachen durch Orientierungsmängel, fehlende Erfahrung und Aufregung, daß mancher Pilot in gutem Glauben zu Hause Meldungen abgegeben hat, die mit der Wirklichkeit nicht übereinstimmten[35].

Die Bomben sind auch sehr verstreut gefallen – von St. Pauli im Norden bis Eissendorf im Süden – so daß von einem »konzentrierten« Angriff wirklich nicht gesprochen werden konnte.

Auffällig ist, daß weder in der britischen, noch der deutschen Nachkriegs-Literatur über diese erste als »erfolgreich« anzusehende Aktion des Bomber-Command etwas berichtet wird. Auch der britische Heeresbericht vom 18. Mai enthält keine Hinweise.

Im »Hamburger Anzeiger« vom 18. Mai wurde der Luftangriff mit lakonischer Kürze abgetan. Unter der Überschrift »Briten-Rache: Luftangriffe auf Hamburg und Bremen« hieß es:

»Gestern nacht fanden über Hamburg feindliche Bombenangriffe statt. Dabei wurden 29 Personen getötet und 51 verletzt. Eine Reihe von Häusern und Baulichkeiten sind beschädigt worden.«

Das Oberkommando der Wehrmacht gab ebenso knapp bekannt:

». . . Feindliche Luftangriffe richteten sich gegen verschiedene Städte im nordwestdeutschen Küstengebiet, insbesondere Hamburg und Bremen, und Westdeutschland. Wie in allen bisherigen Fällen wurden, abgesehen von einer Kaserne, ausschließlich nichtmilitärische Ziele planlos angegriffen. Dies stellt das deutsche Oberkommando der Wehrmacht im Hinblick auf die sich daraus ergebenden Folgerungen ausdrücklich fest . . .«

Zusammenfassend:

Zum ersten Male war es der Royal Air Force gelungen, mit einer größeren Zahl von Spreng- und Brandbomben den Lebens- und Arbeitsablauf in einer für die Kriegswirtschaft wichtigen deutschen Großstadt spürbar zu beeinträchtigen!

4.5 SPRENG- UND BRANDBOMBEN AUF HAMBURG – DIE LUFTANGRIFFE VON MAI BIS DEZEMBER 1940

Pressemeldungen wie »Kampfflugzeuge griffen die Stadt X an und warfen 100 t Spreng- und Brandbomben auf Verkehrsanlagen und Betriebe der Rüstungsindustrie« machen sich immer gut und beeindrucken die Leser. Auch in den Berichten der Nachkriegszeit über Luftangriffe auf deutsche Städte wird zwar in der Regel über die Zahl der (angeblich) daran beteiligten Flugzeuge und die (angeblich) abgeworfene Bombenmenge gesprochen mit dem Bemerken, daß »schwere Schäden« entstanden seien und die Bevölkerung »große Verluste« erlitten habe. Was aber wirklich geschehen ist, sagen die Berichter nicht – sie waren zudem meist gar nicht dabei.

Es wäre müßig, heute noch jeden einzelnen Luftangriff des Jahres 1940 zu beschreiben. Die Hauptdaten sind als statistische Quelle in TAFEL 1 (siehe Kapitel 13) angegeben. Aus der großen Zahl von Ereignissen seien jedoch folgende hervorgehoben:

Beim zweiten Luftangriff auf Hamburg – bereits in den nächsten Nacht – fielen zwar nur 3 Sprengbomben, aber eine davon ausgerechnet auf das Maschinenhaus der Werft von Blohm & Voss und beschädigte die Lichtanlage. Die unterbrochene Lichtversorgung konnte durch Umschaltung jedoch rasch wiederhergestellt werden. Hier war also wirklich ein kriegswichtiges Ziel getroffen worden!

Drei (kleine) Sprengbomben von ingesamt sieben schlugen beim dritten Angriff in unmittelbarer Nähe von fünf mit *Walöl* gefüllten Tanks der Firma Brinckmann & Mergell in Harburg ein und durchsiebten die Tanks so mit Splittern, daß etwa 3000 t des kostbaren Walöls in die Umwallung ausliefen – BILD 9 –. Nachdem Feuerwehr und Werksangehörige die Splitterlöcher schnell mit Holzkeilen und Säcken dichtgesetzt hatten, konnte zwar der größte Teil des Öls wieder zurückgepumpt werden, aber 32 t waren doch verloren.

Bleibt zu erwähnen, daß die Bomben wenige Meter vom Zaun des für die Flugzeugfertigung tätigen und sehr wichtigen Rüstungswerks »Metallwerk

BILD 9 Trefferbild bei Walöltanks in Harburg – Angriff vom 28. Mai 1940.

Niedersachsen (»Menibum«) entfernt lagen – dicht bei den Einschlägen des ersten Angriffs!

Nach diesem Angriff meldete das Kühlhaus Roß sowie Blohm & Voss »Kampfstoffgefahr!«! In Altona wurde in der Gegend Fischmarkt »starker Senfölgeruch« festgestellt, in der Gegend des Elbtunnels roch es dagegen nach Zwiebeln! – Hier wurde wohl der traditionelle Fischmarktgestank von ortsfremden Hysterikern in »Kampfstoff« umgemünzt!

Auf Viehweiden fand man eine »gelblich-weiße Masse« und vermutete auch darin einen »Kampfstoff« – es war aber ein bei Feuchtigkeit auftretender harmloser Schleimpilz!

Nach dem Angriff vom 30. Juni 1940 zog sogar eine »800 m lange Gaswolke« in Richtung Fuhlsbüttel und Scheinwerfer-Besatzungen meldeten sogleich »Hautjucken« – es war aber nur die Staubwolke von einem gebombten Hause.

Die seit Jahr und Tag gezüchtete *Kampfstoff-Psychose«* trieb auch in der Folgezeit noch manchmal tolle Blüten, besonders als die ersten »Phosphorbomben« auftauchten. In Hamburg konnte man dafür allerdings Verständnis haben, denn das »Phosgen-Unglück« von 1928[36] stand in der Erinnerung vieler Bürger!

Beim 7. Angriff am 18. Juni 1940 wurde die neue Elbbrücke über die Süderelbe von einer Sprengbombe getroffen und leicht beschädigt. Auch hier hatte der Flieger wirklich gut gezielt! Nach diesem Angriff bestand zudem der Verdacht, daß zwischen Schulau und Wittenbergen Minen in die Elbe geworfen waren. Die angeordnete Sperrung der Schiffahrt konnte 20 Stunden später wieder aufgehoben werden.

Beim 9. Angriff am 20. Juni 1940 fielen 4 Sprengbomben auf das Elektrizitätswerk Neuhof in der Nippoldstraße, darunter war auch ein Zeitzünder. Durch Volltreffer auf das Verteilergebäude gab es erheblichen Schaden und einen Stromausfall, aber die Elektrizitätsversorgung Hamburgs konnte durch Umschaltung schnell wieder sichergestellt werden. Die Zeitzünderbombe – es war die erste ihrer Art – detonierte etwa 10 Stunden nach dem Abwurf ohne Schaden anzurichten, nachdem vorher eine Erschütterungssprengung vorgenommen und eine Umwallung geschaffen war.

Am 22. Juni 1940 wurde der deutsch-französische Waffenstillstand in Compiege abgeschlossen.

Die Hamburger Bevölkerung hate sich schon fast daran gewöhnt, daß sie nahezu jede Nacht durch mehrstündigen Fliegeralarm und vereinzelt auch leichte Angriffe gestört wurde. Tagsüber ging das Leben jedoch bis zum 3. Juli 1940 seinen gewohnten Gang und angesichts der Erklärungen des Reichsluftfahrtministers dachte niemand an einen Tagesangriff.

Am 3. Juli um 15.03 Uhr stieß jedoch ein einzelnes britisches Kampf-Flugzeug aus den Wolken heraus – ohne daß eine Vorwarnung oder Fliegeralarm gegeben war. Die Maschine warf vier Sprengbomben ab, die an der Ecke Steilshooper Straße/Elligersweg einschlugen, mitten hinein in eine Gruppe spielender Kinder. Den Bomben zum Opfer fielen 2 Männer, 4 Frauen und 11 Kinder, verletzt wurden 2 Männer, 4 Frauen und 8 Kinder. Schäden erlitten 31 Wohnhäuser und zahlreiche Gartenlauben.

Dieser erste *Tagesluftangriff* löste nicht nur bei der Bevölkerung, sondern auch in der Luftschutzführung einen erheblichen Schock aus, denn es erwies sich, daß außer der Feuerwehr am Tage praktisch *keine* Hilfskräfte des SHD kurzfristig zur Verfügung standen. So hatte denn in diesem Falle wiederum die Feuerwehr die Hauptarbeit leisten müssen, die Mehrzahl der Verletzten mit ihren Fahrzeugen weggebracht sowie die ersten Sicherungsmaßnahmen getroffen, obwohl hierfür eigentlich der *Sanitätsdienst* und der *Instandsetzungsdienst* »zuständig« gewesen wären.

Das Ereignis führte zu genauen Untersuchungen über die Einsatzbereitschaft des Luftschutzdienstes und als Ergebnis wurden dann *»Sofortkommandos«* aufgestellt, die sich aus Kräften des Sanitäts- und Instandsetzungsdienstes zusammensetzten. Sie sollten auch am Tage sofort abmarschbereit sein, um in Zukunft »feuerwehrschnell« bei Überraschungsabwürfen einzugreifen.

In der Presse war natürlich von einem ruchlosen Angriff auf die friedliche Bevölkerung die Rede. Wahrscheinlich ist es aber dem Bombenschützen ähnlich ergangen, wie den deutschen Fliegern im Falle Freiburg: Er hat nach langem »Blindflug« über feindlichem Gebiet möglicherweise die nahegelegenen Hallen der Schiffbau-Versuchsanstalt für ein bedeutendes Ziel gehalten und schnell die Bombenabwurf-Vorrichtung betätigt. In der verständlichen Aufregung ging der Wurf aber dann etwas daneben.

Zwei Tage später, am 5. Juli, flog wieder ein einzelnes britisches Flugzeug einen bemerkenswerten Tagesangriff: Aus westlicher Richtung kommend stieß es gegen 19.02 Uhr in der Gegend des Waltershofer Hafens aus den Wolken und warf drei Sprengbomben auf die dort liegenden Schnelldampfer »Europa« und »Bremen«. Die Würfe gingen jedoch wenige Meter entfernt ins Wasser und die Schiffe erlitten keinen Schaden. Beide Schiffe befanden sich seit einiger Zeit im Hamburger Hafen und wurden für das geplante Landungsunternehmen »Seelöwe« umgebaut. Sie hatten Tarnanstrich. An der Kommandobrücke und verschiedenen anderen wichtigen Stellen waren Stahlplatten als Splitterschutz angebracht. Außerdem hatte man die Verladeöffnungen so erweitert, daß Fahrzeuge und auch Panzer ein- und ausgeladen werden konnten.

Jedermann in Hamburg wußte, daß beide Schiffe der erwarteten Invasion in England dienen sollten und es ist wohl wirklich nicht verwunderlich, wenn von der britischen Luftwaffe versucht wurde, diesem Unternehmen Schaden zuzufügen. Auch nur ein Treffer hätte einen großen Prestigeerfolg bedeutet.

Bei dem 18. Luftangriff in der Nacht vom 4./5. Juli 1940 kam es in Hamburg zu dem ersten größeren und von der Feuerwehr mit einiger Spannung erwarteten *Mineralölbrande.* Im Petroleumhafen auf dem Gelände der Rhenania-Ossag hatte ein Schmieröltank einen Volltreffer erhalten. Das in der Tankgrube brennend ausgelaufene Öl beschädigte vier weitere in der Grube stehende Tanks mehr oder minder schwer – **BILD 10** –. Die Feuerwehr bekämpfte diesen Brand nicht mit »Schaum«, sondern umstellte die brennende Tankgrube mit Strahlrohren und konnte das Feuer nahezu schlagartig mit *Wasser* löschen. Es war eine in weiten Kreisen des Luftschutzes mit einigem Erstaunen vermerkte Bestätigung der seit Jahren besonders von der Hamburger Feuerwehr verfochtenen Theorie, daß man bestimmte Mineralölbrände sehr wohl mit Wasser löschen könne. Niemand ahnte damals, wie oft besonders im Kriegsjahre 1944 Mineralölbrände in gleicher Weise gelöscht werden mußten!

Auch im Hafen erwies sich eine alte Feuerwehr-Forderung als richtig: Im Schuppen 60 am Kamerunweg entstand in einem Brandabschnitt ein Feuer, das an der Brandmauer und den Brandschutztüren zum Stehen kam und von den allseitig angreifenden Löschkräften gut bewältigt werden konnte.

Bei diesem Angriff gab es zudem in der Nähe der Hauptfeuerwache am Steindamm 42 (Café Baur) einen ungewöhnlichen Sprengbombenschaden: Die

BILD 10 Der erste Tank- und Tankgrubenbrand im Petroleumhafen – 5. Juli 1940.

BILD 11 **Café Baur am Steindamm – 5. Juli 1940 Pfeil: Der Babywagen im Luftschutzkeller!**

Bombe (etwa 50 kg) hatte das Haus in der Höhe des 3. Stockes seitlich getroffen, war durch alle Decken bis auf die Kellerdecke geschlagen und hier detoniert. In dem darunterliegenden Kellerraum stand ein Kinderwagen mit einem schlafenden Baby, während die übrigen zahlreichen Hausbewohner in einem danebenliegenden Schutzraum saßen. Was kein Mensch für möglich gehalten hätte, war geschehen: Der Kinderwagen stand zwar etwas verbogen in den Trümmern – BILD 11 –, aber das Baby war gesund und munter und soll seinem Ärger über die plötzliche Störung und den Schmutz mit lautem Gebrüll Luft gemacht haben.

Der 50. Fliegeralarm (nach Feuerwehrzählung in der Nacht zum 30. Juli) wurde – so stand es im »Hamburger Anzeiger« – von der Bevölkerung als »Jubiläum« in »besonderer Weise« begangen.

». . . Während die britischen Flugzeuge draußen in der »Waschküche« umherirrten und von unserer Flak auf den richtigen Weg nach Hause gebracht wurden, ohne auch nur eine Bombe auf hamburgischem Gebiet loszuwerden, verbrachten die Bewohner zahlreicher Häuser die Zeit im Schutzraum in gehobener Stimmung . . .« ». . . Humor und gute Laune waren überreichlich vorhanden. Wenn also auch diese Nacht keine besonderen Ereignisse brachte – in der Geschichte der Heimatfront in Hamburg wird sie dennoch rot angestrichen werden müssen . . .«

Nun, dieser »Berichter von der Heimatfront« dürfte wohl auch etwas »benebelt« gewesen sein, denn so viel gute Laune um die fast allnächtlichen Ruhestörungen gab es bei denen, die am nächsten Morgen wieder hart arbeiten mußten, ganz sicher nicht!

Über den 50. *Luftangriff* in der Nacht vom 13./14. Oktober 1940 berichtete dann allerdings niemand mehr besonders.

Wie munter damals geschwindelt wurde, zeigt folgender dänischer Pressebericht (69):

Brennendes Öl in Hamburg!« London, Sonnabend

TT von Reuter: Das Luftfahrtministerium gibt in seinem Bericht vom Sonnabend bekannt:

. . . Unsere Bomber haben ihre systematischen Angriffe auf militärische Ziele in Deutschland fortgesetzt. In der gestrigen Nacht waren Öllager in Emden, *Hamburg,* Misburg, Salzbergen und Emmerich die wichtigsten Ziele . . . Große Brände entstanden in *Hamburg* und Salzbergen, wo die Schäden sehr umfangreich sein dürften . . . Dagens Nyheter vom 4. 8. 1940

Zwar war Hamburg in der Nacht zum 3. 8. angegriffen worden, aber die abgeworfenen (festgestellten) 12 Sprengbomben und 5 Brandbomben setzten nur im Gebiet von Neuenfelde eine Roggenstiege in Brand.

Im Juli 1940 hatte auch Oberst Josef Kammhuber mit der Aufstellung der ersten Nachtjagd-Division begonnen. Als »General der Nachtjagd« baute er die

BILD 12 Euro-Tank Petroleumhafen – 6. August 1940 – Tankexplosion durch Flakgeschoß. Pfeil: Das Tankdach!

BILD 13 Britisches Brandplättchen, abgeworfen ab 13. August 1940.

»Kammhuber-Linie« auf und in der Folgezeit war von »heller« und »dunkler« Nachtjagd, von »Wilder Sau« und »Himmelbett-Verfahren« die Rede (1), (5).

Bei der Abwehr des 30. Luftangriffs am 6. August 1940 fielen besonders die zahlreichen Schäden durch *Flakgeschosse* auf. U. a. schlug ein 3,7-cm-Flakgeschoß auf einen Tank der Eurotank im Petroleumhafen und detonierte im Tank. Der Behälter war leer, aber offenbar mit einem zündfähigen Gas-Luftgemisch gefüllt. So kam es zu einer heftigen Explosion, wobei das Tankdach an der gesamten »Reißnaht« sauber abriß und über einen Nachbartank hinweg auf die Grubenumwallung geschleudert wurde – BILD 12 –.

Zum ersten Male fielen neuartige *Brandmittel* bei dem 31. Angriff am 13. August 1940 und zwar Zelluloid-Plättchen in der Größe 5 × 5 cm. Sie hatten in der Mitte ein Loch von etwa 1,5 cm Durchmesser. Darüber war in primitiver Form mit Heftklammern ein Mullstreifen befestigt, in dem eine kleine Scheibe weißer Phosphor eingewickelt lag – BILD 13 –.

Der Abwurf der Brandplättchen erfolgte in feuchtem Zustand. Sobald der Mullstreifen getrocknet war, entzündete sich der Phosphor, setzte das Plättchen (später auch in anderen Größen, offensichtlich aus Abfällen, abgeworfen!) in Brand – oft erst nach Stunden. Beobachtet sind 9 Stunden! Es gab eine Stichflamme von etwa 50 cm Höhe, Brenndauer meist nur 30–50 s.

Bei diesem ersten Abwurf von Brandplättchen entstand nur Sachschaden an den Bekleidungsstücken von neugierigen Personen, die diese »Souvenirs« aus England in die Tasche gesteckt hatten!

Alle verfügbaren Kräfte des SHD und der Polizei wurden jedoch zum Absuchen des Geländes nach solchen Brandmitteln eingesetzt! Der Abwurf unterblieb bald wieder – wahrscheinlich hatten die Flugzeugbesatzungen dagegen revoltiert, nachdem einmal »Feuer an Bord« entstanden war.

So primitiv dieses zusammengebastelte Brandmittel schien – es hat auch im übrigen Deutschland durch große Suchaktionen in Forst und Flur viel Ärger und Arbeit gemacht. Die Zahl der tatsächlich dadurch entfachten Brände – es sollte wohl ein verspäteter »Anschlag auf die deutsche Ernte« sein – war jedoch gering. In Hamburg wurde die Feuerwehr nur einmal tätig, als am 24. September 1940 in Bramfeld ein Strohdach in Brand geriet.

Der Abwurf von Brandplättchen wurde in der Presse (Hamburger Tageblatt vom 11. 9. 1940) als »ungeheuerlichster Brandstiftungsplan der Weltgeschichte« bezeichnet. Es sei ein ». . . in seiner Gemeinheit einzigartiges neues Kampfmittel . . .« und eine ». . . verabscheuungswürdige Methode des Versuchs der heimlichen Brandstiftung . . .«. Die Gefährlichkeit dieser Brandplättchen wurde hemmungslos übertrieben – etwa mit der Vorausschau: ». . . Unsere Ernte in Brand, unsere Wälder, Heide und Moore ein einziges Feuermeer, und eingeschlossen darin nicht nur einzelne Gehöfte, sondern ganze Dörfer, in denen Greise, Frauen und Kinder dem Flammentod preisgegeben wären . . .«.

Ab Herbst 1940 fielen übrigens vereinzelt auch 250-lbs-»Petroleumbomben«, die mit Petroleum getränkte Lumpen und andere Textilabfälle (»Churchills alte Socken!«) enthielten. Ein Sprengsatz schleuderte den Inhalt von etwa 60 l heraus und sollte ihn zugleich anzünden. Es waren recht dürftige Produkte der Brandbombentechnik, deren Qualm- und Gestanksentwicklung eher mit einem alten chinesischen Stinktopf, als einem neuzeitlichen Brandmittel vergleichbar war.

Nach dem Angriff vom 9. September 1940 gab es neuen Grund zu heller Empörung: Die Hamburger Presse berichtete unter der Überschrift »Grabschänder« von Bombentreffern auf dem Urnenfriedhof in Ohlsdorf und dem Altonaer Friedhof Diebsteich.

». . . Bei der Größe des riesigen Ohlsdorfer Friedhofgeländes und bei dem reichlichen Gebrauch, den die Engländer in der Angriffsnacht von Leuchtbomben machten, sind diese Bombenwürfe auf die Stadt der Toten für jeden anständig denkenden Menschen unverständlich . . .«.

Der Dachstuhl des Reichsbahn-Direktionsgebäudes in Altona geriet in der Nacht zum 11. Oktober 1940 nach mehreren Brandbombentreffern in Brand. Das Feuer konnte an den sich wieder gut bewährenden Brandabschnitten schnell zum Stehen gebracht werden. Erhebliche Schwierigkeiten bereitete dagegen das

BILD 14 Schwierige Löscharbeit in 45 m Höhe am Reichsbahn-Direktionsgebäude Altona – 11. Oktober 1940.

Ablöschen des Feuers in der Spitze eines Ecktürmchens. Hier reichte sogar die 45-m-Drehleiter der Feuerwehr nicht ganz aus – **BILD 14** –.

In den September- und Oktober-Berichten über Luftangriffe wurde wiederholt beklagt, daß heftiges Flakfeuer einsetzte, noch ehe die Bevölkerung gewarnt war. Es kam deshalb verschiedentlich zu Verletzungen von Personen, die Schutzräume aufsuchten. Die Zusammenarbeit zwischen den Flugmeldediensten der Luftwaffe und dem Luftschutzwarndienst klappte immer noch nicht recht (vgl. hierzu auch Abschnitt 10.2!).

Die Sachschäden des 57. Angriffs (24./25. Oktober 1940) überschritten zum ersten Male mit rund drei Millionen RM die Millionengrenze. Bei diesem Angriff erzielte die RAF auch einen Sondererfolg: Der Bahnkörper in der Nähe des Hamburger Hauptbahnhofs wurde ausgerechnet in dem Engpaß (»Flaschenhals«) an der Auffahrt zur Lombardsbrücke durch Sprengbomben beschädigt und drei Blindgänger – vermutlich Langzeitzünder – erforderten die Sperrung der außerordentlich wichtigen Eisenbahnstrecke zwischen Hamburg und Altona sowie die Einstellung des S-Bahn-Verkehrs zwischen Sternschanze und Berliner Tor. Sprengtrupps konnten die Blindgänger aber bald beseitigen und Bautrupps der Reichsbahn die Schäden an den Bahnkörpern soweit beheben, daß der Eisenbahnverkehr 12 Stunden später wieder lief[37].

Ein etwa 80 cm langes Stück Eisenbahnschiene war übrigens etwa 600 m weit fortgeschleudert worden und zertrümmerte in der Straße Speersort vier große Fensterscheiben.

Bei diesem Angriff entstand auch der erste große und seit langem erwartete Schuppenbrand. Im 216 m langen Schuppen 17 durchschlugen etwa 20 Brandbomben das Dach und zündeten zwischen den gestapelten Gütern. Der hölzerne Schuppen brannte zum größten Teil nieder, ebenso 18 Eisenbahn-Güterwagen, die wegen Zerstörung der Gleisanlagen nicht gleich aus dem Flammenbereich entfernt werden konnten. Der Gesamtwert der hierbei zerstörten Güter und der Gebäudewert wurden allein auf über 2 Millionen RM geschätzt.

Es war das eingetreten, worauf die Feuerwehr seit Jahr und Tag immer wieder hingewiesen hatte: Schuppen derartiger Länge ohne jegliche Brandschutzunterteilung sind nicht zu halten, wenn sie erst einmal in Brand geraten! In Bremen war diese Erfahrung schon gleich beim ersten Angriff gemacht worden! Bis zum heutigen Tage hat sich an dieser Erkenntnis nichts geändert und in Hamburg sind auch nach dem Kriege mehrere ähnliche (wiederaufgebaute!) Schuppen niedergebrannt.

Die ersten 64 Luftangriffe auf Hamburg hatten alle mehr oder minder den Charakter von »Störangriffen«. Meist glückte es nur wenigen Maschinen, nach allerlei Täuschungsmanövern und aus großer Höhe das eigentliche Stadtgebiet zu erreichen. Dennoch konnten sie mit ihren recht geringen Abwurfmengen erstaunlich viele gute Treffer verzeichnen, die empfindliche Schäden und deutliche Störungen im Wirtschaftsleben hervorriefen.

Die Wirkungen von Einzeltreffern ließen sich damals noch gut studieren und sind deshalb auch in einer Rückschau noch interessant. Bei den Massenabwürfen in den späteren Jahren verwischten sich die Spreng- und Brandfolgen an einzelnen Objekten, waren aber im Grundsatz gleich.

Mit zwei in wenigen Stunden Abstand folgenden Angriffen in der Nacht vom 15./16. November 1940 leitete die britische Luftwaffe dann eine neue Taktik ein: Ab 19.06 Uhr flogen etwa 80 Bomber aus der Deutschen Bucht und Holland ein. Schwerpunkt des Angriffs war Hamburg. Zum ersten Male fielen über 1000 Brandbomben!

Ab 03.16 Uhr folgten diesem ersten Angriff neue Einflüge aus Nord-Holland und auch hierbei fielen Spreng- und Brandbomben – im Ganzen planlos über dem Stadtgebiet.

Die Werft von Blohm & Voss wurde allerdings vom 31 (!!) Sprengbomben und 50 Brandbomben getroffen und in einer Maschinenhalle einiger Schaden verursacht. Es fehlten jedoch Großschadensstellen, wie bei dem vorangegangenen Angriff mit dem Millionenschaden am Schuppen 17.

4.6 VOM »AUSRADIEREN« UND »COVENTRYSIEREN«

In der Weisung Nr. 17 des »Führers und Obersten Befehlshabers der Wehrmacht« vom 1. August 1940 für die Führung des Luft- und Seekrieges gegen England steht der Satz[38]:
»5. Terrorangriffe als Vergeltung behalte ich mir vor.«

Der ab 5. August 1940 freigegebene *verschärfte Luftkrieg* sollte gelten: der britischen Luftwaffe, ihrer Bodenorganisation und Nachschubeinrichtungen, den Häfen und Einrichtungen der Lebensmittelbevorratung.

In den nachfolgenden Befehlen standen allerdings auch tönende Sprüche wie ». . . schlagartige Bekämpfung dieser Ziele mit starken Kräften, um Anfangs möglichst große Zerstörungen hervorzurufen . . .« oder ». . . pausenloser Angriff wellenweise . . .«.

Am 13. August war dann *Adlertag«* [39] – der Beginn der »Battle of Britain« – und die deutsche Luftwaffe hielt sich – wie von britischer Seite auch nach dem Kriege bestätigt wurde (24) – im Rahmen der technischen Möglichkeiten zunächst an die gegebene Weisung.

Die britischen Feuerwehren hatten ihren ersten größeren Einsatz, als am 19. August 1940 ein einzelnes deutsches Kampfflugzeug Bomben auf die Marine-

Öllager Pembroke Dock geworfen und drei Tanks mit je 12000 t Öl in Brand gesetzt hatte.

G. v. Blackstone (10) überlieferte dazu einen klassischen Bericht, der all die Kompetenzschwierigkeiten, Prestige-Rangeleien und persönlichen Schwierigkeiten aufzeigte, die es damals auch in England gab.

Das Feuer brannte 17 Tage und als am 5. September ein Tank plötzlich überkochte (»Boil over«), kamen 5 Hilfsfeuerwehrmänner ums Leben.

Bei den deutschen Luftangriffen in der Nacht vom 24./25. August passierte nun etwas, das dem Luftkrieg eine neuerliche Verschärfung gab: Etwa 10 deutsche Kampfflugzeuge – die in den Außenbezirken Londons Flugzeugfabriken und Öltanks bombardieren sollten – kamen vom Kurs ab und klinkten bei schlechter Sicht ihre Bombenlast über dem Zentrum von London aus – auf fast das gleiche Gebiet, das schon bei den ersten Zeppelin-Angriffen 1915 getroffen war. Neben Wohngebäuden wurde dabei auch die Kirche St. Giles in Cripplegate getroffen – es war die erste in England durch Bomben zerstörte Kirche! Zudem kamen eine Reihe von Zivilpersonen ums Leben.

Vor allem die Bevölkerung, aber auch die Regierung sahen darin eine böse Absicht – sie hatten ja das Beispiel Rotterdam noch nicht vergessen – und das Bomber-Command erhielt prompt die Weisung, zur »Vergeltung« in der nächsten Nacht Berlin anzugreifen.

Das britische Kriegskabinett war bei diesem Entschluß sicher nicht frei von erheblichen Pressionen aus der Londoner Öffentlichkeit, die als natürliche menschliche Reaktion lautstark nach *Rache* schrie.

81 Kampfflugzeuge vom Typ »Hampden«[40] und »Wellington«[41] starteten, nur 29 konnten bei schlechtem Wetter das Ziel ausmachen und warfen Bomben mit geringer Schadenswirkung, 21 Besatzungen brachten ihre Bomben befehlsgemäß wieder mit zurück, weil sie Berlin nicht hatten finden können[42].

Wir sollten uns heute frei machen von der Vorstellung, daß ein »blutdurstiger Mister Churchill« nur auf die erstbeste Gelegenheit gelauert hatte, um einen »schonungslosen Terror gegen Frauen und Kinder« zu beginnen. Der Vorfall zeigte aber – nun nach Rotterdam zum zweiten Male – wie schnell ein Versehen, ein Zufall oder ein Unglück in Kriegszeiten fortdauernd Böses zeugen kann.

Aus der Nachkriegszeit gibt es über dieses Thema übrigens den Roman »Keiner kommt davon!« von Hans Helmut Kirst (68), in dem ähnliches Unglück zum Auslösen eines Atomkrieges – des Dritten Weltkrieges – führt.

Die ausländische Presse berichtete über den ersten Berlin-Angriff der RAF recht zurückhaltend und unbestimmt, z. B.:

»Britischer Luftangriff auf Berlin, gewaltige Einschläge«

». . . Zehn Minuten nach dem ersten Fliegeralarm hörte man kräftige Einschläge. Ob sie von Bomben oder Flakgeschossen größten Kalibers stammten, konnte man nicht entscheiden. Nach kurzer Zeit wurden die Explosionen stärker. Dann trat eine Pause ein, aber bald hörte man starken Motorenlärm . . .«

Dagens Nyheter vom 26.8.1940

Von nun an begann aber die Eskalation des Luftkriegs zwischen Deutschland und England. In der Nacht vom 28./29. August folgte ein zweiter Luftangriff auf Berlin (Wohnviertel am Görlitzer Bahnhof, 10 Tote, 28 Verletzte, mehrere Dachstuhlbrände) und am 30. August fielen abermals Bomben – diesmal auf Berlin-Siemensstadt. Wegen dieses Angriffs fuhr Hitler vom Obersalzberg nach Berlin zurück (110)!

Vor der über diese »*Frechheit*« empörten und beunruhigten Bevölkerung sagte Hitler am 4. Spetember 1940 im Sportpalast (32):

». . . und wenn sie erklären, sie werden unsere Städte in großem Ausmaße angreifen – wir werden ihre Städte *ausradieren!* . . .«

Nach einem vierten Berlin-Angriff in der Nacht zum 7. September kommt dann der »*Vergeltungsschlag*«. Ab 7. September nachmittags wurden 65 Tage lang Nachtangriffe gegen London geflogen. Bei der Londoner Feuerwehr[43] gingen im ersten Angriffs-Zeitraum über 1000 Feuermeldungen ein. Die größten Brände entstanden in den gewaltigen Holzlagern der Surrey Commercial Docks. Im berühmten Woolwich-Arsenal und seiner Umgebung brannten Gebäude auf einer halben Quadratmeile (= etwa 1,15 km²!), 50 Feuerwehrmänner kamen in jenen Septembertagen ums Leben, über 500 wurden verletzt.

Über die Praxis des Bombenwurfs auf London gibt uns W. Baumbach (3, S. 119) eine treffende Schilderung:

». . . Plötzlich erkennen wir unter uns Einschläge und etwas weiter ostwärts große Brände. Unablässig erfolgt Bombenaufschlag auf Bombenaufschlag. An mehreren Stellen haben sich bereits mehrere Brände zu einem großen zusammenhängenden Feuerschein vereinigt. Dort unten muß die Hölle herrschen.

Wir sind über unserem Angriffsgebiet: Dockanlagen. Ein sauberes Zielen ist nicht möglich, da wir kein genaues Zielgerät für die Nacht besitzen. Wir werfen unsere 1800-kg-Bombe »über den Daumen« ab . . .«

». . . Das Flakfeuer wird langsam ungemütlich . . .«

In den Notizen über eine Besprechung beim Reichsmarschall am 16. 9. 1940 (RL 2 II/30) zur Lage der Luftschlacht stehen allerdings u. a. die Sätze:

». . . Das starke Sperrfeuer der Flakartillerie ist für uns *angenehm,* da der Gegner ungeheure Mengen Munition verbraucht . . .«

». . . Feind müßte in 4–5 Tagen jagdmäßig erledigt sein . . .«

Wie sehr wurde doch die »Lage« falsch beurteilt – nicht nur von Göring allein!

Der Oberkommandierende des britischen Fighter Command, Air Marshal Sir Hugh Dowding und sein Air Vice Marshal Park hatten in dieser für England scheinbar aussichtslosen Lage die Nerven und die Übersicht behalten! Trotz aller Widerstände in der eigenen militärischen Führungsspitze und in der Regierung (Dowding: ». . . wie diese Burschen an der Spitze aufeinander herumhakken, wie sie aus dem Hinterhalt mit Zielfernrohren aufeinander schießen, ist erschreckend . . .«, vgl. Wright, R.: Der vergessene Sieger. Bergisch-Gladbach 1970, S. 91) gelang es ihnen dank der rechtzeitigen Meldungen von der Radarkette an der Kanalküste den einfliegenden deutschen Verbänden immer Abfangjäger entgegenzuschicken.

Adolf Galland schrieb darüber (40, S. 102/103):

». . . Zahlenmäßig und auch technisch unterlegen, unermüdlich und tapfer kämpfend, sind sie in diesen für England wohl schwersten Zeiten des Krieges zweifellos die Retter des Vaterlandes geworden . . .«

Das RAF-Bomber-Command blieb die Antwort auf die deutschen Angriffe nicht schuldig und flog weiter Nachtangriffe gegen Berlin.

Wie stark auch das politische Geschehen von diesen für Deutschland peinlichen Angriffen beeinflußt wurde, läßt die Bemerkung Hitlers zu Molotow in der bekannten Unterredung am 13. November 1940 erkennen:

». . . Ich glaube, wir müssen die Unterredung jetzt abbrechen, weil wir sonst in den Fliegeralarm hineingeraten . . .« –

– und es war nach der Meinung von Paul Schmidt (109) keine Ausflucht, sondern tatsächlich Sorge um die Sicherheit der offiziellen Besucher.

In der Nacht zum 15. November warfen 449 deutsche Kampfflugzeuge 503 t Sprengbomben und 881 Schüttkästen Brandbomben auf Coventry. Die Bevölkerung hatte 554 Tote und 865 Schwerverletzte. Im Wehrmachtbericht vom 15. November stand darüber:

». . . Besonders heftig und erfolgreich war dabei der rollende Angriff starker Kampfverbände . . . auf Coventry . . . Ungeheure Feuersbrünste, die von großen Rohstofflagern genährt wurden, und bis zur Kanalküste sichtbar waren, vollendeten das Vernichtungswerk . . .«

». . . In Hamburg und Bremen sowie an zwei anderen Stellen in Norddeutschland wurden einige Bomben abgeworfen . . .«

Die britische Seite gab über diesen Angriff am 15. November bekannt:

». . . Die Stadt Coventry wurde in der Nacht zum Freitag schwer bombardiert . . . Der Gegner mußte sich des heftigen Abwehrfeuers wegen in großer Höhe halten und war am treffsicheren Zielen auf Industriewerke behindert. Dagegen hat die Stadt selber beträchtlichen Schaden erlitten. Nach den ersten Berichten dürfte sich die Zahl der Toten und Verletzten auf ungefähr 1000 belaufen . . . Die Bevölkerung der Stadt hat während der Bombardierung großen Mut bewiesen . . .«

Im Hamburger Tageblatt vom 16. November 1940 stand ein schwedischer Bericht unter der Überschrift »Coventry – ein einziger Trümmerhaufen«.

Es hieß dort u.a.:

»... Ganze Straßenzüge liegen vollkommen in Schutt und Asche. In zahlreichen Vierteln gibt es nicht eine einzige Straße ohne schwerbeschädigte Häuser ... eine Reihe größerer Gebäude sind durch Volltreffer regelrecht halbiert worden ... Die Bevölkerung wandert planlos und verzweifelt zwischen den Ruinen umher ... Die meisten Opfer an Menschenleben seien unter den Polizisten, Feuerwehrleuten und Männern des zivilen Luftschutzes zu beklagen ...«

Von deutscher Seite wurde dieser »Erfolg« in der Kriegspropaganda gehörig ausgeschlachtet und der in der Folgezeit häufig gebrauchte Ausdruck *»coventrysieren«* an Stelle von *»ausradieren«* dürfte wohl von Goebbels selbst geprägt worden sein.

Jedenfalls schrieb der »Völkische Beobachter« befriedigt:

»... Soweit man bisher übersehen kann, hat es unter der Bevölkerung in der einen Angriffsnacht Tausende von Opfern gegeben ...«

– und die deutschen Rundfunksender spielten das »schmissige« Marschlied »Bomben auf Engeland ...«.

Aus der Rückschau war der Angriff auf Coventry das erste gelungene Flächenbombardement mit dem erklärten Ziel der »Vergeltung« und der »Terrorisierung der Zivilbevölkerung«.

Das Ziel war von zwei Staffeln der Kampfgruppe 100 mit Hilfe des Funkführungsverfahrens »Knickebein«[44] angesteuert und durch Abwurf von Brandbomben markiert worden. Die nachfolgenden Kampfverbände haben ihre Ladungen dann in die Brandstellen geworfen. Cajus Bekker führt dazu die Äußerung eines Flugzeugführers an (5, S. 225):

»... schweigend starrt die Besatzung auf das Flammenmeer hinunter. Ist das hier ein rein militärisches Ziel? ...«

Sechs Wochen später traf ein ähnliches Schicksal die britische Hauptstadt:

Als einer der schwersten Brandangriffe auf London wurde von der Londoner Feuerwehr – nach G. v. Blackstone (10) – der Angriff vom 29. Dezember 1940 bezeichnet. Durch Sprengbomben seien 12 der größten Wasserleitungen ausgefallen, ebenso eine für die Löschwasserentnahme wichtige Schmutzwasserleitung. Die deutsche Propaganda habe von über 100000 Brandbomben gesprochen, die auf die City geworfen seien. Es habe zahlreiche Flächenbrände gegeben, zu deren Bekämpfung 2900 Feuerlöschpumpen eingesetzt worden wären. 14 Feuerwehrmänner seien gefallen, 200 verletzt worden.

In all den Ruinen sei aber der Turm von St. Pauls Cathedral unversehrt geblieben, weil der Selbstschutz hervorragend gearbeitet und jede eingeschlagene Brandbombe sofort bekämpft hatte. Noch heute kündet eine Gedenktafel in der Kirche von diesen Taten und jeder Besucher – besonders aus Deutschland – wird darauf hingewiesen. Wo gibt es in Deutschland eine ähnliche Erinnerung an die

Leistung der Luftschutzkräfte bei einem stehengebliebenen Baudenkmal? (10), (22).

Auch G. v. Blackstone kam in seinem Buch (10) zu dem bemerkenswerten Schluß, daß Brände bei Luftangriffen solcher Stärke[45] nur heruntergehalten werden könnten, wenn der Selbstschutz in der Lage sei, Brandbomben *sofort nach dem Einschlag* zu bekämpfen.

Von britischer Seite (2) wurde über diesen Angriff bekanntgegeben:

». . . In der Nacht zum Montag hat der Feind eine große Anzahl von Brandbomben auf die Stadt London abgeworfen und vorbedacht versucht, die Stadt in Brand zu stecken . . . Nirgends versuchte auch nur der Feind, wichtige militärische Ziele auszumachen . . . Die Londoner Feuerlöschzüge haben heldenhaft und erfolgreich während der ganzen Nacht gearbeitet . . .«

In der deutschen Presse stand über die Angriffe auf London:

». . . Die Frage, ob der Luftkrieg human ist oder nicht, steht jetzt nicht mehr zur Debatte . . .«

und:

». . . London gleicht einem feuerspeienden Vulkan . . .« (Hamburger Anzeiger v. 9. u. 10. 12. 1940 – also noch vor dem Großangriff v. 29. 12. 1940!)

Die deutsche Luftwaffe hatte aber trotz aller dieser »Erfolge« die Luftschlacht um England zweifellos verloren. Es war nicht gelungen, die britischen Jäger auszuschalten, es war nicht gelungen, die britische Rüstungsindustrie nachhaltig zu stören.

Wir haben hier nicht zu untersuchen, warum dies so war, können aber die Bemerkung nicht unterdrücken, daß offenbar der für Feindaufklärung zuständige I c des Luftwaffen-Führungsstabes an Göring und Hitler nicht die notwendigen Informationen geben konnte, denn deren Entscheidungen waren sicher nicht einfach aus der Luft gegriffen. Vielleicht rührt daher auch das im Laufe des Krieges immer ausgeprägtere Mißtrauen Hitlers gegenüber Generalstabsangaben her!

Als Hitler im September 1940 das Unternehmen »Seelöwe« auf unbestimmte Zeit verschob und nahezu gleichzeitig ein langfristiges Programm für bauliche Luftschutzmaßnahmen (vgl. S. 184) anordnete, war dies die erste sichtbare Schlußfolgerung aus dem Mißerfolg.

Von all diesen Geschehnissen und Erfahrungen in London und anderen britischen Städten bekamen die deutschen Luftschutzkräfte, insbesondere die Feuerwehren, aber keine Kenntnis. Sicherlich besaß die deutsche Luftwaffe aus der Luftbildauswertung und die deutsche »Abwehr« eine Fülle von Informationen – sie verschwanden aber in Panzerschränken, wurden nicht ausgewertet und niemand konnte sich deshalb darauf einstellen, daß Ähnliches auch einmal in Deutschland geschah.

Es hat fast eineinhalb Jahre gedauert, bis der britischen Luftwaffe in Lübeck gelang, was die deutsche Luftwaffe schon 1940 in Coventry und London praktiziert hatte. Wer – wie der Berichter – bei der Londoner Feuerwehr die Bilder aus jenen Tagen gesehen hat, durch die Straßen gefahren ist, in denen damals Block- und Flächenbrände gewütet haben und sich die sachlich-nüchternen Erläuterungen britischer Feuerwehr-Offiziere anhörte, kann ein Gefühl teilnehmender Erschütterung nicht unterdrücken. Auch die bis heute weit verbreitete und geglaubte Sprachregelung vom »britischen Bombenterror gegen die deutsche Zivilbevölkerung« erscheint dann in einem ganz anderen Licht!

Der britische Luftmarschall Harris – ohnehin der Prügelknabe für alle späteren Bombardierungen in Deutschland – war einmal so undiplomatisch zu sagen (50):

». . . Der überwiegende Teil der Rüstungsindustrie war dort zu finden, wo er in jedem Lande der Welt zu finden ist, in den Städten selbst . . .«

Er hatte damit sicher recht, aber als erklärtes Ziel der Luftangriffe galt ab 1942 dann doch die »Terrorisierung der Zivilbevölkerung« in der Hoffnung, damit auch die kaum zielgerecht zu treffende Rüstungsindustrie zu lähmen.

»Ausradiert« war aber am Ende keine britische Stadt und unter der deutschen Bevölkerung lief die schnodderige Bemerkung eines Berliners um »Dem Adolf ham se den Radierjummi jeklaut!«

Drei Jahre später sprach die britische Bevölkerung nach der Hamburger Juli-Katastrophe vom *»hamburgisieren«* und 1945 kam als weiterer Vernichtungsbegriff des Zweiten Weltkrieges das *»atomisieren«* hinzu, nachdem schon zu Kriegsbeginn Duff Cooper (107) vom *»pulverisieren«* der deutschen Städte gesprochen hatte.

4.7 HAMBURG ZWISCHEN DEN ANGRIFFEN

123 Fliegeralarme hatten seit dem 18. Mai bis Ende 1940 die Bevölkerung meist nächtlicher Weile in die Keller und Bunker gescheucht und dort zu oft stundenlangem Ausharren gezwungen. In der warmen Jahreszeit war dies noch einigermaßen hinzunehmen, aber mit Beginn des Winters gab es doch viele Probleme um Kälte und Feuchtigkeit.

Die Hamburger fügten sich – beeinflußt von geschickter Propaganda – mit erstaunlicher Gelassenheit in diese unbequemen Umstände.

Die Luftschutzleitung gab im Laufe der Zeit eine ganze Menge nützlicher Merkblätter und Hinweise heraus, z. B.

- Luftschutzmerkblatt zum Schutze der Lebens- und Futtermittel sowie der Bedarfsgegenstände,
- Luftschutzmerkblatt für Tierhalter,
- Merkblatt für Luftschutzwarte und Haushaltungsvorstände,
- Hinweise für den behelfmäßigen Luftschutzraumbau.

Nach den ersten Bombenabwürfen hatte der Polizeipräsident am 21. Mai in einem Aufruf nochmals zu luftschutzmässigem Verhalten bei Fliegeralarm aufgefordert. Dennoch war die Zahl der Toten und Verletzten wegen »luftschutzwidrigem Verhalten« so groß, daß dies in den Lageberichten des Polizeipräsidenten eine Zeitlang besonders festgehalten wurde. Vor allem verursachten Flakblindgänger (deren Zerlegerladung versagt hatte) und Flaksplitter Verluste, die bei manchen Angriffen über den Verlusten durch Bomben lagen.

Es war eben doch auch so interessant zu beobachten, wie sich ein britischer Bomber im Strahlenkegel der Scheinwerfer hin- und herwand oder im Sturzflug zu entkommen versuchte. Die Enttäuschung darüber, daß die Flak nie traf und die Salven kilometerweit entfernt lagen, wurde allerdings ebenso lautstark ausgesprochen!

Im August 1940 berichtete die Presse über »Bombensichere Riesenbunker«. Damit waren die Bunkerbauten in der Umgebung von St.-Pauli-Landungsbrük-

BILD 15 Motorschiff »Ulm« sinkt brennend im Hamburger Hafen – 30. Juli 1940.

BILD 16 Geborstener 6.000 m^3-Mineralöltank in Warwisch – 19. Oktober 1940.

ken, in der Helgoländer Allee und »Im Tale« gemeint. Es verlautete zugleich, daß 1200 ähnliche Bunker gebaut werden sollten, von denen 300 bereits fertig wären.

Die Feuerwehr hatte zwischen den Angriffen normalen »Friedensbetrieb«. Aus den rund 500 »friedensmäßigen Einsätzen« im Jahre 1940 verdienen zwei Vorfälle hervorgehoben zu werden:

Am 30. Juli 1940 war das an der Stülckenwerft liegende Motorschiff »Ulm« bei Schweißarbeiten in Brand geraten. Der schon mit einem Tarnanstrich versehene künftige Sperrbrecher besaß während der Umbauarbeiten keine Unterteilung in den Laderäumen mehr, so daß sich das Feuer blitzschnell über das ganze Schiff ausbreitete. Zu allem Unglück war ein Teil der Maschinen ausgebaut und das Schiff hatte deshalb von Anfang an leichte Schlagseite nach Steuerbord.

Durch das wohl oder übel hineingespritzte Löschwasser nahm die Schlagseite rasch zu und als sie über 20° stieg, kam der Befehl »Alle Mann von Bord!«. Der Sperrbrecher wurde nun so schnell wie möglich »abgesäuft«, um größere Schäden am Schiffsverband noch zu verhindern – **BILD 15** –.

BILD 17 Lagerung von Barackenteilen im Wohngebiet. – Gefahr der Feuerübertragung auf die Wohnungen –.

Einen sehr ungewöhnlichen – wahrscheinlich in dieser Form bislang einmaligen – Unfall gab es am 19. Oktober 1940. In Warwisch (Vierlanden) war ein geschweißter 6000 m³ – Mineralöltank aufgestellt, bestimmt zur Zwischenlagerung von Erdöl aus den kurz vor Kriegsbeginn neu erschlossenen Feldern Reitbrook/Neuengamme. Als der Tank durch Füllung mit Wasser einer Druck- und Dichtigkeitsprobe unterzogen wurde, barst er in der Nacht plötzlich auseinander – BILD 16 –. In den Wasserfluten kam ein Mann ums Leben.

Zu all den Sorgen der Feuerwehr um vorbeugende Brandschutzmaßnahmen (Barackenbauten allerorten) – BILD 17 – kam unerwartet ein neues Problem hinzu:

Im Sommer 1940 begann die »Organisation Todt« damit, rigoros und schnell *Splitterschutzwände* aus den Baumstämmen ganzer Wälder in allen wichtigen Mineralöltanklagern zu errichten – BILD 18 –. Damit sollten Sprengbomben-Splitterschäden an Tanks vermindert werden, aber man hatte einseitig nur an fallende Sprengbomben und an das mögliche Auslaufen gedacht. Brandbomben fanden in diesen gewaltigen Palisaden reiche Nahrung, zumal wenn bei der Mischung und Dichte des Bombenwurfs noch Tanks leckgeschlagen waren. Die Holzeinbauten wirkten dann wie Dochte und die Feuerlöschkräfte standen vor neuen Schwierigkeiten. Es war ein verhängnisvoller »Fehlgriff in der Wahl der Mittel«, ein Musterbeispiel für die geringschätzige Bewertung von Brandschutzfragen bei den militärischen Führungsstellen.

Wiederholte drastische Demonstrationen der Brandgefährlichkeit dieser Ausführung durch hineingefallene Brandbomben veranlaßten dann doch, daß die Splitterschutzwände ganz mit feuerhemmenden Platten verkleidet und verputzt wurden. Riß aber diese Schutzschicht ab, kam es natürlich ebenso zu Bränden.

Ab 1943 wurden die hölzernen Schutzbauten deshalb nach und nach durch Mauerwerk zwischen Betonpfahlgruppen ersetzt. Leider blieben die Erbauer auch hierbei nicht konsequent, sondern brachten *hölzerne* Leitern und Umgänge an, die alsbald wegbrannten und den Löschkräften ihren Angriffsweg nahmen.

Ein anderes Beispiel für *kriegsbedingte* Brandschutzaufgaben gab es im Herbst 1940:

Für den Winter 1940/41 waren in einem Hafenschuppen von 200 m Länge und 30 m Breite 600 000 Zentner *Kartoffeln* mit einer Schütthöhe von 3 m eingelagert. Als Frostschutz setzte man seitlich Preßstrohballen an, obenauf lagen 30 bis 40 cm Stroh.

BILD 18 Hölzerne Splitterschutzwände um ein Tanklager (Haltermann) – Sommer 1940.

BILD 19 Kartoffel-Lagerung in einem Hamburger Hafenschuppen – Winter 1940/41 – Kälteschutz durch Strohballen, die zur Sicherung gegen Zündungen mit Lehm abgedeckt werden.

Um einer vorzeitigen Umwandlung in Bratkartoffeln vorzubeugen, wurden die freien Strohflächen mit einem dünnen Lehmputz beworfen und alle 20 m Wasserfässer mit 2 Eimern aufgestellt – BILD 19 –.

Im Winter 1941/42 stieg die Einlagerungsmenge sogar auf 750000 Zentner!

Ab Dezember 1940 hieß es auch nicht mehr »Ziviler Luftschutz«, sondern nur noch »Luftschutz«, weil der andere Begriff angeblich Anlaß zu Mißverständnissen und »falschen Vorstellungen« gegeben hatte. Der Reichsluftschutzbund war in eine Körperschaft öffentlichen Rechts umgewandelt worden. Seiner neuen Satzung nach hatte er die Aufgabe, ». . . das deutsche Volk von der lebenswichtigen Bedeutung des Luftschutzes zu überzeugen und es für die Mitarbeit im Selbstschutz zu gewinnen . . .«

Und schließlich stand in einem Erfahrungsbericht des BdO X vom 14. 12. 1940 zu lesen:

». . . Der RdLuObdL hat angeordnet, daß von der Beleuchtung *nicht in Bewegung befindlicher* Fahrräder während der Verdunklung . . . abgesehen werden kann, sofern das hintere Schutzblech durch einen weißen Anstrich gekennzeichnet ist . . .«

Sorgen hatten die Leute damals noch!

4.8 BLICK ÜBER HAMBURGS GRENZEN

So wie in Hamburg fielen auch in anderen deutschen Städten Spreng- und Brandbomben und beunruhigten die Bevölkerung. In den »Meldungen aus dem Reich« des Sicherheitsdienstes der SS (11) lesen wir u. a. darüber:

Nr. 91 vom 27. 5. 1940

». . . Die in den Berichten des OKW gemeldete Überfliegung und Bombardierung westdeutscher Städte wird in der Bevölkerung allgemein stark beachtet. Man vermißt jedoch nähere Angaben über die Auswirkungen, insbesondere auch über die Verluste an Menschenleben. Diese Tatsache hat zu einer außerordentlichen starken Gerüchtebildung über die Auswirkungen der feindlichen Bombenangriffe auf deutsche Städte geführt. Zu diesen übertriebenen Gerüchten soll auch besonders das Zugpersonal der Züge, die Westdeutschland berühren, beitragen. Eine weitere Ursache für diese übertriebene Gerüchtebildung liege vor allem in Briefen, die Volksgenossen im ganzen Reichsgebiet von Verwandten aus Westdeutschland erhalten und die ebenfalls zu starken Übertreibungen führen . . .«

Ein gut Teil steuerte dazu allerdings auch die eigene NS-Presse bei! So berichtete z. B. die »Neue Mannheimer Zeitung« am 12. Oktober über einen Luftangriff auf Hamburg u. a. folgendes unter den Überschriften »Wohnstraßen in Hamburg als Bombenziel. Schwerste Verwüstungen in den Arbeitervierteln der Hansestadt«:

». . . Am ärgsten betroffen wurden drei Straßenzüge in einem dichtbesiedelten Wohnviertel von Handarbeitern. Im Umkreis von fast einem Kilometer sieht man unbeschreibliche Verwüstungen, die die Sprengbomben hervorriefen.

Häuser und Höfe wurden zerstört oder schwer beschädigt. Aber noch schlimmer wiegt die Zahl der Opfer: drei Tote sind in diesem Bezirk zu beklagen . . .«

». . . Blind wütete die Mordlust der britischen Gangster-Luftflotte auch an allen Stellen dieser Gegend. Weit und breit sind in großem Umkreis die Scheiben der Wohnungen und Läden zerbrochen.

Ergriffen stehen wir vor einem Beerdigungsinstitut, dessen Särge wild durcheinander liegen; inmitten steht ein geborstener weißer Kindersarg, mehr als ein grauenvolles Bild . . .«

Tatsächlich hatte es sich um einen für Hamburger Begriffe »normalen« Angriff gehandelt, der – so der amtliche »Lagebericht« – auf die Absicht schließen ließ, »Störungsangriffe in ununterbrochener Folge nach deutschem Muster durchzuführen . . .«.

Vielfachen Ärger gab es auch in anderen Deutschen Städten mit dem Luftschutz-Warndienst, dessen unzulängliche Gleichschaltung mit dem Meldedienst der Flak zu peinlichen Pannen führte. So hieß es z. B. in einem Bericht für das Propagandaministerium (E 5) vom 18. 6. 1940:

». . . In Mainz wurde erst Alarm gegeben, als die Flak am heftigsten schoß; Entwarnung kam, als der Flakbeschuß noch anhielt. Es wurde dann nochmals Alarm gegeben. Die Bevölkerung ist durch Versagen der örtlichen Luftschutzleitung beunruhigt . . .«

Versagt hatte hier allerdings wohl kaum die örtliche Leitung, sondern jene Stelle im Luftnachrichtendienst, die Meldungen nicht weitergab oder richtig auswertete und hierfür war der örtliche Flakführer verantwortlich. Die örtliche Luftschutzleitung traf dagegen keine Schuld.

Bei der Feuerwehr interessierten wir uns sehr dafür, genaue Erfahrungsberichte aus anderen Luftschutzorten zu erhalten. Dank der »kurzen Drähte« zwischen den deutschen Berufsfeuerwehren – deren Ingenieure sich meist persönlich kannten – funktionierte dieser Informationsweg während des ganzen Krieges prompt, zuverlässig und ohne Geheimniskrämerei.

Mit einiger Sorge wurden die präzisen Zielangriffe der RAF auf *Mineralölbetriebe* in Nordwestdeutschland beobachtet, Hamburg galt ja damals noch als Zentrum der deutschen Mineralölwirtschaft und mußte mit ähnlichen Attacken rechnen.

So war z. B. die Wintershall-Raffinerie Salzbergen am 20. Mai 1940 von 6 Kampfflugzeugen aus angeblich nur 300 m Höhe (kein Flakschutz!) mit Spreng- und Brandbomben mehrfach angegriffen. Von 33 Tanks blieben nur 3 ohne Beschädigungen!

Am 18. Juni fielen Bomben auf die Raffinerie Dollbergen der Deutschen Gasolin AG, eine Nacht später auf die Raffinerieanlagen der Deurag in Misburg/Han. Die Besichtigung beider Schadensstellen stimmte recht bedenklich, denn sie ließ die große Empfindlichkeit solcher Betriebe erkennen. Die dort eingesetzten Feuerwehren hatten durch plötzliche Gasschwadenzündungen auch die ersten Verluste an Toten und Verwundeten erlitten. Die Problematik des Löschens mit Schaum wurde erstmals offenbar.

Das Hydrierwerk Gelsenkirchen der Gelsenberg Benzin AG war natürlich ein besonders gesuchtes Angriffsziel. Bei einem Angriff am 15. Oktober wurden die Löscharbeiten – wie vorausgesagt – durch die brennenden hölzernen Splitterschutzwände erheblich behindert.

Auch das Hydrierwerk Scholven (11. 8. 1940) und sogar das Hydrierwerk Pölitz bei Stettin wurden hartnäckig angegriffen.

Erstaunlicherweise unterblieben ab Ende 1940 solche systematischen Angriffe mit ihren bemerkenswerten Wirkungen und wurden erst 1944 von der amerikanischen Luftwaffe wieder aufgenommen – nunmehr mit Bombenteppichen und kriegsentscheidenden Wirkungen (vgl. S. 325).

BILD 20 Nach Sprengbombentreffer zusammengesackter Scheiben-Gasometer in Gelsenkirchen. – Angriff vom 20. Mai 1940.

In Gelsenkirchen hatte es schon gleich zu Beginn des Luftkriegs einen spektakulären Bombentreffer gegeben:

In den (leeren) 600000-m^3-Scheibengasometer (147 m hoch, 80 m ∅) der Kokerei Nordstern war am 20. 5. 1940 eine Sprengbombe eingeschlagen und hatte den 14,5 m hohen untersten Schuß zerstört. Der etwa 5600 t schwere Behälter sackte ab und blieb – wie der »schiefe Turm von Pisa« – mit einem seitlichen Überhang von 12,5 m stehen – **BILD 20** –.

Die RAF versuchte tatsächlich unentwegt, kriegswichtige Ziele – Industrieanlagen und Verkehrsanlagen – zu treffen. Sie erzielte beachtliche Einzelerfolge und mancherlei unangenehme Störungen des Produktionsablaufs, aber von einer ernstlichen Beeinträchtigung der deutschen Wirtschaft konnte wirklich keine Rede sein. Schon gar nicht war dadurch eine Wende des Kriegsglücks zu erwarten – zu dieser bitteren Erkenntnis kam wohl auch das britische Kriegskabinett Ende 1940.

Beim britischen »Air Staff« und beim »Bomber Command« mehrten sich Ende 1940 ebenso die Zweifel, ob Navigation und Zielfindung für »Präzisionsangriffe« zur nachhaltigen Zerstörung des deutschen Kriegspotentials – insbesondere der Ölindustrie – ausreichten. Zu oft hatten die »Erfolgsmeldungen« der Bomberbesatzungen und die Agentenberichte aus Deutschland nicht miteinander in Einklang gestanden.

Warum in den britischen Berichten über das Jahr 1940 gar nichts von den zweifelsfreien Erfolgen in Hamburg selbst und in den Mineralölbetrieben von Misburg, Dollbergen oder Salzbergen und Gelsenkirchen steht, bleibt unerklärlich. Vielleicht waren die Informationen des »Secret Service« aus Deutschland ungenügend, vielleicht (wahrscheinlicher) sind sie im Papierblätterwald der Bürokratie untergegangen. Die Lichtbildaufklärung steckte ebenfalls noch in den Kinderschuhen.

Die Auffassung von Webster-Frankland (122), daß die nächtlichen Bombardierungen eher ein Knüppel, als ein Degen gewesen seien und der Übergang von Tages- zu Nachtangriffen auch eine neue Bombardierungs-Strategie erfordere, war jedenfalls richtig. Sie wurde damals aber offenbar in Kreisen des britischen Kriegskabinetts und des Bomber-Command nicht so klar erkannt, obwohl die deutsche Luftwaffe ja mit den Angriffen auf Coventry und London drastische Beispiele gegeben hatte.

Vielleicht ist es wirklich erst Luftmarschall Harris gewesen, der im Frühjahr 1942 nach nüchterner Einschätzung der technischen Möglichkeiten eine »Flächenbombardierung« als einzige durchführbare Lösung ansah.

4.9 HAMBURGER BILANZ DES LUFTKRIEGSJAHRES 1940

4.9.1 Zahlen der Statistik

Als das Jahr 1940 zu Ende ging, hatte die Hamburger Bevölkerung 70 *Luftangriffe* mitgemacht – die größte Zahl aller Kriegsjahre – und sich an den Verhaltenszustand *»Fliegeralarm«* – 123 mal – einigermaßen gewöhnt – vgl. TAFEL 1 und 7, Kapitel 13 –. Über 233 Stunden (das wären fast 10 Tage!) hatten die Hamburger im Luftschutzraum zugebracht. 1417 Spreng- und 4248 Brandbomben – nicht gezählt einige Tausend Brandplättchen – fielen auf Hamburger Gebiet.

125 Tote und 567 Verletzte waren die für die Bevölkerung tragische Folge dieser Abwürfe. 269 Menschen wurden obdachlos, 1356 vorübergehend umquartiert.

Die Feuerwehr registrierte 193 Brände, darunter 60 Großfeuer – und das hatte für eine verstärkte Großstadtfeuerwehr noch keine sonderliche zusätzliche Belastung bedeutet (Alarmzahlen 1939: 131 Großfeuer, 225 Mittelfeuer und 956 Kleinfeuer. Etwa die gleich Zahl »friedensmäßiger« Einsätze war auch 1940 zu verzeichnen).

Die Sachschäden wurden auf rund 16 Millionen RM geschätzt.

Von britischer Seite (122) wird die im Jahre 1940 auf Deutschland abgeworfene Bombenmenge mit 13 033 ts (= 11 820 t) angegeben. Davon sind – errechnet aus den Hamburger Stückzahlen – schätzungsweise 290 t auf Hamburger Gebiet gefallen. Weniger als ein Zehntel dieser Menge hat aber tatsächlich Ziele getroffen. Die Masse der Bomben fiel auf Straßen, ins Wasser oder auf unbebautes Gelände und richtete allenfalls »Flurschaden« an[46].

4.9.2 Vom Leben in der Stadt

Das Leben in der Stadt hatte sich seit Beginn der Luftangriffe doch deutlich spürbar auf die Kriegszeit eingestellt. Verdunklungszeiten und Fliegeralarme bestimmten wesentlich den Tagesablauf. Die Luftschutzräume in den Häusern hatten wohnlichen Charakter erhalten, waren mit Betten und Heizung ausgestattet. Es gab den Begriff »Luftschutzgepäck« für den wichtigsten Besitzstand und vor allem Urkunden sowie Lebensmittel-Stammkarten.

Gar manche Familien betrauerten den Verlust von Angehörigen, die im Frankreich-Feldzug, in Norwegen, auf See oder im Luftkrieg geblieben waren. Dazu kamen die Bombenopfer.

In den Geschäften waren frei verkäufliche Waren fast ganz aus den Auslagen und Regalen verschwunden, aber »unter der Hand« gab es doch eigentlich noch alles, besonders für Stammkunden.

Fensterglas und Ziegel galten aber nach jedem Luftangriff als Kostbarkeiten.

Die Verpflegungsration für Normalverbraucher lag bei täglich 2450 Kalorien.

Die Lebensmittelversorgung klappte, das System der Bezugskarten mit verschiedenen Abschnitten hatte sich eingespielt. Auf Reisen gab es mit »Reisemarken« keine Schwierigkeiten. Zu Weihnachten ließ das Hauptevnährungsamt als »Sonderzuteilung« ausgeben:

100 g Kaffee,
125 g Nüsse,
62,5 g Schokoladenwaren.

Geflügel oder Karpfen waren auf Kontrollkarte zu haben. An Gemüse, Kartoffeln und Obst herrschte zwar kein Überfluß, aber auch kein Mangel.

Nicht ganz befriedigend blieb die Textilversorgung – hier war eben doch wohl der Bedarf für Wehrmacht und Rüstungsbetriebe zu groß – immerhin besaß die breite Masse der Bevölkerung jedoch so viel Bekleidung, daß auch hier nicht von Mangel gesprochen werden konnte. Die »Ausgebombten« erhielten auf »Bombenschein« sowohl Bekleidung, als auch Haushalttextilien und Bettzeug in noch ordentlichen Mengen und Qualitäten.

Der Hamburger Bevölkerung war der Ernst dieses Krieges aber auch durch eine Reihe von Gerichtsurteilen bewußt geworden, die von der Presse meist groß aufgemacht als »abschreckende Beispiele« gebracht wurden.

Am 04. 1. 1940 erhielt ein Mann 3 Jahre Zuchthaus wegen Abhörens fremder Sender,
am 13. 3. 1940 bekamen Hühnerdiebe 5 Jahre Zuchthaus,
am 16. 3. 1940 wurden Feldpostpäckchen-Räuber als »Volksschädlinge aus Genußsucht« zu 1 bis 7 Jahren Zuchthaus verurteilt,
am 21. 5. 1940 mußte ein Gastwirt für 6 Monate ins Gefängnis wegen Verstoßes gegen die Verdunklungsvorschriften.

Plünderungsfälle waren aber noch nicht bekanntgeworden – die wenigen Schadensstellen konnten immer schnell von Polizeikräften gesichert werden.

Um die Jahreswende 1940/41 feierte Hamburg »Volksweihnacht«. In der Staatsoper wurden »Lohengrin« und »Die Zauberflöte« gespielt. In den Kinos liefen u. a. die Filme »Das Herz der Königin« und »Die keusche Geliebte«.

Die Siegeszuversicht der Bevölkerung wurde angeheizt mit Schlagzeilen wie:
»Manchester ging in Flammen unter!«
»Londoner City ein Flammenmeer!«
». . . hier sind tatsächlich ganze Straßenzüge dem Erdboden gleichgemacht worden . . .«

4.9.3 Meinungen und Hoffnungen

Um die Jahreswende glaubten wir, daß eine deutsche Landung in England nun im Frühjahr mit der Besserung der Wetterlage erfolgen würde, im Zusammenhang damit aber die RAF noch einige harte Schläge austeilen könnte.

Auch der letzte Wehrmachtsbericht vom 31. Dezember 1940 ließ erwarten, daß England nicht mehr lange widerstehen würde:

». . . in der Nacht zum 30. Dezember griffen . . . stärkere Kampffliegerverbände London an. Sie warfen eine große Anzahl von Bomben aller Kaliber auf kriegswichtige Ziele, vor allem im Stadtkern. Es entstanden viele und außerordentlich starke Brände, die bis zur Kanalküste sichtbar waren . . .

. . . In der Nacht zum 31. Dezember fanden keine Kampfhandlungen statt . . .«

In den Führungsstäben der drei Wehrmachtsteile liefen jedoch schon die Vorbereitungen für das Unternehmen »Marita« gegen die Balkanstaaten (»Führerweisung« für die Kriegsführung Nr. 20 vom 13. 12. 1940).

Niemand ahnte auch nur, daß am 18. 12. 1940 bereits die Weisung Nr. 21 Fall »Barbarossa« ergangen war, die mit dem Satz begann:

»Die deutsche Wehrmacht muß darauf vorbereitet sein, auch vor Beendigung des Krieges gegen England Sowjetrußland in einem schnellen Feldzug niederzuwerfen . . .«

5. *1941 – Der Luftkrieg wird härter!*

»... Das Jahr 1941 wird die Vollendung des größten Sieges unserer Geschichte bringen ...«

– mit diesen Worten schloß der Tagesbefehl des »Führers« und Obersten Befehlshabers zum Jahreswechsel an die Wehrmacht.

Im Neujahrsaufruf an die deutsche Bevölkerung standen aber auch die drohenden Worte:

»... Und es ist keine Phrase, sondern blutiger Ernst, wenn wir versichern, daß auf jede Bombe zehn oder, wenn notwendig, hundert zurückgeworfen werden ...«

In diesem Appell, der sich auffällig ausführlich mit den Bombenwürfen auf das Reichsgebiet befaßte, stand ebenso – wider besseren Wissen – daß die Engländer im Mai 1940 mit Bomben auf Freiburg den Luftkrieg begonnen hätten. Kurzum: Der Luftkrieg gehörte bei aller damaligen Siegeszuversicht doch zu den Kriegsgeschehnissen, die nunmehr erhebliche Sorgen über die Stimmung der Bevölkerung bereiteten[47].

Der Luftkrieg war härter geworden!

5.1 »GENERAL WINTER« REGIERT

Lange ehe »Väterchen Frost« und »General Winter« gegen Ende des Jahres 1941 auf den Kriegsschauplätzen der Ostfront zu regieren anfingen, gab es zu Beginn des Jahres 1941 in den Luftkriegsgebieten der Heimat »Frosterfahrungen«.

BILD 21 **Vereiste »Ergänzungs-Feuerwehrmänner« im Einsatz bei – 18°C! Keine Schutzjakken, keine Handschuhe, keine Kopfschützer, kein ordentliches Schuhzeug!**

In den eisigen Winternächten zum 2. und 3. Januar war Bremen das Hauptziel von Luftangriffen. In Hamburg gab es immerhin auch 6 Großbrände.

Den Bremer Feuerlöschkräften froren dabei auf zahlreichen Einsatzstellen erhebliche Mengen von Schläuchen (etwa 2000 m) ein und sie forderten am 3. Januar früh über das Luftgaukommando 1000 Stück B- und 1000 Stück C-Schläuche vom Hamburger FE-Dienst[48]. Angeblich war dieser hohe Schlauchausfall beim Ablösen erschöpfter Bremer Kräfte passiert – jedenfalls lagen – wie unsere Besichtigung ergab – die Schlauchleitungen oft zu mehreren nebeneinander und auf Hunderte von Metern festgefroren in den Rinnsteinen.

Die Vorgänge in Bremen gaben Anlaß zu einem drei Seiten langen »Schnellbrief« des Hauptamts Ordnungspolizei über die Behandlung von Schlauchleitungen bei starkem Frost. Zu der alten Feuerwehr-Weisheit, daß das Wasser in ständiger Bewegung gehalten werden muß, konnte aber auch kein neuer Beitrag geliefert werden.

Eine »Stabsbunker-Idee« ». . . Feuerwehrschläuche gegen die Gefahr des Einfrierens dadurch zu schützen, daß sie nach dem Abstellen des Wassers sofort mittels Druckluft entwässert werden . . .« erledigte sich glücklicherweise schon im Versuchsstadium von selbst, da die hierfür angekündigten Luftkompressoren nie eintrafen!

Zum ersten Male seit dem Kälteeinbruch 1928/29 machten die Feuerwehren aber auch noch andere unangenehme Erfahrungen: Im eisigen Ostwind platzten reihenweise die Druckventile an den ungeschützt im Fahrzeugheck eingebauten Feuerlöschpumpen. Die Fahrer versuchten einen Frostschutz mit allerlei Hilfsmittel wie Strohwickeln und Wolldecken. Wenn das nicht half, hieß es burschikos »Mach der Spritze doch Feuer unter den Arsch!« – wozu Putzwolle und Dieselkraftstoff recht nützlich waren. Auch allerlei Auftaugeräte wurden entwickelt, aber zuletzt blieb heißes Wasser, z. B. in alten Futterkochkesseln zubereitet – die zwar primitivste, aber beste und viel benutzte Methode zum Auftauen eingefrorener Armaturen und Schläuche.

Die körperlichen Belastungen der Löschkräfte – insbesondere der völlig unzulänglich eingekleideten »Ergänzungskräfte« (ohne Mantel, ohne warme Unterwäsche, festes Schuhzeug und Handschuhe) waren außerordentlich groß – BILD 21 –. Es mutet heute noch wie ein Wunder an, daß die Ausfälle durch Erkrankungen erstaunlich gering waren (unter 5 %!) und die Mannschaften diese Unzuträglichkeiten so geduldig hinnahmen.

5.2 LUFTANGRIFFE AUF HAMBURG IM 1. VIERTELJAHR 1941

Die mit dem Neujahrstag 1941 so erfolgreich in Bremen begonnene Taktik des Doppelangriffs setzte die britische Luftwaffe in Hamburg erst im März mit zwei Angriffen in der Nacht vom 12. zum 13. fort. Das Stadtgebiet wurde mit kurzen Pausen ununterbrochen von 23.12 Uhr bis 02.40 Uhr angegriffen. Ab 04.10 Uhr kamen weitere Einflüge aus Nordholland und der Deutschen Bucht mit Hauptangriffsziel Hamburg. Beide Angriffe trafen hauptsächlich reine Wohnviertel, obwohl sie sicher dem Hafen und Industrieanlagen galten.

Die größte Brandstelle hatten die Feuerlöschkräfte bei *Schuppen 71 b* zu bekämpfen. Dieser Schuppen ohne Brandschutzunterteilung wurde von etwa 20 Stabbrandbomben getroffen und ging alsbald in Flammen auf. 16 Löschzüge mit insgesamt 62 Rohren waren hier eingesetzt. Der Schaden an Gebäuden und eingelagerten Gütern betrug allein etwa 3,5 Millionen RM[49].

Die Werft von Blohm & Voss wurde auch diesmal wieder von 20 Sprengbomben und 300 bis 400 Brandbomben getroffen, die einen Teil des Verwaltungsgebäudes und die Fernsprechzentrale beschädigten. Die Eisengießerei und ein Stahlofen erlitten erhebliche Beschädigungen. Zwei Helgen mit einigen U-Booten und das Gebäude der Werftfeuerwehr wurden leichter beschädigt.

Auch die Norderwerft, die Howaldts-Werft, die Stülcken-Werft und die

Deutsche Werft erlitten leichtere Schäden. Es war unverkennbar, daß diese für den U-Bootsbau wichtigen Fertigungsstätten als ein Angriffsziel galten – und ja auch richtig getroffen wurden, ohne allerdings den Fertigungsablauf nennenswert zu beeinträchtigen.

Bereits in der nächsten Nacht – vom 13. zum 14. März – startete die RAF einen weiteren – den 75. Angriff auf Hamburg. Die Anflüge wurden über drei Stunden lang mit nur kurzen Pausen durchgeführt. Ab 04.15 Uhr folgten weitere Einflüge. Eine inzwischen aufgetretene Dunstschicht nahm aber den Maschinen die Sicht, so daß es nicht zum Bombenabwurf auf Hamburger Gebiet kam.

Erneute Treffer erhielt beim Mitternachtsangriff Blohm & Voss, wo Sprengbomben die Schiffbauhalle trafen und auch mehrere Blindgänger (oder Langzeitzünder) fielen. Eine an der »Unfallstation« eingeschlagene Bombe detonierte am 14. März von selbst. Von den gerade mit dem Freilegen der Bombe beschäftigten Gefangenen wurden vier getötet und einer schwer verletzt.

Eine Sprengbombe – 250 lbs – aus einer Serie von vier Bomben fiel auf den Hof der *Hauptfeuerwache* Berliner Tor, ausgerechnet an einer Stelle, unter der ein vorgebauter Kabelkeller lag – **BILD 22** –. Bei der Detonation wurden nicht nur

BILD 22 Wirkung einer 250 lbs-Sprengbombe im Kabelkeller der Hauptfeuerwache (14. März 1941).

BILD 23 Durchschlag einer Stabbrandbombe durch eine Stahlrohr-Leitung (14. März 1941) Mineralölwerke Haltermann.

erhebliche, unersetzbare Kabelmengen zerschlagen, sondern auch die daneben liegende Peilzentrale[50] mit ihrem Kartenmaterial unbrauchbar gemacht und allen vier anwesenden Peilungsauswerter – darunter der Berichter – mehr oder minder verletzt.

Sekunden nach dem Einschlag läutete das Telefon. Ich nahm instinktiv den Hörer ab – noch benommen von Schreck und Schmerz – und schrie »Volltreffer! Peilzentrale ausgefallen!« Bei der örtlichen Leitung – sie war am anderen Leitungsende – löste dies einigen Wirbel aus, denn über der Peilzentrale standen die Vermittlungsgestelle des Behörden-Fernsprechnetzes, aber diese waren glücklicherweise nicht betroffen.

Zehn Löschzüge mußten zur Bekämpfung eines Großbrandes im Holzlager Lühmann, Alsterkrugchaussee 38, eingesetzt werden. Die dort in die Holzstapel gefallenen etwa 45 Brandbomben konnten vom Selbstschutz nicht schnell genug gelöscht werden und in kürzester Frist stand das ganze Lager in Flammen.

Auch in Raffinerien (Tankexplosion bei der Olex) und im Petroleumhafen hatte es Schäden gegeben. An einer 100-mm-Stahlrohrleitung wurde z.B. eindrucksvoll die Durchschlagkraft einer Stabbrandbombe demonstriert –BILD 23–, aber auch die Tücken der Technik, denn es war ein »Blindgänger«!

Nach dieser Angriffs-Serie blieb Hamburg zunächst verschont, aber andere deutsche Städte – Hannover, Wilhelmshaven, Köln, Kiel, Bremen, Wesermünde (heute: Bremerhaven), Berlin und Emden – waren zahlreichen Luftangriffen ausgesetzt.

Am letzten Tage des ersten Vierteljahres 1941 warf ein Vickers-Wellington der RAF erstmals eine 2000 lbs-Minenbombe auf Emden ab.

Die Verschärfung des Luftkriegs war für das Oberkommando der Wehrmacht Anlaß, am 21. März 1941 einen »Luftwaffen-Befehlshaber Mitte« (Generaloberst Weise) für die deutsche Heimatverteidigung zu ernennen[51]. Zu seinem Befehlsbereich gehörten die LGK I, II, III, IV, VI, VIII, XI (Hamburg). Unterstellt war ihm auch das XII. (Jag.) Flieger-Korps. Dagegen blieben die LGK VII (München) und XII/XIII (Wiesbaden) weiter der Luftflotte 3 zugeordnet. Feldmarschall Sperrle hatte sich (erfolgreich!) dagegen gewehrt, daß ihm diese für die Luftverteidigung wichtigen Befehlsstellen »entzogen« wurden (1) – und dies war eines der Beispiele dafür, wie gepflegte Eitelkeiten die einheitliche Führung in der Heimat-Luftverteidigung verhinderten.

Insgesamt gab es in der Heimat-Verteidigung 1941 537 schwere und 395 leichte oder mittlere Flakbatterien sowie 138 Scheinwerfer-Batterien (73).

Am 27. März abends – nach einem Militärputsch in Jugoslawien – unterzeichnete Hitler die »Weisung Nr. 25 – Blitzfeldzug gegen Jugoslawien in Verbindung mit dem Angriff auf Griechenland« – eine neue Kriegsfront entstand im *Südosten* des Reichs!

5.3 DIE »BREMEN« BRENNT!

In den Sonntagabendstunden des 16. März erfuhr die Feuerschutzpolizei »auf dem kurzen Dienstweg«, daß auf dem am Columbuskai in Wesermünde liegenden Passagierschiff »Bremen«[52] – es wurde als Wohnschiff der Kriegsmarine genutzt – ein Großfeuer ausgebrochen sei.

In der Nacht zum 17. 3. forderte der örtliche Luftschutzleiter Wesermünde in Hamburg 6 Kraftfahrspritzen und 2 Drehleitern an. Die Fahrzeuge wurden sofort in Marsch gesetzt und erreichten die Brandstelle nach 120 km Nachtmarsch gegen 08.00 Uhr früh. Es war der erste »auswärtige Einsatz« seit Kriegsbeginn!

Die Feuerschutzpolizei Wesermünde hatte um 17.30 Uhr von Bord der

»Bremen« eine Feuermeldung erhalten. Als der erste Löschzug 13 min später an der Brandstelle eintraf, war das Schiff bereits ganz in Rauch gehüllt. Mit einer Drehleiter mußten zuerst 25 Besatzungsmitglieder vom Achterschiff heruntergeholt werden – ihnen war der Rückzugsweg zur Gangway bereits abgeschnitten. In das Schiffsinnere konnten die in der Schiffsbrandbekämpfung erfahrenen Löschtrupps nur noch wenige Meter vordringen – Hitze und Qualm waren bereits zu groß. Auch Boots- und Sonnendeck ließen sich nicht mehr erreichen. Hier lagerten beträchtliche Mengen Flakmunition sowie zahlreiche Benzinfässer. Das Schiff war für einen Kenner des Verlaufs von Schiffsbränden zu diesem Zeitpunkt bereits verloren – BILD 24 –.

Ab 20.30 Uhr mußten die Löscharbeiten etwa eine Stunde lang unterbrochen werden, weil die Munition explodierte. Splitter durchschlugen die Benzinfässer, auslaufendes Benzin brannte mit großen Stichflammen ab. Zahlreiche Schläuche wurden von Splittern zerfetzt. Auch die seewärts längsseits liegenden Löschboote mußten verholen, weil Rettungsboote brennend herabstürzten[53].

Das Schiff – kurz zuvor noch der Stolz der deutschen Handelsflotte – brannte völlig aus. Es ist nach Kriegsende verschrottet worden. Dilettantische Löschversuche der Schiffsbesatzung (Sonntag-Nachmittag!) und völliges Verkennen des Gefahrenrisikos hatten offenbar die rechtzeitige Alarmierung der Feuerwehr verhindert.

Entstanden ist der Brand eindeutig durch Brandstiftung: Es war der Racheakt eines Schiffsjungen wegen einer vom Bootsmann verpaßten Ohrfeige! Nach dem Kriege erschien darüber in einer Illustrierten ein »Tatsachenbericht« unter der reißerischen Überschrift »Ich zündete die Bremen an!« –

Die Hamburger Löschkräfte konnten nur noch Nachlöscharbeiten leisten und die erschöpften Männer der Feuerschutzpolizei Wesermünde ablösen. Letztlich war es eine überflüssige Arbeit, denn zu »erhalten« gab es hier nichts mehr.

Dieser erste »auswärtige Einsatz« zeigte aber auch, daß man Löschkräfte nicht einfach auf unbestimmte Zeit und größere Entfernungen losschicken kann, ohne gleichzeitig einige Versorgungsfragen zu lösen. So mußten die Besatzungen z. B. völlig durchnäßt und durchfroren die mehrstündige Heimfahrt antreten. Recht verpflegt waren sie ebenfalls nicht – die Kriegsmarine fühlte sich dafür »nicht zuständig«!

Brandverlauf und Brandfolgen ähnelten dem Feuer auf der annähernd gleichgroßen »Europa« am 26. 3. 1929 im Hamburger Hafen am Werftkai von Blohm & Voss. Die damals gemachten Lichtbilder z. B. vom Sonnendeck glichen genau jenen von 1941![54], vgl. auch (95).

Die »Bremen« hatte Mitte 1940 einige Zeit zusammen mit der »Europa« im Hamburger Hafen (Waltershof) gelegen, war hier für das geplante Unternehmen

BILD 24 Sonnendeck der »Bremen« nach dem Brande. Flakgeschütze, Munitionskästen und Geschoßhülsen auf den eingesunkenen Decksplatten.

»Seelöwe« zum Truppentransporter umgebaut, dann aber als Wohnschiff nach dem Columbuskai verlegt worden. In den Räumen lagerten große Mengen von Strohsäcken und Matratzen – solche waren im »Jagdzimmer« vom Brandstifter angesteckt worden. Abgesehen von diesen großen Mengen leichtbrennbaren Materials dürfte auch der »Verschlußzustand« des Schiffes nur sehr unzulänglich gewesen sein. Ob die ohnehin wegen des Sonntags nur verdrossen an Bord gebliebene Wachbesatzung sich nun gerade auf Brandbekämpfung verstand, muß sehr bezweifelt werden – die Äußerungen der Wesermünder Feuerwehrmänner sprachen jedenfalls dagegen.

Kriegsbedeutung hatte das Schiff sicher nicht mehr, seit das Unternehmen »Seelöwe« abgeblasen war. Der Prestigeverlust erschien dagegen groß, zumal sich trotz aller ausgestreuten Gerüchte von einem Anschlag des britischen Secret Service bald herumsprach, daß ein »lausiger Schiffsjunge« diesen Riesenschaden verursacht hatte. In deutschen Veröffentlichungen während des Krieges ist – soweit bekannt – über den Verlust natürlich nichts berichtet worden.

5.4 AUSWÄRTIGER EINSATZ: »SOFORT FÜNF LÖSCHGRUPPEN NACH KIEL!«

In der Nacht zum 9. April 1941 griff die RAF mit stärkeren Kräften Kiel an. Die Spreng- und Brandbomben verursachten so starke Schäden – **BILD 25** –, daß die örtlichen Hilfskräfte nicht mehr ausreichten und – leider erst etwa drei Stunden später – über den Befehlshaber der Ordnungspolizei von Hamburg die Entsendung von fünf schweren Löschgruppen gefordert wurde.

Bis die Fahrzeuge dann tatsächlich in Kiel an Schadensstellen mit Nachlöscharbeiten (anderes zu tun gab es nicht mehr!) begannen, war es morgens gegen 07.00 Uhr. Es »lohnte« sich eigentlich nicht mehr und die Einheiten traten »nach

BILD 25 Zerstörungswirkung einer schweren Sprengbombe (wahrscheinlich 1.000 lbs) auf ein Wohnhaus in Kiel. Einschlagtrichter neben dem Haus!

Verabfolgung einer Erbsensuppe« gegen 11.00 Uhr wieder den Rückmarsch an.

In der nächsten Nacht wurde Kiel erneut angegriffen. Diesmal ging es wesentlich schneller mit der Anforderung – jetzt von zwei FE-Bereitschaften. Sie fanden in Kiel noch einige Arbeit vor, u. a. in einem bereits seit dem 8. April brennenden Ausrüstungs-Depot (100 × 25 m) der Kriegsmarine, um dessen Löschung sich eine Marine-Feuerschutz-Kompanie die ganze Zeit über vergeblich bemüht hatte.

Es war das erste Mal, daß Hamburger Einsatzkräfte unter dem Stichwort »Auswärtiger Einsatz« mit größeren »geschlossenen Einheiten« in einen anderen Luftschutzort ausrückten und dabei eine Fülle neuer Erfahrungen machen mußten: Kolonnen-Marschfahrt in stockdunkler Nacht – nur mit Tarnscheinwerfern als Beleuchtung, Verpflegung, Kraftstoffversorgung, Einweisung auf Schadensstellen, Orientierung bei Nacht im fremden Ort und anderes mehr.

Der Höhepunkt solcher auswärtiger Einsätze wurde im Herbst 1943 erreicht, als zeitweilig zehn Bereitschaften des FE-Dienstes – ein Drittel aller Hamburger Feuerlöschkräfte – in Berlin waren.

Wiederholt sind Hamburger Einheiten in den Jahren 1941 bis 1945 auch nach Bremen gerufen worden, denn diese Stadt lag im Befehlsbereich des BdO X. Dagegen war Hannover z. B. »feindliches Ausland«, denn dort regierte der BdO XI.

Eine wesentliche Erfahrung war, daß in einem schwer heimgesuchten anderen Luftschutzort mit keiner Hilfe in Versorgungsfragen gerechnet werden konnte. Die Hamburger Einheiten brachten deshalb alles mit, was etwa gebraucht wurde: Kalt- und Warmverpflegung, Kraft- und Schmierstoffe, einen Werkstattwagen und einen Kommandowagen, der alsbald Sprechverbindungen zu der jeweiligen Luftschutzleitung und nach Hamburg zu schalten versuchte (und es in der Regel auch »schaffte«!). Es gab dazu eine Reihe von Spezialisten für solche Aufgaben, die neben guten Fachkenntnissen und »Querverbindungen« auch über Improvisationsgeschick, Findigkeit und Beredsamkeit verfügten.

5.5 DIE MAI-ANGRIFFE 1941

Der erste Angriff mit über 100 Kampfflugzeugen, dem vielleicht der Charakter eines »Terrorangriffs« zugebilligt werden konnte, wurde in der Nacht zum 9. Mai 1941 geflogen. Ihm folgte ein etwa gleichstarker Angriff in der Nacht zum 11. Mai und in der darauffolgenden Nacht nochmals ein etwas schwächerer, dennoch recht »wirkungsvoller« Angriff – im ganzen also eine »Angriffs-Serie«, die der Hamburger Bevölkerung einen gehörigen Schreck und dem gesamten

Wirtschaftsleben beträchtliche Schäden zufügte. Zum ersten Male gab es über 100 Tote bei einem Angriff, zum ersten Male fielen fünf überschwere Sprengbomben, als »Minenbomben«, auch als »Blockräumer«, »Wohnblock-Knakker«, »Badeöfen« u. ä. bezeichnet[55].

Eine von ihnen richtete in der Straße »Tieloh« verheerende Schäden an und stellte den Sicherheits- und Hilfsdienst, vor allem den Instandsetzungsdienst, vor neue Bergungs- und Löschaufgaben.

BILD 26 Teilansicht der Minenbomben-Einschlagstelle Tieloh/Bramfelderstraße.

BILD 27 Teilweise ausgebrannte Öltanks bei den Deutschen Erdölwerken. Die Behälter standen auf Stützen und wurden von unten aufgeheizt.

Die wahrscheinlich auf die Straße gefallene Minenbombe zerstörte die Häuser Tieloh Nr. 1, 3, 5 und 2, 2a, 4 und 6 sowie Bramfelder Straße Nr. 123, 125 und 131 vollständig – BILD 26 –. 13 weitere Gebäude in der Nähe der Schadensstelle wurden stark beschädigt. Die Zahl der getöteten Personen betrug hier allein 79. 132 wurden verletzt, 500 obdachlos und den Gesamtschaden schätzte man auf über 1 Million RM.

Die Bergung der Toten und Verletzten in einem Gewirr von Trümmern bereitete viele Schwierigkeiten und zum ersten Male mußten Großräumgeräte, wie z. B. Bagger (damals nur in geringer Zahl vorhanden!) eingesetzt und ein pausenloser Abtransport der Trümmer organisiert werden.

Die größte und schwierigste Brandstelle des Angriffs vom 9. Mai hatte der FE-Dienst bei den Deutschen Erdölwerken am Reiherstieg 252 zu bekämpfen. Der Betrieb wurde von etwa 100 Brandbomben getroffen, die zum Teil in das Versandlager fielen und zündeten. Die dort lagernden 34 Öltanks mit je 20 bis 30 m³ Inhalt – BILD 27 – gerieten in Brand. Das Feuer griff auch auf die Abfüllhalle über und äscherte sie ein.

Der FE-Dienst sammelte gerade bei diesem Brande eine ganze Reihe neuer Erkenntnisse. Vor allem wurden zum ersten Male gefährliche Kocherscheinun-

BILD 28 Hamburger Feuerwehrmann beim Vorgehen mit einem Schaumrohr über noch kochende Öltanks – am 9. Mai 1941 morgens, etwa 8 Stunden nach dem Brandausbruch.

gen von erhitztem Öl bei Aufgeben von Schaum beobachtet[56]. Es kam zu eruptivem Aufbrennen, das die Löschkräfte zu schnellem Rückzug zwang und den Ablauf der Löscharbeiten beträchtlich störte. Immerhin gelang es schließlich in den frühen Morgenstunden mit kurze Zeit vorher beschafften großen Schaumrohren sich an die brennenden Tanks heranzuarbeiten – BILD 28 –, einige abzulöschen und dann von dem so gewonnenen Standplatz aus die übrigen Brandnester zu erfassen.

Nach dem Angriff am 11. Mai lagen die Schwerpunkte der Brandbekämpfung in der City, wo in der Gegend des Rathauses und der Börse große Brände entstanden waren. Am Adolphsplatz zündeten Brandbomben in der Börse. Das Dach der Mittelhalle konnte vom erweiterten Selbstschutz nicht gelöscht werden, weil er nicht mehr in den Dachboden hineinkam. Der Börsensaal brannte aus –BILD 29 –.

Beim Warenhaus Köster durchschlugen etwa 50 Brandbomben das Dach und eine Decke und zündeten. Das Feuer griff so schnell um sich, daß es vom Selbstschutz nicht mehr bewältigt werden konnte. Sämtliche Stockwerke bis auf das Erdgeschoß brannten aus. Der Schaden wurde auf rund 2 Millionen RM ge-

BILD 29 Der ausgebrannte Börsensaal – 11. Mai 1941.

BILDER 30/31 (links): Rolltreppenverbindung zwischen den Verkaufsgeschossen im Warenhaus Köster am Großen Burstah – eine »Feuerbrücke«. – (rechts): Brandschutztür im 4. Geschoß des Warenhauses Köster. Der rechte Türflügel ist ausgeglüht, aber die Tür hat gehalten und das Vortragen eines Löschangriffs durch das Treppenhaus ermöglicht.

schätzt. Bei diesem Brand zeigte sich, wie gefährlich Deckendurchbrüche durch Rolltreppen sind – BILD 30 –, aber auch wie gut sich Brandschutztüren in Treppenhäusern bewähren – BILD 31 –.

Bei der Deutschen Bank fielen etwa 40 Brandbomben auf den Südflügel des Hauses, der bereits am 9. Mai von einer Sprengbombe getroffen und eingestürzt war. Die losen Holztrümmer gerieten in Brand – BILD 32 – und das Gebäude wurde zerstört.

Auch die St. Anschar-Kirche brannte in jener Nacht aus – BILD 33 –. Als am 25. September 1977 die Apostelkirche in Hamburg-Elmsbüttel durch ein nächtliches Großfeuer vernichtet wurde, bot sich den Zuschauern fast der gleiche Anblick, wie 36 Jahre zuvor.

Diese Serie von drei Angriffen verursachte Schäden in Höhe von etwa 100 Millionen RM. Die Zahl der Schadensstellen lag über 3000. Die Feuerwehr mußte mehr Großbrände bekämpfen, als sonst in einem ganzen Jahr. Die drei »endgültigen« Lageberichte des Polizeipräsidenten umfaßten zusammen 267 Druckseiten!

Damit bei allem tragischen Geschehen auch einmal unfreiwilliger Humor zu Worte kommt: In einem der Lageberichte stand:

BILD 32 **Die brennende Deutsche Bank am Adolphsplatz – 11. Mai 1941 –. Der Sprengbombeneinschlag (Bildmitte) war schon am 9.5.1941 erfolgt.**

BILD 33 Die brennende St. Anschar-Kirche am Valentinskamp kurz vor dem Turmeinsturz in der Nacht zum 12. Mai 1941.

». . . Durch einen niedergegangenenen Splitter einer Flakgranate wurde die Witwe X. an der Nase leicht verletzt und mußte ärztliche Hilfe in Anspruch nehmen. Frau X. hatte in ihrer Wohnung einen Einschlag vernommen und vermutete eine Brandbombe. Sie öffnete dieserhalb ein Fenster der Wohnung, um nachzuschauen. Im gleichen Augenblick fiel ein Sprengstück eines Flakgeschosses auf ein Eisengitter, prallte dort ab und flog der Frau an die Nase. Kein Sachschaden . . .«

Wohl um die Idee des Selbstschutzes zu stärken, stand in einem Erfahrungsbericht des BdO vom Mai 1941:

». . . eine mit ihren 4 kleinen Kindern allein im Hause befindliche Ehefrau versuchte den Brand (durch eine Brandbombe verursacht!) mit Wasser zu löschen. Als dies nicht gelang, wickelte sie die Brandbombe in Wäsche und Gardinen ein und warf das Bündel nach draußen. Diese hochschwangere deutsche Mutter rettete durch ihr vorbildliches und mutiges Verhalten das Anwesen vor der sicher scheinenden Zerstörung . . .«

Der Wahrheitsgehalt dieser Meldung konnte nicht überprüft werden!

Über die Mai-Angriffe auf Hamburg berichtete die ausländische Presse (»Irish Independent« vom 10. Mai 1941):

»Schwerster Angriff auf Deutschland. Bomben regneten auf zwei Häfen herab!«

»Zwischen drei- und vierhundert Flugzeuge der RAF führten in der Nacht vom Donnerstag den von offizieller Seite als »bisher schwersten Angriff auf Deutschland« bezeichneten Feindflug aus. Hamburg und Bremen hatten die Hauptwucht des Angriffs zu ertragen und auf beiden Häfen wurden Zehntausende von Brandbomben und hunderte Tonnen Sprengbomben abgeworfen . . .«

». . . Gebäude wurden auseinandergerissen und zertrümmert und Deutschlands U-Boot- und Schiffswerften wurden ohne Erbarmen bombardiert und in Brand gesetzt . . .«[57]

». . . In den Meldungen einzelner Piloten wird von »Feuerflächen« gesprochen, »in denen es unmöglich war, einzelne Brände auszumachen«, ferner von »furchtbaren Explosionen«, von denen »einige auf die Höhe von 10000 Fuß anstiegen« und daß unsere schwersten Bomben in das Herz der wütenden Brände abgeworfen wurden . . .«

Nun, diese Wortfassungen unterschieden sich in nichts von den Erfolgsmeldungen deutscher Piloten bei ihren Angriffen auf London, Coventry, Liverpool oder Manchester.

Am 27. Mai sank die »Bismarck« – und diese Nachricht hat viele Tausend Hamburger tief bewegt, denn sie hatten ja dieses Schiff mitgebaut. Es gab die bange Frage: »Ist die Schlacht im Atlantik nun verloren?«

BILD 34 Reismühle Bullenhuser Damm nach dem Brande am 28. Juni 1941. Brandfläche etwa 12.000 m^2.

5.6 DIE SOMMERANGRIFFE 1941

Am 22. Juni begann das Unternehmen »Barbarossa« – der Angriff auf die Sowjet-Union an der Front zwischen Ostsee und Karpaten. Auf die Tätigkeit des RAF-Bomber Command hatte dies aber keinen Einfluß.

Der 89. Luftangriff auf Hamburg in der Nacht zum 28. Juni kam der britischen Luftwaffe teuer zu stehen, denn von den etwa 35 auf Hamburg fliegenden Maschinen wurden allein fünf über dem Hamburger Stadtgebiet durch Nachtjäger[58] abgeschossen. Tausende von Hamburgern waren trotz aller Gefahren aus den Luftschutzkellern herausgekommen und beobachteten das einmalige »Schauspiel«, wie hinter einem von Scheinwerfern erfaßten Bomber plötzlich Lichtblitze aufzuckten und die Leuchtspurgeschosse des Nachtjägers in den Rumpf der Maschine fuhren. Unmittelbar danach schlugen Flammen heraus und das Flugzeug trudelte zu Boden. Zwei Flugzeuge schlugen in der Gegend Schwanenwik und in der Nehlstraße auf. Immerhin waren bei diesem Angriff aber doch eine Minenbombe, 59 Sprengbomben und rund 600 Brandbomben abgeworfen, die 76 Schadensstellen verursachten.

Als Folge des 90. Luftangriffs in der Nacht zum 30. Juni entstand eine Großbrandstelle in der Reismühle Bullenhuser Damm 49.

Eine oder mehrere schwere Sprengbomben fielen auf das Gelände und setzten fast augenblicklich alle Gebäude in Brand. Vermutlich ist es durch die Detonationen zu Staubaufwirbelungen und anschließenden Staubexplosionen gekommen, denn sonst hätte nicht so schnell in allen Gebäuden Feuer entstehen können. Der große Betrieb brannte bis auf einen Hallenteil nieder – BILD 34 –. 650 t Reis, 200 t Futtermittel und alles eingelagerte Luftwaffengerät wurden ver-

BILD 35 Blick in das ausgebrannte Haupt-Mühlengebäude. In Bildmitte der Aufzugsschacht.

nichtet. Nur im nordöstlichen Schuppen gelang es den Feuerlöschkräften, das Feuer zu begrenzen, weil hier über Dach geführte Brandmauern die Feuerausbreitung verhinderten. Der Schaden lag in der Größtenordnung von etwa 2 Millionen RM – BILD 35 –. Sämtliche im Betrieb anwesenden Selbstschutzkräfte waren entweder getötet oder schwer verletzt worden.

Auch bei diesem Luftangriff schossen Nachtjäger drei Flugzeuge ab und anfänglich wurde sogar vermutet, daß das Feuer in der Reismühle durch einen Flugzeugabsturz entstanden sei.

Bei einem leichten Angriff am 3. August warf ein einzelnes Flugzeug 190

BILD 36 8.000 Ballen Rohkork brennen in den Korksteinwerken Billbrookdeich – 3. August 1941.

Brandstäbe in einer Breite von etwa 150 m und auf 350 m Länge aus 5600 m Flughöhe genau auf die Korksteinwerke Billbrookdeich 66. Dadurch geriet nicht nur ein großer Plattenschuppen, sondern auch ein Rohkorkstapel mit 8000 Ballen (30 × 50 m) in Brand – **BILD 36** –. Der FE-Dienst hatte über 7 Stunden zu tun, bis das einen beißenden Qualm entwicklende Feuer einigermaßen in der Gewalt war.

Es sah so aus, als ob dies ein ausgezeichneter Zielwurf war, aber ganz sicher hatte der Pilot bei dem herrschenden trüben Wetter nur Zufallsglück gehabt, denn elektronische Ortungsgeräte gab es damals noch nicht. Von sonderlicher kriegswirtschaftlicher Bedeutung war der Betrieb ohnehin nicht.

Manchen Angriffen und Angriffserfolgen ist auch viel mehr Sinn und Absicht unterlegt worden, als dahinterstand. Das Wort »Zufall« spielte in diesem Luftkrieg eine sehr große Rolle. Falsche Zielansprache, technische Zielmängel, Wettereinflüsse, menschliche Unzulänglichkeit durch unvollkommene Ausbildung, Gleichgültigkeit und in sehr, sehr vielen Fällen auch die nackte Angst um das eigene Leben haben dazu geführt, daß ein sicher genau gegebener Zielauftrag nicht erfüllt wurde – auf deutscher, wie auf britischer Seite! (27)

Wir wissen heute, daß z. B. in der Nacht zum 1. Oktober 1941 die Städte Karlsruhe und Stuttgart vom RAF-Bomberkommando als Ziele bestimmt waren. Bomben fielen stattdessen aber auf Aachen, Koblenz, Kreuznach, Frankfurt, Limburg, Darmstadt, Trier, Worms, Nürnberg, Bamberg, Bayreuth, Regensburg und Chemnitz (!!) (99), (122). Eine einigermaßen sichere Chance, überhaupt etwas zu treffen, gab es nur bei größeren Städten, besonders wenn sie – wie Hamburg – ein charakteristisches Luftbild durch Flußläufe, Seen und Hafenanlagen hatten.

Die britischen Sachverständigen haben sich in den ersten Jahren des Luftkriegs immer wieder sehr eingehend mit den Problemen der Zielfindung und der Auswertung von Zielfotos nach Angriffen beschäftigt (122) und mußten zwangsläufig zu dem Schluß kommen, daß bei Nacht und aus den durch die deutsche Flak erzwungenen Flughöhen mit den damals vorhandenen Zielgeräten und Wetterkenntnissen gar kein genauer Zielangriff möglich ist. Die meisten der abgeworfenen Bomben lagen weit von dem befohlenen Ziel entfernt und es wurde im ganzen nur ein kleiner Bruchteil der erhofften Wirkung, z. B. bei Angriffen auf Raffinerien, erzielt.

Im »Butt-Report« (117) hieß es, daß die meisten Besatzungen froh waren, wenn ihre Bomben im Umkreis von 5 Meilen (= 7,6 km) in der Nähe des Angriffsziels fielen.

Auch auf deutscher Seite sah es nicht besser aus. W. Baumbach (3, S. 118) schreibt darüber z. B.: ». . . Die Westwetterlagen mit Nebeln und anderen Navigationsschwierigkeiten ließen den Bombenkrieg gegen England im Winter

1940/41 nur gegen große Flächenziele wirksam werden. Die Idee des Wirtschaftsluftkrieges war stark verwässert . . .«

England litt also genauso darunter, daß an Stelle von Zielangriffen auf Militäranlagen und Rüstungsbetriebe die Flächenbombardierung ganzer Stadtteile getreten war. Die Zahl der Brände in Wohngebieten schwoll immer mehr an und damit auch die Aufgaben einer bis dahin nicht gekannten Block- und Flächenbrandbekämpfung. Die britische Regierung zog nicht zuletzt aus diesem Grunde die Schlußfolgerungen aus all dem vorangegangenen Hick-Hack von Zuständigkeits-Überschneidungen bei der Brandbekämpfung und stellte am 18. August 1941 den »National Fire Service« auf – eine einheitlich geführte staatliche Brandschutzorganisation. Wie so oft in der britischen Geschichte hatte es bis zur Einsicht zwar lange gedauert, aber dann war konsequent und energisch gehandelt worden!

5.7 ». . . UND PHOSPHOR REGNETE VOM HIMMEL . . .«

Bei dem Angriff in der Nacht zum 16. September 1941 setzte die RAF über Hamburg erstmals eine neue Brandmunition ein: Es fielen 14 Phosphorkanister – dünne Weißblechbehälter (»tins«), die wohl ursprünglich für ganz andere

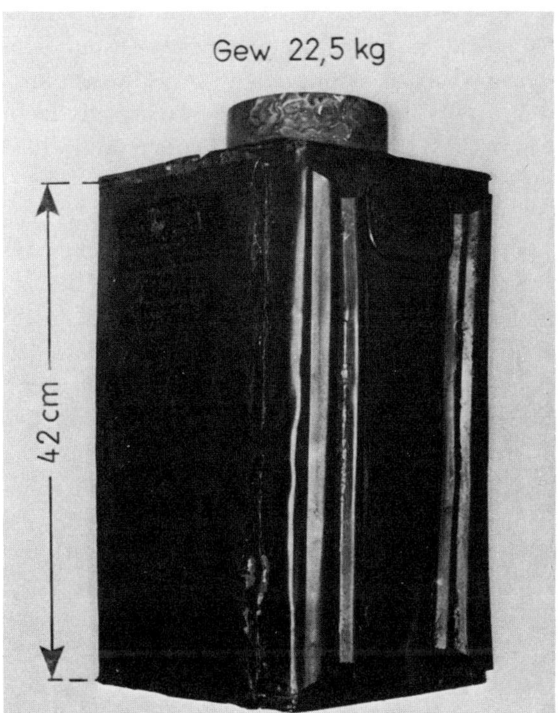

BILD 37 Phosphor-Kautschuk-Kanister 23 x 23 x 42 cm mit Schraubdeckel. Inhalt etwa 20 kg Brandmasse, die sich durch die Phosphor-Beimischung von selbst entzündet.

Zwecke gedacht waren – gefüllt mit 20 kg »Brandmasse«, einer Phosphor-Kautschuk-Benzinlösung – BILD 37 –. Beim Aufschlag platzten die Behälter und verspritzten ihren Inhalt bis zu 50 m weit. Der geringe Anteil gelben Phosphors diente dabei allein zur »automatischen« Zündung der Kautschukmasse. Bei einer Flammenhöhe bis zu 1,5 m und einer Brenndauer bis zu 30 min stellte dieses »Zeugs« schon ein wirksames Brandmittel dar.

Der erste Einsatz von Phosphorkanistern ging im wahrsten Sinne des Wortes daneben – sie landeten in Gartenkulturen von Hamburg-Kirchwerder und verursachten nur Flurschaden. Ein Entgifungszug hob Gruben aus, in die alle angespritzten Sträucher, Äste, Pflanzen geworfen und verbrannt wurden.

Die ersten unangenehmen Erfahrungen mußten Bevölkerung und Feuerlöschdienst jedoch bei dem Angriff vom 12./13. Oktober 1941 sammeln. Hierbei fielen solche Kanister in das Wohngebiet Winterhude und zündeten u. a. auf Dachböden in der Gertigstraße und am Mühlenkamp.

Es gab Ärger mit den Kautschukfladen: Sie klebten unter Schuhsohlen, wurden in Gebäude verschleppt und fingen dann wieder zu brennen an.

Auch an einigen Schläuchen hafteten Kautschukreste, die wohl noch geringe Menge Phosphor enthielten. Sie sollten auf Weisung eines übervorsichtigen Luftschutz-Chemikers mit *Drahtbürsten* abgekratzt werden – aber da streikte denn doch das Personal der Schlauchwäscherei und zog die Fladen ohne viel Aufhebens zu machen mit der Hand von den kostbaren Schläuchen.

In aller Eile wurden Rostkratzer, Spachtel, Drahtbürsten und Lötlampen beschafft und die Entgiftungszüge damit ausgerüstet, um den an Hauswänden und Gegenständen klebenden Fladen zuleibe zu gehen. Entgiftungsdienst und Feuerlöschdienst hatten in der Folgezeit – auch als der Bombentyp 1942 wechselte – sehr viel Arbeit mit diesem Brandmittel. Oft waren wochenlang dauernde Such- und Beseitigungsarbeiten notwendig, z. B. nach dem Angriff vom 6. März 1943 auf Wedel, als bis zu 350 Mann des FE-Dienstes sich über 4 Wochen damit beschäftigen mußten.

Die Bevölkerung – der seit Jahr und Tag immer wieder die Schrecken des »Gaskriegs« ausgemalt worden waren – sah allerdings im »Phosphor-Abwurf« den »Beginn des aerochemischen Krieges«, zumal die »Entgifter« des SHD nicht mit Latrinenparolen sparten, endlich etwas zu tun bekamen und mit ihren gelben Markierungsbändern für Schadensstellen keineswegs sparsam umgingen.

Es ist in diesem Zusammenhang interessant, daß bereits nach den »Meldungen aus dem Reich« Nr. 213 vom 21. August 1941 in der Bevölkerung Gerüchte über angeblich bevorstehende Gasangriffe der RAF wieder eine größere Rolle spielten. U. a. wurde in Klagenfurt behauptet, daß in Norddeutschland die Luftschutzkeller auf Gasdichte ausgebaut würden (Flüsterpropaganda der Alliierten?) – vgl. (11).

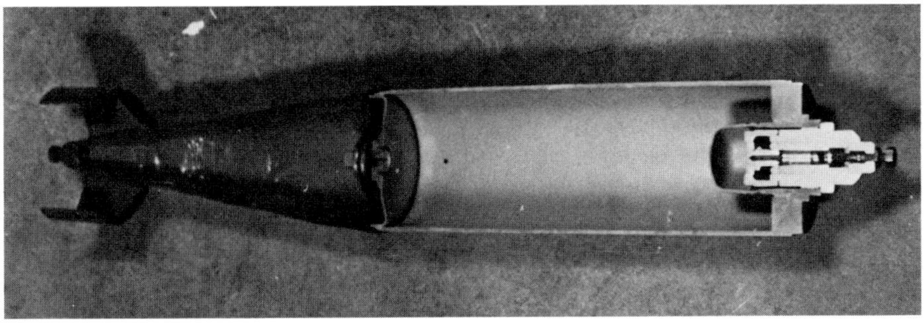

BILD 38 Phosphor-Brandbombe – aufgeschnitten –. Gesamtlänge etwa 80 cm, Durchmesser 12 cm, Gewicht 13.5 kg. Die Bombe durchschlug in der Regel die Dachhaut und ein bis zwei Geschoßdecken.

Der »Kanister-Unfug« hörte bereits im Oktober 1941 schnell wieder auf, wahrscheinlich, weil die Flugzeugbesatzungen gegen diese Zuladung gemeutert hatten. Schon bei der Beladung der Maschinen dürfte mancher dieser »tins« aufgeplatzt sein und eine unwillkommene Illumination des Flugplatzes verursacht haben. Darauf deutet jedenfalls die Aufschrift hin:

»Handle with care! Important! If any fume issues from bomb remove to isolated place, immerse bomb completely in water and report immediately!«

Das britische Luftkriegswerk (122) enthält bemerkenswerterweise nichts über diese Kategorie von Abwurfmunition und spricht nur von »liquid filled incendiary bombs« (Brandbomben mit Flüssigkeitsfüllung), wobei das Wort »Phosphor« – sicher bewußt – vermieden wurde.

Ab Dezember 1941 fielen in Hamburg dann neben den bekannten Stabbrandbomben die 30 lbs (13,5 kg) – Phosphor-Brandbomben, eine wesentlich verbesserte und wirksamere – während des ganzen weiteren Kriegsverlaufs eingesetzte Brandmunition mit einem Phosphor-Zusatz zur Brandunterhaltung – BILD 38 –. 9/10 des Brandmittelinhalts von etwa 4 kg bestand aus einer Benzin- oder Benzol-Kautschukmasse (auch mit Kunstharz), 1/10 aus gelbem Phosphor, gelöst in Schwefelkohlenstoff. Der Inhalt wurde mit einer Treibladung, die beim Aufschlag detonierte, gezündet, ausgeschleudert und auf Entfernungen bis zu 50 m verspritzt.[59]

Diese »Brandbomben« – der Ausdruck ist hier zutreffend – hatten eine gute Durchschlagskraft, besaßen aber durch die Abrundung des Bombenkopfs trotz ihres höheren Gewichts nicht die Stanzwirkung der Brandstäbe und waren auch relativ leicht aus der Bahn zu lenken. Der Anteil von Blindgängern und Querschlägern schien höher, als bei den Brandstäben. Sie wurden ab 1942 bis Kriegsende oft in großen Mengen und »teppichartig« abgeworfen.

Der Selbstschutz hatte bei diesem Bombentyp gute Erfolgschancen, da sich die Fladen und Spritzer ziemlich leicht mit Wasser löschen ließen und sie zudem keine intensive Brandwirkung hatten. Qualmentwicklung, die Möglichkeit von Phosphor-Verbrennungen sowie die psychologische Wirkung des Wortes »Giftigkeit« waren bald keine wesentlichen Faktoren mehr, nachdem sich die Löschkräfte auf solche Nebenerscheinungen eingestellt hatten.

Ihre brandstiftende Wirkung erreichte aber nicht annähernd die Erfolgsmöglichkeiten einer gleichen Gewichtsmenge von Brandstäben!

Es sollen – nicht in Hamburg – Phosphorbomben bis zu 4000 lbs abgeworfen worden sein. Ihre Wirkung war aber nicht ein einfaches Vielfaches des Gewichts, sondern stand in gar keinem angemessenen Verhältnis dazu.

Ganz sicher ist während des Krieges nicht – wie oft hartnäckig behauptet wurde – einfach Phosphor »abgeregnet« worden – das war technisch gar nicht möglich.

Fladen von Phosphor-Brandflüssigkeit verursachten zwar auf der Haut schwer heilende Verbrennungen. Es war aber im ganzen eine Brandmunition, deren Bedeutung eher auf psychologischem, als auf brandtechnischem Gebiet lag. Bis zum Kriegsende – besonders aber bei den Juliangriffen 1943 – hat »Phosphor« denn auch in den Berichten und Vorstellungen der Bevölkerung eine große Rolle gespielt.

5.8 GROSS-SCHÄDEN DURCH MINENBOMBEN UND »GLÜCKSTREFFER«

Vom Sommer 1941 ab wurden bei fast jedem größeren Angriff einzelne »Minenbomben« abgeworfen, die durchweg schwere Luftdruckschäden und hohe Menschenverluste verursachten.

Den »2000 lb«-Minenbomben folgten bald die Typen

HC 4000 LB MK I (ab Juni 1941) mit einem Gesamtgewicht von 1800 kg, Sprengstoffgewicht 1300 kg,
und
HC 8000 LB (ab Oktober 1942) mit einem Gesamtgewicht von 3600 kg, Sprengstoffgewicht etwa 2600 kg.

Ihre Wirkung wuchs aber auch keineswegs gleichmäßig mit der Größe. Es war eigentlich eine Verschwendung an »Ladekapazität«, denn ein Bomber konnte nur ein Objekt dieser Größe mitnehmen. Traf es nicht genau auf ein Ziel, dann war der ganze Einsatz dieses Flugzeugs wirkungslos vertan.

Bei dem Angriff in der Nacht zum 16. September 1941 fielen eine Minen-

BILD 39 Teilansicht der Minenbomben-Einschlagstelle Wielandstraße – 16. September 1941. Beachte die ungeheuren Holzmengen der aufgerissenen Fußböden und Decken!

bombe und angeblich noch eine Sprengbombe (250 lbs) in die Wielandstraße vor das Haus Nr. 25. Duch den Luftdruck wurden 4 Häuser der Wielandstraße und 2 Häuser des Tiecksweg vollständig zerstört – BILD 39 –. Auch an 300 Häusern in der Umgebung entstanden mehr oder weniger starke Schäden. 66 Personen wurden an dieser Schadensstelle getötet, 35 schwer und 136 leicht verletzt. Von den getöteten und verletzten Personen hatten sich 158 »luftschutzwidrig« verhalten, d.h. keinen Schutzraum aufgesucht. In den vollständig zerstörten Häusern wohnten 256 Menschen. Der Gesamtschaden an dieser Stelle betrug allein rund 5 Millionen RM.

Die ungeheure *Staubwolke* über der Schadenstelle erschwerte den eingetroffenen Hilfskräften zunächst sehr die Übersicht. Hilferufe waren an verschiedenen Stellen zu hören. Mit Steckleitern, die über 6–8 m hohe Schutthalden getragen werden mußten, konnten einige Personen – z. B. eine Frau durch ein Speisekammerfenster – geborgen werden.

Die Trümmer des Eckhauses Wielandstraße/Tiecksweg waren durch eine brennende Gasleitung in Brand gesetzt und das Feuer breitete sich im aufgerissenen und zersplitterten Holzwerk von Fußböden und Decken rasend schnell aus. Es gelang nicht, rasch genug an die zuerst noch im Keller des Hauses um Hilfe rufenden Personen heranzukommen – erst Tage später konnten 11 völlig verkohlte Leichen geborgen werden.

Die Bergungserfahrungen auf solcherart Schadensstellen gaben Anlaß zum Ausarbeiten einer besonderen *Ausbildungsvorschrift* über das »Beseitigen von Trümmern und Bergen Verschütteter«[60]. Sie enthielt eine sehr anschauliche und klare Gliederung der Schadensstelle nach Schadenselementen. Es waren danach zu unterscheiden:

Die Rutschfläche,
die Schichtung,
der halbe Raum,
der ausgegossene Raum,
der mit Schichtung ausgepreßte Raum,
der angeschlagene Raum,
der versperrte Raum,
das Schwalbennest,
der Trümmerhang,
die Randtrümmer A und
die Randtrümmer B

Diese Ausbildungsvorschrift hob sich sehr wesentlich und wirkungsvoll von anderen Ausbildungsvorschriften ab, weil sie ungemein wirklichkeitsnah und offensichtlich aus der Praxis heraus geschrieben wurde. Die vielen kleinen Hinweise auf Hilfsmittel z.B. beim Freilegen von Verschütteten ließen erkennen, daß hier erfahrene Praktiker wesentlich zur Ausarbeitung beigetragen hatten (81).

Gesichert war auch eine Erfahrung, daß auf solchen Großschadenstellen *nur einer befehlen* kann und auch *nur eine Organisation* tätig sein darf, wenn ein Höchstmaß an Erfolg erreicht werden soll.

BILD 40 **Hauptbahnhof Hamburg – gesehen vom Klockmann-Haus Kirchenallee – mit der Tarnanlage, die eine Straße vortäuschen sollte.**

Ein grundsätzlicher Organisationsmangel des Sicherheits- und Hilfsdienstes, nämlich zu viele Fachgliederungen für die *eine* Aufgabe »Hilfe am Schadensort« und anmaßende Wichtigtuerei zu vieler anderer Stellen haben leider während des ganzen Krieges die möglichen Einsatzerfolge auf solche Großschadensstellen stark geschmälert.

Bliebe hierzu die Randbemerkung, daß auch die nach dem Kriege wieder aufgebauten »Katastrophenschutzdienste« unter dem gleichen Mangel leiden. Der »Konkurrenzneid« mancher freiwilliger »Hilfsorganisationen« behindert offenbar eindeutige Führungsentscheidungen.

Einen wahren »Glückstreffer« erzielte ein RAF-Bomberpilot beim 111. Angriff am 9. November 1941: 4 Sprengbomben zu je 250 lbs fielen trotz der Tarnung von Binnenalster und Bahnanlagen – vgl. 7.2.7 – genau auf den Hauptbahnhof – **BILD 40** –, von denen 3 detonierten und eine als Blindgänger oder Langzeitzünder zwischen Gleis 3 und 4 liegenblieb. Eine Sprengbombe hatte das Dach über der Expreßgutabfertigung durchschlagen und zündete bei der Deto-

BILD 41 **Hauptbahnhof Hamburg: Blick in die Expreßgut-Abfertigung mit den offenen Fensterverbindungen zu Büro- und Wirtschaftsräumen.**

nation dort lagernde Filme – es war gerade »Filmwechseltag«. Der größte Teil des ebenfalls hier liegenden Gepäcks und Räume mitsamt Einrichtungsgegenständen des Wartesaals 1. Klasse wurden durch das Feuer vernichtet, 2 Personen getötet und 17 verletzt.

Die Feuerwehr hatte eine sehr schwierige Aufgabe zu lösen, denn getroffen war hier die brandschutztechnisch allerungünstigste Stelle des ganzen Hauptbahnhofs. In die hohe Halle der Expreßgutabfertigung mündeten nämlich die Fenster der umliegenden Büro- und Wirtschaftsräume – BILD 41 –. Das Feuer griff augenblicklich auf alle diese Räume über, da die Scheiben natürlich durch den Luftdruck zersprungen waren. Ebenso setzte sich das Feuer in dem doppelten Dachboden fest und konnte hier erst nach zeitraubendem Aufbrechen des Daches gelöscht werden.

Der Zugverkehr war nur einige Stunden unterbrochen, denn die nicht detonierte Bombe wurde von Zuchthausinsassen alsbald geborgen, auf einem Eisenbahnwaggon nach Moorfleth gebracht und dort auf freiem Gelände gesprengt.

Im Dezember 1941 blieb Hamburg von Luftangriffen ganz verschont. Bomben fielen dagegen in Aachen, Köln, Düsseldorf und auf die Chemischen Werke Hüls (Buna-Produktion!).

5.9. HAMBURGER BILANZ DES LUFTKRIEGSJAHRES 1941

5.9.1 Zahlen der Statistik

Die Bilanz des Luftkriegsjahres 1941 schloß mit folgenden Zahlen – vgl. **TAFEL 2 und 7, Kapitel 13** –:

78 *Fliegeralarme*, davon
42 mit *Luftangriffen* (Angriff Nr. 71–112).
626 Hamburger verloren dabei ihr Leben,
1959 wurden verwundet.

7015 Menschen wurden obdachlos, 10178 mußten vorübergehend umquartiert werden – über das Sechsfache der Zahl von 1940! Auch die Zahl der Spreng- und Brandbomben hatte sich fast versechsfacht.

Die Zahl der *»Störangriffe«* (bis zu 10 Flugzeuge) betrug nur noch 12 (1940 = 26).

Im *März* fiel bei dem Dreier-Angriff (Nr. 73/74/75) vom 12./13. 3. die große Zahl abgeworfener Brandbomben auf.

Im *Mai* gab es bei *einem* Angriff (Nr. 82) mehr Tote und Verletzte, als im ganzen Jahre 1940.

Bei den *September*-Angriffen (Nr. 102/103) war zwar die Brandbombenzahl wesentlich geringer und dementsprechend auch die Zahl der Brände, aber es mußten 130 Tote beklagt werden.

An den größeren Angriffen nahmen jeweils um 100 Flugzeuge teil – die Unterschiede zwischen den britischen und deutschen Angaben über Angreifer und Angriffsmittel waren allerdings beträchtlich.

Die *Sachschäden* konnten auf 175 Millionen RM geschätzt werden.

Die Zahl der durch Bombenangriffe auf deutsches Reichsgebiet verursachten Todesopfer war im September für die Zeit vom Kriegsausbruch bis 2. August 1941 vom Deutschen Nachrichtenbüro mit 3853 angegeben.

Von britischer Seite wurden für den gleichen Zeitraum 41900 Todesopfer in England genannt. Befriedigt stellte der Reichspropaganda-Minister dazu fest, daß diese Zahl über das Zehnfache der deutschen Verluste betrage und im übrigen ja 1938 allein durch Verkehrsunfälle 7354 Menschen ums Leben gekommen seien.

Die deutsche Verlustzahl dürfte wohl gestimmt haben – ebenso wie die britische. Später wurde dann allerdings nicht mehr gerne darüber gesprochen und es war nicht feststellbar, ob danach noch einmal in Presseveröffentlichungen genaue deutsche Zahlen genannt worden sind.

Das Gewicht der 1941 vom Bomber Command abgeworfenen Bomben wird mit 31704 tons (= 28755 t) angegeben – rund das 2½fache der 1940er Menge.

Für die Luftangriffe Nr. 1 bis 112, also vom 18. Mai 1940 bis zum 31. Dezember 1941, ist damals von der Feuerwehr noch festgestellt, in welchem Anteil die abgeworfenen und doch recht genau gezählten Stabbrandbomben und Phosphorbomben (auch -kanister) tatsächlich Brände ausgelöst haben. Von allen Brandmitteln jenes Zeitabschnitts haben nur 6,4 % wirklich gezündet, wobei 0,8 % Großfeuer, 0,5 % Mittelfeuer und 5,1 % Kleinfeuer verursachten – der »Wirkungsgrad« lag also erheblich unter 10 %.

Zur Statistik mögen auch folgende Sätze *ungewollten Humors* aus den sorgfältig geführten Lageberichten der ersten beiden Luftkriegsjahre gezählt werden:

28./29. 7. 1940: »Von einer Flakgranate wurden Dach und Decke des 2. Geschosses durchschlagen. Granate blieb im Bett liegen . . .« (Ruhe sanft!)

2./3. 10. 1940: »Ein Polizeibeamter wurde von Flaksplittern getroffen; er selbst wurde nicht verletzt, sondern lediglich sein Mantel und seine Stiefel beschädigt . . .« (Beschädigung von Staatseigentum!)

28./29. 10. 1940: »2 Brandbomben fielen in eine leere Öltone und brannten aus . . .« (Da konnten sie wenigstens keinen Schaden anrichten!)

14./15. 11. 1940: »Ein Hühnerstall wurde durch Flakgranate beschädigt und 1 Huhn getötet . . .« (Sicher war es die beste Legehenne!)

3./4. 1. 1941: »Ein großer Teil der Brandbomben fiel zum Glück auf den Jungfernstieg und brannte aus, ohne Schaden anzurichten . . .« (Welch Glück, daß gerade keine Jungfrau daherwandelte!)

2./3. 5. 1941: »Ein Rind wurde von einer Brandbombe durchschlagen und alsbald notgeschlachtet . . .«

11./12. 5. 1941: »Zwei Ballen Kamillentee wurden in Brand gesetzt . . .«

»Eine Bombe durchschlug das Dach und blieb auf den im Schuppen lagernden Stahlhülsen ohne zu detonieren liegen . . .« (Diese »Stahlhülsen« waren ungefüllte Fliegerbomben! Die britische Bombe war da in guter Gesellschaft!)

5.9.2 **Vom Leben in der Stadt**

In Hamburg hatte der Luftkrieg nun fast überall seine Spuren hinterlassen. Es gab Sprengbomben-Ruinen und ausgebrannte Gebäude in allen Stadtteilen. Fast 3300 Opfer (Tote und Verletzte) der Bomben waren eine Zahl, die auch in einer Millionenstadt sehr spürbar empfunden wurde.

Im Gegensatz zu 1940, als die Bevölkerung noch »Jubiläen« wie den 50. Fliegeralarm registrierte und dem Aufenthalt im Luftschutzraum einige Besonderheiten abzugewinnen suchte, zogen nun 1941 Angst und Sorge ein, wenn die Alarmsirenen aufheulten. Der Luftkrieg war härter geworden und niemand erwartete mehr ein schnelles Kriegsende.

Die Hamburger Bürger hatten sich zwar mit den immer mehr sichtbar werdenden Erschwernissen der Versorgung abgefunden. Die Lebensmittelversorgung klappte auch noch weiter nahezu reibungslos. Die Zuteilungsmengen waren mit 2445 Kalorien für den Normalverbraucher im ersten Halbjahr 1941 sogar etwas höher als 1939/40 (2435 Kalorien). Als am 2. Juni jedoch die wöchentliche Fleischration von 500 auf 400 g gekürzt wurde, gab es einige Mißstimmung, nicht zuletzt unter den Schlachtern wegen des Verdienstausfalls. Zum Jahresende sank die Kalorienzahl jedoch auf 1928 ab.

Im September änderte sich etwas im Hamburger Straßenbild, dessen tragische Bedeutung damals sicher niemand in seinem ganzen Ausmaß absehen konnte: Die Bürger jüdischen Glaubens mußten auf der linken Brustseite den gelben »Judenstern« tragen und wurden dadurch wie Aussätzige gekennzeichnet.

Im Oktober wurde die dritte Reichskleiderkarte ausgegeben – ein Papier, das sich in der Folgezeit als ziemlich wertlos erwies.

Die Rüstungsindustrie arbeitete auf vollen Touren. Gegenüber 1940 versechsfachte sich die fertiggestellte Tonnage im deutschen U-Boot-Bau (147800 t zu 23800 t) und daran hatten die Hamburger Werften den größten Anteil. Die Luftangriffe vermochten das Hamburger Wirtschaftspotential wirklich nicht spürbar zu beeinflussen. Zwar waren zahlreiche Spreng- und Brandbomben z.B. auf das Werftgelände von Blohm & Voss gefallen, aber ein Unternehmen von solcher Größe und räumlicher Ausdehnung mit so vielen Ausweichmöglichkeiten und einem Stamm erfindungsreicher Ingenieure und geschickter Handwerker ließ sich nicht so schnell ausschalten.

Als Hamburgs dritte Kriegsweihnacht nahte, war von »Abwehrkämpfen bei schneidender Kälte« im Osten die Rede. Weihnachtsstimmung konnte da nicht recht aufkommen – fast jede Familie hatte einen Angehörigen an den Fronten zwischen dem Nordkap und Afrika, in den Weiten Rußlands, an der Kanalküste oder auf See.

Wohl um die Stimmung in der Bevölkerung zu heben – das Propaganda-Ministerium wußte darüber sehr gut Bescheid (11) – gab es zu Weihnachten als »Sonderzuteilung« Koch- oder Bratfische, Geflügel, Apfelsinen, Feigen, Haselnüsse und Rosinen sowie Rot- oder Weißwein. Es war wichtig, beim Schlachter oder Kolonialwarenhändler »Stammkunde« zu sein, um hin und wieder »etwas mehr« zu erwischen und die aufgerufenen Sonderzuteilungen bestimmt zu bekommen.

Theater und Kinos spielten wie eh und je – in der Staatsoper an den Weihnachtstagen »Die Meistersinger« und »Die Zauberflöte«, im Schauspielhaus »Die kluge Wienerin«. Der Ufa-Palast zeigte »Quax, der Bruchpilot« mit Heinz Rühmann und im Lessingtheater gab es »Sonntagskinder«.

Die seelische Belastung der Bevölkerung durch die Entwicklung an den Fronten war jedoch sehr groß und endete immer wieder in der bangen Frage »Wie soll das nur weitergehen?«. Auch die »Führer«-Rede am 9. November enthielt zur großen Enttäuschung vieler »Volksgenossen« hierüber nur den vagen Satz » . . . Der Krieg kann dauern, solange er will, das letzte Bataillon auf dem Felde wird ein deutsches sein . . .«

Reichsaußenminister von Ribbentrop hatte zwar in einem Aufruf zur Jahreswende verkündet »Der Sieg ist uns gewiß!«, aber der Wehrmachtsbericht vom 31. Dezember 1941 sprach nicht mehr von Siegen, sondern von »erbitterten Abwehrkämpfen«, dem »Abwehrkampf des Heeres« und »erforderlichen Gegenmaßnahmen«.

5.9.3 Zur Land-, Luft- und Seekriegslage

Haltung und Stimmung der Hamburger Bevölkerung müssen wir auch sehen vor dem Hintergrund des Land-, Luft- und Seekriegs an den Fronten rund um Deutschland.

Das Jahr 1941 hatte – statt des erwarteten Schlages gegen England – den Krieg gegen die Sowjet-Union gebracht, und außer dieser gewaltigen Ostfront noch neue Fronten durch die Feldzüge in Jugoslawien, Griechenland und Afrika. Kreta war erobert worden und bis Anfang November schien ein Sieg den anderen abzulösen. Die deutsche Wehrmacht kämpfte nun im Westen und Osten, Norden und Süden!

Mit dem Ende des Jahres 1941 setzten aber die Rückschläge ein:
Am 18. 11. begann die britische Gegenoffensive in Nordafrika,
am 6. 12. trat die sowjetische »Westfront« zum Gegenangriff an
– und als unmittelbare Folge legte Generalfeldmarschall v. Brauchitsch den Oberbefehl über das Heer nieder – Hitler selbst übernahm den Oberbefehl.

Die deutsche Luftwaffe mußte durch die Anforderungen der neuen Fronten den Bombenkrieg gegen England stark einschränken. Die – verlorene – Luftschlacht um England ging im Mai 1941 praktisch zu Ende. Zwar war die Luftwaffe an der Ostfront, im Balkan und in Afrika noch dem Gegner eindeutig überlegen. Ihre Verluste konnten aber nicht mehr ausgeglichen werden – wobei an dieser Stelle nicht zu untersuchen ist, ob Rohstoffmängel, Organisationsmängel oder technische Schwierigkeiten daran Schuld tragen. Der Chef des Technischen Amtes im Reichsluftfahrtministerium, Generaloberst Udet, machte aus Verzweiflung über die Entwicklung der Luftwaffe am 17. 11. 1941 seinem Leben ein Ende.

Einige hundert Flakbatterien standen der »Heimatfront« zur Abwehr von Luftangriffen nicht mehr zur Verfügung. In der Abwehr von Einflügen der RAF konnte aber die deutsche Nachtjagd noch beachtliche Erfolge erzielen (1), (40). Dennoch schien es, als ob die Bomberpulks ungeachtet des lärmenden Flakfeuers immer häufiger ihre Ziele erreichten (56).

Bei der Begrenzung der Folgen des »Krieges in der Luft« und des »Krieges aus der Luft« war aber der Sicherheits- und Hilfsdienst im Ganzen immer noch »Herr der Lage« geblieben und auch auf allen anderen Gebieten des Schutzes der Bevölkerung und ihrer Betreuung nach Luftangriffen kam es zu keinen ernstlichen Schwierigkeiten.

Im Seekrieg – der »Schlacht im Atlantik« – konnten die deutschen U-Boote 1941 noch große Erfolge erringen (94), aber es gingen auch die Boote »U 47« (Prien), »U 99« (Kretschmer) und »U 100« (Schepke) verloren. Gesunken war der Stolz Hamburger Schiffbaukunst, das Schlachtschiff »Bismarck«. Im Kriegshafen Brest lagen die Schlachtschiffe »Scharnhorst« und »Gneisenau« sowie der Schwere Kreuzer »Prinz Eugen« fest und waren Ziel zahlreicher Luftangriffe. Wenn überhaupt, dann konnten Erfolge nur noch von den U-Booten erhofft werden. Das war allen mit der See verbundenen Hamburgern zur Jahreswende 1941/42 klar.

5.9.4 **Meinungen und Hoffnungen**

Am 11. Dezember hatte Deutschland und Italien den Vereinigten Staaten von Nordamerika den Krieg erklärt. Am gleichen Tage begründete Hitler vor dem Deutschen Reichstage diesen Schritt und schilderte zugleich die Weltkriegslage (32). In seiner Rede fiel auch der Satz: » . . . Wenn wir an die Opfer unserer Soldaten denken, an ihren Einsatz, dann ist jedes Opfer der Heimat gänzlich belanglos und unbedeutend . . .« – er klang nicht gut in den Ohren einer Bevölkerung, die seit Mai 1940 den immer mehr und größer werdenden Spreng- und Brandbomben britischer Kampfgeschwader wehrlos ausgesetzt war. Der Satz bedeutete auch eine bedrückende Wertung des Einsatzes all der Kräfte, die sich – gleichfalls oft genug unter Einsatz ihres Lebens – bemühten, die Folgen solcher Angriffe zu begrenzen und zu mildern. Vielleicht ist damit sogar brutal ausgesprochen worden, warum der Luftverteidigung der Heimat von der Wehrmachtführung so wenig Bedeutung zugemessen wurde, bis schließlich – als es zu spät war – die Erkenntnis durchdrang, daß es in einem »Totalen Krieg« die Begriffe von »kämpfender Front« und »friedlicher Heimat« nicht mehr gibt.

Wie traurig, daß wir heute wieder gleiche Beurteilungen durch militärische

Sachverständige hören. Sie sehen in einem umfassenden Bevölkerungsschutz ein »Kriegsführungselement«, das von der möglichen »Gegenseite« als Bedrohung angesehen werden könnte. In einem »Abschreckungssystem« sei Bevölkerungsschutz fehl am Platze (Graf v. Baudissin in der Fernsehdiskussion NDR III vom 28. 6. 1977 »Überleben nur die Befehlshaber . . .«).

Zu »Hoffnungen« gab diese letzte »Führer«-Rede des Jahres 1941 keinen Anlaß. Es war letztlich die Feststellung des »Zweiten Weltkrieges«, in dem » . . . weder Waffengewalt noch Zeit Deutschland niederzwingen werden . . .« – und dies hoffte auch die Hamburger Bevölkerung, ohne zu wissen, wohin der Weg nun führen würde.

6. *1942 – Jahr der Wende in Strategie und Taktik des Luftkriegs*

»... Das Jahr 1942 soll – darum wollen wir alle den Herrgott bitten – die Entscheidung bringen zur Rettung unseres Volkes und der mit uns verbündeten Nationen...
(Aus dem Aufruf des »Führers« und obersten Befehlshabers an das Deutsche Volk vom 1. Januar 1942)

Entgegen den Gepflogenheiten der Vorjahre war die RAF-Tätigkeit über Deutschland in den ersten Wochen des neuen Jahres gering.

Das Bomber-Command steckte um diese Zeit nach den offensichtlichen Mißerfolgen der »strategischen Bomben-Angriffe«[61] in einer Krise. Webster-Frankland sagen dazu (105, Vol. I, S. 318): » . . . By the end of 1941 Bomber Command was involved in a deep but not unrelieved depression . . .«[62]

Die britische Regierung hatte eingesehen, daß die strategische Bomber-Offensive bisheriger Prägung nicht länger das einzige Mittel sein könne, um Deutschland anzugreifen. Die Idee der ersten Kriegszeit » . . . We will shatter Germany by bombing! . . .« ließ sich nicht mehr vertreten. Inzwischen hatte sich die Lage durch den Kriegseintritt Amerikas ohnehin wesentlich geändert.

Im Januar 1942 wurde nach bekannter Methode bei militärischen Mißerfolgen der Chef des Bomber Command, Air Chief Marshal Sir Richard Peirse, abgelöst. An seine Stelle trat am 22. Februar 1942 Sir Arthur Harris, Marshal of the Royal Air Force. Das Bomber Command erhielt zugleich mit der Direktive No. 22 zur Durchführung von Bombenangriffen vom 14. 2. 1942 seine Weisungen für die Fortsetzung des Bombenkriegs. Im Anhang A waren auch Hamburg (Werften der Kriegs- und Handelsmarine), Kiel, Lübeck und Rostock als besonders wichtige Industriegebiete im Norden aufgeführt.

Air Marshal Harris ist im deutschen Nachkriegs-Schrifttum immer wieder als jener Mann bezeichnet, der den grausamen Bombenkrieg gegen die Zivilbevölkerung erfunden hätte (107) und ». . . dessen zynische Offenheit kaum mehr zu übertreffen ist . . .« (38, S. 253).

Es gibt aber wohl überhaupt keinen einzelnen »Erfinder« dieser Methode, die schon Anfang der dreißiger Jahre in den Debatten um den »Douhetismus« als die wirkungsvollste bezeichnet wurde. Ganz sicher war es nicht Sir Arthur Harris als »Befehlsempfänger« des britischen Kabinetts. Wir Deutschen haben jedenfalls keinen Grund, angesichts der vorangegangenen Geschehnisse in Warschau, Rotterdam und Coventry oder London kurzerhand Winston Churchill, seinem technischen Berater, dem Chemiker Professor Frederic Alexander Lindemann – nach dem Kriege geadelt und nunmehr Lord Cherwell –, seinem Kriegskabinett oder Luftmarschall Harris die Schuld in die Schuhe zu schieben. Schließlich wollen wir uns daran erinnern, daß die ersten »Terrorangriffe gegen die Zivilbevölkerung« sowohl von deutscher, als auch alliierter Seite schon im ersten Weltkriege stattfanden.

Im Februar 1942 war es auch der »Air Staff« – nicht das untergeordnete Bomber Command – der ». . . concentrated incendiary attacks . . .« für wirkungsvoller hielt (122, Vol. IV, S. 144) und (99, Vol. II, S. 131/133).

Zwischen Dezember 1941 und Februar 1942 flog die RAF insgesamt nur 43 Nachtangriffe – im Januar besonders auf den Hafen von Brest, in dem die deutschen Schlachtschiffe »Gneisenau« und »Scharnhorst« sowie der schwere Kreuzer »Prinz Eugen« lagen – vgl. hierzu die Beschreibung des Unternehmens »Donnerkeil« von Adolf Galland (40).

Die RAF wartete auf die Frontreife des neu entwickelten Peilverfahrens »GEE«, um ihre Ziele vor allem im Ruhrgebiet mit größerer Genauigkeit und unabhängig von der Wetterlage anfliegen zu können[63].

Im Februar 1942 war aber auch ein erstes Vorkommando amerikanischer Luftwaffenverbände in England eingetroffen. Ihm folgten dann im Sommer 1942 die ersten Einheiten der 8. amerikanischen Luftflotte.

6.1 **FRÜHJAHR 1942 IN HAMBURG**

Der erste Luftangriff des Jahres 1942 auf Hamburg kam am Abend des 14. Januar. Der bemerkenswerteste Zufalls-Schaden entstand im Hauptbahnhof Altona, der von drei Sprengbomben, darunter zwei Langzeitzündern, getroffen wurde. Bis zur Räumung der Langzeitzünder mußte der gesamte Verkehr für rund 12 Stunden stillgelegt werden.

Der erste *größere* Angriff erfolgte am 18. April, als etwa 40 bis 50 Kampfflugzeuge Hamburg laufend aus allen Richtungen angriffen.

Eine Großbrandstelle hatte der FE-Dienst auf dem Gelände der »GEG-Industriebetriebe« am Hohenzollernring 233 in Altona zu bekämpfen. Hier waren etwa 300 Stabbrandbomben gefallen, die u.a. das Lager der Weinkellerei mit etwa 60000 Flaschen Spirituosen, sowie den Gestellraum und die Tischlerei vernichteten. Bei den Löscharbeiten wurde ein Angehöriger der Feuerschutzpolizei durch Mauereinsturz getötet, drei weitere Personen leicht verletzt.

Es war (leider!) keine »lukrative« Brandstelle, denn die Flaschen hatten sich in der Hitze von selbst entkorkt und ihren kostbaren Inhalt eingebüßt – zur sehr großen Enttäuschung vieler Interessenten, die Flasche für Flasche durchprüften!

Beim gleichen Angriff wurde das Pastorat der St.-Anschar-Kirche in der Hammerbrookstraße von einer 250-lbs-Kautschuk-Benzol-Brandbombe (zum ersten Male hier geworfen!) getroffen und geriet in Brand. Das Feuer griff auf den Dachstuhl der Kirche über. Die Brandbekämpfung in dem hohen Dachstuhl und den verschachtelten Turmaufsätzen brachte viele löschtechnische Schwierigkeiten und dauerte bis in die späten Morgenstunden.

Ganz in der Nähe dieser Brandstelle hatte es einen tragischen Bombeneinschlag gegeben: Eine-250-lbs-Kautschuk-Benzol-Brandbombe durchschlug in einem fünfgeschossigen Wohnhaus vier Holzbalkendecken und blieb im ersten Stock als Blindgänger liegen. Auf ihrem Wege waren zwei Balken 10/22 cm, 1 Büffet, 1 Schreibtisch und ein Bett durchschlagen worden und in dem Bett lag ein Mann, aus dessen Leib ein rundes Loch von Bombendurchmesser regelrecht ausgestanzt war!

Die große Durchschlagskraft dieses Bombentyps wurde auch bei anderen Einschlagstellen beobachtet. Die ausspritzende Brandmasse verursachte zwar erhebliche Brandwirkungen, ließ sich aber leicht mit Wasser löschen.

Die Hamburger Bevölkerung stand bei diesem Angriff noch unter dem Eindruck des Brandes von Lübeck am Palmsonntag (vgl. 6.2), aber viele beruhigten sich mit dem Gedanken, daß eine so verschachtelte, eng zusammengebaute Altstadt wie in Lübeck in Hamburg nicht vorhanden war – und außerdem ja wesentlich stärkere Löschkräfte sowie in über hundert Luftangriffen geschulte Selbstschutzkräfte zur Verfügung standen.

6.2 FLÄCHENBRÄNDE IN LÜBECK UND ROSTOCK: WENDE IN DER LUFTKRIEGSFÜHRUNG!

In der mondhellen Nacht zum Palmsonntag 1942 (28./29. März) wurde in Hamburg um 23.15 Uhr Fliegeralarm gegeben. Nach den dürftigen Meldungen der Warnzentrale handelte es sich aber nur um »einige« Maschinen – von denen angeblich sieben Hamburg überflogen und um 23.58 Uhr etwa 300 Brandbomben ohne Wirkung im Hafengebiet abwarfen.

Die Feuerwehr-Turmbeobachter »Michel« und »Rothenburgsort« meldeten jedoch bald nach Mitternacht weit entfernten Feuerschein in östlicher Richtung. Ihre wiederholt durchgegebenen Peilwerte schnitten sich eindeutig mitten in Lübeck. Wir vermuteten in der Peilzentrale, daß eines der großen Holzlager an der Trave in Brand geraten sei – von einem Großangriff auf Lübeck wußte zu dieser Zeit auch die örtliche Leitung noch nichts.

Um 00.35 Uhr wurde die in Wentorf liegende SHD-Abteilung (mot.) 21 nach Lübeck in Marsch gesetzt, was aber aus Hamburger Sicht auch noch nicht viel zu bedeuten hatte, zumal diese Einheit ihre Weisungen vom Luftgaukommando erhielt.

Um 03.20 Uhr – um 02.19 Uhr war schon »Entwarnung« gegeben – forderte der BdO X plötzlich die sofortige Entsendung von sieben Feuerlöschbereitschaften nach Lübeck. Es sollten dort große Brände wüten[64].

Der Berichter wurde von der Örtlichen LS-Leitung vorausgeschickt mit dem Auftrag: »Fahren Sie mal nach Lübeck und sehen Sie zu, was da wirklich los ist. Die Leute haben wohl zum ersten Male was auf den Hut gekriegt und sind gleich durchgedreht!«

Meine erste telefonische Rückmeldung gegen 06.00 Uhr früh – sie war nach vielen Versuchen schließlich über das »Basa-Netz« der Reichsbahn[65] zustande gekommen – lautete etwa: »Hier sind nicht sieben, sondern mindestens zwölf Bereitschaften notwendig und die werden kaum reichen.« Tatsächlich sind dann in Lübeck – mit Ablösungen über mehrere Tage bis zum 11. April – insgesamt 23 Bereitschaften von Hamburg aus eingesetzt worden.

Aus meinem damaligen Einsatzbericht (Die Örtlichkeit in Lübeck war mir bekannt!) seien folgende Absätze angeführt, weil sie erkennen lassen, unter welchen Umständen sich »auswärtige Einsätze« abspielten:

». . . Von der Reichsautobahn – Ankunft 04.55 Uhr – waren neben nicht abzählbaren kleineren Brandstellen etwa neun Großbrandstellen erkennbar mit Schwerpunkt Richtung Marienkirche–Petrikirche. (Gegen 05.15 Uhr stürzten die Helme der beiden Marienkirchtürme ein!)

. . .

Ich fuhr zunächst zum Holstentor mit der Absicht, durch die Holstenstraße zur Königstraße (Örtliche Leitung) zu kommen und dort einen Überblick über die Lage zu erhalten. Auf dem Wege zum Holstentor wurden rechts und links der Straße etwa 15 Großbrandstellen gezählt. Einsatz von Löschkräften konnte an keiner Stelle festgestellt werden. Die Bewohner hatten teilweise ihre Möbel auf die Straße oder in Gärten gerettet. Der Hauptbahnhof und die um ihn liegenden Häuserblocks standen zum größten Teil in Flammen. Am Holstentor traf ich auf zwei noch nicht eingesetzte Kompanien des Feuerschutzpolizei-Regiments 2, die bislang keinen Einsatzbefehl hatten . . .

. . .

Die Holstenstraße war zu diesem Zeitpunkt schon nicht mehr passierbar, da beiderseits zahlreiche Häuser brannten und die Mauern eingestürzt waren. Mit einem Schutzpolizisten als Lotsen fuhr ich daher über die Drehbrücke bis zur Straßenkreuzung Untertrave/Engelsgrube. Die Engelsgrube war gleich am Eingang durch Bombentreffer in ein Haus verschüttet. Längs der Untertrave brannten zahlreiche Gebäude in ganzer Ausdehnung, ebenso brannten die unmittelbar am Wasser liegenden Verladeschuppen und Lager. Teile von SHD (mot.) 21 waren hier mit Löscharbeiten beschäftigt. Es gelang, durch die ebenfalls überwiegend von Mauertrümmern ausgebrannter Häuser verschüttete Fischergrube zur örtlichen Leitung Königstraße vorzudringen . . .

. . .

. . . Nach drei Stunden (10.00 Uhr) war die Lage soweit geklärt, daß die Hauptbrandstellen bis kurz vor der Breitenstraße unter Kontrolle standen und eine weitere Ausdehnung nicht mehr zu befürchten war . . .

BILD 42 In einer Lübecker Straße kippten plötzlich die Frontseiten mehrerer Häuser um (rechts) und zerschlugen eine Hamburger Drehleiter. Ein Feuerwehrmann wurde getötet, 3 schwer verletzt.

. . . Die Löscharbeiten, besonders in der Fischergrube, waren durch fortgesetzte und nicht vorhersehbare Mauereinstürze außerordentlich behindert. Es fielen teilweise ganze Häuserfronten ohne erkennbaren äußeren Anlaß um – BILD 42 –. Auch die bei der alten Lübecker Bauweise üblichen hohen Giebel beeinträchtigten durch dauernde Einstürze das Arbeiten.

. . . Die Wasserversorgung wurde mehrfach durch Zerschlagen der Schläuche unterbrochen. Auch eine an der Trave zwischen zwei brennenden Gebäuden aufgestellte Kraftfahrspritze wurde durch Mauereinsturz schwer beschädigt, blieb aber noch einsatzfähig . . .«

Sieben Hamburger FE-Bereitschaften hatten sich ab 05.45 Uhr in die Löscharbeiten eingeschaltet – in kameradschaftlichem Zusammenwirken mit allen anderen Löschkräften.

Im »Verwaltungsbericht der Hansestadt Lübeck 1937 bis 1951« lesen wir u. a. über die Ereignisse in jener Nacht:

». . . Noch dramatischer gestaltete sich der Kampf um die Erhaltung des Doms . . . Vom Museum aus sprang das Feuer auf den sogenannten Bischofsturm des Domes über und verbreitete sich von hier auf das ganze Kirchenschiff . . . Auch den inzwischen eingetroffenen Mannschaftsverstärkungen gelang es nicht, des Feuers Herr zu werden.

. . . Am 29. März 1942 gegen 10 Uhr 30 stürzte dann der schon vorher schiefstehende Helm des Nordturms, in der Mitte durchbrechend, zusammen und gegen 14.00 Uhr folgte ihm der Südturm – BILD 43 –. Lübeck war wiederum um ein Wahrzeichen und eines seiner wertvollsten Kulturdenkmäler ärmer geworden[66].

. . .

Die mittelalterliche und verschachtelte Bauweise, insbesondere der Innenstadt, und das gänzliche oder teilweise Fehlen von Brandmauern begünstigten erheblich die Ausbreitung des Feuers . . .

. . .

. . . Die Schwierigkeiten der Brandbekämpfung wurden dadurch erhöht, daß die Intensität des Feuers sich in einem Feuersturm entlud, der . . . die Löschmannschaften durch enorme Hitze und mitgeführten Gesteinstaub, verbunden mit glühender Flugasche, stark behinderte . . .«

Als sich drei Tage später die Rauch- und Staubwolken verzogen hatten, war das volle Ausmaß des Unglücks zu übersehen – BILD 44 –.

Im ganzen wurden 58 % der in Lübeck vorhandenen Häuser betroffen = 12 751. Davon waren 1468 = 11,4 % völlig zerstört, 2180 schwer beschädigt = 17,1 % und 9102 leicht beschädigt = 71,7 %. Von den 45 752 Lübecker Wohnungen blieben nur 38,2 % unbeschädigt.

Die Höhe des Sachschadens ist auf über 200 Millionen RM geschätzt worden.

BILD 43 Einsturz des Südturms des Doms zu Lübeck am 29.3.1942 gegen 14 Uhr.

An menschlichen Opfern hatte dieser Angriff

320 Tote
136 Schwerverletzte und
649 Leichtverletzte

gefordert.

Nach britischen Angaben (99) waren an der Zerstörung von Lübeck 234 Bomber beteiligt, von denen 191 beanspruchten, über die Ostsee das Ziel erreicht zu haben. Sie warfen angeblich 300 t Bomben, davon 144 t Brandmunition und hierunter erstmals auch 250-lbs-Flüssigkeits-Brandbomben mit einer Benzol-Kautschuk-Füllung[67].

Die deutschen Berichte sprachen von 40 bis 50 Flugzeugen und als Abwurfmengen dieses ersten großen Flächenbrandangriffs wurden aufgezählt:

BILD 44 Blick über Lübecks Innenstadt. In Bildmitte die Marienkirche, davor das erhalten gebliebene Rathaus.

5	Minenbomben	4200 kg
400	Sprengbomben	44000 kg
400	Flüssigkeits-Brandbomben	45200 kg
25000	Stabbrandbomben	42500 kg

zusammen etwa 135900 kg = **rund 136 t**

Wer nun mit seinen Zahlen recht hatte, wird nie zu klären sein, wahrscheinlich ist über die Hälfte der Bomben ins Wasser gefallen!

Der Umfang des Hauptschadensgebietes – vgl. BILD 44 – betrug 4 km. 31 km Straßenfronten hatten gebrannt.

Die Feuerwehren sammelten bei diesem ersten großen Zusammenwirken vieler Einheiten aus einem Umkreis von 100 km eine Fülle von Erfahrungen, von denen folgende allgemein interessieren dürften:

». . . Bei den außergewöhnlichen Abmessungen der Brandfläche war eine *einheitliche Leitung* aller Kräfte so erschwert, daß sie während der ersten 10 bis 12 Stunden überhaupt nicht in Erscheinung trat. Die von Hamburg und vom

Feuerschutzpolizei-Regiment 2 gestellten Kräfte bildeten die stärksten Einheiten. Diese Kräfte wurden selbständig und mit gegenseitiger Fühlungnahme eingesetzt mit dem allgemeinen Ziel, das Weiterrollen der Brandfront aufzuhalten. Hinter dieser Front liegende und bereits in Brand geratene Objekte mußten aber vorläufig sich selbst überlassen bleiben . . .«

». . . Bei der Größe des Brandes war es kaum möglich, durch Rundgang oder Rundfahrt ein zusammenfassendes Bild von der Lage zu gewinnen . . .«

Der Bericht des Befehlshabers der Ordnungspolizei vom 15. April 1942 stellte abschließend und zutreffend fest: ». . . Wir stehen . . . hinsichtlich der Brandbekämpfung vor einer neuen Lage . . .«

Das Oberkommando der Wehrmacht hatte am 29. März 1942 nur mit lakonischer Kürze bekanntgegeben:

». . . Britische Bomber griffen in der letzten Nacht einige Orte im norddeutschen Küstengebiet an, vor allem die Stadt Lübeck. Die Zivilbevölkerung hatte einige Verluste . . .«

und ergänzte diese Meldung einen Tag später mit dem Zusatz

». . . Bei dem gestern gemeldeten britischen Luftangriff auf Lübeck wurden in erster Linie Wohnviertel der Stadt getroffen. Die Zivilbevölkerung hatte stärkere Verluste . . .«

– aber in einer Verlautbarung des Reichspropaganda-Ministeriums vom 30. März 1942 stand dann wesentlich deutlicher:

». . . Mit ihrem in der Nacht zum Sonntag erfolgten Luftangriff auf Lübeck haben die Briten der Kette ihrer planmäßigen Überfälle auf deutsche Kulturstätten ein neues und unerhörtes Glied angereiht, das bis in fernste Zeiten als Zeichen britischer Schande angesprochen werden wird . . .«

». . . Die Abgesandten Churchills konzentrierten ihre nächtlichen Angriffe auf die Lübecker Altstadt, wo u. a. die herrliche Marienkirche, der Dom, die Petrikirche und das Museum in Schutt und Asche sanken. Wieder einmal hielten sich die Londoner Kriegsverbrecher und Bolschewistenfreunde, die – wie das Beispiel von St. Nazaire erneut gezeigt hat – zu militärischen Aktionen unfähig sind, am Leben von unschuldigen Frauen und Kindern und an der brutalen Vernichtung kostbarer Kulturgüter schadlos . . .«

In der Goebbels-Konferenz am 30. März 1942 (12, S. 294) war mitgeteilt, daß die zuständigen Stellen in Lübeck über Paragraphen und Zuständigkeiten zu keiner greifbaren Hilfsaktion gelangt seien und der Minister deshalb vom »Führer« Vollmachten für die Versorgung der Bevölkerung nach Luftangriffen erhalten hätte.

Am 4. April 1942 drückte Goebbels die Befürchtung aus, daß eine wochenlange Fortsetzung der britischen Luftangriffe in diesem Stil »gewiß eine demoralisierende Wirkung auf die deutsche Bevölkerung ausüben könne«.

Wohl uns allen, die wir mitten in den Lübecker Brandflächen eingesetzt waren, die wir mit Staubkörnern in den tränenden Augen kaum etwas sehen konnten und denen glühende Holzkohlenstücke – vom Feuersturm mitgerissen – in Kragen, Ärmel und Schaftstiefel fielen und die sich manchmal nur kriechend über glühendheiße Trümmer fortbewegen konnten, kamen die Schiller-Worte in den Sinn:

». . . Flackernd steigt die Feuersäule,
durch der Straßen lange Zeile
wächst es fort mit Windeseile;
kochend wie aus Ofens Rachen,
glühn die Lüfte, Balken krachen,
Pfosten stürzen, Fenster klirren,
Kinder jammern, Mütter irren,
Tiere wimmern
unter Trümmern;
alles rennet, rettet, flüchtet,
taghell ist die Nacht gelichtet . . .«
». . . Heulend kommt der Sturm geflogen,
der die Flamme brausend sucht . . .«

– nur sahen wir diesem Untergang nicht »müßig« oder »bewundernd« (wie bei Schiller) zu, sondern mit verbissener Wut und dem trotzigen Bemühen, den Naturgewalten Einhalt zu gebieten.

Wie bis zum heutigen Tage üblich, setzte nach der Katastrophe die Suche nach den Schuldigen ein. Von zu späten Meldungen bis zu falscher Lagebeurteilung, von mangelndem Einsatzwillen bis zu »schlapper« Einsatzführung waren alle Möglichkeiten von Vorwürfen vertreten. Angeblich hätten auch auswärtige Löschkräfte wegen vereister Straßen nicht schnell genug anrücken können – wir haben bei unserem Anmarsch allerdings nichts von Glatteis gemerkt.

Staatssekretär Milch soll damals gesagt haben (62, S. 217):

». . . In Lübeck haben sich alle so schnell wie möglich verdrückt . . . Lübeck war von Anfang an gegen unsere Luftschutzmaßnahmen und wollte nicht mitmachen. Immer wieder haben sie gesagt: »Niemand greift uns an . . .«

Mit Lübeck begann jedenfalls die vorbedachte Bombardierung ganzer Stadtflächen mit dem Ziel, sie in Brand zu stecken. Wir kennen zwar nicht die Gründe für die Auswahl von Lübeck als Angriffsziel, denn rüstungstechnisch hatte es sicherlich keine besondere Bedeutung (allenfalls die Draeger-Werke für Atemschutzgeräte).

Wahrscheinlich geschah es, weil die von Flak nur schwach verteidigte Stadt über die Ostsee entlang der Trave gut anzufliegen war, mit der »Stadtinsel« ein typisches Luftbild bot und durch die mittelalterliche Bauweise gute Voraussetzungen für eine schnelle Brandentwicklung hatte.

Kaum vier Wochen nach dem Brande von Lübeck wurde die gleichfalls auf der Zielliste stehende alte Seestadt Rostock am 24., 25., 26. und 27. April von – nach britischen Angaben (99) – 468 Bombern (von 521 gestarteten) angegriffen, die (angeblich) 442 t Spreng- und 305 t Brandbomben abwarfen.

Rund 60 % der bebauten Altstadtflächen brannten aus[68], die Bevölkerung hatte 204 Tote, aber angeblich nur 89 Verletzte.

In der Nacht zum 26. April 1942 – also nach dem dritten Angriff – forderte Rostock um 03.30 Uhr Hamburger Löschhilfe beim LGK XI an. Erst über eine Stunde später, um 04.45 Uhr, traf beim örtlichen Luftschutzleiter der Befehl ein ». . . sofort drei FE-Bereitschaften nach Rostock . . .« zu entsenden. Nach verschiedenen notwendigen Rückfragen über die Kräftegliederung sind diese Bereitschaften dann schließlich zwischen 06.40 und 07.00 Uhr früh aus Hamburg abgerückt, nachdem der endgültige Marschbefehl um 06.24 erteilt war.

Eine Stunde nach der ersten Anforderung wurde vom LGK XI ein zusätzlicher Befehl gegeben: »Sämtliche verfügbaren B- und C-Schläuche und Schlauchwagen sind sofort nach Rostock in Marsch zu setzen!« Mit einem solchen Befehl konnten wir leider nicht viel anfangen. Vermutlich hatte der Befehlende selbst keinerlei Vorstellung, um was es sich hier überhaupt handelte. Es sind dann nach abermals verschiedenen Rückfragen und Erläuterungen schließlich 18 Schlauchwagen – fast die Hälfte des Hamburger Bestandes – nach Rostock in Marsch gesetzt worden (im ganzen 35 km Schläuche!).

BILD 45 Blick von der Rostocker Marienkirche auf die ausgebrannte Innenstadt.

Alle diese Alarmzeiten waren bedenklich lang, denn die Kolonnenfahrt nach Rostock (190 km) – anfangs bei Dunkelheit – dauerte ja auch noch einmal 5 Stunden. Bis zum tatsächlichen Einsatz gingen durchweg weitere zwei Stunden mit Warten auf Einsatzbefehle und Anfahrten über Trümmerstrecken verloren, so daß die um 03.30 Uhr erstmals angeforderten Kräfte praktisch erst über zehn Stunden später an Ort und Stelle wirksam wurden – zu einer Zeit also, als nur noch rauchende Trümmerhaufen abzulöschen waren.

Für die Hamburger Kräfte – tagelang tätig im »feindlichen Ausland«, nämlich einem anderen BdO-Bereich sowie mit einem anderen Reichsstatthalter – bewährte sich einmal mehr das alte Sprichwort: »Hilf Dir selbst, dann hilft Dir Gott!« – Verpflegung, Kraftstoff und anderer Bedarf wurden nach Kieler und Lübecker Erfahrungen gleich von Hamburg aus mitgenommen und nachgeführt.

In Rostock boten sich ähnliche Bilder wie in Lübeck: Weite Teile der Innenstadt waren bereits ausgebrannt – **BILD 45** – oder brannten noch. Die verzweifelte Bevölkerung hatte in sinnlosen Räumungsaktionen Möbel und Hausrat auf die Straßen gestellt und diese damit blockiert – **BILD 46** –. Beim nächsten Angriff fielen Stabbrandbomben oder Funken hinein und dann gingen nicht nur der Hausrat, sondern auch gleich die benachbarten Häuser mit in Flammen auf.

Die im Raum Rostock liegenden Rüstungsbetriebe, u. a. die Flugzeugwerke Heinkel, wurden aber kaum beschädigt.

In Rostock herrschte »Ausnahmezustand« – zum ersten Male wieder in einer deutschen Stadt seit den Revolutionswirren des Jahres 1923. Alsbald klebten an den Hauswänden auch die Plakate des Oberstaatsanwalts beim Sondergericht in Rostock über vollstreckte Todesurteile wegen Plünderung.

Zur Geschichte der Hamburger Hilfe in Rostock gehören aber noch einige Bemerkungen, die ein Schlaglicht auf die Lage des Sicherheits- und Hilfsdienstes, insbesondere des Feuerlöschdienstes werfen:

Großen Verdruß gab es nämlich bei der Anforderung des zum Einsatz Rostock verbrauchten Kraftstoffs. Das Landeswirtschaftsamt Hamburg erklärte sich nur zuständig für den Kraftstoff, der auf der Fahrt von Hamburg nach Rostock verfahren worden sei. Die restlichen Mengen müßten beim Landeswirtschaftsamt Schwerin angefordert werden – und im übrigen sei ein ausführlich begründeter schriftlicher Antrag mit Nachweis der Verbrauchsmengen erforderlich.

Schon im Februar 1942 hatte es Streit um die Kraftstoff-Versorgung gegeben und die Feuerschutzpolizei schrieb damals unter Umgehung des Dienstweges direkt an das LGK XI u. a.:

». . . Die Tatsache, daß der FE-Dienst zur notdürftigen Aufrechterhaltung seines Betriebs allmonatlich mehr oder minder um die dazu notwendigen Kraft-

BILD 46 Die von Möbeln und Bergungsgut blockierte Pumper-Straße in Rostock am 27.4.1942 mittags.

stoffmengen betteln muß, ist für die Dauer untragbar und unverantwortlich . . .«
– aber all diese Klagen prallten an den Bürotüren ab. Nur mit bitterem Sarkasmus kann man auch heute noch die vorgeschriebenen Spalten lesen, die bei »Anforderung von Kraftstoffmengen aus dem Katastrophenfonds aus Anlaß von Fliegerangriffen« ausgefüllt werden mußten (1940–1942):

Datum des Luftangriffs:
Angeforderte Kraftstoffmenge:
Zahl und Art der eingesetzten Fahrzeuge:
Sämtliche Schadensstellen
unter genauer Angabe der Straßen und unter besonderer Kennzeichnung der Stellen, die schwersten Schaden erlitten haben:
Auftrag:
Auftraggeber:

. . . natürlich noch versehen mit Unterschrift (eines dazu Befugten!), Dienstgrad, Dienststempel und zudem in doppelter Ausfertigung!

Eine *Verwaltungsbürokratie* von hemmungsloser Arroganz hat mit scheinheiligen Reden von »Grundsätzen sparsamer Wirtschaftsführung« und spitzfindigen Begriffen der »Verbrauchsnachweisführung« bis weit in das Jahr 1943 hinein ihre angeblich kriegsnotwendige Daseinsberechtigung zu demonstrieren versucht. Mit beißender Ironie muß festgestellt werden, daß oft genug erst die »totale Vernichtung« von Akten und Schreibtischen durch eine »mitleidige Bombe« Wandel schuf. Wie entsetzlich überflüssig und völlig unwichtig für den Ablauf der Dinge viele Sparten des Papierkriegs in Wirklichkeit sind, hat der Gang des Zweiten Weltkriegs wohl in schonungsloser Offenheit bewiesen. Als schwachen Trost erfuhren wir nach dem Kriege, daß es unseren Fachkollegen in England nicht besser ergangen ist – schließlich stammt ja das »Parkinsonsche Gesetz« auch von einem Engländer!

Es kann heute straffrei (!!!) berichtet werden, daß diese »Kopekenscheiche« denn auch nach Strich und Faden belogen und betrogen worden sind – nicht um einer Bereicherung willen, sondern um den Betrieb überhaupt aufrecht erhalten zu können.

In den Berichten des Oberkommandos der Wehrmacht stand über die Angriffe auf Rostock nicht viel. Am 25. April hieß er nur:

». . . Britische Bomber griffen in der Nacht zum 25. April Wohnviertel in Rostock an. Die Zivilbevölkerung hatte Verluste an Toten und Verletzten. Eine Anzahl von Wohnhäusern, Kulturstätten und Wohlfahrtseinrichtungen wurde zerstört und beschädigt . . .«

– und am nächsten Tage verlautete:

». . . Britische Bomber griffen in der Nacht zum 26. April erneut die Stadt Rostock an. Die Bombenwürfe erfolgten fast ausschließlich auf Wohnviertel der Altstadt. Die Zivilbevölkerung hatte zahlreiche Verluste. Wertvolle Kulturdenkmäler und Wohlfahrtseinrichtungen wurden vernichtet . . .«

Die deutsche Luftwaffe flog darauf in der Nacht vom 25./26. und vom 26./27. April »Vergeltungsangriffe« gegen die südenglische Stadt Baath. Dabei soll es 400 Tote, rund 400 Schwerverletzte und starke Schäden gegeben haben (54). Als »Rache für Lübeck« war die Stadt Exeter am 24./25. April angegriffen (80 Tote).

Hitler hielt am 26. April 1942 eine Reichstagsrede (32), in der die Sätze vorkamen:

». . . Sollte sich . . . in England der Gedanke, den Luftkrieg gegen die Zivilbevölkerung mit neuen Mitteln weiterzuführen, durchsetzen, dann möchte ich schon jetzt vor aller Welt folgendes feststellen: Herr Churchill hat im Mai 1940 mit diesem Krieg begonnen. Ich habe vier Monate lang gewarnt und gewartet. Es kam dann die Zeit, in der ich gezwungen war zu handeln . . .«

». . . Ich werde von jetzt ab wieder Schlag um Schlag vergelten, bis dieser Verbrecher fällt und sein Werk zusammenbricht . . .«

Wir wissen heute – es blieben leere Drohungen, denn die deutsche Luftwaffe war schon nicht mehr in der Lage, mit großen Verbänden im Luftraum England anzugreifen.

Es begann die Zeit der »Baedeker-Angriffe« – Vergeltungsangriffe auf alte, schwach verteidigte britische Städte, die wegen ihrer kulturgeschichtlichen Bedeutung im Baedeker-Reisehandführer mit einem Stern ausgezeichnet waren: Exeter, Baath, Norwich, Canterbury, York (54, 107).

Für die Wehrmachtsführung, die Luftschutzführung und den Sicherheits- und Hilfsdienst mußte aber nach den Flächenbränden in Lübeck und Rostock eigentlich überdeutlich geworden sein, daß nunmehr der Hauptgegner im Luftkrieg »Feuer« hieß und der Feuerlöschdienst – vom Selbstschutz der Bevölkerung angefangen über den FE-Dienst des SHD bis zu den motorisierten Feuerschutzpolizei-Regimentern das tragende Element aller Hilfsdienste war, wenn überhaupt einer Brandkatastrophe Einhalt geboten werden sollte. Es dauerte dann aber noch über ein Jahr, bis nach der Juli-Katastrophe von Hamburg sich diese Erkenntnis – nunmehr »zu spät« durchsetzte.

Lübeck und Rostock erforderten erstmals einen »Katastrophen-Einsatz« vieler sehr unterschiedlich ausgerüsteter und geführter Löschkräfte aus großen Entfernungen (bis zu 200 km) auf einem eng begrenzten Raum. Es gab genau die gleichen Probleme der Einsatzführung und Versorgung, die dann 33 Jahre später – 1975 – bei den Waldbränden in Niedersachsen wieder auftraten. Da niemand gerne aus den Erfahrungen einer älteren Generation lernt, glich sich das »Desaster« in peinlicher Weise!

6.3 UNHEIMLICHE PARALLELEN: HAMBURG, 5. MAI 1842 UND HAMBURG, 4. MAI 1942

In der Nacht zum 5. Mai 1842 war in der Hamburger Deichstraße ein Speicherbrand ausgebrochen, der im Laufe von drei Tagen bis zum 8. Mai eine Innenstadtfläche von etwa 1,2 km Länge und durchschnittlich 400 m Breite – also rund 0,5 km² – zerstörte. Es verbrannten 4330 Gebäude, 20000 Menschen wurden obdachlos, aber nur 57 Personen kamen ums Leben, die meisten durch eigene Schuld.

Der Senat hatte in einem denkwürdigen Aufruf die Hoffnung ausgesprochen, ». . . Unsere regsamen Hände werden . . . das schon wieder aufzubauen wissen, was das furchtbare Element in Stunden und Tagen so hastig zerstörte . . .«

Der »Große Brand von Hamburg« – **BILD 47** – erregte weltweites Aufsehen, denn er traf ein blühendes Gemeinwesen, das wegen seiner gutorganisierten »Löschanstalten« weithin bekannt und Vorbild war.

Regelrecht »totgeschwiegen« ist aber damals schon, daß der leitende Hamburger Spritzenmeister Adolph Repsold – nachdem er bei Hellwerden gegen

BILD 47 Der brennende Jungfernstieg am 6. Mai 1842 mittags. Zeichner unbekannt. Lithographie aus dem Verlag E.M.Heilbutt in Altona. Original im Staatsarchiv.

04.30 Uhr früh die ganze bedrohliche Lage übersehen konnte – dem damaligen Polizeiherrn »S. Hochweisheit Herrn Senator Binder Dr.« und den bei ihm befindlichen Feuerkassenbürgern, darunter »Herr O. R. Schröder« den einzig richtigen Vorschlag gemacht hatte, nämlich durch Niederreißen von ganzen Straßenseiten dem Unheil Einhalt zu gebieten. Das dazu nötige Personal und Werkzeug war reichlich vorhanden. Die Herren konnten sich aber – sagen wir ruhig: Aus Angst vor möglichen Folgen und Regreßansprüchen! – nicht dazu entschließen. Repsold schreibt darüber nur lakonisch: ». . . Die gehabte . . . Unteredung führte indeß zu keinem Resultate . . .« (handschriftlicher Entwurf seines Brandberichts).

Als »Seine Hochweisheit« dann sieben Stunden später doch dem Repsold-Vorschlag zustimmte, war es zu spät. Das Feuer hatte die inzwischen erschöpften Löschkräfte überrollt und ein Ausmaß erreicht, das wahrscheinlich nicht einmal mehr mit den heute verfügbaren Mitteln sicher zu begrenzen gewesen wäre. Zu rasch urteilende Berichterstatter kamen damals zu dem einfachen Schluß »Die Löschanstalten haben versagt!«

Jene deutsche Brandkatastrophe des 19. Jahrhunderts gab den Anstoß zu neuen Organisationen des Löschdienstes – den *Freiwilligen Feuerwehren*« (1846 in Durlach/Baden) und den *Berufsfeuerwehren* (1852 in Berlin). Sie führte ebenso zur Gründung eines neuen Industriezweiges (19) – der Feuerwehrgeräteindustrie (1842, Carl Metz in Heidelberg).

Es war allerdings kein Ruhmesblatt für die Hamburger, daß die *zuerst* Betroffenen *zuletzt* die notwendigen Schlußfolgerungen – 30 Jahre später mit der Gründung einer *Berufsfeuerwehr* (1872) – zogen[69].

Hamburger Feuerwehringenieure hatten sich nach dem Lübecker Brande wieder eingehend mit den Erfahrungen von 1842 beschäftigt (108), denn nach den großen Angriffswirkungen der RAF in Lübeck und Rostock war zu erwarten, daß ein Fortsetzen der Erfolgsserie auch in der Hamburger Innenstadt versucht würde.

Wir wissen nicht, ob der britische Luftmarschall Sir Arthur Harris Sinn für historische Parallelen hatte. Fast genau auf den Tag 100 Jahre nach jenem großen Brand von Hamburg versuchte aber die RAF in der Nacht zum 4. Mai 1942 durch Abwurf einer bislang noch nicht eingesetzten großen Menge von rund 3500 Brandbomben entsprechend der neuen Angriffstaktik Hamburg erneut in Brand zu stecken. Die Zahl der Sprengbomben war dagegen mit insgesamt 30, darunter sechs Minenbomben, relativ gering. Die Bevölkerung hatte 77 Tote zu beklagen und damit zum ersten Male wieder erhebliche Verluste. Zur Brandbekämpfung mußten aber 60 Löschzüge und zahlreiche Sonderfahrzeuge eingesetzt werden.

Von den bemerkenswerten Brandstellen ist das Großfeuer im »Trichter-Gebäude« Reeperbahn 1 zu erwähnen. Etwa 20 Stabbrandbomben durchschlugen das Dach der zu einer Betriebs-Luftschutzgemeinschaft gehörenden Betriebe »Ballhaus Trichter«, »Café Rheinterrassen« und »Lichtspielhaus Schauburg St. Pauli«. Die Brandbomben blieben zum Teil im Gebälk hängen und setzten vorallem die Ränge der »Schauburg St. Pauli« in Brand. Das Kino wurde ganz zerstört – **BILD 48** –. Der Schaden betrug über eine halbe Million RM.

Auch das »Theater an der Reeperbahn« am Spielbudenplatz wurde von Brandmunition getroffen, die im Bühnenhaus, im Zuschauerraum und in den Garderoberäumen zündete. Diese Brände konnten aber alle von Selbstschutzkräften und dem zur Unterstützung angerückten FE-Dienst gelöscht werden. Dagegen brannte der Kulissenschuppen aus.

In der Amerika-Straße wurde der Schuppen 42 (Stückgut, Kraftfahrzeuge, Ausrüstung von Marinefahrzeugen) von etwa 30 Stabbrandbomben getroffen und brannte vollständig ab. Es war einer jener Schuppen, die bei etwa 300 m Länge und 30 m Breite keinerlei Brandschutzunterteilung hatten. Auch die 61 Rohre von zehn Löschzügen nützten hier nichts mehr.

Als treffendes Beispiel für die Wirkung von Brandschutzmaßnahmen konnte aber der gegenüber liegende Schuppen 43 a gelten. Dieser Schuppen war in drei Brandabschnitte unterteilt, von denen einer getroffen wurde und teilweise ausbrannte. Das Feuer konnte von schwachen Löschkräften an der Brandmauer zum Stehen gebracht werden. Besonders gut bewährte sich auch hier wieder eine Maßnahme der Feuerschutzpolizei aus der Zeit des Kriegsanfangs: Der überstehende und um die Brandmauer laufende hölzerne Dachvorbau war so ausgespart worden, daß hier keine Feuerbrücke mehr bestand – BILD 49 –.

Einen großen Minenbomben-Schaden gab es in der Nähe der Hauptfeuerwache. Ecke Hammerbrookstraße/Jenischstraße war eine Minenbombe von etwa 2000 lbs auf die Straße gefallen und detoniert – BILD 50 –. Der Luftdruck zerstörte 11 Häuser ganz, beschädigte 11 schwer und 352 (!!) leicht. Es wurden hier allein 59 Personen getötet, 29 Personen schwer und 38 leicht verletzt. Vom SHD – Instandsetzungsdienst – konnten 12 Personen lebend und 57 tot geborgen werden. Der FE-Dienst mußte fünf Löschzüge mit 16 Rohren zum Ablöschen der Trümmer einsetzen. Der Gesamtschaden an dieser Stelle betrug allein über 1,5 Millionen RM.

Alles in Allem rechnete man bei diesem Großangriff mit einem Schaden von 10 Millionen RM, der in erster Linie an Wohngebäuden entstanden war. Die

BILD 48 **Der ausgebrannte Zuschauerraum des Kinos »Schauburg St. Pauli«, – 4.5.1942.**

BILD 49 Schuppen 43 A – durch Brandmauern vor der Zerstörung bewahrt (Pfeile!) – 4.5.1942.

Schäden in der Rüstungsindustrie waren dagegen unbedeutend.

Der Versuch, einen zweiten »Großen Brand von Hamburg« auszulösen, ist der RAF zweifellos mißlungen – der »Jubiläumsbrand« fand nicht statt!

Winzig klein und schier nebensächlich gegenüber dem Luftkriegsgeschehen war ein Großfeuer, das sich am 17. Mai 1942 im Hause Steindamm 10 ereignete und die Hamburger Bevölkerung sehr bewegte. Wenn dieser Vorfall hier erwähnt wird, dann, weil sich auch in den Nachkriegsjahren bis in die jüngste Zeit ganz ähnliche Brände abgespielt haben und in Zukunft noch abspielen werden:

In den frühen Morgenstunden brach hier – wahrscheinlich in einer Schneiderei (nicht ausgeschaltetes Bügeleisen?) ein Brand aus, der sich sehr schnell, zunächst unbemerkt, über das hölzerne Treppenhaus ausbreitete und allen Bewohnern der oberen Stockwerke den Fluchtweg abschnitt. Als der erste Löschzug eintraf, schrien auf der Straßenseite 20 Menschen um Hilfe. Sie konnten mit Sprungtüchern und Drehleitern gerade eben noch rechtzeitig geborgen werden. Auf der Hausrückseite wurden 4 Menschen mit Schiebe- und Hakenleitern heruntergeholt, ehe das Feuer alle Zimmer erfaßt hatte. 15 min nach der Feuermel-

BILD 50 Die Minenbomben-Einschlagstelle Hammerbrook-/Jenisch-Straße – 4.5.1942.

dung stürzte bereits das Treppenhaus zusammen und verschüttete einen Angriffs- und Schlauchtrupp. Vier Feuerwehrmänner erlitten schwere Verletzungen, einer davon starb wenige Stunden später.

6.4 KÖLN – AUFTAKT DER TAUSEND-BOMBER-ANGRIFFE

Für Ende Mai war von der RAF der erste Tausend-Bomber-Angriff unter dem Decknamen »Millenium« geplant und als Ziele je nach Wetterlage Hamburg oder Köln ausgewählt. Dazu sollte auch der letzte noch flugfähige Bomber mobilisiert werden. Luftmarschall Harris wollte (oder »mußte«) zeigen, was das Bomber Command leisten kann, denn bei den gleichzeitigen Material- und Personal-Ansprüchen der Army und vor allem der Royal Navy hatte er einen schweren Stand im Durchsetzen seiner Verstärkungs-Forderungen.

Am 31. Mai 1942 warfen dann – nach britischen Angaben – 900 von 1046 gestarteten Flugzeugen (99, S. 133) innerhalb von 90 min angeblich 1455 t Bomben auf den Raum Köln – ein Drittel davon Brandbomben.

Tatsächlich gezählt wurden (nach dem Lagebericht des Polizeipräsidenten vom 10. 6. 1942 – CD 843, Teil 1 –):

864 Sprengbomben (250 und 500 kg), darunter 23 Blindgänger,
20 Minenbomben (1800 kg),
110000 Stabbrandbomben und
565 Phosphorkanister und Phosphorbrandbomben.

Das gibt bei großzügiger Rechnung ungefähr 700 t Abwurfmunition, d. h. nur etwa die Hälfte der in England verladenen Bomben ist auch in den Zielraum gefallen – und davon haben sehr wahrscheinlich keine 10 % wirkliche Ziele (Häuser, Industriebetriebe, Verkehrsanlagen) getroffen.

Der sofort nach Köln entsandte Hamburger Oberstleutnant d. FSchP. Dipl.-Ing. Westphal, Gruppenkommandeur Süd, berichtete, daß etwa 2500 größere Brandstellen, davon 1700 Großbrandstellen registriert wurden[70] und die neun Kölner FE-Bereitschaften bereits 15 min nach Angriffsbeginn »ausverkauft« waren. Geklagt wurde über die Einmischung höherer Dienststellen (Luftgau) und ihre sachlich unbegründete Kritik an Brandbekämpfungsmaßnahmen.

An Löschkräften wurden insgesamt 28 Bereitschaften aus den umliegenden Städten eingesetzt (Hamburg verfügte über 30 Bereitschaften).

Den Eindruck, daß in Köln 1000 Bomber ihr Vernichtungswerk verrichtet hätten, brachte Oberstleutnant Westphal jedoch nicht mit!

Die Bevölkerung beklagte 486 Tote und rund 5000 Verletzte, davon über 3000 außerhalb der Schutzräume! Etwa 45000 Menschen waren obdachlos geworden und 3300 Gebäude ganz, 9500 teilweise zerstört (Richards (99) gibt wesentlich höhere Zerstörungszahlen an!).

In Köln traten aber *keine Flächenbrände* wie in Lübeck oder Rostock auf. Im Regelfall waren es Einzelbauten, vorwiegend in der Altstadt.

Die *Löschwasserversorgung* durch das Hydrantennetz fiel *nicht* aus, was die Brandbekämpfung sehr erleichterte und sicher mit dazu beitrug, daß es zu keinen Flächenbränden kam. Nur die auswärtigen Kräfte hatten sich eine unabhängige Wasserversorgung vom Rhein her oder aus offenen Behältern aufgebaut.

Das Oberkommando der Wehrmacht gab über diesen Angriff einen ungewöhnlich ausführlichen Bericht, der mit dem Satz begann:

». . . Britische Bomber unternahmen in der vergangenen Nacht einen Terrorangriff auf die Innenstadt von Köln, wobei große Schäden durch Spreng- und Brandwirkung, vor allem in Wohnvierteln, an mehreren öffentlichen Gebäuden, unter anderem auch an drei Kirchen und zwei Krankenhäusern, entstanden . . .«

. . .

». . . Nachtjäger und Flakartillerie schossen 36 der angreifenden Bomber ab . . .«

Über die Fassung dieses Berichts enthält das Kriegstagebuch des Oberkommandos der Wehrmacht (110) vom 31. Mai 1942 folgenden Eintrag:

». . . In der Nacht vom 30./31. 5. erfolgte ein starker britischer Luftangriff auf Köln. Nachdem der Führer bereits in der Nacht auf der Fahrt im Sonderzug (Anm.: Von Berlin nach Wolfsschanze!) über die Schwere des Luftangriffs auf Köln unterrichtet worden war, schlug der Luftwaffenführungsstab folgende Sondermeldung vor:

»Britische Bomber unternahmen in der vergangenen Nacht einen Terrorangriff auf die Innenstadt von Köln, wodurch große Schäden durch Spreng- und Brandwirkung vor allem in Wohnvierteln sowie an mehreren öffentlichen Gebäuden . . . entstanden. Bei diesem ausschließlich gegen die Zivilbevölkerung gerichteten Angriff erlitt die britische Luftwaffe durch das hervorragende Zusammenwirken der unter dem Befehl des Generaloberst Weise stehenden Luftverteidigungskräfte schwerste Verluste . . .

. . . Mit dem bisher festgestellten Abschuß von 37 feindlichen Bombenflugzeugen . . . wurde *etwa die Hälfte* der in das Reichsgebiet eingeflogenen feindlichen Flugzeuge vernichtet.«[71]

Der Führer lehnte angesichts der Verluste eine derartige Siegesmeldung aus psychologischen Gründen schärfstens ab und vertrat darüber hinaus den Standpunkt, daß diese Erfolgsmeldung auf keinen Fall zutreffen könne.

Während die Luftwaffe immer noch von einem 50 %igen Abwehrerfolg sprach und sich auch am folgenden Tage noch um eine entsprechende propagandistische Auswertunge bemühte, liefen immer klarere Meldungen darüber ein, daß sehr viel mehr feindliche Flugzeuge über Köln gewesen sind, als die Luftwaffe annahm. Churchill selbst sprach im Unterhaus von 1000 Flugzeugen. Wenn dies auch überstrieben sein mochte, so rechnete der Führer doch, daß es nach den Sachschäden einige hundert gewesen sein müßten . . .«

Beim Lesen dieser Notiz können wir das beklemmende Gefühl nicht unterdrücken, daß entweder die Luftwaffe wirklich keine Übersicht hatte (was bei dem bestehenden Luftnachrichtennetz wenig wahrscheinlich ist), oder dem Obersten Befehlshaber hier etwas vorgegaukelt werden sollte. Daß solche Versuche – angefangen bei den offensichtlich falschen I c–Meldungen von 1940 über die Stärke der britischen Luftwaffe – Hitler immer mißtrauischer gegenüber Generalstabsmeldungen machten, braucht niemanden zu verwundern.

Das britische Luftministerium hatte zur gleichen Zeit verlautbart:

»In der vergangenen Nacht griffen weit mehr als tausend Bomber Ziele im Ruhrgebiet und im Rheinland an, Köln war das Hauptziel . . . Bei der Morgendämmerung waren die Brände und die Rauchsäulen noch von der holländischen

Küste aus zu sehen, also aus einer Entfernung von etwa 150 Meilen . . . 44 britische Flugzeuge kehrten nicht zurück . . .«

Eine andere Londoner Meldung besagte:

». . . London, 1. Juni (United Press)

Der britische Luftangriff auf Köln wird hier als der weitaus größte Angriff in der Geschichte des Luftkrieges bezeichnet. Es nahmen etwa doppelt soviel Flugzeuge daran teil, wie an dem größten Raid der deutschen Luftwaffe gegen englisches Gebiet, doch wurden dabei etwa viermal soviel Bomben abgeworfen, da sich an dem Angriff eine große Anzahl viermotoriger Schwerstbomber neuester Konstruktion beteiligten . . .«

». . . Wir hatten den Eindruck, als werde Köln von einem Erdbeben heimgesucht . . . Die Verwirrung in Köln war unbeschreiblich . . . Von der 55. Minute des Angriffs an hatten wir alle den Eindruck, als flögen wir über einem in Tätigkeit befindlichen Vulkan . . .«

In den deutschen »Meldungen aus dem Reich« Nr. 289 (11) vom 4. Juni 1942 wird auch deutlich, welchen Eindruck der Kölner Angriff hinterlassen hat. Es heißt darin:

». . . Die verstärkte Angriffstätigkeit der britischen Luftwaffe auf deutsche Städte, insbesondere der Terrorangriff auf Köln, haben im gesamten deutschen Volk Bestürzung ausgelöst und stehen zahlreichen Meldungen zufolge im Mittelpunkt aller Gespräche und Erörterungen der Volksgenossen . . .«

. . .

». . . Demzufolge bewegten sich teilweise die Vermutungen der Volksgenossen über die Höhe der Schäden und Opfer auf einer der Wirklichkeit in keiner Weise mehr Rechnung tragenden Ebene . . .«

». . . Nach mehreren Meldungen . . . ergeht sich ein Teil der Bevölkerung in ernsten Befürchtungen, daß die britische Luftwaffe ihre Terrorangriffe mit gleicher Heftigkeit fortsetzen und nunmehr auch noch andere deutsche Städte angreifen werde, um mangels anderer Möglichkeiten wenigstens auf diese Weise einen Beitrag zur Entlastung der Sowjets zu leisten . . .«

». . . By these crucial operations the destructive potential of Bomber Command was demonstrated! . . .« – so urteilten britische Historiker später über diesen »Tausend Bomber-Angriff auf Köln« (99).

Aus der Rückschau müssen wir allerdings sagen, daß bei diesem Angriff Aufwand und Erfolg in einem sehr krassen Mißverhältnis zueinander standen. Er war eher ein Typenbeispiel für eine eilig zusammengestellte militärische Massendemonstration, die mehr dem Ansehen des Bomber-Command, als der Einschüchterung der Deutschen diente.

In Hamburg konnten wir uns sehr wohl vorstellen, daß eines Tages in nicht ferner Zeit auch auf unsere Stadt solche Angriffe geflogen würden. Wir ahnten aber nicht, daß nur die schlechte Wetterlage – sonst immer gegen Hamburg verschworen – diesmal noch Hamburg vor solchem Schicksalsschlag bewahrt hatte.

Mit großer Energie wurde seit dem Brande von Lübeck und Rostock die materielle Verstärkung des gesamten Hamburger Feuerlöschdienstes betrieben und ebenso versucht, personelle Verstärkungen zu erreichen.

Die historische Wahrheit gebietet die Feststellung, daß der Hamburger Reichsstatthalter mit seinem Namen eine Fülle von Beschaffungen gedeckt hat, die weit »außerhalb der Legalität« lagen und eklatante Verstöße gegen die Kriegswirtschaftsbestimmungen darstellten. Da wurden über allerlei nicht immer ganz uneigennützige Mittelsmänner Schläuche und Armaturen in Dänemark, Holland, Belgien und Frankreich aufgekauft und in Dänemark eine Feuerlöschpumpen-Fertigung in Gang gebracht. Eisen- und Metallkontingente der Hamburgischen Elektrizitätswerke konnten zweckentfremdet – auch über gute Querverbindungen – in fast zwei Dutzend schwere Löschfahrzeuge verwandelt werden. Nur in der Motorenfrage für Tragkraftspritzen kamen wir nicht recht weiter. Nachdem ein Versuchsmotor für die Deutsch-dänische Tragkraftspritzenproduktion mit Hilfe von Werkfeuerwehr-Freunden aus dem Volkswagenwerk »gebracht« war und sich nach einigen technischen Änderungen als bestens geeignet erwiesen hatte, gelang es doch nicht, diese Quelle mangels richtiger Kontingentscheine und zu vieler anderer Produktionsinteressenten zum Sprudeln zu bringen. Immerhin ist damals schon die erste Tragkraftspritze mit Volkswagenmotor in der Werkstattmeisterei der Feuerwehr gebaut worden – heute gibt es davon an die 50000!

In Holland »froren« leider 45000 m Schläuche ein, weil andere Reichsbehörden hinter die Hamburger Geschäfte gekommen waren und einen Riegel vorgeschoben hatten. Selbst dem vielgewandten HEW-Generaldirektor Otte gelangen diesmal nicht die »Auftauversuche«.

Ganz »legal« war dagegen die Lieferung von 18 neuen Löschgruppenfahrzeugen an die Feuerschutzpolizei. Sie wirft ein Schlaglicht auf die damalige Beschaffungslage: Ende 1940 hatte das Hauptamt Ordnungspolizei damit begonnen, *eigene* Typen von Lösch- und Sonderfahrzeugen zu entwickeln, die »natürlich« von den seit 1936 über das Reichsluftfahrtministerium gelieferten »reichseigenen« Fahrzeugen in Form, Farbe, Größe, Leistung und Ausstattung erheblich abwichen.

Von Berlin waren einigen Herstellerwerken dafür auch Serienaufträge einschließlich der notwendigen Materialkontingente zugeteilt mit dem Bemerken, daß Kaufabschluß und Finanzierung Sache der Gemeinden sei – nur ahnten diese nicht recht etwas von ihren Chancen!

Die Firmen produzierten nun munter in bis dahin noch nie erlebten Stückzahlen (50-Stück-Serien!), aber die Aufträge der Gemeinden blieben aus!

Eines Tages, Anfang Juli, wurde der Berichter von einem Bekannten aus dem Hause Daimler-Benz angerufen und gefragt: »Könntet Ihr nicht ein paar leichte und schwere Löschgruppenfahrzeuge gebrauchen?«

Nun, es gelang ganz unbürokratisch in wenigen Tagen von der Kämmerei einige hunderttausend RM freizubekommen und am 29. Juli 1942 übernahm ein Hamburger Überführungskommando in Sindelfingen 12 leichte und 6 schwere Löschgruppenfahrzeuge (voll ausgerüstet).

Im Herbst 1942 wurden auch 28 bislang beschäftigungslose Entgiftungszüge mit Kraftspritzen unterschiedlicher Leistungen und dem dazugehörigen Material ausgerüstet. Bei den Freiwilligen Feuerwehren im Landgebiet konnten noch 24 Löschgruppen – die sog. »Restgruppen« – zusammengestellt werden (Höchstzahl 1943: 48). Sie verfügten allerdings nur über alte, vollgummibereifte Behelfsfahrzeuge, die für den Dienst in FE-Bereitschaften nicht mehr geeignet waren.

Dazu noch eine Randnotiz:
Bei der Waffen-SS in der Kaserne Langenhorn standen 15 Anhängerspritzen tschechischer Bauart (in der Tschechei wohl »wegorgansiert«!), für die aber dort keine Löschkräfte vorhanden waren. Der FE-Dienst sollte diese Spritzen jedoch nur bekommen, wenn an die SS 3000 kg »Nichteisenmetallscheine« und an eine beteiligte Privatfirma die gleiche Menge »Eisenscheine« geliefert würden. Das krumme, aber zeittypische Geschäft hat sich dadurch zerschlagen.

Alle diese Bemühungen – ausgelöst durch den hier erkannten Wandel in der britischen Luftkriegs-Taktik – standen unter dem Motto: »Der Zweck heiligt die Mittel!« Für uns war jedenfalls nicht erkennbar, daß in Berlin etwa die gleichen Schlußfolgerungen gezogen worden waren und auch das Studium der nach dem Kriege zugänglichen Akten ergibt, daß vom Wehrmacht-Führungsstab dem Luftkrieg über Deutschland damals noch keine besondere Bedeutung zugemessen war – vielleicht verständlich angesichts der Sorgen, die der Krieg im Osten wider alles Erwarten bereitete.

Vergessen wir auch nicht, daß die britische Luftwaffe fast zwei Jahre gebraucht hat, bis sie das wiederholen konnte, was schon 1940 deutschen Kampfverbänden in Coventry oder London gelungen war.

6.5 DIE JULI-ANGRIFFE 1942 AUF HAMBURG

In der Nacht vom 26. zum 27. Juli 1942 kam dann der seit langem erwartete Schlag! Die RAF flog mit 403 Flugzeugen ihren 122. Angriff auf Hamburg. Das Stadtgebiet wurde von 304 Maschinen (99) angegriffen, die im Gegensatz zu der bisherigen Taktik innerhalb einer recht kurzen Frist – nämlich von 00.43 bis 02.07 Uhr – eine ungewöhnlich große Zahl von Bomben – angeblich 724 t – abwarfen. Es waren 31 Minenbomben und 588 Sprengbomben aller Kaliber, über 68000 Stabbrandbomben und 1591 Phosphor-Brandbomben – rund ²/₃ der auf Köln gefallenen Menge. Sie lösten 508 Großfeuer, 127 Mittel- und 1958 Kleinfeuer aus. Zum ersten Male gab es in Hamburg so viele Brände gleichzeitig, daß die Kräfte des FE-Dienstes nicht annähernd ausreichten.

Im ganzen waren es 2323 Schadensstellen, die später der 384 Seiten starke Lagebericht des Polizeipräsidenten mit peinlicher Genauigkeit verzeichnete. Der Schaden wurde auf eine Viertel Milliarde RM beziffert.

Auch die Bevölkerung hatte mit 337 Toten, 211 Schwer- und 816 Leichtverletzten die bislang größten Verluste erlitten.

Die Luftschutzorganisation setzte ihre gesamten Kräfte ein. Zum ersten Male wurden auch auswärtige Kräfte nach Hamburg herangeholt, und zwar vier Kompanien des Feuerschutzpolizeiregiments 2 »Hannover«, fünf FE-Bereitschaften der LS-Abteilungen (mot) 21, 32 und 12 sowie FE-Bereitschaften der LS-Orte Bremen, Kiel und Lübeck. Dazu kamen 3½ Instandsetzungsbereitschaften von der LS-Abteilung (mot) 21 sowie eine Sanitätsbereitschaft des LS-Ortes Bremen. Zu Bergungs- und Aufräumungsarbeiten waren außerdem 710 Wehrmachtangehörige für fünf Tage eingesetzt.

538 Wohnhäuser fielen den Sprengbomben und 285 den Brandbomben ganz zum Opfer. Spreng- und Brandbomben beschädigten über 5000 andere Häuser mehr oder minder schwer.

Über 12000 Personen wurden obdachlos, mehr als 2000 mußten vorübergehend anderweitig untergebracht werden.

Industriebetriebe, gewerbliche Anlagen, öffentliche Gebäude und Verkehrseinrichtungen erlitten beträchtliche Schäden.

Aus den Notizen des Feuerschutzpolizei-Offiziers in der örtlichen Leitung ergab sich, daß das Ausmaß des Angriffs sehr schnell erkannt worden war und die ersten auswärtigen Kräfte bereits 20 min nach Angriffsbeginn beim BdO angefordert wurden. Wesentlich beigetragen zu dieser schnellen Lageübersicht hatten die Auswertungen der Peilzentrale und der Feuerwehr-Turmbeobachter.

Dieser Angriff ließ uns alle nun auch in Hamburg selbst die ganze Schwere des Luftkriegs fühlen!

Ein typisches Beispiel für den Sachverhalt nach jenem Angriff bot die Großbrandstelle Hamburger Straße – **BILD 51** –. Hier waren die Großwohnhäuser Hamburger Straße Nr. 164, 166, 168, 170, 172, 174, 176 und 178 von Stab- und Phosphor-Brandbomben getroffen. Die Bomben durchschlugen die Dächer, sogar teilweise die obersten Stockwerke der Häuser und zündeten an so vielen Stellen gleichzeitig, daß der Selbstschutz nicht in der Lage war, die Brände zu

BILD 51 Brennende Häuser in der Hamburger Straße (Schuhhaus Citreck) – 27.7.1942.

beherrschen. Auch der FE-Dienst konnte zunächst keine Hilfe schicken, weil alle verfügbaren Kräfte bereits anderweitig eingesetzt waren. So brannten denn diese Häuser innerhalb von drei Stunden herunter und auch die Nachbarhäuser Wohldorfer Straße 1, 3 und 4 sowie die Hinterhäuser der Hamburger Straße 172 und 174 mit den dort befindlichen Lichtspieltheatern »Weltlichtspiele« und »Balkes Lichtspiele« wurden vernichtet. In den Häusern befanden sich außer den beiden Kinos 18 große Geschäfte und ein Leihhaus. Drei Personen wurden getötet und neun verletzt, 333 obdachlos. Der Gesamtschaden an dieser Stelle allein wurde auf etwa 3,5 Millionen RM geschätzt.

Ein brandschutztechnisch besonders bemerkenswertes Großfeuer gab es in der Bramfelder Straße 84/88, wo etwa 60 Stabbrandbomben auf das Fabrikgelände der Hanseatischen Verlangsanstalt fielen. 20 davon trafen das Hauptfabrikgebäude, durchschlugen das Dach, wurden aber sämlich von Werkluftschutzkräften gelöscht. 38 Brandbomben fielen auf den Hof und konnten auch hier von eigenen Kräften abgelöscht werden. Eine einzige (!!!) Stabbrandbombe schlug aber in einen Holzstapel, der dadurch aufbrannte. Das Feuer griff von hier auf einen zur Papierlagerung genutzten Holzschuppen über. Die Flammen aus diesem Schuppen schlugen wiederum in die Parterre-Fenster des Hauptfabrikgebäudes, zündeten hier und setzten nach und nach sämtliche vier Stockwerke des Gebäudes in Brand – **BILD 52** –. Die Werkfeuerwehr hatte angeblich, als sie die Brandbomben im Holzstapel löschen wollte, kein Löschwasser mehr zur Verfügung. Wohl kaum je wieder im Kriege hat eine einzige Brandbombe im Fertigungswert von kaum RM 5,– einen solch' ungeheuren Schaden verursacht!

Ein anderes Beispiel möge für viele ähnliche Vorkommnisse sprechen: in der Woltmannstraße war ein sechsstöckiges Kontor- und Lagerhaus nach Brandbombeneinschlag in Brand geraten. Bei Hellwerden – als die Gefahr der Brandausdehnung bereits beseitigt und die Löschkräfte bei Nachlöscharbeiten waren – gab es plötzlich und ohne äußeren Anlaß in dem benachbarten fünfstöckigen Wohnhause einen Panikausbruch. Aus den beiden oberen Stockwerken flogen Teller und Tassen, Möbelstücke und Kleider; Bettzeug verhakte sich an Mauervorsprüngen, riß auf und Federwolken stoben in die Gegend. Auf der Straße rannte schreiend ein Mann, der das ganze angestellt und offenbar die Nerven verloren hatte. Er beschimpfte die Löschkräfte – kam hier aber an die Unrechten, denn eine laut klatschende gewaltige Ohrfeige ließ ihn plötzlich wieder zu sich kommen. Der Spuk verflog ebenso schnell, wie er gekommen war.

BILD 52 Hanseatische Verlagsanstalt, Bramfelder Straße, von einem brennenden Holzschuppen (Pfeile) entzündet – 27.7.1942.

Dem Berichter bot dies Erlebnis ein Beispiel dafür, wie rasch und stark sich ganze Menschengruppen in einem angespannten Zustand von Angst, Verzweiflung, Wut und Hoffnungslosigkeit von dem Verhalten eines einzelnen beeinflussen lassen.

In jener Nacht brannte auch der Alsterpavillon aus und vom Kontorhaus »Hamburger Hof«, Jungfernstieg 30 wurde der Dachstuhl zerstört, obwohl – so vermerkt der Lagebericht – von den eingeschlagenen 17 Stabbrandbomben sieben Stück »von politischen Leitern des Kreises 3 der NSDAP unschädlich gemacht worden waren« – die Brandbomben hatten auch davor keinen Respekt! Bei der Brandbekämpfung in diesem Hause gab es noch einen Toten und drei Verletzte durch herabstürzende Mauern und Decken.

Ebenso fiel das Dachgeschoß des »Alsterhauses« (früher Warenhaus Tietz) den Brandbomben zum Opfer. Auch die »Alte Post« wurde zerstört.

Von den vielen schweren Schäden durch Minenbomben-Einschläge sei »Am Hünenstein« 6–8 mit der ganzen Umgebung Quellenweg – Caspar Voghtstraße – Chateauneuf-Straße erwähnt – **BILD 53** –. Hier wurden 12 dreistöckige Häuser zerstört, 14 schwer und 59 leicht beschädigt. Es gab zehn Tote, 19 Schwer- und neun Leichtverletzte. 258 Personen wurden obdachlos. Der Schaden wurde auf drei Millionen RM geschätzt.

BILD 53 Schadensstelle »Am Hünenstein« entstanden durch Minenbomben-Einschlag – 27.7.1942.

Neben dem Frauenwohnheim am Schwalbenplatz (Barmbek) fiel – vermutlich – eine 1000 kg-Sprengbombe auf den Hof. Aus dem Eisenbeton-Skelettbau wurde die Ausfachung regelrecht herausgesogen – **BILD 54** –. Von 192 Wohnungen waren 140 zerstört, aber in dem Skelettbau ließen sich 110 Wohnungen wieder herstellen. Das Gebäude hatte eine durchgehende Betonbodenplatte und Massivdecken in einem standfesten Eisenbeton-Rahmen. Die Bodendruckwelle konnte deshalb dem Bau wenig anhaben.

Hier erwies sich aber auch, daß »Danebentreffen« größere Zerstörungen anrichten kann, als ein Volltreffer, dessen Kraft sich beim Zerplatzen im Gebäude erschöpft (RL 19/440).

Nach diesem Angriff gab es noch eine Reihe bemerkenswerter Feststellungen über den Ablauf der Hilfsmaßnahmen des Feuerlöschdienstes:
In 89 Fällen konnte den Hilfe-Anforderungen nicht sofort, aber innerhalb *einer Stunde* entsprochen werden,
in 135 Fällen dauerte es bis zu *zwei Stunden,*
in 62 Fällen bis zu *drei Stunden* und
in 102 Fällen war eine Hilfe erst nach über drei Stunden möglich.
In 109 Fällen erübrigte sich der Einsatz von Löschkräften, weil die Objekte inzwischen ausgebrannt waren.

BILD 54 Schadensstelle Frauenwohnheim am Schwalbenplatz (Fuhlsbüttelerstraße) – 27.7.1942.

Aus dem Rohrnetz der Hamburger Wasserwerke wurden rund 67000 m^3 Wasser über Normal verbraucht – überwiegend wohl für Löschzwecke –**BILD 55**–.

Auch über die Größe der bekämpften Brände gab es eine Aufschlüsselung. Es waren

298 Großfeuer mit 2–4 Strahlrohren,
90 Großfeuer mit 5–9 Strahlrohren,
22 Großfeuer mit 10–19 Strahlrohren und
11 Großfeuer mit über 20 Strahlrohren.

Die Hamburger Presse berichtete unter Schlagzeilen wie »Eine harte Nacht der Bewährung liegt hinter uns!« recht ausführlich über den Angriff, schrieb allerdings auch vage »verschiedene Verkehrsmittel fielen aus« – wohl um dem gegnerischen Nachrichtendienst keine zu genauen Anhaltspunkte zu liefern.

Auch der Wehrmachtbericht vom 27. Juli 1942 brachte mit folgendem Wortlaut ziemlich viel über diesen Angriff:

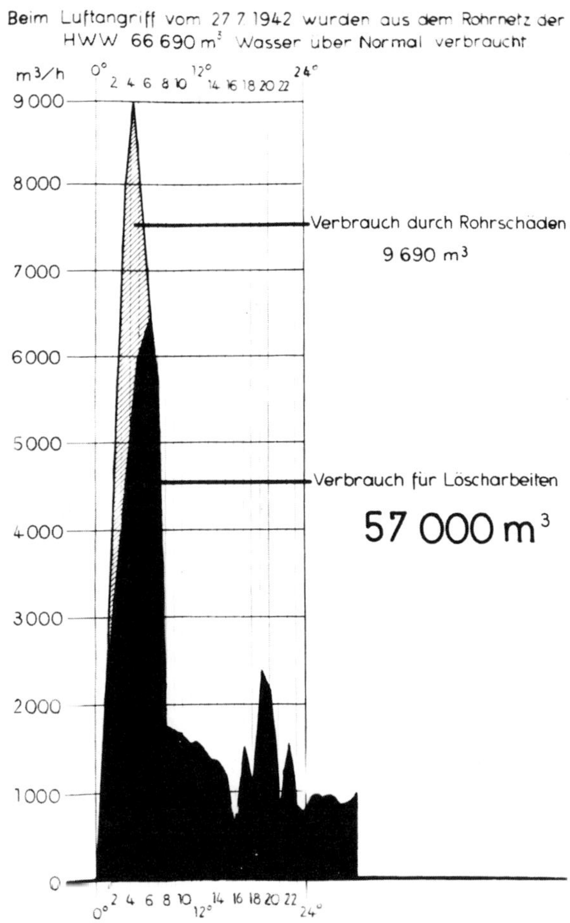

BILD 55 Wasserverbrauch für Löscharbeiten und Wasserverlust durch Rohrschäden nach dem Luftangriff vom 27.7.1942.

». . . Nach wirkungslosen Störangriffen am Tag auf westdeutsches Gebiet wurde in der Nacht zum 27. Juli die Stadt Hamburg und Umgebung von der britischen Luftwaffe mit Spreng- und Brandbomben belegt. Die Zivilbevölkerung hatte stärkere Verluste. Fast ausschließlich in Wohnvierteln wurden zahlreiche Gebäude zerstört und beschädigt. Nachtjäger, Flakartillerie, Marineartillerie und Vorpostenboote schossen 37 der angreifenden Bomber ab . . .«

Bereits in der übernächsten Nacht versuchte die RAF eine Wiederholung dieses Schlages. Der Angriff, der sicher in gleicher Weise, wie zwei Nächte zuvor gedacht war, wurde aber diesmal tatsächlich von der Flak zerschlagen. Presse-Überschrift: »Die Flak-Abwehrschlacht im Vorfeld!« Im Luftgaubereich stürzten zehn Maschinen ab.

Die verbitterte Bevölkerung sagte »endlich!« – aber es war ein einmaliger Abwehrerfolg und wir haben nie ergründen können, warum die Qualität der Abwehr so unterschiedlich war.

Bedauerlich bei jenem zweiten Juli-Angriff waren die im Eppendorfer Krankenhaus angerichteten Schäden. Der Pavillon 15 erhielt einen Volltreffer und von den unter den Trümmern verschütteten Kranken und Krankenschwestern konnten 12 Menschen nur noch tot und 39 verletzt geborgen werden. Auch zwei weitere Pavillons und die Chirurgie erlitten Schäden.

Nach diesen Angriffen wurden vom Hamburger Sondergericht am 3. 8. 1942 die ersten Todesurteile *wegen Plünderns* ausgesprochen. Zwei ausländische Arbeiter, die bei Bergungsarbeiten eingesetzt waren, hatten sich einen Photoapparat, Spirituosen und Zigarren angeeignet!

6.6 SOMMER, HERBST UND WINTER 1942

Nach jenen beiden Juliangriffen wurde Hamburg im Sommer, Herbst und Winter 1942 nur noch viermal angeflogen.

Im August gab es einen leichten Störangriff von 2 Maschinen (18. 8. 42).

Auch im September fand nur ein kleiner Störangriff am 24. 9. statt.

Ab 12. 9. 1942 wurde mit den Luftschutzsirenen am Tage (ab 26. 11. 1943 auch Nachts!) das Signal *»Öffentliche Luftwarnung«* (drei Dauertöne – wie heute »Feueralarm« für die Freiwilligen Feuerwehren im Hamburger Landgebiet!) gegeben[72]. Es sollte anzeigen, daß sich im Warnbereich zwar einzelne Kampfflugzeuge aufhielten, aber mit größeren Angriffen nicht zu rechnen war.

Damit hoffte die Luftschutzführung, die sonst mit »Voll-Alarmen« verbundenen Störungen des Verkehrs- und Wirtschaftslebens verringern zu können.

Am 14. 9. 1942 griff die RAF die Nachbarstadt Bremen an und der örtliche

Luftschutzleiter forderte über den BdO allein von Hamburg zehn FE-Bereitschaften.

Die Hamburger Kräfte konnten noch an verschiedenen Stellen gut wirksam werden und waren bis in die Abendstunden des 14. 9. in Bremen tätig. Einen Tag später erstattete der Kommandeur der Feuerschutzpolizei Hamburg an den BdO einen Bericht über den Einsatz der Hamburger Kräfte in Bremen. Dieser Bericht schloß mit folgenden bemerkenswerten Feststellungen:

». . . Wenn der örtliche Luftschutzleiter in Bremen behauptet hat, daß die Löschkräfte nicht ausgereicht hätten, so trifft dies unbedingt zu für die erste Zeit nach dem Angriff. Das gleiche gilt aber für alle anderen deutschen Städte auch, abgesehen vielleicht von einigen Großstädten des rheinischen Industriegebiets, deren nachbarliche Löschhilfe sehr schnell eintreffen kann. Es gilt unbedingt aber auch für Hamburg, wie der letzte Großangriff am 27. 7. 1942 schon bewiesen hat, der sich *aller Voraussicht nach in erheblich größerer Stärke und längerer Dauer wiederholen wird* . . .«

». . . Es ist technisch unmöglich, alle Städte so stark mit Luftschutzpolizeikräften zu versorgen, daß sie *jedem* Großangriff gewachsen sind. Es muß deshalb das Hauptgewicht gelegt werden auf *Verstärkung des Selbstschutzes* in materieller und besonders ideller Hinsicht . . .«

Am 13. Oktober flog die Royal Air Force ihren »Oktober-Angriff« auf Hamburg. Die Menge der Abwurfmunition war gering und damit auch ihre Folgen.

Der letzte 1942er Luftangriff fand sinnigerweise am 9. November (1918: Revolutionsbeginn in Berlin!) statt. Trotz regnerischen Wetters und tiefhängender Wolkendecke warfen etwa 10 Maschinen Spreng- und Brandbomben, von denen die meisten in die Elbe oder auf freies Gelände fielen.

Zwei Flugzeuge stürzten ab, von denen eines auf den Ohlsdorfer Friedhof fiel. Es blieb unklar, ob sie von der Flak getroffen waren oder aus anderen Gründen (Vereisung?) herunterkamen.

Unter den abgeworfenen Stabbrandbomben waren zum ersten Male solche mit *Sprengkopf* – **BILD 56** –, die in der Folgezeit zu einer wesentlich reservierteren Haltung des Selbstschutzes und Werkluftschutzes beim schnellen Beseitigen brennender Brandstäbe zwangen.

Im Dezember 1942 blieb es in Hamburg ruhig. Die Schwerpunkte der RAF-Tätigkeit lagen im west- und süddeutschen Raum.

Beim Angriff auf Frankfurt in der Nacht zum 3. 12. 1942 setzte die RAF erstmals zwei »Masterbomber« ein, die aus 9000 m Höhe die angreifenden Besatzungen über Funkreportage einweisen sollten. »Beleuchter« setzten aus 6000 m Höhe Fallschirm-Leuchtbomben und »Zielmarkierer« warfen aus 4000 m Höhe farbige Zielmarkierungsbomben.

Die Bomberverbände selbst flogen in etwa 6000 m Höhe.

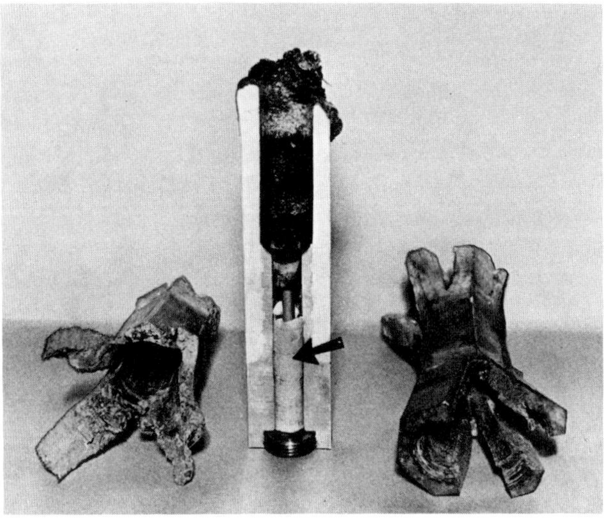

BILD 56 Stabbrandbomben mit Sprengsatz. Links und rechts: aufgerissene Stahlkerne, Bildmitte: Einbau des Sprengsatzes.

Trotz all dieser Vorbereitung verzettelte sich aber der Angriff – vielleicht erzwungen durch den starken Flakbeschuß.

Diese Methode der Zielmarkierung wurde als wirkungsvoller angesehen, nachdem die Zielfindung mit GEE-Leitstrahlen nicht den erhofften Erfolg gebracht hatte. Seit 21. Dezember wurde auch das »Oboe-Verfahren« erprobt[73], erstmals von Mosquito-Bombern bei einem Angriff auf die Krupp-Werke.

6.7 HAMBURGER BILANZ DES LUFTKRIEGSJAHRES 1942

6.7.1 Zahlen der Statistik

Die Bilanz des Luftkriegs 1942 schloß mit folgenden Zahlen – vgl. Tafel 3 und 7:

11 Öffentlichen Luftwarnungen,
65 Fliegeralarme, davon
15 mit Luftangriffen (Angriff Nr. 113–127)
494 Hamburger verloren ihr Leben und
1662 wurden verwundet.

Mit 15 Luftangriffen (darunter 4 Störangriffe!) hatte die RAF die kleinste Zahl aller Angriffe im II. Weltkriege auf Hamburg geflogen.

Alle bisherigen Angriffswirkungen wurden aber vom 122. Angriff am 27. 7. 42 weit in den Schatten gestellt. Erstmals fielen fast 70000 Brandbomben, die allein 523 Großfeuer auslösten. Es war ein »Brandangriff« wohl in der Hoffnung, die Erfolge von Lübeck, Rostock oder Köln wiederholen zu können.

Fast 15000 Menschen wurden direkt betroffen und obdachlos oder mußten umquartiert werden.

Die alliierte Zahl von 304 (von 403 gestarteten) Angreifern dürfte eher gestimmt haben, als die deutsche Schätzung »120 Flugzeuge«. Dagegen ist von den angeblichen 724 ts Abwurfmunition bestimmt die Hälfte in die Elbe oder sonstwohin gefallen – aber nicht auf das Stadtgebiet.

Die *Sachschäden* betrugen etwa 275 Millionen RM. Für die folgenden Jahre sind keine Schadenssummen ermittelt – sie lagen danach in Milliardenhöhe.

6.7.2 Vom Leben in der Stadt

Die Hamburger Bevölkerung stand das ganze Jahr über unter dem Druck der Ereignisse an der Ostfront. Die Zeit der schnellen und großen Siege war vorbei.

Die damalige Stimmungslage in der Bevölkerung ist durch folgendes Rundschreiben des Reichspropaganda-Amts Hamburg vom 16. 10. 1942 gekennzeichnet:

». . . Mehrere Hoheitsträger und Propagandaleiter melden, daß Gerüchte im Umlauf sind, die hartnäckig behaupten, daß Waffenstillstandsverhandlungen mit der Sowjet-Union eingeleitet worden sind. Als Bekräftigung wird angeführt, daß Botschafter von Papen bereits in Moskau weile und zahlreiche Soldaten in ihren Urlaubsscheinen den Vermerk trägen, daß sie bei einem etwaigen Waffenstillstand mit der Sowjet-Union nicht zur Truppe zurückkehren, sondern sich bei ihrem zuständigen Ersatzbataillon melden sollen.

Hierzu teilt das Reichspropaganda-Ministerium mit, daß diese Gerüchte jeglicher Grundlage entbehren. Dort, wo sie auftauchen, ist sofort schärstens dagegen einzuschreiten. Eine Veröffentlichung in der Presse in Form eines Dementis ist untersagt. Es kann sofort die entsprechende Mundpropaganda einsetzen . . .«

Wir wissen nicht, ob diese Verlautbarung erfolgte, um ein solches Gerücht überhaupt erst in die Luft zu setzen – es mußte für viele deutsche Familien ein Hoffnungsschimmer sein, die Angehörige an der Ostfront hatten und aus Urlauber-Schilderungen inzwischen wußten, wie es dort zuging und wie fürchterlich der vergangene Winter gewesen war. Vielleicht war das Gerücht aber auch in der britischen Propaganda-Küche zusammengekocht worden.

Von einer »Zerrüttung der Moral« konnte in Hamburg am Ende des Jahres 1942 aber wirklich nicht die Rede sein.

Zu Weihnachten gab es als Sonderzuteilung Weizenmehl, Zucker, Fleisch- oder Fleischwaren, Butter, Käse, Hülsenfrüchte, Bohnenkaffee auf Nährmittelkarten und je zwei Eier auf die Abschnitte a und b der Reichs-Eierkarte. Die Mengen waren zwar immer nur gering, aber damals konnten die Menschen noch dankbar sein auch für kleine Erleichterungen des Lebens.

Die Rationen für Normalverbraucher waren im Wirtschaftsjahr 1942/43 gegenüber dem Vorjahr etwas erhöht worden und betrugen jetzt 2078 Kalorien.

Der Umfang der Hamburger Zeitungen – es erschienen immer noch täglich das »Hamburger Fremdenblatt«, der »Hamburger Anzeiger« und die »Hamburger Nachrichten« – schrumpfte im Laufe des Jahres auf durchschnittlich 8 Seiten zusammen, aber durch Kleindruck konnte doch immer noch eine ganze Menge mitgeteilt werden.

Zu Weihnachten brachte die Staatsoper den »Rosenkavalier«, im Schauspielhaus gab es »Schwarze Magie«. In Farmsen fanden Trabrennen statt und der HSV spielte am 2. Weihnachtsfeiertag gegen Niederrhein.

Am Sylvestertag traf sich wie eh und je die »Versammlung eines ehrbaren Kaufmanns«.

6.7.3 Zur Land-, Luft- und Seekriegslage

Die Luftkriegslage überschattete im »Heimatkriegsgebiet« alle anderen Frontlagen, seit sich die britische Luftwaffe offenbar bei Dunkelheit ohne sonderliches Risiko im deutschen Luftraum bewegen konnte. Fast alle deutschen Industriezentren hatten im Laufe des Jahres große Luftangriffe erlebt – nicht nur das Ruhrgebiet, sondern ebenso Mannheim, Karlsruhe, Stuttgart, Nürnberg, München und viele andere mehr.

Zwar war im Winter 1941/42 das Nachtjagd-Leitverfahren »Himmelbett« eingeführt worden, mit dem auf einem Auswertetisch ein Bereich von etwa 60 km Durchmesser beobachtet werden konnte. Die damit erzielten Abschußerfolge hatten aber keine spürbaren Auswirkungen auf die Luftangriffstätigkeit gehabt (1) und (4, S. 157).

Im August 1942 waren die ersten Einheiten der 8. US-Bomberflotte in England eingetroffen. In einem Daily Mail-Interview mit dem kommandierenden General dieser Einheiten, das erstaunlicherweise im deutschen »Weißbuch« (30) veröffentlich wurde, hieß es auszugsweise:

». . . Ich glaube, daß es tatsächlich möglich ist, den Feind aus der Luft zu vernichten. Durch Zerstörung seiner Flugzeugfabriken kann man seine Luftwaffe ausschalten. Durch Zerstörung seiner Rüstungsfabriken und Verkehrswege kann man seine Heere zum Stehen bringen. Durch Zerstörung seiner Werften kann man es ihm unmöglich machen, Unterseeboote zu bauen . . .

Die deutschen Arbeiter brauchen Häuser, um darin zu leben und Versorgungsbetriebe, um sich am Leben zu erhalten. Diese sind gegen Luftangriffe außerordentlich empfindlich. Niemand wird gern unter der Erde arbeiten, wenn er weiß, daß vielleicht in seiner Abwesenheit sein Heim zerstört und seine Familie vernichtet wird . . .

Diesen Krieg wird gewinnen, der die größten und leistungsfähigsten Luftstreitkräfte hat . . .« (Hiermit hatte der General recht!)

Der Bericht fuhr fort:

»General Eaker war außerordentlich beeindruckt von der »Flächen«-Bombardierung, wie sie vom Bomberkommando der RAF durchgeführt wird. Er glaubt, diese wirke auf die Moral der Zivilbevölkerung viel stärker, als die genaue Bombardierung einzelner Ziele bei Tageslicht, wie sie bis jetzt von den »Fliegenden Festungen« durchgeführt worden sei . . .« (hier irrte der General!)!

Nun, dies umriß aber das Konzept des »Totalen Luftkriegs« gegen die deutsche Industrie und Zivilbevölkerung. Die Äußerungen kennzeichnen, daß solche Auffassungen Gemeingut der alliierten Luftwaffe waren und nicht nur von Luftmarschall Harris vertreten wurden.

1942 gab es auch neue Merkwürdigkeiten an Brandstiftungsmitteln: Im Oktober landete – ausgerechnet – bei der Bergedorfer Sternwarte unbeschädigt eine schier ulkige Sammlung von 7 Molotow-Coctails in einer Blechdose – von einem Ballon »per Westwind« hierher befördert[74].

Im »British Incendiary Bomb Test Panel« der »Bombing Research Section of the Royal Air Force« mußten irgendwelche Bastler am Werke sein, die mit zwar wissenschaftlich präzisen, aber dementsprechend komplizierten Laboratoriums-Apparaturen Feuer nach Deutschland tragen wollten. So gab es z. B. auch Fallschirm-Brandbomben, die 7 Brandsätze ausspucken sollten, aber den Erfindern den Gefallen selten taten und deshalb in Deutschland nur eine kurze Gastrolle gaben.

Absonderlichkeiten hatten sich auch bei Brandbombeneinschlägen ereignet:

In der »Großen Allee« drang einem Mann eine Brandbombe in die Schulter, zündete aber nicht. Die Bombe konnte operativ entfernt werden.

Auf einer Weide wurde eine Kuh von einer Brandbombe getroffen. Das Tier wurde mit der Brandbombe im Magen (!!!) »dem Schlachter zugeführt«.

In Rostock verklemmte sich eine Phosphor-Brandbombe zwischen der Doppel-Bereifung einer Hamburger Drehleiter, platzte bei der Fahrt über Mauertrümmer und setzte die Bereifung in Brand.

1942 war auch der Rechtsrahmen der Luftschutz-Organisation – der »ortsfeste SHD I. Ordnung« – geändert worden. Ab. 1. 6. 1942 lautete die Bezeichnung »Luftschutzpolizei«. Die Befehlsbefugnisse für die Führung und den Einsatz der Luftschutzpolizei übte weiter der Reichsminister der Luftfahrt aus. Dagegen waren die Durchführung der Organisation und der Ausbildung (nach den grundlegenden Weisungen des RLM), ferner die Personalangelegenheiten und

Leistung der persönlichen Ausgaben einschließlich der Bekleidung und persönlichen Ausrüstung dem Reichsführer SS und Chef der Deutschen Polizei – also dem Reichsinnenminister – übertragen.

Es teilten sich demnach weiterhin zwei (miteinander verfeindete) Minister in das wenig geliebte Luftschutzgeschäft.

Im FE-Dienst der Luftschutzpolizei standen jetzt nebeneinander Angehörige der Feuerschutzpolizei und »Polizei-Reservisten«, die sich ab Herbst 1942 auch aus polnischen und tschechischen Staatsangehörigen rekrutierten, die zu diesem Dienst mehr oder weniger »gepreßt« worden waren.

Zum 1. Februar 1942 hatte es in der Organisation der Luftschutzkräfte noch eine weiter Änderung gegeben: Die bei Kriegsbeginn aus örtlichen Kräften gebildeten und zuerst als Einsatzreserve der örtlichen Luftschutzleitung bestimmten – später aber dem Luftgau unterstellten – motorisierten SHD-Abteilungen (in Hamburg die (mot) 21, Standort Wentorf) wurden kurzerhand von der Luftwaffe ganz übernommen. Teils geschah dies mit der – unwahren – Behauptung, daß die örtlichen Befehlsstellen diese Abteilungen nicht »richtig« zu handhaben wüßten, teils sollte damit ein »zweigleisiges Unterstellungsverhältnis« beendet werden. Sie galten nun als »luftwaffeneigener Truppenkörper rein militärischen Charakters« (49).

In Wahrheit ging es darum, daß auch das Reichsluftfahrtministerium nun seine eigene »Hausmacht« in Sachen Luftschutz haben wollte, nachdem schon der Chef der Ordnungspolizei mit seinen Feuerschutzpolizei-Regimentern (mot) an den Fronten in West und Ost (Rumänien!) tätig geworden war und in der Heimat (Lübeck, Rostock) durch Geschlossenheit des Auftretens, Fachkenntnisse und gute Geräteausstattung Eindruck gemacht hatte.

Wir erleben in der Bundesrepublik seit nun rund zwanzig Jahren wieder das gleiche traurige Beispiel im »Zivilen Bevölkerungsschutz« oder »Katastrophenschutz«, wo im Widerstreit der Meinungen von Bund, Ländern und Gemeinden darum gerungen wird, wer das »Sagen« haben soll[75]. Nur das Aufstellen einer »bundeseigenen« Hausmacht – eines »Zivilschutzkorps« – ist noch nicht gelungen! Wer die Arbeit »vor Ort« zu leisten – also den Kopf hinzuhalten hatte – war und ist dagegen nie umstritten gewesen: Die Männer des FE- oder J- oder SAN-Dienstes im II. Weltkriege, heute die Männer der Feuerwehren, des Deutschen Roten Kreuzes und anderer Hilfsorganisationen.

Das Jahr 1942 zeigte erstmals die Grenzen des Hamburger Feuerlöschdienstes auf, als beim ersten Juli-Angriff ein Teil der Großbrandstellen sich selbst überlassen werden mußte.

Die Leistungen des *Selbstschutzes* waren unter der Wucht der Angriffe immer mehr zurückgegangen – **BILD 57** –. Die Verhältniszahlen der gelöschten Entstehungsbrände – ein Drittel FE-Dienst zu zwei Drittel des Selbstschutzes (März

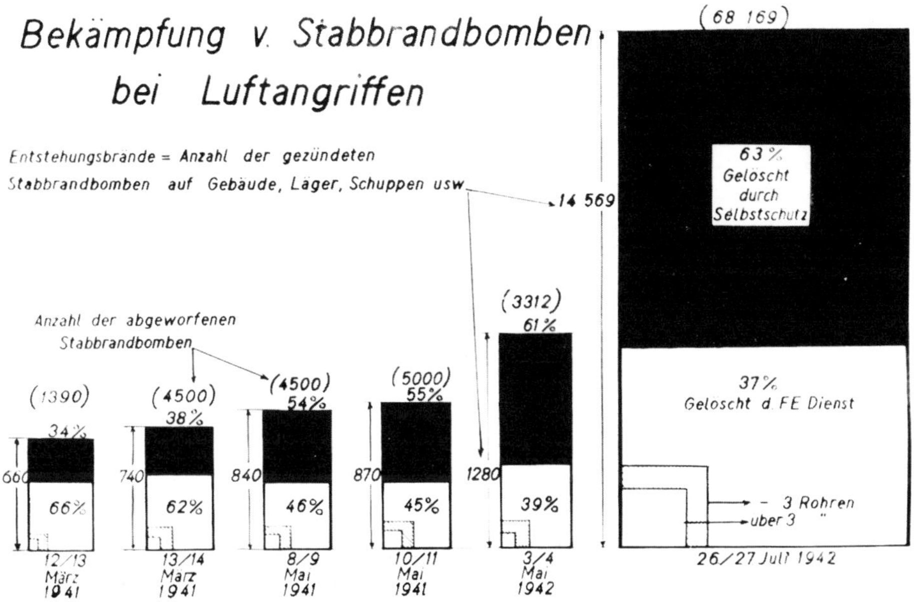

BILD 57 Bekämpfung von Stabbrandbomben durch Selbstschutz und FE-Dienst bei einigen Luftangriffen 1941/42.

1941) kehrten sich im Juli 1942 nahezu um. Mitgespielt hatten dabei sicher die veränderten Wirkungen der Brandmunition: Zerlegerladungen und Sprengsätze in Stabbrandbomben, Flächenzündungen durch Flüssigkeits- und Phosphor-Brandbomben.

In das Jahr 1942 fällt auch die Gründung der »Partei-Löschgruppen«, die der Brandbekämpfung »mehr Schwung« geben sollten (vgl. Abschnitt 7.2.6). Zum Jahresende standen in Hamburg 100 mit Tragkraftspritzen ausgerüstete Parteilöschgruppen »einsatzbereit«.

Ende April war mit den größten Hamburger Luftschutzbauwerken begonnen worden: Auf dem Heiligengeistfeld schossen regelrecht aus dem Boden der »Leitturm« (23x50 m, 47 m hoch) und der »Gefechtsturm« (70,5x70,5 m bei 47 m Höhe, Wandstärke 2,5 m, Deckenstärke 3,5 m), zusammen als »Flakturm IV Hamburg« bezeichnet (RL 19/506/507). Die Bauausführung lag in Händen der Abteilung Rüstungsausbau des Reichsministers für Bewaffnung und Munition (damalige Bezeichnung) – also einer Reichsbehörde und nicht der örtlichen Bauverwaltung.

Für das Einschalen wurde das Holz ganzer Wälder verbraucht und der FE-Dienst war in ständiger großer Sorge, daß hier einmal eine Brandbombe oder ein leichtfertiger Schweißer zünden könnten – BILD 58 –. Das während der Sommermonate ausgedörrte Holzwerk wäre explosionsartig wie eine Riesenfackel aufgebrannt! (Über die Bestückung vgl. Abschnitt 10.3).

An der Landfront im *Osten* gelangten Verbände der Heeresgruppe A zwar bis zu den Erdölfeldern des Kaukasus, nachdem mit Besserung der Wetterlage die Offensivtätigkeit überall wieder aufgelebt war. Die Heeresgruppe B stieß über den Don bis zur Wolga nördlich von Stalingrad vor. Die Offensive bleibt aber Ende Oktober in Stalingrad stecken. Die deutschen Erfolge hatten im Osten ihren Höhepunkt überschritten. Am 19./20. November begann die sowjetische Gegenoffensive, die gegen Ende des Jahres zum Einschließen von Stalingrad führte.

In Nordafrika war die zunächst sehr erfolgreiche Offensive Rommels vor allem wegen fehlenden Nachschubs zum Stehen gekommen. Am 23. Oktober begann General Montgomery mit der britischen Gegenoffensive. Am 7. November landeten amerikanische und britische Truppen in Nordwest-Afrika.

Auf *See* erreichte die Schlacht im Atlantik den Höhepunkt deutscher Erfolge während des ganzen Zweiten Weltkriegs. Durchschnittlich sind 102 U-Boote in See. Versenkt wurden insgesamt 3 857 705 BRT.

Noch war das Eingreifen der USA auf dem europäischen Kriegsschauplatz kaum spürbar.

BILD 58 Die Holzmassen beim Bau des Flakturms (Gefechtsturm) auf dem Heiligengeistfeld Sommer 1942.

6.7.4 Meinungen und Hoffnungen

Das Nachlassen der britischen Luftangriffe im nordwestdeutschen Raum, insbesondere auf Hamburg, hatte in der Bevölkerung den Glauben erweckt, daß eine weitere Steigerung wohl nicht mehr kommen würde. Der letzte größere Luftangriff lag schließlich fünf Monate zurück, die Zeit heilte inzwischen viele der von Bomben geschlagenen Wunden. Alle Betriebe arbeiteten voll, dic U-Boot-Fertigung auf den Werften lief auf Hochtouren.

Bei Blohm & Voss wurde jeden Donnerstag ein U-Boot – meist vom Typ VII c (»Wolfsrudelboot«)[76] – in Dienst gestellt. Im Herbst 1942 hatte Blohm & Voss auch den Auftrag zum Bau von 2 »WALTER«-U-Booten, Typ Wa 201 (später Typ XVII) mit Walter-Perhydrol-Gasturbinen erhalten.

Bei aller Sorge um das Geschehen an der Ostfront – was sich in Stalingrad anbahnte, konnte hier noch niemand ahnen – gab es in der Bevölkerung doch so etwas wie die Hoffnung, daß die militärischen Probleme gemeistert werden könnten.

Wir wußten damals nicht, daß im Dezember 1942 noch etwas anderes geschehen war: Enrico Fermi hatte am 2. Dezember 1942 in Chicago den ersten Atomreaktor in Gang gesetzt – es war die Geburtsstunde der Atombombe.

7. 1943 – Der totale Krieg beginnt!

»Zum vierten Male zwingt mich das Schicksal, den Neujahrsaufruf im Kriege an das deutsche Volk zu richten. In diesen vier Jahren ist aber auch dem deutschen Volke klar geworden, daß es in diesem Kampf, der uns, wie so oft in der deutschen Geschichte, von den habgierigen alten Feinden aufgezwungen worden war, wirklich um Sein oder Nichtsein geht.

...

Das deutsche Volk wird diesmal als letztes den Kampfplatz behaupten. So wird dann endlich jener lange Friede kommen, den wir ersehnen zum großen Aufbau unserer Volksgemeinschaft und damit als einzig würdigen Dank für unsere toten Helden«.
(Erster und letzter Absatz aus dem Aufruf des »Führers« zum Jahreswechsel 1942/43)

1943 begann für Hamburg zwar in äußerer Ruhe – den letzten (kleinen) Luftangriff gab es vor fast 8 Wochen –, aber voll innerer Sorge und Spannung. Die 6. Armee war in Stalingrad eingeschlossen. Hitler hatte befohlen: »Die 6. Armee igelt sich ein und wartet Entsatz von außen ab!« (22), (54), (110).

Wenn auch die deutsche Bevölkerung über die Geschehnisse im Osten offiziell im Unklaren gelassen wurde – es kamen genügend Nachrichten durch, um die Tragik der Ereignisse sichtbar werden zu lassen. Die Nachrichtensender der Alliierten taten das Ihre, um Informationen mit dramatischen Akzenten auszustreuen – und sie wurden trotz aller Verbote abgehört!

Am 2. Februar endete der Kampf um Stalingrad. Rund zwei Wochen später – am 18. Februar 1943 – verkündete Goebbels in einer Sportpalast-Rede den »Totalen Krieg«. Das Kriegsglück war endgültig nicht mehr auf deutscher Seite.

Für den Fortgang des Luftkriegs über Deutschland bestimmend sollten aber die Beschlüsse der Konferenz von Casablanca (14. bis 25. 1. 1943) sein mit der Weisung an das britische und amerikanische Bomber-Kommando (99, Bd. II, S. 278), (122).

». . . Sie haben sich vor allem zum Ziel zu setzen, die deutsche Wirtschaft, Industrie und Wehrmacht nach und nach aus den Angeln zu heben und zu zerstören, sowie die Moral des deutschen Volkes so weit zu brechen, daß seine Fähigkeit zum bewaffneten Widerstand entscheidend geschwächt wird.

Innerhalb dieses Generalkonzepts haben vorerst nachstehende Objekte Priorität wie folgt:

a) deutsche U-Boot-Werften,
b) die deutsche Flugzeugindustrie,
c) das Transportsystem,
d) Hydrierwerke,
e) andere Objekte der deutschen Kriegsindustrie[77].«

In Casablanca fiel auch die Entscheidung, daß die USA-Luftflotte mit *Tagesangriffen* vor allem Industrieziele und Verkehrsanlagen treffen sollte, während *Flächenbombardierungen bei Nacht* zur Aufgabe der RAF gehörten.

Schon zwei Tage später – am 27. Januar – flogen 55 B-17-Bomber[78] der 8. USAAF den ersten Tagesangriff auf Wilhelmshaven – noch ohne Jagdschutz.

Am 30. Januar folgte ein »politischer« Tagesangriff: Mosquito-Schnellbomber[79] der RAF störten die 10-Jahresfeier der »Machtübernahme« in Berlin!

7.1 DIE FRÜHJAHRSANGRIFFE 1943

> »... Wollt Ihr den totalen Krieg? Wollt Ihr ihn, wenn nötig, totaler und radikaler, als wir ihn uns heute überhaupt noch vorstellen können?...«
>
> (Joseph Goebbels am 18.2.1943 im Berliner Sportpalast)

Zum ersten Male im neuen Jahr fielen am 17. Januar 1943 wieder Bomben auf Hamburg. Am Abend waren etwa 40 bis 50 Maschinen aus der nördlichen Nordsee über Dänemark eingeflogen und mit dem Hauptziel Berlin teilweise sogar bis an die Protektoratsgrenze vorgedrungen. Die Rückflüge erfolgten zum Teil über Lübeck und Hamburg. 2–3 Maschinen berührten dabei das Stadtgebiet und warfen etwa 180 Stabbrandbomben – wahrscheinlich der Rest, den sie noch in den Bombenschächten hatten – ab. Es entstanden dadurch im ganzen immerhin 8 Schadensstellen.

Am 31. 1. 1943 griffen nach deutscher Schätzung etwa 20 Maschinen – nach britischen Angaben sollen es 92 gewesen sein – Hamburg an und warfen innerhalb von 30 min 13 Minenbomben, 118 Sprengbomben und etwa 5000 Stabbrandbomben. Die Bombenmenge wurde von der RAF mit 315 ts angegeben – ein erheblicher Teil davon muß dann allerdings – wenn die Angaben überhaupt stimmen – in die Elbe und in die Marschgebiete gefallen sein.

Es war ein auffällig zerflatterter Angriff und die Einschläge auf 227 Schadensstellen lagen von der Fischbeker Heide im Süden bis nach Sasel im Norden, von

Altona im Westen bis nach Billstedt im Osten. Nur 15 Schadensstellen betrafen kriegswirtschaftlich wichtige Betriebe, Verkehrsanlagen oder Schiffe – alle übrigen Wohnhäuser, Schreberlauben und landwirtschaftliche Gebäude.

So bedauerlich die Angriffsfolgen in den einzelnen Fällen für die Betroffenen waren – für den Kriegsablauf oder die Rüstungsproduktion war das ganze ohne Bedeutung.

Die Bevölkerung hatte vor allem durch die Minenbomben größere Verluste.

Nur ein bemerkenswerter »Glückstreffer« fiel auf einen der verkehrsempfindlichsten Punkte des ganzen Hamburger Eisenbahnnetzes: Die Vorflutbrücke der Süderelbbrücke der Reichsbahn wurde vermutlich von einer 500-lbs-Sprengbombe getroffen. Der Brückenpfeiler stürzte ein, die Gleise schwebten frei. Der Personen- und Güterverkehr war gesperrt und mußte über Büchen-Lüneburg umgeleitet werden. Erst nach 2 Tagen lief der Bahnverkehr wieder!

Zum ersten Male benützten die Bomber dabei das 9-cm-Radar-Bordgerät mit der Tarnbezeichnung »H2S«[80] – eine Art »Fernsehgerät«, das wenigstens die charakteristischen Hauptumrisse des Zielgebiets erkennen ließ. Wir haben allerdings wirklich nichts davon gemerkt, daß damit bei diesem Angriff bis auf den Brückentreffer eine besondere Zielgenauigkeit erreicht war.

Drei Tage später folgte ein neuer Angriff: Die Stadt wurde nach deutscher Schätzung von etwa 60–80 Maschinen[81] bei bedecktem, sehr dunklen Wetter mit dichter, tiefliegender Wolkendecke nahezu eineinhalb Stunden lang mit Minen-Spreng- und Brandbomben angegriffen. Die meisten Treffer lagen im Hafengebiet und in Wohngebieten der Außenbezirke. Die Schäden durch Sprengbomben waren beachtlich. Als typisches Beispiel ist der Einschlag am Tankweg 3 zu erwähnen: Dort detonierte eine Sprengbombe auf der Verladebrücke des Mineralöllagers der Rhenania-Ossag, die Brücke wurde zerstört, ebenfalls die unter der Brücke liegenden Rohrleitungen. Das ausfließende Öl fing Feuer und setzte den unter der Brücke liegenden Tankkahn »Shell X« ebenfalls in Brand. Die Wohnräume im Vorschiff brannten aus. Außerdem wurden umliegende Wohn- und Betriebsgebäude, das Pumpenhaus und ein Schwimmdock der Werft Blohm & Voss erheblich beschädigt.

An der Großen Elbstraße 95 brannte ein Getreide-Lagerhaus. Diese Brandstelle beleuchtete durch Reflektion des Flammenscheins an der niedrigen Wolkendecke das ganze Stadtgebiet in einem Umkreis von etwa 12 km^2 so stark, daß man z. B. an den Elbbrücken noch gut Zeitung lesen konnte. Wir nannten damals Betriebe, bei deren Brand hell lodernde Flammen zu erwarten waren, »Fackelbetriebe«. Es mußte natürlich Bomberpulks reizen, in solche gut anzuvisierende Ziele weitere Bomben zu werfen – und sie haben dies auch oft getan oder mit Maschinenwaffen hineingeschossen.

Eine andere Großbrandstelle dieses Angriffs war auf der Peute bei Toepfers

BILD 59 Die Brandstelle »Toepfers Ölwerke« auf der Peute am 3.2.1943 nach dem Dacheinsturz. Typisches Brandstellenbild nach einem Luftangriff!

Ölwerken. Hier erwies sich der umständliche Meldeweg als verhängnisvoll. Die Brandwache hatte den Einschlag von Brandbomben zwar bemerkt, mit der Brandbekämpfung begonnen und dies auch an das Luftschutzrevier gemeldet. Bis dann aber endlich rund eine Stunde später bei der Feuerwehr die Meldung einging »Großfeuer bei Toepfer«, war es trotz Vornahme von 42 Rohren zu spät, um hier noch etwas zu retten – **BILD 59** –.

Welche Turbulenz in jener Zeit manchmal an Schadensstellen entstand, mag folgender Bericht eines FE-Bereitschaftsführers aus Wilhelmsburg erhellen:

». . . Die freiwilligen Helfer zogen so stark an den Schlauchleitungen, daß das eingesetzte Standrohr abbrach. Die von mir angeforderten insgesamt 8 Löschgruppen . . . waren . . . ausreichende Kräfte. Jedoch hatten sich nach und nach derart viele Gruppen von Partei, SA, Flakhelfern und Wehrmacht teils mit, teils ohne Ausrüstung, mit und ohne Fahrzeuge eingefunden, daß es nicht möglich war, Ordnung in das ganze hineinzubekommen. Hatte man auf der einen Stelle die Männer angewiesen, kein Wasser mehr zu geben, dann waren sie wieder erneut an anderer Stelle mit Rohrleitungen beim Wassergeben . . .«

Für uns auffällig bei diesem Angriff und deshalb im Lagebericht auch besonders vermerkt war der Abwurf ohne jede Erdsicht in stockdunkler Nacht – die RAF mußte ein neues Ortungsverfahren haben – es war »H2S«. Vielleicht gehörte der an diesem Tage bei Rotterdam abgeschossene Bomber mit einem solchen Gerät an Bord zu den »Hamburg-Angreifern«.

Im Frühjahr 1943 lebte auch noch einmal die »Giftgas-Idee« wieder auf. In einem am 27. 1. 1943 abgeschossenen Stirling-Bomber waren (angeblich!) Anweisungen für das Absprühen von »Giftgas« gefunden worden.

In den Luftschutzorten mußte als Folge dieser Feststellung (die wir natürlich nicht kannten) plötzlich die Ausrüstung der Entgiftungszüge und Entgiftungsparks überprüft werden.

Die deutsche Seite hatte auch Vorbereitungen getroffen, um »modernste Nervengase« (Tabun?) einsetzen zu können. Diese Mittel sollten aber nur angewandt werden, falls die Gegenseite damit beginnt (62, S. 281).[82]

Ein ungewöhnlich schwerer Angriff traf genau einen Monat später – am 3. März 1943 – die westlichen Vororte von Hamburg – vor allem das Dorf Rissen – und das angrenzende kleine Städtchen Wedel. Wir wissen heute, daß ein Ortungsfehler vorlag und zwar hatte der »Masterbomber« auf seinem H2S-Radargerät das Bild der Elbe mit ihren zahlreichen Einbuchtungen und Sandbänken (es war Ebbe!) im Raum Wedel mit dem Hamburger Hafenbild verwechselt und seine Markierungsbomben auf den falschen Zielraum abgesetzt. Die Masse der anfliegenden Maschinen[83] warf ihre Spreng- und Brandbomben deshalb in ein Gebiet, das nur schwach besiedelt war und bis auf eine Raffinerie und ein Kraftwerk keine nennenswerte Industrie besaß.(96)

Das LGK XI (General Wolff) glaubte dagegen, daß der »Masterbomber« durch starken Flakbeschuß gezwungen worden sei, seine Markierungsbomben vorzeitig zu werfen.

Auf Hamburger Gebiet fiel zum ersten Male eine Minenbombe von 8000 lbs (= 3600 kg), ferner 7 Minenbomben von 4000 lbs und über 11 000 Brandbomben aller Art. Vor allem in Rissen gab es rund 300 Schadensstellen, aber der Schwerpunkt der Schäden lag auf Schleswig-Holsteinischem Gebiet in Wedel, Schulau und im Betrieb der Deutschen Vacuum Öl AG.

Von den Sprengbombentreffern ist folgender bemerkenswert: Am Hopfenmarkt 18–21 fiel eine Sprengbombe von angeblich 1000 lbs auf die Straße, durchschlug die Fahrbahn und blieb als »Langzeitzünder« liegen. Die Schadensstelle wurde abgesperrt und 250 Personen umquartiert. Am 4. 3. um 10.00 Uhr gab ein Feuerwerker der Wehrmacht die Schadensstelle frei, weil es sich um ein detoniertes Flakgeschoß größeren Kalibers gehandelt haben sollte. Am 6. 3. um 15.30 Uhr – 66 Stunden nach dem Einschlag – ereignete sich an der Schadensstelle eine starke Detonation, es entstand ein Sprengtrichter von 10 m Durchmesser und 3 m Tiefe. Die Straßendecke wurde etwa 50 m weit aufgetrieben und 7 Häuser mehr oder weniger stark beschädigt. Personenschaden gab es glücklicherweise nicht, aber der Sachschaden betrug über RM 150000.–

Am Eckernkamp 30 schlug jene etwa 2,70 m lange Minenbombe von 8000 lbs ein – wahrscheinlich das größte Kaliber, das während des ganzen Krieges auf Hamburg geworfen wurde (84). Sie zerstörte 3 Häuser, weitere 11 Häuser erlitten schwere Schäden. Nach dem endgültigen Lagebericht wurden nur 7 Personen obdachlos, 48 mußten anderweitig untergebracht werden, aber niemand kam körperlich zu Schaden. Gesamtschaden etwa RM 280000.–

Mit solchen Riesenbomben war – wie das Beispiel zeigt – letztlich nur ein mäßiger Effekt zu erzielen, wenn sie nicht genau an die richtige Stelle trafen. Mit Brandbomben gleicher Gewichtsmenge – ausgestreut über ein weites Gebiet – wäre ein vielfach größerer Schaden entstanden.

Starke Kräfte der Hamburger Luftschutzpolizei mußten nach Schulau und Wedel entsandt werden und hatten dort die ganze Nacht angestrengt zu tun. Wir erlebten hier zum ersten Male die Schwierigkeiten der Schadensbekämpfung, die bei der Zerstörung eines kleinen Gemeinwesens entstehen. Besonders nachteilig für die ganze Hilfeleistung wirkte sich der Ausfall der Fernsprechleitungen aus, denn ausgerechnet das Knotenamt im Postgebäude der Blankeneser Bahnhofstraße war durch eine 2000-lbs-Sprengbombe ganz zerstört worden. Es gab nach Hamburg hinein nur noch eine Sprechverbindung über die sogen. »Warnleitung« des LS-Warndienstes, die natürlich in keiner Weise ausreichte und in den ersten Stunden nur sehr lückenhafte Berichte über den Umfang des Schadens und die notwendigen Hilfskräfte vermittelte.

Im Lagebericht vom 2. 4. 1943 (nach Abschluß der Bergungs- und Aufräumungsarbeiten in Wedel) wurde folgendes ausgeführt:

». . . Bedenkt man, daß Wedel ein Landstädtchen in lockerer Bauweise ist und viele Bomben ins Freie fielen, dann erhebt sich die Frage, welche Auswirkungen ein derartig massierter Angriff auf geschlossene, dicht bebaute Stadtteile der Großstadt Hamburg gehabt hätte . . .« (Fünf Monate später wußten wir es!)

Der Einsatz Hamburger Kräfte dauerte bis zum 31. 3. und zwar waren es fast ausschließlich Entgiftungstrupps, um die zahlreichen Phosphor-Brandbomben teils als Blindgänger, teils deren Reste zu beseitigen. Das ganze Gebiet von Wedel wurde systematisch »durchgekämmt«, alle Einschläge und Spritzer-Reste bezeichnet und daran anschließend die Bomben ausgegraben, entschärft und beseitigt. Dabei ist es zu einem schweren Unfall gekommen, weil eine als Phosphorbombe angesehene Blitzlichtbombe während des Entladens explodierte und 6 Männer dabei erheblich verletzt wurden.

Im Hafengebiet von Wedel brannten auch mehrere große, von der Kriegsmarine belegte Schuppen aus. Millionenwerte an Bekleidung aller Art gingen dabei verloren, weil die Luftschutzforderung nach Auflockerung von Lagermengen nicht beachtet war, wohl in der Annahme, daß außerhalb des Hamburger Stadtgebiets keine Gefahr mehr bestehe.

Der FE-Dienst konnte einen bemerkenswerten Löscherfolg verzeichnen, denn es gelang – erstmals – das Löschen eines größeren brennenden Dieselkraftstoff-Tanks bei der Deutschen Vacuum AG. Die Vorbereitungen zur Einleitung des Schaumangriffs dauerten durch die Schwierigkeiten in der Wasserversorgung (Ebbe! 18 m Förderhöhe!) und das mühselige Heranschaffen der Schaummittelvorräte nahezu zwei Stunden. In dieser Zeit warteten zahlreiche höhere Wehrmacht-Offiziere einschließlich zweier Generale auf den Beginn der Löscharbeiten, um sich das interessante Schauspiel des Löschens eines Tankbrandes mit Schaum nicht entgehen zu lassen. Das dauernde Fragen dieser in der kühlen Märznacht fröstelnden Herren nach dem Stand der Vorbereitungen und wann endlich das Löschen beginnen würde, war eine weit stärkere Nervenbelastung, als die gesamten Vorarbeiten für den dann schließlich innerhalb von 15 min erfolgreich durchgeführten Löschangriff.

Der Hamburger Feuerschutzpolizei-Kommandeur entledigte sich aber der Abwimmelungs-Aufgabe mit Geschick und Ironie und schirmte dadurch seine Abteilungs- und Bereitschaftsführer in der letzten schwierigen Phase des Löschangriffs ab.

Zwar war schon in einem »Führerbefehl« vom 24. 4. 1941 ». . .über das Betreten von Schadensstellen, die durch einen Luftangriff entstanden sind . . .« eindeutig bestimmt worden: ». . . Eingesetzte Kräfte, insbesondere deren Führer, dürfen während der Schadensbekämpfung nicht um Auskünfte und Berichterstattung gefragt werden . . .«.

Diese an sich sehr klare und vernünftige Weisung ist aber leider nahezu wirkungslos geblieben, denn von den sogen. »höheren Führern«, insbesondere aus Parteikreisen, glaubte sich jeder berechtigt, in die Entwicklung eingreifen zu müssen und Auskünfte zu verlangen. Die Hamburger Löschkräfte haben dies besonders in der letzten Phase des Krieges oft und peinlich zu spüren bekommen.

Die Angriffe auf Berlin – in der Nacht vom 1./2. 3. – und Hamburg am 3. 3. zeigten eine neue Taktik: Nach Abstecken eines Zielgebiets mit roten und grünen Markierungsbomben wurden zuerst Minen und Sprengbomben geworfen, um ein Trümmerfeld zu schaffen, sowie Dächer abzudecken und Fenster zu zerschlagen. Danach folgte der Abwurf von Brandbomben.

Die bisherige Luftschutz-Abwehrtaktik, auf jede Schadensmeldung sofort Kräfte einzusetzen, ließ sich dadurch nicht länger halten – sie führte zu schnellem »Ausverkauf der Kräfte« und einer Verzettelung auf z. T. unwichtige Schadensstellen. Die im Reichsluftfahrtministerium gezogene Schlußfolgerung, künftig erst die Hauptschadensgebiete zu erkunden und dann Kräfte an den Schwerpunkten anzusetzen, blieb allerdings graue Theorie, denn die ungeheuren Staub- und Rauchwolken nach einem solchen Flächenbombardement nahmen z.B. den Turmbeobachtern jegliche Sicht.

In der Nacht vom 5./6. März 1943 war von der RAF auch die »Schlacht an der Ruhr« mit einem Angriff auf Essen eröffnet worden. Ein Pfadfinderverband – gesteuert nach dem OBOE-Verfahren – hatte seine Zielmarkierungsbomben geworfen und die nachfolgenden 369 Bomber richteten mit ihrer Abwurfmunition schwere Zerstörungen an.

Nürnberg wurde in der Nacht vom 8./9. März, München einen Tag später angegriffen.

Die »Meldungen aus dem Reich« Nr. 367 v. 15. März 1943 gaben sehr aufschlußreich die Stimmung der Bevölkerung wieder (11):

». . . Die Erregung über die »anglo-amerikanische Luftoffensive« habe nach den Angriffen auf München, Stuttgart und Essen zugenommen. Die Bevölkerung befasse sich sehr lebhaft mit diesen Angriffen und erzähle sich von tausenden Toten, zehntausenden Obdachlosen, sowie der Zerstörung größerer Industriekomplexe und wichtigsten Rüstungswerken in diesen Städten. Bei der Durchgabe der Wehrmachtsberichte interessiere man sich fast überall in erster Linie dafür, »wo sie letzte Nacht gewesen sind« und erst dann für die sonstigen Nachrichten. In luftbedrohten Gebieten frage die Bevölkerung täglich mit Bangen: »Kommen wir heute Nacht dran?«. Besondere Unruhe stiften die überall verbreiteten Gerüchte von Flugblättern, welche angeblich bei den Angriffen abgeworfen wurden und denen zufolge bis zum Geburtstag des Führers bestimmte Städte – Berlin, München, Nürnberg und mehrere andere werden genannt – »dem Erdboden« oder »Stalingrad gleichgemacht« würden . . .«

Nach dem Angriff vom 3. 3. 1943 wurde Hamburg aber bis zur Juli-Katastrophe nur noch von fünf leichten Störangriffen jeweils weniger Flugzeuge getroffen. Sie richteten unbedeutenden Schaden an und forderten unter der Bevölkerung keine Verluste.

Dagegen erlitt am 14. Mai 1943 die Nachbarstadt Kiel einen schweren Tagesangriff: 108 Bomber der 8. Amerikanischen Luftflotte – die jetzt regelmäßig am Luftkrieg über Deutschland beteiligt war – hatten rund 250 t Bomben abgeworfen. Es gab 400 Tote und 9000 Obdachlose. Damals wurde bereits berichtet, daß der Selbstschutz der Nervenprobe nicht gewachsen war und mit Schadensmeldungen aus dem Selbstschutz-Sektor kaum gerechnet werden konnte. Die Bevölkerung sei auch im luftschutzmäßigen Verhalten gleichgültig gewesen, weil es seit August 1941 keinen Tagesangriff mehr gegeben hätte.

In der Nacht vom 16./17. Mai 1943 flog die RAF ihre Angriffe auf Möhne-

Eder- und Sorpe-Talsperre (107). In Hamburg hörten wir hierüber nur sehr wenig – dieses Ereignis abseits des Brandgeschehens in den Großstädten berührte den FE-Dienst kaum. Angesichts der Opfer dieser Angriffe mag solche Einstellung schier frivol gewesen sein, aber es war einfach zuviel, sich um alles zu kümmern.

Viele andere deutsche Städte wurden um jene Zeit schwer getroffen. Vor allem in Wuppertal (29./30. Mai 1943) kamen durch feuersturmartige Brandwirkungen in dem engen Taleinschnitt Barmen-Elberfeld allein 2450 Menschen ums Leben. Die Bilder von den dort ausgebrannten Stadtteilen ähnelten sehr denen, die genau zwei Monate später in Hamburg entstanden.

Am 14. Mai 1943 genehmigten die »Combined Chiefs of Staff« die Durchführung einer gemeinsamen amerikanisch-britischen Luftoffensive ». . . zur fortschreitenden Zerstörung und Desorganisation des deutschen militärischen, industriellen und wirtschaftlichen Systems und zur Unterminierung der Moral des deutschen Volkes . . .« – die sogen. *»Pointblancoffensive«*.

An erster Stelle der Angriffsziele standen die U-Boot-Werften und -Basen sowie die deutsche Flugzeugindustrie.

Im Juni 1943 waren in England »zur Verbesserung der Brandwirkung bei Luftangriffen« zwei amerikanische *Brandschutzingenieure* eingetroffen, um bei dem Problem *»Incendiary Bombing«* beratend mitzuwirken. Sie stießen als »Zivilisten« aber auf so viele Widerstände mit vorgefaßten Meinungen, daß sie ein Jahr später enttäuscht nach den USA zurückkehrten. Scheinbar galten sie als Propheten auch im eigenen Lande nichts, denn die 8. USAAF hatte während ihres ganzen Einsatzes über Deutschland nie viel für Brandstiftung mit Brandbomben übrig – zum Glück für die deutsche Rüstungswirtschaft.

7.2 RUHE VOR DEM STURM

Seit Ende März herrschte im Hamburger Luftraum praktisch »Ruhe« – »Ruhe vor dem Sturm!«. An klaren Tagen flogen aber immer wieder »Aufklärer« in großen Höhen über die Stadt – sie wurden schon längst nicht mehr von Flak oder Jägern behelligt.

Damals notierte sich der Berichter:

». . . Hamburg wird seit Wochen von der feindlichen Luftwaffe umgangen. Daß es des starken Flakschutzes wegen geschieht – wie behauptet wird – ist kaum anzunehmen. Vielleicht ist es die Absicht, die Bevölkerung zur Gleichgültigkeit zu verleiten, um dann bei einem um so heftigeren Angriff um so größere Erfolge zu erzielen.

Wir rechnen alle damit, daß eines Nachts ein ganz großer Schlag gegen Hamburg erfolgt, wenn nicht sogar einmal am Tage die Amerikaner mit einigen Geschwadern kommen, um aus Höhen um 8000 m Reihenwürfe gegen die Werften loszulassen – wie dies in Wilhelmshaven (27. 1. 1943) und Kiel (14. 5. 1943) bereits geschehen ist . . .«

An dieser Stelle ist es deshalb wohl angebracht, den Stand der Hamburger Luftschutzvorbereitungen im Frühsommer 1943 zu erwähnen, schon um darzulegen, daß doch »an der Basis« eine ganze Menge getan war und aus wievielen Steinchen sich das Mosaikbild »Luftschutz« zusammensetzte.

7.2.1 **Planung und Organisation**

Seit Anfang 1943 waren – besonders auf drängendes Betreiben des Reichsstatthalters – vielfältige Überlegungen angestellt, wie die Folgen eines Großangriffs aufgefangen werden könnten.

Am 29. 1. 1943 fand im Hörsaal A der Universität eine große »Planbesprechung« statt. Dabei wurde u. a. der Einsatz und die Führung der Luftschutzpolizei in einem Großschadensgebiet erörtert, die Bekämpfung von Flächenbränden, Lösch-Sprengen, Verwendung auswärtiger Hilfskräfte, Trümmerbeseitigung, Unterbringung von Obdachlosen, Lenkung von abwandernden Bevölkerungsgruppen.

Gerechnet wurde hier noch mit 800 Schadensstellen, mehreren Hundert Toten und etwa 20000 Obdachlosen – Zahlen, die sich alsbald nach den Erfahrungen in anderen Städten als zu niedrig erwiesen[84].

Am 20. April gab der Reichsstatthalter als Reichsverteidigungskommissar für den Reichsverteidigungsbezirk Hamburg einen »*Generalerlaß für Großkatastrophen*« heraus[85]. Hierzu gehörte ein Organisationsplan und eine Zusammenstellung der Aufgaben von Verwaltung, Polizei und Partei.

Während in der hamburgischen Verwaltung – die auf jeden Fall die Hauptlast der Betreuungsarbeit tragen (und bezahlen!) mußte – die *Sozialverwaltung*, das *Haupternährungsamt*, und das *Hauptwirtschaftsamt* kriegsbedingte Tätigkeiten hatten, in deren Rahmen auch Luftangriffs-Folgen fielen, befaßte sich das 1941 unter dem Zwang der Geschehnisse bei der Bauverwaltung eingerichtete *»Amt für kriegswichtigen Einsatz«* (AKE) ausschließlich mit Luftangriffsschäden und zwar:

- Feststellung der baulichen Schäden,
- Feststellung, welche Gebäude geräumt werden müssen,
- Einsatz von Hilftrupps zur beschleunigten Beseitigung von Bombenschäden,
- Schnelleinsatz der Glaser, Bautischler, Dachdecker und Zimmerer,
- Lenkung der Selbsthilfe der Bevölkerung,

- Durchführung der Sofortmaßnahmen bei Bomben- und Brandschäden (Rangfolgeliste, Einsatz der Arbeitskräfte, Baustoffe und Transportmittel . . .)

Für alle Dienststellen waren die Namen der verantwortlichen Leiter und ihrer Vertreter mitsamt Wohnungsanschriften und Fernsprechnummern angegeben. Z. B. stand darin auch, daß sich der Reichsstatthalter während eines Angriffs im Gefechtsstand der 3. Flakdivision (Bunker neben dem HSV-Sportplatz Rothenbaumchaussee) oder an der Befehlsstelle des Reichsverteidigungskommissars Magdalenenstraße 50 aufhielt.

In dem als »Streng vertraulich!« bezeichneten Erlaß stand ferner der Satz: ». . . Sämtliche im GK-Fall eingesetzten Personen haben ihre Aufgaben selbst dann zu erfüllen, wenn sie persönlich von einem Bombenschaden betroffen sind. Für eine baldmögliche Ablösung dieser Einsatzkräfte ist zu sorgen . . .«

Eine große GK-Einsatzübung fand am 7. Juni 1943 statt, um das Zusammenspiel zu erproben.

Es gab auch einen »Reichsumquartierungsplan«[86] (etwa 1942 aufgestellt von der Reichsstelle für Raumordnung), der für Hamburg (rd. 1,7 Millionen Einwohner) die Umquartierung von 583 000 Menschen z. B. in die Lüneburger Heide, nach Schleswig-Holstein, Mecklenburg und bis in den Thüringer Wald vorsah.

Die *Trinkwasserversorgung* (je Einwohner 20 l Wasser täglich) konnte selbst bei gänzlichem Ausfall der Sammel-Wasserversorgung für etwa 1,3 Millionen Einwohner im Stadtgebiet als gesichert angesehen werden. Für die Bewohner in ländlichen Gebieten ließ sich der Bedarf aus vorhandenen, mit Handpumpen versehenen, Rohr- und Schachtbrunnen decken.

Für die *Lebensmittelversorgung* waren große Mengen eingelagert, so daß Engpässe nicht erwartet werden konnten. Sie sind auch – von einigen Transportschwierigkeiten abgesehen – während des ganzen Krieges nicht eingetreten.

Wer konnte aber damals ahnen, daß alle diese gründlich erarbeitete Vorsorge wenige Wochen später von der Wirklichkeit zunichte gemacht wurde, weil in weiten Gebieten der Stadt weder die Dienststellen noch ihre Ausweichstellen mehr existierten und sämtliche Bediensteten tot waren!

7.2.2 **Luftschutzpolizei und freiwillige Feuerwehren**

Die Luftschutzpolizei Hamburg hatte Mitte 1943 mit rund 9300 Mann ihr »Kriegsstärke-Soll« nahezu erreicht.[87] Im einzelnen waren vorhanden:

FE-Dienst:

30 Bereitschaften mit je 3 Löschzügen = 90 Löschzüge,

18 Wasserlöschzüge,

8 Entgiftungsparks.

Instandsetzungsdienst

18 Bereitschaften,

13 Instandsetzungsparks

Sanitätsdienst

13 San-Bereitschaften,

72 LS-Rettungsstellen,

3 LS-Sanitätsmittel-Lager,

4 LS-Sanitätsstellen

Veterinärdienst

7 Tier-Rettungsstellen,

2 LS-Tier-Sammellazarette

Havariedienst

5 Havarie-Bereitschaften.

Als weitere personelle Vorbereitung für einen Katastrophenfall war Anfang Juni 1943 der Einsatz von *Wehrmachts-Hilfskommandos* und ihre Ausstattung mit Geräten geregelt. Es standen 1300 Mann sofort zur Verfügung. Ihre Zahl konnte durch Anforderung auf 6000 Mann verstärkt werden. An Geräten und zwar Spaten, Schaufeln, Äxten, Pickeln, Sägen, Brechstangen, Einreißhaken, Scheren usw. lagerten insgesamt 21 000 Stück in Hamburg abrufbereit an verschiedenen Stellen.

Im Bereich des LGK XI lag das LS (mot) Regiment 2 mit 4 Abteilungen[88] und zwar der

(mot) 11 in Hildesheim,

(mot) 12 in Bremen-Grohn,

(mot) 21 in Hamburg-Wentorf,

(mot) 32 in Buchholz.

Diese Einheiten konnten in Hamburg eingesetzt werden, hatten aber natürlich längere Anmarschwege zurückzulegen. Im Gegensatz zu den oft recht buntscheckigen Bereitschaften der Luftschutzpolizei waren die LS-Abteilungen technisch hervorragend ausgestattet, sie hatten Funk und verfügten – aus den vollen Arsenalen der Luftwaffe schöpfend – über jeglichen Bedarf.

Was sie allerdings weniger besaßen, waren fachtechnische Kenntnisse etwa in Sachen »Feuerlöschen« und sie betätigten sich gerne mit ihren »Wenderohr-Anhängern« als »Fassadenwäscher«. »Soldatisches Auftreten« von Offizieren und Männern war mehr gefragt, als Wissen – und dies hat leider oft an Einsatzstellen zu Spannungen geführt.

Der BdO Hamburg konnte zurückgreifen auf die Feuerschutzpolizei-Abteilungen (mot), in erster Linie auf die FSchP-Abteilung (mot) 2 »Hannover« mit Standorten in Winsen (später Burgdorf/Han) und Neumünster[89].

Die Freiwilligen Feuerwehren im Umland von Hamburg waren zu »Feuerwehr-Bereitschaften« zusammengefaßt, rollten also nicht mehr mit einzelnen Löschgruppen an, sondern jetzt in geschlossenen größeren Einheiten. Sie hatten damit echten taktischen Wert bekommen, wenn auch ihre Ausbildung und Ausrüstung natürlich sehr unterschiedlich blieb.

Von den im Bereich des BdO X liegenden größeren Luftschutzorten Bremen, Kiel, Lübeck, Neumünster konnten problemlos Bereitschaften des FE- und I-Dienstes abgerufen werden, deren Führer mit den örtlichen Verhältnissen in Hamburg (z. B. Lage der Lotsen- und Befehlsstellen) vertraut waren und die auch Kartenmaterial (z. B. mit Angabe der Löschwasserstellen) besaßen.

7.2.3 **Schnellkommandos greifen ein!**

Als Ende 1941 allerorts erkennbar wurde, daß *Schnelligkeit* (»schnell wie die Feuerwehr!«) entscheidend für den Erfolg der Brandbombenbekämpfung war, stellte der Polizeipräsident Anfang 1942 in Hamburg zunächst 15 *Schnellkommandos* auf.

Ihre Aufgabe war eine ». . . schnelle und intensive Bekämpfung von Brandbomben in ihrer Entwicklung . . .« Stärke zuerst: 2 Polizeibeamte, 3 SHD-Männer und 6 Jugendliche über 17 Jahre. Später: 1 Gruppenführer (Polizei oder SHD) und 4 Jugendliche, meist gestellt von den »Hitlerjugend-Feuerwehrscharen«. Sie lösten sich in dreitägigem Wechsel ab. Als Transportmittel diente ein requirierter schwerer PKW mit einem Einachsanhänger ähnlich einer Geschützprotze.

Ende 1942 wurden die Schnellkommandos nach und nach auch mit Schläuchen und kleinen Tragkraftspritzen ausgerüstet. Es interessiert, mit welcher Sprachregelung der Chef der Ordnungspolizei die Beschaffung dieser Geräte umging. In einem Erlaß vom 3. 3. 1943 hieß es:

». . . Da die Beschaffung dieser Geräte wegen der ungenügenden Rohstoffzuteilung nahezu unmöglich ist, bin ich damit einverstanden, daß die Ausrüstung aus verfügbaren örtlichen Beständen erfolgt. Die Schlauchreserve der Luftschutzpolizei darf jedoch für diesen Zweck nicht in Anspruch genommen werden . . .«

Es blieb also den einzelnen Orten überlassen, wie sie sich auf schwarzem oder grauem Wege das nötige Material beschafften, denn daß in den von Luftangriffen heimgesuchten Gebieten noch ungenutzte Bestände an Löschgeräten, vor allem Schläuche, vorhanden waren, konnte man wohl selbst in Berlin nicht annehmen.

Zunächst haben die Schnellkommandos viele gute Arbeit geleistet und ihren Zweck erfüllt. Die Jugendlichen waren mit Begeisterung dabei, aber sie wurden alsbald auch den Schrecken des Krieges gegenübergestellt und erlebten zum ersten Male Verwundung und Tod, Verwüstung und Panik inmitten der grausigen Szenerie brennender Häuser. Sie ertrugen es wahrlich mannhaft, aber viele von ihnen haben auch einen seelischen Schock erlitten, der wohl ihr ganzes weiteres Leben nicht mehr von ihnen weichen wird.

Mit zunehmender Wucht der Angriffe erlahmte jedoch rasch die Neigung, als »Vortrupp« noch *während des Bombenabwurfs* auf die Straße zu gehen. Die Ausbildung an den Kraftspritzen bereitete trotz aller Bemühungen des FE-Dienstes durch Herausgabe von Ausbildungsvorschriften und die Stellung von Lehrpersonal erhebliche Schwierigkeiten. Nicht einmal die Kommandoführer erschienen zum Unterricht und die Jugendlichen fehlten allzuoft ohne Entschuldigung.

Vor den Juli-Angriffen 1943 gab es 150 Schnellkommandos, verteilt auf die Luftschutz-Reviere; davon waren 36 mit Tragkraftspritzen ausgerüstet.

Die Schnellkommandos sind schließlich Ende 1944 aufgelöst worden – es gab zuletzt noch 53. Eine gute Idee war gescheitert an der Menschenfrage und vor allem an der Wucht der Luftangriffe, denen nun nicht mehr mit Einzelaktionen, sondern nur noch durch geschlossenen Einsatz von ganzen FE-Bereitschaften begegnet werden konnte.

7.2.4 ». . . vom Selbstschutz gelöscht!«

Bis Juli 1943 wurde sowohl in den Lageberichten des Polizeipräsidenten, als auch gesondert und ausführlicher von der Feuerwehr sorgfältig registriert, welche Löscherfolge der Selbstschutz der Bevölkerung und der Betriebe in seinen verschiedenen Organisationsformen zu verzeichnen hatte.

Es war in erster Linie der Tätigkeitsbereich des Reichsluftschutzbundes, für Organisation und Ausbildung der Selbstschutzkräfte zu sorgen. Das mit großem Aufwand gestartete und durch § 2 der 1. Durchführungsverordnung zum Luftschutzgesetz legalisierte Unternehmen fand in der Bevölkerung allerdings keinen allzu freudigen Widerhall. Nicht nur von der unangenehmen Sache her, sondern sicher oft auch durch das Auftreten der »Führer« (kleine »Hitlers!«) – sie alle hatten attraktive Uniformen und sogar einen eigenen »Dolch« – gab es mancherlei instinktive Abneigung.

Über die verschiedenen Formen der Selbsthilfe muß folgendes festgehalten werden:

Der »*Selbstschutz*« – also Kräfte der Hausgemeinschaft – hatte ein unmittelbares privates Interesse am Erhalten des Eigentums. Besonders die *Frauen* zeigten hier oft bewundernswerte Energie, gepaart mit Mut und Geschick.

Für den »*Erweiterten Selbstschutz*« in Gewerbebetrieben und Verwaltungen, in Hotels, Banken und Warenhäusern war der Betriebsleiter verantwortlich, der einen »Betriebsluftschutzführer« zu bestellen hatte. Hier fehlte schon eine wesentliche psychologische Voraussetzung für den geforderten »Einsatz bis zum Letzten«, denn trotz aller gezielten Propaganda für die »Erhaltung des Arbeitsplatzes« siegten oft Gleichgültigkeit und Bequemlichkeit. Die Einteilung zu Luftschutzwachen im erweiterten Selbstschutz stellte denn auch der Betriebs-Psychologie manche harte Aufgabe, besonders wenn männliche und weibliche Kräfte zusammen eine lange Nacht Wache halten sollten.

Für Hamburg war der Hafen ein besonderes Problem, denn die zum erweiterten Selbstschutz gehörenden Hafenbetriebe – z. B. Schuppen, Speicher – hatten nicht genügend eigenes Personal zum Stellen ausreichender Brandwachen. Es mußten deshalb sogar Kräfte der Luftschutzpolizei und der Wehrmacht gestellt werden. Das doch recht häufige Abbrennen ganzer Schuppen in den Jahren 1940 bis 1942 stellte der Wirksamkeit dieses erweiterten Selbstschutzes kein allzu gutes Zeugnis aus.

Im Erweiterten Selbstschutz waren 316 Löschgruppen (1 Löschgruppe = 9 Mann) aufgestellt, nur zum Teil mit Feuerlöschpumpen ausgerüstet.

Einen *»Luftschutz der besonderen Verwaltungen«* gab es bei einigen Reichsdienststellen – z. B. Wehrmacht, Deutsche Reichspost, Deutsche Bundesbahn.

Sie handelten in eigener Verantwortung (»nach Gottes unerforschlichem Ratschluß«) und bekamen ihre Weisungen unmittelbar von ihren eigenen Zentralverwaltungen. Nur Juristen vermögen zu erklären, warum dies so sein mußte – sachlich war es ein Unsinn, der zur Kräfte-Zersplitterung beitrug.

Die psychologischen Voraussetzungen für eine Luftschutzbereitschaft waren hier noch schlechter, als beim Erweiterten Selbstschutz und auch die Hamburger Feuerwehr hat keine guten Erfahrungen sammeln können, denn unter Hinweis auf den Sonderstatus wurden allzuoft wohlgemeinte und sachlich berechtigte Ratschläge verworfen.

Der *»Werkluftschutz«* hatte den Charakter der auch friedensmäßig notwendigen Werkfeuerwehren und schon von dieser Aufgabe her einen psychologisch günstigen Start. Er bekam seine Weisungen von der »Reichsgruppe Industrie« und der örtlichen »Werkluftschutz-Bereichs-Vertrauensstelle«. Der Werkluftschutz besonders in den Hamburger Werften und Raffinerien hat denn auch Hervorragendes geleistet und war immer eine wertvolle Stütze der Luftschutzpolizei.

Im ganzen verfügte der Werkluftschutz über 178 Löschgruppen, die alle Feuerlöschpumpen und eine recht gute Ausstattung mit Schläuchen und Geräten besaßen.

In Hamburg ist auf besonderes Betreiben der Feuerwehr – vor allem nach den Erfahrungen in Warschau und Rotterdam – großer Wert auf die Luftschutzbe-

BILD 60 **Der Selbstschutz hat in einer Reihenhaus-Siedlung die Gebäude rechts und links der Brandstelle gehalten - eine hervorragende Löschleistung!**

reitschaft des Selbstschutzes gelegt worden. Es bestand Klarheit darüber, daß die öffentlichen Löschkräfte schon wegen der Länge des Meldeweges nach dem Einschlag von Brandbomben meist zu spät kommen würden, um Großbrände rechtzeitig zu verhindern.

Die Erfahrungen mit den ersten Stabbrandbomben ermutigten auch dazu, den Selbstschutz zur relativ ungefährlichen Bekämpfung anzuhalten. Sie ließ sich zudem mit Sand, Wasser und einfachem Gerät durchführen. Tatsächlich sind dann sehr viele und gute Erfolge erzielt worden – BILD 60 –. Beherzte Männer und Frauen ergriffen sogar gezündete und bereits sprühende Stabbrandbomben und warfen sie kurzerhand aus dem Fenster.

Von alliierter Seite ist dies offenbar erkannt worden. Um die Selbstschutzkräfte unsicherer und zögernder zu machen, wurden ab Anfang 1941 zuerst Schwarzpulversätze und dann – seit Mitte 1942 – sogar Sprengladungen in den Eisenkern eingebaut – vgl. BILD 56 –. Dies zwang tatsächlich dazu, die Bravour der ersten Angriffsnächte aufzugeben, Deckungsschilder nach Art der alten Griechen und Römer zu konstruieren (heute wieder aktuell bei Polizeieinsätzen gegen Demonstranten!) und das Zerfließen der Brandbomben zu einem »Kuchen« abzuwarten. Manches Feuer hat dann sicher Zeit zum Überschreiten der Grenzen gehabt, die den Löschmitteln des Selbstschutzes gesetzt waren.

Die Luftschutzleitung drang natürlich darauf, daß sich die Brandwachen des Selbstschutzes an den gefährdeten Stellen – also etwa auf den Dachböden oder in Hallen und Schuppen aufhielten. Zwar waren dafür mehr oder minder provisorische Deckungs-Unterstände mit Sehschlitzen gebaut und in Betrieben auch transportable Einmann-Betonbunker aufgestellt. Welche Überwindung des »inneren Schweinehundes« aber dazugehörte, dort auch bei schweren Angriffen auszuharren – bei einem Sprengbombeneinschlag den sicheren Tod vor Augen – darüber wurde nicht gesprochen. Die Verfasser all der Aufrufe an den Selbstschutz saßen im Regelfall bei Angriffen ja in bombensicheren Bunkern!

Aus der Rückschau bleibt festzustellen, daß die Hamburger Bevölkerung – auch in den letzten Jahren bis zum Kriegsende – mit einem heute kaum mehr vorstellbaren Tatwillen versucht hat, Heim, Eigentum und Arbeitsplatz vor einer grausamen Waffenwirkung zu schützen.

Schon 1941 war allerdings auch eine andere Beobachtung gemacht, über die im Erfahrungsbericht Nr. 5 des Polizeipräsidenten vom 31. 7. 1941 steht:

». . . Aufgefallen ist, daß Selbstschutzkräfte in *Arbeitergegenden* sofort und zielbewußt Brände bekämpfen, während aus anderen Teilen versucht wurde, Feuerlöschkräfte heranzutelefonieren . . .«

Solche Erscheinungen treten allerdings nicht nur in Kriegszeiten auf – sie sind während der Sturmflut 1962 ganz genauso registriert worden (20).

In Friedenszeiten könnten sich alle »amtlichen« Hilfsorganisationen nichts besseres wünschen, als eine in den Grundlagen der ersten Hilfe bei allen menschlichen Notlagen (Verletzungen, Krankheiten, Unfällen, Bränden) ausgebildete Bevölkerung. Die Erfahrungen des Krieges zeigten, was wichtig und unwichtig ist. Alle guten Chancen hierfür sind jedoch vertan von jenen, denen 1951 nichts anderes einfiel, als den alten »Reichsluftschutzbund« unter dem neuen Namen »Bundesluftschutzverband« wieder aufleben zu lassen – diesmal unter dem Vorzeichen »Atomkrieg« statt dem »Gaskrieg« des Jahres 1933. Die damit regelrecht provozierte Abneigung gegen jeglichen »Bevölkerungsschutz« hält bis heute an. Auch alle Wortakrobatik um die Bezeichnung des Bonner »Bundesamtes für zivilen Bevölkerungsschutz« – z. Zt. heißt es »Bundesamt für Zivilschutz« – konnte daran nichts ändern. Ohnehin ist der Begriff »Zivilschutz« im Zeitalter »totaler Kriege« höchst fragwürdig.

7.2.5 **Tausend Pumpen – und Schläuche von Hamburg bis Berlin!**

Die ungewöhnlich lange angriffsfreie Zeit war auch dazu benutzt, die gesamte technische Ausrüstung aller Luftschutzpolizei-Sparten »auf Vordermann« zu bringen und die Ausbildung zu verbessern, denn jedermann war sich klar darüber, daß die RAF nicht etwa Hamburg inzwischen »vergessen« hatte.

Beim FE-Dienst und den Selbstschutzkräften aller Organisationsformen gab es am 1. Juli 1943 an technischer Löschausrüstung:

305 *Löschfahrzeuge,* überwiegend der Baujahre 1936 bis 1943 – also als neuwertig und modern anzusehen. Die Mehrzahl hatte fest eingebaute Feuerlöschpumpen mit Leistungen zwischen 1500 und 2500 l/min,

935 *Tragkraftspritzen* – meist vom Typ TS 8 mit 800 l/min Wasserförderung, auch überwiegend neuwertig aus den Jahren 1938 bis 1943,

49 *Wasserlöschzüge* – 6 große Feuerlöschboote, 13 Löschdampfer und 30 Hilfsfeuerlöschboote – ebenfalls alle als voll einsatzfähig zu bezeichnen.

Dazu zahlreiche andere Sonder- und Hilfsfahrzeuge, wie z.B. *Drehleitern* und *Schlauchwagen.*

An *Schläuchen* waren beim FE-Dienst allein rund 312 Kilometer vorhanden – sie hätten für eine Schlauchleitung von Hamburg bis Berlin ausgereicht.

Als im November 1943 wieder eine Zählung des Schlauchbestandes stattfand, stellten wir ein Minus von rund 30 % fest – trotz inzwischen erfolgter mehrfacher Zuweisungen neuer Schläuche. Nur ein Teil der als verloren gemeldeten Schläuche war tatsächlich verbrannt oder verschüttet worden. Der Rest hatte seinen Besitzer gewechselt, denn die in Hamburg während der Juli-Katastrophe eingesetzten auswärtigen Feuerlöschkräfte benützten gerne die gute Gelegenheit, die eigenen Schlauchbestände im Wege des »Organisierens« aufzufüllen.

In diesem Zusammenhang muß auch noch einmal etwas über die *Kraftstoff-Versorgung* berichtet werden, denn mit ihr stand und fiel die Einsatzfähigkeit des gesamten Feuerlöschdienstes.

Im Prinzip sollte das Landeswirtschaftsamt monatlich ausgehandelte Kraftstoffmengen zuteilen und das »Zentralbüro für Mineralöl« diese dann gegen »Mineralölbezugsscheine« ausliefern. Seit Kriegsbeginn war dies – wie schon berichtet (vgl. S. 127) – ein übler Kuhhandel gewesen. Besser wurden die Verhältnisse erst, als nach den Ärgernissen des Jahres 1942 beim Landeswirtschaftsamt ein »Kraftstoff-Einsatzstab« gebildet worden war, in dem die Hauptverbraucher – auch Polizei und Feuerwehr – saßen. Sein Leiter (Ahlers) – ausgestattet mit klarem Blick für Wesentliches, schneller Entschlußkraft und ganz ohne bürokratische Hemmungen – sorgte dafür, daß es von nun an keine ernstlichen Sorgen mehr um die Formalitäten des Kraftstoff-Nachschubs gab.

Ein Lob besonderer Art gebührt aber heute noch dem von der Industrie aufgezogenen *Zentralbüro für Mineralöl* mit seinem Leiter, J. Dodenhof, das für die Lieferung der abgerufenen Mengen sorgte. Ohne Aufhebens waren auch in verschiedenen Stadtteilen rund 250000 l Kraftstoff zur Verfügung der Feuerwehr eingelagert, an die wir in Notfällen sofort herankommen konnten. Niemand ahnte, daß ein Großteil dieser Vorräte dann später doch in Totalschadensgebieten lag oder gar vernichtet wurde.

Eine Menge getan war auch für eine vom Rohrnetz unabhängige *Löschwasserversorgung.* Es gab Rampen, Anfahrten oder Plattformen an Hafenbecken und Kanälen, Stau- und Speicheranlagen an der Alster sowie Saugschächte an Bächen und anderen ständig wasserführenden Stellen.

Die Schwimmbecken in den Badeanstalten, Wassertürme, Regenrückhaltebecken, Versuchsrinnen der Schiffbau-Versuchsanstalt (allein 60000 m^3!) Springbrunnen, Planschbecken und Industriebehälter waren so hergerichtet, daß Löschwasser entnommen werden konnte. Wo solche Möglichkeiten fehlten, hatte die Bauverwaltung Löschwasserbehälter mit durchschnittlich 430 m^3 Inhalt (insgesamt 133) meist unterirdisch gebaut.

Auch die Bevölkerung war angehalten, Löschwasser in allen nur denkbaren Behältern bereitzustellen: in Badewannen, Kochtöpfen, Eimern und selbst den Mülltonnen – und sie tat dies auch.

Hamburg besaß zudem 17500 Hydranten am öffentlichen Wasserversorgungsnetz, von denen zu Kriegsbeginn rund 70 % den Normvorschriften entsprachen. Für die älteren Hamburger »Notpfosten« gab es Übergangsstücke.

Zur Unterrichtung insbesondere auswärtiger Löschkräfte hatte die Feuerwehr »Einsatzpläne für unabhängige Löschwasserversorgung« im Maßstab 1:10000 herausgegeben.

7.2.6 **Parteispritzen – braune »Retter in der Not«!**

Die Brände der Luftkriegsoffensive im Frühjahr 1942 hatten mit schockierender Deutlichkeit gezeigt, daß die Grenzen menschlichen Vermögens sehr rasch erreicht werden können. Häuser und Straßenzeilen waren abgebrannt – und keine Feuerwehr hatte dies verhindert! Mitunter gab es auch gar keine Löschkräfte, weil sie erst aus Entfernungen von 100 und mehr Kilometern anrücken mußten.

Es gehörte wohl die ganze Arroganz berufsmäßiger Parteifunktionäre dazu, um die »Schuldfrage« einfach abzutun mit den Worten »Die Feuerwehr hat versagt!«. Bar jeder Sachkenntnis und Übersicht wurde dann erklärt, daß jetzt »die Partei« auch diese Sache in die Hand nehmen würde, um mit gewohntem Schwung künftig alle Brände »zu erledigen«.

Schon im März 1941 – als erste Gedanken solcher Art ruchbar wurden – hatte der BdO X gewarnt:

». . . bei jeder Neuorganisation von besonderen Hilfskommandos der Partei und ihrer Gliederungen ist zu prüfen, ob nicht im erweiterten Selbstschutz oder Selbstschutz eine Lücke aufgerissen wird . . .«

Im Sommer 1942 begann aber ungeachtet aller Warnungen in allen luftgefährdeten NSDAP-Gauen die Aufstellung von »Partei-Feuerwehren«, »Kraftspritzentrupps der Partei« oder »Partei-Löschgruppen«. Ihre Ausrüstung beschafften sie sich auf »kaltem Wege« durch Nötigung der Hersteller einschlägiger Geräte. Die *Kosten* sollten natürlich aus Gemeindemitteln gedeckt werden und den reichlich benötigten Kraftstoff erwartete man vom FE-Dienst. Die Benzinrechnung war dazu sehr einfach: 1 gefahrener Kilometer = 1 l Benzin – aber in Hamburg lieferte die knickerige Feuerwehr nur die technisch mögliche Verbrauchsmenge!

Die Mannschaft dieser Einheiten rekrutierte sich letzten Endes aus dem Kreis derer, die eigentlich im Selbstschutz oder erweiterten Selbstschutz tätig sein sollten. Es befanden sich auch manche darunter, besonders aus der berufsmäßigen Partei-Hierarchie, die bislang wegen »kriegswichtiger Aufgaben in der Reichsverteidigung« von allen Luftschutzdiensten freigestellt waren und hier nun eine günstige Gelegenheit sahen, ihren Teil zum »Totalen Krieg« beizutragen und »Kriegsverdienstkreuze mit Schwertern« zu verdienen, ohne sich dabei allzugroßen Risiken auszusetzen.

Angesichts dieser von lauter Propaganda begleiteten Entwicklung und der von allen Luftgaukommandos kommenden Klagen gab der »Reichsmarschall des Großdeutschen Reiches und Oberbefehlshaber der Luftwaffe« am 17. 12. 1942 eine Weisung über die »Abgrenzung der Befehlsbefugnisse« (Arbeitsstab LS Nr. 3544/42), in der es deutlich hieß:

». . . Die Partei trägt in allen Fragen der Menschenführung und Menschenbetreuung die alleinige Verantwortung . . .«

Ein Erfolg war dieser Anordnung aber nicht beschieden, die Partei-Löschgruppen wurden zügig vermehrt. Sie kümmerten sich nur selten um Einsatzbefehle, sondern »wurschtelten« an Schadensstellen nach unerforschlichen taktischen Gesichtspunkten der Ortsgruppen- oder Kreisleiter drauflos und beanspruchten hinterher Erfolg und Kriegsauszeichnungen für sich.

In Hamburg sah die erste Planung vom Sommer 1942 hundert »Hydrantentrupps der Partei« vor, die dann bis März 1943 Tragkraftspritzen und Einachsanhänger eigener Konstruktion erhielten. Als Zugfahrzeuge dienten »unbewinkelte« Pkw und Lieferwagen, die dafür kurzerhand requiriert wurden.

Vor den Juli-Angriffen 1943 gab es rund 130 Gruppen mit etwa 100 Tragkraftspritzen und je 150 bis 160 m Schläuchen einschließlich der nötigen Armaturen. Immerhin waren es zur Zeit der Höchstausstattung an die 2000 Mann – also über die Hälfte der FE-Dienst-Stärke – mit einer im wesentlichen brauchbaren Löschausrüstung, die sich zwar mit »Löschen« beschäftigten, aber einer übergeordneten Einsatzplanung nicht zur Verfügung standen. Von anderen Luftschutzorten sind ähnliche Verhältniszahlen bekanntgeworden.

Der Hamburger Reichsstatthalter betrachtete das Ganze – wie wir wußten – mit sehr gemischten Gefühlen, stand aber offensichtlich unter dem Druck einiger ungeschlachter »alter Kämpfer«. Er sorgte jedoch wenigstens dafür, daß die Versorgung in geregelte Bahnen gelenkt wurde und das wilde Organisieren aufhörte.

Die Tragik dieses Geschehens liegt nicht so sehr in der Fehlleitung wertvollen Löschmaterials und der Bindung von einigen Hundert noch recht kräftigen Männern, sondern in dem unverblümten Mißtrauen gegenüber der staatlichen Luftschutzorganisation, in der Anmaßung auf einem der schwierigsten Einsatzgebiete und in der unverschämten Tonart, mit der von nun an besonders der FE-Dienst auf Brandstellen angesprochen wurde.

Im übrigen lobten die Parteigenossen sich immer gerne und laut selbst: ». . . Vollzählige Mannschaft hat sich wieder einmal tapfer und treu beim Einsatz benommen . . .« – Schließlich galt es, bei der Verteilung von Kriegsverdienstkreuzen nicht zu kurz zu kommen!

7.2.7 **Hamburger Tarnkappen**

Das Luftziel Hamburg war nicht zu tarnen, denn der im Mondlicht hell glitzernde Leitweg »Elbe« und die charakteristischen Verästelungen der Hafenbekken, der Süder- und der Norderelbe ließen sich – darüber konnte es keinen Zweifel geben – mit technischen Mitteln nicht verbergen.

Dennoch sind in und um Hamburg viele Versuche unternommen, um die Zielfindung wenigstens zu erschweren. Wie weit dies wirklich gelungen ist, wissen wir nicht genau und gegen die ab Anfang 1943 benutzten Radar-Geräte der RAF sowie der 8. USAAF nützte all dies ohnehin nichts mehr. Eher konnte danach nur eine Fehldeutung des Radarbildes erhofft werden – wie es bei den Abwürfen auf Wedel (vgl. 7.1, S. 159) denn auch tatsächlich vorgekommen ist.

Schon im Sommer 1940 waren im Niederelbegebiet vor den Toren Hamburgs »Scheinanlagen« (»S-Anlagen«) errichtet, die bei Nacht durch allerlei Lichtertricks und offene Feuer ein schlecht verdunkeltes Stadtgebiet oder Industriebetriebe vortäuschen sollten (Entfernung vom Schutzgebiet 4–6, ja bis zu 15 km!). Sogar »Großbrandflächen« bis zu mehreren 100 000 m^2 wurden ab 1943 mit Petroleum oder Teerdestillaten in Rinnen und elektrischer Fernzündung simuliert.

Britische Bomberbesatzungen sind vor allem in der ersten Zeit – als nur auf Sicht geflogen wurde – häufig auf diese Tricks hereingefallen und haben ihre Bombenlast auf Wiesen und in Moore abgeladen.

Beim Luftgau XI befaßte sich eine eigene Abteilung (4 Kompanien) mit Scheinanlagen. Es sollen im Luftgau vorhanden gewesen sein (RL 19/441):
Scheinflughäfen: 50 (1940) bis 80 (1943),

Scheinanlagen Industrie und Verkehr: 10 (1940) bis 32 (1941),
Einzelne kleine Scheinanlagen: Höchststand 220 (1942),
Großbrandanlagen: 80 (1944),
Feuerstellungen für Raketen, um Leuchtmittel zur Zielmarkierung vorzutäuschen: 85 (ab Anfang August 1943 bis März 1945).

Der Täuschungserfolg von Scheinanlagen im ganzen Luftgaubereich wurde bei Kriegsende mit folgenden Bombenabwurfzahlen angegeben:

Jahr	Minenbomben	Sprengbomben	Stabbrand-bomben	Phosphor-brandbomben
1940	–	2000	8000	–
1941	–	3500	12000	–
1942	10	8000	35000	3000
1943	25	12000	110000	15000
1944	80	20000	60000	10000
1945	30	6000	–	–

Damit ließe sich der Verbleib eines Großteils der Bomben erklären, die zwar von England mitgenommen, aber am Zielort (z. B. Hamburg) nicht eingetroffen waren. Die Arbeit und Mühe der S-Anlagen-Kompanien war also nicht umsonst!

Auch die Engländer hatten übrigens Scheinanlagen aufgebaut und zündeten »Scheinbrände« an – sie haben damit deutsche Flugzeugbesatzungen ebenso getäuscht (3, S. 121).

Die Zufallstreffer auf einen Lebensnerv des Hamburger Verkehrs – die Gleisauffahrt zur Lombardsbrücke beim Angriff vom 24./25. Oktober 1940 (vgl. S. 60) mit einer dadurch erzwungenen Verkehrssperre von 12 Stunden – lösten die ersten Einzeltarnungsversuche im Stadtgebiet aus. Auf der zugefrorenen Binnenalster wurden in aller Eile Alleen von Tannenbäumen aufgestellt und dunkle Straßen vorgetäuscht. Da diese ganze Pracht aber beim nächsten Tauwetter wieder versank, begann im Frühjahr 1941 der Bau einer festen Tarnanlage über die ganze Binnenalster (gesamte Tarnungsfläche etwa 250 000 bis 300 000 m^2!). In der Außenalster wurde eine andere Lombardsbrücke vorgetäuscht. Es waren ungeheure Mengen von Pfählen, Stangen, Latten, Schilfmatten und Netzen, schön bunt bemalt und wirklich imponierend anzusehen – **BILD 61** –.

Die britische Luftwaffe amüsierte sich offenbar darüber, denn im Juli 1941 erschienen in englischen Zeitungen Luftaufnahmen vor- und nach der Alstertarnung zum großen Ärger des Luftgaukommandos. Solche Arbeiten ließen sich ja auch in einer Millionenstadt nicht geheimhalten und trotz aller Photographierverbote wurden von diesem veränderten Stadtbild Aufnahmen gemacht – wie die Veröffentlichungen der Nachkriegszeit bestätigten.

BILD 61 Die Tarnung der Binnenalster 1942. Am Himmel drei Sperrballone in Bereitschafts-Stellung.

Wir haben keine Beweise dafür, daß diese Tarnung irgend etwas genutzt hat. Jedenfalls wurde der Hauptbahnhof in der Nacht zum 10.11.1941 erneut präzise getroffen und erheblich beschädigt (vgl. S. 107).

Diese ganze Alstertarnung ist dann – sie war inzwischen gründlich ausgedörrt – in der Nacht zum 28. Juli in einem gewaltigen Feuerwirbel aufgebrannt. Der Verkehr über die Lombardsbrücke wurde dabei durch Rauch, Hitze und Funkenflug für Stunden erheblich beeinträchtigt. Auch die kostspielige vorherige Behandlung mit »Flammschutzmitteln« hatte gar nichts genützt!

Im März 1943 begannen in Hamburg Vorbereitungen, um nicht nur den Hafen, sondern auch weite Teile des Stadtgebiets zu vernebeln. Diese Planung lief zuerst unter dem Decknamen »Mantelvorhaben«, aber die Bevölkerung hatte sehr schnell erkannt, was man vorhatte und zweifellos war die Spionage der Gegenseite noch schneller im Bilde.

Zur Verwendung kamen 440 Nebelgeräte, die aus Fässern unter Preßluftdruck Nebelsäure versprühten. Von der Nebeldecke erwartete man, daß sie je nach Wetterlage Höhen von 30 bis 60 m erreichte. Der erste Nebelversuch am 21.4.1943 brachte nur ein dürftiges Ergebnis. In der Folgezeit gab es – sehr stark abhängig von der Wetterlage – auch bessere Nebelwirkungen, die aber gleichzeitig mit erheblichen Verkehrsbehinderungen verbunden waren.

Wir hatten jedenfalls nicht den Eindruck, daß die Nebelschwaden die Angriffsabsichten der Alliierten in irgendeiner Weise behindert haben. Die Vernebelung setzte außerdem zu einem Zeitpunkt ein, als RAF und 8. USAAF schon zu Flächenbombardements und »Teppichabwürfen« übergegangen waren.

Die umfangreichsten baulichen Tarnungsmaßnahmen an Einzelobjekten sind in der Hamburger Mineralölindustrie vorgenommen. Vor allem die Tanklager wurden mit Tarnnetzen überzogen – **BILD 62** –.

Bei der Abwurfpräzision der amerikanischen Tagesluftangriffe und der Dichte der Bombenteppiche nützte dies aber auch gar nichts. Die Tarnanlagen gingen ebenso in Flammen auf, ihre glühenden hölzernen Gestänge wirkten im ausgelaufenen Öl wie Zündschnüre und wenn die mit Karbolineum getränkten Stützmasten brennend zusammenbrachen, dann gerieten die Löschkräfte wie Karnickel in Fangnetze. Alles in allem war hier der Teufel mit Beelzebub ausgetrieben.

Erwähnt werden soll auch in diesem Zusammenhang, daß nach den Juli-Angriffen versucht wurde, stehengebliebenen Gebäuden durch fleckige Anstriche

BILD 62 Getarnte Tanks und Fabrikationsanlagen bei der Rhenania-Ossag – Raffinerie in Harburg nach dem Angriff vom 20.6.1944.

das Aussehen ausgebrannter Ruinen zu geben. Als erstes erhielt das Hamburger Rathaus einen Tarnanstrich. Auch der Turm der Hauptfeuerwache wurde schwarz–weiß–grau angemalt – ohne jedes Ergebnis, denn der am 18. Juni 1944 auf die Hauptfeuerwache geflogene Zielangriff lag richtig – wenn auch der Turm selbst stehen blieb. Auf den Zielphotographien war zudem klar zu erkennen – und zwar an den Schatten – welche Gebäude ausgebrannt waren, und welche nicht, denn die »öden Fensterhöhlen« ließen sich nicht im Schattenbild tarnen.

Bei der Beurteilung aller dieser Tarnkappen-Versuche wollen wir aber nicht vergessen, daß die dafür zuständigen militärischen und zivilen Dienststellen unter einem erheblichen politischen und psychologischen Druck standen. Sie mußten angesichts der Bombenschäden eben alles nur Vorstellbare versuchen und konnten sich nicht dem Vorwurf aussetzen, Handeln – selbst wenn es falsch war – unterlassen zu haben.

7.2.8 **»Entlattung«, »Entrümpelung« und Vorbeugender Brandschutz**

Am 6. April 1943 veröffentlichte der Polizeipräsident eine »Bekanntmachung über die Entfernung von Holzeinbauten aus Dachböden, in der u. a. bestimmt wurde:

». . . Aus den Dachböden aller im Luftschutzort Hamburg befindlichen Gebäude sind alle überflüssigen Holzteile zu entfernen.

Überflüssige Holzteile im Sinne dieser Bekanntmachung sind alle in und auf den Dachböden befindlichen Holzteile, die nicht unmittelbar zur Konstruktion des Daches oder des Gebäudes gehören, insbesondere Dachverschalungen, Lattenverschläge, Trennwände und in ihnen befindliche Türen, lose oder eingebaute Regale, Holzverkleidungen aller Art . . .«

Die Durchführung sollte bis zum 31. 5. 1943 erfolgt sein. Es war der durch die Entwicklung der Luftkriegslage begründete Versuch, einmal die Menge brennbarer Baustoffe in den Dachgeschossen auf das geringste – unter Kriegsverhältnissen gerade noch tragbare – Maß zu verringern. Zum andern sollte die Brandbekämpfung durch bessere Übersichtlichkeit erleichtert und vereinfacht werden.

Im Rahmen dieser »Entlattungsaktion« mußten die Holzeinbauten auch dann entfernt werden, ». . . wenn sie durch Anstrich mit einem feuerhemmenden Mittel schwerentflammbar gemacht worden sind . . «, denn: diese Anstriche hatten sich inzwischen als wenig wirksam erwiesen – der Aufwand an Zeit und Material zum Aufbringen stand jedenfalls in gar keinem Verhältnis zur späteren Wirkung.

Auf die Notwendigkeit von »Entrümpelungen«[90] wurde immer wieder mit Nachdruck hingewiesen. In der Praxis stieß die Durchführung allerdings auf außerordentliche Schwierigkeiten, weil in den Dachböden keineswegs nur »Gerümpel«, d.h. ». . . alle brennbaren oder sperrigen Gegenstände, die für den Besitzer dauernd entbehrlich oder für ihn nach der Verkehrsanschauung geringwertig sind . . .« lag. Ganze Stadtgebiete besaßen z.B. wegen des hohen Grundwasserstandes keine Keller und die Hausbewohner mußten deshalb etwa ihre Vorräte an Heizmaterial auf dem Dachboden aufbewahren. In Gewerbegebäuden dienten die Dachgeschosse und Dachböden der Aktenablage. Die Anschauungen über den Verkehrswert gelagerter Gegenstände waren zudem sehr unterschiedlich.

Immer wieder mußte auch bei der Belegung der ohnehin schon genug gefährdeten Hafenschuppen gemahnt werden, nicht zuviel brennbares Material zu hoch zu stapeln.

Der Zwang, geborgenen Hausrat aus zerbombten Gebäuden schnell irgendwo trocken sicherzustellen, schuf z.B. in den Ausstellungshallen von »Planten und Blomen« neue, gar nicht mehr kontrollierbare Risiken – **BILD 63** –.

Daneben liefen die Bemühungen, durch bauliche Maßnahmen zur Brandbegrenzung für die Löschkräfte günstigere Ausgangspositionen zu schaffen und der Brandausbreitung natürliche Grenzen zu ziehen.

BILD 63 Geborgener Hausrat in einem Ausstellungsraum von »Planten un Blomen«. Eine Brandbombe hätte genügt, um in wenigen Minuten das gesamte Bergungsgut mitsamt dem Gebäude in Flammen aufgehen zu lassen! Aufnahme August 1942.

BILD 64 Nahtreffer am splittersicheren Luftschutzraum Finanzamt Bergstraße in Harburg. 18.5.1940.

Hierzu zählte z.B. das Beseitigen von (hölzernen) Feuerbrücken zwischen Gebäuden und die Auflockerung von Lagern – eine Sisyphus-Arbeit, denn die aus Bequemlichkeit, Gleichgültigkeit und Uneinsichtigkeit geborenen Widerstände mancher der Betroffenen waren trotz aller eklatanten Beispiele des Luftkriegs groß und selbst mit den staatlichen Machtmitteln in Kriegszeiten sehr oft nicht zu überwinden.

7.2.9 **Sicherheit in Kellern und Bunkern**

». . . Sammelschutzräume müssen . . . splittersicher sein und gegen das Eindringen von Giftstoffen von außen abgedichtet werden . . .« – dies war die Tendenz des Schutzraumbaus vor Beginn des Zweiten Weltkriegs! Die »Gasgefahr« schien weitaus größer, als ein Schutz vor Rauch und Hitze. Von »Bombensicherheit« sprach man lieber nicht, denn die Unlösbarkeit der finanziellen und baulichen Seite solcher Aufgabe stand von vornherein fest.

Es bestanden zwar gewisse Vorstellungen, wie der Ideal-Schutzbau aussehen müsse (49), aber bis auf einige Propaganda-Bauten – z. B. die »Winkel-Türme« – blieb dies alles graue Theorie (vgl. [49], TAFEL 7!).

In Hamburg gab es nach amtlicher Statistik am 1. 9. 1938 88 öffentliche Luftschutzräume mit einem Fassungsvermögen von rund 7000 Personen = rd. 0,4% der Bevölkerung! (Kurzbezeichnung: ÖLS)

In den Septembertagen 1939 waren dann Behörden und Private überall eifrig »am graben«, um Splitterschutzgräben – teilweise behelfsmäßig überdacht – anzulegen. Sie verfielen im Laufe der folgenden Monate und als im Mai 1940 dann die ersten Bomben einschlugen, war hiervon kaum noch etwas zu gebrauchen. Außerdem boten sie keinen Schutz vor Flaksplittern – und daran hatte vorher niemand gedacht.

Wenige Tage nach Kriegsbeginn stellte die Luftschutzstelle der Bauverwaltung Richtlinien für öffentliche Luftschutzräume auf. In Hamburg sollten für etwa ein Zehntel der Bevölkerung (Hamburg hatte damals 1678500 Einwohner!) – rund 160000 Personen – öffentliche Luftschutzräume (ÖLS) erstellt werden. Angestrebt wurde, daß die Verkehrsteilnehmer im Stadtkern alle 300 m einen ÖLS vorfinden.

Am 1. April 1940 – wenige Wochen vor Beginn der Luftangriffe – waren als Ergebnis dieser Maßnahmen 549 ÖLS für 51000 Menschen (= 3%) verfügbar. In Gebieten, wo wegen des hohen Grundwasserstandes keine Keller angelegt werden konnten, hatte die Bauverwaltung »Sonderbauten« in Form von splitter-

BILD 65 Volltreffer auf den splittersicheren »Sonderbau« Wohlersweg 34 in Harburg am 11.9.1940.

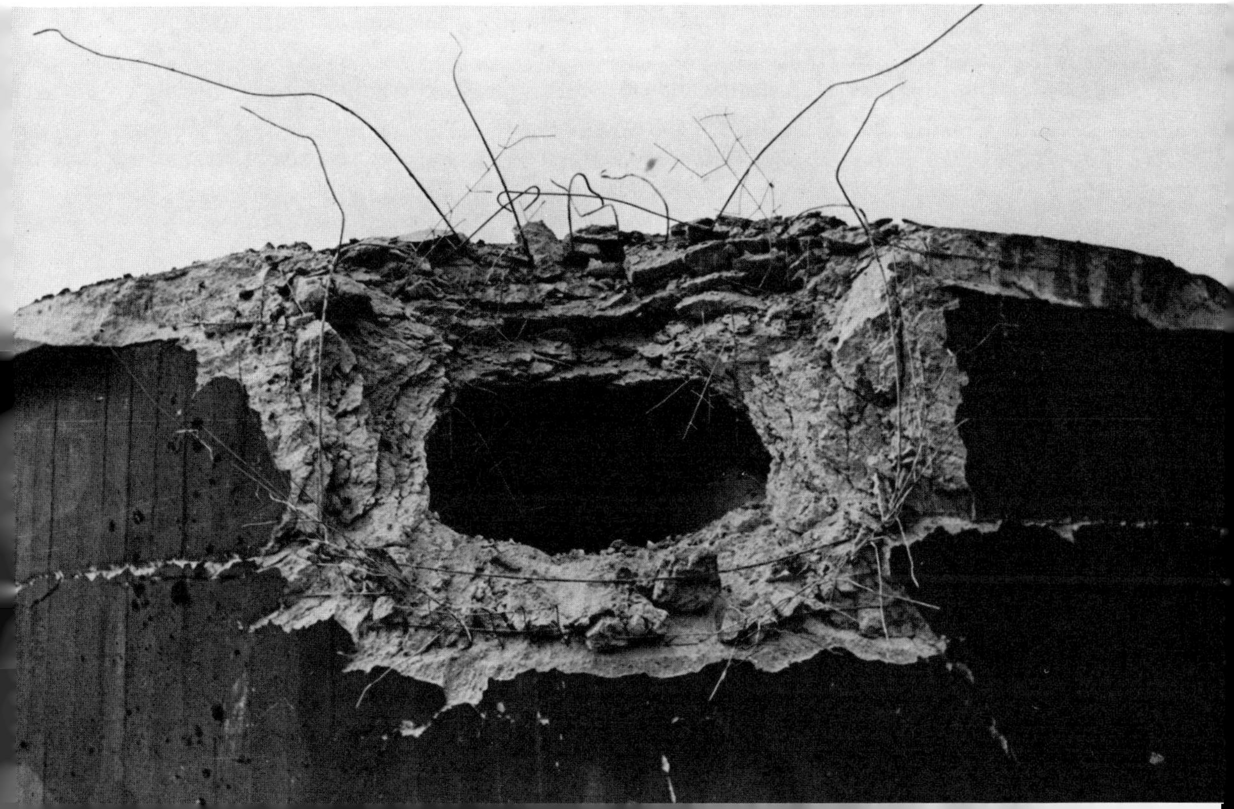

sicheren Rund- und Röhrenbunkern als Gemeinschafts-Schutzräume für die Bewohner mehrerer Häuser aufgestellt.

Die ersten Toten und Verwundeten in einem Schutzraum gab es gleich beim ersten Luftangriff am 18. 5. 1940 in Harburg. Ein Nahtreffer zertrümmerte die Wand des Schutzraums im Finanzamt Bergstraße – **BILD 64** –. Ein Toter und vier Schwerverletzte lagen in den Trümmern.

Vier Monate später – am 11. 9. 1940 – wurde der splittersichere Rundbunker (»Sonderbau«) Harburg, Wohlersweg 34 getroffen – **BILD 65** –. Von den 32 Insassen war eine Frau, die unmittelbar unter der Einschlagstelle gesessen hatte, tot, eine weitere schwer verletzt.

Am 30. 9. 1940 fand beim »Führer« eine Besprechung über Bauwesen und Luftschutz statt (CD 664), in der u. a. festgelegt wurde:

- LS-Räume in Staatsbauten müssen gegen 1000 kg-Bomben volltreffersicher sein.
- Alle im Sinne der Anordnungen des »Führers« notwendigen gesetzlichen Bestimmungen und Erlasse sind von den Reichsministern beschleunigt aufzustellen und – soweit notwendig – dem »Führer« zum Vollzug vorzulegen.

Die von General Bodenschatz abgezeichnete Notiz endet mit den Sätzen:

». . . Abschließend wies der Führer darauf hin, daß der Luftschutz eine Angelegenheit sei, die nicht bejaht oder verneint werden könne, sondern zur Auflage gemacht wird. Das Ziel sei, einen möglichst hohen Grad von Luftsicherheit zu erreichen . . .«

Diese Worte möchten wir auch heute noch als gültig anerkennen – nur klafft damals wie heute zwischen Wunsch und Wirklichkeit ein Abgrund!

Der Besprechung folgten am 10. 10. 1940 die »Anordnungen des Führers zur sofortigen Durchführung baulicher Luftschutzmaßnahmen« – kurz als »Führer-Bauprogramm« bezeichnet.

Ihre Verkündung ließ uns alle erkennen, daß die Hoffnung auf ein schnelles Kriegsende endgültig begraben werden konnte, nachdem die seit Juli 1940 erwartete Landung in England – das Unternehmen »Seelöwe« – ausgeblieben war und auch die damals seit 8 Wochen laufende Luftschlacht um England offenbar diesmal nicht mit einem »Blitzsieg« endete.

Alsbald erschienen »Bestimmungen für den Bau von Luftschutzbunkern«, in denen mit deutscher Gründlichkeit festgelegt war:

Höchstaufwand an Beton: 7,5 bis 11,5 m^3/Person,
Zementanteil mindestens 400 kg/m^3,
Betonstahl DIN 1045 in »Braunschweiger Schutzbewehrung«,
Würfelfestigkeit W mindestens 300 kg/cm^2.
Mindestdicke der bombensicheren Decken und Wände:
Baustufe A (über 1500 Personen): 3,00 m

Baustufe B (300 bis 1499 Personen): 2,50 m
Baustufe C (unter 300 Personen): 2,00 m

Luftschutzräume, die allein durch Erdüberdeckung bombensicher sein sollten, mußten folgende Deckenstärken haben:

Sand, Erde, Kies: 8,0 m,
Weicher Fels: 4,5 m
Harter Fels ohne Zerklüftung: 3,0 m

Das »Führerbauprogramm« sollte in zwei »Wellen« ablaufen. Mit der ersten Welle wurden im Reichsgebiet innerhalb eines Jahres rund 4 000 000 m³ Beton verbaut. Für die 2. Welle (Erlaß des RdLuObdL v. 4. 6. 1941) zum Schutze von 500 000 Personen sollten nochmals 4 Millionen m³ Beton nötig sein.

Auf eine Beschwerde von Staatssekretär Milch beim Rüstungsminister Todt über den zu langsamen Fortschritt des Bauprogramms antwortete dieser am 22. 10. 1941 (CD 664):

». . . Ich darf . . . noch daran erinnern, daß für den Luftschutz bis auf den heutigen Tag insgesamt 3,4 Mio cbm Beton und Eisenbeton erstellt wurden – das ist genau die Hälfte der Betonmenge, die im Westwall eingebracht wurde . . .

. . . Hier helfen auch keine russischen Kriegsgefangenen mehr, weil auch durch sie keine Kohle für den Zement und kein Treibstoff für die Zufuhren geschaffen wird . . .«

In Hamburg wurde der Schutzraumbau mit sehr hohem Aufwand an Menschen, Maschinen und Material vorangetrieben – schließlich hatten ja die Luftangriffe nachhaltig bewiesen, daß diese Stadt wirklich »luftgefährdet« war.

Am 1. April 1941 wies die Hamburger Statistik der Luftschutzbauten 1418 öffentliche Luftschutzräume für 194 179 Personen, 261 splittersichere Sonderbauten für 26 330 Personen und 21 bombensichere Bunker für 12 698 Personen aus – insgesamt also 1700 Luftschutzbauwerke für fast eine Viertel Million Menschen (= etwa 14 % der Bevölkerung!).

Bei der Bevölkerung besonders beliebt und vertrauenerweckend waren die runden »Luftschutztürme«, die vor allem an verkehrsreichen Punkten gebaut worden waren und noch heute dort stehen – so z. B. am Hauptbahnhof, am Baumwall, am Berliner Tor, nahe den Elbbrücken – und die vorwiegend in reinen Wohngebieten stehenden rechteckigen Hochbunker, die jeweils einige tausend Menschen aufnehmen konnten.

In den beiden Flaktürmen auf dem Heiligengeistfeld – die als »militärische Bauten« außerhalb des Luftschutz-Bauprogramms liefen – sollten nach offizieller Berechnung mindestens 18 000 Menschen Schutz finden können – benutzt sind sie jedoch während der Großangriffe von schätzungsweise 50 bis 60 000 Personen. Hier arbeitete auch eine Abteilung des Hafenkrankenhauses.

Anfang Juli 1943 gab es in Hamburg:

- 1442 Öffentliche Luftschutzräume,
- 773 splittersichere Sonderbauten,
- 139 bombensichere Bunker (zu denen auch die Luftschutztürme zählten!).

Im ganzen konnten hier 378 000 Menschen (= rund 23 % der Bevölkerung) unterkommen. Tatsächlich dürften bei den folgenden schweren Luftangriffen weit über 500 000 Menschen darin Schutz gefunden haben.

Im Bau waren zu jener Zeit 25 splittersichere Sonderbauten und 33 bombensichere Bunker – in vielen von ihnen, z. B. in Eilbek und Rothenburgsort, suchten während der Bombennächte die Menschen trotz der Unvollkommenheit Schutz. Durch tragische Begleitumstände kamen in einem solchen Rohbau mehrere hundert Menschen ums Leben.

In Hamburger Krankenhäusern standen ferner 4 Operationsbunker und 3 »Geburtsbunker«. Von den vorhandenen Kellern – laut Statistik 79 907 in 122 328 Gebäuden – waren rund 76 % abgestützt und mit Splitterschutz versehen, davon etwa 13 % endgültig ausgebaut.

In einer besonderen Aktion hatten die Hausbesitzer schon ab Winter 1940 in Häuserzeilen *Mauerdurchbrüche* in den Kellern geschaffen, um mehrere Fluchtwege zur Verfügung zu haben – eine Maßnahme, die besonders während der Juli-Angriffe Tausenden von Menschen das Leben gerettet hat. Die großen Trümmerschutt-Kegel nach dem Einschlag von Minenbomben gaben dann Anlaß, besonders auf »verschüttungsfreie« Notausgänge zu achten. Zu diesem Zweck sind vereinzelt sogar längere überdachte Gänge gebaut, die aus dem »Trümmerschatten« des Gebäudes herausführten.

Der Bau von »bombensicheren« Bunkern blieb damals nicht ohne Kritik. Es war klar, daß für die gesamte Bevölkerung in absehbarer Zeit kein ganz sicherer Schutz erreicht werden konnte. Deshalb schien es sinnvoller, die großen Eisen- und Betonmengen statt für Hochbunker und Luftschutztürme lieber zur Verbesserung und Vermehrung splittersicherer Schutzräume zu verwenden. Damit würde mehr Menschen ein Schutz geboten, der – von Volltreffern abgesehen – doch ein großes Sicherheitsgefühl auslöste.

Anfang Juli 1943 konnte jedenfalls die *gesamte Hamburger Bevölkerung* in den Hauptwohngebieten zumindest *splittersicheren* Schutz finden. Die später vielfältig gemachte Beobachtung, daß bei Ausbruch von Flächenbränden die bedrohten Personen oft nicht einmal mit Gewalt aus den Kellern wollten und lieber das Haus über sich brennen ließen, spricht für das große Sicherheitsgefühl in den Schutzräumen.

Von 1940 bis zum Juli 1943 war leider rund ein Drittel aller Menschenverluste bei Luftangriffen auf »luftschutzwidriges Verhalten« zurückzuführen, d.h. vorhandene Schutzmöglichkeiten wurden mit der dickfelligen Bemerkung »Mich triffts nicht!« nicht genutzt. Bei manchen Angriffen gab es zudem mehr

Verluste durch detonierende Flakgranaten als durch Bomben!
Zum Problem »Schutzraumbau« ein zeitgemäßer Vergleich:

Am 31. Juli 1977 gab es in Hamburg rund 100 Luftschutzbauwerke, zum größten Teil aus dem Zweiten Weltkriege stammend, in denen 53 233 Personen Platz finden können. Das wäre ein Schutz für rund 3 % Hamburger Bürger und entspricht dem Stand vom April 1940 – allerdings mit besserer Schutzqualität (vgl. Hamburger Abendblatt v. 06. 08. 1977).

Nach den bis Kriegsende gemachten Erfahrungen kam es nicht so sehr darauf an, daß der Schutzraum »bombensicher« oder »volltreffersicher« war, sondern

trümmersicher, d.h. die Last eines darüber zusammengebrochenen Gebäudes tragen konnte,

verschüttungssicher, d.h. mindestens zwei Fluchtwege nach entgegengesetzten Richtungen hatte, deren Ausgänge von Trümmermassen nicht verschüttet werden konnten,

hitzesicher, d.h. nicht von daneben- oder darüberliegendem Brandgut (z.B. Koks in Kellern!) soweit aufgeheizt werden konnte, daß die Temperaturen im Schutzraum lebensbedrohend anstiegen,

qualmsicher abgeschlossen werden konnte, d.h. z.B. eine Lüftungsanlage besaß, die schädliche Luftanteile (insbesondere Kohlenoxyd) ausfilterte.

Ein solcher Schutzraum würde auch im Zeitalter der Kernwaffentechnik schon einen hervorragenden Schutz bieten und nur einen Bruchteil der Kosten erfordern, die für »atombombensichere« Schutzräume aufgewendet werden müssen.

Nach der Devise »Alles oder Nichts!« sind bisher leider alle Bemühungen um einen sinnvollen Schutzraumbau zunichte gemacht worden. Die dazu aufgemachten Kostenschätzungen (vgl. hierzu »Kostenschätzung für die Notstandsgesetzgebung der Bundesrepublik Deutschland. Untersuchung im Auftrage der Vereinigung Deutscher Wissenschaftler e. V., Frankfurt 1966«) können mit ihren Milliardenbeträgen auch wirklich bei jedem Finanzminister kaltes Grausen auslösen!

7.3 EINE ZWISCHENBILANZ

Bis zur dritten Juli-Woche 1943 hatte Hamburg (nach dem »Hamburg-Bericht«, vgl. Abschnitt 14.1):

42 Öffentliche Luftwarnungen,
318 Fliegeralarme (Dauer rund 470 Stunden) mit
137 Luftangriffen (Dauer rund 200 Stunden)

erlebt. Etwa 4000 Flugzeuge der RAF überflogen dabei das Stadtgebiet.
1431 Menschen waren getötet worden,
4675 Menschen verletzt.
24375 Personen wurden obdachlos und
50701 Personen vorübergehend umquartiert, weil
1310 Wohnhäuser ganz zerstört,
3248 Wohnhäuser schwer beschädigt und
21722 Wohnhäuser leicht beschädigt
waren. In Industriebetrieben und Verkehrsanlagen waren rund 1000 Sachschäden zu verzeichnen, in militärischen Anlagen genau 103.

Selbstschutz, Werkluftschutz und FE-Dienst der Luftschutzpolizei hatten schätzungsweise 10 000 Brände bekämpft, davon der FE-Dienst allein rund 2600.

Der »Hamburg-Bericht« enthält noch mehr statistische Zahlen aus der Zeit vor den Großangriffen. Sie mögen uns heute unwesentlich erscheinen, sprechen aber dafür, mit welcher Sorgfalt damals gearbeitet wurde.

Nur ein Angriff – jener vom 26./27. Juli 1942 – hatte mehr Schäden verursacht, als die Abwehrkräfte sofort beherrschen konnten. Fast auf den Tag genau ein Jahr danach in der Nacht vom 24./25. Juli 1943 begannen dann jene Ereignisse, die als *»Juli-Katastrophe 1943«* in die Chronik dieser Stadt und die Geschichte des Luftkriegs über Deutschland eingegangen sind.

Im »Hamburg-Bericht« stand aber auch als zusammenfassende Beurteilung der Luftschutzlage vor dem 25. Juli 1943,

». . . daß eine Erhöhung der Luftschutzbereitschaft nicht mehr möglich war. In sachlicher Hinsicht waren – immer unter Berücksichtigung der gegebenen Verhältnisse – die Grenzen des Möglichen erreicht. In personeller und organisatorischer Hinsicht waren nicht nur die gesetzlichen Vorschriften erfüllt und überschritten, sondern es war auch in der gesamten Hamburger Bevölkerung eine Abwehrbereitschaft und ein Geist vorhanden, der jeder Probe gewachsen sein mußte . . .«

Zu dieser sachlich richtigen Feststellung soll aber noch über einen Vorgang auf »höchster Ebene« berichtet werden:

Am 7. Juli 1943 richtete Staatssekretär Stuckart – der Vertreter des Reichsministers des Innern – einen »Schnellbrief« an den Reichsminister der Luftfahrt (CD 664), in dem es u. a. hieß:

». . .Was jedoch allgemein Gegenstand lebhafter Erörterung und sogar der Kritik ist, das sind die *unzureichenden Maßnahmen* auf dem Gebiete des zivilen Luftschutzes . . .«

». . . Nach den Erfahrungen, die seit dem Beginn der Großangriffe im Frühjahr 1942 gesammelt worden sind, halte auch ich die *sofortige und energische* Inangriffnahme von Maßnahmen zum Schutze der Bevölkerung für *vordringlich und unbedingt* erforderlich . . .«

». . . Im einzelnen möchte ich Sie auf die Notwendigkeit folgender Maßnahmen hinweisen:

». . . Es müssen vielmehr mit Rücksicht auf die wachsende Stärke der Angriffe *völlig neue* und zu schnellem Erfolg führende Wege beschritten werden . . .«

Der Berichter ist versucht, dieses Schreiben mit dem Satz zu kommentieren: »Da ist also endlich einer beim Reichsinnenministerium aufgewacht und weiß gar nicht, was allein in seinem eigenen Hause, z. B. im Hauptamt Ordnungspolizei, schon alles geschehen war!«

Dieser Brief wurde erst nach der Hamburg-Katastrophe – am 16. 8. 1943 – von Staatssekretär Milch formgerecht auf »Staatssekretärs-Ebene« beantwortet. U. a. stand darin:

». . . In engster und steter Zusammenarbeit zwischen Reichsminister Speer und mir sind und werden alle Möglichkeiten untersucht und ergriffen, um die baulichen Schutzmaßnahmen in größtmöglichem Umfang und mit der gebotenen Beschleunigung zu erstellen. Die außerordentlich starke Anspannung der Bauwirtschaft engt jedoch auch den Rahmen für die Ausführung baulicher Schutzmaßnahmen stärkstens ein . . .

Diese Maßnahmen finden . . . leider ihre Grenze in dem Mangel an Rohstoffen, Arbeitskräften und Treibstoffen. Über diese Tatsache müssen sich alle Stellen klar sein . . .

Ihr Schreiben vom 7. 7. 1943 bringt keine Maßnahmen in Vorschlag, die nicht schon seit langem entweder von mir allein oder mit den beteiligten Stellen betrieben worden wären . . .

Es wird offenbar Ihrerseits übersehen, daß die zu treffenden Maßnahmen ein gewaltiges Ausmaß haben und ungeheurer Vorbereitungen durch Bereitstellung von Menschen und Material bedürfen . . .«

Dieser (bislang nicht bekannte!) Briefwechsel zeigt mit erschreckender Deutlichkeit, wie ahnungslos Teile der Berliner Ministerial-Bürokratie doch dem Luftschutzproblem gegenüberstanden, obwohl sie nach geltendem Recht (Luftschutzgesetz!) dafür mit-zuständig und mit-verantwortlich waren.

Seit dem 7. Juli 1943 herrschte unheimliche Ruhe im Hamburger Luftraum. Für wenige Stunden fast vergessen konnten wir bei der Feuerschutzpolizei in dieser Zeit den Krieg, als eine Sitzung des »Ausschusses für Fragen aus dem Gebiet Sonderlöschverfahren« des Reichsvereins Deutscher Feuerwehr-Ingenieure stattfand, auf der über die seit 1942 besonders in Hamburg trotz aller äußeren Behinderungen durchgeführten Forschungsarbeiten über das zur Bekämpfung von Mineralölbränden unerläßliche Löschmittel »Schaum« beraten wurde.

Die Gäste jener Juli-Sitzung – Fachleute aus dem ganzen Reichsgebiet – bekamen im Althamburger Bürgerhaus, Grimm, gegen Abgabe von 30 g Fett- und 100 g Brotmarken »R« ein festliches Mittagessen mit gebratener Scholle und einem Wermut vorweg. Zum »echten« Kaffee gab es nicht nur Kuchen, sondern sogar noch »frische Vierländer Erdbeeren« – und das alles für einen Pauschalbetrag von RM 15,–! Findige und beziehungsreiche Feuerwehrmänner hatten diese Genüsse »organisiert« und vom Generalmajor abwärts ließen es sich alle schmecken, obwohl jeder wußte, daß solche Köstlichkeiten etwas außerhalb der Legalität besorgt sein mußten.
Vierzehn Tage später lag die Stätte dieser Begegnung in Trümmern!

Während am Nachmittag des 24. Juli 1943 auf zahlreichen britischen Flugplätzen Spreng- und Brandbomben in die startklaren Flugzeuge des Bomber-Command verladen wurden, lasen – nichtsahnend – die Hamburger Bürger in ihrer Zeitung, daß ein Wellensittich entflogen war, Pflückerinnen zum Erbsenpflücken gesucht wurden, die Kleintierzüchter auf eine »Kaninchenwertbeschau« hinwiesen, eine Taschendiebin in Sicherungsverwahrung genommen war und es nunmehr auch eine »Anordnung über die Genehmigung des Besitz- und Aufenthaltswechsels von Pferden« gab. Und in der Beilage zum »Hamburger Tageblatt« stand – schier ahnungsvoll – eine Abhandlung über das Thema *»Wie und was soll man bergen?«*

7.4 UNTERNEHMEN »GOMORRHA« – DIE JULI-KATASTROPHE VON HAMBURG

»... da ließ der Herr Schwefel und Feuer regnen vom Himmel herab auf Sodom und Gomorrha und vernichtete die Städte und die ganze Gegend und alle Einwohner der Städte und was auf dem Lande gewachsen war...

(Die Bibel – 1. Buch Mose, 19.24)

Eine ganze Stadt des Gegners durch Feuer, durch Brennen und Sengen zu zerstören, ist das erklärte Ziel unzähliger kriegerischer Auseinandersetzungen in der Menschheitsgeschichte gewesen!

Troja versank einst in Schutt und Asche, Karthago wurde ausgehungert und dann in Brand gesteckt (146 v. Chr.), Alexandria ging in Flammen auf (30 v. Chr.) und dabei wurde die größte Bibliothek des Altertums mit 500 000 unersetzlichen Papyrusrollen vernichtet. Kopenhagen brannte (1795) fünf Tage lang und im Ersten Weltkrieg schlugen an allen Fronten Flammen aus den Häusern der umkämpften Städte und Dörfer, während gleichzeitig Luftschiffe und Flugzeuge den Brandkrieg aus der Luft in das Hinterland zu tragen versuchten.

Auf dem europäischen Kriegsschauplatz des Zweiten Weltkriegs ist wohl nur eine Stadt mit dem langfristig und sorgfältig vorbereiteten Ziel ihrer *völligen Zerstörung* durch eine Serie von Bombardements angegriffen worden: Hamburg.

Die monatelangen Angriffsplanungen des Bomber-Command der RAF liefen unter dem bezeichnenden Decknamen »Gomorrha« und in der offiziellen britischen Luftkriegsgeschichte steht (122):

». . . It was decided that Harris was to destroy it with all the thoroughness of which his command was capable when initiating the operation – to which the ominous code name »Gomorrha« had been given – he told his crews that . . . the battle of Hamburg cannot be won in a single night . . .«

Was dann im Juli/August 1943 mit vier nächtlichen Großangriffen der RAF, zwei schwächeren Tagesangriffen der 8. USAAF und einem Störangriff erreicht wurde, ist in die Geschichte der Freien und Hansestadt Hamburg als die *»Juli-Katastrophe von 1943«* eingegangen.

Die britische Kriegsgeschichte bezeichnet das Ergebnis als ». . . the highest point of destruction reached in the campain . . .« (». . . with the possible exception of what was achieved in Dresden . . .«) (99, Vol. III, S. 6/11) – Wir aber wissen heute, daß Zerstörungsgrad und Menschenverluste in Dresden nicht die Hamburger Ausmaße erreicht haben (6).

Ursächlich für das Hamburger Geschehen waren aber nicht allein jene rund 8500 t Spreng- und Brandbomben, die von über 2500 Flugzeugen auf Hamburger Gebiet abgeworfen sein sollen, sondern weit mehr das in dieser Form bislang einmalige Ereignis eines gewaltigen »Feuersturms«, der durch die besonderen Wetterverhältnisse am 27. und in der Nacht zum 28. Juli 1943 über Hamburg entstand.

Nach einer angeblichen Äußerung des amerikanischen Finanzministers Morgenthau soll die Bombardierung Hamburgs 346 Millionen Dollar (nach damaliger Währung etwa 1,5 Milliarden RM) gekostet haben.[91]

Trotz dieses Aufwands ist das Angriffsziel, die Moral und den Widerstandswillen der Hamburger Bevölkerung zu brechen sowie die Rüstungsindustrie, vor allem den U-Boot-Bau, nachhaltig auszuschalten, aber nicht erreicht worden. Aus der Rückschau war es letztlich ein *Mißerfolg britischer Kriegspolitik*, der dann auch noch nach dem Kriege in England selbst abwechselnd dem britischen Premier-Minister Winston Churchill, seinem Berater, Lord Cherwell, oder Luftmarschall Harris angelastet wurde.

Die einzige authentische deutsche Schilderung des Geschehens – verfaßt von den damals auf der Bühne des Geschehens Handelnden (darunter mit einem Teilabschnitt auch der Berichter) – ist der Erfahrungsbericht des Hamburger Polizeipräsidenten, der »Hamburg-Bericht«. Bei seiner Abfassung im Herbst 1943 fehlten allerdings kriegsbedingt manche Zahlen und Erkenntnisse.

Die dann in der Nachkriegszeit erschienenen deutschen Darstellungen dieser Angriffs-Serie – meist geschrieben von Leuten, die weder dabei waren, noch sachdienliche Unterlagen besaßen – sind weitgehend aus diesem Hamburg-Bericht kurzerhand abgeschrieben (meist ohne Quellenangabe!) und von politischen Aspekten geprägt, wie etwa der Meinung:

». . . im Hamburger Feuersturm verbrannte noch mehr: die Hoffnung einer ganzen irregeleiteten Nation, dieser von Deutschland entfesselte Weltkrieg könnte noch gewonnen oder doch zu einem erträglichen Ende gebracht werden . . .«

– diese Gedanken hat sich der Verfasser allerdings selbst nachträglich zusammgengebastelt![92]

Die ausländischen Veröffentlichungen, insbesondere die Geschichte der strategischen Luftoffensive gegen Deutschland (122), behandeln zwar ausführlich »The battle of Hamburg«, legen sich aber in der Schilderung der Schrecklichkeit des Geschehens und in der Wiedergabe zugehöriger Bilder eine erstaunliche Zurückhaltung auf. Wir vermögen uns des Eindrucks nicht zu erwehren, daß hierbei doch ein bedrücktes Gewissen über die moralischen Aspekte des Unternehmens »Gomorrha« mitgespielt hat.

Im folgenden kann nur versucht werden, möglichst viele Tatsachen zusammenzutragen, Meinungen jener Zeit festzuhalten und nüchtern-kritisch auszuwerten, um wenigstens diese Unterlagen für die Hamburger Chronik zu bewahren. Der kostenbedingte Verzicht auf viele Bilder mag aber im Hinblick auf die vielen Bildveröffentlichungen darüber in den letzten Jahrzehnten hingenommen werden (123), (116), (67).

7.4.1 **Strategie, Taktik und Technik der Angreifer**

Strategisches Ziel der Bombardierung Hamburgs war sicher in erster Linie das Ausschalten der hier konzentrierten Rüstungsbetriebe, insbesondere der U-Boot-Werften und der Mineralölindustrie, und zwar nicht nur durch Zerstörung der einzelnen Werksanlagen, sondern mehr noch durch Vernichtung der Wohnstätten der hier Beschäftigten. Als erreichbares Nebenziel hoffte das Bomber-Command zudem auf eine wesentliche Beeinträchtigung des Widerstandswillens der Bevölkerung – vielleicht sichtbar werdend in offenem Aufruhr – zumindest aber einer Umkehr von Siegeszuversicht in *Siegeszweifel.*

Hamburg war obendrein für die RAF ein Ziel, das durch seine Lage an sehr charakteristischen Wasserflächen sowohl bei Erdsicht recht genau ausgemacht werden konnte, als auch mit den damals gerade neu entwickelten und eingeführten H2S-Nachtsichtgeräten deutlich zu orten war.

Erstmalig sollte zudem versucht werden, die deutschen Funkmeßgeräte – insbesondere die für die Nachtjagd-Führung und Flak wichtigen Würzburg-Geräte[93] durch Abwurf von Störfolien – britisch: »Windows«, deutsch: »Düppel« – auszuschalten oder ihre Anzeige so zu beeinträchtigen, daß Flak und Nachtjäger keine Zielpunkte mehr fanden und über den Angriffsverlauf und die Position der Angreifer getäuscht wurden.

Diese »Windows« oder »Düppel« waren sog. Dipole – mit Aluminiumfolie kaschierte, schwarz eingefärbte Papierstreifen von 24,8 cm Länge und 2 cm Breite, d.h. etwa der halben Wellenlänge, mit der die deutschen Radar-Ortungsgeräte arbeiteten. Die Kenntnis dieser Wellenlänge hatten sich die Engländer durch einen Handstreich verschafft: In der Nacht vom 27./28. 2. 1942 war ein britischer Kommandotrupp in eine deutsche Würzburg-Stellung an der Kanalküste bei *Cap d'Antifer* eingedrungen, hatte das Gerät fast vollständig abgebaut und zur Untersuchung nach England mitgenommen (4)[94].

Durch Abwurf der »Windows« wurde in den Braun'schen Röhren der Ortungsgeräte ein dichter Zackennebel (»Gras«) hervorgerufen, der das Herausfinden der eigentlichen Ziele und ihre Ausmessung unmöglich machte (4), (73).

Diese Störungsmöglichkeit war auf beiden Seiten schon seit langem bekannt – in Deutschland seit Mitte 1942 (vgl. 62, S. 283/284), aber streng geheim gehalten, denn jeder fürchtete die Anwendung durch den Gegner. Das britische Kriegskabinett beschloß aber dann doch am 22. 6. 1943, den Einsatz von »Windows« für das Unternehmen »Gomorrha« freizugeben.

Die britischen Vorbereitungen zur Zielansprache und Angriffsdurchführung sind von Webster-Frankland (122) sowie Richards-Saunders (99), Verrier (117) und Price (96) übereinstimmend eingehend geschildert und von K. O. Hoffmann (56) in einer Übertragung wie folgt dargestellt:

». . . Nach eingehender Wetterberatung – leichte Bewölkung über dem Ziel – wurde der Beginn des Bombenabwurfs auf Hamburg für den 25. 7. 1943 um 01.00 Uhr festgesetzt. Der Bomberverband war aus 347 Lancaster-[95], 246 Halifax-[96] und 125 Stirling-[97]Bombern (viermotorig) sowie 73 zweimotorigen Bombern vom Typ Wellington – zusammen 791 Maschinen – zusammengestellt. Sie sollten von ihren im Südosten Englands liegenden Flugplätzen nördlich am 54. Breitengrad entlangfliegen, um von etwa Büsum aus in Richtung Südosten am nördlichen Elbmündungsufer entlang auf Hamburg zu fliegen.

Am Wendepunkt bei Büsum warfen sechs mit »H2S«-Geräten ausgerüstete Flugzeuge gelbe Flugwegmarkierungen. Hinter diesen sogenannten »Erstmarkierern« (Blind markers) flogen 30 »Erneuerer« (Bakers-up). Am Wendepunkt mußten die gleichen Flugzeuge Windgeschwindigkeiten an das Hauptquartier des Bomber-Command in High Wycombe, 45 km westlich London, geben. Diese Windgeschwindigkeiten sollten zwischen der letzten »GEE«–(Hyperbel-)Standortbestimmung und der ersten H2S-Standortbestimmung festgestellt und zehn Minuten vor dem ersten Bombenabwurf, sowie zehn und zwanzig Minuten danach an den Hauptangriffsverband in der Luft von England aus durchgegeben werden.

Der ganze Verband war angewiesen, ab 7° 30′ östlicher Länge (etwa nördlich der Insel Langeoog) auf dem Hinflug jede Minute ein Bündel »Windows« (»Düppel«) fortlaufend zu werfen, bis auf dem Rückflug der 7. Grad östlicher Länge (etwa nördlich der Insel Juist) überflogen worden war. Drei Minuten vor der X-Zeit (erster Bombenabwurf) mußten 20 »H2S«-Flugzeuge mit ihrem Gerät das Objekt ausmachen und *gelbe* Zielmarkierungen sowie Leuchtbomben blind abwerfen. Dieses war das Zeichen für acht mit »H2S« ausgerüstete Besatzungen, den Zielpunkt im Innern der Stadt – die Katharinenkirche – (*Anmerkung:* hier irrt Hoffmann – es war die Nicolai-Kirche!) mit *roten* Zielmarkierungen anzugreifen . . .

53 Markierungserneuerer sollten dann *grüne* Markierungen von X-Zeit + 2 bis X-Zeit + 48 min setzen. Die Besatzungen dieser letztgenannten Maschinen sollten vornehmlich auf die roten Markierungen zielen, aber, falls diese nicht gesehen werden konnten, auf die Mitte ihrer eigenen grünen Markierungen, wenn auch das nicht möglich war, auf die blind geworfenen gelben Zeichen. Elf der Erneuerer, welche während des gesamten Angriffs zerstreut waren, mußten den Zielpunkt neu festlegen durch Markierungen, um den Angriff wieder zum richtigen Mittelpunkt zu verlagern.

Das Angriffsgros hatte zwei Minuten nach X-Zeit zu bombardieren und die Gesamtangriffsdauer sollte 85 min nicht übersteigen. Das Gros mußte die gelben Markierungen außer Acht lassen und nur auf irgendwelche sichtbaren *roten* Zeichen werfen. Wenn keine roten Zeichen sichtbar waren, durfte auf die *grünen* gezielt werden.

Die RAF versprach sich keine Wunder von H2S und verließ sich hauptsächlich auf die Sichtmarkierungen, die, so hoffte man, durch die von H2S-Flugzeugen geworfenen Leuchtbomben gesetzt werden würden. Das wiederum hing davon ab, ob die Wettervorhersage zutraf . . .«

Soweit die Planung, die auch für die nachfolgenden Angriffe gelten sollte.

Dies liest sich alles so recht einfach und überzeugend, aber schon ein aus 5000 m Höhe und bei gutem Tageslicht auf Hamburg gerichteter Blick macht doch wohl recht deutlich, wie schwierig und von vielen Zufällen abhängig die Zielfindung bei Nacht, Dunstschichten und starkem Flakbeschuß gewesen sein muß!

Beim Bomber-Command hatte man sich ferner Gedanken gemacht, welche »Mischung« von Spreng- und Brandmunition wohl den größten taktischen Erfolg bringen würde. Bei Webster-Frankland (122) ist darüber zu lesen:

». . . on the first attack a large number of incendiaries are to be carried in order to saturate the Fire Services . . .«
– auf gut Deutsch: Die Feuerlöschkräfte sollten »fertiggemacht« werden!

Die »Schlacht um Hamburg« ist in die Luftkriegsgeschichte eingegangen als ein taktisch und technisch besonders sorgfältig vorbereitetes Unternehmen. Was aber dennoch dabei alles »schief«gegangen ist, wird bei der Schilderung des Ablaufs der einzelnen Angriffe berichtet.

7.4.2 **Die Katastrophe beginnt!**
Erster (138.) Angriff am Sonntag, dem 25. Juli 1943

»... Ein starker Verband britischer Bomber führte in der vergangenen Nacht einen Terrorangriff gegen die Stadt Hamburg, durch den schwere Verluste unter der Bevölkerung und starke Zerstörungen an Wohnvierteln, Kulturstätten und öffentlichen Gebäuden entstanden...«
(Aus dem Bericht des Oberkommandos der Wehrmacht vom 25. Juli 1943)

In den Abendstunden des 24. Juli 1943 starteten auf den Flugplätzen des Bomber-Command unter Führung des Luftvicemarschalls D. C. T. Bennett 791 Kampf- und Bombenflugzeuge zum ersten Angriff des Unternehmens »Gomorrha«. Sie flogen ab 23.58 Uhr in den deutschen Luftraum ein.

Die deutsche Schätzung lag bei ». . . über 600 Maschinen mit Anflughöhen zwischen 6000 und 8000 m . . .« – war also recht genau!
Die Warnzentrale gab folgende Meldungen:
25. 07. 1943

Luftgefahr 30	00.19 Uhr,
Luftgefahr 15	00.24 Uhr,
Fliegeralarm	00.33 Uhr,
Entwarnung	03.01 Uhr.

Der Angriff begann nach britischer Darstellung 3 Minuten vor der planmäßigen Stunde X = 01.00 Uhr. Um 00.58 Uhr waren auch der LS-Leitung die ersten Markierungsbomben über dem nordwestlichen Stadtgebiet gemeldet worden.

Im Gefechtsbunker der 2. Jagddivision in Stade – dem »Gefechtsopernhaus« oder den »Kammhuber-Lichtspielen« – überschlugen sich seit Mitternacht die Meldungen von den Funkmeß-Stellungen entlang der Küste und in Schleswig-Holstein: »Gerät durch Störung ausgefallen!« Die gleichen Hiobsbotschaften kamen von den Funkmeßgeräten der Flak.

54 schweren und 26 leichten Flakbatterien – die Hamburg schützen sollten – blieb nichts anderes übrig, als »blind« Sperrfeuer aus allen Rohren zu schießen. Die Scheinwerfer der 22 Scheinwerferbatterien konnten zwar zahlreiche Ziele auffassen, aber ein konzentrierter Beschuß gelang in der angerichteten Verwirrung nicht.

Aus den sehr dürftigen Rundsprüchen der Warnzentrale war von der Luftschutzleitung nicht zu entnehmen, was Hamburg bevorstand. Schon die ersten Meldungen der Turmbeobachter und die Auswertungen der Peilzentrale ließen aber erkennen, daß der Angriff Hamburg galt.

Trotz aller Ausbildung der »Zielmarkierer« fielen – möglicherweise durch Windströmungen in den unteren Luftschichten – die grünen und roten Zielmarkierungsbomben dann doch nicht in der Nähe des befohlenen Zielpunkts – der Nicolaikirche – sondern vielfach kilometerweit entfernt.

Anmerkung: Die Zielmarkierungs-Bomben stießen in rund 1000 m Höhe etwa 60 »Leuchtkerzen« aus. Diese brannten auf dem Boden in einem Flammenkreis von ungefähr 300 m Durchmesser 3 bis 7 min lang. Dann mußte die Zielmarkierung »erneuert« werden. Schon bei geringen Bodenwindstärken konnten diese »Leuchttrauben« erheblich »versetzt« werden.

Die ersten beiden »Salven« lagen zu kurz – 5½ Meilen (= 8,4 km) vom Zielpunkt entfernt in der nordwestlichen Anflugschneise (Raum Eidelstedt). Eine Markierungsbombe fiel in das Hafengebiet – 2 Meilen (= 3,0 km) südöstlich des Zielpunkts (Raum Baaken-/Oberhafen). Durch Ausfall eines Zielgeräts lag eine weitere Markierung 1½ Meilen (= 2,3 km) nordwestlich (Raum Altona/St. Pauli), wiederum andere fielen 3¼ Meilen (= 5 km) ost-nord-ostwärts (Raum Wandsbek) oder 2½ Meilen (= 3,8 km) westlich in Altona-Altstadt (122).

A. Verrier berichtet dazu (117, S. 227): ». . . 11 dieser . . . für die zweite Markierung eingesetzten Flugzeuge bemühten sich, die Hauptkräfte am Ziel zu halten, aber es ging ihnen ähnlich, wie den vor ihnen eingesetzten und mit dem H2S-Gerät ausgerüsteten Flugzeugen: Sie hatten nur mäßige Erfolge . . . Der Angriff kroch . . . merklich zurück und gegen ½2 Uhr erstreckte sich ein Teppich von Brandbomben über 11 km entlang der Anflugstrecke nach Hamburg. Aus diesem Unternehmen hat man gelernt, daß das H2S-Gerät innerhalb des 10-km-Radius nicht mit der gleichen Genauigkeit funktionierte, wie das Gerät Oboe . . .«

Das Bomber Command gab nach Auswertung der Zielphotos später ein Trefferbild bekannt (122, Vol. II, Map 8), das allerdings durch die Bebauungsweise nicht identisch ist mit der deutschen Schadenskarte – **BILD 67** –.

Nach alliierten Angaben (99), (122) haben damals 740 (= 92 %) Maschinen den Zielraum Hamburg erreicht, aber nur 306 (= rd. 39 %) konnten ihre Bomben in 3 Meilen (= 4,5 km) Umkreis um den angesetzten Zielpunkt abwerfen – vgl. **BILD 67** –. Es war nach all der Vorbereitung und angesichts der ausgeschalteten gezielten Luftabwehr wirklich kein sehr befriedigendes Ergebnis, zumal sehr viele Maschinen ihre Bombenlast offensichtlich vorzeitig abgeworfen hatten und der tatsächliche Angriffsraum sich immer mehr nach Nord-Westen verlagerte – in Gebiete, die weder dicht besiedelt noch von Rüstungsbetrieben belegt waren.

Wir können heute wohl mit einiger Sicherheit sagen, daß die Zersplitterung

BILD 66 **Die »Große Bergstraße« in Altona nach dem Luftangriff vom 25.7.1943. Die Straße ist ganz verschüttet.**

des Angriffs eben wohl doch eine Wirkung des (ungezielten) Flak-Sperrfeuers war und vor allem die noch weniger fronterfahrenen Besatzungen ihre Bombenlast so schnell wie möglich loszuwerden trachteten, statt im Flaksplitter-Regen nach Zielmarkierungen zu suchen. Sie wußten ja auch nicht, ob die beabsichtigte Täuschung der deutschen Funkmeßgeräte tatsächlich gelungen war.

Dennoch waren die angerichteten Schäden im Vergleich zu den früheren Angriffen schrecklich groß! Besonders schwer betroffen wurde die Innenstadt, die Stadtteile Hoheluft und Eimsbüttel, Altona und die nordwestlichen Vororte.

Es entstanden erstmals in Hamburg Reihen- und Flächenbrände bislang nicht gekannten Ausmaßes – BILD 66 –, die auch nach 24 Stunden noch nicht erloschen waren. Kohlen- und Koksvorräte, in den Kellern vieler Häuser schon für den Winter eingelagert – brannten teilweise wochenlang[98]!

». . . Gas-, Wasser- und Elektrizitätsleitungen wurden nachhaltig beschädigt. Die Fernsprechleitungen fielen bereits frühzeitig weitgehend aus . . .« – sagt der Hamburg-Bericht. Schon 15 min nach den ersten Abwürfen waren

1
2
3
HAUPTANFLUGRICHTUNG
HAUPTSCHADENSGEBIET
3-MEILEN-KREIS
FLOTTBECKER CHAUSSEE
FISCHEREI-HAFEN
PARKHAFEN
MÜHLENWÄRDER-HAFEN
WALTERSHOFER-HAFEN
GRIESENWÄRDER-HAFEN
KOHLENSCHIFF-HAFEN
VORHAFEN
VULKAN-HAFEN
KUHWÄRDER HAFEN
KAISER-WILHELM-HAFEN
ELLERHOLZ-HAFEN
ODER-HAFEN

BILD 67 Hauptschadensgebiete des 1. Großangriffs nach Feststellungen des FE-Dienstes. Hauptschadensgebiet nordwestliches Segment von etwa 90° aus dem 3-Meilen-Kreis. Weitere Schwerpunkte Ober- und Baakenhafen, ebenso in Wandsbek durch Fehlwurf von Zielmarkierungsbomben. Verzettelte Schäden in St. Georg, Hohenfelde, Hamm, Uhlenhorst und im Hafen beim Fährkanal, Norderloch, Reiherstieg, Schuppen 57 und 58, Südwesthafen. (1), (2), (3) und (4) geben die Lage von Zielmarkierungen an. Beachte die zahlreichen Einzelschäden in der Hauptanflugrichtung (sehr geringe Bebauungsdichte!).

z. B. sämtliche Fernsprechverbindungen zur Gruppe West unterbrochen – dagegen liefen von den Gruppen Ost und Hafen ständig Meldungen und Kräfteanforderungen ein. Dadurch entstand zunächst bei der örtlichen Leitung ein *falsches Bild der Lage.*

Erst nach »Entwarnung« wurde bekannt, daß die weitaus größeren Schäden mit ausgedehnten Flächenbränden in der Gruppe West lagen. Der wirkliche Umfang der Katastrophe schälte sich dann einige Stunden später aus dem Mosaik der Meldungen eigener Erkunder heraus, die unter größten technischen Schwierigkeiten (Reifenschäden!) und körperlichen Anstrengungen die Schadensgebiete durchfuhren.

Hinzu kam, daß in jener Nacht das Polizeipräsidium herunterbrannte. Die Befehlsstelle der Örtlichen Leitung in einem unterirdischen Bunker vor dem Polizeipräsidium war durch den Brand der umliegenden Geschäftshäuser völlig vom Feuer eingeschlossen und mußte in den Morgenstunden unter großen Schwierigkeiten geräumt werden. Als Ausweichstelle diente zunächst der Befehlsstand des Befehlshabers der Ordnungspolizei in der Feldbrunnenstraße. Auch zahlreiche andere Befehlsstellen der Luftschutzorganisation wurden zerstört oder schwer beschädigt, darunter die Feuerwache 9 in der Quickbornstraße. Vier Angehörige des FE-Dienstes kamen im Luftschutzkeller der Wache

BILD 68 Zerfetztes Löschfahrzeug nahe der Feuerwache 9 – Quickbornstraße (Eimsbüttel).

BILD 69 Ausgebrannter, verschütteter Straßenzug in Eimsbüttel – Gärtnerstraße.

durch eine Sprengbombe ums Leben, von den Löschfahrzeugen blieben nur noch zerfetzte Trümmer – **BILD 68** –.

Die ersten Löschkräfte waren um 01.10 Uhr eingesetzt worden, also unmittelbar nach Beginn der ersten Abwürfe. Eine Stunde später standen sämtliche vorhandenen Löschkräfte im Einsatz, ohne daß es auch nur annähernd möglich war, überall tätig zu werden. Die Angreifer hatten ihr Ziel, ». . . to saturate the Fire Service . . .« erreicht!

Noch in der Nacht wurden deshalb aus der weiteren Umgebung von Hamburg – aus Lübeck, Kiel, Bremen – alle verfügbaren Löschkräfte nach Hamburg beordert. In den Nachmittagsstunden des 25. Juli rückten auch fünf FE-Bereitschaften aus Berlin ab und trafen zwischen 01.00 und 04.00 Uhr früh am 26. Juli an der Auffangstelle *Bergedorf* ein. Sie blieben bis zum 31. Juli in Hamburg und nahmen bei Löscharbeiten rund 750 Strahlrohre vor.

Wie es in jenen Nachtstunden nach dem Angriff in den Schadensgebieten aussah, schildert anschaulich der Bericht eines FE-Dienst-Erkunders der örtlichen Luftschutzleitung (Werner Schlünz):

»... Am Alter Wall, Neuerwall, Graskeller und der weiteren Innenstadt waren bereits heftige Brände erkennbar. Meine Fahrt ging über Stadthausbrücke. Hinter der Düsternstraße[99] brannten die linksseitigen Geschäftshäuser vom Keller- bis zum Dachgeschoß. Der Versuch, durch schnelles Fahren die Gefahrenstelle zu passieren, scheiterte durch einen Sturz in herabgefallene Gebäudeteile. Die strahlende Hitze und der Funkenflug waren so stark, daß die Bergung der Maschine in den gegenüberliegenden Torweg mit größter Schwierigkeit verbunden war. In den hier links und rechts abgehenden Treppenhäusern suchte eine größere Anzahl Personen Schutz, sie wurden aber durch Funkenflug, strahlende Wärme und Rauch stark belästigt und durch die bereits brennenden und einstürzenden Hinterhäuser gefährdet.

Ich erkundete die Fluchtmöglichkeit Kaiser-Wilhelm-Straße, führte die Leute heraus und gab Anweisung, sich durch das scheinbar nicht betroffene Gebiet in Richtung Stadtgraben zu begeben.

Nachdem ich das Krad nachgeholt hatte, setzte ich meine Fahrt fort, die aber bereits in Höhe der Neustädter Straße durch Sprengschäden und einen neuerlichen Sturz unterbrochen wurde. Im weiteren Verlauf der Fahrt durch die Feldstraße, Pferdemarkt, General-Litzmann-Straße und deren Nebenstraßen konnte ich unzählige Dachstuhl- und Hausbrände feststellen.

Nach Erfüllung meiner Aufgabe in der Gruppe West (*Anmerkung:* Die keine Fernsprechverbindung mit der örtlichen Leitung mehr hatte!) versuchte ich, das Gebiet Richtung Eimsbüttel zu erkunden und durchfuhr die Straßenzüge Alsenstraße, Waterloostraße, Eimsbütteler Chaussee, Emilienstraße, Osterstraße. In diesen Straßen und Nebenstraßen brannten die Dachstühle und zum Teil Gebäude vom Keller- bis zum Dachgeschoß – BILD 69 –. Es herrschte zeitweise ein Funkenflug und Gegenwind, der beim Fahren das Umschalten auf den zweiten Gang erforderlich machte.

Die Straßenzüge waren wie ausgestorben. Nur vereinzelt traf ich Flüchtlinge, die Freiflächen zustrebten. In der Bismarckstraße, Ecke Eichenstraße wurde ich von einem politischen Leiter angehalten, der Hilfe für seinen besetzten Hochbunker (etwa 1000 Personen) forderte. Der hier besonders stark wütende Feuersturm hatte die aufgestellten Gerüsthölzer des Bunkers in Brand gesetzt, so daß die Leute durch eindringende Rauchgase beunruhigt wurden. Im Bunker war die Luft im Vergleich zur Straße aber sehr gut. Die Leute ließen sich beruhigen und blieben im Bunker, da nach Einsturz der Gerüste die Verqualmung nachließ. Mein Versuch, die Bismarkstraße in nördlicher Richtung weiter zu durchfahren, scheiterte an dem entgegenkommenden Feuersturm und Straßenverschüttungen ...

...

Die Gebäude an der Reeperbahn brannten vom Millerntor bis zur Sophien-

BILD 70 Das Innere der Nicolaikirche mit durchschlagenen Kellergewölben (darunter befand sich ein Weinkeller!)

straße an beiden Seiten . . . Das Großschadensgebiet begann mit der alten Begrenzung zwischen Hamburg und Altona und erstreckte sich bis zum Altonaer Hauptbahnhof. Ein Durchfahren des Schadensgebiets war nicht möglich, da die engen Straßen vollkommen verschüttet waren . . .« (Vgl. **BILD 66!**)
– soweit ein Auszug aus diesem Erkunderbericht.

Die Sammelwasserleitung war überall schon kurz nach Angriffsbeginn ausgefallen – das Löschwasser mußte zeitraubend und mühsam über weite Entfernungen aus Löschwasserbehältern oder von offenen Wasserstellen herangeschafft werden.

Am Neuen Steinweg 92 holte eine Löschgruppe aus einem Luftschutzraum 46 Menschen lebend und 20 tot heraus – die Lebenden waren bereits völlig teilnahmslos und hatten sich offenbar in ihr Schicksal ergeben.

67 Menschen, die sich in dem öffentlichen Luftschutzraum Schulterblatt 156 (Altona) aufhielten, wagten nicht mehr den Sprung durch einen brennenden Torweg und kamen ums Leben – sie hatten keinen »gesicherten Fluchtweg«!

Im Rathausturm entstand auch ein Brand. Nachdem eine Tragkraftspritze im Turm aufgestellt war, konnte das Feuer abgeriegelt und gelöscht werden[100].

Die Nicolai-Kirche – Orientierungs- und Zielpunkt des ganzen Angriffs – war von mehreren Spreng- und Brandbomben getroffen, teilweise eingestürzt und im Turm ausgebrannt – **BILD 70** –. Hier wurde auch gleich zu Angriffsbeginn der gerade kurz zuvor installierte einzige ortsfeste Hauptsender des Stadtfunknetzes zerstört und damit dieser Nachrichtenweg lahmgelegt. Die ganze Umgebung lag in Trümmern – **BILD 71** –. Der ausgebrannte Turm ist nun seit 1977 eine Gedenkstätte an das Kriegsgeschehen.

». . . Noch in den Mittagstunden des 25. Juli lastete eine dichte Qualm- und Staubwolke über der Stadt, die trotz des klaren, wolkenlosen Sommerwetters den Durchbruch der Sonne verhinderte . . .« – und um diese Zeit entfachten die Bomben des zweiten Luftangriffs (vgl. 7.4.3) neue Brände vor allem im Hafengebiet.

Zum ersten Male gelang es nicht, bis zum Einbruch der Dunkelheit alle Brandstellen »schwarz« zu machen. Die Hamburger Löschkräfte – seit 18 bis 20 Stunden im Einsatz – waren erschöpft. Die meisten der von auswärts herangeholten Einheiten wurde in den späten Nachmittagsstunden entweder in ihre Heimatorte zurückbeordert, um dort für mögliche Angriffe in der Nacht bereitzustehen – oder sie setzten sich in die weitere Umgebung ab, um nicht den Folgen eines befürchteten neuen Angriffs direkt ausgesetzt zu sein. Als Auswirkung davon kamen an vielen Stellen wieder Brände hoch.

In den frühen Morgenstunden des 26. 7. 1943 (04.15 Uhr) mußte sich der Chef des Stabes der Feuerschutzpolizei, Oberst d. FSchP. Dipl.-Ing. Schliemann, beim Höheren SS- und Polizeiführer melden. Er wurde unter erheblichem

BILD 71 Die ausgebrannte Umgebung der Nicolaikirche, vom Kirchturm in südöstlicher Richtung gesehen (Aufnahme Mitte August 1943).

Stimmaufwand angeschnauzt etwa mit den Worten: »Wo sind die Löschkräfte? Die Feuer werden größer und brennen hell!« Seine Antwort lautete: »Es ist alles eingesetzt. Durch Herausziehen der motorisierten LS-Abteilungen und der Feuerlöschkräfte anderer LS-Orte sind jedoch zahlreiche Brandstellen unbesetzt. Die Kräfte reichen nicht aus. Es wird noch einige Tage dauern, bis die Brände gelöscht sind.« Er wurde darauf erneut angefahren mit den Worten: »Vor zwei Stunden (*Anmerkung:* tatsächlich war es kaum eine Stunde!) sind die motorisierten Abteilungen dem örtlichen Luftschutzleiter zur Verfügung gestellt, aber bisher nicht eingesetzt. Weshalb befinden Sie sich nicht in der Befehlsstelle?« Die Antwort: »Ich bin im Einvernehmen mit General von Heimburg (*Anmerkung:* dem Kommandeur der Schutzpolizei Hamburg!) zum Einsatz und zur Überwachung der Kräfte unterwegs. Das ist jetzt das Wichtigste.« Darauf der »Höhere SS- und Polizeiführer«: »Ich verlange, daß alle (!!!) Offiziere sich in den Befehlsstellen aufhalten und die örtliche Leitung stets durch Offiziere besetzt ist (*Anmerkung:* Das war sie ohnehin immer!). Ich erwarte bis

8 Uhr früh Meldung, wo noch Brandstellen sind und wieviele Kräfte gebraucht werden. Entsprechende Erkundungen sind durchzuführen. Sie haben die Aufgabe, bis 12 Uhr alles schwarz zu machen!«

Mit diesem ebenso sinnlosen, wie undurchführbaren Befehl war es allerdings nicht getan, denn die Naturgewalt »Feuer« ließ sich nicht einfach kommandieren. Immerhin gelang es aber doch bis zum Abend des 26. Juli – trotz des inzwischen erfolgten Tagesangriffs (vgl. 7.4.3) – die Brandstellen »in den Griff« zu bekommen und bis auf Glutberge, z. B. von Kohlenhaufen beim Elektrizitätswerk Tiefstack alle offenen Flammen zu löschen.

In den Mittagsstunden des 25. Juli begannen Teile der Bevölkerung »abzuwandern«, ohne daß dies allerdings die Formen einer Flucht annahm.

Der Reichsverteidigungskommissar hatte bereits am 25. 7. früh den »GK-Fall« (vgl. 7.2.1) angeordnet.

Am 25. 7. abends 23 Uhr erschien die erste Gemeinschafts-Ausgabe aller Hamburger Zeitungen, die »Hamburger Zeitung« mit der Überschrift »Der Terrorangriff auf Hamburg«.

Als Sonderzuteilung für die Bevölkerung gab es:

50 g Bohnenkaffee,
eine Sonder-Lebensmittelkarte für 3 Tage,
10 Zigaretten oder 6 Zigarillos oder 3 Zigarren,
125 g Süßwaren und eine halbe Flasche Spirituosen.

Textilien und Schuhwaren wurden nur noch gegen »Fliegergeschädigtenbezugsausweis« abgegeben.

Der Drahtfunk war ausgefallen.

In der »Hamburger Zeitung« vom 26. Juli mittags hieß es:

». . . Das Verlassen des LS-Ortes Hamburg ist bis auf weiteres nur mit einer besonderen Genehmigung gestattet . . .«

– es war der (vergebliche!) Versuch, eine regellose Flucht zu verhindern und die Evakuierung von Bevölkerungsteilen in die vorgesehenen Aufnahmegebiete zu steuern. Für den 27. 7. wurden Abfahrt-Termine bekanntgegeben.

Die Zahl der Toten schätzte die Luftschutzleitung auf etwa 1500 – das war jedenfalls die Zahl, die bis zum Abend des 27. Juli vorlag. Genauere Feststellungen für den ersten Großangriff hat es nicht gegeben.

Die Total-Schadensgebiete – vgl. BILD 67 – hatten eine Fläche von etwa 3,975 km², einen Umfang von 25,7 km und darin ungefähr 86,8 km Gebäudefronten – und damit waren schon alle Schadenszahlen übertroffen, die aus anderen deutschen Städten bislang vorlagen.

Angerichtet hatten dieses Unheil nur ein Teil – geschätzt etwa 15 bis 20 % der von den Bombern mitgeführten 2546 ts Abwurfmunition, davon 1522 ts Sprengbomben und 1024 ts Brandbomben (vgl. TAFEL 8).

Auffällig war die große Zahl schwerster Minenbomben – 11 Stück zu 8000 lbs und 326 Stück zu 4000 lbs. Sie hatten die Gebäude zerfetzt und alles Brennbare dem Feuer preisgegeben.

Wir müssen uns heute fragen: *Wie hätte die Hamburger Innenstadt ausgesehen, wenn Zielmarkierungen und Bomben »nach Plan« gefallen wären?*

Nach britischer Ansicht waren die Sachschäden zwar schwer und weit gestreut, aber doch nicht größer, als in manchen Ruhrstädten (Wuppertal) schon vorher erreicht.

Nur 12 Maschinen gingen bei diesem Angriff verloren (der deutsche Wehrmachtsbericht sprach von 17 abgeschossenen Flugzeugen!) und 31 wurden beschädigt. Es war eine Verlustrate, die weit unter den Vorausschätzungen des Bomber-Command lag und wohl in erster Linie auf den Einsatz der »windows« zurückgeführt werden konnte. Drei Maschinen waren übrigens von den Brandbomben anderer Maschinen getroffen worden; eine weitere Maschine wurde durch die vorzeitige Explosion der eigenen Markierungsbomben (ausgelöst durch einen Flaksplitter?) erheblich beschädigt.

Auch die Zahl der an den Schadensstellen eingesetzten Abwehrkräfte brachte neue Maßstäbe. Sie alle heute noch aufzuzählen, wäre müßig. Es mag genügen, daß es alles in allem schätzungsweise 41 000 Mann waren[101].

Im (»neutralen«) Ausland erschienen am 26. und 27. Juli Pressemeldungen unter Überschriften wie »Die Stadt ein einziges Flammenmeer!« oder »Die meisten Wohnviertel in Ruinen!« und das britische Luftfahrtministerium sorgte natürlich dafür, daß der offensichtliche Angriffserfolg weltweit bekannt wurde:

». . . Riesige Brände entstanden in Deutschlands größtem Seehafen. Dichter schwarzer Rauch stieg 4 Meilen hoch in die Luft und es liegen viele Meldungen über heftige Explosionen vor . . .«[102]

In der »Mittagslage« im Führerhauptquartier am 25. Juli (51) ist der Angriff auf Hamburg angesprochen worden. Seine Ausmaße waren aber offensichtlich – auch bei der »Abendlage« – noch nicht annähernd bekannt. Sorgen bereitete jedoch bereits die Störung der Funkmeßgeräte (bis auf die »Freya-Geräte«!) durch die abgeworfenen Stanniolstreifen – ». . . das Mittel . . ., das wir bisher dauernd gefürchtet haben . . . «.

Hitler äußerte damals (51, S. 294): ». . . Terror bricht man durch Terror! Man muß zu Gegenangriffen kommen – alles andere ist Quatsch . . .« Er hat diese Auffassung auch noch Wochen später – z. B. gegenüber Göring und der Luftwaffe vertreten, als – im August 1943 – die Schlußfolgerungen aus der Hamburger Katastrophe gezogen werden sollten.

Das Kriegstagebuch des Oberkommandos der Wehrmacht widmete den Ereignissen in Hamburg nur zwei knappe Sätze (110, Bd. III, 2, S. 828):

». . . In der Nacht zum 25. 7. führten feindl. Luftwaffenverbände einen schweren Angriff auf Hamburg durch. 13 feindl. Flugzeuge wurden abgeschossen . . .«

Der Umsturz in Italien und die Verhaftung des »Duce« am gleichen Tage überschattete alle anderen Ereignisse!

In der Nacht vom 25./26. Juli warfen 599 Bomber der RAF 1948 t Bomben auf Essen. Es blieb unerfindlich, warum das Bomber Command das Unternehmen »Gomorrha« nicht stetig fortgesetzt hat – für Hamburg wäre dies sicher tödlich gewesen!

7.4.3 Die Tagesangriffe amerikanischer Bomberverbände
Zweiter (139.) Angriff am Sonntag, dem 25. Juli 1943 und
Dritter (140.) Angriff am Montag, dem 26. Juli 1943

Die in England liegenden Verbände der 8. amerikanischen Luftflotte griffen nur zweimal in das Geschehen des Unternehmens »Gomorrha« ein. Die Hintergründe dieser offensichtlich »lustlosen« Zusammenarbeit sind nicht bekannt geworden – wir gehen wohl nicht fehl in der Annahme, daß hier Rivalitäten in den Führungsstäben den Ausschlag gegeben haben, was sicherlich heute niemand mehr gerne zugeben möchte. Jedenfalls hätte die »Casablanca-Doktrin« und die »Pointblanc-Offensive« eigentlich erwarten lassen müssen, daß in einem abgestimmten Zusammenwirken beider Luftflotten mindestens eine Erfolgs-Steigerung wenigstens versucht worden wäre.

Verrier (117, S. 170) schreibt darüber, daß die kombinierte Bomber-Offensive nur auf dem Papier stand, ». . . denn der Befehlshaber des einen an ihr beteiligten Elements war zur Mitarbeit nicht bereit, und das andere Element war zu einer Teilnahme nicht fähig . . .« – welches Glück für Hamburg!

Jeweils um die Mittagszeit am 25. und 26. Juli griffen geschlossen fliegende Verbände der 8. USAAF vornehmlich den Hafen, den Ortsteil Wilhelmsburg und das Harburger Hafengebiet an.

Die Warnzentrale gab folgende Meldungen zum zweiten (139.) Angriff am Sonntag, dem 25. Juli 1943:

1. Fliegeralarm	14.40 Uhr,
2. Fliegeralarm	16.20 Uhr,
Entwarnung:	17.22 Uhr.

Luftgefahr 30 und 15 wurden nicht gegeben, auch erfolgte keine Vorausmeldung der Einflüge.

An diesem Angriff – es war zugleich der erste Tagesangriff amerikanischer Verbände auf Hamburg – waren nach deutscher Schätzung etwa 150 Maschinen beteiligt, die Alliierten gaben 40 »B-17« an, die 400 Sprengbomben zu 500 lbs (rd. 90 t) warfen, angeblich, um die Löscharbeiten zu behindern.

BILD 72 Die ausgebrannte »Vaterland« am Werftkai von Blohm & Voss. Pfeil: das hochgerissene Vorschiff-Deck. Weiß-verfärbte Bordwand: Hier waren die Platten ausgeglüht!

Dies war aber sicher nicht der Fall: Die Bomben fielen recht gut gezielt vor allem in das Hafengebiet, z. B. auf den Kleinen Grasbrook mit seinen Mineralölbetrieben. Dabei ging auch der Neubau »523« – die »Vaterland« am Steinwärder Kai bei Blohm & Voss verloren – BILD 72 –. Dieses am 24. 8. 1940 in aller Stille von Stapel gelaufene Schiff[103] diente als Holzlager. Eine im Vorschiff eingeschlagene Sprengbombe riß das ganze Vordeck hoch und setzte schlagartig das Holz in Brand. Das Schiff brannte aus und wurde nach dem Kriege verschrottet – es war der letzte deutsche Passagierschiffbau, der vor Kriegsanfang begonnen wurde. Erst 25 Jahre später lag mit der »Hamburg« ein neues großes Passagierschiff auf den Helgen der Deutschen Werft in Finkenwerder.

Nicht weit entfernt im Kuhwärder Hafen sank die »General Artigas« (11254 BRT), die hier seit 1940 als Wohnschiff der Kriegsmarine lag.

Beim nächsten Tagesangriff, dem dritten (140.) Angriff am Montag, dem 26. Juli 1943, kamen von der Warnzentrale folgende Meldungen:

Beginn der Einflüge	ab 10.08 Uhr,
Luftgefahr 30	10.15 Uhr,
Luftgefahr 15	nicht gegeben,
1. Fliegeralarm	10.38 Uhr,
2. Fliegeralarm	11.32 Uhr,
Entwarnung	12.50 Uhr.

Beteiligt waren daran nach alliierten Angaben 71 Bomber »B-17« der 8. USAAF; von deutscher Seite lautete die vage Schätzung »1 Verband«. Diesmal wurden (angeblich) 700 Sprengbomben zu 250 und 500 lbs und 348 Brandbomben 70 lbs abgeworfen, die etwa das gleiche Gebiet wie am Vortage trafen. Dabei wurde das Kraftwerk Neuhof getroffen und konnte erst nach Monaten wieder teilweise in Betrieb gehen. Das Tanklager der Hansa-Mühle mit Soja-Öl und ein Lager mit Soja-Bohnen und Sonnenblumenkernen geriet erneut in Brand.

Auf sehr tragische Weise kamen 40 bis 50 Menschen in einem Luftschutzkeller der Firma Ritz & Co, Brückenstraße, um. Hier hatten sich nach Einschlag von zwei Sprengbomben Verpackungsstoffe in den Kellerräumen entzündet, Öle und Fette flossen brennend in die Trümmermassen und die Kellerräume. Es gelang nicht, diese Brände rechtzeitig zu löschen und den Kellerzugang freizulegen.

Die beim ersten Tagesangriff verursachten Schäden in Hafenbetrieben, auf Werften, an Seeschiffen und Docks waren beträchtlich; beim zweiten Tagesangriff jedoch wesentlich geringer. Die in den Wohnvierteln angerichteten Zerstörungen blieben dagegen verhältnismäßig gering. Auch die Menschenverluste – es sollen etwa 150 Tote gewesen sein – galten im Vergleich zu den anderen Angriffen als »mäßig«.

Beide Tagesangriffe waren eindeutig gegen kriegs- und rüstungswichtige Ziele im Hafengebiet gerichtet – im Gegensatz zu den Nachtangriffen, die in erster Linie einem großflächigem Bombardement von Wohngebieten galten.

7.4.4 **Mosquito-Stiche**
Vierter (141.) Angriff am Dienstag, dem 27. Juli 1943

In der Nacht von Montag auf Dienstag, 26./27. 7. 1943, wurden zahlreiche noch glühende Brandstellen, z. B. Kokshalden, wieder sichtbar und erhellten die Umgebung. Da die Befürchtung bestand, daß dadurch neue Zielpunkte geboten würden – es gab bereits zahlreiche Einflüge von Bomberverbänden in das Reichsgebiet – forderte der Reichsstatthalter den Einsatz aller Kräfte in den Schadensgebieten, vor allem der Gruppe West.

So ganz unrecht waren die Sorgen auch nicht, denn in dieser Nacht flogen nach britischen Angaben 6 »Mosquitos« Hamburg an – nach deutscher Schätzung waren es allerdings nur 2 Störflugzeuge – die im Stadtrandgebiet 2 Sprengbomben abwarfen und damit nur unbedeutenden Sachschaden anrichteten.

Die Warnzentrale gab folgende Meldungen:

Luftgefahr 20 00.14 Uhr,
Luftgefahr 15 00.17 Uhr,

Fliegeralarm	00.20 Uhr,
Entwarnung	01.02 Uhr.

Den Dienstag blieb es tagsüber in Hamburg ruhig – ». . . It was the lull before the storm! . . .« schreibt Denis Richards (99).

Während die Lösch-, Bergungs- und Aufräumungsarbeiten weiter in vollem Gange waren – insbesondere im Gebiet West – versuchte die Luftschutzleitung und die Feuerschutzpolizei eine genauere Schadensübersicht zu bekommen und die erlittenen Verluste festzustellen.

Wir[104] hatten aber alle das Gefühl, daß die Angriffe weitergehen würden. Gerüchte jeder Art schwirrten durch die Stadt – wahrscheinlich viel weniger von seiten des Gegners ausgestreut, als von wichtigtuerischen Parteifunktionären kolportiert, die sich dann immer auf »ganz sichere Quellen« beriefen. Es gehörte ja auch nicht allzuviel Geist zu der Behauptung, daß nun die bisher verschont gebliebenen Gebiete »drankämen«.

Am Abend des 27. Juli waren wir beim FE-Dienst technisch soweit, daß die Fahrzeuge alle wieder aufgetankt und die meisten gebrauchten Schläuche gewechselt waren. Die Besatzungen hatten in den Nachmittagsstunden etwas Ruhe gehabt, eine ganze Reihe konnte kurzfristig beurlaubt werden, um schnell nach den Angehörigen und der Wohnung zu schauen – viele fanden nur noch einen Trümmerhaufen vor und kein Lebenszeichen von Frau und Kindern!

Als es dämmerte, zog – wer irgend konnte – mit Sack und Pack in den nächstgelegenen bombensicheren Bunker, um dort rechtzeitig einen Platz zu ergattern. Alsbald herrschte hier drangvoll-fürchterliche Enge und die voll laufenden Belüftungsanlagen reichten nicht aus, um die Luft erträglicher zu machen.

Wohl einige zehntausend Bürger hatten die Stadt aber auch bereits verlassen – mit oder ohne »Genehmigung« – vor allem wenn sie in der näheren Umgebung Verwandte oder Bekannte hatten und dort Unterschlupf finden konnten.

7.4.5 Die Feuersturmnacht

Fünfter (142.) Angriff am Mittwoch, dem 28. Juli 1943

> »... Starke feindliche Bomberverbände setzten ihre Terrorangriffe gegen die Stadt Hamburg fort. Es entstanden weitere Verwüstungen und zum Teil ausgebreitete Brände in mehreren Stadtteilen. Die Bevölkerung erlitt wieder Verluste ...«
>
> (Aus dem Bericht des Oberkommandos der Wehrmacht vom 28. Juli 1943)

Als in der warmen Sommernacht vom 27. zum 28. Juli 1943 um 23.40 Uhr die Sirenen zu »Fliegeralarm« aufheulten, konnte kein Hamburger ahnen, welche Katastrophe der Stadt in den folgenden Stunden bevorstand.

Auch heute – über dreißig Jahre danach – will es noch nicht gelingen, ein umfassendes objektives Bild der Ereignisse jener Feuersturmnacht in der nüchternen Sprache des Historikers zu geben. Der Berichter, der das Geschehen in der ringsum von Bränden eingeschlossenen und vom Feuersturm in wörtlichem Sinne »umtosten« Hauptfeuerwache am Berliner Tor mitgemacht hat, unterliegt immer noch subjektiven Eindrücken und Erinnerungen.

Wer aber nicht dabei war und die Dinge mit Abstand zu werten versucht, wird wohl auch nie die rechten Worte zur Schilderung des entsetzlichen Leids finden können, das damals Zehntausende von Hamburger Bürgern traf.

Von England waren in den Abendstunden ». . . 739 Lancasters, Halifaxes, Stirlings und Wellingstons . . .« (99) gestartet. Wieder wurden auf dem Anflugweg »windows« abgeworfen, aber die deutsche Luftverteidigung hatte sich nach den gemachten Erfahrungen[105] bereits auf dieses Täuschungsmanöver eingestellt. Die RAF mußte aus abgehörten Funkgesprächen zwischen den Jäger-Leitoffizieren und den Nachtjägern überrascht feststellen, daß bereits wieder Kurse und Höhen der Bomberströme durchgegeben wurden (1).

Die Sicht-Zielmarkierung war nach den Fehlwürfen bei dem ersten Angriff von der RAF aufgegeben worden. 25 Besatzungen sollten »blind« nur nach der Anzeige der H2S-Geräte gelbe Zielmarkierungen werfen, die nachfolgenden »Erneuerer« diese Markierungen verstärken und der Bomberstrom selbst auf dieses abgesteckte Gebiet zielen. Man schätzte beim Bomber-Command – mit Recht – daß über der Stadt noch eine Qualm- und Dunstschicht liegen würde, die ein direktes Zielen verhindert.

Die Angriffszeit war abermals auf 01.00 Uhr festgesetzt und der Hauptangriff – für den 653 Bomber eingeteilt waren – sollte innerhalb von 43 min ablaufen. Die Warnzentrale Hamburg hatte gegeben:

27. 7. 1943	Beginn der Einflüge	ab 23.00 Uhr
	Luftgefahr 30	23.38 Uhr
	Luftgefahr 15	nicht gegeben
	Fliegeralarm	23.40 Uhr
28. 7. 1943	Entwarnung	02.40 Uhr

Der Angriff begann nach britischen Angaben wieder etwas zu früh.

Um 00.55 Uhr wurden 15 »Salven« gelbe Zielmarkierungen nach H2S-Anzeige abgeworfen. Mit Ausnahme von 2–3 Fehlwürfen fielen diese in Entfernungen zwischen einer halben und drei Meilen (0,76 bis 4,5 km) ost-süd-ostwärts von dem Zielpunkt – wiederum der Nicolaikirche – diesmal aber recht geschlossen in dem Viereck Hohenfelde – Hamm – Billbrook – Rothenburgsort – Hammerbrook und dem östlichen St. Georg (auch nahe der Hauptfeuerwache!).

Die Masse der Bomber konnte sehr schnell mit ihren Abwürfen eine große Zahl von Bränden in diesem Bereich entfachen, wobei sich der Angriffskern etwas ostwärts verlagerte, ohne aber – wie beim ersten Angriff – »zurückzukriechen«.

BILD 73 Das fünfgeschossige Eckgebäude »Beim Strohhause« – »Berliner Tor« gegen 03.30 Uhr früh – zweieinhalb Stunden nach Angriffsbeginn. Zuerst brannte nur der Dachstuhl – wahrscheinlich von Brandbomben gezündet. Dann brach durch Funkenflug in fast allen Stockwerken zugleich Feuer aus.

Die Auswertung der Nachtaufnahmen ergab, daß von den 722 Besatzungen, die das Ziel erkannt und angegriffen haben wollten, 325 (= 45 %) ihre Bomben innerhalb von drei Meilen (= 4,5 km = 9 km ∅ = 63,6 km²) um den Zielpunkt tatsächlich abgeworfen hatten – BILD 77 –.

Es sollen insgesamt 2439 ts, davon 1464 ts Sprengbomben und 975 ts Brandbomben gefallen sein – rund 1100 t trafen also in das Hauptschadensgebiet. Webster-Frankland (122) sprechen zwar von einem ». . . catastrophic disaster, which was now remorselessly overtaking Hamburg . . .«, verlieren aber sonst kein Wort über das Geschehen in dieser Nacht. Die dem Bericht beigegebenen vier Lichtbilder sind von (beabsichtigter?) erstaunlicher Ausdruckslosigkeit. Es fehlen auch Schätzungen der Menschenverluste.

Zunächst schien es uns in der Peilzentrale der Feuerschutzpolizei nach dem Fliegeralarm, als ob es sich wieder – wie in der Vornacht – nur um den Einflug von Störflugzeugen handle. Unmittelbar nachdem gegen 01.00 Uhr von der Warnzentrale die Meldung gekommen war »etwa 20 Maschinen über der Ostsee«, setzte jedoch ein Bombardement ein, das über eine Viertelstunde lang pausenlos lief und dann in schwere Einzelexplosionen überging.

Die Hauptfeuerwache selbst wurde – ein wahres Wunder – nicht direkt getroffen, erlitt aber erhebliche Luftdruckschäden. Ringsum entwickelten sich jedoch mit einer bis dahin nie beobachteten Geschwindigkeit Großbrände – BILD 73 –.

Ab etwa 01.30 Uhr überschlugen sich die Ereignisse, als Flüchtende aus der näheren Umgebung in der Hauptfeuerwache Schutz suchten. Sie waren zum größten Teil verwundet, hatten sich aus Trümmern befreien können, oft nur noch teilweise bekleidet und völlig verstört. Ihnen folgten Flüchtende, die aus Hammerbrook kamen, manche völlig durchnäßt, weil sie einige Zeit in einem Fleet zugebracht hatten. Eine hochschwangere Frau kam splitternackt durch das Hoftor gewankt – und sie gebar bald danach in einem Luftschutzkeller der Hauptfeuerwache ein Kind.

Der Feuersturm heulte etwa ab 02.00 Uhr derart um die Gebäude, daß man sich draußen nur kriechend und an Geländern festhaltend forbewegen konnte. Wer sich ohne Halt aufrichtete, wurde glatt umgerissen!

Die Zeitenliste des FE-Dienst-Führers – BILD 74 – in der Luftschutzleitung, (die inzwischen wieder den Befehlsbunker vor dem ausgebrannten Polizeipräsidium bezogen hatte) enthielt über den Ablauf des Angriffs und seine Folgen im Auszug folgende Notizen[106]:

00.55	in Ohlsdorf Markierungsbombe
00.55	Wäscherei Kolzen, Grasweg, Sprengbombem . . . Stadtparkverbindung plötzlich gestört
01.03	Mehrere Minenbomben in Umgebung Stadtpark
01.10	Fernsprechamt Averhoffstraße ausgefallen. Brandbomben Richtung Bahnhof Barmbek, Mackensen- und Hindenburgkaserne
01.13	Gebiet Berliner Tor stark mit Sprengbomben belegt (Meldung der Peilzentrale)
01.18	Rund um Hauptfeuerwache große Brände. Dach Hauptfeuerwache abgedeckt, 16 min lang Sprengbombenwürfe (Meldung der Peilzentrale)
01.21	Gruppe Ost starke Bombenwürfe
01.23	Von Kiel 4 Bereitschaften, Lübeck 2 Bereitschaften, 1 Komp. aus Preetz und die (mot) 21 aus Sittensen nach Hamburg in Marsch gesetzt
01.27	In Wandsbek schwere Angriffe. Heeres-Proviantamt Wandsbek brennt.
01.28	Gaswerk Grasbrook brennt an allen Ecken
01.29	Schwere Erschütterungen in der Befehlsstelle. Steindamm ringsum große Brände. Abschnitt I erbittet Freigabe aller Kräfte

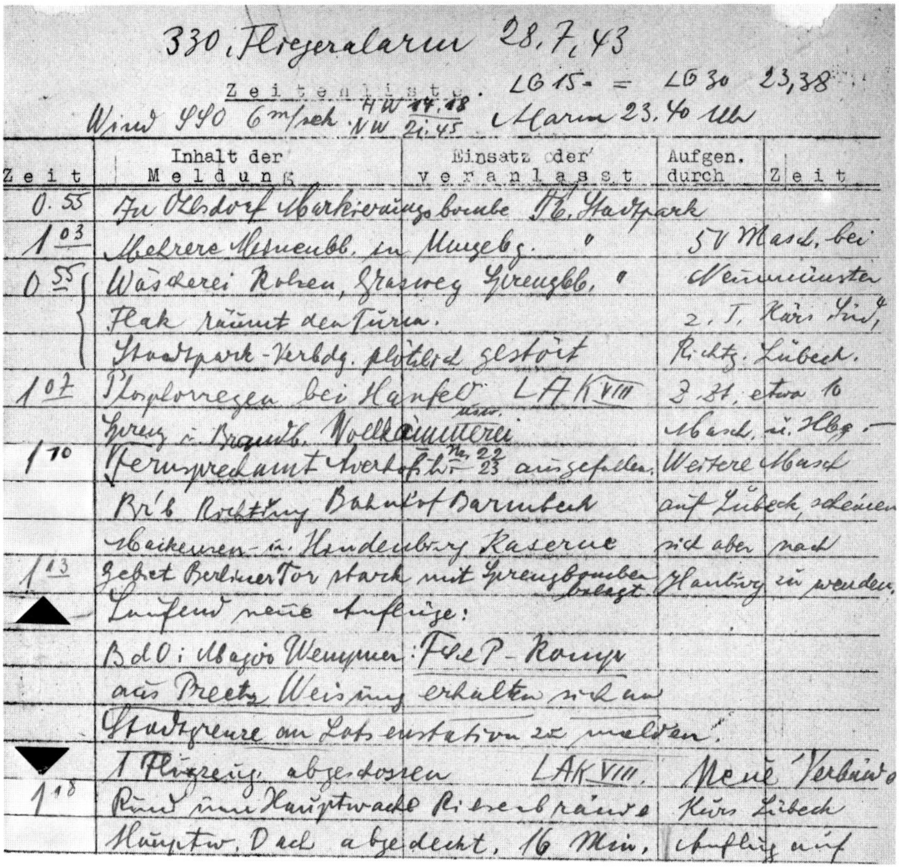

BILD 74 Ausschnitt der Zeitenliste des FE-Dienst-Führers in der örtlichen Leitung vom Beginn des 2. Großangriffs.

01.35 Vom Barmbeker Bahnhof über ganz Barmbek bis St. Georg Hauptbahnhof Spreng- und Brandbomben ununterbrochen 3 Bereitschaften von West nach Abschnitt V

01.37 Gruppe Ost besonders betroffen. Abschnittsgebäude IV brennt, Gruppe ohne Licht, Ausweichstelle wird bezogen

01.57 Eilbeker Bürgersäle Schutzraum mit ca. 300 Personen in Gefahr

02.05 Feuerwache 16 Volltreffer. Besenbinderhof von allen Seiten vom Feuer umschlossen.

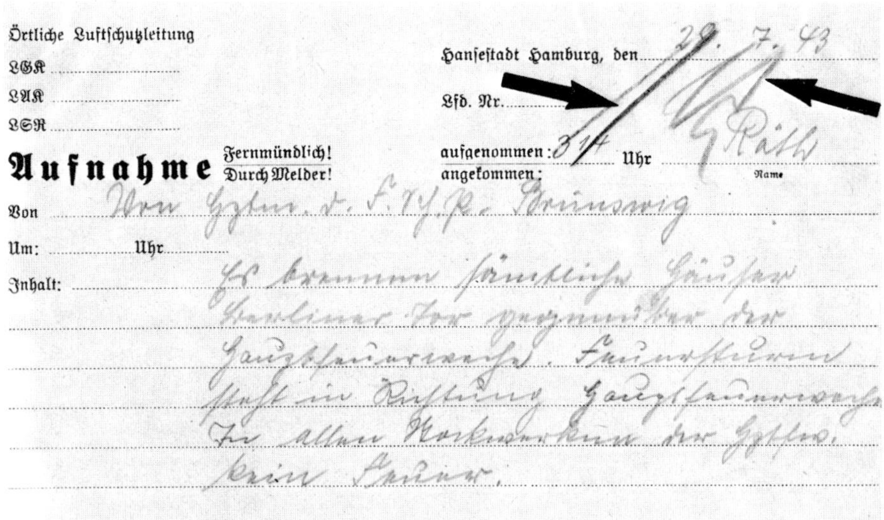

Örtliche Luftschutzleitung

LGK ......

LAK ......

LSR ......

Aufnahme Fernmündlich! Durch Melder!

Hansestadt Hamburg, den 29. 7. 43

Lfd. Nr. ......

aufgenommen: 3 14 Uhr

angekommen: ...... Name

Von Hptm. d. F.S.P. Brunswig

Um: ...... Uhr

Inhalt: Es brennen sämtliche Häuser Berliner Tor gegenüber der Hauptfeuerwache. Feuersturm steht in Richtung Hauptfeuerwache. In allen Werkstätten der Hptfw. kein Feuer.

BILD 75 Lagemeldung von der Hauptfeuerwache um 03.14 Uhr mit den Sichtvermerken des Polizeipräsidenten (Pfeil rechts), des Kommandeurs der Schutzpolizei (Pfeil links) und des FE-Dienstführers.

02.06 Abschnitt IV können sich nicht selbst befreien, im Keller verschüttet, erbitten Hilfe

02.25 Von Feuerwache 2 (Anm.: Admiralitätsstraße) bis Feuerwache 1 (Anm.: Berliner Tor), Kleine Reichenstraße, am ganzen Weg Brände, Brooktor, Repsoldstraße, Große Allee, Hammerbrookstraße, enormer Feuersturm, riesige Verqualmung Hauptfeuerwache Dach soll brennen (Anm.: Falschmeldung!)

02.30 Keine Kräfte mehr. Sprinkenhof brennt, Tiefstak brennt, Angriff rollt noch

02.35 Am Paulinenplatz stehen die Menschen auf Dächern, rings von Flammen umgeben

02.40 *Entwarnung!* Etwa 500 Feindflugzeuge haben schätzungsweise Hamburg angegriffen. Ungeheurer Feuerstum!

03.00 Osl. Dr. S.[107]: Fahrt vom Berliner Tor nach Wandsbek: Der ganze Weg ein Flammenmeer, Steinhauerdamm, Angerstraße, Lübecker Straße, Wandsbeker Stieg, Neubertstraße, Alfredstraße, Freiligrathstraße, Landwehr, Wandsbeker Chausee – ganz verheerend!

03.14 Hptm. Br.[108] Hauptfeuerwache kein Feuer, brennen aber alle Häuser gegenüber – **BILD 75** –

03.23 Hauptbahnhof brennt – keine Kräfte

03.55 Vorschlag an Polizeipräsidenten, aus weitesten Orten Feuerlöschkräfte heranzuziehen. Zugesagt sind 6 Bereitschaften aus Dresden

04.10 Lage: Fast ganz Wandsbek Flächenbrände. Abschnitt VI Wagnerstraße, Mundsburg, Marschnerstraße, Margarine-Voß, Beethovenstraße, Bachstraße bis Hamburger Straße, Winterhuder Weg, Volksdorfer Straße, Abschnitt VI Gelände um das Barmbeker Krankenhaus. Großes Schadensgebiet in ganz Horn . . .

– aber um diese Zeit war der örtlichen Leitung noch nicht annähernd bekannt, was sich im Hauptfeuersturmgebiet Hammerbrook – Rothenburgsort – Hamm abgespielt hatte und noch abspielte: Die dort stehenden Luftschutzkräfte kämpften um ihr eigenes Überleben, mußten Menschen retten, hatten keine Nachrichtenverbindungen mehr und die abgesandten Melder kamen entweder in den Flammen um oder blieben in verschütteten Straßen stecken!

Über die Fahrt durch eines der Totalschadensgebiete jener Nacht – Hohenfelde – Eilbek – Wandsbek – liegt noch der Bericht von Oberstleutnant Dr.-Ing. Schubert vor, der – im Auszug – folgende bemerkenswerte Angaben aus einer Beobachtungszeit etwa zwischen 02.00 Uhr und 02.30 Uhr enthält:

». . . Der 2. Abschnitt der Fahrt führte vom Berliner Tor über die Lübecker

BILD 76 Die schon kurz nach Angriffsbeginn zerstörte Straßenbrücke am S-Bahnhof Wandsbeker Chaussee.

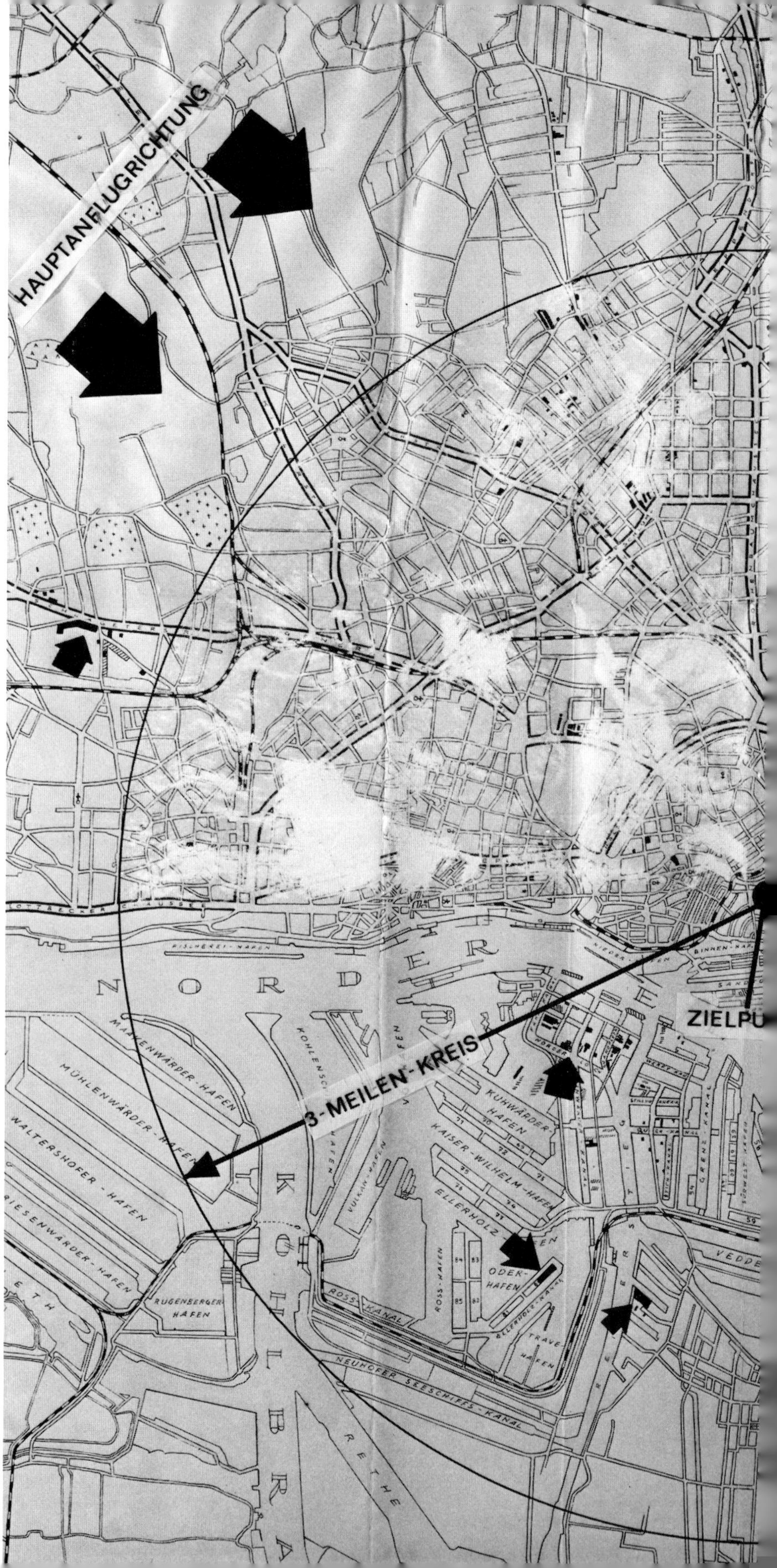

BILD 77 Hauptschadensgebiete des 2. Großangriffs nach Feststellungen des FE-Dienstes. Bei gleicher Anflugrichtung und gleichem Zielpunkt wesentlich geschlossenere Abwurfzone in einem Segment von etwa 110° des 3-Meilen-Kreises – recht genau zwischen Südost und Nordost. Einige Treffer im Hafen - Fährkanal – Norderloch. Einige Treffer im Raum Wilhelmsburg, in Eimsbüttel, Hoheluft, Altona-Nord und Winterhude.

ALSTER
HAUPTFEUERWACHE
ZENTRUM DES FEUERSTURMS
SEGELSCHIFF-HAFEN
HANSA-HAFEN
BILLEBROOK-KANAL
TIDE-KANAL
INDUSTRIE-KANAL
MOORFLETHER-KANAL
BILLWÄRDER BUCHT

Straße und Wandsbeker Chaussee (Straßenbrücke am Bahnhof war bereits zerstört – BILD 76 –) – Eilbeker Weg zur Befehlsstelle der Gruppe Ost in der Horst-Wessel-Straße, deren Dachstuhl brannte. In allen diesen Straßen und den meisten südlich davon abzweigenden Verkehrswegen wurden überwiegend in der Entwicklung befindliche Dachstuhlbrände vorgefunden. Nur dort, wo die Brandbomben zufällig in Lichtschächte o.ä. gefallen waren, hatte das Feuer auch schon die unteren Geschosse erfaßt. Die in nördlicher Richtung von der Wandsbeker Chaussee abzweigenden Straßen waren vom Feuer verhältnismäßig unberührt; nur einzelne Dachstuhlbrände waren zu erkennen. Die Gesamtzahl der vorgefundenen Brände kann nicht geschätzt werden. Es brannten nicht etwa ganze Straßenzüge, sondern lediglich einzelne Dachstühle . . .«

. . .

». . . Irgendwelche Abwehr seitens der Bevölkerung konnte nicht festgestellt werden. Während der ganzen Fahrt wurden keine Menschen in den Straßen vorgefunden. Das Gebiet machte den Eindruck einer restlos evakuierten Stadt . . .«

. . .

». . . Nach Klärung der Lage in Wandsbek wurde versucht, in den südlichen Teil des betroffenen Gebietes vorzustoßen. Der Weg führte stellenweise über Straßen, die bereits vor etwa 3/4 Stunden für die Einfahrt benutzt wurden. Während dieser Zeitspanne hatten sich die ursprünglich isoliert liegenden Brandstellen an verschiedenen Stellen auf die benachbarten Gebäude ausgebreitet, teilweise waren sie als Reihenbrände ineinandergeflossen.«

. . .

». . . Die Brand- und Hitzeentwicklung steigerte sich beim weiteren Vordringen in südlicher und südwestlicher Richtung zusehends. In der Sievekingallee und am Hammer Steindamm standen alle Gebäude einschließlich der in der Nachbarschaft liegenden in Flammen. In der Sievekingallee wurden zum ersten Mal während der Fahrt Einwohner im Freien vorgefunden. Sie befanden sich auf der Flucht nach Osten. Südlich der Mittelstraße wütete ein Flächenbrand von vorerst nicht zu erkennendem Ausmaß . . .«

Dieser angesichts des Geschehens wahrlich nüchtern-sachliche Bericht widerspricht der vielfach geäußerten Ansicht, daß ». . . innerhalb einer halben Stunde . . .« alles brannte.

Die durch Lichtbilder mit Uhrzeitangaben belegbaren Beobachtungen über die Brandentwicklung an der Straße »Berliner Tor« gegenüber der Hauptfeuerwache bestätigen gleichfalls, daß zumindest an den Randzonen von Flächenbrandgebieten keinesweg »alles schlagartig brannte«.

In dieser Straße brannte gegen 01.30 Uhr auf einer gut übersehbaren Länge von 130 m – es standen hier in durchgehender Reihe 4- bis 6-geschossige Häuser – kurz nach Abwurf der ersten großen Spreng- und Brandbombengruppe (zwi-

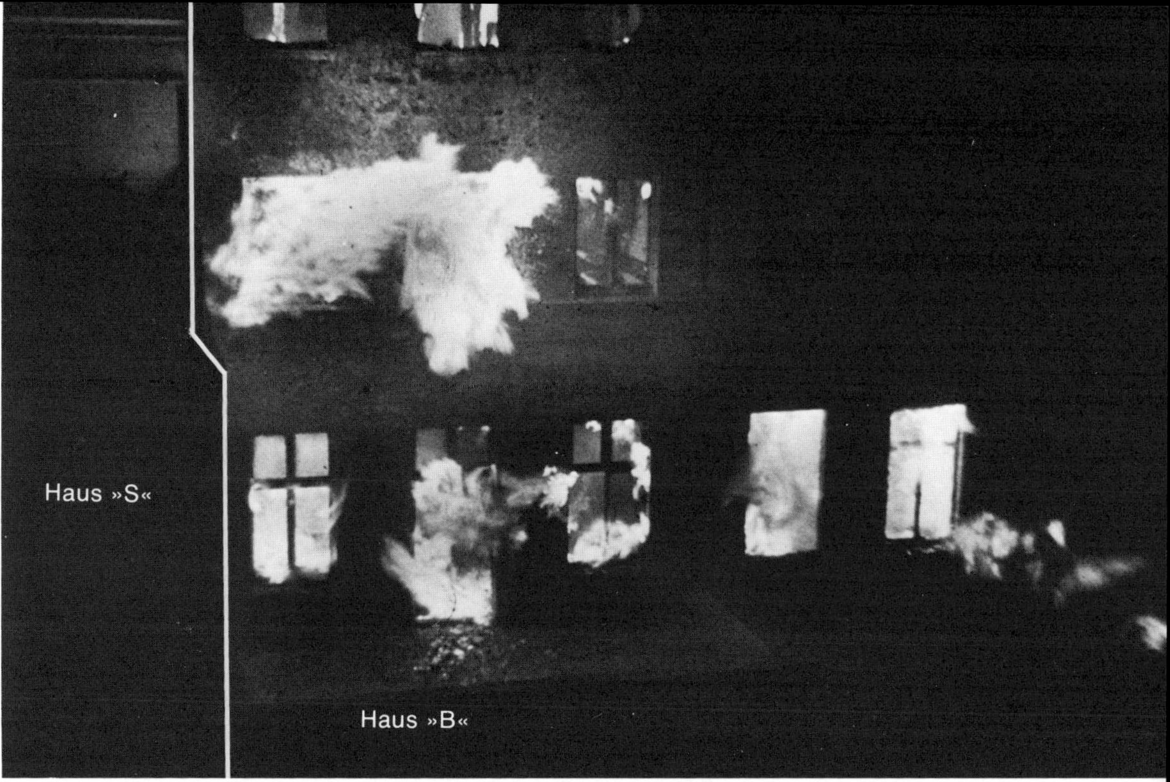

BILD 78 Brandentwicklung in einer Häusergruppe gegenüber der Hauptfeuerwache - Straße »Berliner Tor« – am 28.7.1943, 03.00 Uhr: Haus »B« brennt in allen Stockwerken, die Flammen werden vom Feuersturm fast waagrecht aus den Fenstern gepreßt und zünden an einigen Stellen die Farbe an den Fenstern der Hauptfeuerwache (Entfernung etwa 25 m!). Haus »S« brennt aber noch nicht!

BILD 79 03.15 Uhr: Haus »S« brennt im Erdgeschoß. Im Haus »B« ist das Feuer schon ziemlich heruntergebrannt, ebenso im linken Haus »M«.

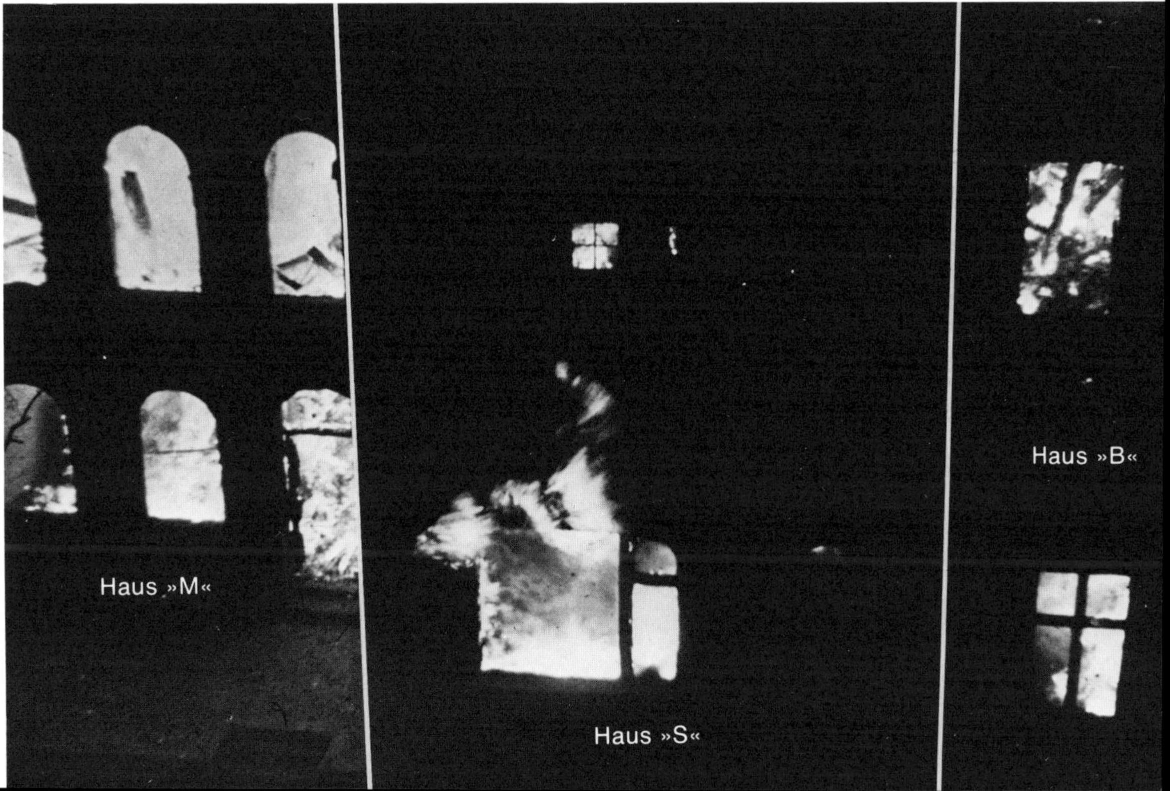

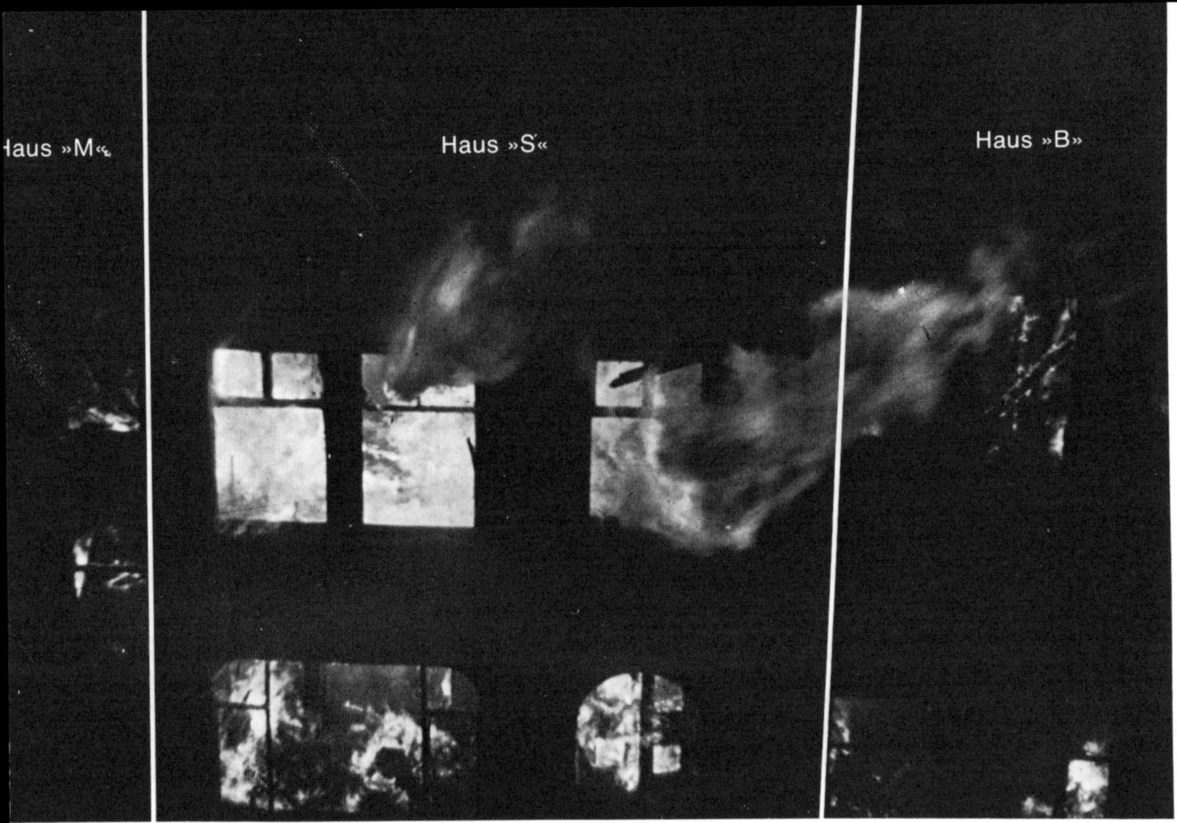

BILD 80 03.45 Uhr: Haus »S« brennt jetzt auch im 1. Obergeschoß, lange Flammen schlagen aus den Fenstern. Das Feuer im Erdgeschoß und in den beiden Nachbarhäusern hat bereits seinen Höhepunkt überschritten.

BILD 81 04.30 Uhr: Haus »S« brennt vollständig. Aus dem durchgebrannten Dach schlagen hohe Flammen! ▶

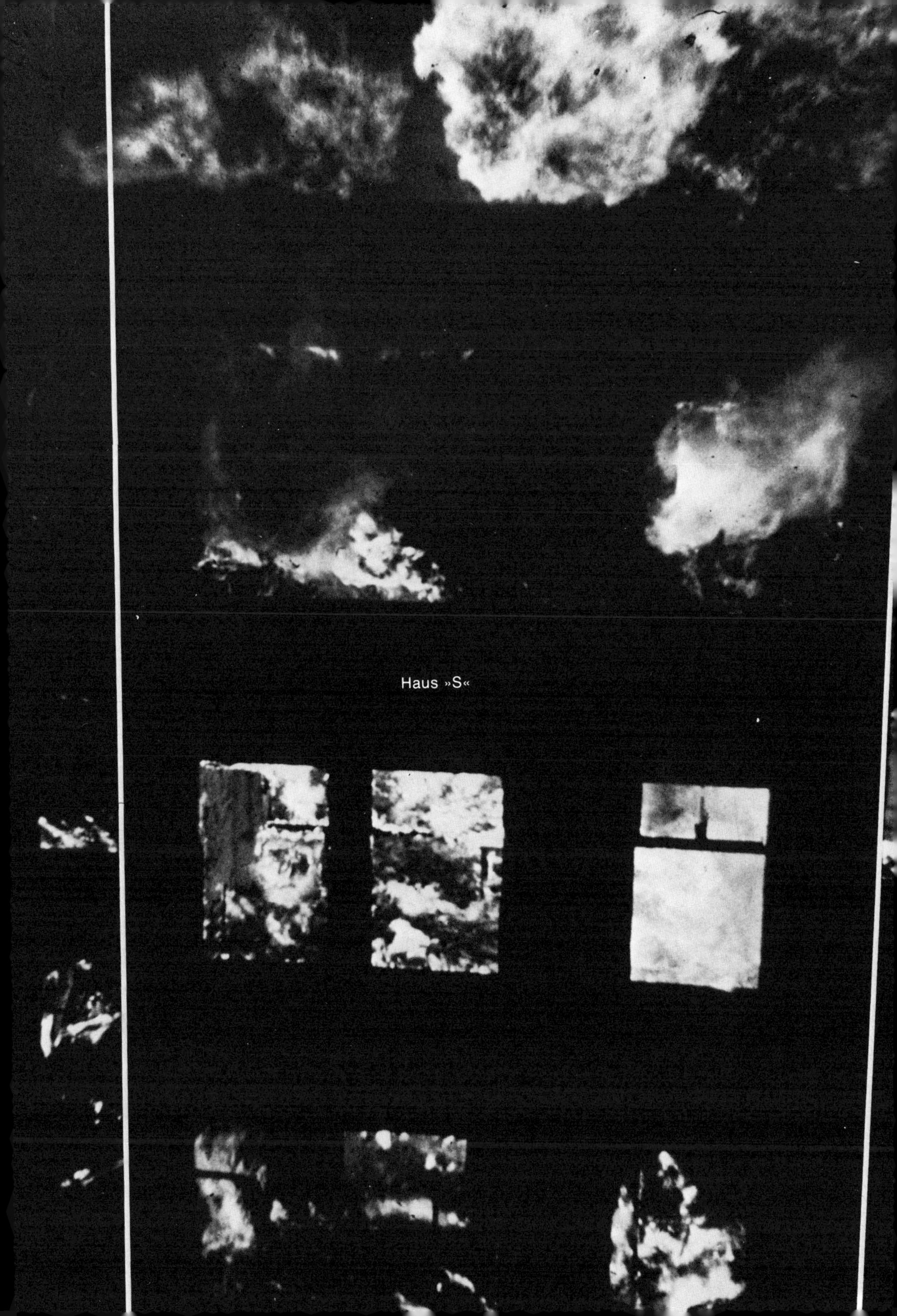

Haus »S«

BILD 82 Haus »S« und »M« nach dem Brande.

schen 01.00 und 01.15 Uhr) nur der Dachstuhl des Eckhauses Berliner Tor/Beim Strohhause (Aufnahme als Farbdia vorhanden!).

Erst fast genau zwei Stunden nach dem Bombardement brannten dann sämtliche Häuser – BILDER 78 bis 83 –, wobei hinzugefügt werden muß, daß dort irgendwelche Löschversuche von keiner Seite – insbesondere nicht der dem Nervenzusammenbruch nahen Bevölkerung – unternommen worden sind. Die (geringe) Chance eines Löscherfolgs war in der ersten Stunde der Brandentwicklung an einigen Stellen sicherlich noch gegeben und ist ganz vereinzelt auch genützt worden. Schon in der zweiten Stunde hatte jedoch der Funkenflug mit sturmartigen Begleiterscheinungen derart zugenommen, daß die Leistungsfähigkeit des Selbstschutzes weit überschritten wurde, das Schicksal nahm seinen Lauf!

In den Kerngebieten von Hammerbrook, Rothenburgsort, Borgfelde, Hohenfelde und Hamm bis hin nach Wandsbek ist aber auch ein wesentlich schnellerer Ablauf des Brandgeschehens beobachtet und hier brannte wohl tatsächlich nach etwa einer halben Stunde die Mehrzahl der Gebäude.

Angehörige der FE-Abteilung V (Hamm/Hohenfelde) haben umfangreiche Brände schon 8 bis 15 min nach Fallen der ersten Bombengruppen festgestellt. Nach 25 min sind bereits Blockbrände beobachtet. Vierstöckige Wohnhäuser brannten innerhalb von 30 min auf.

Heute kennen wir dazu den Begriff des »flash-over«, des plötzlichen Aufflammens größerer Flächen, die von Einzelbränden aufgeheizt worden sind. Der »Hamburg-Bericht« sagt darüber (dieser Textteil stammt von der Feuerschutzpolizei!):

». . . In solchen Gebieten entstanden in kürzester Frist durch . . . dichteste Brandbombenabwürfe eine ungeheure Zahl von Bränden. Dabei ist besonders zu beachten, daß es nicht ausschließlich Dachstuhlbrände waren, sondern daß durch Phosphor- und Flüssigkeitsbrandbomben an vielen Stellen große Wohnhäuser vom untersten Geschoß her schlagartig in Brand gesetzt wurden. Die Brände konnten sich mit rasender Geschwindigkeit entwickeln, da durch dichteste Spreng- und Minenbombenabwürfe Dächer abgedeckt, Wände eingedrückt, Fenster und Türen aus den Füllungen gerissen oder zertrümmert waren und damit das Feuer ungehindert reiche Nahrung fand. Das Zwischenstadium der Entstehungsbrände, deren Bekämpfung bei früheren Angriffen möglich war

BILD 83 Die Straßenecke Berliner Tor/Beim Strohhause – aufgenommen Ende August 1943. Das Eckgebäude ist wegen Einsturzgefahr gesprengt. (1) Hauptfeuerwache (Pfeil zeigt auf die Dienstwohnung des Berichters). (2) Haus »M«; (3) Haus »S«; (4) Haus »B«.

und zu den größten Erfolgen des Selbstschutzes in Hamburg geführt hatte, fiel aus diesen Gründen gänzlich aus. An vielen Stellen entstanden so in kürzester Frist Flächenbrände . . .«

Ferner wird zur Erklärung der schnellen Brandentwicklung angeführt:

». . . Die besonderen baulichen Verhältnisse, das Vorhandensein der Terrassen (Anm.: Hinterhöfe) und engen Straßen führten zwangsläufig dazu, daß die herangesogenen Luftmassen nicht in geometrisch genau radialer Richtung auf ein Zentrum angesogen werden konnten. Die Luftmassen mußten sich vielmehr ihren Weg durch die Schleusen der Straßen, Terrassen, aufgerissenen Fenster und Türen suchen. Die gebläseartige Wirkung des Sogs in den am Rande liegenden Bränden führte also zu einem zwar konzentrischen, aber im einzelnen hin- und hergepeitschten wirbelartigen Transport aufs äußerste überhitzter Luftmassen durch das gesamte betroffene Gebiet. Die außerordentliche Gewalt der Luftströmungen erklärte ohne weiteres die Tatsache, daß nicht nur Funken, sondern ganze brennende Balken, Gesimsteile usw. in unvorstellbarer Menge mitgerissen wurden, die zu einer Brandentfachung in den durchrasten Gebieten führen mußten . . .«

Über die Wirkung des Feuersturms auf Menschen, die »noch einmal davongekommen« sind, seien aus der Fülle oft dramatisch überspitzter Erlebnisberichte folgende drei Auszüge gebracht, die späterer nüchterner Überprüfung standgehalten haben:

Ein Zugwachtmeister des FE-Dienstes:

». . . Beim Hammer Weg liegen Menschen auf der Straße. Wir steigen aus, um zu retten. Da gibt es plötzlich längs der Landstraße eine gewaltige Stichflammenbildung, der ich durch Vorlaufen zu entrinnen versuche. Der Fahrer konnte durch Wenden des Fahrzeugs nach der Horst-Wessel-Straße entkommen. Der Feuersturm ist Orkan. Kein Rauch auf der Straße, nur Flammen und Funkenflug wie dichtes Schneegestöber. Im Laufen sehe ich kaum erkennbar einzelne Menschen und Gruppen jammernd umherirren . . . Die Hitze auf der Hammer Landstraße ist unerträglich. Ein Glas meiner Schutzbrille springt und fällt heraus. Die Luft wird sehr knapp. Ich laufe bis zur Erschöpfung. Gegenüber Rumpfweg sehe ich noch Menschen sitzen. Instinktiv werfe ich mich dorthin. Einige Menschen liegen . . . schon reglos. Die Sitzenden wimmern apathisch vor sich hin. Auf meine Anrufe reagieren sie gar nicht.

Ich liege mit dem Stahlhelm gegen den Wind am Kantstein. Gesicht und Hände muß ich mit meiner Mütze verbergen. Abwechselnd muß ich mit einer Hand die sengende Kleidung löschen . . .

Krise, die ca. 1½ Stunden dauerte (03.00–4.30 Uhr). Ich sog den Sauerstoff direkt vom Pflaster ab. Dieses wurde mit der Zeit so heiß, daß ich Brandverletzungen an der Nase, den Atmungswegen und den Knieen bekam. Alle umlie-

BILD 84 Der Steindamm – gesehen von der Ecke Berliner Tor/Lohmühlenstraße in Richtung Hauptbahnhof mit den 10 verschütteten, ausgebrannten Fahrzeugen der FE-Bereitschaft 2./X. In Bildmitte das »Pfennig-Denkmal« vor der Zweigstelle der Hamburger Sparkasse von 1827. Aufgenommen von einer Drehleiter aus 25 m Höhe am 29.7.1943.

genden Menschen starben. Bei den weiblichen Personen fing die Kleidung teils Feuer, so daß sie im Nu wie entkleidet dalagen . . . Die Austrocknung des Körpers war enorm . . .«

Ein Bereitschaftsführer des FE-Dienstes,
der mit seiner Bereitschaft zur Hauptfeuerwache Berliner Tor anrücken sollte:

». . . Im Steindamm brannten am unteren Ende bereits zu beiden Seiten die Häuser in einer Länge von ca. 80–100 m. Ich versuchte hier durchzukommen, weil die Straße bisher noch von Trümmern frei war; außerdem ließ ich die beiden Kradmelder als Späher vorwegfahren.

Als wir die größte Hitze bereits durchfahren hatten, stürzten unmittelbar vor dem Lübecker Tor Steinmassen auf die Fahrbahn. Hierdurch kamen die beiden Kradmelder zu Fall und die ganze Einheit zum Stillstand. Uhrzeit: 03.30. An ein Weiterfahren bzw. Wenden war nicht zu denken, so daß wegen der großen Hitze bzw. Flammen die Fahrzeuge schnellstens verlassen werden mußten. Ich selber mit noch 5 anderen Männern lief in Richtung Lübecker Tor, die übrigen Männer . . . in Richtung Hauptbahnhof . . .

Wir versuchten in Richtung Sechslingspforte nach der Alster durchzukommen; dieses gelang uns zunächst nicht, weil der Feuersturm derart stark war, daß man sich einfach in aufrechter Stellung nicht mehr fortbewegen konnte. Der Feuersturm änderte auch plötzlich seine Richtung, einmal von der Lübecker Straße nach der Alster, dann plötzlich von der Alster nach der Lübecker Straße, dann wieder als Wirbelsturm . . .« – BILD 84 –.

Ein leitender Ingenieur der Hamburger Wasserwerke

». . . In der Süderstraße herrschte starker Sturm, der aus südlicher Richtung kam. Die Häuser brannten hier stellenweise schon im Erdgeschoß; es schlugen Flammen aus den Hauseingängen heraus, einige Häuser brannten nur in den Obergeschossen . . . In der Straße lagen vereinzelt schon Leichen . . . An der Ecke Ausschläger Weg/Süderstraße fuhr ich in einen tiefen Bombentrichter, aus dem ich nicht wieder herauskam. Ich spürte eine sehr erhebliche Hitze. Zunächst blieb ich im Wagen . . . Dann wurde es jedoch im Wagen zu heiß; da die Wagentür klemmte, zerschlug ich das Fenster und kletterte aus dem Wagen heraus. Ich versuchte aus dem Trichter herauszukommen, die Hitze und der Funkenflug waren jedoch so stark, daß das unmöglich war. Ich benutzte dann das im Trichter befindliche Wasser, um mich ständig naßzuhalten . . .

BILD 85 Bäume in der Grünanlage um die Erlöserkirche Borgfelde – vom Feuersturm entblättert, entwurzelt, abgeknickt und abgedreht.

BILD 86 Flugsand und Mörtelstaub, Bretter und Balkenteile und überall Holzkohlenstücke, vom Feuersturm an die Gehwegkanten und über die Straße geweht.

Von Zeit zu Zeit sah ich aus dem Trichter heraus und bemerkte, daß die Straße nun voller Leichen lag. Ich habe gesehen, daß das Zeug der Menschen im Laufen plötzlich in Flammen stand, die Menschen fielen hin und blieben liegen. Die Luft war jetzt entsetzlich heiß, mir war, als ob ich ersticken müßte . . . So habe ich mindestens eine Stunde in dem Trichter ausgehalten . . .«

Die Angaben dieses Ingenieurs sind am 29. 7. bei einer Begehung dieses Gebiets durch den Berichter bestätigt worden. Vermutlich hat er hier als einziger überlebt, denn in dem Trichter und in etwa 50 m Umkreis lagen nach überschlägiger Schätzung mindestens 400 Tote. Sie waren überwiegend wohl aus einem großen Luftschutzkeller in der Schule Ecke Süderstraße/Ausschläger Weg geflüchtet und hatten vielleicht Rettung in dem nahegelegenen Südkanal gesucht! Nach dem Ausmaß der Zerstörungen und der Zahl der Toten dürfte hier ein Feuersturm-Zentrum gelegen haben.

Über die Wirkung eines Feuersturms auf Sachen können uns vor allem die Bilder abgedrehter, entwurzelter und – im Sommer – völlig entblätterter Bäume einen Begriff vermitteln – **BILD 85** –.

BILD 87 Angekohlte Bretter und Balken, von einstürzenden Gebäuden und vom Feuersturm in den Nordkanal Hammerbrook geweht. Bergungskräfte suchen die Wasserfläche nach Leichen ab.

Die Mengen von Flugsand (von umgestürzten Mauern!), Asche und verkohlten Holzstücken, die sich in Dachrinnen und in Rinnsteinen – **BILD 86** – an Gehwegkanten ablagerten, sprechen besonders für das Fördervermögen von Feuersturmwirbeln. Ähnliche Rückschlüsse lassen auch die Menge von Schalbrettern zu, die in Wasserläufen zusammengetrieben wurden – **BILD 87** –.

Für die technische, physische und psychologische Situation von Meldern und Erkundern in Flächenbrandgebieten möge folgender weiterer Bericht von Oberstleutnant Dr.-Ing. Schubert aus der Feuersturmnacht sprechen:

»...das Begehen der Straße war wegen der strahlenden Hitze, des Funkenflugs und des orkanartigen Feuersturms nicht mehr möglich. Der geschlossene Pkw bot einen gewissen Schutz...

...In der Nähe des Dimpfelswegs erlitt der Pkw eine Reifenpanne, die zum... Halten zwang. An eine Behebung der Panne war im Augenblick nicht zu denken. Die Wagenfenster wurden möglichst dicht verschlossen. Im übrigen suchten wir Strahlungsschutz hinter der Blechwand des Wagenaufbaus...

...Nach etwa 1/2 Stunde war die Wärmestrahlung durch Ausbrennen verschiedener Häuser gesunken, so daß wir den beschädigten Reifen auswechseln konnten. Es erschienen jetzt auch einzelne Versprengte, die im Wageninnern und an der Leeseite des Wagens Schutz, vor allem gegen Staub und Funkenflug suchten...

...Bei einer zu Fuß angestellten Erkundung wurde festgestellt, daß Hunderte von verkohlten oder brennenden Leichen vor und hinter dem Wagen auf der Straße lagen...

...Auffallend war die ständig ansteigende Zahl von Leichen, die regellos über die Straßen verstreut lagen und durchweg brannten... – BILD 88 –.

...Die Zahl der auf dem Steinpflaster liegenden Leichen übertraf alles bisher Erlebte. In dichter Folge lagen stark verkohlte Menschen neben solchen, denen das Zeug am Körper verbrannt war, die aber im übrigen nur geringe Verletzungen (z.B. Aufplatzen der Haut) aufwiesen. Dazwischen lagen Menschen in letzten Zuckungen und auch einzelne, die noch bei Bewußtsein waren und nach Wasser lallten. Aus dem vernichteten Gebiet bewegte sich im Zuge der Eiffestraße ein endloser Strom von völlig erschöpften Menschen, vielfach mit Kindern auf dem Arm, über die Leichen hinweg nach Westen zum Heidenkampsweg, in der Hoffnung, dort eine Fahrgelegenheit...zu finden. Alle diese Menschen flehten nach Wasser...«

BILD 88 Opfer des Feuersturms am 28.7.1943. Ecke Campestraße/Bullerdeich liegen etwa 25 bis 30 verbrannte Menschen. Sie wurden wahrscheinlich von einem Feuerwirbel erfaßt, der um die Straßenecke raste - vor ihm gab es kein Ausweichen!

Der Berichter hat dieses Gebiet teilweise in den Mittagsstunden des 29. Juli begangen. Die Sonne schien wieder über Hamburg, nachdem es den ganzen 28. Juli über durch die etwa 7 km hohe Qualmwolke im östlichen Stadtgebiet nicht hell geworden war.

Auf den Straßen lagen Tausende von Leichen in allen Stadien der Verbrennung bis hin zum kleinen Häuflein Asche – das einmal ein Mensch gewesen war. Auch in den Kanälen trieben überall Leichen – aber es wurde *kein Lebender* mehr vorgefunden.

Wenn der so oft leichthin gebrauchte Begriff »ausgestorbene Straßen« je zutraf, dann war es an jenem Morgen. Hin und wieder stürzten noch irgendwo Trümmer zusammen – sonst gab es nirgends einen Laut. In der flirrenden Luft über den noch Hitze ausstrahlenden, vereinzelt qualmenden Häuser-Resten war aber unverkennbar der Geruch von verbranntem Fleisch.

Der Führer der FE-Bereitschaft 2/X war mit seiner Einheit gegen 03.30 Uhr auch nicht mehr zur Hauptfeuerwache durchgekommen und schließlich in der Langen Reihe liegengeblieben. Er versuchte darauf, mit seinem Fahrer zu Fuß zur Hauptfeuerwache vorzudringen. Zwischen der heute noch stehenden Handelsschule und der inzwischen abgerissenen Badeanstalt Lübecker Tor erlebte er folgendes:

». . . nunmehr überstieg ich den hohen Drahtzaun mit dem Vorsatz, über den Lämmermarkt die Feuerwache 1 zu erreichen. Kaum 50 Schritt gegangen, wurde ich vom Feuersturm erfaßt und zu Boden geschleudert. Auf dem Boden zurückkriechend gelang es mir, den Drahtzaun wieder zu erreichen . . . ich hatte nicht mehr die Kraft, allein den Zaun zu übersteigen . . .«

Dazu muß ergänzend gesagt werden, daß dieser Bereitschaftsführer – ein »Hüne von Kerl« – für seine Entschlußfreudigkeit und seinen persönlichen Mut aus zahlreichen vorangegangenen Einsätzen bekannt war!

Einen anderen typischen Lagebericht gab der Führer der FE-Bereitschaft 3/X, der mit seiner Einheit in den Straßenzügen Vogelweide/Volksdorfer Straße (Eilbek – Friedrichsberg) eingesetzt war:

»...Beim Auslegen der Schläuche – es mag gegen 03.15 Uhr gewesen sein – trat erst ein normaler Wind auf, der aber innerhalb von ein paar Minuten schon zu einem Orkan wurde (Sturm wäre gelinde ausgedrückt!). Es regnete sozusagen Feuer, ich befand mich gegenüber von Fette (Anm.: eine Holzhandlung!) unter einem Leiter- oder Baugerüst und sah, wie große Holzteile (Teile von Dächern, Sperrholzplatten, Latten, Bretter) über dem Feuer in der Luft wirbelten. Die Straße war im Nu voll von kleinen und größeren brennenden Holzteilen, die in rasender Geschwindigkeit durch die Vogelweide wirbelten... was irgendwie bewegt werden konnte, setzte der Feuersturm in Bewegung...«

BILD 89 Im Feuersturm ausgebranntes Löschfahrzeug auf der Eilbektal-Brücke über den Eilbekkanal.

Nicht weit entfernt hiervon – Ecke Eilbektal/Kleiststraße – stand ein Löschfahrzeug zur Wasserförderung aus dem Eilbekkanal. Der Feuersturm erreichte hier so schnell solche Gewalt, daß der Fahrer das Fahrzeug aufgeben und unter der Brücke Schutz suchen mußte – BILD 89 –.

Der Führer der FE-Abteilung IV – ein alterfahrener, umsichtiger und energischer Wachführer – gab (im Auszug) folgenden Bericht aus dem Gebiet Rothenburgsort/Billhorner Brückenstraße:

». . . In der Erkenntnis, daß durch Löschangriffe auf die Gebäude die Lage nicht gebessert werden konnte, wurden alle Kräfte zur Menschenrettung angesetzt. Die Fahrzeuge wurden auf dem Löschplatz Billhafen in Stellung gebracht, von hier aus Schlauchleitungen in Richtung Billhorner Brückenstraße, Billwärder Neuerdeich sowie Reginenstraße und Mühlenweg gelegt und dadurch Schutzgassen für die aus den Schutzräumen durch FE-Dienst, Amtswalter, RLB und Schutzpolizei herausgeholten Personen geschaffen. Die weiblichen Personen der Befehlsstelle (Anm.: Diese befand sich in dem Gebäude der Feuerwache

6 an der Reginenstraße!) und Frauen und Kinder aus dem Schutzraum der Feuerwache 6 wurden in angefeuchtete Tücher und Decken gehüllt und zum Löschplatz in Sicherheit gebracht . . .

. . . In dieser Zeit war der Feuersturm derart heftig, daß Kinder getragen werden mußten, Frauen sich nur mit unserer Unterstützung aufrecht halten konnten. Die Luft war so heiß und trocken, daß es nur durch wiederholtes Anfeuchten der Kleidung und Tücher gelang, alle Personen aus den Schutzräumen zu bergen . . .

. . . Auf diese Weise konnten alle, die den Anweisungen des FE-Dienstes gefolgt sind (etwa 3000 bis 5000) in Sicherheit gebracht werden. Einzelne Personen, die vom Weg gerieten oder die Schutzräume nicht rechtzeitig verlassen haben, kamen in dem Feuersturm um . . .«

Viele tausend Hamburger hatten in den Hochbunkern Schutz gesucht, die in den Flächenbrandgebieten standen und nun ringsum vom Feuer eingeschlossen waren. Dies löste zahlreiche Hiobsmeldungen aus, wie z. B. »Hochbunker Baustraße – 3000 Menschen sind am Ersticken, haben keinen Sauerstoff mehr! Bunkereingang brennt!«

BILD 90 Der splittersichere LS-Sonderbau Eichenstraße in Wilhelmsburg nach dem Nahtreffer einer 1.000 lbs-Sprengbombe. Von 35 Insassen waren 23 tot!

BILD 91 Eingang zu dem im Bau befindlichen Hochbunker Dietrichstraße (Wandsbek). Durch eine brennende Zementbaracke (rechts) und das Mischhaus (links) sowie gestapelte Gerüsthölzer war der Ausgang blockiert. Etwa 41 Tote!

In allen bekannt gewordenen Fällen waren die Bunkerinsassen aber nicht unmittelbar gefährdet und die Luft einigermaßen erträglich (wenn auch sicher nicht gut!). Wenn die Menschen sahen, daß sie nicht vergessen waren und eine Verbindung mit der Außenwelt bestand, wirkte dies sehr schnell beruhigend (– so auch im Hochbunker Baustraße!) und über größere Panikhandlungen ist nichts bekannt geworden.

Es gab auch eine Reihe tragischer Verluste bei Treffern auf Bunker und »splittersichere Sonderbauten«. In der Eichenallee (Wilhelmsburg) wurde z.B. der 1940 gebaute »oberirdische splittersichere Sonderbau« durch einen Nahtreffer – wahrscheinlich einer 1000-lbs-Sprengbombe – an etwa einem Viertel der Außenwand aufgerissen – BILD 90 –. Von den 35 Insassen waren 23 tot!

Der noch im Bau befindliche Hochbunker Dietrichstraße (Wandsbek) wurde von Stab- und Phosphor-Brandbomben getroffen. Dadurch geriet die Schalung des 3. Geschosses sowie gestapelte Gerüsthölzer, die Zementlagerbaracke und ein Mischhaus in Brand, Flammen schlugen in die Bunkereingänge.

In dem Rohbau hatten etwa 100 bis 120 Personen Schutz gesucht, von denen 41 verbrannten oder erstickten. Die übrigen konnten sich noch rechtzeitig in Sicherheit bringen – **BILD 91** –.

Auf den Vorraum des »oberirdischen splittersicheren Sonderbaus« in der Hardenstraße (Rothenburgsort) fiel eine Sprengbombe (wahrscheinlich 1000 lbs) und riß eine Öffnung von etwa 1,0 × 0,6 m. Von den 475 Insassen wurde erstaunlicherweise *niemand* ernstlich verletzt!

Tausende von Menschen sind aber in Kellern und Schutzräumen umgekommen – **BILD 92** –, obwohl sie die Möglichkeit zur Flucht gehabt hätten und es ist danach oft die Frage gestellt worden: »Warum sind sie nicht rechtzeitig geflüchtet?«

Wer solche Geschehnisse nicht mitgemacht hat, kann schlecht verstehen, daß jeglicher Zeitbegriff in diesen Lagen verloren geht. Inmitten einer Umwelt, die sich in Sekunden- oder Minutenschnelle völlig wandelt, gibt es wohl auch kein »rechtzeitig« mehr!

Aus Beobachtungen in unmittelbarer Nähe der Hauptfeuerwache ist bekannt, daß Kellerinsassen von der ungeheuren Wucht des Bombardements, vor allem der Minenbombeneinschläge, so entmutigt waren, daß sie apathisch ihr Ende

BILD 92 Blick in einen Luftschutzraum mit toten Frauen und Kindern – wahrscheinlich durch Kohlenoxyd getötet.

erwarteten und sich im Keller noch am sichersten fühlten. So haben Nachbarn der Hauptfeuerwache sich wütend geweigert, der Aufforderung ihnen persönlich gut bekannter Feuerwehrmänner zur sofortigen Räumung des Kellers Folge zu leisten. Sie konnten oft nur mit brutaler Gewalt herausgeschafft werden!

Eine ungefähre Vorstellung der Situation mögen folgende Auszüge von zwei Erlebnisberichten aus den Zentren des Feuersturmgebiets vermitteln, deren Verfasser als unerschrockene, tüchtige Berufsfeuerwehrmänner mit großer Einsatzerfahrung bekannt waren:

Ein Oberfeuerwehrmann:

». . . Mein Versuch, aus dem Keller nach der Wendenstraße herauszukommen, scheiterte, da das Treppenhaus auch bereits in ganzer Ausdehnung brannte. Der Qualm und Dreck wurde durch eine neue Detonation in den Keller gedrückt, Schornsteinklappen und Türen wurden herausgeschleudert. Der Zustand wurde nunmehr unerträglich. Wir versuchten, die Brandmauern zum Nebenkeller zu durchbrechen, stellten aber fest, daß es im Nebenkeller gleichfalls brannte. Eine Rettung der im LS-Keller sitzenden Einwohner von 2 Häusern war hierdurch nicht möglich, aber ein längeres Ausharren war auch nicht mehr am Platze, da die Erstickungsgefahr bereits groß war . . .

Am Kellerausgang an der Wendenstraße schlugen die Flammen mit solchem Druck hinein, daß 3 Männer die Tür kaum zuhalten konnten. Während ich die Tür absteifte, forderte ich die Insassen auf, sich mit Decken und Mänteln zu versehen, diese über den Kopf zu ziehen und jeweils 2 Erwachsene mit einem Kind den LS-Raum zu verlassen.

Die Kellertreppe war mit brennenden Koffern und Taschen besät. Dann ging es hinweg über die zugeklappte Gittertür und weiter durch den Feuersturm . . . Wir waren mitten in der brennenden Hölle . . . Kurz entschlossen drückten wir uns in Kniestellung an die Schulhofmauer, den Rücken zum Feuersturm gekehrt . . .«

Ein Brandmeister:

». . . Als ich etwa 01.15 Uhr die Kellertreppe (Anm.: Hirtenstraße 38) heraufkam, fielen in unmittelbarer Nähe neue Sprengbomben. Die Haustür wurde ins Treppenhaus hineingeschleudert, gleichzeitig fielen Brandstäbe in den vorderen Teil des Hausflurs, so daß im Eingang sofort ein Feuer entstand . . .

. . .

. . . Wir wurden im Keller hin- und hergeworfen. Kurz danach wurde der Brandmauerdurchbruch im Keller vom Nachbarhause her aufgeschlagen. Die Leute aus dem Nachbarhause kamen herein, zugleich mit ihnen auch viel Staub, Hitze und etwas Rauch. Der Notausgang unseres Kellers war durch die Sprengbombe ebenfalls aufgerissen, auch von dort drang Staub und Hitze herein . . .

. . .

...In unserem Keller wurde es nun heiß von oben, von hinten und von der Seite her. Es war mir klar, daß jetzt nur noch übrig blieb zu flüchten. Ich gab Anweisung, daß alle Decken naß gemacht werden sollten, um Kopf und Gesicht damit zu verhüllen...

Im Park suchten wir Deckung auf der Wiese unter einem Baum. Der Feuersturm nahm an Heftigkeit . . . noch erheblich zu. Ständig fielen Zweige von dem Baum auf uns herab . . . Die Hitze war unerträglich, ebenso der Funkenflug. Immer wieder mußten wir die Tücher in einem kleinen Tümpel naß machen und legten sie auf Mund und Augen . . .

. . . Etwas später kam noch ein Ehepaar aus unserem Luftschutzkeller im Park an. Die übrigen 38 Personen aus meinem Haus haben offenbar nicht gewagt, durch das Feuer im Eingang zu laufen. Sie sind im Keller verbrannt . . .«

Ähnliche Berichte sind in großer Zahl bekannt geworden und oft romanhaft ausgewertet (66), (67).

Im »Hamburg-Bericht« steht – richtig – zusammenfassend:

BILD 93 **Ein erschütterndes Bild aus der Feuersturmnacht: Verbrannter Melder der Luftschutzpolizei, aufgefunden Ecke Ausschläger Weg/Hammer Deich. Er trug seine Gasmaske und muß während der Fahrt von einem Feuerwirbel erfaßt worden sein (aufgenommen am 29.7. mittags).**

». . . Der rasend seinem Höhepunkt zutreibende Zerstörungsakt zwang die Menschen zur Flucht. Die Feuerkessel der Terrassen und Höfe, die Feuerschleusen der engen Straßen und die Verschüttung zahlloser Häuser und Schutzraum-Ausgänge durch Spreng- und Minenbomben macht dort eine rechtzeitige Flucht unmöglich, wo ihre Notwendigkeit vielleicht früh genug erkannt wurde. Die Luftschutzwarte, die ebensowenig wie irgend ein anderer Mensch ein derartiges Ausmaß des Schreckens und der Vernichtung kannten, mußten sich auf ihren Instinkt verlassen. Die offenbare Unmöglichkeit, die ihnen anvertrauten Schutzraum-Insassen durch dieses Flammenmeer hindurchzuführen, veranlaßte sie, den Schutzraum bis zuletzt als sicheren Aufenthaltsort zu betrachten . . .

. . .

. . . Bei dieser Sachlage und bei der großen Bevölkerungszahl in dem betroffenen Gebiet muß es als ein großes Wunder bezeichnet werden, daß die Zahl der Todesopfer nicht um ein Vielfaches größer ist. Daß sich Hunderttausende aus diesem Feuersturmgebiet retten konnten, zeugt nicht zuletzt von dem Todesmut, mit dem alle Kräfte sich eingesetzt haben . . .«

In jener Nacht brannte auch die *Alstertarnung* – vgl. **BILD 61** – ab. Wie viele Häuser in der Umgebung dem Funkenflug aus dieser gewaltigen Brandfläche – etwa 250 000 m^2 – zum Opfer fielen, ist nicht bekannt.

Ebenso wurden die Gehege in *Hagenbecks Tierpark* schwer getroffen, Wirtschaftshof, Werkstätten, Restaurants und Winterquartier des Circus Hagenbeck mit 80 Fahrzeugen, Zelten und Sitzeinrichtungen zerstört. In einem Bereicht hierüber steht[109]:

». . . Sämtliche Tiere verhielten sich ruhig und hatten keinen Drang zum Davonlaufen. Elefanten drängten sich dicht um die beiden Leitkühe zusammen. Adler und Volierenvögel haben sich tagelang in ihren zerstörten Gehegen gehalten . . .«

Gegen 04.00 Uhr früh hatte die Luftschutzleitung aus den spärlich einlaufenden Erkundermeldungen erst eine ungefähre Vorstellung von dem Ausmaß des Feuersturms, ohne allerdings auch nur ahnen zu können, was sich in den Straßenschluchten von Hamm, Hammerbrook und Rothenburgsort inzwischen an menschlichem Leid zutrug, denn jene, die darüber melden sollten, waren in den Feuerwirbeln umgekommen – **BILD 93** –.

Mehr aus dem Bestreben, »etwas zu tun«, als aus innerer Überzeugung von Erfolgsaussichten wurde gegen 05.00 Uhr versucht, eine »Abwehrfront« zwischen Große Allee und Alster aufzubauen und hierzu eine Befehlsstelle Ecke Alsterdamm/Lombardsbrücke eingerichtet.

». . . Es zeigte sich, daß der Aufbau einer solchen Abwehrfront viel Zeit beanspruchte. Bis zur vollen Auswirkung der vorgenommenen Strahlrohre (*Anm.:* Dies dürfte gegen 07.00 Uhr gewesen sein!) war die Gewalt des Feuer-

BILD 96 Blick von der Kreuzung Billwärder Steindamm/Hammer Deich (Rothenburgsort) in nordöstlicher Richtung nach Hamm. Aufnahme Mitte August 1943 von einer Drehleiter aus 25 m Höhe.

Linke Seite:

BILD 94 Blick vom Grünen Deich (Oetker-Turm) in nordwestlicher Richtung über Hammerbrook. Im Hintergrund die Turmsilhouette der Stadt – ohne Catharinenkirche, im Vordergrund das »Billbrack« – nach dem Kriege zugeschüttet. Aufgenommen Mitte August 1943.

BILD 95 Blick von der Kreuzung Steindamm/Lohmühlenstraße in südwestlicher Richtung über das ausgebrannte St. Georg zwischen Berliner Tor und Lindenstraße. Aufnahme: 29.7.1943 von einer Drehleiter aus 25 m Höhe.

BILD 97 Ausgebrannte Ruine eines nach Sprengbombentreffer teilweise eingestürzten Speichergebäudes am Heidenkampsweg/Mittelkanal.

sturms schon gebrochen, so daß die Gefahr eines schnellen Weiterlaufens der Brände nicht mehr bestand . . .«

Später mußte festgestellt werden, daß sich das Feuer ohnehin nicht in irgendeiner Windrichtung – wie etwa ein Waldbrand – ausgebreitet hatte, sondern der einmal in Brand geratene Stadtbezirk in sich ausbrannte – die Feuerschlünde saugten ihren Frischluftbedarf von allen Seiten an. Es war ein wesentlicher Unterschied gegenüber der Brandentwicklung von 1842, die hauptsächlich »mit dem Winde lief«.

Was Brand- und Sprengbomben im Feuersturmgebiet angerichtet hatten, läßt sich in seinem Ausmaß nicht mit Worten beschreiben. Mögen dafür die Übersichtsaufnahmen – **BILD 94, 95, 96** – und die Einzelaufnahmen – **BILD 97, 98, 99** – mit den beigegebenen Erläuterungen sprechen.

In den Totalschadensgebieten (13,125 km² Flächenausdehnung, 17,4 km Umfang und etwa 215 km Gebäudefronten) dieses zweiten großen Nachtangriffs – in Rothenburgsort, Hammerbrook, St. Georg, Hohenfelde, Hamm, Eilbek, teilweise auch Wandsbek und Barmbek – wohnten 427 637 Menschen – rund ein Viertel der Hamburger Gesamtbevölkerung. Durch Zustrom von Obdachlosen aus den durch die ersten Angriffe betroffenen Gebieten hatte sich diese Zahl noch beträchtlich erhöht – man kann wohl mit einiger Sicherheit sagen, daß hier rund eine halbe Million Menschen unmittelbar von dem Angriff betroffen wurde.

Wieviele davon die Feuersturmnacht nicht überlebt haben, weiß niemand genau! Die (sehr persönlichen!) Schätzungen lagen bei etwa 40 000 Toten. Nach der Zahl der insgesamt geborgenen Toten aller Juli-Angriffe – 37 214 bis zum 30. 11. 1943 (vgl. 7.4.8) ist diese Zahl wahrscheinlich etwas zu hoch. Etwa 35 000 allein bei diesem Angriff dürfte der Wirklichkeit näher kommen. Auf jeden Fall sind die Phantasiezahlen von 100 000, 200 000 oder 250 000 Toten, die vor allem im Sommer 1943 in Süddeutschland und im Ausland verbreitet wurden, falsch und frei erfunden.

BILD 98 Der GEG-Gebäudekomplex »Beim Strohhause«/Hammerbrookstraße. Hinteres Eckgebäude (Stahlbeton) nach Treffern entweder mehrerer schwerer Sprengbomben oder (wahrscheinlicher) einer 8.000 lbs-Minenbombe zusammengestürzt und in den Dehnungsfugen der angrenzenden Gebäude abgerissen. Der Bau links ist durch den Luftstoß im Ganzen um etwa 10 bis 15 cm verschoben worden (vgl. Bild 99).

Ebenso bösartig – gemein frei erfunden – besser »gelogen« – sind Erzählungen wie in »Die Haut« von Curzio Malaparte (83, S. 85/95) mit folgendem Wortlaut:

». . . Ein paar Tage lang bot Hamburg einen Anblick, wie Dite, die Höllenstadt Dantes. Überall auf den Straßen, auf den Plätzen, in den Kanälen, in der Elbe ragten Tausende und Tausende von Köpfen aus dem Wasser und aus der Erde, und diese Köpfe, wie unter dem Beil des Henkers gefallen, blauschwarz vor Angst und vor Schmerzen, bewegten die Augen, öffneten den Mund, sprachen. Zwischen diesen entsetzlichen Köpfen, die im Pflaster der Straßen staken oder auf der Oberfläche der Wellen trieben, kamen und gingen Tag und Nacht die Angehörigen der Verdammten, eine abgezehrte und abgerissene Menschenmenge, die leise sprachen, als wollten sie diesen quälenden Todeskampf nicht stören; sie brachten Speisen, Getränke, Salben, der eine ein Kissen, um es einem Verwandten oder Freund unter den Nacken zu schieben, ein anderer setzte sich neben einen Eingegrabenen und verschaffte ihm mit einem Fächer Erleichterung gegen die Gluthitze des Tages, ein anderer hielt ihm zum Schutze gegen die Sonnenstrahlen einen Schirm über den Kopf, trocknete ihm die schweißgebadete Stirn, netzte ihm die Lippen . . . oder ordnete ihm mit einem Kamm das Haar . . .«

BILD 99 Abgescherte Stahlbeton-Pfeiler und Fensterstützen im westlichen Gebäude – vgl. Bild 98. Das ganze Gebäude ist regelrecht »versetzt« worden.

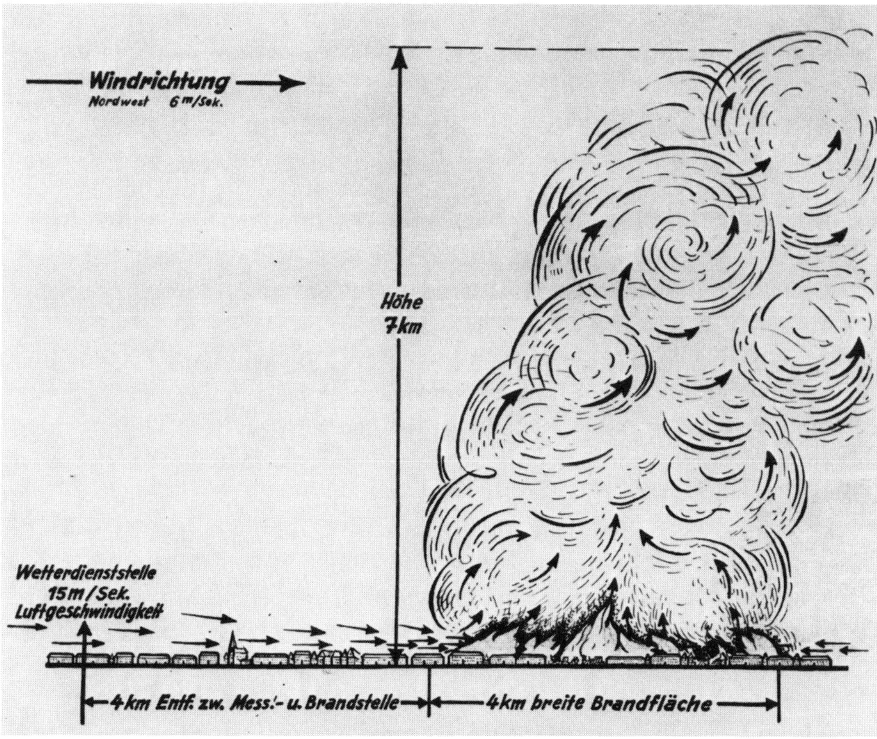

BILD 100 Darstellung der Rauchwolke über dem Feuersturmgebiet. Höhe und Windgeschwindigkeiten nach Messungen eines Wetterflugzeugs und der Hamburger Seewarte.

». . . Am siebten Tage wurde der Befehl gegeben, die Zivilbevölkerung von den Stellen zu entfernen, wo die Verdammten in die Erde vergraben waren oder im Wasser schwammen . . .«

». . . Dann sank die Nacht herein. Geheimnisvolle Schatten geisterten zwischen den Verdammten, beugten sich lautlos über sie. Lastwagenkolonnen mit abgeblendeten Scheinwerfen fuhren heran und hielten. Von allen Seiten tönte das Geräusch von Hacken und Schaufeln, das Plätschern des Wassers, das dumpfe Aufschlagen der Ruder in den Kähnen, augenblicklich erstickte Aufschreie, kurze Jammer- und Hilferufe und das trockene Knacken von Pistolen . . .«

Den gleichen infamen Schwindelbericht veröffentlichte noch über 15 Jahre später M. Caidin (21) in Kapitel 13 unter der Überschrift »Not in the records«:

»...It was the noise of a gun hammer beeing drawn back, the cold, metallic warning of the Luger beeing cocked. And then...a shot rang out. Another and another, and another...«

Jener Verfasser will diese Story angeblich von einem ungenannten US-Army-Offizier erhalten haben mit der zusätzlichen Behauptung, daß die Dokumente über diese Geschehnisse vernichtet worden seien und auch alle Berichte Überlebender aus den Berichten gestrichen worden wären – »for ever«!

In Hamburg hat auch kein »Asphalt gekocht« und schon gar nicht »gebrannt«. Sicherlich ist stellenweise bituminöser Straßenbelag in der Hitze weich geworden und Fladen brennender Phosphor-Brandbomben oder andere brennbare Flüssigkeiten mögen ein Bild brennender Straßen vorgetäuscht haben. Insofern muß der Berichter also die Verfasser so dramatisch klingender Stories ebenfalls enttäuschen.

Über dem Feuersturmgebiet stand am 28. Juli eine etwa 7000 m hohe Qualmwolke – **BILD 100** –. Darunter wurde es den ganzen Tag über nicht hell und erst am nächsten Tag ließ sich in mühsamem Marsch über Trümmerberge und durch verödete, mit Toten übersäte Straßen das Unheil mehr erahnen, als nüchtern ermessen.

Das Geschehen in den östlichen Stadtgebieten machte fast vergessen, daß auch in anderen Stadtteilen Bomben gefallen waren und Schäden angerichtet hatten: Im Hafen beim Norderloch und Guanofleet, am Schuppen 80, in Wilhelmsburg, in Altona an der Schlageterstraße (heute Stresemannstraße/Bahrenfelder Chaussee) und an einigen Stellen in Hoheluft/Harvestehude.

Den Hilfsorganisationen stellten sich nach dieser schrecklichen Nacht zwei alle anderen Notwendigkeiten weit überschattende Aufgaben:

Bergung der *Verwundeten* und – soweit überhaupt schnell feststellbar – der lebend Verschütteten aus den Trümmergebieten und *Abtransport* der vor dem Feuersturm Geflüchteten – diese hatten sich – einem Instinkt folgend – z. B. zu Tausenden auf der Moorweide und auf der Stadtparkwiese eingefunden.

Von einer planvollen und zentral gesteuerten Organisation konnte hierbei allerdings nicht die Rede sein, denn: die Nachrichtenverbindungen waren zerschlagen, die für den »GK-Fall« vorbereiteten »GK-Dienstgebäude« z. B. im Kreis 4 (Hammerbrook/Rothenburgsort) existierten nicht mehr und auch die Einsatzgruppenleiter und ihre Mitarbeiter waren tot, verwundet oder vom Strudel der Ereignisse mit fortgerissen.

Was dennoch im Verlaufe weniger Stunden an Hilfsmaßnahmen regelrecht aus dem Boden gestampft wurde, kann auch heute – über dreißig Jahre danach – nur mit höchster Bewunderung registriert werden. Die gegenseitige Bereitschaft zu helfen – ohne dabei nach Paragraphen, Vorschriften oder eigenem Vorteil zu fragen – war um Vieles größer, als jegliche Organisationsvorsorge je hätte erwarten lassen können.

Vor allem die *Wehrmacht,* die allein noch über einen intakten Fahrzeugpark und die nötigen Nachrichtenverbindungen verfügte, hat dafür gesorgt, daß die

BILD 101 Wehrmacht-Kommando beim Freiräumen der Großen Bergstraße (Altona). Brokken für Brocken mußte das geborstene Mauerwerk aufgenommen werden. Große Räumgeräte (z.B. Schaufellader) gab es damals noch nicht!

wichtigsten Verkehrswege nach draußen schnell behelfsmäßig frei geräumt wurden und die Flüchtlingskolonnen rollen konnten – BILD 101 –.

Da große Verpflegungslager, z. B. auf der Peute und in Wandsbek, unbeschädigt geblieben waren, lief schon in den Mittagsstunden des 28. Juli eine Essenversorgung an zahlreichen Stellen an. Viele Tausende machten sich mit ihrer geretteten Habe auf Fahrzeugen aller Art nach draußen auf und suchten erste Zuflucht teils unter freiem Himmel, teils auf Höfen und in Dörfern der Umgebung (35).

Das Kriegstagebuch des Oberkommandos der Wehrmacht hatte diesmal für das Geschehen in Hamburg drei Sätze übrig:

». . . In der Nacht zum 28. 7. führte der Gegner mit 500 Flugzeugen erneut einen schweren Angriff auf Hamburg durch. Es wird mit schweren Schäden und Verlusten gerechnet. 22 feindl. Flugzeuge wurden abgeschossen . . .«

Die Ereignisse in Italien, die Gefährdung der ganzen Italienfront mit den dort eingesetzten etwa 50 deutschen Divisionen beherrschten weiter die Gedanken und Handlungen der militärischen Führungsspitze.

7.4.6 Die Zerstörung von Barmbek

Sechster (143.) Angriff am Freitag, dem 30. Juli 1943

»... Feindliche Bomberverbände griffen am gestrigen Tage Helgoland sowie einige Orte im norddeutschen Küstengebiet, darunter Kiel, an und führten in der vergangenen Nacht erneut einen schweren Terrorangriff auf Hamburg, durch den weitere Verwüstungen in der Stadt hervorgerufen wurden. Die Bevölkerung erlitt hohe Verluste. Luftverteidigungskräfte schossen 54 feindliche Flugzeuge ab...«

(Aus dem Bericht des Oberkommandos der Wehrmacht vom 30.7.1943)

In den Vormittagsstunden des 29. Juli griffen amerikanische Bomberverbände die Stadt Kiel an. Die in Hamburg tätigen LS-Abteilungen (mot) wurden deshalb herausgezogen und nach Kiel in Marsch gesetzt. Von diesen Einheiten besetzte Brandstellen blieben »halbgelöscht« liegen, flammten nach kurzer Zeit erneut auf und zwangen zum Abzug von Löschkräften aus anderen Stellen.

Alle diese Entscheidungen standen unter dem Erwartungsdruck eines dritten Großangriffs, denn noch immer waren zahlreiche dicht bevölkerte Wohngebiete – vor allem in Barmbek, Winterhude, dann aber auch in Wilhelmsburg, Harburg, Bergedorf und Blankenese – nur in geringerem Maße getroffen, verglichen etwa mit Hammerbrook, Rothenburgsort, Hamm oder Eimsbüttel.

Die Massenflucht aus der Stadt hatte den ganzen 29. Juli über angedauert. Auf der Moorweide war einer der großen Sammelplätze, wo es nicht nur Verpflegung und sanitäre Hilfe gab, sondern auch auf Fahrzeugen jeglicher Art die Menschen mit ihrer letzten Habe nach außerhalb gebracht wurden. Wir haben davon noch eindrucksvolle Filmaufnahmen, die von einem Mitarbeiter der Bildstelle der Feuerschutzpolizei gedreht wurden.

Als die Abenddämmerung einsetzte, zog – wer irgend konnte – in die als bombensicher angesehenen Hochbunker oder Luftschutztürme, während von den britischen Feldflugplätzen 726 Lancasters, Halifaxes, Stirlings und Wellingtons zum neuerlichen Angriff auf Hamburg starteten (99), (122).

Die Warnzentrale gab folgende Meldungen:

29. 7. 1943	Beginn der Einflüge:	ab 23.34 Uhr
	Luftgefahr 30:	23.47 Uhr
	Luftgefahr 15:	23.55 Uhr
	Fliegeralarm:	23.58 Uhr
30. 7. 1943	Entwarnung:	02.08 Uhr

Die Angriffszeit war diesmal vom Bomber Command auf 00.45 Uhr festgesetzt, aber die »Blind-Markierung« des (nicht angegebenen), Zielgebiets soll trotz günstiger Wetterverhältnisse nicht so genau gewesen sein, wie am 28. 7. Der nachfolgende Angriff sei deshalb »beträchtlich verstreut« gelaufen und 24 min nach der Angriffs-Sollzeit wäre ein Gebiet von 24 Quadratmeilen (= 55.7 km^2) mit brennenden Brandbomben übersät gewesen.

Nach den Auswertungen der Zielkameras sollen von 699 Besatzungen (von 726 gestarteten!), die das Ziel gebombt haben wollten, 238 (= rd. 34 %) ihre Bomben im Umkreis von drei Meilen (= 4,5 km) um den »Zielpunkt« abgeworfen haben. Die nicht in den 3-Meilen-Kreis gefallenen Bomben schlugen jedoch in ungewöhnlicher Konzentration in Barmbek mit Schwerpunkt Barmbeker Markt ein und verursachten hier ausgedehnte Flächenbrände – vgl. Schadenskarte – **BILD 105** –. Dieser dicht besiedelte und bebaute Stadtteil wurde weitgehend zerstört.

Weitere Bomben trafen die bisher verschonten oder weniger betroffenen Stadtteile Harvestehude, Rotherbaum und Eppendorf, St. Georg, Uhlenhorst und Winterhude. Auch Innenstadt und Hafen, insbesondere die Speicherstadt, erhielten abermals Treffer. Zahlreiche Bomben fielen aber in bereits zerstörte Zonen. Jedenfalls stand nach dem Angriff über der Hauptfeuerwache eine große Staubwolke von den Einschlägen in Ruinengebiete.

Nach dem »Hamburg-Bericht« soll der dritte Großangriff ». . . gemessen am Einsatz der Maschinen und der Abwurfmunition der schwerste . . .« gewesen sein. Angreiferzahl und Angriffsmittel waren jedoch etwa gleich, wie beim zweiten Großangriff, aber die Zielmarkierung gelang diesmal besser und die Konzentration der Schadensgebiete besonders im Raum Barmbek war größer.

Die ganze Hektik des Geschehens und der sich überstürzenden Meldungen geht – auch bei diesem Angriff – wieder sehr deutlich aus der Zeitenliste des FE-Dienst-Führers in der Luftschutzleitung hervor. Im Auszug sei daraus wiedergegeben:

24.00 Spitze der feindl. Flugzeuge bei Helgoland, Anflug in breiter Front,

00.23 Große Anzahl Leuchtbomben über Fuhlsbüttel, Barmbek

00.40 Mehrere starke Detonationen in Nähe örtl. Leitung,

00.54 Große Brände am Reiherstieg, starke Spreng- und Brandbombenabwürfe bei Blohm & Voss und Stülcken,

00.59 Ein neuer Verband über der Nordsee, Winterhude, Lokstedt, Barmbek Brand- und Sprengbomben,

01.02 Anfrage bei Peilzentrale, wie Lage auf Hauptfeuerwache: Es schlägt Bombe auf Bombe ein, wahrscheinlich Wache getroffen,

01.04 Von Zentrale: ca. 50 Sprengbomben, es regnen Brandbomben herunter, eben fällt wieder eine Sprengbombe (Anmerkung: Die Hauptfeuerwache wurde von mehreren Brandbomben getroffen, die aber sofort gelöscht werden konnten. Eine fiel und zündete ausgerechnet in der »Luftschutz-Abteilung«!)

01.18 Starker Bombenabwurf über Gruppe Ost,

01.30 Größere Brände Alsterdorfer Straße, Pressehaus Feuer selbst gelöscht, Brände am Reiherstieg seit Anfang des Angriffs, Tannenbäume werden geworfen, Spreng- und Brandbomben im Hafengebiet, Stülcken brennt. (*Anmerkung:* Als »Tannenbäume« wurden die Zielmarkierungsbomben bezeichnet.)

01.51 Abschnitt I: Alles eingesetzt, bereits Kräfte von VII; II: Desgleichen; III: Keine Nachricht; VII: Keine weiteren Kräfte zur Verfügung; IX: Liegen keine Meldungen vor.

02.08 Warnzentrale: Hamburg frei von feindlichen Flugzeugen.

02.15 Es brennen Börse, Jungfernstieg, Neuerwall, Ortlepp,

02.20 Von Zentrale: Karstadt Mönckebergstraße brennt lichterloh!

02.23 Generalkommando fordert dringend Löschkräfte,

02.28 LAK III braucht 5 Bereitschaften, die Mönckebergstraße brennt, drei Brände in der General-Knochenhauer-Straße, es brennt stark in der Oberstraße, Hagedornstraße und Harvestehuder Weg. Löschkräfte dringend erforderlich!

02.37 Abschnitt C hat keine Schäden und 2 Bereitschaften zur Verfügung. 2 Bereitschaften nach Mönckebergstraße gesandt.

02.43 GEG Besenbinderhof brennt, Gauleitung in Gefahr!

02.46 Mit der Gruppe Ost ist keine Verbindung mehr zu bekommen!

02.48 Rathausmarkt Großfeuer, Besenbinderhof, Deutsche Arbeitsfront,

03.00 Lange Reihe, Danziger Straße zahlreiche Brände, Gruppe West fordert eine Bereitschaft für Winterhuder Marktplatz, eine für Feuerwache 3 (schon vorgesehen!), FE-Abtg. II: eine weitere Bereitschaft erforderlich, Gebiet Johanniskirche, Grindel, Knochenhauerstraße,

03.05 Brandfläche von der Hartwikusstraße ab, längs des Hofwegs, Langenzug, Osterbekstraße, Dorotheenstraße, die großen Fabrikgebäude Nagel & Kaemp, Bambus & Co., Wasmut & Co Schillerstraße rings um Feuerwache 10, Gebiet so ausgedehnt, daß nicht zu erkennen ist, ob es einzelne Brände sind... Zur Umstellung der ganzen Front werden 20 bis 30 Bereitschaften benötigt. An der Alster entlang können die Kräfte bis zur Feuerwache 10 in Marsch gesetzt werden. Von der Sierichstraße und Hofweg kann man ganz gut vorstoßen...

In dem Flächenbrandgebiet Uhlenhorst–Barmbek–Winterhude mit rund 6 km² Ausdehnung und 16 km Umfang brannten Gebäudefronten von etwa 167 km Länge. Es ist versucht worden, dieses Gebiet mit Löschkräften zu umstellen und die einzelnen FE-Bereitschaften oder LS-Abteilungen in bestimmte Abschnitte einzuweisen. Auf einem Stadtplan sieht dies sehr umfassend aus – BILD 102 – und ähnelt den bekannten Vorstellungen von Kriegsschauplätzen.

Die Einzelbetrachtung eines solchen Abschnitts – hier einer LS-Abtg. (mot) – zeigt aber, daß hier so viele Einzelbrandstellen in allen Stadien der Entwicklung lagen – BILD 103 – daß die technischen und personellen Möglichkeiten einer Einheit weit überfordert wurden.

Im ganzen dürfte es aber der erste (und wahrscheinlich einzige!) Versuch in der Luftkriegsgeschichte gewesen sein, ein sehr ausgedehntes Flächenbrandgebiet planmäßig mit Löschkräften (12 FE-Bereitschaften und 9 LS-Abteilungen (mot)) zu umstellen. Einzelerfolge konnten jedoch nur in den Randzonen erreicht werden. Das Schicksal der bereits brennenden Straßenzüge war aber besiegelt, denn zum Tragen kamen die Löschangriffe erst in den frühen Morgenstunden.

Alle schönen Schreibtischreden Berliner Luftschutz-Ideologen von »Hauptkampflinien« (man wollte ja nicht vor der Front zurückstehen!) erwiesen sich dabei als irrig und von Hamburg mußte klargestellt werden, daß zwischen russischen Steppen und einer deutschen Großstadt doch gewisse Unterschiede bestehen.

Am Morgen des 30. 7. ist auch geplant worden, eine angeblich in Barmbek »rollende« »Feuerwalze« durch Sprengungen aufzuhalten – jedenfalls war in Meldungen an die Luftschutzleitung von einer solchen Erscheinung die Rede. Es sollten von Sprengtrupps etwa 30 Häuser auf einer Straßenseite gleichzeitig nie-

BILD 102 Ein Hauptschadensgebiet des 3. Großangriffs. Mit Pfeilen gekennzeichnet die Stoßrichtungen und Abschnitte der hier eingesetzten Feuerlösch-Bereitschaften (Planung!)

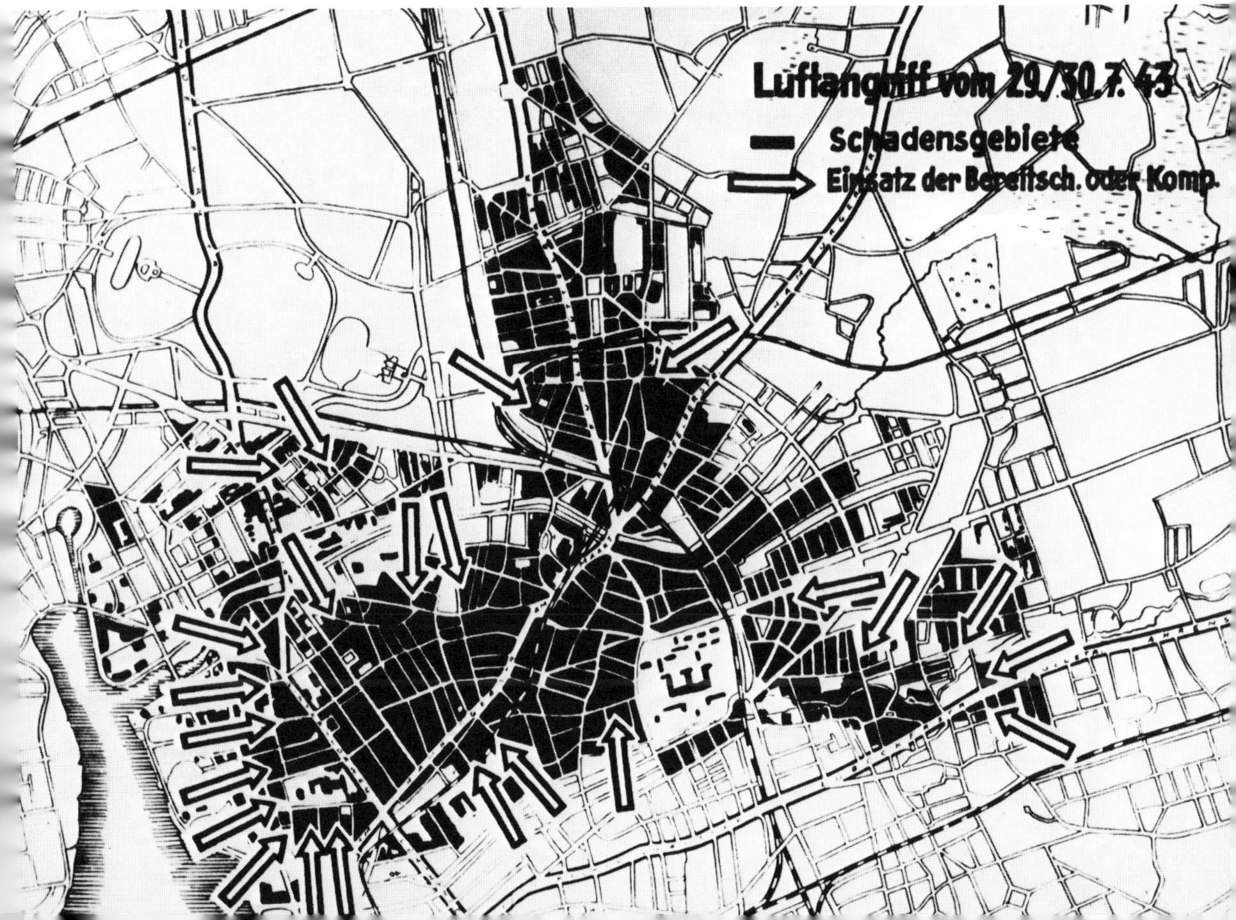

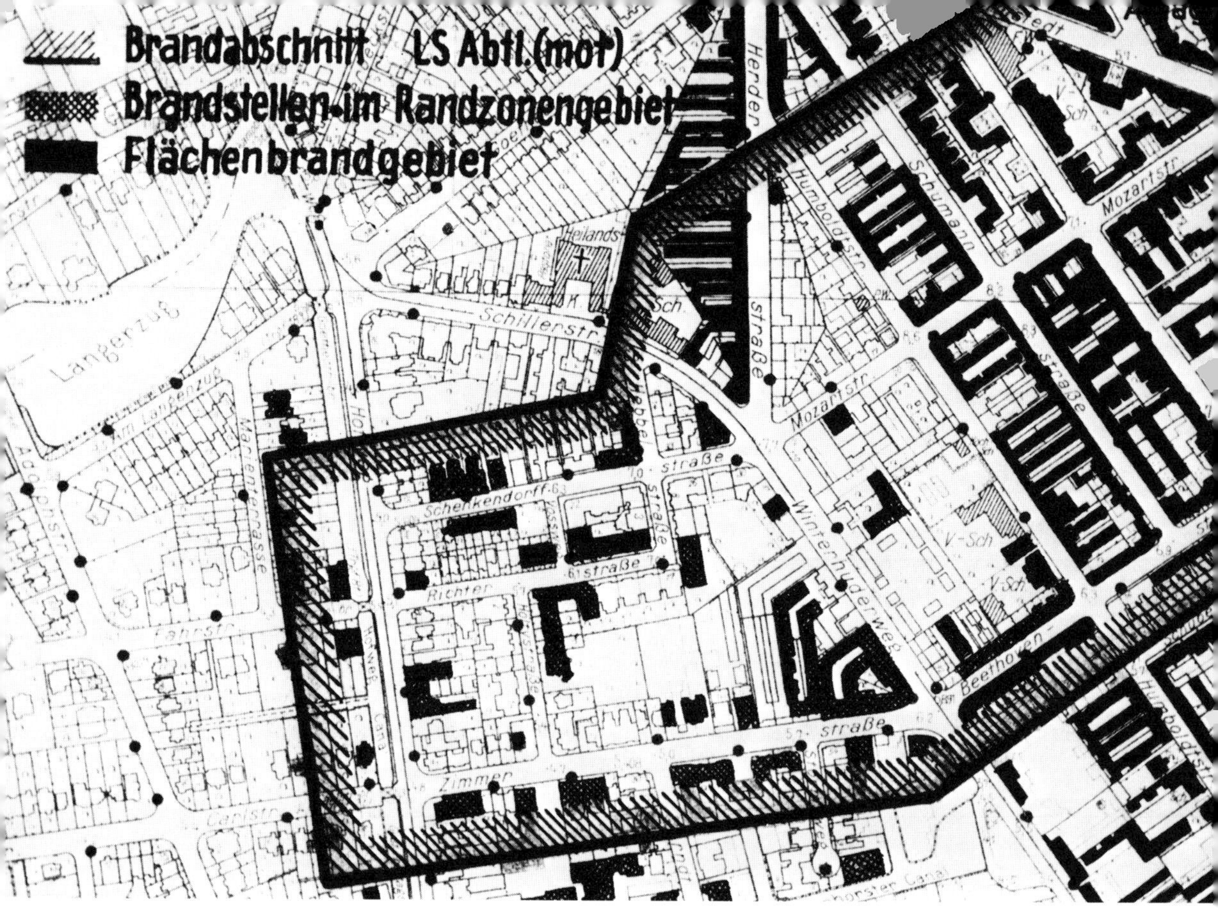

BILD 103 Darstellung des Brandabschnitts einer LS-Abtg. (mot) am Rande des Hauptschadensgebiets (Bild 102). Allein in der Randzone befanden sich 30 Großbrandstellen mit zusammen 120 in unterschiedlichsten Entwicklungsstadien brennenden Häusern. Die Entfernung zu den Wasserentnahmestellen betrug z. T. über 500 m. Die Abteilung mit ihren 10 Löschzügen konnte allenfalls 20 Häuser gleichzeitig angreifen – gegen den Flächenbrand selbst war mit diesen Kräften nichts zu unternehmen.

dergelegt werden – vielleicht in Erinnerung an ähnliche (vergebliche!) Versuche beim Hamburger Brand 1842.

Sprengtrupps und Sprengladungen in 25-kg-Kisten waren schnell zur Stelle, aber die Überprüfung der löschtechnischen Lage (durch den Berichter) ergab, daß von einer »Feuerwalze« keine Rede sein konnte und eine solche auch wahrscheinlich nie bestanden hatte. Der Berichter wagt nicht auszudenken, was die anwesende Bevölkerung bei der Durchführung eines solchen Vorhabens gesagt und getan hätte!

Besonders tragisch waren die Geschehnisse im Warenhaus Karstadt-Barmbek, dem damals größten Hamburger Warenhaus an der Hamburger Straße: In diesem Gebäude lagen ein »Öffentlicher Luftschutzraum« und ein »Personalbunker«. Auf dem Dach befand sich eine Scheinwerferstellung der Flak. Der Stromerzeuger für diesen Scheinwerfer war in einer Baracke untergebracht, die in der Rönnhaidstraße unmittelbar am Gebäude und neben einem der Hauptausgänge stand – **BILD 104** –. Die Feuerwehr hatte im Frühjahr 1943 die Verlegung dieser Baracke gefordert, weil bei ihrem Brande mit Sicherheit die hochlodernden Flammen die Warenhausfenster zerstört hätten und zündend in das Gebäude eingedrungen wären.

Die darauf erteilte, schnodderige und von keiner Sachkenntnis getrübte Antwort lautete:

»Zu o.a. Bezug wird mitgeteilt:

1. Die in der Rönnhaidstraße stehende Baracke vor dem Karstadthaus ist so niedrig, daß ein Überspringen der Flammen in die höheren Stockwerke kaum anzunehmen ist.
2. . . .
3. Das vorhandene Kabel von der Baracke zum Scheinwerfer erfordert, daß die Baracke dort bleibt, wo sie jetzt steht.
4. Aus den oben genannten Gründen ist es nicht möglich, die Baracke von der Stelle wegzunehmen, wo sie jetzt steht und anderweitig aufzustellen.«

Gegen 01.05 Uhr wurde das Karstadt-Gebäude von der ersten Sprengbombe (oder mehreren gleichzeitig!) getroffen, die wahrscheinlich in den Lichthof oder einen Schacht fiel und zu einer schnellen Brandentwicklung führte.

BILD 104 Die Flakbaracke (Stromerzeuger für Scheinwerfer) neben dem Karstadt-Gebäude an der Rönnhaidstraße.

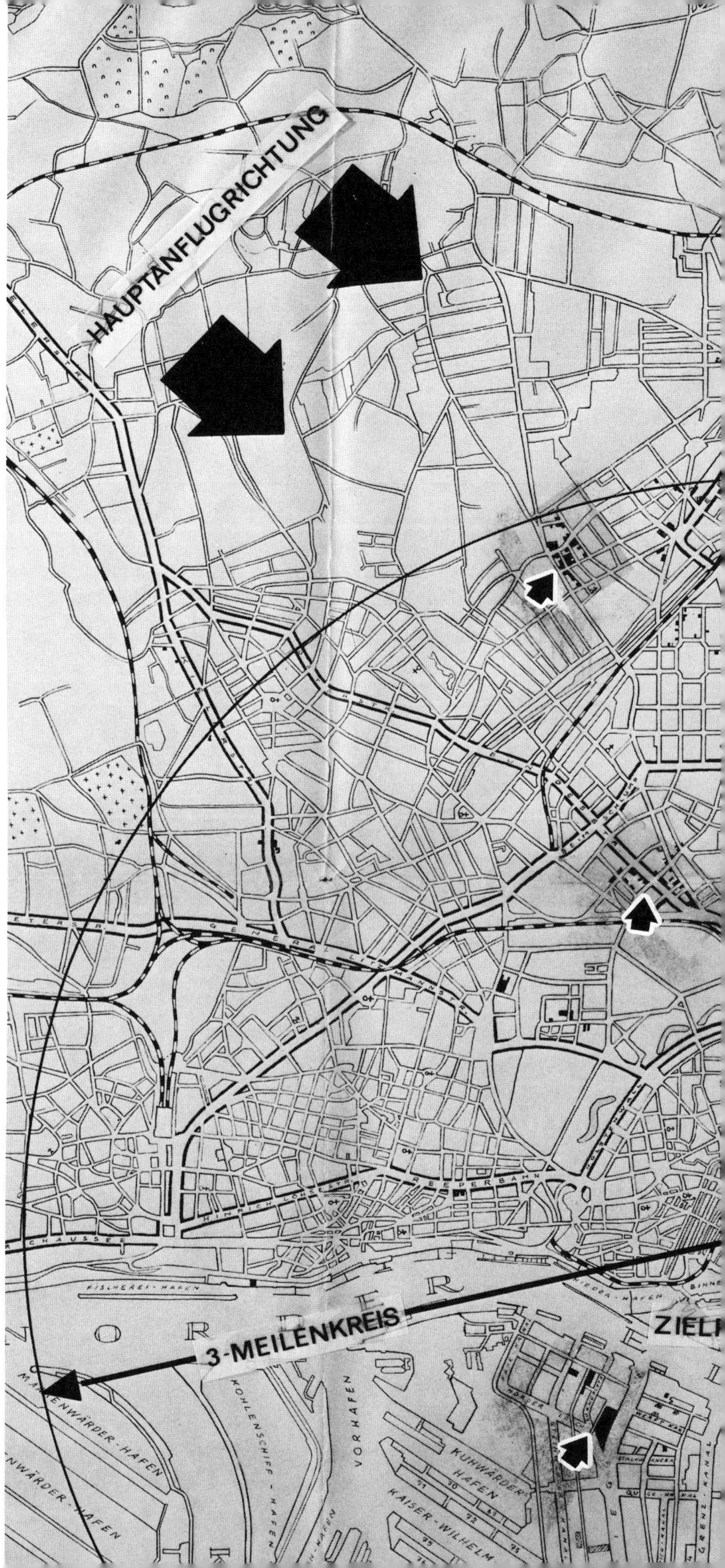

BILD 105 Hauptschadensgebiet des 3. Großangriffs nach Feststellungen des FE-Dienstes. Ein Segment von etwa 40° des 3-Meilen-Kreises überdeckte bereits beim 2. Angriff zerstörtes Gebiet zwischen Wandsbeker Chaussee und Hamburger Straße. Das Schadensgebiet erstreckte sich weit über den 3-Meilen-Kreis hinaus in das Siedlungsgebiet Barmbek.

BARMBEK
ALSTER
HAUPTFEUERWACHE
OBER-HAFEN
BAAKEN-HAFEN
MOLDAU-HAFEN
SEGELSCHIFF-HAFEN
HAMMERLAND
BORGFELDERSTR.
BULLENHUSER-KAN.
BILLE
E

BILD 106 **Das Karstadt-Gebäude nach dem Angriff. Aufnahme von einer Drehleiter aus 25 m Höhe Mitte August 1943.**

Gegen 01.10 Uhr traf erneut eine (oder mehrere?) Bombe den Bau. Etwa 10 min später fiel ein Teil des Gebäudes an der Rönnhaidstraße zusammen, gegen 01.45 Uhr wurde der Einsturz der Gebäudefront an der Hamburger Straße beobachtet und gegen 02.00 Uhr brach das Gebäude auch an der Desenißstraße ein, wobei der Eingang zum Luftschutzkeller verschüttet wurde.

Der Riesenbau ist also in mehreren Etappen eingestürzt, die Trümmer sind ausgebrannt – **BILD 106** –.

In dem öffentlichen Luftschutzraum wurden etwa 370 Personen tot aufgefunden – gestorben an Kohlenoxydvergiftung – wahrscheinlich herrührend von im Keller brennendem Koks. Die Zugangstüren waren ganz verschüttet. Die Toten wurden so aufgefunden, als wenn sie ruhig eingeschlafen wären[110].

Vormittags gegen 10 Uhr konnten dagegen aus dem anderen Karstadt-Luftschutzraum (Personalbunker) etwa 1200 Personen lebend befreit werden.

Die verbrannte und verschüttete Flakbaracke hat am Ausmaß dieses Unheils zwar wahrscheinlich keinen Anteil gehabt – in jener Nacht sind nahezu alle Gebäude in dieser Gegend und entlang der Hamburger Straße ausgebrannt, aber über das durch sie gegebene Brandrisiko kann es keinen Zweifel geben.

Das Schicksal dieses Gebäudes in den folgenden 10 Jahren zeigt die Vergleichsaufnahme aus dem Jahre 1953 – **BILD 107** –. Heute steht an dieser Stelle das Einkaufszentrum Hamburger Straße.

Nicht weit entfernt hiervon – in Eilbek – wurde um die gleiche Zeit der im Februar/März 1943 erbaute achtgeschossige bombensichere Hochbunker in der Wielandstraße Ecke Schellingstraße seitlich wahrscheinlich von einer schräg fallenden schweren Sprengbombe in Höhe des 7. Geschosses getroffen – **BILD 108** –. Es entstand in der 2,5 m starken Seitenwand ein Loch von etwa 2,5 m Breite und 1,8 m Höhe. Zwei Frauen, die sich allein in dem Raum hinter der Einschlagstelle befanden, starben. Die übrigen etwa 2000 Bunkerinsassen kamen mit dem Schrecken davon[111].

Alle Behauptungen, daß es sich um minderwertigen Beton gehandelt habe, konnten durch die späteren Untersuchungen widerlegt werden: Die Beton-Druckfestigkeit betrug 339 kg/cm² – vorgeschrieben waren 300 kg/cm².

Der Berichter war in jener Nacht zwischen 03.00 und 04.00 Uhr als Erkunder der Luftschutzleitung in Hohenfelde – begrenzt durch die Lübecker Straße, Wartenau/Lerchenfeld, Mundsburger Damm und Sechslingspforte. Hier brannten überall ungezählte Häuser, es herrschte aber kein Feuersturm, doch eine heftige Luftbewegung und starker Funkenflug. Immerhin konnten die Straßen noch mit einem Krad passiert werden. Auffällig war aber die völlige

BILD 107 Die Reste des Karstadt-Gebäudes 10 Jahre später – August 1953.

Menschenleere! Außer – zu wenigen – Gruppen von Löschkräften sah man niemanden, die Masse der Bewohner war in den Tagen zuvor aus Hamburg geflüchtet – es gab keinen Selbstschutz mehr!

Mir ist aber immer noch in schrecklicher Erinnerung, wie oft Löschversuche an erst teilweise brennenden Häusern von vornherein als aussichtslos bezeichnet werden mußten, weil weder ausreichende Löschkräfte verfügbar waren, noch die Löschwasserversorgung den Wettlauf mit dem Feuer gewinnen konnte.

Ein Sprengbomben-Volltreffer zerstörte auch die Feuerwache Wandsbek und verschüttete im Luftschutzkeller 25 Personen. 11 davon vermochten sich selbst zu befreien, in den folgenden Stunden konnten 10 tot und 4 lebend geborgen werden, von denen aber ein Feuerwehrmann bald danach seinen Verletzungen erlag.

Die zu Angriffsbeginn auf einer Einsatzfahrt befindliche Löschgruppe 23a/I wurde von einer Sprengbombe getroffen. Alle 8 Mann waren sofort tot, das Fahrzeug zerstört.

In dieser Nacht ging auch die St. Catharinen-Kirche verloren! Der von Peter Marquardt 1656 erbaute Turm stürzte um 05.40 Uhr ein. Der hölzerne Dachstuhl brannte ab, stehen blieben – wenn auch stark beschädigt – die Deckengewölbe.

BILD 108 Der Hochbunker Wielandstraße mit dem seitlichen Bombentreffer.

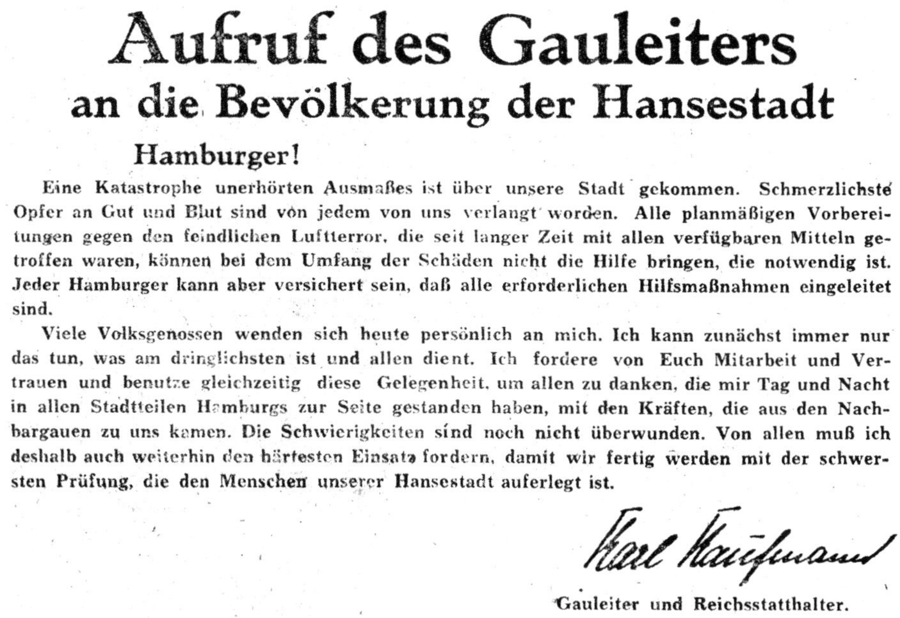

Aufruf des Gauleiters
an die Bevölkerung der Hansestadt

Hamburger!

Eine Katastrophe unerhörten Ausmaßes ist über unsere Stadt gekommen. Schmerzlichste Opfer an Gut und Blut sind von jedem von uns verlangt worden. Alle planmäßigen Vorbereitungen gegen den feindlichen Luftterror, die seit langer Zeit mit allen verfügbaren Mitteln getroffen waren, können bei dem Umfang der Schäden nicht die Hilfe bringen, die notwendig ist. Jeder Hamburger kann aber versichert sein, daß alle erforderlichen Hilfsmaßnahmen eingeleitet sind.

Viele Volksgenossen wenden sich heute persönlich an mich. Ich kann zunächst immer nur das tun, was am dringlichsten ist und allen dient. Ich fordere von Euch Mitarbeit und Vertrauen und benutze gleichzeitig diese Gelegenheit, um allen zu danken, die mir Tag und Nacht in allen Stadtteilen Hamburgs zur Seite gestanden haben, mit den Kräften, die aus den Nachbargauen zu uns kamen. Die Schwierigkeiten sind noch nicht überwunden. Von allen muß ich deshalb auch weiterhin den härtesten Einsatz fordern, damit wir fertig werden mit der schwersten Prüfung, die den Menschen unserer Hansestadt auferlegt ist.

Karl Kaufmann

Gauleiter und Reichsstatthalter.

BILD 109 Der Aufruf des Reichsstatthalters vom 31. Juli 1943 in der »Hamburger Zeitung«.

Durch die vorangegangene starke Abwanderung der Bevölkerung gab es bei diesem Angriff weit weniger Personenverluste. Nach persönlicher Schätzung dürften es etwa 1000 Menschen gewesen sein, über ein Drittel davon allein im Karstadt-Bunker.

Die Sachschäden waren dagegen gewaltig! Das Kerngebiet der schwer betroffenen Stadtteile hatte – nach dem Hamburg-Bericht und den Feststellungen der Feuerschutzpolizei –

5,825 km² Schadensfläche,
16,150 km Umfang und
167,4 km Gebäudefronten

In dem Gebiet wohnten vor den Angriffen 466 642 Menschen. Die Zahl der betroffenen Häuser wurde mit 27 495 angegeben.

Der Ausfall der Sammelwasserleitung sowie zahlreicher Löschkräfte und der immer noch anhaltende Kampf gegen die Brände früherer Angriffe erschwerten die Verteidigung – ». . . Ganz Hamburg war ein Brandherd geworden . . .«

Der Auszug der Bevölkerung, das Fehlen von Verkehrsverbindungen und die Zerstörungen gerade in den dicht bewohnten Arbeitervierteln hatten das gesamte Hamburger Wirtschaftsleben nunmehr sehr schwer getroffen. Die Unterbrechung der Gas-, Wasser- und Stromversorgung zwang auch die nicht zerstörten Betriebe zunächst zur Arbeitseinstellung.

Am nächsten Tage, Samstag, dem 31. Juli 1943 veröffentlichte der Reichsstatthalter einen Aufruf – **BILD 109** –, der mit dem Satz begann: *»Eine Katastrophe unerhörten Ausmaßes ist über unsere Stadt gekommen . . .«*

Am 1. August forderte der Polizeipräsident über das Reichspropagandaamt Hamburg alle Personen auf, die am 25. Juli 1943 und später in Hamburg gemeldet waren, sich sofort bei dem Polizeirevier zu melden, in dessen Bezirk sie sich zur Zeit befanden. Mit diesem im ganzen Reichsgebiet bekanntgegebenen Aufruf hoffte die Luftschutzleitung, nicht nur viele der in alle Richtungen verstreut geflüchteten Familienglieder wieder zusammenzuführen, sondern auch eine Übersicht über die Verluste zu gewinnen. Allerdings blieb dieses theoretisch richtige und sichere Verfahren dann in den Wirrnissen der Kriegsbürokratie hängen und es ist nie zu einer umfassenden Auswertung der eingegangenen Meldungen gekommen.

Die gesamte Hamburger Einwohnerkartei war schon in der ersten Angriffsnacht beim Brande des Polizeipräsidiums an der Stadthausbrücke vernichtet worden. Da auch die meisten Lebensmittelkarten-Ausgabestellen in den besonders betroffenen Gebieten ausgebrannt waren, fehlte jede karteimäßige Übersicht. In der Folgezeit konnte dann aber über die Statistik der Lebensmittelkarten-Ausgabe ab Mitte August wenigstens ein Überblick über die verbliebene Gesamt-Bevölkerungszahl gewonnen werden.

Im wesentlichen verschont geblieben waren bislang nur noch die Stadtteile Fuhlsbüttel, Alsterdorf und Eppendorf sowie Harburg, Bergedorf und die Elbvororte.

Aus Harburg wanderte die Bevölkerung fluchtartig ab! Als der vierte Nachtangriff begann, gab es auch in Harburg praktisch keinen Selbstschutz mehr!

Wilde Gerüchte durchschwirrten nach jenem Angriffstage erneut die Stadt, wurden leicht geglaubt und weitergetragen: So sollten nun noch die Hamburger Vororte angegriffen werden, dann das flache Land, wenn die Ernte »drin« ist. Für den 1. bis 6. 8. stand die Bombardierung Berlins in Aussicht und in der Umgebung von Hamburg wurde erzählt, in der Stadt sei Typhus ausgebrochen. Im Kriegstagebuch des OKW ist nur vermerkt:

»...Am Tage wurden Rostock, Warnemünde und Kiel, nachts sehr schwer Hamburg angegriffen. 30 feindl. Flugzeuge wurden abgeschossen...«

7.4.7 Die Gewitternacht des letzten Großangriffs
Siebter (144.) Angriff am Dienstag, dem 3. August 1943

»... Nach vereinzelten Tagesvorstößen feindlicher Luftstreitkräfte in die besetzten Westgebiete und an die norwegische Küste bombardierten die Briten in der vergangenen Nacht erneut das Stadtgebiet von Hamburg und die weitere Umgebung. Wieder entstanden Verluste unter der Bevölkerung und erhebliche Zerstörungen...«
(Aus dem Bericht des Oberkommandos der Wehrmacht vom 3. August 1943)

Es gehört zu den Ungereimtheiten der britischen Luftkriegs-Strategie, daß die RAF in der dem 3. Großangriff auf Hamburg folgenden Nacht vom 30./31. 7. 1943 die Stadt Remscheid bombardierte (228 Bomber, 693 t Bomben) und in der Nacht darauf – 31. 7./1. 8. 43 – Düsseldorf angegriffen wurde (470 Bomber, 907 t Bomben).

Nach dieser Unterbrechung des Unternehmens »Gomorrha« setzte das Bomber Command den vierten und – wider alles Erwarten der Hamburger – letzten nächtlichen Großangriff auf die Hansestadt für die Nacht vom 2./3. August 1943 an.

Die anfliegenden Bomberverbände – 740 Maschinen – gerieten aber schon über der Nordsee in Cumuluswolken und Gewitterstürme bis zu 25 000 ft (= 7600 m) Höhe. Hamburg lag unter einer dichten Wolkendecke zwischen 15 000 bis zu 30 000 ft (= 4500 bis 9100 m). Gerade zur Angriffszeit entluden sich über dem Stadtgebiet mehrere Gewitter. Es regnete, kein Mondschein, die Sicht war »nil« (= null!).

Die wieder mit H2S-Geräten gelegten Zielmarkierungen (Zielpunkt nicht bekannt!) waren deshalb für die nachfolgenden Bomber kaum oder nur gelegentlich erkennbar. Etwa die Hälfte der Besatzungen meinte, das Ziel überhaupt nicht erreicht zu haben (99), (122).

Angeblich 1426 ts Spreng- und Brandbomben fielen denn auch weit verstreut im ganzen Stadtgebiet ohne erkennbare Schwerpunkte. Beträchtliche Mengen Abwurfmunition trafen bereits zerstörte Stadtteile und wirbelten wieder große Staubwolken auf. Nach amerikanischen Angaben sollen es allerdings 1481 ts Spreng- und 1606 ts Brandbomben – zusammen also 3081 ts gewesen sein.
Die Warnzentrale hatte gegeben:

2. 8. 1943	Beginn der Einflüge:	ab 23.55 Uhr,
3. 8. 1943	Luftgefahr 30:	00.11 Uhr,
	Luftgefahr 15:	00.23 Uhr,
	Fliegeralarm:	00.59 Uhr,
	Entwarnung:	03.30 Uhr.

Die ersten Bombenwürfe wurden erst um 01.47 Uhr registriert, aber in dem Donnern und Blitzen wußten die Beobachter oft nicht recht, was nun Naturgewalt oder Zerstörung von Menschenhand war. Der »zerflatterte« Angriff dauerte ungewöhnlich lange und erst nach zweieinhalb Stunden konnte Entwarnung gegeben werden.

Als der Angriff vorüber war, hatten sich die Gewitter- und Regenwolken auch fast ganz verzogen, über der Stadt standen jedoch die Flammen- und Rauchpilze zahlreicher Großbrände.

Die Hamburgische *Staatsoper* wurde in dieser Nacht zweimal getroffen. Brandmunition – wahrscheinlich Phosphorbomben – zündeten im Gebälk des Zuschauerraums und lösten einen Brand aus, der sich mit den Mitteln des Selbstschutzes nicht mehr löschen ließ. Der Zuschauerraum brannte aus, gegen 04.00 Uhr früh stürzte die Kuppel ein – **BILD 110**[112]. Das Bühnenhaus konnte jedoch durch ständiges Bespritzen des Eisernen Vorhangs und der eisernen Verbindungstüren in den Treppenhäusern gehalten werden – eine ganz hervorragende Leistung des Theaterpersonals. Ebenso blieben das anschließende Magazingebäude mit wichtigen Betriebsanlagen (z. B. Diesel-Notstromaggregat, Not-Wasserpumpen) und das Probenhaus erhalten.

Zuerst waren 30–40 Stabbrandbomben auf das Gebäude gefallen und hatten an mehreren Stellen gezündet. Sie konnten aber alle von den Einsatztrupps gelöscht werden. Kurz danach schlugen jedoch Flüssigkeits-Brandbomben in das Gebälk.

Vor Einsturz des Zuschauerhauses war es mit Hilfe von Wehrmachtskommandos noch gelungen, größere Lebensmittel-Vorräte aus dem Foyer zu bergen, die dort gerade am Tage zuvor eingelagert worden waren.

Fast wäre bei diesem Angriff auch das bereits früher beschädigte Schauspielhaus in der Kirchenallee verlorengegangen. Hier konnten gerade eben noch in den frühen Morgenstunden Feuerlöschkräfte die bedrohlichen Brände in den Nachbargebäuden eingrenzen.

Die Bevölkerungsverluste bei diesem Angriff dürften gering gewesen sein, denn aus der Stadt waren bis zum Angriffsbeginn sicherlich rund 1 Million Menschen geflüchtet. Die noch Ausharrenden – darunter die gesamten Einsatzkräfte des Luftschutzes – hatten aber überwiegend Schutz in den allerdings völlig überfüllten bombensicheren Luftschutzbauten gefunden.

In den Mittagsstunden des 3. August lief das Gerücht um: In der nächsten Nacht kommt Harburg dran! – es war aber glücklicherweise nur ein »Gerücht«!

In der britischen Geschichte des Luftkriegs gegen Deutschland wird dieser Angriff als der »makabre Höhepunkt« der »großen Katastrophe« bezeichnet, die das ganze Stadtgebiet betroffen hatte – für das Bomber Command schien der Sieg allerdings vollständig (122, Vol. II, S. 154).

Die viel verbreitete Behauptung, die Briten hätten mit diesem verstreuten Angriff die Flüchtlinge in den Dörfen und Städten rings um Hamburg treffen wol-

BILD 110 Hamburgische Staatsoper. Blick auf den eisernen Vorhang und den ausgebrannten Zuschauerraum. Aufgenommen von einer Drehleiter aus 25 m Höhe – August 1943.

len, ist unwahr. Was außerhalb des Stadtgebiets an Bomben herunterkam, waren Notwürfe und die Folgen fehlerhafter Zielansprachen.

Im Kriegstagebuch des OKW stand nur ein Satz über das Geschehen in Hamburg:

». . . In der Nacht zum 3. 8. führten 300 feindl. Flugzeuge einen schweren Angriff auf Hamburg durch . . .«

7.4.8 Das Phänomen »Feuersturm«

»...Heulend kommt der Sturm geflogen,
der die Flamme brausend sucht...«
»...und als wollte sie im Wehen
mit sich fort der Erde Wucht
reißen in gewalt'ger Flucht,
wächst sie in des Himmels Höhen
Riesengroß!
Hoffnungslos...«

(Aus »Das Lied von der Glocke« – von Friedrich von Schiller)

Seit Hamburg in der zweiten Großangriffs-Nacht Feuerstürme in einer bis dahin unbekannten Stärke und folgenschwerer Heftigkeit erlebt hatte, ist immer wieder und bei allen Feuerwehren und Luftschutzorganisationen der Welt nach einer Erklärung des Phänomens »Feuersturm« gesucht worden.

Wir wissen heute, daß zwei Formen von Feuerstürmen auftreten können:

- *Der »thermische« Feuersturm,*
  der durch den hohen Verbrennungs-Luftbedarf eines Einzelbrandes oder vieler Einzelbrände entstehende sturmartige Zustrom von Frischluft.
  Diese Form haben schon viel Feuerwehren erlebt; besonders drastisch ist sie z. B. beim Brande des Berliner Reichstagsgebäudes 1933 aufgetreten, als sich die Strahlrohrführer nur mühsam an den Eingangstüren zum Plenarsaal halten konnten. Hier wirkte die Kuppel als »Schlot«[113].
  Je nach den Geländeverhältnissen, z. B. in engen Taleinschnitten wie in Wuppertal (29./30. 5. 1943) oder Pforzheim (24. 2. 1945) kann auch ein aus vielen Einzelbrandstellen entstandener Feuersturm in bestimmten Richtungen wirken und vielleicht noch verstärkt werden.
  Seine Folge sind »Flächenbrände«, d.h. es werden nicht nur Straßenzüge, sondern ganze Baugebiete erfaßt. Die Brände können ebenso »mit dem Winde« fortschreiten – ähnlich wie beim Hamburger Brand von 1842.
- *Der »atmosphärische« Feuersturm,*
  der sowohl durch den Luftbedarf vieler Einzelbrände, als auch durch besondere atmosphärische Verhältnisse über dem Brandgebiet ausgelöst wird – z. B. als Folge einer durch geringe Temperaturanstiege in Gang gekommenen »Schlotströmung«, durch die von allen Seiten her wesentlich mehr als nur die notwendige Verbrennungsluft angesogen wird. Diese Erscheinungsform war bis 1943 völlig unbekannt!

In Hamburg sind beide Formen aufgetreten:

- Der »thermische« Feuersturm während des ersten und dritten Nachtangriffs in den Brandgebieten etwa von Altona oder Barmbek mit den bis dahin bekannten »herkömmlichen« Feuersturmwirkungen, so wie sie auch in Lübeck und Rostock beobachtet wurden,

■ Der »atmosphärische« Feuersturm während des zweiten Nachtangriffs im Brandgebiet Hammerbrook-Hamm-Borgfelde-Rothenburgsort als ein bislang einmalig gebliebenes atmosphärisches Phänomen mit Sturmwirkungen, die ein vorher einfach unvorstellbares Ausmaß erreichten.

Die erste auf den Luftkrieg bezogene Theorie über die Entstehung von Flächenbränden und Feuerstürmen wurde schon 1927 niedergeschrieben (vgl. Abschnitt 3.4, S. 30). Sie war im Prinzip richtig und läßt sich anschaulich in »Kerzenversuchen« darstellen – **BILD 111 und 112**[114].

Noch im Frühjahr 1942 sah man die Gefahr der Flächenbrandentstehung in erster Linie gegeben, wenn Einzelfeuer in eng verschachtelten Baugebieten nicht »tatkräftig genug« vom Selbstschutz bekämpft werden, sie sich zu Reihenfeuern zusammenschließen und daraus dann Block-Flächen- und Ortsbrände mit feuersturmartigen Begleiterscheinungen entstehen können. So ließen sich jedenfalls noch die Brandfolgeerscheinungen in den Altstadtgebieten von Lübeck und Rostock erklären, so entsprach es auch der Vorstellung von mittelalterlichen Stadtbränden.

Der Tausend-Bomber-Angriff auf Köln (30./31. 5. 1942) – wegen der Flugzeugzahl vielfach als ein Wendepunkt in der Geschichte des Luftkriegs bezeichnet – hatte zwar rund 2500 größere Brandstellen zur Folge, aber keine Flächenbrände der Typenbeispiele Lübeck und Rostock. Auch in Essen, Bremen und Hamburg wurden 1942 keine Block- oder Flächenbrände erreicht.

In der Nacht vom 29./30. Mai 1943 – also rund 2 Monate vor den Angriffen auf Hamburg – gab es dann in Wuppertal einen »Feuersturm«, dessen Entstehung und verheerende Wirkung – auch auf die Bevölkerung – in erster Linie der engen Tallage und ihrer Bebauung zugeschrieben wurde.

Das Luftgaukommando XI teilte *nach* den Großangriffen am 4. 8. 1943 allen Dienststellen noch die traditionelle Feuersturmtheorie mit:

». . . Von den brennenden Gebäuden strömt die Luft senkrecht nach oben. Da jeder Brand zu seiner Erhaltung den Sauerstoff der Luft benötigt, wird die in den Straßenzügen und auf Freiflächen befindliche Luft mit starkem Sog angesogen, um den Brandherd mit weiterem Sauerstoff zu versorgen. Bei Ausdehnung des Brandherdes wird die restliche Frischluft in den Straßen außerordentlich heiß (nicht mehr atembar) und zuletzt werden die Flammen in die Straßen hineingezogen. Die Menschen, die nicht frühzeitig genug die LS-Räume verlassen haben und im Keller die Beendigung des Brandes abwarteten, mußten aus Sauerstoffmangel ersticken . . .«

Tatsächlich ist aber an »Sauerstoffmangel« wohl niemand erstickt, dagegen sind in den Kellerräumen meist durch Kohlenoxyd (CO) oder Hitze und auf den Straßen durch heiße Luft-»Hyperthermie« – Zehntausende zu Tode gekommen. Die Gesamtschilderung des Feuersturmverlaufs in jener Nacht besagt:

Der Feuersturm begann in einzelnen Straßen schon etwa 20 bis 30 min nach den ersten Abwürfen, erreichte seine größte Stärke nach 2 bis 3 Stunden zwischen 03.00 und 04.00 Uhr und flaute nach 4 bis 5 Stunden zwischen 05.00 und 06.00 Uhr rasch ab.

Die *Sturmrichtung* ging von allen Seiten in die Brandfläche hinein. Infolgedessen bestand auch nicht die Neigung zum Ausdehnen der Brandfläche in einer Richtung.

Der Sturm entwurzelte Bäume bis zu etwa 1 m Dicke, bog die Kronen junger Bäume – z.B. von Pappeln gegenüber der Hauptfeuerwache am U-Bahnhof Berliner Tor – fast bis zum Boden. Löschmannschaften vermochten sich auf Dächern und Leitern nicht zu halten. Menschen konnten nicht gegen den Orkan gehen, sondern wurden sofort umgerissen. Balken, Bretter, ganze Dachpartien und Planken wirbelten durch die Luft. Über der Haupt-Brandfläche türmte sich fast senkrecht eine Rauchwolke von etwa 7000 m Höhe – vgl. BILD 100 –.

Die Beaufort-Scala (Windstärke 12 – Orkan = 45 m/s) reicht jedenfalls nicht aus, um die Sturmstärke zu kennzeichnen. Wir können nur schätzen, daß stellenweise Windgeschwindigkeiten bis zu etwa 75 m/s und wahrscheinlich mehr aufgetreten sind – vergleichbar vielleicht mit einem Hurrikan über dem pazifischen Ozean oder einem Wirbelsturm über Nordamerika.

Die beobachteten erheblichen Unterschiede in Ortslage, Zeitablauf und Stärke der Feuersturmerscheinungen ließen sofort Zweifel darüber aufkommen, ob die bisherige Feuersturmtheorie auch in jener Feuersturmnacht Gültigkeit besaß.

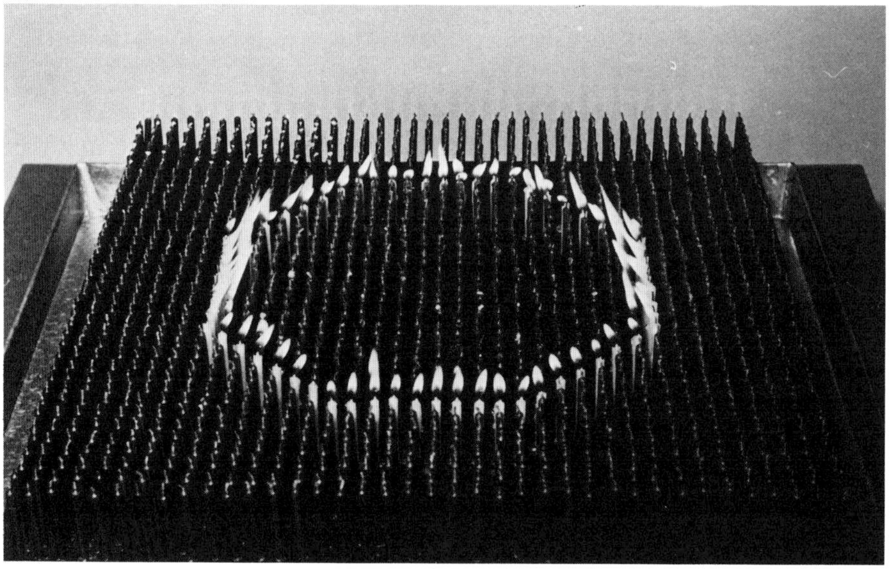

BILD 112 Feuersturmversuch. Durch Überschwenken eines Blechtrichters können die atmosphärischen (meteorologischen) Verhältnisse über Hamburg nachgeahmt werden. Aus der »Kaminöffnung« schießen die Flammen annähernd zwei Meter hoch – fast wie aus einer Lötlampe!

◀ BILD 111 Feuersturmversuch. Auf einer Platte von 50 x 50 cm sind rund 1.400 rote »Puppenkerzen« eingesteckt. In den Kerzenreihen wird mit 64 weißen Kerzen ein Achteck abgegrenzt, in dem 400 Kerzen stehen. Schon unmittelbar nach dem (möglichst schnellen!) Zünden der weißen Kerzen neigen sich die Flammen konzentrisch nach innen! Die Flammen werden dann schnell größer und greifen nach wenigen Sekunden schon auf andere Kerzen über. Nach kaum 60 Sekunden brennen alle 400 Kerzen des Innenraums!

So hat der Berichter beobachtet, wie eine an der Straßenecke Berliner Tor/Beim Strohhause stehende brennende Imbißbude schon eine halbe Stunde nach dem Bombenabwurf im Raum Berliner Tor – gegen 01.45 Uhr – auseinandergerissen wurde und in großen Teilen Richtung Berliner Tor-Damm/Borgfelderstraße regelrecht davonflog. Dabei waren um diese Zeit in der Umgebung nur wenige, in der Entwicklung befindliche Brände sichtbar.

Fast zur gleichen Zeit – um 01.35 Uhr – mußte die Befehlsstelle der FE-Abteilung IV nahe der Billhorner Brückenstraße bereits geräumt werden – vgl. *Bericht S. 233* –. Auch die FE-Abteilung V in der Freiligrathstraße (Feuerwache 5) stellte eine ganz ungewöhnlich schnelle Brandentwicklung in den ersten 25 bis 30 min nach Angriffsbeginn fest.

Dieser Ablauf war weder allein mit der Dichte des Bombenabwurfs, noch mit der Baustruktur (durchweg Gebäude aus den letzten 3–4 Jahrzehnten!) noch mit einem »Versagen« des Selbstschutzes zu erklären.

Über weitere Höhepunkte des Feuersturms mit einigermaßen verläßlichen Zeitangaben liegen noch folgende Berichte vor, z.B.:
02.30 Uhr aus der Gegend Landwehrbahnhof,
02.40 bis 02.50 Uhr Gegend Hammer Weg–Hammerlandstraße.

Am Berliner Tor gerieten um diese Zeit die Häuser erst nacheinander in Brand und um 03.14 Uhr wurde vom Berichter an die Luftschutzleitung die Meldung abgesetzt – vgl. BILD 75 –:

»Brennen sämtliche Häuser Berliner Tor. Feuersturm steht in Richtung Hauptfeuerwache. In der HFW kein Feuer.«

Zur gleichen Zeit blieb die FE-Bereitschaft 2/X in den Trümmern des Steindamms liegen, nachdem eine Viertelstunde zuvor hier die FE-Bereitschaft 3/V noch durchgekommen war – die Häuser hätten etwa zur Hälfte gebrannt.

Jedenfalls liegt die Entwicklungszeit des Feuersturms mit örtlich sehr unterschiedlichen Höhepunkten zwischen 01.30 und 04.00 Uhr. Die Sturmrichtung innerhalb der Brandgebiete schwankte ständig und in mehreren Erlebnisberichten wird davon gesprochen, daß windhosenartige Feuerwirbel durch die Straßen gerast sind. Menschen, die hier hineingerieten, wurden augenblicklich wie in einem Feuerofen verbrannt. Dadurch erklärt sich auch der so unterschiedliche Zustand der auf den Straßen liegenden Toten – vom Häuflein Asche über regelrechte »Brandleichen« bis zu äußerlich völlig unversehrten Menschen.

Die mitunter geäußerte Meinung, daß im Brandgebiet ein Zyklon gleicher Drehrichtung geherrscht habe, wie dies von Taifunen bekannt ist, stimmt jedenfalls auch nicht – vielleicht war es erst in größerer Höhe so (36).

Der FE-Dienst hat im Raume Lübeckerstraße/Sechslingspforte/Wallstraße die Fallrichtung von Straßenbäumen ermittelt – BILD 113 –. Sie zeigt deutlich, daß die Stoßrichtungen des Sturmes unterschiedlich waren und offensichtlich entscheidend von der Bebauung abhingen. Die Lage zahlreicher Gefallener ließ gleichfalls erkennen, daß Straßenverlauf, Bebauungsdichte, Gebäudeart (Holz, Stein, Beton) und Gebäudeinhalt für Stärke und Richtung des Feuersturms mitentscheidend gewesen sein müssen.

Inzwischen wissen wir aus amerikanischen Untersuchungen[115], daß eine bestimmte Holzmenge je nach ihrer Aufbereitung (Holzstärke, Schichtung) bis zu 4,2 mal schneller abbrennt, wenn sie einem »Wirbelwind« (statt ruhiger Umgebungsluft!) ausgesetzt ist. Wirbelwinde sind aber in der Feuersturmnacht schon durch die Bebauung überall aufgetreten. Das vielfach beobachtete außerordentlich schnelle Aufbrennen von Holz wäre mit dem Wirbelwind-Einfluß gut erklärbar.

Die mit »Erfahrungen« allein nicht schlüssig erklärbare Stärke und Heftigkeit der Feuersturmerscheinungen war Anlaß, auch die Gesamt-Wetterlage über Hamburg in den Angriffstagen zu untersuchen.

Die Angriffe fanden in einer ungewöhnlich lange andauernden Hitze- und Trockenperiode statt (wie sie recht ähnlich wieder im Sommer 1975 aufgetreten ist und mit ihren Folgen bei den Waldbränden in Niedersachsen sichtbar wurde!). In den letzten drei Wochen vor den Angriffen waren nur 44 mm Nieder-

BILD 113 Vom Feuersturm umgerissener Baum – Durchmesser über 30 cm – an der Wallstraße (Borgfelde).

schlag gefallen, davon am 22. 7. mit 13 mm die größte Menge. Die Luftfeuchtigkeit zwischen dem 1. und 29. Juli hatte im Mittel nur 78 % betragen mit einem niedrigsten Feuchtigkeitsgehalt von 30 % am 27. Juli. Die Mittagstemperaturen lagen in der ersten Julihälfte nie unter 32° C (im Schatten!); zwischen dem 15. und 25. Juli betrugen sie 25° C, am 27. Juli 32° C und am 29. Juli 29° C. Auch die Nachttemperaturen waren in dieser ganzen Zeit ungewöhnlich hoch, mitunter bis zu 30° C.

Die Meteorologen[116] kamen zu dem Schluß, daß eine ganz abnorme und vielleicht nur alle zehn Jahre einmal vorkommende Wetterlage am 27. 7. und in der Nacht zum 28. 7. das Feuersturm-Phänomen ausgelöst hatte. Diese Feststellungen sind damals sofort als »Geheim« erklärt worden, denn die Luftschutzleitung war sich nicht klar, ob etwa das Bomber Command seine Angriffe auf ähnliche Erkenntnisse abgestellt hatte oder möglicherweise in Zukunft die Wetterlage mit einkalkulieren könnte. Hier ist allerdings die Findigkeit des Bomber Command und seiner »Wetterfrösche« erheblich überschätzt worden; man war dort – wie der Angriff vom 3. August zeigte – nicht einmal in der Lage, eine einigermaßen zuverlässige Wetterprognose für das Zielgebiet zu erstellen. Selbst die nach dem Kriege erschienenen Darstellungen des Luftkriegs aus britischer Sicht (122) gehen auf die meteorologischen Umstände nicht ein.

Die möglichen Zusammenhänge zwischen der Stärke des nur in der Nacht zum 28. Juli in diesem Maße beobachteten Feuersturms und der »atmosphärischen Gegebenheiten« haben nach Auswertung der meteorologischen Beobachtungen zu folgenden Überlegungen geführt[117]:

». . . Damals waren für den Angriff besonders günstige meteorologische Voraussetzungen vorhanden. Am Rande von Hochdruckgebieten herrschte sehr warmes Sommerwetter, während in größerer Höhe unter dem Einfluß vorbeiziehender Tiefdruckausläufer noch relativ kalte Luftmassen strömten. Das vertikale Temperaturgefälle war mithin sehr groß. Infolgedessen erreichten die atmosphärischen Umlagerungen und die dabei entstehenden Brandkumuli ungewöhnliches Ausmaß.

Schon beim ersten Angriff in der Nacht vom 24. zum 25. Juli entwickelte sich über dem brennenden Altona und St. Pauli ein Cumulusmassiv, dessen rasches Auftürmen, dessen schirmartige Ausbreitung in etwa 7 km Höhe auch gegen den westlichen Höhenwind auf sehr starke aufsteigende Luftbewegung schließen ließ. Als Ersatz für die im Innern des Cumulus in Form einer Schlotströmung aufsteigende Luft wurde in den untersten Luftschichten von allen Seiten rasch Luft angesaugt . . .«

». . . Noch gewaltiger waren in der zweiten Angriffsnacht . . . über den südöstlichen Stadtteilen von Hamburg Wolkenbildung und atmosphärische Umlagerungen . . . Während über den Bränden die Luft mit offensichtlich sehr hoher

Vertikalgeschwindigkeit aufstieg . . . wurde unten Luft mit Sturmesstärke angesaugt . . . Man kann örtlich horizontale Windgeschwindigkeiten von 39 m/s annehmen (*Anmerkung:* in den Wirbelzonen sind wesentlich höhere Windgeschwindigkeiten – bis zu schätzungsweise 75 m/s aufgetreten!). Daß die atmosphärischen Umlagerungen und ihre Auswirkungen in dieser Nacht unvergleichlich stärker waren . . ., als in der vorangegangenen Angriffsnacht vom 24./25. Juli und der folgenden vom 29./30. Juli erklärt sich aus den vorgegebenen Gleichgewichtsbedingungen der Atmosphäre: Erwärmte Luft steigt soweit auf, bis sie die gleiche Dichte . . . wie die umgebende Luft hat. Sie kühlt sich hierbei zunächst um 1° C je 100 m Erhebung ab. Sobald aber mit dem Aufsteigen der Kondensationspunkt des in ihr enthaltenen Wasserdampfes erreicht ist und Kondensation eintritt, wird die Kondensationswärme frei. Mit der Wolkenbildung erhält somit die aufsteigende Luft einen weiteren Auftrieb. Das bis 7 oder 8 km aufschießende Wolkenmassiv war also mehr, als nur eine äußere Begleiterscheinung. Es wirkte mit am Ablauf der Vorgänge.

In der Nacht vom 27./28. Juli war nun der Auftrieb besonders stark, da in der unbeeinflußten Atmosphäre die Temperatur nach oben ungewöhnlich rasch abnahm. Nach dem 17 Uhr – Aufstieg der Wetterflugstelle Hamburg-Fuhlsbüttel betrug die vertikale Temperaturabnahme bei 30° C unten bis 3,5 km Höhe 0,9° C je 100 m Erhebung. Von 3,5 km bis zur Gipfelhöhe des aerologischen Flugzeugaufstiegs – 4,5 km – 0,8° C je 100 m. Da sie innerhalb der Wolkenluft wesentlich geringer war (um 0,5 bis 0,6° je 100 m), hatten die über den Bränden aufsteigenden Luftmassen bis zu großen Höhen hinauf eine wesentlich höhere Temperatur und geringere Dichte, als die Luft der weiteren Umgebung in jeweils gleicher Höhe.

Wahrscheinlich hat die von den vorangegangenen Angriffen stammende Staub- und Rauchglocke über der Stadt, welche tagsüber die Sonnenstrahlung stark absorbierte und durch langwellige Wärmestrahlung die Hitze der damaligen Hochsommertage noch drückender machte, dazu beigetragen, daß die am Abend einsetzende Ausstrahlung herabgesetzt war und das am Nachmittag in Fuhlsbüttel gemessene starke vertikale Temperaturgefälle in den unteren Schichten über der Stadt bis zum nächtlichen Angriff erhalten blieb. Während der Brände dürfte die Verbrennung von Holz und vor allem die rasche Verdunstung von freien Wasserflächen . . . infolge von Hitze und Wind für einen zusätzlichen kräftigen Nachschub von Wasserdampf zu der von außen angesaugten Frischluft gesorgt haben...

So wirkte der über den Großbränden stehende Brandcumulus mit seiner »Schlotströmung« wie ein riesiger Ofen, dessen »Zug« unten Luft mit Sturmesstärke einsog . . .

Nach dem Kriege haben sich besonders die Amerikaner Horatio Bond (13) und Ch. H. Ebert (36) mit dem Faktor Wetter beim Hamburger Feuersturm befaßt. Nach Ansicht von Ebert wurde die Entwicklung des Feuersturms zusammen mit einem ausgeprägten zyklonalen Wirbel durch folgende bei seinem Beginn herrschende Bedingungen ermöglicht:

»...

1. durch die längere Existenz eines stagnierenden Hochdruckrückens, wodurch die intensive Sonneneinstrahlung das Stadtgebiet in außergewöhnlicher Weise aufheizen konnte,
2. durch die große Menge von Wärmeenergie, die in der über der Stadt lagernden Dunst- und Rauchschicht gespeichert wurde,
3. durch Kaltluftadvektion in der Höhe, welche durch schwache, okkludierte Tiefdrucksysteme entlang dem nördlichen Rand des Hochdruckrückens erfolgte und einen außergewöhnlich steilen vertikalen Temperaturgradient erzeugte,
4. durch lang anhaltende sehr niedrige Werte der relativen Feuchtigkeit, welche eine außergewöhnliche Austrocknung alles brennbaren Materials zur Folge hatten und
5. Windstille am Boden, die eine beinahe perfekt ausgeprägte vertikale Kaminströmung ermöglichte...«

Auch P. Raethjen hat in einer Betrachtung über die Dynamik der lebendigen Atmosphäre ähnliche anschauliche allgemeine Erklärungen abgegeben.

Aus der Sprache der Meteorologen in Laienvorstellungen übersetzt stand danach über dem durch die starke Sonneneinstrahlung tagsüber hocherhitzten (über 30° C!) Stadtgebiet ein gewaltiger »Luftschornstein« von etwa 7000 bis 8000 m Höhe. Ein kleiner Anstoß – eine Temperaturzunahme von nur etwa 2° C – genügte, daß sich die unteren Luftmassen in diesem Kamin mit steigender Geschwindigkeit nach oben bewegten. Es war wie das Feuer in einem auf volle Zugluft gestellten Ofen.

Nach einer Überschlagsrechnung von H. Unglaube[118] sollen in den rund sechs Stunden des Feuersturms etwa zwei Milliarden Tonnen Frischluft durch diesen »Ofen« gejagt worden sein. Durch Brandwärme allein hätten nur 4 % dieser Zugluft angesogen werden können, 96 % »Zugluft« lieferte dagegen die abnorme Wetterlage.

Hamburg hatte das Unglück, daß der Angriff gerade in dieser Nacht und zu dieser Zeit kam – weder davor, noch danach wäre ein wetterbeeinflußter Feuersturm solcher Wirkung möglich gewesen.

Nach dem Kriege ist das im Feuersturm fast ganz vernichtete 56 ha große Brandgebiet Hammerbrook – begrenzt durch Spaldingstraße – Heidenkampsweg – Grüner Deich – Nagelsweg – in einem Gutachten[119] auf Baudichte und Brandbelastung untersucht worden, um daraus etwa Rückschlüsse auf die Feuersturmgefahr ziehen zu können.

In diesem Gebiet wohnten vor dem Angriff 27 440 Menschen, danach zuerst nur noch 66 (!!!). Das Verhältnis der bebauten Flächen zu den Grundstücksflächen lag hier mit 0,654 (Netto-Bebauungsdichte = 65,4 %) außerordentlich hoch (angestrebt heute 0,4!). Selbst unter Einschluß der durch Straßen und Plätze gegebenen Freiflächen war das Verhältnis immer noch 0,438 (Brutto-Bebauungsdichte = 43,8 %) – rund doppelt so hoch, wie es nach heutigen Vorstellungen sein soll.

Die *Nutzungsziffer* (= Produkt aus bebautem Anteil der Grundstücksflächen und Geschoßzahlen, heute als Geschoßflächenzahl bezeichnet) wurde mit 3,0 errechnet – heute wird in Mischgebieten bei 4 und mehr Vollgeschossen 1,0, sonst 0,4 . . . 0,9 angestrebt.

Der Gesamtbetrag der *Brandbelastung*[120] betrug fast 88 Millionen kg = 400 Millionen Mcal. Es war also wahrlich ein riesiger Scheiterhaufen, der – einmal an einer Stelle angesteckt – dann unhaltbar aufflammte (Als Vergleich: der Heizwert von 1 kg Holz = etwa 4,5 Mcal).

So ähnlich lagen die Dinge in den Wohngebieten von Rothenburgsort, Borgfelde, Hamm, Barmbek oder Eimsbüttel!

Die Untersuchungen haben aber auch keinen schlüssigen Beweis dafür erbracht, daß etwa von einer bestimmten Bebauungsdichte oder Brandbelastung ab ein Feuersturm *entstehen muß*.

Alle amerikanischen Bemühungen, irgendeine mathematische Formel für die Entstehung von Feuerstürmen zu finden, haben dagegen zu keinem Ergebnis geführt.

Wir wissen nur:

Es gibt eine Reihe von Einflußgrößen, die bestimmend an der Entstehung von Feuerstürmen und Flächenbränden mitwirken müssen. Über ihre *Reihenfolge* und *Größenordnung* läßt sich nach den praktischen Erfahrungen aber nichts zuverlässiges sagen. Alle Versuche in dieser Richtung – angestellt, um zu einem mathematisch greifbaren Ergebnis zu kommen – müssen als äußerst problematisch, anfechtbar oder gar widerlegbar bezeichnet werden.

Niemand weiß aber:

Wie stark ist ein Feuersturm? und worin liegt genau der Unterschied zwischen dem bei jedem größeren Brande auftretenden »Zug« und einem »Feuersturm«, etwa gemessen in m/s.

Flächenbrände und Feuerstürme bleiben deshalb Phänomene, die sich in kein mathematisch bestimmtes Erscheinungsbild zwingen lassen und die jeder theoretischen Festlegung trotzen.

Der »Feuersturm über Hamburg« ist ein Typenbeispiel für den mit menschlicher Voraussicht nicht erkennbaren Einfluß und die Machtfülle des Generals »Wetter«.

7.4.9 **Bilanz der Katastrophe**

Bilanzen pflegen in Zahlen zu sprechen. Auch über die Juli-Katastrophe liegt eine Fülle von Zahlenmaterial vor, das mit großer Sorgfalt in den störungsfreien Monaten nach den Angriffen von allen am Hilfswerk beteiligten Stellen zusammengetragen worden ist. Die meisten Ergebnisse sind im »Hamburg-Bericht«, vor allem dem »Gesamtbericht« enthalten. Viele der Einzelaufstellungen, wie z.B. die Namen der betroffenen Betriebe, interessieren heute nicht mehr. Die folgenden Zahlenübersichten, Erläuterungen und Bilder runden aber doch das Bild des Geschehens ab.

7.4.9 **a Menschenverluste**

Das Schrecklichste waren Tausende von Toten, die in allen Stadien des Todes und der Verbrennung auf den Straßen und Plätzen, in Gebüschen, hinter Zäunen, in Mauernischen und in Gewässern, in Luftschutzräumen und Kellern lagen.

Was 1927 in den Diskussionen um einen »Totalen Krieg« als eine makabre Vision des »Gaskriegs« erschien – BILD 114 – war nun – 16 Jahre später – im »Brandkrieg« schauerliche Wirklichkeit geworden – BILD 115 –.

BILD 114 Vision 1927: Tod im Giftgas nach einem Luftangriff auf eine Großstadt. Zeichnung von Theo Matejko in der »Berliner Illustrirten Zeitung« Nr. 18/1927.

BILD 115 Tod im Feuersturm 1943. Etwa 25 Gefallene mit unterschiedlichen Brandspuren liegen hinter einem Gartenzaun und einer Hekke, wo sie auf der Flucht vor dem Feuersturm wahrscheinlich Schutz gesucht hatten. Aufnahme etwa 30 Stunden nach dem Ereignis. Ort: Grüner Deich/Ecke Heidenkampsweg. ▶

Die meisten Menschen sind wahrscheinlich während der Flucht auf den Straßen in den Heißluftströmen der Feuerwirbel umgekommen. Darauf deutet auch die Zahl der geborgenen Toten hin: bis 10. 9. 1943 waren es 26 409, die vornehmlich auf Straßen und Plätzen gefunden wurden. Das systematische Öffnen der Luftschutzkeller setzte erst später – nach Abkühlung der Trümmermassen – ein.

Die pathologisch-anatomischen Untersuchungen an Toten aus der Feuersturmnacht kamen zu dem Ergebnis (45):

». . . daß im Keller neben dem Tod an Verbrennung und außergewöhnlichen Gelegenheitsursachen CO-Vergiftung wohl an erster Stelle und daneben *Hyperthermie* die überwiegend häufigsten Todesursachen darstellten, auf der Straße und im besonderen im Feuersturm im wesentlichen Hyperthermie als Todesursache verantwortlich gemacht werden muß . . .«

Sauerstoffmangel oder Kohlenoxyd- (Rauch-) Vergiftung dürfte *auf Straßen* wohl kaum je die Todesursache gewesen sein, dazu war die Luftbewegung viel zu stark und der Frischluftnachschub in den wie Schächte wirkenden Straßen zu intensiv.

Ein Beispiel für den Hitzetod auf der Straße zeigen – **BILD 116 und 117** –. Fraglos haben Tausende auch den Tod gefunden, weil sie im Staubsturm und Fun-

BILD 116 **Im Feuersturmgebiet – Straße »Grüner Deich« – vorgefundener Krankenwagen des Deutschen Roten Kreuzes, der wahrscheinlich wegen eines Motorschadens (geöffnete Motorhaube!) nicht weitergekommen war. Im Innern des Führersitzes lagen drei Tote – vgl. Bild 117 –. Beachte die auf der Flucht von anderen Menschen weggeworfenen Fahrräder im Vordergrund und das in Bildmitte rechts hinter dem Krankenwagen ausgebrannte Fahrzeug. Der Krankenwagen hat an der Tür Spritzer einer Phosphor-Brandbombe.**

kenregen nach wenigen Schritten *blind* wurden und regelrecht in ihr Verderben rannten oder sich apathisch hinsetzten und den akuten Hitzetod starben.

Auffällig und in der Ursache bislang nicht eindeutig geklärt blieb die wiederholte Beobachtung, daß unmittelbar nebeneinander Menschen lagen, die bis auf wenige Knochenreste verbrannt, oder völlig nackt durch abgebrannte Kleider oder aber auch unberührt von Flammen waren. Wahrscheinlich wurden sie zu verschiedenen Zeiten vom Tode ereilt, denn meist fanden wir diese Häufung von Toten an Stellen, die irgendwelchen Schutz zu bieten versprachen – vgl. – BILD 115 –.

Wir kennen Vorfälle, z. B. bei Staubexplosionen unter »friedensmäßigen« Verhältnissen, bei denen Feuerwehrmänner von einer Stichflamme erfaßt und in wenigen Minuten bis auf ein Häuflein Asche mit einem ausgeglühten Stahlhelm verbrannt wurden[121]. Auch wirbelartig aufbrennende Schwelgase bei großen Mineralölbränden mit offensichtlich sehr hohen Temperaturen haben ähnliche Folgen ausgelöst.

Jene, die sich in ihrer Angst und Not in Hauseingänge geflüchtet hatten – **BILD 118** – sind gleichfalls überwiegend in der Hitze umgekommen, teilweise aber auch von den Trümmern einstürzender Häuser erschlagen worden.

In Kellern und Luftschutzräumen starben dagegen die meisten an Kohlenoxydvergiftung, verbrannten dann hinterher zu einem Aschenrest oder wurden in der trockenen Hitze mumifiziert – **BILD 119** –.

In der Regel fühlten sich die Menschen in ausgebauten Luftschutzräumen am sichersten und wagten nicht den Sprung »ins Ungewisse« oder den Lauf durch das Feuer am Eingang. Niemand konnte auch eine solche Feuerentwicklung vorausahnen und bei der Anlage von Schutzraum-Ausgängen schon davon ausgehen, daß ringsum alle Häuser nahezu gleichzeitig in Brand geraten.

Niemand weiß, wie viele Menschen in der Juli-Katastrophe tatsächlich umkamen. Gar manches Mal konnten die Bergungstrupps nach Öffnen eines Kellers nur an den Aschenresten, an ausgeglühten Uhren und Taschenmessern abschätzen, wie viele Personen sich hier aufgehalten hatten.

BILD 117 Blick auf den Führersitz (vgl. Bild 116). Hier liegt der Fahrer, seine Frau und ein etwa 6jähriges Kind. Alle drei Personen sind den Hitzetod gestorben.

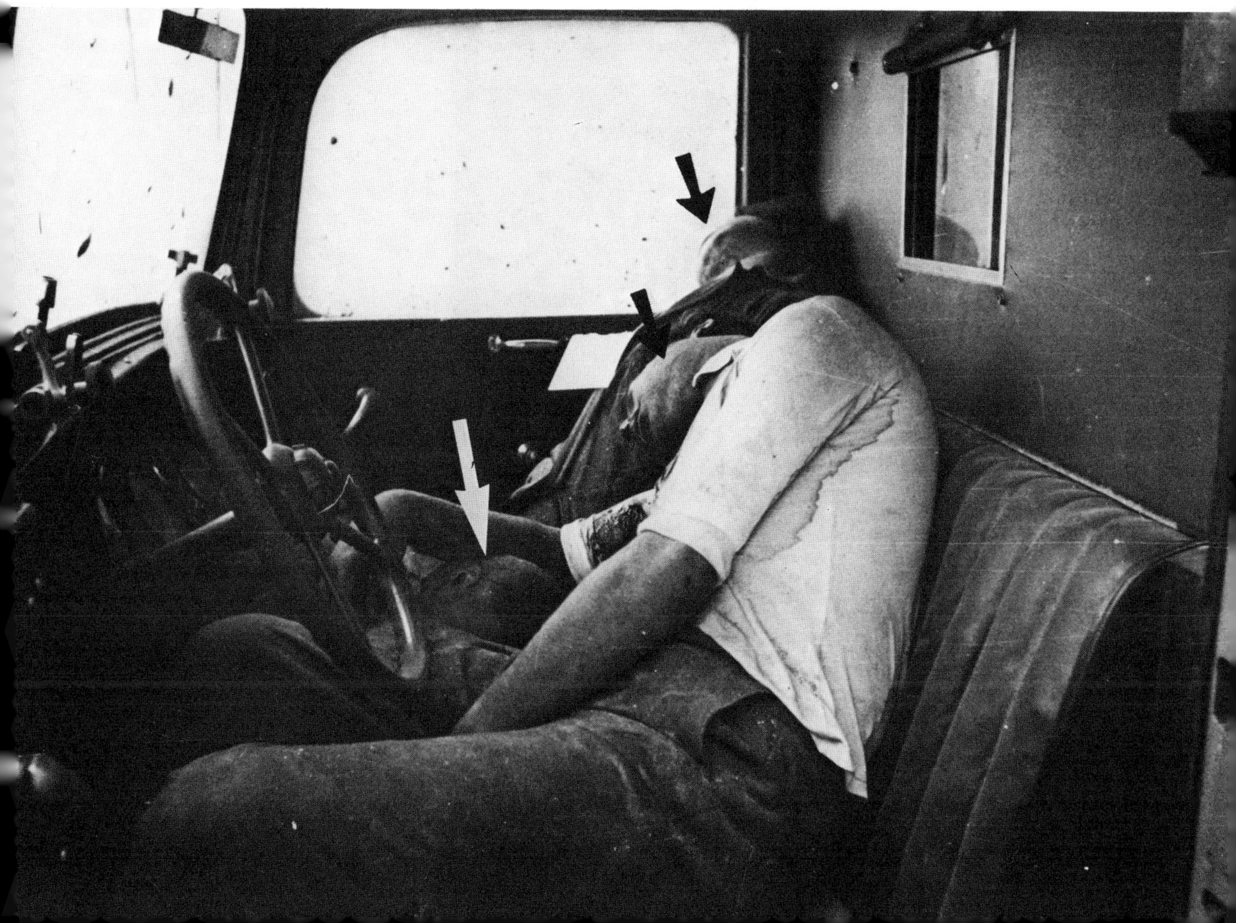

BILD 118 Zwei verbrannte Frauen auf den Treppenstufen eines Hauseingangs. Ort: Südstraße/Billwärder Steindamm.

BILD 119 Eine mumifizierte Frau, aufgefunden in einem Luftschutzkeller-Klosett. Tod durch Hyperthermie und wahrscheinlich auch CO-Vergiftung.

Von der Luftschutzleitung sind im Laufe der Zeit folgende Zahlen ermittelt:

Geborgene Gefallene:

Stand	10. 9. 1943	26 409
	28. 10. 1943	29 900
	30. 11. 1943	31 647

Ende 1943 schätzte man die Zahl der Gefallenen auf etwa 35 000, aber noch waren nicht alle Keller und Schutzräume geöffnet.

Die in den ersten Jahren nach dem Kriege geäußerte Vermutung, daß noch »Hunderte von Toten« unter den Trümmern von Hammerbrook oder Rothenburgsort liegen würden[122], hat sich aber nicht bestätigt. Es sind bei den Ausschachtungsarbeiten für Neubauten nur noch sehr selten wenige Gebeine gefunden worden.

Wir können von der Annahme ausgehen, daß die bis weit in das Jahr 1944 hinein hier tätigen Bergungskommandos – vor allem des Instandsetzungsdienstes zusammen mit der Kriminalpolizei – sehr sorgfältig arbeiteten und alle Kellerräume, in denen sich eine größere Zahl von Menschen aufgehalten haben könnte, geöffnet wurden.

Vom statistischen Amt ist britischen und amerikanischen Befragern nach der Kapitulation zum Stichtag 1. Mai 1945 die Zahl »41 800 Gefallene bei den Juli-Angriffen 1943« genannt (48). Ob sie stimmt und auf welchen Unterlagen sie beruht, ist nicht bekannt. Der Berichter hat einige Zweifel, ob sich diese Zahl nur auf die »Juli-Gefallenen« bezog oder auf die Gesamtverluste im Luftkrieg, denn dann hätten im Jahre 1944 noch rund 10 000 aus verschütteten Kellern geborgen werden müssen – was unwahrscheinlich ist. Nur etwa die Hälfte der Toten konnte – oft genug in mühsamster Kleinarbeit – identifiziert werden. Der »Hamburg-Bericht« sagt darüber:

». . . von den bis zum 30. November 1943 insgesamt 31 647 ermittelten Gefallenen wurden bisher 15 802 identifiziert, und zwar 6072 Männer (= rd. 38 %), 7995 Frauen (= rd. 50 %) und 1735 Kinder (= rd. 12 %).

Das, was von den Toten blieb, wurde in Massengräbern auf dem Ohlsdorfer Friedhof beigesetzt. Das 1945 in Dresden angewandte Verfahren, die Toten mehr oder minder an Ort und Stelle auf großen Scheiterhaufen zu verbrennen, ist in Hamburg angesichts des heißen Sommerwetters zwar kurz erwogen, aber aus hanseatischem Respekt vor dem Geschehen dann doch nicht praktiziert worden.

Wieviele Menschen in öffentlichen Luftschutzräumen und Bunkern umgekommen sind, ließ sich vor allem in den Flächenbrandgebieten auch nicht mehr genau ermitteln. Der »Hamburg-Bericht« gibt dazu folgende Zahlen an:

Öffentliche Luftschutzräume in Häusern	2918 Gefallene,
LS-Sonderbauten (splittersicher)	96 Gefallene,
LS-Bunker (bombensicher)	2 Gefallene,
Beton-Fornstein-Unterstände	4 Gefallene.

Die Zahl der *Verwundeten* wird im »Hamburg-Bericht« wie folgt angegeben:

Stand 10. 09. 1943	19854
Stand 30. 11. 1943	37214

– und dies waren nur die registrierten Behandlungsfälle in den Rettungsstellen und Krankenhäusern. Wahrscheinlich sind aber über 100000 Menschen verletzt worden, denn die Mehrzahl der im Feuersturm Geflüchteten erlitt Brandwunden im Gesicht, an den Händen und Beinen, Verletzungen durch herabstürzende Trümmer oder schwere Augenreizungen – bis zu vorübergehender Blindheit – durch Gesteinsstaub. Wir wissen auch aus Vergleichen mit Massenunfällen, daß das Verhältnis von Toten zu Verletzten ungefähr 1 : 3 ist. Die Verletzten sind dann in ihren Zufluchtsorten behandelt worden und dies ist zahlenmäßig nicht erfaßbar gewesen.

Wer – wie der Berichter – einen Tag nach dem Geschehen in den Straßen von Hammerbrook, Rothenburgsort und Borgfelde über die noch schwelenden Trümmerberge geklettert ist und an vielen hundert Toten – einzeln oder in Gruppen geballt – vorüber kam, der kann sein Leben lang die Entsetzlichkeit des Luftkriegs nicht vergessen!

7.4.9 b Sachschäden

Die Total-Schadensgebiete – in denen Flächenbrände wüteten – hatten nach Feuerwehr-Feststellungen folgende Abmessungen:

Angriff	Fläche km²	Umfang km	Gebäudefronten km
25. 7. 1943	3,975	25,7	86,8
28. 7. 1943	13,125	17,4	215,4
30. 7. 1943	5,825	16,15	167,4
03. 8. 1943	Kein Großschadensgebiet!		

Über die Schäden an Wohnhäusern wurden bis Ende 1943 von der Bauverwaltung folgende Zahlen ermittelt:

Zahl der Wohnhäuser vor den Angriffen	122323
Zahl der nach den Angriffen noch bewohnbaren Häuser	81909
also *nicht mehr bewohnbar*	*40414 Wohnhäuser*

BILD 120 Luftbild der Straßenzüge Diagonalstraße/Droopweg/Hübbesweg/Dobbelersweg im Stadtteil Hamm. Aufnahme etwa Mitte August 1943.

Davon wurden:

ganz zerstört	35719 Wohnhäuser = etwa 88 %
schwer beschädigt	4695 Wohnhäuser = etwa 12 %

Leicht beschädigt waren 18062 Wohnhäuser.

Zahl der Wohnungen *vor* den Angriffen	rund 450800 (ohne Harburg)
Zahl der ganz zerstörten Wohnungen	rund 253400 (ohne Harburg) = etwa 56 %!

Weitere rund 45000 Wohnungen wurden entweder schwer, mittelschwer oder leicht beschädigt, davon war ungefähr die Hälfte vorübergehend unbewohnbar. Einen Eindruck von dem Zerstörungsgrad vermittelt – BILD 120 –. Einen planmäßigen Überblick über die Hauptschadensgebiete gibt – BILD 121 –.

Nach Zweckbestimmung aufgeteilt wurden ferner zerstört oder schwer beschädigt:

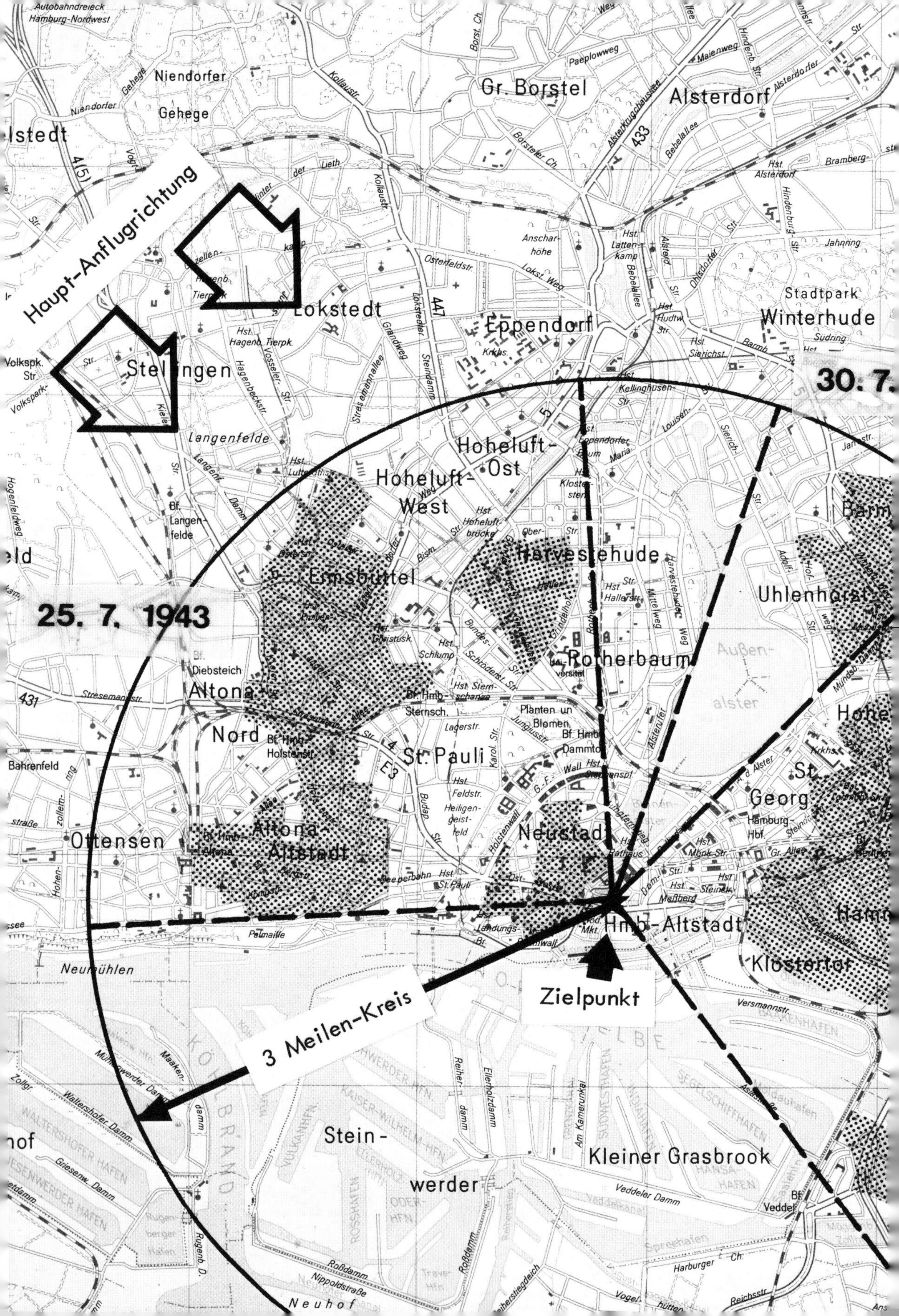
Haupt-Anflugrichtung
25. 7. 1943
30. 7.
3 Meilen-Kreis
Zielpunkt
Niendorfer Gehege
Gr. Borstel
Alsterdorf
Lokstedt
Stellingen
Eppendorf
Stadtpark
Winterhude
Langenfelde
Hoheluft-Ost
Hoheluft-West
Harvestehude
Eimsbüttel
Uhlenhorst
Rotherbaum
Außen-alster
Altona
Nord
St. Pauli
Bahrenfeld
Ottensen
Altona-Altstadt
Neustadt
St. Georg
Hmb-Altstadt
Klostertor
Neumühlen
Steinwerder
Kleiner Grasbrook
Veddel
Neuhof

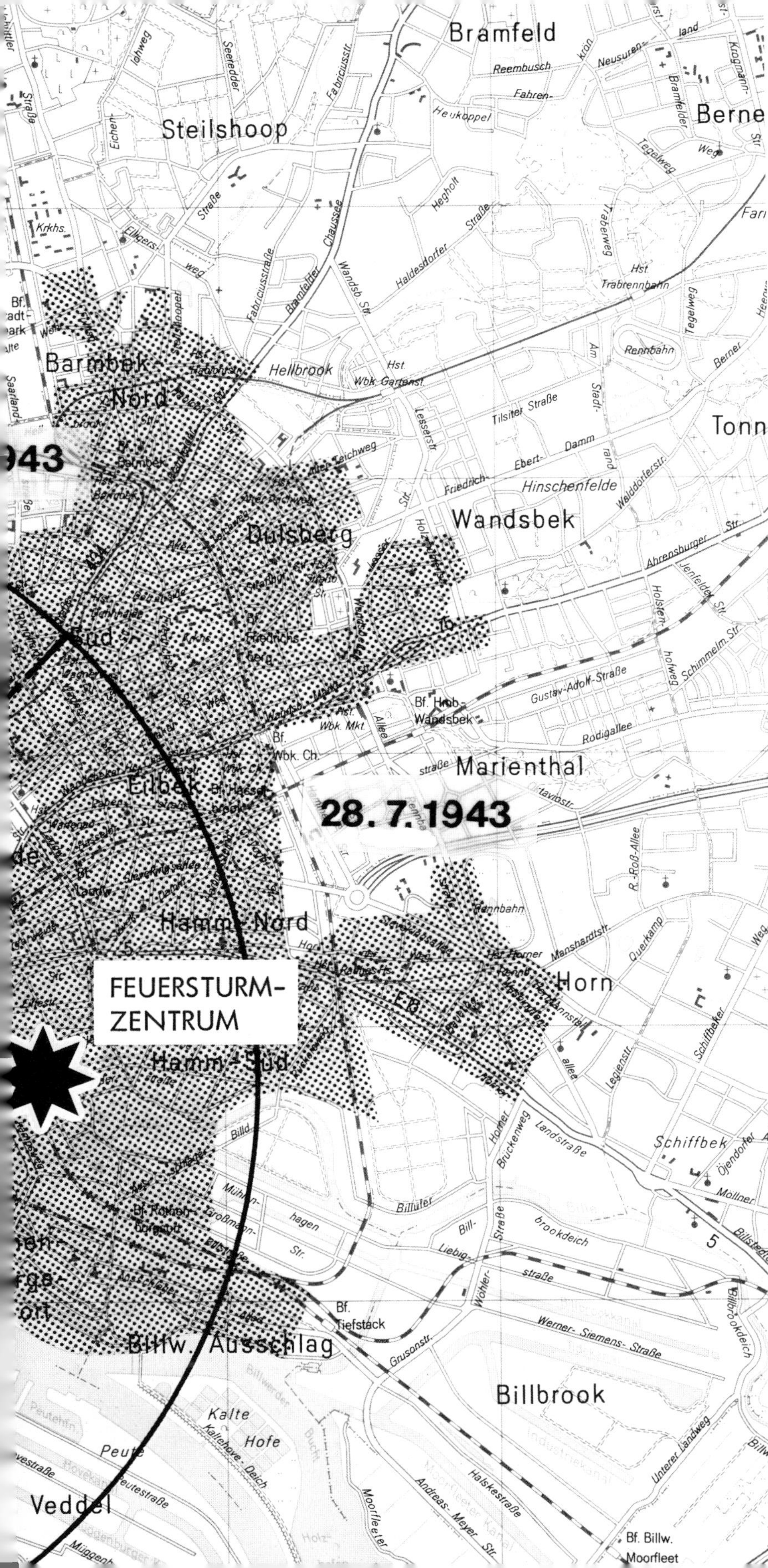

BILD 121 Übersicht der Totalschadensgebiete von 1943 nach Feststellungen des FE-Dienstes.

Industrie- und Rüstungsbetriebe	580	
Gewerbliche Betriebe	2632	
Kontorhäuser	379	– **BILD 122** –
Warenhäuser	7	
Versorgungsbetriebe	13	
Verkehrsbetriebe	22	
Öffentliche Dienststellen	76	
Militärische Anlagen	80	
Krankenhäuser und Kliniken	24	
Schulen	277	
Kirchen	58	
Kulturstätten (Theater, Kinos)	77	
Tierpark Hagenbeck	1	
Banken, Sparkassen, Versicherungen	83	
Dienststellen d. besond. Verwaltungen	69	
Dienststellen d. Partei u. NSV	112	
Brücken	12	

Der Tonnageverlust im Hafen (Schiffe einschließlich Schuten) wurde auf rund 180000 BRT geschätzt, davon bei Seeschiffen allein auf 122810 BRT. Von den durch Brand beschädigten oder gesunkenen größeren Einheiten seien genannt:

Neubau »Vaterland« (ausgebrannt)	35000 BRT
D. »Wiking«	12600 BRT
D. »General Artigas«	11254 BRT
D. »Moltkefels«	8000 BRT
D. »Leuna«	8000 BRT
D. »Vale«	5780 BRT
D. »Rotersand«	5000 BRT
D. »Dietmar Koel«	4479 BRT

– und das von der Kriegsmarine genutzte frühere Jugendherbergsschiff »Hein Godenwind« (1200 BRT).

An *Verkehrsanlagen* waren folgende Schäden entstanden:

Bei der *Hoch- (Untergrund-) und Straßenbahn* kam der gesamte Verkehr zum Stillstand wegen schwerer Beschädigungen oder Zerstörungen an Straßen- und Betriebsbahnhöfen, Haltestellen, Gleisstrecken, Tunneln, Viadukten, Leitungsmasten, Fahrleitungen sowie am rollenden Material. 420 Straßenbahnwagen waren zerstört, ferner 99 Hochbahnwagen und 17 Autobusse, schwer beschädigt waren weitere 200 Straßen- und Hochbahnwagen.

Bei der *Reichsbahn* wurden sämtliche Hamburger Bahnhöfe schwer beschädigt oder zerstört, alle von Hamburg ausgehenden Strecken schwer beschädigt. Dadurch kam der Verkehr auf fast allen Strecken Groß-Hamburgs zum Erliegen. Ab Bergedorf, Harburg und Altona blieb die Möglichkeit, mit Fernzügen auch Ziele außerhalb Hamburgs zu erreichen.

Zerstört waren u. a. auch 1125 Personen-, Gepäck- und Güterwagen und 11 S-Bahnwagen, schwer beschädigt weitere 1732 Reichsbahnwagen.

An den *Versorgungsanlagen* entstanden folgende Schäden:

Gasversorgung:

Nach dem Angriff am 28. Juli waren alle großen Werke in Hamburg, teils infolge unmittelbarer Schäden und Zerstörungen an den Werksanlagen, an Gasbehältern und am Rohrnetz, teils wegen Unterbrechung der Stromzufuhr stillgelegt und damit die Versorgung der Bevölkerung, der Betriebe und der fernver-

BILD 122 Das Bartholomay-Haus an der Steinstraße, erbaut 1938. Stahlbetonbau nach letzten brandschutztechnischen Erkenntnissen. Ausgebrannt nach Sprengbombentreffer im wesentlichen durch Flammenüberschlag von einem Stockwerk zum anderen. Das Gebäude konnte wiederhergestellt werden.

sorgten Gemeinden unterbrochen. Nur das Werk Bergedorf blieb voll in Betrieb.

Wasserversorgung:

Durch die Angriffe wurden die Wasserwerke Stellingen und vor allem Rothenburgsort schwer betroffen und das gesamte Leitungsnetz an mehreren hundert Stellen beschädigt. Vor allem fielen auch die Förderleitungen zu den einzelnen Stadtteilen aus. Die Trinkwasserversorgung der Bevölkerung konnte jedoch aus zahlreichen öffentlichen und betriebseigenen Brunnen, sowie durch den Einsatz von Trinkwasser-Aufbereitern und einer größeren Zahl von Wassertankwagen – etwa 100 – einigermaßen gedeckt werden.

Elektrizitätsversorgung:

Das Kraftwerk Neuhof wurde durch Sprengbomben schwer beschädigt und fiel für längere Zeit aus. Das Kraftwerk Tiefstack kam ebenfalls durch Sprengbombenschäden für einige Tage zum Stillstand. Das Kraftwerk Barmbeck erhielt einen Minenbombentreffer und war außer Betrieb. Der Ausfall des Stroms in den meisten Stadtteilen wurde durch starke Beschädigungen am Leitungsnetz verursacht. Der durch den Ausfall vieler Betriebe zurückgegangene Strombedarf konnte aber durch das Kraftwerk Unterelbe gedeckt werden.

7.4.9 c Die Einsätze der Hilfskräfte

Die größte Zahl von Hilfskräften ist in Hamburg wohl nach dem 3. Großangriff zur Menschenbergung, Brandbekämpfung und Schadensbeseitigung eingesetzt worden, nachdem in den Abendstunden des 28. 7. noch die LS-Ersatzabteilung aus Wurzen/Sa. und die Bereitschaften der Feuerschutzpolizei Dresden und Leipzig eingetroffen waren. Sie hatten die 400 bis 500 km Fahrstrecke in Gewaltmärschen zurückgelegt.

Dagegen war die Einsatzstärke der Hamburger Kräfte zu diesem Zeitpunkt bereits durch die Ausfälle an Personal und Material beträchtlich zurückgegangen. (Der FE-Dienst allein hatte 67 Tote und 147 Verletzte und verlor 160 Fahrzeuge!)

Für den FE-Dienst ist die jeweilige Einsatzstärke anhand der Tätigkeitsberichte der Einheiten genau festgestellt worden – BILD 123 –.

Der »Hamburg-Bericht« (1. Band) enthält für den 29./30. Juli 1943 folgende Angaben, die auch heute noch von Interesse sind, weil sie einen Eindruck vom Kräftebedarf zur Katastrophenbekämpfung vermitteln:

Kräfte des LS-Ortes:

Die vorhandenen Kräfte der Polizei, der LS-Polizei sowie die Schnellkommandos, ferner

42 Kraftspritzentrupps der Wehrmacht,

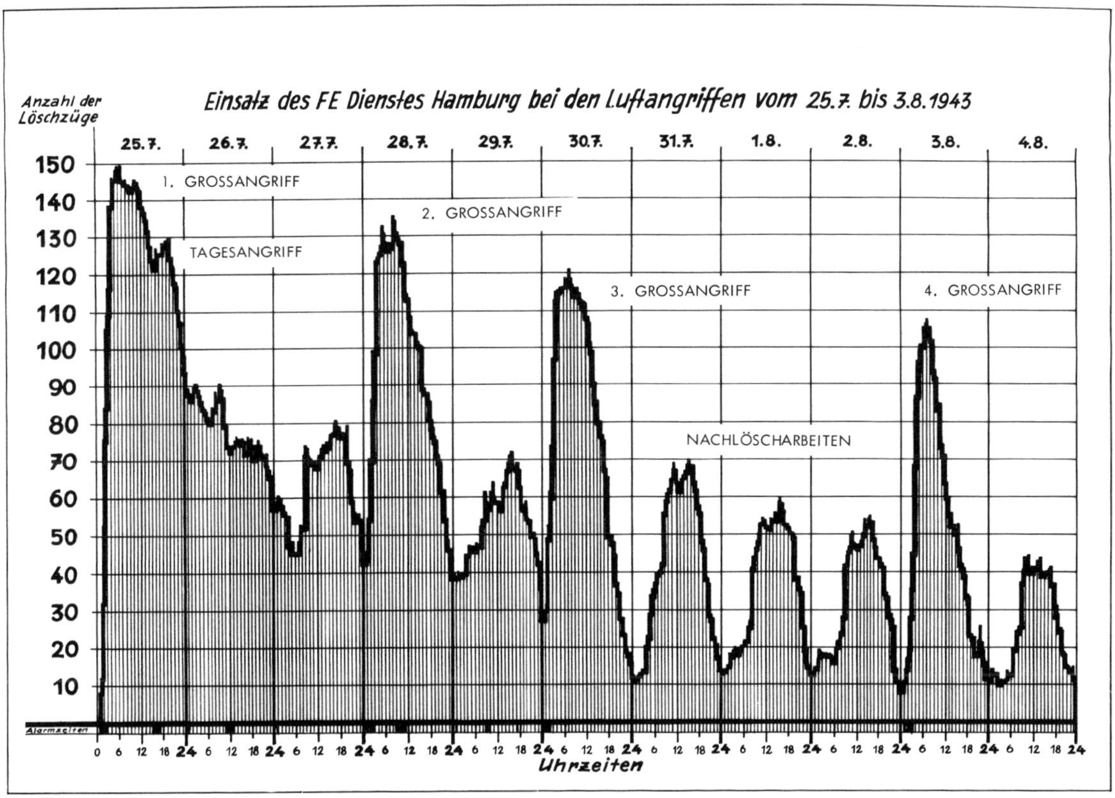

BILD 123 Einsatzzeiten und Einsatzstärken des Hamburger FE-Dienstes bei den Luftangriffen vom 25.7. bis 3.8.1943, ermittelt aus den Einsatzberichten der Einheiten.

31 Kraftspritzentrupps der NSDAP (von ursprünglich 93!),
6 Kraftspritzentrupps der Besonderen Verwaltungen,
1136 Mann Technische Nothilfe,
10700 Mann Wehrmacht-Hilfskommandos (einschl. auswärtiger Kräfte)
450 KZ-Häftlinge (vornehmlich zur Leichenbergung eingesetzt)

Auswärtige Kräfte:

12 Kompanien und 1 Zug Polizei,
4 Sicherungskompanien der Waffen-SS,
1 Katastrophen-Sanitätszug der Waffen-SS,
48 FE-Bereitschaften der LS-Pol. (u.a. aus Kiel, Lübeck, Bremen) und Freiwilliger Feuerwehren (u.a. der Landkreise Eutin, Plön, Steinburg und Lauenburg)
14 LS-Sanitätszüge,

30 Mann Sprengdienst (für die geplanten Häusersprengungen, vgl. S. 252).
12 Führer und Unterführer des Instandsetzungsdienstes,
140 Löschgruppen der Freiwilligen Feuerwehr (aus der Umgebung),
10 LS-Abteilungen (mot), darunter die LS-Ersatzabteilung aus Wurzen,
3 Feuerschutzpolizei-Kompanien der Feuerschutzpolizei-Abt. (mot) 2,
239 Mann Technische Nothilfe,
771 Mann Reichsarbeitsdienst.

Zusammen mit den Kräften der Hamburgischen Verwaltung, der Parteigliederungen – wie z. B. der um die Notverpflegung bemühten NS-Volkswohlfahrt – und des Sanitätsdienstes in den Krankenhäusern dürften es

etwa 100000 helfende Menschen

gewesen sein, die sich um die Begrenzung dieser Katastrophe bemühten. Dazu kommen jene Tausende – auch aus den Nachbarorten Hamburgs – die freiwillig Betreuungsaufgaben übernommen haben, ohne je gezählt und statistisch erfaßt worden zu sein.

Viel Sorgfalt ist im »Hamburg-Bericht« darauf verwendet, Einsätze und Einsatzerfolge des Selbstschutzes, des Erweiterten Selbstschutzes und des Werkluftschutzes, des Luftschutzes der Besonderen Verwaltungen und des FE-Dienstes der Luftschutzpolizei zu ermitteln.

Insgesamt sollen es 22500 Gebäude aller Art gewesen sein, die von Selbstschutzkräften gerettet wurden. Weitere rund 4800 Gebäude konnten erst gehalten werden, fielen dann aber doch einem späteren Angriff meist wegen Wassermangel zum Opfer.

Der Hamburger FE-Dienst hat nach den schriftlichen Meldungen der Einheiten

6386 Einsätze

gefahren und dabei u. a. in

2427 Fällen das Feuer gelöscht,
635 Fällen konnte das Übergreifen auf Nachbargebäude verhindert werden,
1218 Fällen das Feuer bekämpft,
1616 Fällen waren Einheiten bei Nachlöscharbeiten eingesetzt, darunter sehr oft an Brandstellen, die von anderen Einheiten (auswärtige!) nur »schwarz« gemacht und dann verlassen worden waren.

Die Zahl der vom FE-Dienst geretteten Menschen – z. B. unter Wasserschutz aus Flächenbrandgebieten herausgeleitet oder aus Luftschutzkellern befreit – wurde auf rund 18500 Personen geschätzt.

Die Schutzpolizei hat die Zahl der von ihren Kräften geretteten Menschen mit 29000 angegeben.

Alles in allem dürften über 50000 Menschen ihr Leben allein dem Einsatz von Schutz- und Luftschutzpolizei verdanken.

7.4.9 d Angreifer und Angriffsmittel

Die Zahl der angreifenden Flugzeuge ist von deutscher Seite auf »mehr als 3000« geschätzt worden.

Richards (99) behauptet, daß 2630 Flugzeuge das Ziel Hamburg angegriffen und 8621 ts Bomben abgeworfen hätten. – Beide Zahlen sind nach Ansicht von Webster-Frankland (122) »speculative« und die Verfasser sprechen davon, daß wohl 2542 Besatzungen »claimed« (= behaupteten oder für sich beanspruchten), das Ziel angegriffen zu haben, ohne daß dies sicher nachgewiesen ist.

Die Amerikaner haben nach dem Kriege in einer Untersuchung über die Angriffe auf die Schiffswerft Blohm & Voß (48) Bombenstückzahlen, aufgegliedert nach Größen und Typen[123], genannt. Wenn wir davon ausgehen, daß die Abwurfmengen der drei Großangriffe bei annähernd gleicher Flugzeugzahl (immer über 700!) in etwa gleich waren, dann können die in TAFEL 8 verzeichneten Zahlen angesetzt werden.

Zusammenfassend ergibt sich danach, daß rund 2700 Kampfflugzeuge und Bomber beider Luftflotten zur Julikatastrophe 1943 mit 9400 ts Abwurfmunition beigetragen haben. Welche Mengen davon dann tatsächlich Zerstörungen verursacht haben, ist natürlich unbekannt. Es dürften nur 25 bis 30 % gewesen sein.

Die Wahrheit läßt sich nicht mehr aufklären und es ist wohl heute auch müßig, darüber zu streiten, wieviele Stück und Kilogramm es nun wirklich waren. Die unterschiedlichen Angaben machen nur überdeutlich, wie schwierig bei derartig großen Unternehmungen überhaupt statistische Erhebungen sind. Die Flugzeugwarte auf den Feldflugplätzen hatten drüben wahrscheinlich anderes zu tun, als die eingehängten Bomben nach Stück und Typ genau zu zählen und zu notieren.

Auch die im »Hamburg-Bericht« angegebenen deutschen Schätzungen der Bombenmengen und -Typen weichen – wie TAFEL 8 zeigt – beträchtlich von den alliierten Angaben ab. Sie lagen nur bei den Phosphorbomben und Minenbomben einigermaßen richtig. Nicht erkannt war der Abwurf von zahlreichen 8000-lbs-Minenbomben – wer sollte das im Strudel der Ereignisse und der Flächenzerstörung auch unterscheiden können? Die Zahl der Spreng- und Stabbrandbomben ist dagegen von deutscher Seite erheblich *überschätzt* worden – sie war in Wirklichkeit wohl nur halb so groß.

Entgegen allen Gerüchten ist kein Phosphor »abgeregnet« worden – dies geht schon technisch gar nicht! Soweit Berichte darüber vorliegen, handelt es sich um Verwechslungen mit Zielmarkierungsbomben. Auch die ominösen »Phosphor-Kanister« des Jahres 1941 sind nicht gefallen!

Die *Abwurfhöhen* (Flughöhen) sind von den Amerikanern (48) mit 18 000 bis

19000 ft (= 5400 bis 5700 m) bei den RAF-Angriffen angegeben, während die »Fliegenden Festungen« der 8. USAAF sich in Höhen von 26000 bis 27500 ft (= 7900 bis 8400 m) bewegten. Während der Nachtangriffe sind aber auch zahlreiche Flugzeuge wesentlich niedriger geflogen, insbesondere die Zielmarkierer. Angeblich soll sogar mit Bordwaffen geschossen worden sein.

Nach alliierten Angaben gingen bei den Angriffen auf Hamburg 86 Flugzeuge verloren, davon allein 30 durch schlechtes Wetter (Vereisung?) beim letzten Angriff. Das wäre eine Verlustquote unter 3 % und damit außerordentlich wenig, zumal hiervon kaum die Hälfte auf das Konto von Nachtjägern und Flak kommen dürfte.

Beschädigt worden wären 174 Bomber = 5,6 %. Als Vergleich wird angeführt, daß bei fünf Angriffen auf Essen während der »Battle of the Ruhr« insgesamt 19,9 % der eingesetzten Maschinen als Verlust gebucht werden mußten, weit über das Doppelte der Hamburger Gesamt-Verlustrate von 8,6 %. Zurückgeführt wird dieses »günstige« Ergebnis auf den Einsatz der »windows«.

Nach einer Aufstellung des LGK XI – Ic – vom 13. 8. 1943 (RL 19/451) sollen in der Zeit vom 24. 7. bis 3. 8. 1943 insgesamt 203 Bomber abgeschossen worden sein. Bei dieser Zahl war wohl der Wunsch der Vater des Gedankens!

Die Abschußangaben in den deutschen Wehrmachtsberichten machen keine Aussage über die Hamburger Luftschlacht – sicher aus überlegten Gründen, denn die Lähmung des deutschen Ortungssystems durch »Düppel« wollte niemand zugeben!

Im »Hamburg-Bericht« steht (Bd. I, S. 47): ». . . 35 Feindflugzeuge kamen bei den verschiedenen Luftangriffen im Bereich des LS-Ortes zum Absturz . . .« – diese Zahl war vom LGK XI zu dem Bericht »beigesteuert«, aber der Berichter setzt sehr große Zweifel in die Richtigkeit dieser Angabe. Er hat jedenfalls während und nach den Angriffen weder etwas von einem abgestürzten Flugzeug gesehen, noch gehört. In Anbetracht der Tatsache, daß im ganzen Luftkrieg bei den einzelnen Angriffen nie mehr als 5 Maschinen auf Hamburger Gebiet stürzten – auch nicht bei den massierten Tagesangriffen des Jahres 1944 – ist es ganz unwahrscheinlich, daß ausgerechnet bei einer vom Zielen ausgeschalteten Flakabwehr so viele Flugzeuge herunter gekommen sein sollen.

Wie so oft in der Kriegsgeschichte aller Zeiten und vor allem des 2. Weltkriegs hat das Wetter für Angreifer und Angegriffene eine besondere Rolle gespielt. Ohne die so ungewöhnlichen, ja einmaligen, meteorologischen Gegebenheiten des 26./27./28. Juli wäre nicht annähernd der gleiche Grad an Zerstörung und Menschenverlusten erreicht worden. Ohne das schlechte Wetter beim 4. Großangriff hätten die Alliierten nicht so viele Flugzeuge verloren und Hamburg noch viel größere Schäden erlitten!

Für die Alliierten – insbesondere das britische Bomber Command – war »the

Battle of Hamburg« aber ein außerordentlicher Erfolg, der weltweites Aufsehen erregte.

Webster-Frankland (122) sagen in ihrer Ergebnis-Zusammenfasung dieser Angriffe, daß das Unternehmen »Gomorrha« auch in den folgenden Monaten und Jahren des Krieges ohne Beispiel gewesen sei, die Deutschen aber nunmehr geerntet hätten, was von ihnen selbst in London und Coventry gesät worden sei.

7.4.9 e Das Gesamtbild der Zerstörung

Das Hamburger Schicksal übertraf in seinen Auswirkungen und seiner Ausdehnung jede Brandkatastrophe, die in vergangenen Zeiten blühende Gemeinwesen heimgesucht hatte. Hinzu kam, daß die Menschen in dieser Millionenstadt ja rechtzeitig alarmiert, daß sie technisch und organisatorisch auf Brände vorbereitet waren, daß sie bei zahlreichen früheren Angriffen viele Erfahrungen gesammelt hatten und beachtliche Löscherfolge vorweisen konnten – aber diesmal wurden sie vom Feuer regelrecht überrannt!

Der »Hamburg-Bericht« hat versucht, einen Eindruck des Gesamtgeschehens in den zehn Tagen vom 25. Juli bis zum 3. August 1943 mit Worten zu vermitteln und sagt dazu u. a.:

». . . Die Entwicklung des Kampfes aller Kräfte gegen das Feuer als einen übermächtigen Feind steigert sich im Verlauf der Angriffe; sie findet ihren dramatischen Höhepunkt beim letzten Großangriff in der Nacht vom 2. zum 3. August, in der die Detonationen der explodierenden Bomben, das Rollen des Donners, das Prasseln des Feuers und das unaufhörliche Herniederrauschen des Gewitterregens zu einem einzigen höllischen Inferno zusammenfließen . . .«

». . . Die Schreckensszenen, die sich im Feuersturmgebiet abgespielt haben, sind unbeschreiblich. Kinder wurden durch die Gewalt des Orkans von der Hand der Eltern gerissen und ins Feuer gewirbelt. Menschen, die sich gerettet glaubten, fielen vor der alles vernichtenden Gewalt der Hitze um und starben in Augenblicken. Flüchtende mußten sich ihren Weg über Sterbende und Tote bahnen. Kranke und Gebrechliche mußten von ihren Rettern zurückgelassen werden, da diese selbst in Gefahr gerieten, zu verbrennen . . .«

». . . Die Straßen waren mit Hunderten von Leichen bedeckt. Mütter mit ihren Kindern, Männer, Greise, verbrannt, verkohlt, unversehrt und bekleidet, nackend und in wächserner Blässe wie Schaufensterpuppen, lagen sie in jeder Stellung, ruhig und friedlich oder verkrampft, den Todeskampf im letzten Ausdruck des Gesichts. Die Schutzräume boten das gleiche Bild, grausiger noch in seiner Wirkung, da es zum Teil den letzten verzweifelten Kampf gegen ein erbarmungsloses Schicksal zeigte. Saßen an einer Stelle die Schutzraum-Insassen ruhig, friedlich und unversehrt wie Schlafende auf ihren Stühlen, durch Kohlenoxydgas ahnungslos und ohne Schmerzen getötet, so zeigt die Lage von Knochenresten und Schädeln in anderen Schutzräumen, wie ihre Insassen nach Flucht und Rettung aus dem verschütteten Gefängnis gesucht hatten . . .«

». . . Es wird keiner Phantasie jemals gelingen können, die Szenen des Schreckens und Grauens zu ermessen und zu beschreiben, die sich in zahlreichen verschütteten LS-Räumen abgespielt haben . . .«

». . . Die Nachwelt wird nur ehrfürchtig schweigen können vor dem Schicksal dieser Unschuldigen . . .«

Der Hamburger Zeichner und Bildner Fritz Husmann (75) hat in zwei ergreifenden Bildern – »Menschen im Keller« und »Flucht aus dem Bunker« – denen, die nicht dabei waren, einen Eindruck zu vermitteln versucht, wie es in Tausenden von Luftschutzkellern aussah und wie die Menschen entsetzt über das Geschehen flüchteten (Originale im Kupferstichkabinett der Hamburger Kunsthalle).

Wir aber müssen uns heute fragen:

Was wäre aus Hamburg geworden, wenn:

- alle britischen Bomber ihre Bomben in das befohlene Zielgebiet geworfen hätten . . .
- die RAF-Geschwader in jeder Nacht gekommen wären . . .
- die amerikanische Luftwaffe zwischen allen Nachtangriffen der RAF noch Tagesangriffe mit starken Verbänden geflogen hätte . . .?

Keine Phantasie würde ausreichen, um die Folgen eines solchen Geschehens auszumalen!

7.5 DAS LEBEN GEHT WEITER!

Die ersten Wochen nach den Angriffen

». . . Die vier Angriffe auf Hamburg zwischen dem 24. Juli und 3. August verursachten die gründlichste Zerstörung, die eine so große Stadt in so kurzer Zeit je erlitten hatte . . .«
(Winston Churchill, Der Zweite Weltkrieg, V, S.236)

Als die Brände des Luftangriffs vom 3. August in den Abendstunden dieses Tages langsam erloschen und sich übersehen ließ, daß der Angriff in den Gewitterböen zersplittert war, erwarteten wohl alle in der Stadt verbliebenen Hamburger den nächsten Schlag in einer der kommenden Nächte. Die herumschwirrenden Gerüchte darüber taten ein Übriges! Noch standen ja im Westen – Osten – Süden und Norden von Hamburg große Teile der Industrie- und Wohngebiete fast unversehrt.

Aber nichts geschah – am 4. und 5. und 6. August nicht – und auch nicht in den folgenden Tagen und Wochen – genau zwei Monate lang!

Dabei hatte sich die RAF bei ihren Angriffen auf Hamburg keineswegs erschöpft, sondern flog unentwegt weitere schwere Angriffe gegen andere deutsche Städte, so z. B.

am 09./10. 8.	432 Bomber gegen Mannheim und Ludwigshafen,
am 10./11. 8.	611 Bomber gegen Nürnberg,
am 17. 8.	376 Bomber gegen Schweinfurt und Regensburg,
am 17./18. 8.	597 Bomber gegen die Versuchsanstalt des Heeres für Gleitbomben und Raketenwaffen in Peenemünde
am 22./23. 8.	427 Bomber gegen Leverkusen,
am 23./24. 8.	727 Bomber gegen Berlin,
am 27./28. 8.	621 Bomber gegen Nürnberg und
am 31. 8./1. 9.	622 Bomber gegen Berlin.

In Hamburg wurde im August zwar achtmal Fliegeralarm gegeben, denn die einfliegenden Bomberströme, z. B. nach Berlin oder Peenemünde berührten den Warnkreis – es fiel aber keine Bombe!

Im September gingen neunmal die Sirenen, davon sechsmal für »Öffentliche Luftwarnung« – jedoch auch ohne Bombenabwürfe!

Die britischen Veröffentlichungen der Nachkriegszeit (99), (117), (122) geben keine Erklärung dafür, warum die Angriffe auf Hamburg nicht fortgesetzt wurden, um das Kriegspotential dieser Stadt vollständig zu zerstören.

Vielleicht war das Bomber Command nach dem Studium der Luftbilder der Meinung, daß diese Stadt genügend »ausradiert« und die Moral der Bevölkerung gebrochen sei, so daß man sich nun anderen Zielen zuwenden könne, um auch diese zu »hamburgisieren«. Ganz sicher gab es aber kein Mitleid mit dem Schicksal der Hamburger Menschen!

18 Jahre später – im Sommer 1961 entstand in England bei Erscheinen der britischen Geschichte des strategischen Luftkriegs gegen Deutschland (122) eine heftige öffentliche Auseinandersetzung darüber, ob »Churchills wartime bombing policy against Germany« richtig oder falsch gewesen sei. Damals besuchte der britische Schriftsteller und Reporter Sefton Delmer den Berichter und stellte auch die Frage, wie es Hamburg geschafft habe, so schnell die ärgsten Folgen der Katastrophe zu überwinden. Meine Antwort war: »You did not come back, You gave us time to recover. The Hamburgers who had fled the city came back. They came back to help patch up what was left and get it working again . . .«[124]

In den ersten acht bis zehn Tagen nach den Angriffen herrschte sicher so etwas wie Apathie unter der Bevölkerung der betroffenen Gebiete und auch bei denen, die vor der schier unlösbaren Aufgabe standen, das Leben in dieser Stadt wieder in Gang zu bringen. Zu der schwersten körperlichen Erschöpfung, der Trauer über den Tod oder das ungewisse Schicksal von Angehörigen und den Verlust aller Habe kam das dumpfe Gefühl, daß nun alles zu Ende und der Krieg verloren ist, wenn der Gegner solche Schläge ungehindert ausführen kann.

Daß dennoch die Hände nicht in den Schoß gelegt wurden, sondern die Hamburger durch Zupacken das Schicksal zu meistern suchten, mag ein oberflächlicher Beobachter als Erfolg der nationalsozialistischen Propaganda mit ihren ständigen Appellen an das Pflichtbewußtsein unter den Schlagworten »Gemeinnutz geht vor Eigennutz!« werten.

Da sich die Bevölkerung in anderen vom Luftkrieg betroffenen Gebieten kaum anders verhalten hat – sei es nun in Deutschland oder England gewesen – weltweit an Orten schwerer Katastrophen, z. B. nach Erdbeben, ähnliche Beobachtungen zu machen waren und Hamburg nicht zuletzt bei der Flutkatastrophe 1962 eine gleiche Haltung bewies, ist der Behauptungswille doch wohl mehr eine gute menschliche Eigenschaft und Tugend und kaum durch Propaganda manipulierbar.

Ein Spiegelbild jener Zeit gibt heute noch die »Hamburger Zeitung« – die seit dem 25. Juli abends erscheinende Gemeinschaftsausgabe von »Hamburger Anzeiger«, »Hamburger Fremdenblatt« und »Hamburger Tageblatt«. Sie kam täglich um 16 Uhr heraus und wurde kostenlos abgegeben[125]. In der Ausgabe vom 3. August – also nach dem letzten Angriff – stand unter der Überschrift »Bunker-Perspektive« eine Betrachtung, die mit dem Satze schloß:

». . . Als wir gestern durch die lichter und lichter werdende Baumstraße gingen, hörten wir plötzlich das warme Lied eines Wildtaubers. »Das Leben geht weiter!« – sagte ich nur, und das Vogellied hallte in uns nach wie ein verheißungsvoller Traum.«

Ja, das Leben in Hamburg ging weiter – das sagen uns heute noch all die Meldungen und Anordnungen oder Hinweise in den Tagesausgaben, die mit dem Leben in Hamburg Verbindung hatten, z. B. über

Die Wiederaufnahme der Arbeit,
Die Hamburger Verpflegungsstätten,
Der Postbetrieb in Hamburg,
Reinlichkeit – das Gebot der Stunde.

Bereits am 6. August wurde der Gau Hamburg in neue Kreisgebiete eingeteilt, denn manche der früheren Kreise, z. B. in Rothenburgsort – Hammerbrook existierten ja praktisch nicht mehr.

Am 8. 8. verlautete, daß Flakschießen »Fliegeralarm« bedeutet, da sehr viele Sirenen ausgefallen waren.

Bei Bergungen mußte ein Ausweis mit Angabe der früheren Wohnung vorgezeigt werden können, um unrechtmäßigen »Entnahmen« vorzubeugen.

Züge durften nur von Berufstätigen benutzt werden.

Am 9. August war eine besondere »Meldestelle Hamburg« beim behelfsmäßigen Einwohnermeldeamt an der Drehbahn eingerichtet, nachdem es schon seit den ersten Augusttagen die »Suchkartei in Lüneburg« gab. Findlingskinder sollten dort sofort gemeldet werden.

Am 11. August hieß es »Der Postverkehr kommt in Gang«. Züge in Richtung Berlin verkehrten ab Bergedorf. Ab 15. August fuhren auch wieder Züge in anderthalb Stunden Abstand (eingleisig) zwischen Hauptbahnhof und Bergedorf – kilometerweit durch die Ruinenfelder von Hammerbrook und Rothenburgsort.

Ab 16. August wurden neue Lebensmittelkarten für die 53. Zuteilungsperiode ausgegeben. Sie mußten vom Haushaltungsvorstand persönlich gegen Vorlage von Stammkarte und Personalausweis abgeholt werden – es war die erste amtliche Möglichkeit, wieder – nahezu »automatisch« – einen Überblick über die Zahl der Hamburger Bevölkerung zu erhalten. Rund 800000 Menschen lebten danach »noch« oder richtiger »schon wieder« in der Stadt – 620000 weniger, als vor den Angriffen registriert wurden (Mitte Juli 1943: 1420000, dazu 92862 Ausländer in Lagern!).

Nach dem 2. Angriff flüchteten innerhalb von 48 Stunden etwa 900000 bis 1 Million Menschen aus dem Stadtgebiet. Allein die Reichsbahn hatte in der Zeit vom 26. Juli bis 8. August mit 625 Sonderzügen und Regelzügen rund 786900 Personen befördert. Mit Schiffen elbauf- und elbabwärts wurden über 50000 Personen umquartiert. Wie groß die Flüchtlingszahlen auf den Straßen waren, weiß niemand. Die Zahl der Obdachlosen soll – nach sehr roher Schätzung – 900000 betragen haben.

Viele der Geflüchteten kehrten jedoch sehr bald wieder nach Hamburg zurück, vor allem, wenn ihre Wohnungen erhalten geblieben oder nur teilbeschädigt, aber noch bewohnbar geblieben waren, denn weder in Friedens- noch Kriegszeiten läßt jemand ohne unmittelbare Lebensgefahr seine Habe im Stich!

Am 18. August begannen in den Luftschutz-Rettungsstellen freiwillige und kostenlose Typhus-Schutzimpfungen. Die Neigung der Bevölkerung zur Impfung war jedoch gering – nur 1 bis 2 % folgten den Aufrufen, wahrscheinlich, weil es bis dahin keine Typhusfälle gegeben hatte und die Gefahr deshalb als gering eingeschätzt wurde.

Am gleichen Tage erschienen auch wieder die drei Hamburger Tageszeitungen »Hamburger Anzeiger«, »Hamburger Fremdenblatt« und »Hamburger Tageblatt« – zunächst nur im Einzelverkauf für 10 Pfennig, ab 1. September ebenso im Abonnement.

Im »Hamburger Anzeiger« dieses Tages stand neben politischen Nachrichten, Geburts-, Hochzeits- und Todesanzeigen (im Kleinformat) ebenso die Notiz: ». . . Der Postschaffner Wetzel in Wangen konnte in seinem Kleingarten eine Riesen-Frühkartoffel von 3/4 kg Gewicht ernten . . .«

Auch die Bürokraten waren bereits wieder zur Stelle! Sie erinnerten in einer

»Schulgeldmahnung« daran, daß zum 10. 8. das Schulgeld fällig gewesen sei!

Ab 20. 8. lief im UFA-Palast der Film »Geliebter Schatz« mit *Ursula Herking* und *Sonja Ziemann.* Der Rezensent schrieb dazu:

». . . Wer zwischen Trümmern lebt, sieht den hemmungslosen Ulk mit eigenen Gefühlen – wie einen Boten aus einer anderen Welt . . .«

Am 6. August hatte Hermann Göring Hamburg besucht, um selbst einen Eindruck von dem Geschehen zu gewinnen, nachdem am 29. 7. bereits in seinem Auftrage General Bodenschatz bei Reichsstatthalter Kaufmann war. Die »Hamburger Zeitung« vom 7. 8. berichtete darüber: ». . . Die Bevölkerung begrüßte ihn mit herzlichen Zurufen . . .« Es ist aber nicht wahr, daß er sich mit einem – unveröffentlichten – Telegramm begnügt hätte – wie Galland behauptet (40, S. 236). Das Telegramm stand in der »Hamburger Zeitung« vom 29. 7. 1943. Dreckmann berichtet (35), und dies deckt sich mit vielen anderen gleichlautenden Aussagen, daß dieser Besuch Göring hoch angerechnet worden sei und niemand ihm »Meyer« nachgerufen habe (vielleicht nur ganz leise, damit kein Nachbar es hört und mit einer Meldung zur Gestapo geht!).

»Onkel Baldrian« – Staatssekretär Ahrens *(vgl. S. 388)* – hat dem Berichter bestätigt, daß sowohl von Göring, als auch vor allem von Goebbels persönlich vieles veranlaßt worden ist, um sofort und großzügig Hilfe zu leisten. Es nützt nicht der geschichtlichen Wahrheit, wenn dies aus verständlichem Haß gegen die damalige Staatsführung kurzerhand bestritten wird.

Bis zum 25. August mußten täglich an mehreren Stellen Nachlöscharbeiten geleistet werden. So kam es z. B. beim Öffnen von Hohlräumen unter erhitzten Schuttmassen beim Zutritt von Luftsauerstoff zu plötzlichen Entflammungen. Auch beim Öffnen von heißen Tresoren brannte in einigen Fällen der Inhalt schlagartig auf. Besondere Schwierigkeiten bereiteten immer wieder glühende Kohlen- und Kokshaufen in den Kellern. Erst Anfang Oktober waren alle Brände endgültig erloschen.

Während Tausende von Hamburgern daran gingen, den Schutt wegzuräumen, ihre Wohnungen wieder herzurichten und vor allem regendicht zu machen, sich in stehengebliebenen Kellerräumen einzurichten oder Behelfsbauten aufzustellen, standen Luftschutzleitung und Gemeindeverwaltung vor einem Gebirge an Aufgaben zur Wiederherstellung des öffentlichen Lebens[126].

Der »Hamburg-Bericht« gibt hierzu eine Fülle von Einzelbeispielen, die heute und im Rahmen dieser Darstellung nicht mehr wesentlich erscheinen. Es seien aber genannt:

Das Freimachen der Hauptverkehrswege,

Die Bergung der Gefallenen in den Feuersturmgebieten, vor allem aus den verschütteten Kellern und LS-Räumen,

Die Sicherung der Versorgung mit Lebensmitteln,

BILD 124 Die Mauer des Sperrgebiets Hammerbrook.

Die Versorgung mit Wasser, Elektrizität und Gas,
Die Sicherung der inneren Ordnung.

Zunächst mußten die Ausfallstraßen geräumt werden, um überhaupt den Verkehr wieder in Gang zu bringen und Zufahrten nach Hamburg nicht zuletzt für den Versorgungsnachschub zu schaffen. Es waren besonders:

– die Hoheluftchaussee in Richtung Kiel,
– der Mundsburgerdamm und die Hamburger Straße in Richtung Oldesloe,
– der Steindamm und die Wandsbeker Chaussee in Richtung Lübeck,
– die Hammer Landstraße in Richtung Bergedorf–Berlin,
– der Heidenkampsweg in Richtung Harburg–Bremen–Hannover
– im ganzen 275 km verschüttete Hauptverkehrsstraßen!

Räumgerät, wie wir es heute kennen, gab es damals noch nicht. In erster Linie räumten Wehrmacht-Hilfskommandos mit Händen, Schaufeln und Pickeln die Trümmermassen beiseite. Oft genug mußten Pioniere vorher Hausruinen sprengen, durch deren möglichen Einsturz der Verkehr gefährdet werden konnte (4559 Ruinen gesprengt, 3109 Häuserfassaden umgelegt!).

Die Straßen-Kantsteine waren neu weiß zu streichen, dennoch blieb die Orientierung bei Dunkelheit (mit Tarnscheinwerfern!) sehr schwierig – überall fehlten die vertrauten Straßenbilder und Silhouetten, die vorher als Richtungsweiser in einer verdunkelten Straße gelten konnten.

Der fast ganz zerstörte Stadtteil Hammerbrook westlich des Heidenkampswegs (Zerstörungsgrad über 90 %!) wurde im Räumungsprogramm zunächst ausgespart und zum »Sperrgebiet« erklärt – **BILD 124** –, um die verkehrs- und lebenswichtigen Bezirke vorziehen zu können. Anlaß zu dieser Maßnahme waren vor allem einige schwere Unfälle durch Mauereinstürze, die sich bei der oft genug verzweifelten Suche nach Angehörigen unter den Trümmern ereignet hatten – nicht jedoch (wie gerne behauptet wurde) »Seuchengefahr« oder »Tausende von Toten«. Ohnehin war die Zahl der Gefallenen in Hammerbrook trotz der sehr hohen Bevölkerungsdichte dieses Stadtteils (1939: über 27000 Einwohner!) relativ gering im Vergleich zu den Zentren des Feuersturms im Raum Süderstraße/Ausschläger Weg/Grevenweg.

Besonders dringlich mußte die Bergung der Gefallenen sein, vor allem von den Straßen und Plätzen. Die Aufgabe oblag dem Instandsetzungsdienst, dem dazu die Entgiftungszüge des FE-Dienstes, Wehrmacht-Hilfskommandos, Häftlinge des Konzentrationslagers Neuengamme und – später – die 2. SS-Baubrigade zur Verfügung standen.

Zunächst waren Tausende von Gefallenen von Straßen, Plätzen und Höfen aufzulesen, da bei der weiter herrschenden großen Sommerhitze schnell Verwesung eintrat und das Aufkommen von Seuchen befürchtet werden mußte. Ihre Zahl allein dürfte etwa 15–20000 betragen haben!

Dann begann das Bergen aus leichter zugänglichen Luftschutzräumen, aus Randtrümmern und schließlich aus den verschütteten Luftschutzräumen und Kellern. Oft konnten die verschütteten Räume erst nach Wochen betreten werden, weil die gestaute Hitze darin zu groß war.

Eine Identifizierung der im Freien vorgefundenen Leichen gelang in der ersten Bergungsperiode nur zu einem Bruchteil. Erst mit dem systematischen straßenweisen Öffnen der Keller- und Luftschutzräume sowie Sichtung der Trümmerberge war eine genauere Personenfeststellung durch eine Sondergruppe der Kriminalpolizei möglich. Vielfach mußte aus vorgefundenen Gegenständen darauf geschlossen werden, wer wohl die zur Unkenntlichkeit verbrannten Menschen – manchmal nur noch Aschenreste – gewesen sein könnten.

Es war eine entsetzliche Arbeit – noch dadurch erschwert, daß in der Sommerhitze schwere »Gaskleidung« (Gummischutzanzüge) und Gasmasken (ohne Filter, aber mit einem Rum- oder Cognak-getränkten Wattebausch) getragen werden mußten. Als Schutz gegen »Fliegenstiche« sollten auch »Hauben aus feinmaschigem Gardinenstoff« übergezogen werden – der Berichter hat aber niemanden damit laufen sehen.

Aus der Fülle anderer Aufgaben seien nur angedeutet:

Die *Feststellung der Vermißten:* Die eingerichtete Melde- und Suchkartei enthielt Ende 1943 rund 2 Millionen Melde- und Suchzettel. In den ersten Wochen gingen täglich etwa 35 000 bis 40 000 Meldungen aus ganz Deutschland ein. 3000 bis 4000 Personen fragten täglich auf der Suche nach ihren Angehörigen an, darunter viele Fronturlauber, die »Bombenurlaub« bekommen hatten und von ihrem Heim nur noch Trümmer vorfanden. Täglich gingen obendrein 2000 bis 3000 Briefe mit besonderen Anliegen ein.

Die *Fliegenplage:* Sie konnte besonders in den östlichen Flächenbrandgebieten nicht schnell beseitigt werden. Es waren Milliarden und abermals Milliarden vor allem der widerlichen Schmeißfliegen, die sich in wenigen Tagen entwickelt hatten und – so meint der Berichter – neben dem über den Trümmerzonen lastenden Verwesungs- und Brandgeruch die größte seelische und körperliche Belastung für die Menschen darstellte, die in diesen Stadtgebieten leben und arbeiten mußten. Bis Fliegenvertilgungsmittel Ende September im Handel zur Verfügung standen, hatte die Natur das Problem »auf natürliche Weise« durch den Witterungsumschwung gelöst!

Die *Rattenplage:* Sie war durch die vielen Wasserläufe in Hamburg schon immer ein besonderes Problem. Durch eine »Generalentrattung der Stadt« in der Zeit vom 29. November bis 15. Dezember hoffte man dieser Plage Herr zu werden – offensichtlich mit einigem Erfolg.

Genannt seien weiter in Stichworten:

Die Überwachung und Verbesserung der *hygienischen Verhältnisse in Mas-*

senunterkünften, insbesondere den nun Nacht um Nacht beanspruchten Luftschutzbunkern, die keineswegs für tagelangen Aufenthalt eingerichtet waren,

die *Organisation der Massenverpflegung,* die nicht – wie in den ersten trockenen, warmen Sommertagen – auf Dauer im Freien stattfinden konnte,

die *Wiederherstellung geordneter Verkehrsverhältnisse* bei Straßenbahn, Hochbahn, S-Bahn und Fernbahn.

Die Feuerschutzpolizei hatte sich zwei Stockwerke im Hochbunker Papenstraße zuweisen lassen und hierhin wertvolles Material, insbesondere Stoffe, Bekleidung, Leder und Schuhzeug ausgelagert. Der Bunker stand mitten im Trümmergebiet und wurde von der Bevölkerung kaum noch genutzt. – Die Bekleidungskammer kam in eine gegenüber dem Bunker rasch aufgestellte, etwas außerhalb der Legalität besorgte Baracke.

Andere betriebswichtige Kostbarkeiten, wie Metalle, Bleche, Motor- und Pumpenersatzteile verlagerten wir nach Geesthacht in abseits des Ortes gelegene Räume, die der Hamburger Liegenschaftsverwaltung gehörten. Sie haben dort den Krieg überdauert. Nur die unersetzbaren Bestände des Feuerwehrmuseums wurden bei Kriegsende von Besatzungstruppen ausgeplündert, die vielen Fahrzeugmodelle wohl als Spielzeug und »Souvenir« mitgenommen.

Nach allen Katastrophen der Weltgeschichte gab es dunkle Elemente, die sich in der allgemeinen Verwirrung durch Diebstahl und Plünderung zu bereichern suchten. Zu allen Zeiten und in allen Ländern pflegten solche Handlungen durch die Ordnungskräfte kurzerhand an Ort und Stelle mit »Aufhängen, Köpfen oder Erschießen« bestraft zu werden.

Schon 1842 hatte sich die Hamburger »Polizey-Behörde« mit diesem Problem befassen müssen, ein hartes Durchgreifen erübrigte sich damals allerdings.

In Deutschland waren von Kriegsbeginn an Straftaten, die unter Ausnutzung der Verdunklung oder Kriegsverhältnisse begangen wurden, nach der »Volksschädlings-Verordnung« besonders scharf geahndet. In Hamburg gab es seit 1940 zur Aburteilung solcher Fälle das »Hanseatische Sondergericht«, dessen »Register für Hauptverfahren – V Sond. – Volksschädlingssachen« noch vorhanden ist.

Bis zu den Juli-Angriffen hatte darin die Straftat »Plünderung« keine Rolle gespielt. Bei allen vorangegangenen Luftangriffen konnten die Schadensstellen so schnell polizeilich abgesperrt und überwacht werden, daß es nur einen (bekanntgewordenen) Plünderungsfall nach den Juli-Angriffen 1942 gab *(vgl. S. 146)*, wenn auch dennoch sicher mancher Gegenstand in die unrechten Hände geraten ist.

Nach dem ersten Großangriff 1943 mußte aber erwartet werden, daß nun doch der eine oder andere die gute Gelegenheit ausnutzen würde, um vor allem das auf den Straßen überall stehengebliebene »Luftschutzgepäck« und die verlassenen Wohnungen oder Luftschutzkeller auszuplündern.

Der Polizeipräsident ließ daher sofort in allen Schadensgebieten große Plakate (deutsch, französisch, holländisch) mit dem lakonischen Hinweis anbringen »Wer plündert, wird erschossen!«

Es steht außer Frage, daß trotzdem zahlreiche Eigentumsdelikte vorgekommen sind und mancher, der vielleicht eben alles verloren hatte, auch keine Skrupel mehr empfand, sich gerade greifbares Gut anzueignen.

Das Hanseatische Sondergericht hat in den Monaten August bis Dezember 1943 insgesamt 31 Verfahren gegen Plünderer durchgeführt. Sie endeten mit 15 Hinrichtungen, 3 Selbstmorden (nach Todesurteil), 8 Fällen von Zuchthausstrafen und 4 Freisprüchen oder Wiederaufnahmeverfahren.

Die ersten 7 Todesurteile gegen Plünderer wurden in der »Hamburger Zeitung« vom 5. 8. 1943 in entsprechender Aufmachung als abschreckende Beispiele bekanntgegeben[127].

Aufsehen erregte nur ein Fall von »Schnelljustiz«, bei dem ein Ortsgruppenleiter und Ortsgruppen-Kassenleiter der NSDAP einen trotz vorheriger Verwarnung auf frischer Tat ertappten Plünderer (ein SA-Sturmmann in Uniform, der sich seit 5. 7. 1943 »fahnenflüchtig« herumtrieb – auch so etwas gab es!) am 28. 7. gegen 06.00 Uhr gegenüber dem Hause »An der Alster 44« kurzerhand erschoß. Diskussionen hierüber hat es noch zwei Jahrzehnte später gegeben. Damals dachten aber alle, deren Eigentum tage- und wochenlang ungeschützt solch zwielichtigen Elementen ausgeliefert war, daß hier zwar sicher nicht »rechtens«, aber richtig gehandelt wurde.

Vermerkt werden muß in diesem Zusammenhang, daß in Hamburg kein »Ausnahmezustand« verhängt worden ist, wie es z. B. 1942 in Rostock geschah.

Die Qualmwolken über Hamburg hatten sich noch nicht verzogen, als geradezu eine Flutwelle neugieriger »hochgestellter« Besucher heranbrandete. Sie mit Auskünften zu versorgen, gut zu verpflegen und die Tanks ihrer Kraftfahrzeuge vollzufüllen, war bei dem Ausmaß eigener Probleme wirklich keine einfache Aufgabe.

Dieser »Menschenwelle« folgte »auf dem Fuße« eine »Papierwelle« mit guten Ratschlägen, wie künftig solche Unglücke zu verhindern seien.

Neben den immer wiederkehrenden Worten von »energischem und entschlossenem Handeln« konnten wir z. B. auch lesen (CD 654):

». . . Kommandeure von LS-Einheiten haben bei Feuersturm keine Löschangriffe auf einzelne Objekte mehr durchzuführen. Sie haben von außen her derartige Räume einzukreisen und an geeigneter Stelle mit massierter Wucht alles daran zu setzen, um in den Feuersturm einzudringen und durch Schaffung von Wassergassen Fluchtwege für die herauszuführende Bevölkerung frei zu halten. Auch muß mit allen Mitteln versucht werden, freie Plätze zu *Inseln* in dem

Brandmeer zu gestalten, auf denen der Aufenthalt der zu rettenden Bevölkerung möglich ist . . .«

Ein anderer »Richtlinien-Dichter« verkündete:

». . . Durch Vortragen des Angriffs aus verschiedenen Richtungen wird das Flächenfeuer (Blockfeuer) unter Anlehnung an natürliche Brandabschnitte eingekesselt und so ein Vordringen bis zu den Schwerpunkten des Einsatzgebietes ermöglicht. Gegebenenfalls ist . . . der Angriff unter Verwendung des Löschsprengverfahrens vorzutragen . . .«

Die Verfasser solcher Weisheiten hatten mit Sicherheit nie auf einer Großbrandstelle gestanden oder gar einen »Flächenbrand« miterlebt. Wir konnten die Papierflut nur durch »Ablegen« auslaufen lassen – nach dem bewährten Hamburger Leitsatz »Gaanich um kümmern!«.

Die Luftschutzpolizei nützte die lange Atempause des Sommers dazu, um Ersatzunterkünfte herzurichten (u. a. für die ganz zerstörten Feuerwachen 5 (Freiligrathstraße), 6 (Billhorner Brückenstraße), 16 (Mörkenstraße) und die Wache in Wandsbek, sowie Fahrzeuge und Geräte wieder instandzusetzen. Dabei gab es mancherlei Ärger, wenn wir feststellen mußten, daß an fahrunfähig in Trümmergebieten stehengebliebenen Löschfahrzeugen (auf deren Türen immer der »Besitzer« stand!) bereits die Reifen abmontiert, die Batterien herausgenommen und ganze Motore fachgerecht ausgebaut waren. Durch einen Zufall konnten wir die »Gauner in Uniform« (so die damalige Bezeichnung!) erwischen: Es waren Kolonnen von Wehrmacht-Instandsetzungsparks, die auf der Suche nach billigen und guten Ersatzteilen die Straßen regelrecht durchkämmten!

Betrüblich waren die Verluste an kostbarem Schlauchmaterial. Es hatte zwar viele Einbußen durch Mauertrümmer gegeben, aber bei weitem größer waren die Abgänge durch Verladen auf auswärtige Löschfahrzeuge – eine Art der »Umlagerung«, die schlicht mit »Organisieren« bezeichnet wurde.

Von den vielen Ereignissen im Luftschutzpolizeibereich mag heute nur noch interessieren, daß Schreibtisch-Strategen die Schwierigkeiten des Vordringens über verschüttete Straßen durch Gleisketten-Fahrzeuge zu überwinden suchten. Die Feuerschutzpolizei mußte Mitte August vom LGK XI einen Renault-Spähpanzer zu Versuchen übernehmen, der immerhin fahrbereit war. Später kamen noch zwei kleine Fiat-Ansaldo-Schützenpanzer dazu, die allerdings nie zum Laufen gebracht werden konnten.

Die Ergebnisse von Versuchsfahrten in Trümmern – **BILD 125** – waren enttäuschend: Die Gleisketten wühlten den losen Trümmerschutt unter sich weg, bis das Fahrzeug aufsaß und sich dann wie eine aufgespießte Laus im Kreise drehte.

In Hamburg hörten wir kaum etwas darüber, was im Reichsgebiet von der Hamburger Katastrophe erzählt wurde. Erst nach dem Kriege sind einige Tagebuchnotizen veröffentlicht worden, in denen es z. B. hieß (113):

». . . Während der Katastrophe in Hamburg blieb neben dem Militär nur das Deutsche Rote Kreuz auf seinem Posten. Der Luftschutz soll so versagt haben, daß der Feigheit der Luftschutzwarte die Schuld an dem Niederbrennen ganzer Stadtteile zugeschrieben wird. Auch in Berlin bestehen keinerlei Vorschriften, die Luftschutzwarte zwingen würden, bei Alarm Kontrollgänge zu machen und sich auf den Dächern zu postieren, wie dies in London üblich ist . . .«
Das ist dummes, ahnungsloses Geschreibsel.

Manche Leute wurden nicht müde, ihre Heldentaten zu erzählen, die sie angeblich vollbracht hatten. Da hieß es in einem Bericht ». . . beispielhaftes Verhalten des Kommandeurs . . . überwindet Totpunkte der Übermüdung . . .« – und der Mann hat auch prompt das EK I bekommen!

Oder: ». . . in todesverachtendem Einsatz gelang es . . . den durch Asbestkleidung geschützten Feuerwehrleuten vermittels Wassergassen in den brodelnden Feuerkessel einzudringen und den in Schutzräumen eingeschlossenen Bewohnern Rettung zu bringen . . .« (49, S. 351) – dies soll eine Leistung der »LS-Truppen der Luftwaffe« gewesen sein.

BILD 125 Schwere Halbgleisketten-Zugmaschine – ZGKW 18 – der Flak, festgefahren beim Versuch, einen Trümmerberg von etwa 1,5 m Höhe in der Nähe der Hauptfeuerwache zu überwinden.

Beliebt waren auch Formulierungen wie »Stadt im Feuerofen« oder die vielfach kolportierten Geschichten vom »kochenden Asphalt«, in dem die Menschen stecken blieben und ». . . als lebende Fackeln verbrannten . . .« oder die Menschen seien ». . . brennend ins brennende Wasser . . .« gesprungen (vgl. hierzu auch 22, S. 654)
– das schrieben gerne alle jene Krieger, die bei Einbruch der Dunkelheit stillschweigend aus der Stadt verschwanden und sich in den Segeberger Forst oder den Sachsenwald zurückzogen, um für den nächsten Angriff »einsatzbereit« zu bleiben!

Anfang September 1943 war »Hamburg wieder luftschutzbereit!«. Der Polizeipräsident erließ einen Aufruf an die Bevölkerung, in dem er seinen Dank und seine Anerkennung ». . . für die vorbildliche Haltung und Disziplin, den Mut und die Todesverachtung, den Opfersinn und die kameradschaftliche Hilfsbereitschaft . . .« aussprach. Mit der Feststellung ». . . die Hauptgefahr ist das Feuer . . .« wurden zugleich zahlreiche Hinweise für das Verhalten bei künftigen Angriffen gegeben mit dem Bemerken ». . . müssen wir uns immer wieder klarmachen, daß Schnelligkeit bei der Brandbekämpfung, daß Minuten alles sind . . .«.

Unter der Überschrift »Wann muß der Luftschutzraum bei Bränden verlassen werden?« enthielt der Aufruf Ratschläge über das Verhalten bei Reihen- und Flächenbränden, die in gleichem Umfange jedoch nie wieder in Hamburg vorgekommen sind.

Eine Betrachtung zu diesem Aufruf im »Hamburger Tageblatt« vom 5. 9. 43 schloß mit den markigen Worten:

». . . Schlimmer, als es damals war, kann es nicht kommen. Wir aber sind härter, sind reicher an Erfahrungen geworden, und das macht uns stärker . . .«

Im Führer-Hauptquartier und beim Oberkommando der Wehrmacht sind die Ereignisse von Hamburg zwar registriert worden. Die darüber vorliegenden spärlichen Notizen erwecken indes den Anschein, als ob all die schweren Sorgen um die Entwicklung an den Fronten – insbesondere in Italien durch den Sturz Mussolinis am 25. 7. 43 – das Heimatgeschehen überschattet haben.

Für die deutsche Luftwaffenführung war aber Hamburg ein »Fanal« und bereits am 1. August verfügte Göring, ». . . die Versorgung der Tag- und Nachtjagd geht allen anderen Aufgaben vor . . .« Hitler hielt jedoch an seiner Ansicht fest »Terror bricht man nur durch Terror!« und verlangte »Vergeltungsangriffe« (51), (5, S. 408) – aber diese konnte die Luftwaffe vor allem aus technischen Gründen nicht mehr fliegen. – Am 18. August erschoß sich der Chef des Generalstabes der Luftwaffe, Generaloberst Jeschonnek – wohl verzweifelt über die Führung der Luftwaffe und ihre Überforderung.

Nach der lauten Verkündung des »Totalen Krieges« durch Joseph Goebbels im Februar dauerte es dann noch über ein halbes Jahr, bis nach dem Anstoß durch die Hamburger Ereignisse mit dem »Führer-Erlaß« über die Konzentration der Kriegswirtschaft vom 2. September 1943 die Schlußfolgerungen aus der deutschen Wirtschaftslage gezogen und ein »Reichsministerium für Rüstung und Kriegsproduktion« gebildet war. Ihm folgte der Speer-Erlaß vom 29. 10. 1943 über die Kriegswirtschafts-Organisation (111).

Als Wirkung dieser Maßnahmen wurden im Sommer 1944 trotz aller Luftangriffe die Produktionsspitzen der deutschen Kriegsindustrie erreicht, um kurz danach jäh abzusinken, nachdem die alliierten Luftflotten durch ihre Luftüberlegenheit systematisch Verkehrsanlagen und Grundstoff-Industrien bomben konnten (121).

Im September 1943 brach die Front in Italien langsam zusammen, die italienische Schlachtflotte ergab sich den Alliierten. Im Osten wurden die Fronten zurückgenommen. Die britische und amerikanische Luftwaffe setzte aber in unverminderter Stärke ihre Angriffe gegen deutsche Städte fort und in der Nacht vom 27./28. September 1943 erlitt die Innenstadt von Hannover ein ähnliches Schicksal, wie zwei Monate zuvor die östlichen Stadtteile von Hamburg.

In Berlin begann schon im August die Evakuierung der Stadt in der sicheren Erwartung, daß die alliierten Luftflotten der Hauptstadt des Reiches das gleiche Schicksal wie Hamburg zugedacht hatten.

Anfang September 1943 geschah ein Wunder der Natur: Bäume und Sträucher, deren Blätter im Heißluftstrom des Feuersturms verdorrt und abgerissen worden waren, begannen wieder zu grünen und zu blühen! Zwischen Mauertrümmern und verrosteten Eisenträgern oder zerbombten Kraftfahrzeugen sprossen junges Gras und Blumen – das Leben ging wirklich weiter!

Wer von uns dies sah, wurde in seinem Glauben an die Unvergänglichkeit der Natur bestärkt und faßte wieder die Hoffnung, daß sich doch noch alles zu einem guten Ende neigen würde – es war ein »tröstliches Grün«.

Zur unvergeßlichen Geschichte jener Tage gehört aber auch die Erinnerung an die kameradschaftliche Verbundenheit und selbstlose Hilfsbereitschaft aller, die inmitten von Trümmern leben und arbeiten mußten!

7.6 HERBST UND WINTER 1943

Nach den Großangriffen der Juli-/Augusttage fielen genau zwei Monate lang keine Bomben mehr auf Hamburger Gebiet. Am 3. Oktober griffen erstmals wieder einige Flugzeuge die Stadt an. Nur zwei überflogen Hamburg und eines davon stürzte in Altengamme ab!

Im Oktober 1943 fand auf dem Rathausmarkt (damals: Adolf-Hitler-Platz) eine feierliche Gedenkstunde für die Opfer der Juli-Katastrophe statt.

Im Oktober wurde auch damit begonnen, »Fluchtwege« (später in »Räumungswege« umbenannt!) zu Sammelplätzen durch große Pfeile und Hinweise zu kennzeichnen, um der Bevölkerung bei neuerlichen Feuersturmgefahren eine Orientierungshilfe zu geben. Die Markierungen waren so dauerhaft, daß sie heute noch an einzelnen Stellen zu sehen sind. Später (Januar 1944) folgten sogar Durchbrüche an Zäunen und Umfassungsmauern – auch zur Erleichterung der Fluchtmöglichkeiten – aber die Ereignisse des Sommers wiederholten sich nicht.

Am 13. Dezember – also rund viereinhalb Monate nach der Katastrophe – flog die RAF den ersten größeren Luftangriff auf Hamburg mit etwa 100 Maschinen – es war zugleich der letzte Angriff des Jahres 1943. In den Stadtteilen Harburg, Hafen, Innenstadt, Eimsbüttel, Othmarschen, Winterhude und Rahlstedt – sehr weit auseinandergezogen – gab es größere Schäden. Von der Bevölkerung fielen 113 Personen. Bei Abschluß des Lageberichts am nächsten Tage fehlten noch 74 Vermißte, darunter der frühere Kommandant von Hamburg, Generalleutnant a.D. Heineccius. Sie wurden alle später tot geborgen. Der Feuerlöschdienst mußte 70 Großfeuer und 35 Mittelfeuer bekämpfen.

In den Mittagsstunden dieses Tages war schon Kiel von etwa 120 amerikanischen Bombern angegriffen worden. Der Angriff dauerte nur 12 min, aber in dieser Zeit fiel ein breiter Bombenteppich, in dessen Mittelpunkt die Deutschen Werke Kiel lagen. Es entstanden beträchtliche Schäden mit Reihen- und Blockbränden, die u.a. auch von zwei Hamburger Bereitschaften bekämpft wurden.

Die alliierten Bomberverbände hatten im letzten Vierteljahr 1943 ihre Tag- und Nachtangriffe auf zahlreiche deutsche Städte fortgesetzt. So zerstörte die RAF in der Nacht vom 8./9. Oktober weitere Teile der Innenstadt von Hannover – es gab etwa 250 000 Obdachlose. Zehn Tage später folgte ein dritter Großangriff auf diese Stadt. Auch die Städte Leipzig (20./21. 10.), Kassel (22./23. 10.), Wilhelmshaven (3. 11.) und Düsseldorf (3./4. 11.) waren Schwerpunktziele.

Im November versuchte die RAF, die Hamburger Erfolge in der »Schlacht um Berlin« (The Battle of Berlin) zu wiederholen. In fünf Großangriffen zwischen dem 18. 11. und 3. 12. warfen 2212 britische Flugzeuge insgesamt 8656 t Bomben ab (über 2700 Tote, etwa 250 000 Obdachlose), aber es gelang trotz annähernd gleicher Angriffsstärke nicht, Berlin zu »hamburgisieren«. Vor allem gab es keine Flächenbrände Hamburger Ausmaßes und auch der verhängnisvolle Feuersturm blieb aus[128].

Damals soll sich Harris gegenüber Churchill geäußert haben: ». . . We can wreck Berlin from end to end if the USAAF will come on it. It will cost between us 400–500 aircraft. It will cost Germany the war . . .« – aber: die USAAF machte nicht mit! Sie war wohl wirklich nicht auf Nachtoperationen trainiert und nach der verlustreichen Schweinfurt-Operation am 14. 10. 1943 (von 291 eingesetzten Bombern gehen 77 verloren, 121 werden beschädigt!) nicht geneigt, sich ohne ausreichenden Jagdschutz auf Tagesoperationen im stark verteidigten Berliner Raum einzulassen. Erst im März 1944 – am Ende der »Schlacht von Berlin« konnten P 51 »Mustang«-Jäger[129] Begleitschutz bis Berlin geben.

Die »Berlin-Offensive« war ein »Fehlschlag«. Es wurde von alliierter Seite viel darüber gerätselt »Warum brannte Berlin nicht?« – »Why didn 't Berlin burn?« – Nach dem Kriege sind auch deutsche Untersuchungen darüber angestellt (106). Sie kamen im wesentlichen zu dem Schluß, daß abgesehen von der um vieles ungünstigeren Witterung (feucht, kalt!) sowohl die städtebauliche Struktur mit ihrer weitgehenden Unterteilung in Brandabschnitte, als auch die verstärkte Verteidigung durch Flak und Jäger sowie durch rd. 10 000 Mann Feuerlöschkräfte – das Dreifache von Hamburg – dafür ursächlich war.

Nach dem Angriff vom 22./23. 11. wurden zwei Hamburger FE-Abteilungen mit zusammen 10 Bereitschaften nach Berlin beordert. Teile davon blieben mit Ablösung bis zum 17. 3. 1944 in Berlin – mehr schlecht, als recht in einer Schule untergebracht und bei zahlreichen Bränden eingesetzt[130].

In Hamburg waren inzwischen die organisatorischen Schlußfolgerungen aus der veränderten Stadtstruktur gezogen und die Gemeindeverwaltung durch Aufteilung in 23 Ortsamtsbereiche stark dezentralisiert (Ursprung der heute noch bestehenden Verwaltungseinteilung!). Die Fachbehörden wie Kämmerei, Schulverwaltung, Bauverwaltung u. a. sowie die Kriegsämter (z. B. Hauptwirtschaftsamt, Haupternährungsamt, Amt für kriegswichtigen Einsatz) blieben bestehen. Sie hatten gegenüber der Regional-Verwaltung das Aufsichts- und Weisungsrecht[131].

Für das Reichsgebiet war durch »Führererlaß« vom 21. 12. 1943 eine »Reichsinspektion der zivilen Luftkriegsmaßnahmen« unter der Leitung von Reichsminister Goebbels gebildet. Sie hatte die Aufgabe, alle örtlich getroffenen vorbereitenden, vorbeugenden und helfenden Maßnahmen der Luftkriegs-Schadensbekämpfung unter ständiger Berücksichtigung der einzelnen Erfahrungen des Luftkriegs zu überprüfen und auf die weitere Aktivierung aller örtlich verfügbaren Kräfte, besonders der Gemeinschafts- und Selbsthilfe, zur Durchführung dieser Maßnahmen hinzuwirken. Die dem Reichsminister der Luftfahrt auf dem Gebiete des Luftschutzes übertragenen Aufgaben sollten durch diese neue Reichsinspektion aber nicht berührt werden – und dies war ein Widerspruch in sich!

»Vor Ort« haben wir allerdings im weiteren Verlauf des Krieges von einem nützlichen Wirken dieser Inspektion nichts gemerkt – nur die Zahl der zu liefernden Berichte und Meldungen wurde noch größer, als bisher.

Die Block- und Flächenbrände des Jahres 1943 in Hamburg, Hannover, Kassel, Leipzig, Bremen und Kiel ließen den Schluß zu, daß solchen Ereignissen mit den bisherigen üblichen Löschverfahren und Löschmitteln nicht beizukommen ist.

Zahlreiche Erfinder traten auf, die scheinbar simple Lösungen anboten – nicht ohne verächtliche Seitenhiebe auf die reaktionären, konservativen, verkalkten Feuerwehrmänner. Der eine wollte in die Straßenzüge große Tore nach Art der mittelalterlichen Stadttore einbauen, um das Feuer am Weiterlaufen zu hindern. Der andere versuchte es mit Wassertürmen, die vorsorglich vor gefährdeten Gebäuden aufgestellt werden sollten – blieb aber die Antwort auf Fragen nach der Wasserversorgung oder dem Verhalten dieser monströsen Gebilde bei Sprengbombentreffern schuldig.

Kein Geringerer, als der Reichsführer SS verfocht die »rettende Idee«, Flächenbrände Hamburger Dimension künftig auf einfachste Weise durch Zusammenschießen oder Sprengen brennender Häuser einzugrenzen. Aus nicht mehr kriegsbrauchbaren 3,7-cm-Pakgeschützen sollten 6-kg-Wurfminen verschossen werden, um – richtig gezielt – die tragenden Verbände von Gebäuden zum Einsturz zu bringen – **BILD 126** –.

Obwohl die im September 1943 im Hamburg-Wandsbek durchgeführten Versuche eindeutig bewiesen hatten, daß damit keinerlei Erfolge zu erzielen sind, wurde die Anwendung dieses Verfahrens dennoch befohlen und z. B. die

BILD 126 6 kg-Wurfmine mit Verzögerungszünder, aufgeschoben auf das Rohr eines 3.7 cm-Pak-Geschützes. Schon ein geringfügiges Verbiegen des Blech-Leitwerks änderte die Flugrichtung um mehrere Meter!

Feuerschutzpolizei-Abteilungen (mot) mit Geschützen und Wurfminen ausgestattet. Es ist aber kein Fall bekannt, in dem dieses »Lösch-Schießen« ernstfallmäßig angewandt worden wäre.

Gleichzeitig waren 6-kg-Wurfladungen (Pionier-Sprengstoff in Holzkisten mit Schleudergriff!) entwickelt worden, die nach Art »geballter Ladungen« zum »Lösch-Sprengen« von Gebäuden benutzt werden sollten, z. B. zur Schaffung von Brandschneisen[132].

Als das Jahr 1943 zu Ende ging, konnte die Hamburger Rüstungsindustrie wieder weitgehend als arbeitsfähig gelten. Am 16. 11. 1943 wurde bei Blohm & Voss das erste Walter-Versuchs-Unterseeboot Wa 201 (später U 792) mit 26 kn Unterwassergeschwindigkeit in Dienst gestellt!

Zum Jahresende erschien der Erfahrungsbericht des Polizeipräsidenten über die »Großluftangriffe« auf Hamburg. Die Sprachregelung des Reichsministeriums für Volksaufklärung und Propaganda hatte auch hier gewirkt: Es gab keine »Katastrophe« mehr, denn angeblich auf Wunsch des Reichsmarschalls war dieses Wort »ausgemerzt« worden, weil es sich psychologisch und politisch unerfreulich auswirkt. Statt Katastropheneinsatz sollte es künftig »Soforthilfe« heißen.

Dieser Erfahrungsbericht ist bis heute ein »Bestseller« der Luftschutzliteratur geblieben, denn er befaßte sich mit all den vielen Einzelheiten und Kleinigkeiten, die letztlich zusammengefaßt das Bild der Hilfe in den Nöten des Luftkriegs ausmachen. Aus diesem Quellenwerk ist dann nach dem Krieg oft genug munter abgeschrieben worden und manches verallgemeinert, was eigentlich nur auf die Juli-Tage 1943 zutraf[133].

Ende 1943 erhielt der Architekt Baurat Constanty Gutschow den Auftrag, eine *Planung für den Neubau Hamburgs* durchzuführen. Bis zum 17. 2. 1944 sollten von den Führern der Luftschutzpolizei Vorschläge hierzu eingereicht werden. Es war u. a. an folgende Punkte gedacht:

- *Gebäude* möglichst ohne Holz im Dach, in den Fußböden und Treppen,
- Vergrößerte *Straßenbreite,* keine Eisenkonstruktionen an Hochbahnbauten und Brückenanlagen,
- *Versorgungsleitungen* nicht massiert nebeneinander in Hauptstraßen, sondern in Nebenstraßen verlegen,
- *Fernsprechkabel* besonders für Schutzpolizei, Feuerschutzpolizei und Behörden getrennt verlegen (Dieser Punkt ist in Hamburg nach dem Kriege mit dem Ausbau des Behörden-Fernsprechnetzes erfüllt worden, allerdings aus reinen Kostengründen und nicht des Luftschutzes wegen!),
- *Dezentralisation* der wichtigen *Versorgungsbetriebe* (Gas, Wasser, Elektrizität),
- *Anordnung freier Plätze*

- *Notwendige Brandschutzmaßnahmen,* z.B. Brandmauern über Dach, Betriebe mit sekundären Gasgefahren (z.B. Chlor, Schwefelwasserstoff) außerhalb der Wohngebiete, unabhängige Kochstellen in den Häusern, Wasserleitungen bis zum Dach führen mit Schlauchanschlüssen,
- *Luftschutzräume* für größere Versammlungsstätten usw.

Viele der damals erwogenen Planungen waren sicher richtig, aber wer erinnerte sich noch daran, als nach 1945 mit dem Wiederaufbau wirklich begonnen wurde?

7.7 HAMBURGER BILANZ DES LUFTKRIEGSJAHRES 1943

7.7.1 Zahlen der Statistik

Die Bilanz des Luftkriegsjahres 1943 schloß mit folgenden Zahlen – vgl. hierzu die TAFELN 4, 7 und 8:

89 Öffentlichen Luftwarnungen,
112 Fliegeralarmen, davon
21 mit Luftangriffen (Angriff Nr. 128 bis 148), darunter jene Serie von 7 Angriffen vom 25. 7. bis 3. 8. 1943.

Vor und nach den Großangriffen verloren
418 Hamburger ihr Leben und
757 wurden verwundet.

Von den während der Großangriffe Getöteten waren bis zum 30. 11. 1943 (letzter Stichtag des Jahres 1943)
31647 geborgen, von denen nur 15 802 identifiziert werden konnten.
19854 Personen waren verwundet in Rettungsstellen oder Krankenhäuser eingeliefert worden, einige Zehntausend dürften bei ihrer Flucht aus der brennenden Stadt Verletzungen davongetragen haben.
42388 Gebäude waren ganz zerstört,
37797 Gebäude beschädigt.

Von den Wohnungen waren
255691 ganz zerstört,
11878 schwer beschädigt,
25167 mittelschwer beschädigt und
64625 leicht beschädigt
357360 Wohnungen Gesamtverluste[134].
Die Höhe der Sachschäden konnte nicht einmal mehr geschätzt werden!

7.7.2 Vom Leben in der Stadt

Die Bevölkerung war in den verbliebenen Wohnungen eng zusammengerückt (nicht immer ganz freiwillig und hilfsbereit!), hatte sich Kellerräume ausgebaut oder aus den Trümmern Behelfsheime erstellt – viele davon stehen heute noch in den Stadtrandgebieten!

Die zu der Weihnachtszeit und um die Jahreswende erscheinenden Zeitungen zeichneten ein Bild vom Leben in der Stadt, das die Schrecken der Vergangenheit für kurze Zeit vergessen lassen sollte.

Ab 18. 12. fand auf dem »Adolf-Hitler-Platz« (heute Rathausmarkt) ein Weihnachtsmarkt statt. Kaufberechtigt war aber nur, wer eine Kinder-Kleiderkarte besaß.

Am 21. 12. sangen die Wiener Sängerknaben in der Harburger Stadthalle.

In den Kammerspielen des Thalia-Theaters in der Hartungstraße gab es »Die weiße Dame«. Die Staatsoper war aber ausgebrannt, Schauspielhaus und Thalia-Theater schwer beschädigt und nicht spielfähig. Auch das Hansa-Theater war den Brandbomben zum Opfer gefallen.

Im UFA-Palast lief der Film »Der weiße Traum«, in der UFA-Mundburg »Das Bad auf der Tenne« und im Bach-Theater Rahlstedt »Münchhausen«.

Am 2. Weihnachtstag fand in Farmsen ein Trabrennen statt – als ob nichts gewesen wäre!

Dann war aber auch zu lesen, daß die Kartoffelernte »ungünstig« ausgefallen sei und deshalb Mastschweine vorzeitig abgeschlachtet werden müßten. Aus diesem Grunde gab es in der 58. Zuteilungsperiode (10. 1. bis 6. 2. 1944) 250 g Schweinefleisch, statt 90 g Butterschmalz. Auch die Normalverbraucher-Ration mußte etwas gekürzt werden und sank auf 1981 Kalorien.

Einer Betrachtung über »Hamburg im Wiederaufbau vor 100 Jahren« und »Unsere Städte – bessere Zukunft auf den Ruinen von 1943« schloß sich die Meldung an, daß der »Führer« dem Reichsminister Speer als Nachkriegsaufgabe den Wiederaufbau der vom Bombenterror betroffenen Städte übertragen hätte.

7.7.3 Zur Land-, Luft- und Seekriegslage

Kurz vor Weihnachten war der Aachener Krönungssaal durch Bomben zerstört – ein »neues Terror-Verbrechen«. Verbände der Amerikanischen Luftwaffe griffen am Tage kaum behindert immer mehr deutsche Städte an, während die RAF ihre Nachtangriffe unentwegt fortsetzte.

Die alliierten Luftflotten besaßen praktisch die Luftherrschaft über Deutschland – daran änderte sich auch nichts, wenn diese hin und wieder – wie z. B. bei den Angriffen auf Nürnberg oder Schweinfurt empfindliche Verluste hinnehmen mußten.

Die Zahl der deutschen Nachtjäger und Tagjäger war zu klein, die durch Strahlantriebe gegebenen technischen Möglichkeiten noch nicht genutzt. Ebensowenig genügte die Treffsicherheit und Zahl der Flak, deren Ortungsmöglichkeiten obendrein durch so simple Methoden, wie den Abwurf von Störfolien, erheblich beeinträchtigt werden konnten.

Am 2. Weihnachtstage sank das Schlachtschiff »Scharnhorst« im Nordmeer nach einem Gefecht mit überlegenen britischen Seestreitkräften. In der Biskaya gingen der Zerstörer Z 27 und die Torpedoboote T 25 und T 26 verloren. Im November war die letzte deutsche U-Boot-Gruppenaufstellung im Nordatlantik nach völligem Mißerfolg aufgelöst. Die Versenkungsziffer ging im Dezember auf 63 038 BRT zurück.

Am 24. 12. hatte eine Offensive der 1. Ukrainischen Front gegen die 4. deutsche Panzerarmee an der Straße Kiew–Shitomir begonnen.

General Eisenhower wurde zum alliierten Oberbefehlshaber für die im Frühjahr 1944 erwartete Invasion in Frankreich ernannt.

7.7.4 Meinungen und Hoffnungen

Der ungewöhnlich lange – eher »langatmige« – Aufruf des »Führers« an das Deutsche Volk zum Jahreswechsel sprach davon, daß es sich um einen ». . . mitleidslosen Kampf um Sein oder Nichtsein handelt . . .« und daß es ». . . an seinem Ende nicht Sieger und Besiegte, sondern . . . nur Überlebende und Vernichtete geben wird . . .« In jenem Aufruf standen auch die Sätze:

». . . Wir werden unsere Städte schöner errichten, als sie vorher waren . . .« und

». . . Aus den Ruinen wird eine neue deutsche Städteherrlichkeit erblühen. Berlin und Hamburg, München und Köln, Kassel und alle die anderen großen und kleinen beschädigten Städte wird man wenige Jahre nach Kriegsende kaum mehr wiedererkennen . . .«

Der Bericht des Hamburger Polizeipräsidenten schloß mit den Sätzen:

». . . Der Krieg kann letzten Endes nicht durch Luftschutz, sondern nur durch die Vernichtung des Gegners gewonnen werden. Der Luftschutz muß eine zusätzliche Aufgabe der Heimat bleiben, die dieser die Erfüllung ihrer kriegswichtigen Arbeit ermöglicht und die die Heimat außerdem mit den ihr zur Verfügung stehenden Mitteln und Kräften zu erfüllen hat. Daß die Heimat selbst unter größten Opfern hierzu bereit ist, hat neben vielen anderen deutschen Städten auch Hamburg in seinen schwersten Tagen bewiesen . . .«

Hamburg hatte wahrlich die schrecklichste Katastrophe seiner Geschichte erlebt. Für weite Teile der Stadt schien das Ende gekommen und niemand vermochte sich damals vorzustellen, daß dies alles einmal wieder aufzubauen sein könnte!

8. *1944 – Der technische Krieg geht verloren!*

».. . Das Jahr 1944 wird harte und schwere Forderungen an alle Deutschen stellen. Das ungeheure Kriegsgeschehen wird sich in diesem Jahr der Krise nähern. Wir haben das volle Vertrauen, daß wir sie erfolgreich überstehen...«

(Aus dem Neujahrsaufruf des »Führers«)

8.1 DIE ERSTEN FÜNF MONATE DES JAHRES 1944

Am 17. Februar 1944 erteilten die Vereinigten Stabschefs dem alliierten Bomberkommando folgende Weisungen (122, Bd. IV, S. 164/165):

». . . Ihre Gesamtaufgabe bleibt die fortschreitende Vernichtung und Störung des deutschen *militärischen Industrie- und Wirtschafts-Systems,* die Unterbrechung lebenswichtiger Teile der *Nachrichten-Systeme* und die wirksame Verminderung der deutschen *Kampfkraft* in der Luft durch erfolgreiche Durchführung der vereinigten Bomber-Offensive von allen geeigneten Luftbasen . . .«

». . . *Primäres Ziel* ist die deutsche *Luftwaffe* . . .«

». . . Andere Angriffsobjekte: Berlin und andere wichtige Industriegebiete sollen durch die Bomberkommandos von RAF und USAAF angegriffen werden (wobei das letztere, wenn nötig, die Blindbombertechnik anwendet) . . .«

». . . Der unmittelbare Zweck der Bombenangriffe besteht in einer Gesamtverminderung der Stärke der deutschen Luftstreitkräfte in den Fabriken, auf dem Boden und in der Luft durch sich gegenseitig unterstützende Angriffe der beiden strategischen Luftflotten . . .«

Während nun alliierte Bomberverbände bei Tag und Nacht mit ständig zunehmender Wucht und in immer kürzeren Zeitabständen sowohl deutsche Städte, als auch Ziele in den besetzten West- und Ostgebieten angriffen (54), blieb

Hamburg aus unbekannten Gründen in den ersten fünf Monaten des Jahres nahezu verschont.

Zwar überflogen schon gleich in der zweiten Nacht des Jahres drei Mosquitos Hamburger Gebiet und warfen einige Spreng- und Brandbomben ab. Es gab aber nur einen größeren Angriff (Nr. 153) am 6. 4. 1944, der durch unglückliche Treffer 39 Tote und 161 Verletzte forderte. Bei den übrigen sechs Angriffen jener Zeit handelte es sich um Störangriffe weniger Maschinen (2–5 Mosquitos), die ihre Bomben planlos über dem Stadtgebiet fallen ließen (vgl. TAFEL 5!).

Am 6. 3. 1944 erlebte Berlin den ersten Tages-Großangriff der Amerikaner, die mit 627 »Fliegenden Festungen« und Mustang-Begleitjägern 1600 t Bomben abwarfen. Dabei wurden allerdings 68 Bomber und 11 Jäger abgeschossen – eine sehr hohe Verlustrate!

Zwei Tage später – am 8. 3. 1944 – und nochmals am 9. 3. 1944 wiederholte dennoch die 8. USAAF die Berlin-Angriffe und verlor abermals 44 Bomber und 16 Begleitjäger (43).

In der Nacht vom 30./31. 3. 1944 erlitt die RAF die schwersten Verluste ihrer ganzen Geschichte bei einem Angriff auf Nürnberg: von 795 gestarteten Bombern kamen 95 nicht zurück, 71 wurden schwer beschädigt (meist durch Nachtjäger!) (1).

Das Bomber-Command zog die Schlußfolgerung, daß die Stärke der deutschen Verteidigung einen Stand erreicht habe, bei dem Nachtangriffe mit den bisherigen Methoden und Maschinen so hohe Verlustraten einschlössen, daß diese nicht lange durchgehalten werden könnten.

Auch die Operationen gegen Berlin hatten sich um diese Zeit für die RAF letztlich als Fehlschlag erwiesen – ». . . It was a defeat . . .« (122, Bd. II, S. 190/211).

Weder die Verwendung von »Windows« verschiedenster Abmessungen, noch andere Störmethoden gegen Funkmeßeinrichtungen, noch sonstige Täuschungsmanöver hatten verhindern können, daß nunmehr – im April 1944 – die Nachtjäger offenbar den Nachtbombern überlegen waren. Die »Grenzen der Rentabilität« wurden erkennbar – aber für die deutsche Jagdabwehr waren es letztlich »Phyrrus-Siege« und für die Alliierten der Anlaß, nunmehr den Erfolg in einer gemeinsamen und besser als bisher abgestimmten Luftoffensive zu suchen.

Am 24. 4. 1944 wurden erstmals *Eisenbahnziele* in größerem Ausmaß angegriffen – Hamm, Koblenz, Düsseldorf, Braunschweig (54). Mehr und mehr zeichnete sich ab, daß die alliierten Luftflotten jetzt systematisch die Zerstörung bestimmter Zielgruppen anstrebten.

Um so mehr verwunderte es uns in Hamburg, daß diese Stadt mit einer wieder auf vollen Touren laufenden Rüstungsindustrie – insbesondere der U-Boot- und

Flugzeug-Fertigung sowie der Mineralöl-Aufbereitung – scheinbar ausgespart blieb. Die lange luftangriffsfreie Zeit war natürlich emsig dazu genutzt worden, um alle wichtigen Industriezweige und den Hafenbetrieb wieder in Gang zu bringen – oft genug unter primitivsten äußeren Verhältnissen.

Der Hauptausschuß »Schiffbau« des Reichsministeriums für Rüstung und Kriegsproduktion hatte – 1943 – mit einem »revolutionären« Entschluß den Sektionsbau von U-Booten eingeführt – eine fertigungstechnisch bestechende Lösung, die hohe Ausstoßraten versprach.

Die deutschen Großwerften – eine davon Blohm & Voss – waren als Zusammenbau-Zentren für die 8 »Sektionen« bestimmt, aus denen dann in einer Helgenbauzeit von etwa 39 Tagen ein U-Boot entstand (95). An Blohm & Voss lieferten die

Deutsche Werft Finkenwerder	Sektion 2 und 6,
Howaldtswerke Hamburg	Sektion 5 (Mittelteil mit Turm!),
Howaldtswerke Kiel	Sektion 3,
Deutsche Werke Kiel	Sektion 1 und 8,
Germaniawerft Kiel	Sektion 7 und
Flenderwerft Lübeck	Sektion 4.

Aus diesem U-Boot-Bauprogramm wurde am 28. 3. 1944 die erste fertige Sektion an Blohm & Voss geliefert. Am 12. Mai war Stapellauf und am 27. Juni konnte das erste Boot der Serie in Dienst gestellt werden.

Ab Juni 1944 dauerte es durchschnittlich 84 Tage von der »Kiellegung« der ersten Roh-Sektion bis zur Ablieferung. Später konnte selbst diese Rekordzeit bis auf 71 Tage unterboten werden.

Auch die Abteilung Flugzeugbau der Schiffswerft Blohm & Voss fertigte in ihren Werken Finkenwerder und Wenzendorf laufend Flugboote, wie die Fernaufklärer, Fühlunghalter und Suchflugzeuge BV 138 »Fliegender Holzschuh« und BV 222 »Wiking« (46 m Spannweite, 6 Motore, 6000 Ps). Auch von dem Riesenflugboot BV 238 (Fluggewicht über 90 t, Spannweite 60 m) waren 1944 vier Prototypen im Bau, seit April 1944 lief auf dem Schaalsee bei Mölln die erste Flugerprobung (95).

Erstaunlicherweise wurden die Werften im 1. Halbjahr 1944 aber nur wenig von Luftangriffen heimgesucht, die dann obendrein noch mäßige Wirkungen hatten.

Die U-Bott-Fertigung erreichte ihren Höchststand etwa im August 1944, um danach allerdings als Folge von Luftangriffen rasch abzusinken. Albert Speer stellte dazu rückschauend fest (111): ». . . Unser Versprechen, monatlich vierzig Boote zu liefern, hätten wir in den ersten Monaten des Jahres 1945 trotz der inzwischen katastrophalen Umstände erreicht, wenn nicht durch die Fliegerangriffe ein Drittel der Boote auf den Werften zerstört worden wäre . . .«

Der glücklicherweise nicht sehr harte und lange Winter brachte den Bewohnern von Behelfsheimen, insbesondere in Kellern mit noch darüber liegenden Schuttmassen und in »Schreberlauben« einige Erfahrungen mit dem Durchdringungsvermögen von Feuchtigkeit und Kälte. Hier vorzusorgen nach dem Motto »Der nächste Winter kommt bestimmt!« war für viele Hamburger eine vordringliche Frühjahrs- und Sommerarbeit, zumal niemand mehr an ein rasches Ende des Krieges glaubte und sich ein solches Ende auch gar nicht recht vorstellen konnte.

Die langen Pausen zwischen den Angriffen und ihre geringe Stärke hatte in der Bevölkerung – *leider* – auch sehr schnell wieder eine gewisse Gleichgültigkeit im »luftschutzmäßigen« Verhalten ausgelöst. Bei einigen Störangriffen waren bis zu 95 % aller Toten und Verletzten *nicht* im Luftschutzraum gewesen!

Am 15. 4. 1944 gab der Polizeipräsident deshalb erneut einen Befehl über die Räumung der Straßen bei Fliegeralarm heraus. Es wurde darin festgestellt, daß bei einem vorausgegangenen Fliegeralarm 184 Anzeigen wegen luftschutzwidrigem Verhalten und unbefugtem Aufenthalt im Freien gemacht werden mußten. Große Teile des Publikums hätten sich im Freimachen der Straßen und Aufsuchen der LS-Räume sehr gleichgültig und undiszipliniert gezeigt. Es hieß weiter: ». . . Ganze Trauben von Menschen hängen oftmals vor den Eingängen der öffentlichen Luftschutzräume und Luftschutzbunker, daraus ist auf eine mangelhafte Tätigkeit der Ordnerkräfte zu schließen . . .«.

Die besonders bei Tagesangriffen auf andere Städte angewandte Taktik des »Bombenteppich-Abwurfs« war Anlaß, in Hamburg verstärkt Deckungsgräben und Einmann-Deckungslöcher in der Nähe verkehrsreicher Straßen und Plätze zu bauen, wenn dort nicht genügend bombensichere Luftschutzräume vorhanden waren.

In weiten Kreisen der Bevölkerung bestand seit den Juli-Angriffen 1943 auch eine gewisse Abneigung gegen das Aufsuchen von *nicht bombensicheren* Luftschutzräumen, weil man allzuviel von hoffnungslosen Verschüttungen gehört hatte. Als Enderfahrung des Krieges herrschte die Auffassung vor, daß der Mensch am Besten in einem Einmann-Deckungsloch untergebracht ist und hier nur zu Tode kommt, wenn eine Bombe direkt darauf fällt.

Die nach den Juli-Angriffen 1943 notwendig gewordene *Umorganisation* der Luftschutzpolizei, insbesondere des FE-Dienstes schloß im Mai 1944 mit einer neuen Kriegsstärke-Nachweisung ab: Der FE-Dienst sollte künftig über 3937 Mann verfügen.

Da bei den Juli-Angriffen viele tausend Menschen nur unter rasch improvisiertem Wasserschutz aus Flächenbrandgebieten (besonders im Raum Rothenburgsort/Hammerbrook und Hamm) in Sicherheit gebracht werden konnten, wurde jetzt das Bilden von »Wassergassen« als besondere Einsatzform laufend geübt und mit deutscher Gründlichkeit auch in einer Dienstanweisung festgelegt (Eindringtiefe etwa 350 m, alle 15–20 m ein Strahlrohr!). Alle deutschen Luftschutzorte mußten sich mit diesem Verfahren befassen.

In der Praxis waren aber die jeweiligen Verhältnisse viel stärker, als alle Vorschriften. Es haben sich in der Folgezeit auch – Dresden ausgenommen – keine Flächenbrände und Feuerstürme Hamburger Ausmaße mehr ereignet. In kleineren Städten mit Feuersturmerscheinungen, wie z. B. Heilbronn (4./5. 12. 1944, über 7000 Tote!) oder Pforzheim 23./24. 2. 1945, angeblich 17 600 Tote!) standen gar nicht die Löschkräfte und Löschgeräte zur Verfügung, um dieses Rettungsverfahren zu praktizieren. Angeblich sollen aber in Braunschweig nach dem Angriff vom 14./15. 10. 1944 »Wassergassen« gebildet worden sein, um in den Bunkern vom Feuer eingeschlossene Menschen herauszuführen (18), (60).

Niemand zweifelte indes daran, daß eines Tages auch Hamburg wieder das Hauptziel alliierter Bomberverbände sein würde.

Am 6. Juni 1944 um 06.30 Uhr hatte das Unternehmen »Overlord« – die alliierte Landung in der Normandie – mit der Landungsoperation »Neptun« begonnen.

In der Nacht vom 12./13. Juni 1944 setzte die seit langem angekündigte »Vergeltung« mit dem Abschuß der ersten »V 1« gegen den Großraum London ein. Die Bevölkerung in den vom Luftkrieg bislang regelmäßig heimgesuchten deutschen Städten hoffte nun auf eine Atempause – allein diese Hoffnung trog!

8.2 SONNTAG, DER 18. JUNI 1944

> »... Ein nordamerikanischer Bomberverband flog nach Nordwestdeutschland ein und führte Terrorangriffe gegen mehrere Städte. Besonders in den Wohngebieten von Hamburg, Bremen, Hannover und Wesermünde entstanden Schäden und Personenverluste...«
> (Aus dem Wehrmachtbericht vom 19.6.1944)

Als erste deutsche Großstadt nach Invasionsbeginn war Hamburg an jenem Junisonntag das Hauptziel von 6 amerikanischen Kampfverbänden – etwa 800 Maschinen[135] – die unter starkem Jagdschutz aus der Nordsee kommend in das Reichsgebiet einflogen. Hamburg wurde bei teils bedecktem Himmel mit zahlreichen größeren und kleineren Bombenteppichen – Minenbomben, Sprengbomben aller Kaliber sowie (wenigen) Brandbomben – belegt.

Die Bomben fielen auf den Hafen, die Innenstadt, die Wohnviertel von Eimsbüttel, Eppendorf, St. Georg und Wilhelmsburg sowie die Elbvororte, wo sehr erhebliche Zerstörungen an Gebäuden, in Betrieben, Hafen- und Verkehrsanlagen entstanden. In den Wohngebieten gab es hohe Bevölkerungsverluste, im Hafen hielten sie sich wegen der Arbeitsruhe in mäßigen Grenzen.

Wesentlich deutlicher und ausführlicher, als der Wehrmachtsbericht schrieb das »Hamburger Tageblatt« einen Tag später über die tragischen Geschehnisse des Sonntags:

». . . Der Feind führte in den Vormittagsstunden des 18. Juni mit starken Bomberkräften einen Terrorangriff auf Hamburg durch. Durch Abwurf zahlreicher Brand- und Sprengbomben entstanden Schäden. Zahlreiche Wohnhäuser wurden zerstört und beschädigt. Unter der Bevölkerung sind Opfer zu beklagen. Die Zahl der Toten hat sich gegenüber der gestern Abend ausgegebenen ersten Meldung auf 341 erhöht. Außerdem ist eine Reihe Verletzter festgestellt. Eine Anzahl von Volksgenossen wird noch vermißt.«

»Dem Angriff fielen wiederum unersetzliche Kulturwerte zum Opfer. Unter anderem wurde die Jakobikirche, eine der ältesten Kirchen Hamburgs, zerstört. Außerdem wurden Krankenhäuser und wissenschaftliche Institute getroffen. Über die Opfer werden weitere Meldungen ausgegeben, sobald die Feststellungen abgeschlossen sind . . .«

Hamburgs City zwischen Hauptbahnhof und Rathaus war bei allen vorangegangenen Angriffen nicht allzusehr betroffen worden und schien fast unversehrt. Diesmal schlug hier ein ausgedehnter, großer Bombenteppich schon

BILD 127 Am Georgsplatz/Glockengießerwall nach dem Angriff vom 18. Juni 1944.

BILD 128 In der Steinstraße nach dem Angriff am 18. Juni 1944. Der Turm der Jakobi-Kirche ist brennend eingestürzt, auch der Dachstuhl der Kirche ist abgebrannt. Löschkräfte bekämpfen Brände in den umliegenden Häusern.

gleich zu Angriffsbeginn ein und richtete schwerste Verwüstungen an – BILD 127 –. Besonders traurig war der Verlust der Jakobikirche in der Steinstraße, die bei allen Angriffen zuvor nahezu unbeschädigt geblieben war. Sie wurde durch Spreng- und Brandbomben zerstört und brannte aus. Der einstürzende Turm trug mit zur Vernichtung des Hochbahnhauses bei – BILD 128 –.

Die Kämmerei am Gänsemarkt, das botanische und chemische Staatsinstitut, die älteste Badeanstalt Hamburgs an der Steinstraße, das Verwaltungsgebäude der HEW, das Museum für Hamburgische Geschichte, das Bernhard-Nocht-Institut für Schiffs- und Tropenkrankheiten, die Bauverwaltung an der Bleichenbrücke 17, die Kunsthalle am Glockengießerwall und das Staatliche Schauspielhaus an der Kirchenallee gehörten zu den Verlusten jenes Angriffs. Ein Nahtreffer warf Gotthold Ephraim Lessing vom Sockel seines Denkmals am Gänsemarkt.

Die Einbußen an Wirtschaftsgebäuden vor allem in der Hamburger Innenstadt übertraf die Auswirkungen der Juli-Angriffe von 1943! U. a. brannte der

UFA-Palast im Deutschlandhaus vollständig aus, das Deutschlandhaus selbst wurde schwer beschädigt – BILD 129 –. Das Warenhaus Karstadt in der Mönckebergstraße, das Kaufhaus Brüggemann & Barkmann, das Verwaltungsgebäude der Hamburger Hochbahn in der Steinstraße, die Hamburgische Landesbank in der Bergstraße, das Kaufhaus Eichmeyer in der Mönckebergstraße und viele andere große Kontorhäuser der Innenstadt fielen Spreng- und Brandbomben entweder ganz oder doch zu einem sehr großen Teil zum Opfer.

Auch industrielle Werke wurden erheblich betroffen, so z. B. die Firma Beiersdorff am Eidelstedter Weg, die zum größten Teil ausbrannte, und die Bavaria- und St. Pauli-Brauerei in der Taubenstraße.

Im Hafen sah es besonders in der Gegend der großen Kaispeicher, bei den Speichern O, G, Q, H, P, E, L und D schlimm aus. Ferner bei den Schuppen 3, 4, 5, 6, 7, 8, 10, 12, 14, 28 und 29 sowie dem Fruchtschuppen B am Versmannkai. Die Werften von Stülcken, Blohm & Voss und die Norderwerft erhielten Sprengbombentreffer mit doch erstmals schmerzlichen Auswirkungen auf die U-Boot-Fertigung.

Die Mineralölindustrie hatte ebenfalls – auch zum ersten Male – in diesem Umfang – erhebliche Einbußen, so die Euro-Tank am Köhlfleetdamm, Schlie-

BILD 129 **Das brennende Deutschland-Haus am Gänsemarkt/Valentinskamp am 18. Juni 1944 mittags.**

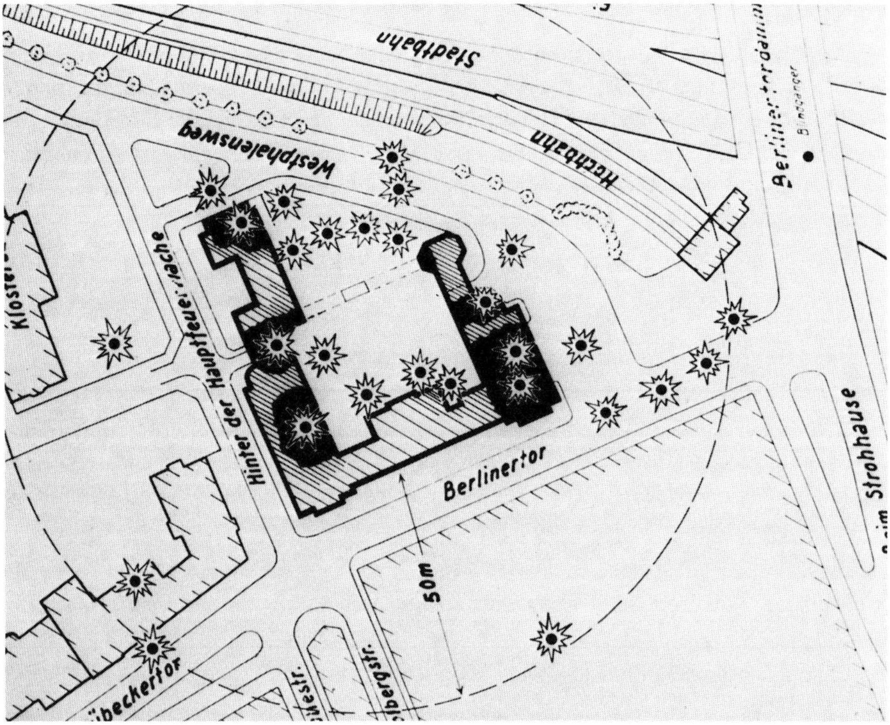

BILD 130 Trefferbild Hauptfeuerwache Berliner Tor (18.6.1944).

manns Ölwerke, die Ölwerke Haltermann & Co. und die DAPG, die Rhenania-Ossag, die Dupag und die Olex.

Die Feuerwehr erlitt ihren schwersten Ausfall während des ganzen Krieges durch die weitgehende Zerstörung der Hauptfeuerwache am Berliner Tor. Dieses noch allein fast unbeschädigt im Flächenbrandgebiet des Jahres 1943 stehende Gebäude war Objekt des zweimaligen Zielanflugs eines kleinen Bomberpulks, der insgesamt 25 schwere und schwerste Sprengbomben auf das Gelände der Hauptfeuerwache und die nähere Umgebung warf – BILD 130 –.

Ziel des Angriffs bildete – wie wir nach dem Kriege erfuhren – nicht etwa die Ausschaltung der Leitungsfunktion, sondern vor allem die Zerstörung der Nachrichtenstelle, die als einzige Fernsprechzentrale im Hamburger Stadtgebiet noch nahezu unversehrt geblieben war und mit vollem Einsatz vor allem über das Behörden-Fernsprechnetz arbeitete. Es war aber einer jener merkwürdigen Zufälle des Krieges, daß an der Hauptfeuerwache zwar fast alles zerstört wurde, aber die Nachrichtenstelle selbst mit ihren empfindlichen Wählergestellen und Kabel-Endverschlüssen praktisch unbeschädigt blieb.

Die Hauptfeuerwache bildete ein wüstes Trümmerfeld – **BILD 131** –. Die Fahrzeuge des Löschzugs 1 lagen unter den Mauern des Vordergebäudes, in einem der Luftschutzkeller kamen alle Insassen ums Leben[136]. Im ganzen starben an der Hauptfeuerwache 10 Menschen, darunter 3 in Schlüsselfunktionen stehende Beamte.

Bei dem gleichen Angriff wurde ebenfalls die Feuerwache 12 – Veddel – am Zollhafen schwer getroffen und zahlreiche Fahrzeuge zerstört oder schwer beschädigt.

Die Entstehung von Flächenbränden konnte verhindert werden. Es gelang auch, von 949 Verschütteten über die Hälfte – 485 – lebend zu bergen. Rund ein Drittel der Gefallenen – 181 Männer, 224 Frauen und 47 Kinder – waren leider bei Volltreffern auf (splittersichere) Luftschutzbauten zu beklagen.

Im Röhrenbunker Lastorpsweg 8 gab es 41 Gefallene und 49 Verwundete, im öffentlichen Luftschutzraum Hütten 86/92 kamen 22 Menschen um und 22 wurden verwundet, im öffentlichen Luftschutzraum Wexstraße 15/17 waren es 26 Gefallene und 15 Verwundete. Dagegen hielten die bombensicheren LS-Hochbunker auch Volltreffern gut stand. U.a. wurde der Hochbunker Koldingstraße von 5 Sprengbomben getroffen, aber nur leicht beschädigt.

BILD 131 Das zerstörte Wachgebäude der Hauptfeuerwache Berliner Tor (18.6.1944).

Im Gefolge dieses Angriffs lief wieder eine Fülle von Fehlmeldungen ein über angebliche Großschäden und löste Fehleinsätze aus. Ein typisches Beispiel möge folgender Bericht eines Erkunders des FE-Dienstes geben:

». . . Es erschien ein Herr Dr. N. N. von der Wirtschaftskammer und ein Betriebsobmann von Karstadt beim Polizeipräsidenten und machte diesem Vorwürfe, daß ihnen nicht genügend Löschkräfte zur Verfügung gestellt würden. Angeblich lagerten größere Baumwoll-Vorräte im brennenden Keller des Karstadt-Gebäudes Mönckebergstraße.

Ich bekam den Auftrag, die Sache zu prüfen und – wenn nötig – Kräfte einzusetzen. Ich nahm die beiden Herren mit und durchstreifte mit ihnen die Kellerräume des Karstadt-Gebäudes. Es brannte lediglich noch eine Kellerecke von etwa 10–20 m² Fläche. Der Brand wurde von zwei schmalen Kellergängen aus mit 4 C-Rohren ausreichend bekämpft. Da ich beide Herren bis zu den Rohren mit durchgeschleppt hatte, waren diese tief beeindruckt und von dem 100 %igen Löscheinsatz überzeugt, zumal in den langen dunklen Kellergängen 20 cm hoch das Löschwasser stand und man vor Qualm kaum etwas sehen konnte.

Nach dem Rundgang trafen wir im Gebäude mit Herrn Major N. N. zusammen. Mit dem Bemerken, daß beim Polizeipräsidenten Beschwerde über mangelhaften Löscheinsatz im Karstadt-Gebäude geführt wäre, stellte ich beide Herren vor. Hiervon wollten plötzlich beide nichts mehr wissen und verabschiedeten sich geräuschlos. Von größeren Lagermengen habe ich bei meinem Rundgang nichts feststellen können . . .«

Zum ersten Male seit langer Zeit waren auch wieder starke Feuerlöschkräfte von Auswärts nach Hamburg gezogen worden.

Die vor allem im Hafengebiet durchgeführte Vernebelung hatte die Zielfindung der Bomber offenbar nicht beeinträchtigt. Was Bomberzahl und Abwurfmenge angeht, so war es einer der stärksten Angriffe auf Hamburg während des ganzen Krieges. Seine Wirkungen blieben zwar hinter den Ereignissen im Juli 1943 zurück in Bezug auf den Zerstörungsgrad an Wohnungen (230 Wohnhäuser vollständig zerstört, 312 schwer beschädigt!), aber der wirtschaftliche Schaden war doch sehr erheblich und störend.

Für die 8. USAAF dürfte der Angriff dennoch ein *taktischer Mißerfolg* gewesen sein, weil der größte Teil der Bomben (glücklicherweise nur sehr wenige Brandbomben!) in die zu diesem Zeitpunkt strategisch schon nicht mehr interessante Innenstadt fiel, statt den Hafen, die U-Bootwerften und vor allem das Hauptziel aller Unternehmungen jener Wochen, die Mineralölindustrie, zu treffen. Vermutlich waren die dem Bombenabwurf vorausgehenden Rauchsignalzeichen etwas »vom Winde verweht« worden. Bei Abwurfhöhen von 6000 bis 7000 m genügte ja auch schon ein Sekundenbruchteil Verzögerung bei der Bombenauslösung, um die Trefferlage erheblich zu verschieben – hier schlugen die meisten Bomben um etwa 1000 m nach Norden versetzt ein. Die »Teppiche« hätten sonst genau in dem mit Rüstungs- und Mineralölbetrieben dicht belegten Gebietsstreifen »Kleiner Grasbrook – Steinwerder« gelegen und vor allem Blohm & Voss getroffen.

Einen Tag nach diesem Angriff unterzeichnete Hitler einen Erlaß über die Konzentration der Rüstung und Kriegsproduktion!

8.3 HAMBURGS MINERALÖLINDUSTRIE BRENNT! – DIE LUFTANGRIFFE VOM 20. JUNI UND 6. AUGUST 1944 –

»... Mit dem Angriff von 935 Tagbombern der 8. amerikanischen Luftflotte auf mehrere Treibstoffwerke im Zentrum und im Osten Deutschlands begann eine neue Epoche des Luftkriegs; sie bedeutete das Ende der deutschen Rüstung ...«

– dies war am 12. Mai 1944 und an diesem Tage wurde nach den Worten von Albert Speer (111) »... der technische Krieg entschieden ...«.

Getroffen waren die Leuna-Werke in Merseburg (60 % Ausfall) sowie die Hydrierwerke in Zeitz und Lützkendorf (100 % Ausfall), Böhlen (50 % Ausfall), ferner Brüx bei Prag (100 % Ausfall) (54).

Das Werk Brüx (Ausdehnung 2,1 × 3,2 km!) hatte in erster Ausbaustufe kurz vor dem Angriff gerade voll den Betrieb aufgenommen und sollte monatlich 48 000 t Kraftstoff erzeugen. Die abgeworfenen 1700 Sprengbomben (100 und 500 lbs) richteten vor allem an den unterirdisch verlegten Kabeln und Rohren große Schäden an – der Betrieb kam deshalb schon nach der 1. Angriffswelle zum Stillstand (CD 654).

Bei einem zweiten Angriff auf Leuna am 28. 5. 1944 – das Werk war eben wieder angelaufen – lag der Bombenteppich »trotz guter Verneblung« vollständig im Werksgelände.

Am 29. 5. wurde das Hydrierwerk Pölitz (47 000 t monatlich) angegriffen und fiel für 2 Monate ganz aus.

Der Beginn der Landung der alliierten Streitkräfte in der Normandie am 6. Juni band nur für einige Tage größere Teile der britischen und amerikanischen Luftflotte, aber bereits in der Nacht zum 12. Juni griffen britische Bomber wieder die Hydrieranlagen in Gelsenkirchen an.

In Hamburg hatte es seit den ersten Luftangriffen im Sommer 1940 zwar schon häufiger Brände in Mineralölbetrieben gegeben, z. B. am 9. 5. 1941 bei den Deutschen Erdölwerken in Wilhelmsburg (vgl. S. 91). Sie waren aber zweifellos nur durch Zufallstreffer ausgelöst worden. Die großen Raffinerien wie Ebano (heute Esso), Rhenania-Ossag (heute Shell), Schindler und Euro-Tank (heute BP) arbeiteten die ganzen Kriegsjahre über bis zum 20. Juni 1944 nahezu ungestört.

Die Hamburger Mineralölindustrie besaß bei Kriegsausbruch rund 1,4 Millionen m^3 Tankraum und eine Produktionskapazität von rund 1,5 Millionen m^3 – sie gehörte damit also zu den bedeutendsten Produktionsstätten ihrer Art in Deutschland und stellte sicher ein lohnendes Ziel dar.

In Erwartung von Angriffen waren deshalb auch zahlreiche Schutzmaßnahmen getroffen. Tanks und wichtige Betriebseinrichtungen hatten Splitterschutzwände erhalten (vgl. S. 70). Im Petroleumhafen gab es wegen der dichten Tankbelegung ab 1940 besondere Schutzzonen (leere Tanks oder Grünstreifen) mit obendrein begrenzter Füllhöhe der Tanks.

Schon Jahre vor dem Kriege führte die Hamburger Feuerwehr eine Reihe von Großversuchen zur Bekämpfung von Mineralölbränden durch (18), (127), die den ganzen Umfang des Problems deutlich werden ließen. Auch im Kriege liefen unter primitivsten äußeren Umständen Versuche zur Klärung der Eigenschaften des Löschmittels »Schaum«, die bis heute richtungsweisend geblieben sind.

Die Großangriffe auf die Raffinerien im rumänischen und ungarischen Erdölgebiet im Sommer 1943 mit zahlreichen ausgedehnten Tankbränden machten dann die Schwierigkeiten der Brandbekämpfung erst richtig deutlich. Der Hamburger FE-Dienst war darüber durch Berichte informiert, die von Angehörigen der dort eingesetzten Feuerschutzpolizei-Abteilungen des Feuerschutzpolizei-Regiments »Sachsen« auf dem »kurzen Dienstwege« nach hier gelangten. Auch über die Angriffsfolgen bei den Hydrierwerken kamen einige Nachrichten nach Hamburg – leider ebensowenig »offiziell«, sondern nur »unter der Hand«, obwohl gerade bei Einsätzen dieser Art ein rascher Erfahrungsaustausch dringend geboten gewesen wäre.

Schon der Angriff vom 18. Juni hatte eine Reihe von Mineralölbetrieben vor allem auf dem Kleinen Grasbrook betroffen, ohne hier aber größere Brände auszulösen. Der wohl extra auf die Rhenania-Ossag-Raffinerie angesetzte Verband von 36 Bombern warf seinen »Teppich« von etwa 440 Sprengbomben (500 und 250 lbs) »daneben«.

Am 20. Juni 1944 setzte die 8. USAAF ihre konzentrierten Angriffe gegen die gesamte deutsche Mineralölindustrie fort, um diesen für den Weitergang des Krieges wichtigsten Industriezweig – wie die Alliierten hofften – ganz und endgültig auszuschalten. Schließlich hatte schon einmal ein Alliierter – der britische Außenminister Lord Curzon – nach dem Ende des ersten Weltkriegs geäußert, die Alliierten seien ». . . auf einer Woge von Öl zum Sieg geschwommen . . .«, womit er zugleich auf den deutschen Treibstoffmangel anspielte[137].

Drei Flieger-Divisionen mit rund 1500 Bombern und über 1000 Begleitjägern belegten an diesem Tage vom frühen Morgen an Hydrierwerke, Raffinerien und

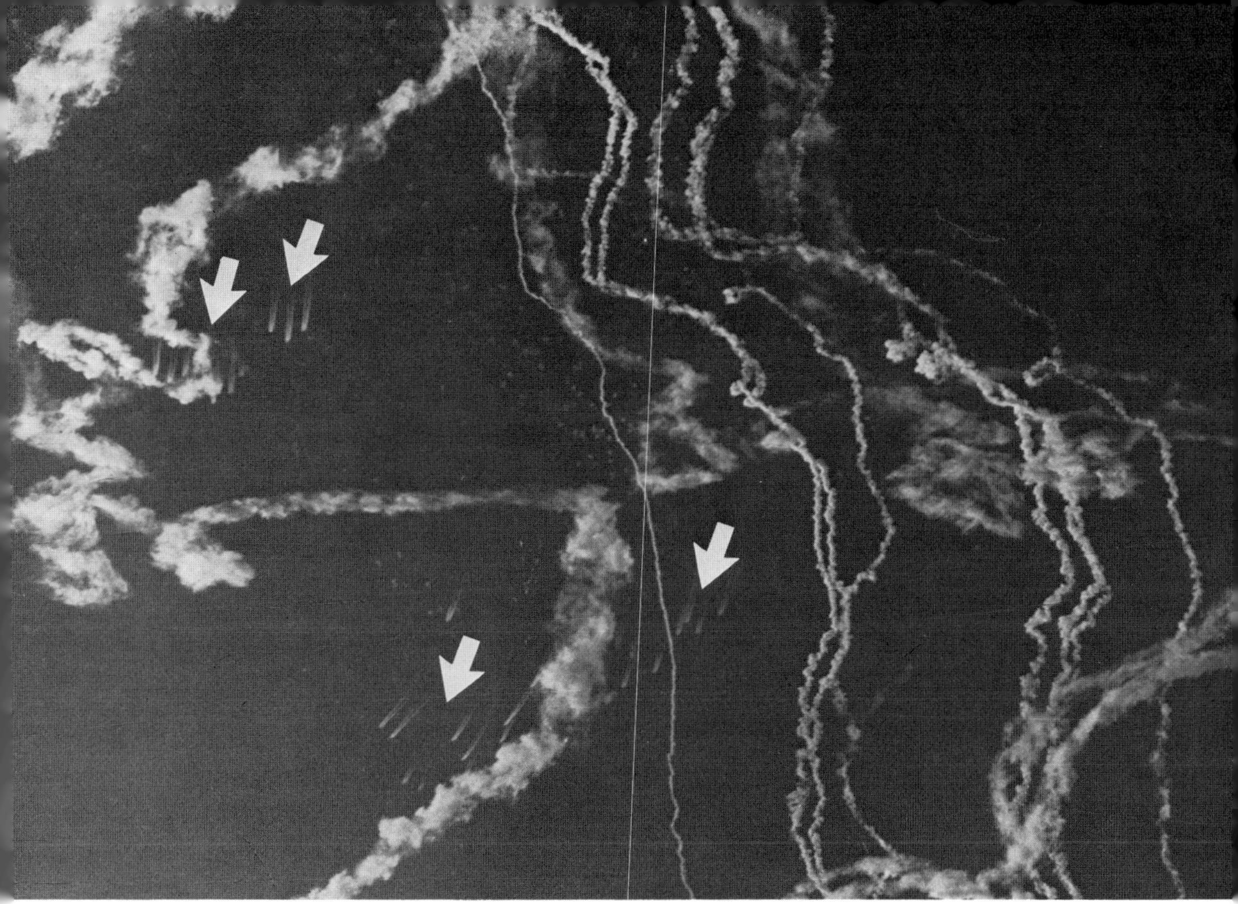

BILD 132 Abwurf-Rauchzeichen amerikanischer Bomberverbände bei dem Angriff auf Hamburg am 20.6.1944. Beachte links im Bild die abschwenkenden Bomber-Formationen.

Tanklager in Ostermoor, Hamburg, Pölitz, Misburg, Fallersleben und Magdeburg mit (angeblich) 4252 t Bomben aller Art und Kaliber. Deutsche Jäger und Flak schossen 50 Bomber und 5 Jäger ab, 468 Bomber kehrten mit z. T. erheblichen Beschädigungen zurück – aber auch 28 deutsche Jäger gingen verloren (54).

Die zum Angriff auf Hamburg bestimmten Verbände umflogen zunächst die Stadt, drehten dann aber im Raume Lübeck – Schwerin – Lüneburg und nahmen erneut Kurs auf Hamburg. In der Zeit von 09.10 bis 09.47 Uhr wurde die Stadt von etwa 650 bis 700 Maschinen aus verschiedenen Richtungen laufend angegriffen. Angriffs-Schwerpunkte waren eindeutig der Hafen und die Industriegebiete von Harburg und Wilhelmsburg. Sie wurden z. T. mehrfach mit »Teppichen« von Spreng- und Brandbomben belegt. Zur Zielmarkierung dienten wieder Rauchzeichen – BILD 132 –. Die Mineralölbetriebe erlitten schwerste Schäden und kilometerhohe Rauchfahnen zeigten weithin den Erfolg des Angriffs – BILD 133 –. Da die Betriebe mit voller Belegschaft arbeiteten, gab es dort erhebliche Personenverluste.

Die künstliche Vernebelung des Hafengebiets hatte auch diesmal keinen Einfluß auf den Angriffsverlauf, ebensowenig wie die Tarnung einzelner Tanklager. Bei dem sonnig-klaren Wetter fanden die Bombenschützen genügend Anhaltspunkte zur Ortung. Die Hamburger Bevölkerung konnte die Kampfverbände in geschlossener Ordnung wie an einer Schnur gezogen über die Stadt fliegen sehen – scheinbar völlig unbeeindruckt von den Salven der Flak, die nur ganze 4 Bomber über dem Stadtgebiet zum Absturz brachte (Angriffshöhen zwischen 6000 und 8000 m!).

Schwerpunkte des Löscheinsatzes lagen in Harburg um das 4. Seehafenbekken, in Wilhelmsburg bei den Komplexen Rhenania-Ossag, Deutsche Erdölwerke und Haltermann, in Neuhof bei Schindler, im Petroleumhafen und bei der Deutschen Vacuum Öl AG in Wedel.

Die größte Mineralölbrandstelle des 2. Weltkriegs, ja wohl eine der größten bisher überhaupt in der Welt vorgekommenen Ölbrandflächen lag auf dem Gelände der Rhenania-Ossag, der Ebano und dem durch ausgelaufenes Öl gleichfalls brennenden 4. Seehafenbecken in Harburg – **BILD 134** – mit einer Ausdehnung von rund 800 × 1000 m = 800 000 m² – das war mehr, als die Gesamtbrandfläche des Großen Brandes von Hamburg 1842.

Hier wurden im ganzen 40 Löschzüge (Land) und 9 Wasserlöschzüge einge-

BILD 133 Die Ölwerke Julius Schindler in den Mittagsstunden des 20.6.1944.

BILD 134 Die brennenden Raffinerien der Rhenania-Ossag und der Ebano am 20.6.1944, gesehen von der Süderelbbrücke. Aufgenommen etwa eine Stunde nach dem Angriff. Es brannten über 100 Mineralöltanks aller Größen. Rechts die von Mineralölbränden in Wilhelmsburg kommende Rauchwolken.

setzt, die zusammen mit den Werklöschkräften 172 Strahlrohre vorgenommen haben – BILD 135 –. 24 Stunden später waren alle Brände gelöscht – BILD 136 –. In einer größeren Zahl von Tanks konnte ein wesentlicher Teil des Inhalts gerettet werden – BILD 137 – denn einige der FE-Bereitschaften hatten sich zu Spezialisten in der Mineralölbrand-Bekämpfung entwickelt. Die seit rund 30 Jahren von der Hamburger Feuerwehr betriebenen Versuche und Untersuchungen über das Löschen von Mineralölbränden und das Löschmittel »Schaum« trugen jetzt Früchte[138].

Die im Herbst 1940 errichteten hölzernen Splitterschutz-Palisaden erwiesen sich – wie vorausgesagt – als gefährliche Feuerbrücken mit regelrechter Dochtwirkung. Nur teilweise waren sie in der Zwischenzeit durch »Splitterschutz-Mauern« – vgl. BILD 136 – ersetzt worden, die aber bei der Dichte der Bombenteppiche ihren Zweck verfehlten und die Brandbekämpfung sehr erschwerten.

BILD 137 Die Ebano-Asphalt-Werke Harburg nach dem Angriff vom 20.6.1944. Im Hintergrund die Rhenania-Ossag-Raffinerie. Einige Tanks (Pfeile!) sind noch erhalten.

Linke Seite:

BILD 135 Nachlöscharbeiten mit Schaum in einem ausgebrannten Tankfeld. Das Strahlrohr links dient zum Schutz des auf dem Tank vorgehenden Löschtrupps.

BILD 136 Ausgebrannte Tankgruppe bei der Rhenania-Ossag – Harburg. Die mit Pfeilen gekennzeichneten Tanks sind noch teilweise gefüllt (Löscherfolg!).

Zum ersten Male hatten auch – so vermuteten wir – einzelne Bombergruppen die Anfahrstraßen zu den Betrieben mit Bomben belegt – z. B. die Autobahn mit der Abfahrt Harburg (wenn diese Bomben nicht der dort liegenden Flakbatterie gegolten hatten!). Jedenfalls war der Anmarsch zu den Schadensstellen durch Straßenschäden erheblich erschwert und zwang die Besatzungen zunächst zum Schaufeln und Wegräumen der Trümmer.

Das »Hamburger Tageblatt« berichtete am nächsten Tage über den Angriff: ». . . Unsere Stadt war in den Morgenstunden des 20. Juni wiederum das Ziel eines feindlichen Luftangriffs. Durch Abwurf zahlreicher Spreng- und Brandbomben entstanden in verschiedenen Stadtbereichen Zerstörungen und Brände. Es sind wieder Verluste unter der Bevölkerung zu beklagen. Die Zahl der festgestellten Opfer dieses Angriffs beträgt bis jetzt 215 Tote und eine Reihe Verletzter. Da noch eine Anzahl Volksgenossen vermißt wird, muß mit einer Erhöhung dieser Zahl gerechnet werden.

Bei der Schadensbekämpfung haben sich Bevölkerung und eingesetzte Hilfskräfte, unter ihnen besonders diejenigen der Partei und des Werkluftschutzes, hervorragend bewährt und in vielen Fällen eine weitere Ausbreitung der Schäden verhindert.

Die Flakartillerie brachte über dem Raum von Hamburg eine Anzahl der angreifenden Bombenflugzeuge zum Absturz . . .«[139].

Einen Tag nach dem Angriff – am Nachmittag des 21. 6. – erlebten wir zum ersten Male einen »Bevollmächtigten des Führers« in voller Aktion.

Schon am 11. 6. 1944 war dem bisherigen Leiter der Munitionsherstellung im Ministerium Speer, Direktor Edmund Geilenberg, als Sonderbeauftragtem des Führers die Vollmacht erteilt worden, jegliche Beschlagnahmen, die von ihm für das Wiederanlaufen eines Hydrierbetriebes als erforderlich angesehen wurden, und entsprechend die Beanspruchung von Arbeitskräften durchführen zu dürfen (110, Bd. IV, 1, S. 952/959, 1944). Das »Mineralöl-Programm« war zur 1. Dringlichkeitsstufe erklärt worden.

Geilenberg hatte an jenem Nachmittag die Vertreter von Mineralöl-Industrie, Verkehrsanlagen und Wirtschaft, Luftschutzpolizei und Wehrmacht sowie die politische Führung für 14.00 Uhr in den noch heilen Sitzungssaal des Shell-Hauses am Alsterufer »befohlen«. Den Vorsitz führte der Reichsstatthalter, der aus eigenem Augenschein genau wußte, was passiert war. Geilenberg hatte es dagegen – wie er besonders betonte – abgelehnt, sich vorher die Schäden anzusehen. Er wolle bei seinen Entscheidungen nicht von subjektiven Eindrücken beeinflußt werden!

Das Ergebnis der Sitzung war denn auch danach: Es wurde munter in den Wind geredet und in die Tasche gelogen, etliche Unglückliche, die eine Gegenmeinung zu äußern wagten, wurden unter Androhung von Kriegsgericht und

»absetzen« fürchterlich zusammengestaucht. Der Reichsstatthalter hörte sich das Ganze schweigend an und dachte sich wohl seinen Teil über diese Art von Schadensbeseitigung.

Hans Kehrl (65) hat über Geilenberg gesagt: ». . . Er hatte eine Bullenenergie, war weit entfernt von intellektueller Kompliziertheit und Bedenken mit vielen wenn und aber. Wenn er zu etwas entschlossen war, gab es keine Hemmungen, keine Widerstände weder von Dingen noch von Personen . . .«

Auch ohne das »Anspitzen« durch diesen »Bevollmächtigten« ging die Mineralölindustrie mit einer ungeheuren Energie und aller Kunst der technischen und organisatorischen Improvisation daran, die Betriebe wieder zum Laufen zu bringen. Jeder wußte, was von der Kraft- und Schmierstoff-Versorgung für den Kriegsverlauf abhing.

Sechs Wochen später produzierten die meisten Betriebe wieder oder standen vor dem Anlaufen, denn die Sprengbomben hatten zwar allerhand zerschlagen und verbogen und die Erde aufgewühlt. Mit Schweißbrennern und Behelfsmitteln ließ sich aber vieles doch wieder zusammensetzen – nur was ausgeglüht und verbrannt war, fiel ganz aus. In den gegenüber Hydrierwerken baulich älteren Hamburger Anlagen lagen die meisten Rohrleitungen auch oberirdisch, waren daher besser zu übersehen und schneller zu reparieren.

Dieses Geschehen konnte den Alliierten nicht verborgen bleiben – teils lieferten die regelmäßig an klaren Sonnentagen erscheinenden »Aufklärer vom Dienst« Bildunterlagen, teils berichteten Agenten aller Schattierungen sicher detailliert über den Arbeitsfortschritt.

Am 6. August 1944 kam dann, was wir befürchtet hatten: Ab 09.23 Uhr flogen zahlreiche Kampfverbände mit Jagdschutz – etwa 1500 Maschinen – in drei Bomberströmen über die Nordsee nach Deutschland ein, um das Zerstörungswerk in der Mineralölindustrie fortzusetzen.

Hamburg wurde von etwa 500 Flugzeugen angegriffen, die wieder aus der Sonne heraus von Südosten die Stadt ansteuerten. Es waren meist kleinere Teilverbände von 12–36 Maschinen, die nach einer Zielmarkierung mit Rauchbomben ihre Bombenteppiche abwarfen – bei Angriffshöhen zwischen 6500 und 8000 m. Ein Teilverband von etwa 80 Flugzeugen warf Bombenteppiche auf die elbabwärts in Wedel-Schulau liegende Ölfabrik der Deutschen Vacuum Öl AG.

Nach einem noch vorliegenden Bericht der Amerikaner haben bei diesem Angriff u. a. 126 Kampfflugzeuge 622 ts Sprengbomben aus 7500 m Höhe allein auf die Rhenania-Ossag-Raffinerie in Harburg abgeworfen (731 Stück der Größe 500 GP und 1284 Stück der Größe 250 GP – alle mit Verzögerungszünder (0,1 bis 0,25 s)[140].

Zur Täuschung der deutschen Radar-Ortung wurden Störfolien neuer Art ganz aus Metall von etwa 1 mm Breite abgestreut. Neben Flugblättern mit Titeln

BILD 138 Einschneiden eines Lochs (etwa 20x40 cm) in die Wand eines brennenden Tanks zum Einführen eines Schaumrohrs. Pfeile: Stand des Flüssigkeitsspiegels. – 6.8.1944.

wie »Der Stein ist im Rollen« und »Sternenbanner« fielen auch schlecht nachgemachte Fleischmarken zu 50 g (Reisemarken), die aber leicht als Fälschungen erkennbar waren und ihren Findern deshalb keine zusätzlichen Fleischportionen einbrachten.

Bei einer Bombenzahl – insgesamt etwa 3400 Sprengbomben –, die über den Abwurfmengen der einzelnen Juli-Angriffe von 1943 lag, waren zwar wieder sehr schwere Schäden in der Industrie zu beklagen, aber nur 25 Gefallene und 62 Verwundete. Auch die Zahl der zerstörten Wohnhäuser betrug »nur« 41 – und diese lagen meist im Nahbereich der getroffenen Werksanlagen.

Die gesamte Hamburger Mineralölindustrie wurde erneut langfristig betriebsunfähig gemacht. Besonders heftige Brände entstanden im Gebiet des Kleinen Grasbrook, wo die Mineralölbetriebe von Schliemann und Rhenania-Ossag den Feuerlöschkräften die größten Schwierigkeiten boten. Zum ersten Male konnte hier ein brennender, 21 m hoher und mit 686 t destilliertem Spindelöl gefüllter Tank (13 m ∅) dadurch gelöscht werden, daß ein Feuerwehrmann den Tank dicht über dem deutlich erkennbaren Flüssigkeitsspiegel mit einem Schneidbrenner aufschnitt – BILD 138 – und ein in dieses Loch eingeführtes Schaumrohr den Brand in kaum 2 min löschte – BILD 139 –. Gerettet wurden auf diese Weise rund 51 % des ursprünglichen Inhalts.

Bei den Deutschen Erdölwerken in Wilhelmsburg behinderten brennende hölzerne Splitterschutz-Palisaden und die brennende Tarnung – BILD 140 – besonders die Löscharbeiten. In den von Bomben zerpflügten Tankfeldern gab es allerdings ohnehin nicht mehr viel zu retten.

Der Werkschutzleiter der Deutschen Vacuum Öl AG, Werk Wedel berichtete gleichfalls (CD 1258a):

»... Der noch im Werk vorhandene und noch nicht zum Abbruch gekommene hölzerne Splitterschutz hat durch Aufbrennen zusätzlich erhebliche Schäden an den Tanks hervorgerufen ...«

»... Die Tarnung, die schon seit längerer Zeit wirkungslos geworden war, brachte durch umgestürzte Masten und herabgefallene Seile und Maschendraht erhebliche Schwierigkeiten in der Brandbekämpfung ...«

Betriebe in der Umgebung der Mineralölindustrie wurden natürlich ebenfalls in Mitleidenschaft gezogen – so. z. B. die Stülckenwerft gegenüber der Rhena-

BILD 139 **Der Spindelöltank nach dem Ablöschen (1) Schaumschicht im Tank, (2) noch brennende Ölstrahlen aus Splitterlöchern, (3) Schaumrohre zum Ablöschen des brennenden Öls.**

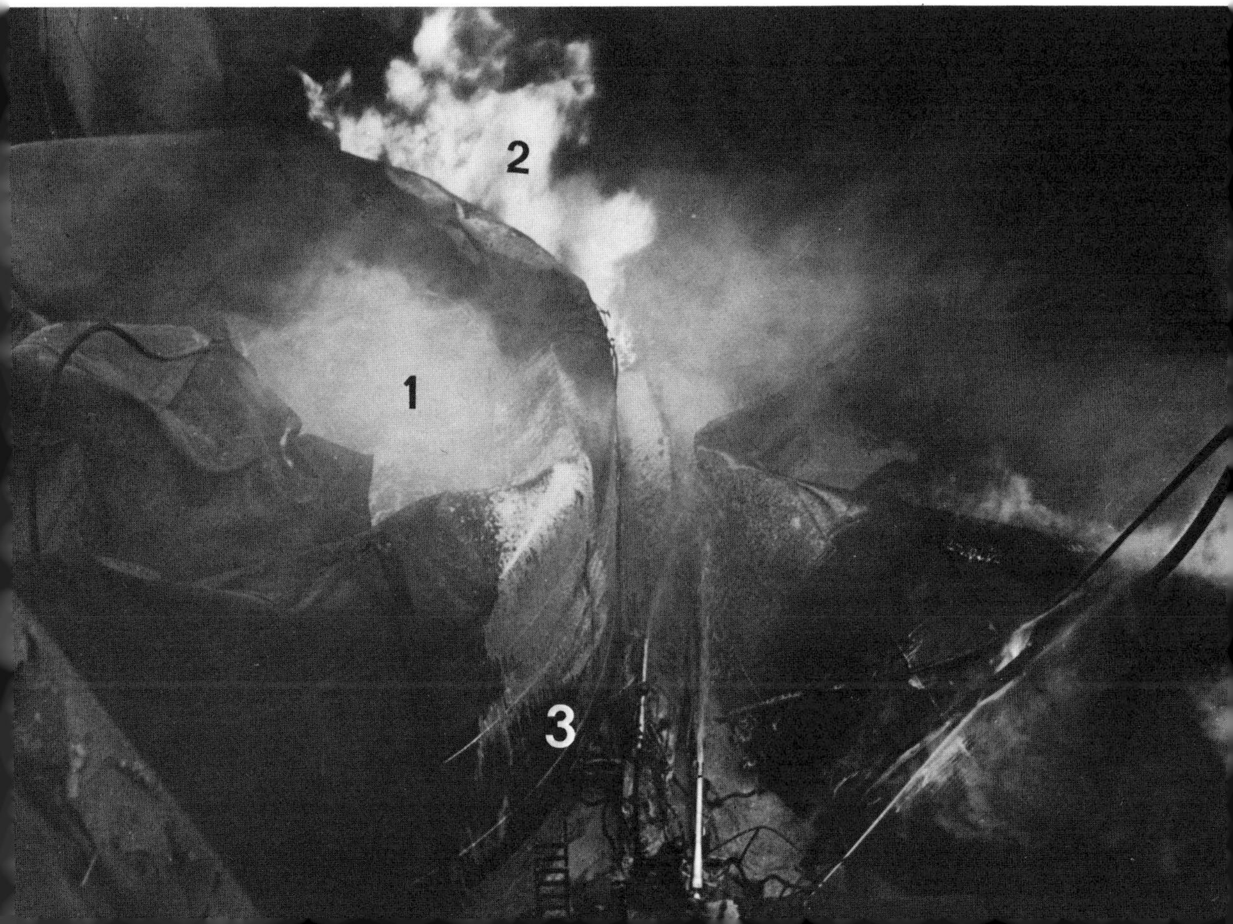

nia-Ossag auf dem Kleinen Grasbrook und die ausgedehnten Betriebsanlagen der Wollkämmerei Wilhelmsburg – **BILD 141** –.

Die Feuerwehreinsätze unterlagen im Übrigen auch der Kritik des Sicherheitsdienstes der SS. Dem Polizeipräsidenten gingen folgende Berichte zur »sofortigen« Untersuchung zu:

». . . Es ist gemeldet worden, daß zur Einfahrt zum Petroleumhafen 20 Feuerwehrwagen gestanden haben sollen, die nicht eingesetzt werden konnten, weil die Straße durch Bomben zerstört war. Es wurden keine Vorkehrungen getroffen, die Straße auszubessern, um die Feuerwehr zum Einsatz bringen zu können. Die Feuerwehr soll Nachmittags um 16 Uhr noch am gleichen Ort gestanden haben . . . wenige Italiener mit Ausbesserungsarbeiten beschäftigt, Feuerwehrleute lagen im Gras . . .«

Und ein anderer Bericht besagte:

». . . Ergänzend wird berichtet, daß nach übereinstimmenden Meldungen in allen interessierten Fachkreisen darüber diskutiert wird, weshalb die Feuerschutzpolizei und die im Petroleumhafen bzw. bei den Raffinerien eingesetzten Löscheinheiten in erster Linie nur mit Wasser und nicht mit Schaum gearbeitet haben. Dies findet umsomehr Kritik, als nach allgemeiner Überzeugung im Pe-

BILD 140 Brennende Masten der Tarnnetze, brennende Splitterschutzwände bei den Deutschen Erdölwerken Wilhelmsburg. 6.8.1944. Links brennt herausgeschleudertes Öl.

BILD 141 Betriebsgebäude der Wollkämmerei Wilhelmsburg, ausgebrannt am 6.8.1944.

troleumhafen Kräfte fehlten, um die Brände sofort und wirksam bekämpfen zu können . . .«

Nun: Bei den »im Gras liegenden Feuerwehrmännern« handelte es sich um die einzige zur Ablösung in Reserve gehaltene Feuerwehrbereitschaft (zusammengesetzt aus Freiwilligen Feuerwehren des Landkreises Harburg) – und mit Wasser wurde gelöscht, weil dieses Löschmittel bei den vorwiegend brennenden Schwerölen den schnellsten und sichersten Löscherfolg versprach!

Ein weiteres Streiflicht am Rande des Geschehens nach diesem Angriff:

Der Schutzpolizei-Abschnitt VIII führte in einem Schreiben an das Kommando der Feuerschutzpolizei bittere Klage darüber, daß sich eine FE-Bereitschaft ». . . zusätzlich *ohne Wissen der Parteidienststellen* und ohne Kuchenmarken und ohne Bezahlung 90 Stück Kuchen in Moorburg bei dem Bäcker . . . abgeholt habe. Der sich daraus dann entwickelnde und über Wochen hinziehende Papierkrieg führte schließlich zu der Feststellung, daß sich die Bereitschaft tatsächlich dank guter »Querverbindungen« und »auf eigene Faust« etwas zu essen besorgt hatte – in Ermanglung von Brot war es Kuchen. Die seit den

Morgenstunden im Einsatz befindliche Einheit ist erst am späten Nachmittag von der NSV verpflegt worden!

An dieser Stelle muß auch ein Wort über die Jungens der Hitlerjugend-Feuerwehrscharen gesagt werden:

Mit dem Beginn der großen Flächenangriffe fiel ihnen die Aufgabe zu, Lotsen und Einweiser für die anrückenden auswärtigen Kräfte zu stellen. Ortskundig, flink und besessen von der Bedeutung ihres »Einsatzes« waren sie echte Helfer der Einheiten und wirkten oft bis zur Erschöpfung. Aus der Rückschau kann deshalb nur hohe Achtung vor den Leistungen bezeugt werden, die sie mit jugendlichem Enthusiasmus vollbrachten. Sie griffen ebenso beherzt zu, wenn es dann an Einsatzstellen Schläuche zu verlegen galt oder Geräte und Schaummittel oft über Trümmer hinweg herangeschafft werden mußten.

Die Hamburger Mineralölindustrie ist in der Folgezeit bis zum Kriegsende immer wieder sofort angegriffen worden, sobald ein Betrieb in Gang kam. Im Mai 1945 war nur noch ein Feld von Trümmern mit verbogenem und ausgeglühtem Eisengewirr übrig – **BILD 142** –.

BILD 142 Ausgebranntes Tankfeld bei den Deutschen Erdölwerken in Wilhelmsburg – 6.8.1944. Die Raffinerie ist nach dem Kriege nicht wieder aufgebaut worden.

8.4 SOMMER- UND HERBSTANGRIFFE 1944

Der erste größere *Nachtangriff* nach der Juli-Katastrophe 1943 traf Hamburg genau ein Jahr später: In der Nacht vom 28./29. 7. 1944 flogen 7 Kampfverbände der RAF mit mindestens 300 Flugzeugen aus der Nordsee kommend in breiter Front nach Hamburg. Die Stadt wurde von etwa 120 Maschinen eine Stunde lang aus 5500 m Höhe mit Minen- und Sprengbomben in sehr großer Zahl[141] angegriffen. Brandbomben fielen dagegen nur in verhältnismäßig geringer Menge. Den Abwürfen, die Flächencharakter hatten, gingen wieder Zielmarkierungs-Kaskaden voraus. Zur Radartäuschung wurden Störfolien, diesmal etwa 1,80 m lang und 7–8 cm breit, abgestreut.

Der Angriff erstreckte sich in der Hauptsache auf die Gebiete der Gruppen West und Hafen, während die Gruppe Ost und der Abschnitt VIII (Harburg) nur geringe Schäden erlitten. Die Schadensstellen lagen weit verstreut – eine bestimmte Zielabsicht war nicht erkennbar. Sehr viele Bomben fielen in Trümmergelände und wirbelten große Staubwolken hoch.

Auf dem Bahnhof Wilhelmsburg – der durch Sprengbomben erhebliche Schäden erlitt – ist auch ein Transportzug der Wehrmacht getroffen worden und obendrein sollen Tiefflieger mit Bordkanonen geschossen haben (??).

Ein Einzelflugzeug – wahrscheinlich ein »Mosquito« – warf Sprengbomben noch nach der Entwarnung. Durch Bombenabwurf und Flakbeschuß entstand beim LS-Bunker Reeperbahn eine Panik. Dabei wurden 2 Frauen totgetreten und 4 Personen schwer verletzt.

Am 4. 8. 1944 gab es einen Tagesangriff amerikanischer Kampf- und Jagdverbände, die nach einigen Täuschungsmanövern Hamburg von Süden und Südosten aus der Sonne heraus angriffen und mehrere Bombenteppiche warfen, z.B. auf die Howaldtswerke, die Norderelb-Brücken und ein Wohngebiet in Wilhelmsburg.

Infolge beträchtlicher Fehlwürfe – zwei Bombenteppiche kamen in Ehestorf und Meckelfeld herunter – blieben die Schäden in den vermutlichen Angriffszielen – der Mineralölindustrie, Verkehrsanlagen und Werften – sehr begrenzt. In den betroffenen Wohngebieten entstanden ebenfalls nur verhältnismäßig geringe Personen- und Sachschäden. (Wahrscheinlich wegen dieser Fehlwürfe wurde der Angriff dann am 6. 8. wiederholt.)

Bei diesem Angriff war auch die als Wohnschiff der Kriegsmarine bei der Deutschen Werft liegende »Sierra Cordoba« (11 469 BRT) in Brand geraten und zum Teil ausgebrannt[142]. Zweieinhalb Stunden nach Brandausbruch mußte wegen Kentergefahr das Notsignal für die Löschkräfte gegeben und das Schiff geräumt werden.

Die Feuerwehr hatte mehrfach davor gewarnt, so wertvolle Fahrgastschiffe unmittelbar neben die Werften zu legen, weil sie bei Teppichabwürfen besonders gefährdet waren. Die an die Marine gerichteten Erfahrungshinweise blieben leider wirkungslos. In den letzten Kriegswochen ging denn aus der gleichen Sachlage auch das KdF-Schiff »Robert Ley« am Hachmann-Kai neben den Howaldtswerken verloren (vgl. S. 362).

Nach Setzen zahlreicher Zielmarkierungsbomben fielen in der Nacht zum 7. 9. 1944 in der Hauptsache *vor Fliegeralarm* drei Minenbomben und über 40 schwere Sprengbomben planlos in verschiedene Stadtteile. Die Feuerwehr wurde von diesem Angriff besonders hart betroffen, denn die Feuerwache 13 am Rugenberger Hafen erhielt einen Volltreffer, wobei zehn Angehörige des FE-Dienstes ihr Leben lassen mußten und 25 verwundet wurden.

Am folgenden Tage, dem 8. 9. 1944, schlugen in London die ersten zwei V 2 ein (Reichweite 335 km, Scheitelhöhe 80 km, Gewicht 12,6 t mit etwa 1000 kg Sprengstoff).

Am 30. 9. 1944 griffen abermals schnelle Kampfflugzeuge – die berüchtigten Mosquitos – mehrere Städte im Reichsgebiet, darunter auch Hamburg, an. Als bei diesem Angriff wenige Minuten nach Fliegeralarm Flakbeschuß einsetzte und bereits 6 min nach Fliegeralarm auf der Reeperbahn die ersten Sprengbomben fielen, entstand vor den Eingängen des dortigen Großbunkers abermals eine Panik unter den zahlreichen Schutzsuchenden. Eine Reihe von Personen sprang von der Brüstung des Eingangs auf die Köpfe der sich stauenden Menge. Hierdurch kamen zahlreiche Personen zu Fall. Sie wurden teils totgetreten, teils mehr oder weniger schwer verwundet (7 Tote und 26 Verletzte!) und nur durch einen sofortigen verstärkten Ordner-Einsatz konnte noch größeres Unglück verhindert werden.

Ein Teil der Schutzsuchenden, der bei Einsetzen des Flakbeschusses an den Wänden und in den Eingängen der umliegenden Gebäude Deckung genommen hatte, wurde durch herabstürzende Gebäudeteile erschlagen. Weitere Personen fielen durch Bombensplitter – insgesamt lagen allein an dieser Stelle 30 Gefallene und 75 Verwundete.

Offenbar war es für die deutschen Funkmeßgeräte sehr schwierig, die überwiegend aus Holz gebauten Mosquitos rechtzeitig zu orten und ihren Kurs zu bestimmen. Die Folge waren Fehleinschätzungen ihrer Angriffsziele und verspätetes Auslösen von Fliegeralarm.

Am 6. Oktober 1944 – genau 8 Wochen nach dem schweren Angriff vom 6. 8. 1944 – vgl. 8. 3. – warfen etwa 200 Maschinen aus amerikanischen Kampfverbänden Bombenteppiche auf Industrie- und Verkehrsanlagen in Harburg, im Hafen und in den östlichen Randgebieten (Billbrook, Moorfleet).

Im Verhältnis zur Bombenzahl blieben die Personenverluste gering. Bei der Klöckner-Flugmotorenbau GmbH in der Andreas-Meyer-Straße (Billbrook) wurden aber 4 Werkhallen, das Verwaltungsgebäude und das Gefolgschaftshaus ganz zerstört und 2 Motorenprüfstände schwer beschädigt. Produktionsausfall etwa 70 % für unbestimmte Zeit! Das Werk war für die deutsche Flugmotorenproduktion wichtig und die Alliierten konnten die Zerstörung als einen echten Erfolg buchen.

Die Deutsche Werft in Finkenwerder erlitt durch Sprengbomben mittelschwere Schäden, der angrenzende Flugzeugbau Blohm & Voss dagegen nur leichte Einbußen, weil die ihm wohl zugedachten Bombenmengen teils in die Elbe, teils auf freies Gelände fielen. Bei Baggerarbeiten in der Elbe werden auch heute noch immer wieder Bombenblindgänger (darunter auch Langzeitzünder) aus jenen Angriffstagen gefunden.

Bei einem weiteren nächtlichen »Störangriff« am 12. Oktober war die Feuerwache 17 in Ottensen von einer Minenbombe getroffen und ganz zerstört worden. Dabei kamen 8 Angehörige des FE-Dienstes ums Leben, 9 wurden verletzt.

Ein weiterer überraschender nächtlicher Störangriff von etwa 15 bis 18 Mosquitos traf Hamburg in der Nacht vom 14./15. Oktober. Ohne entsprechende Luftlagemeldungen und Warnbefehle sowie ohne akustische Warnung (es war von der Warnzentrale nur »Luftgefahr 15« angeblich wegen 2 eingeflogenen Fern-Nachtjägern gegeben!) fielen nach Setzen von Markierungsbomben wahllos verstreut Minen- und Sprengbomben auf die Stadtgebiete Eppendorf, Harvestehude, Eimsbüttel, Innenstadt, Altona, Hohenfelde und St. Georg.

Wegen des einsetzenden starken Flakfeuers und der vor »Fliegeralarm« fallenden Bomben entstand unter der Bevölkerung zum Teil eine Panikstimmung. Eine Person erlitt auf dem Wege zum Luftschutzraum und eine weitere Person in der Wohnung vor Aufregung einen Herzschlag. 8 Personen stürzten auf dem Wege zum Luftschutzraum und zogen sich Verletzungen zu. Weitere 6 Menschen wurden auf dem Wege zum LS-Raum durch die Detonation einer Sprengbombe verletzt. Auch durch Flak-Boden-Krepierer gab es 3 Tote und 10 Verletzte.

Bei einem weiteren Störangriff in den Abendstunden des 22. Oktober wurde die Feuerwache 8 am Reiherdamm und die Löschbootstation stark beschädigt. Das »Feuerlöschboot VII« sank, das »Unfall-Boot« erlitt erhebliche Schäden.

Im ganzen zeichnete sich bei der Angriffstätigkeit der Alliierten Luftflotten im Sommer und Herbst 1944 deutlich ab, daß die Tagesangriffe mit ihrer Konzentration von Bombenteppichen bei großer Zielgenauigkeit beträchtliche Schäden in der Rüstungsindustrie anrichteten – es kamen allerdings auch drastische »Fehlwürfe« vor. Die nächtlichen »Störangriffe« mit wahllosem Bombenabwurf verursachten zwar nicht so große Schäden, zehrten dafür erheblich an der Nervenkraft der Bevölkerung, vor allem wenn die Bomben schon vor oder kurz nach »Fliegeralarm« fielen.

Im Herbst 1944 war auch die britische Abwurfmunition um zwei neue Arten »bereichert« worden:

Zu den bisherigen Brandbombentypen gesellte sich die 30 lbs (13 kg) *Flammstrahlbombe* mit Bremsfallschirm, ein feinmechanisches Kunstwerk, aus dem nach einer Aufheizungszeit von etwa 45 s vier Minuten lang ein 2–5 m langer Flammenstrahl – ähnlich wie aus einer Lötlampe – schoß und alles Brennbare in der Umgebung anzünden sollte.

Es stand in dem Belehrungsblatt des RLM vom 6. 10. 1944, daß dieses Objekt nach dem Zünden unschädlich gemacht werden konnte, wenn der »Bombentöter« mit einem Karabiner (7,65) die Bombenhülle durchschoß und damit den Druckaufbau für den Flammenstrahl verhinderte. Woher aber so schnell einen Karabiner nehmen und in der Dunkelheit auch noch treffen? Es war einer jener geradezu kindischen Katheder-Ratschläge, die den Einsatzkräften auch bei anderen Gelegenheiten immer wieder präsentiert wurden.

Flammstrahlbomben sind in Hamburg wenig gefallen. Sie konnten dem FE-Dienst keinen sonderlichen Respekt abnötigen und ließen sich mit einem kräftigen Wasserstrahl rasch unschädlich machen.

Wesentlich gefährlicher und vor allem heimtückischer waren die auch ab Herbst 1944 abgeworfenen britischen *Sabotage-Zündmittel.* Sie hatten eine Verzögerungszeit von etwa 30 min nach Zerdrücken eines Kupferrohrs und einer darin eingeschlossenen Säureampulle. Die Säure zerstörte einen Haltedraht, der dann einen Schlagbolzen auf ein Zündplättchen schlagen ließ. Dann fing die Zelluloidhülle und eine Brandmasse Feuer.

Die Gebrauchsanweisung für das 10 × 15 cm große Päckchen war in 11 Sprachen abgefaßt (CD 488).

Nicht genau bekannt geworden ist, ob, wo und von wem diese handlichen Zeitzünder angewandt worden sind. Ganz sicher eigneten sie sich gut dazu, etwa einem mißliebigen »Goldfasan« Feuer unter den Autositz zu machen, was »gerüchtweise« z. B. im Raum Hildesheim geschehen sein soll.

8.5 BOMBENTEPPICHE UND FLÄCHENBRÄNDE IN HARBURG

»... Anglo-amerikanische Terrorflieger warfen bei dichter Wolkendecke Bomben auf Hamburg, Essen, Neumünster, Münster, Hamm und griffen weitere Orte in Rheinland-Westfalen sowie Süddeutschland an ...«

(Aus dem Wehrmachtbericht vom 26.10.1944)

Die Innenstadt von Harburg war bislang von Bomben nahezu verschont geblieben. Schwer gelitten hatte nur (seit dem 1. Luftangriff vom 18. Mai 1940) das Seehafengebiet mit den Raffinerien und Pflanzenölwerken.

BILD 143 Harburg – Blick auf die Wilstorfer Straße nach den Oktober/November-Angriffen 1944.

Daß dieser Zustand nicht von Dauer sein würde, ließ sich voraussehen. Am 7. 1. 1944 hatte deshalb im Abschnitt VIII (Harburg) eine neuerliche Planbesprechung stattgefunden, die von der Annahme ausging, daß etwa 500 Flugzeuge in zwei dicht aufeinander folgenden Wellen den Stadtteil angreifen. Gerechnet wurde damit, daß von den Luftschutzkräften dabei gleich 20 % ausfallen, die Fernsprechverbindungen, die Wasserleitungen und die Stromversorgung unterbrochen werden. Das Zusammenwachsen von Großbränden zu Flächenbränden war als möglich bezeichnet und die Räumung des Altstadtgebiets von gefährdeten Menschen diskutiert. Diese Planbesprechung fand am 16. 1. 1944 noch eine Ergänzung durch eine Geländebesprechung an Ort und Stelle. Besonders eingehend ist dabei das Herausführen größerer Menschenmassen aus den bedrohten Gebieten erörtert.

In den Mittagsstunden des 25. Oktober 1944 wurde dies dann fast alles bittere Wirklichkeit!

Etwa 800 amerikanische »Fliegende Festungen« griffen Hamburg bei bedecktem Himmel ohne Erdsicht aus Höhen zwischen 6500 und 8000 m in 3–4 Wellen

BILD 144 Harburg – Denkmal des schreitenden Soldaten vor der zerstörten St. Johanniskirche. Aufnahme November 1944.

an. Die ersten Wellen warfen nur Sprengmunition, die folgenden Spreng- und Brandmunition gemischt. Ein beträchtlicher Teil der Bomben fiel zwar in bereits zerstörte Gebiete, aber dennoch gab es viele schwere Schäden im Hafen und vor allem den Industrie- und diesmal auch den Wohngebieten von Harburg und Wilhelmsburg. Besonders in den eng bebauten Teilen Harburgs entstanden ausgedehnte Brände, wenn es auch nicht zu ausgesprochenen Flächenbränden kam. Die Sammelwasserleitung war gleich bei Angriffsbeginn ausgefallen, so daß die Löschkräfte durch die Trümmermassen mühsam eine Löschwasserversorgung von den offenen Gewässern her aufbauen mußten – **BILD 143 und 144** –.

Die Verluste unter der Bevölkerung waren ungewöhnlich hoch und übertrafen mit 750 Gefallenen alle bisherigen Zahlen – ausgenommen die Juli-Angriffe 1943. Über 23 000 Menschen wurden obdachlos, über 16 000 mußten vorübergehend umquartiert werden.

Das Harburger Theater in der Friedrich-Ludwig-Jahnstraße brannte aus, das Landratsamt, das Finanzamt Harburg-Land, die Marienkirche, mehrere Volksschulen und höhere Schulen, das Krankenhaus Maria-Hilf und viele andere öffentliche Gebäude erlitten Schäden aller Grade.

Auch die Harburger Industrie mußte erneut große Einbußen hinnehmen. Bei den Hamburgischen Elektrizitätswerken wurde im Werk Neuhof das Schalthaus ganz zerstört, Maschinen- und Kesselhaus und die weiteren Anlagen so schwer beschädigt, daß die Stromerzeugung abermals völlig ausfiel – das Werk war nach den Schäden der Juli-Angriffe 1943 gerade wieder voll in Betrieb!

Bei Treffern auf die Schwefeldioxyd-Anlage bei der Rhenania-Ossag strömten von den vorhandenen 60 t etwa 20 t aus. Die sich entwickelnden Gase wurden glücklicherweise vom Wind in Richtung auf ein brennendes Betriebsgebäude getrieben und dort vom Auftrieb des Feuers hochgerissen. Seitlich abströmende Gase konnten zum größten Teil mit Sprühstrahlen von Löschkräften niedergeschlagen werden. Es war der erste Fall von »sekundärer Gasgefahr«, über die schon Jahre zuvor viel geredet worden war, die sich dann in der Praxis aber als doch nicht so erheblich herausstellte[143].

Im Werk Barmbek der Hamburger Gaswerke brannten drei Gasbehälter aus, Kesselhaus, technisches Büro und Laboratorium wurden ganz zerstört, die Produktion für unbestimmte Zeit unterbrochen.

Von den rund 800 angreifenden Flugzeugen konnte trotz sehr starken Flakfeuers nur *ein* »viermot.-Bomber« bei Gut-Moor abgeschossen werden. Es hatte wiederum den Anschein, als ob zwar die Piloten trotz Wolkendecke ihre Ziele sehen konnten, die Flak aber blind durch die Wolken ballerte. Für die Bevölkerung war diese offensichtliche Ohnmacht sehr niederdrückend und nichts hätte mehr die Stimmung heben können, als der Abschuß von einem Dutzend Bombern!

Da mußte der wenige Tage später erlassene »Führerbefehl« vom 4. 11. 1944 wie blanker Hohn wirken:

». . . Bei seinen Terrorangriffen auf das Reich spricht der Gegner von der Hölle des deutschen Flakfeuers. Viele seine Absichten sind durch unsere konzentrierte Flakabwehr vereitelt worden.

Um diesen psychologischen und taktischen Moment weitgehend ausnutzen zu können, gilt es, die Feuerkraft der Flakabwehr in jeder erdenklichen Weise zu verstärken.

Ich befehle daher die sofortige Steigerung des Flakwaffen- und Munitionsprogramms . . .«

Wie damals aber die »Rüstungslage« aussah, hat Albert Speer in seinen »Erinnerungen« (111) anschaulich geschildert: Es war ein Befehl in das »Nichts«.

Schon fünf Tage später – am 30. 10. 1944 – wurde Hamburg erneut um die Mittagszeit von 250–300 Kampfflugzeugen angegriffen. Das Wetter war bedeckt, es fiel leichter Regen – vielleicht »streute« deshalb der Angriff, dessen Schwerpunkte aber wieder in Harburg-Wilhelmsburg lagen – **BILD 145** –.

Ein dritter Angriff mit Hauptziel Harburg-Wilhelmsburg folgte am 4. 11. 1944. Durch Treffer auf das Elbeschöpfwerk »Kalte Hofe« fiel dieses mit 75 % Kapazitätsverlust für unbestimmte Zeit aus.

Die Serie großer Tagesangriffe der 8. USAAF wurde zwei Tage später – am 6. 11. 1944 – weiter fortgesetzt und Hamburg von etwa 400 Kampfflugzeugen in mehreren Wellen angegriffen. Sie warfen rund 4200 Sprengbomben wieder auf den Stadtteil Harburg, insbesondere seine Innenstadt, auf Heimfeld und den Industriehafen.

Viele Bomben verfehlten allerdings ihr Ziel und schlugen in bereits zerstörte Gebiete oder in Gewässer.

Den bisherigen Tagesangriffen folgte am 11. 11. 1944 zum ersten Male seit Monaten wieder ein größerer Nachtangriff des britischen Bomber-Command. Auffällig war die große Zahl abgeworfen Brandbomben – etwa 47 000 – und von Sprengbomben mit ungewöhnlich starker Detonation.

Beträchtliche Sachschäden gab es dadurch vornehmlich in den Wohngegenden und im Industriegebiet von Harburg. Die Personenverluste blieben dagegen gegenüber früheren Angriffen mit 119 Gefallenen verhältnismäßig gering.

Als Merkwürdigkeit verzeichnet der Lagebericht des Polizeipräsidenten, daß über dem Stadtgebiet Fallschirme mit angehängter brennender Glühbirne (???) gesichtet wurden.

Am 21. 11. 1944 waren abermals Industrie- und Wohngebiete von Harburg und Wilhelmsburg die Angriffs-Schwerpunkte eines Verbandes von etwa 350–400 Kampfflugzeugen. Durch ungefähr 3300 Sprengbomben wurden vornehmlich die Verkehrsanlagen der Reichsbahn – die Bahnhöfe Harburg und

BILD 145 Harburg – Vorderfront eines Fachwerkhauses, die durch einen Sprengbombeneinschlag im rückwärtigen Gebäudeteil um über einen halben Meter seitlich versetzt wurde.

Wilhelmsburg betroffen. Der Zugverkehr blieb vier Tage lang unterbrochen.

Vor allem durch Volltreffer auf öffentliche Luftschutzbauten, wie z. B. den LS-Rundbau Breite Straße 86/90 (25 Gefallene, 25 Verwundete) und den LS-Rundbau Finkenstraße 11/13 (81 Gefallene, 10 Verwundete) hatte die Bevölkerung mit 272 Toten und 194 Verletzten wieder größere Verluste. Da nur Sprengbomben geworfen worden waren, blieb die Zahl der Brände auffällig gering (30 Groß- Mittel- und Kleinfeuer).

Durch Blindgänger – wahrscheinlich Langzeitzünder – gab es gleich drei tragische Vorkommnisse:

In der Harburger Lauterbachstraße 18 detonierte eine Bombe beim Heraustragen aus dem Hause, tötete 6 und verletzte 2 Angehörige des Sprengkommandos. Vor dem Postgebäude Altonaer Fischmarkt explodierte ein Langzeitzünder, tötete einen Angehörigen der LS-Polizei und verwundete weitere 11 Personen. In den Altonaer Häusern Hochstraße 32/38 detonierte ein nicht bekannt gewordener Langzeitzünder. Beide Häuser wurden ganz zerstört, 21 Gefallene und 4 Verwundete.

Bis zum Jahresende wurden dann noch vier Angriffe auf Hamburg geflogen: Drei nächtliche »Störangriffe« mit relativ geringen Sach- und Personenschäden, weil die Bomben wahllos abgeworfen wurden. Einer davon war ein typischer »Moskitostich«: In der Nacht zum 28. 12. kurz nach 03.00 Uhr fielen von einem vorher nicht erkannten Flugzeug 5 Bomben auf die Stadtteile Barmbek und Wandsbek – sie verursachten allerdings nur leichten Sachschaden.

In den Vormittagsstunden des Sylvestertages flog jedoch noch einmal ein starker Verband Hamburg an und warf nach deutscher Schätzung 4300 Spreng- und 7850 Brandbomben. Nach amerikanischen Angaben (48) hätte dabei ein Teilverband von 72 Flugzeugen 984 Spreng- und 500 Brandbomben (100 lbs) aus 26 000 Fuß Höhe (= 7900 m) auf »Schiffswerften« abgeworfen – auf den Hamburger Schiffswerften ist diese Bombenzahl allerdings nicht »angekommen«.

Hier sei die Bemerkung angefügt, daß zwischen den Angaben beider Seiten über Zeitpunkt und Stärke einzelner Luftangriffe sehr oft erhebliche Unterschiede bestanden. Besonders die nach dem Kriege veröffentlichten Angaben der Amerikaner (US-Strategic Bombing Survey) weichen sowohl in den Datumsangaben, als auch in den Zielschwerpunkten von der Wirklichkeit ab. Sehr wahrscheinlich hatten die Besatzungen der Kampfverbände wenig Neigung zu statistischen Erhebungen – vielleicht wußten sie durch Navigationsfehler manchmal gar nicht genau, wo sie ihre Bomben überhaupt abgeladen hatten und welcher Soldat gibt schon gerne zu, daß er ein befohlenes Ziel nicht erreicht hätte!

Auf einen für jene Zeit typischen Unterschied bei Verlustangaben in den Lageberichten soll auch noch hingewiesen werden: *Deutsche* waren »gefallen« oder »verwundet«, Ausländer und KZ-Häftlinge aber »getötet« oder »verletzt«!

Die Hauptverluste gab es bei jenem letzten Angriff des Jahres 1944 in der Arningstraße (Deutsche Werft), wo ein Behelfsbunker eingedrückt wurde. Hier waren allein 114 Tote zu beklagen.

Bei Blohm & Voss sanken zwei U-Boote, auch bei der Stülcken-Werft ging U 803 unter und U 805 wurde schwer beschädigt. Hier sanken ferner Dock II und III. Im ganzen gingen 4 U-Boote verloren und 3-U-Boot-Neubauten erlitten schwere Beschädigungen. Am Marinearsenal Tollerort gab es Treffer auf weiteren 5 U-Booten. Zum ersten Male wurden so viele Boote getroffen und der U-Boot-Bau erlitt einen ersten ernsten Rückschlag.

Auf der Bahnstrecke Harburg – Stade war der Verkehr 24 Stunden unterbrochen. Mit den entstandenen 47 Großfeuern konnte der FE-Dienst ohne Schwierigkeiten fertig werden.

Für 2 Bomber gab es keine Rückkehr: Sie stürzten über dem Hafengebiet ab, wahrscheinlich getroffen von einer der schweren Falkbatterien auf den Flaktürmen.

Bei allen Angriffen des Jahres 1944 war es den Alliierten aber nicht gelungen, in Harburg oder anderen Stadtteilen nochmals eine Feuersturmlage wie in der Nacht vom 27./28. Juli 1943 zu erreichen – die damals noch nicht erkannten Wetter-Voraussetzungen fehlten!

Die Bombenteppich-Abwürfe zerrten jedoch an den Nerven derer, die einmal in ein solches Inferno geraten waren. Noch heute – über 30 Jahre danach – sind jene Erinnerungen nicht überwunden und es gibt viele Menschen – wie auch den Berichter – die Nachts aus dem schrecklichen Traum erwachen, über sich Bombergeschwader zu sehen, aus deren offenen Bombenschächten gerade hunderte von Bomben herunterstürzen – direkt auf den angsterfüllten Beobachter!

Es ist bemerkenswert, daß in den »Meldungen aus dem Reich« des Sicherheitsdienstes (SD) der SS vom 16. März 1944 darüber folgende Sätze standen (11, S. 407):

». . . Zu der bedrückenden Auffassung vom ganzen Krieg komme in den luftgefährdeten Gebieten, so in Berlin nach den Tagesangriffen mit dem Abwurf zahlreicher dicht liegender Sprengbomben, eine ausgesprochene Lebensangst, die sich in dem veränderten Verhalten vieler Volksgenossen bemerkbar mache. Während man sich bisher in den Nachtangriffen verbittert, nicht frei von Furcht, aber mit einem gewissen Stoizismus in den Kellern geduckt habe, beginne jetzt am hellichten Tag vielfach eine »Rennerei um das Leben« mit der Absicht, es möglichst sicher in stabilen Bunkern unterzubringen . . .«

Mit den Angriffen vom 29. und 31. 12. auf die Harburger Mineralölbetriebe hatte sich die deutsche Treibstofflage weiter verschlechtert. 20 % der kleineren Werke waren ganz ausgefallen. Außer Pölitz standen alle großen deutschen Treibstoffwerke still, vierzehn Tage später – am 13. 1. 1945 – fiel auch dieses Werk aus. Die völlige Lähmung der deutschen synthetischen Treibstoffproduktion durch Luftangriffe war gelungen. Von den erdölverarbeitenden Werken liefen nur noch drei Raffinerien in Ungarn.

Am 27. November war Freiburg im Breisgau angegriffen worden, am 4. Dezember Heilbronn/Neckar und am 17. Dezember Ulm/Donau – alles Städte, die bislang vom Luftkrieg verschont geblieben waren. Überall brannten die Altstadtviertel herunter und die Bevölkerung – nur unzulänglich auf solche Angriffe vorbereitet – hatte sehr schwere Verluste (Freiburg: 2870 Tote, Heilbronn: 7072 Tote, Ulm: 2262 Tote!)

8.6 HAMBURGER BILANZ DES LUFTKRIEGSJAHRES 1944

8.6.1 Zahlen der Statistik

Die Hamburger Bilanz des Luftkriegsjahres 1944 schloß mit folgenden Zahlen – vgl. TAFEL 5 –:

400 Öffentliche Luftwarnungen,
182 Fliegeralarme[144], darunter
39 Luftangriffe (Nr. 149–187) und zwar 13 Tages- und 26 Nachtangriffe – es war das Jahr der Bombenteppiche und massierten Tagesangriffe.
3671 Hamburger verloren ihr Leben,
4319 wurden verwundet.

Nur zweimal fiel eine größere Zahl von Brandbomben – bei Angriffen auf das Wohngebiet von Harburg. Beide Male war eine große Zahl von Bränden die Folge (654 und 475).

Es zeigte sich aber auch, daß große Bombenabwurfszahlen nicht gleichbedeutend sind mit großen Schäden – schon gar nicht mit vielen Toten oder Bränden (Beispiele: Angriffe Nr. 163, 164, 181).

Auffällig war die große Zahl Verschütteter, von denen rund 60 % nur noch tot geborgen werden konnte.

Über die Zahl der 1944 neu oder wieder zerstörten Gebäude und vor allem Wohnungen sind keine statistischen Unterlagen vorhanden. Es gab niemand mehr, der dieses ermitteln konnte. Die Zahlen hätten auch wenig bedeutet, denn an planenden Ersatzbau war ohnehin nicht zu denken. Tausende von Hamburgern hatten sich in Behelfsunterkünften eingerichtet, die noch heilen Wohnungen waren überbelegt.

Im Dezember 1944 verzeichnete Hamburg aber wieder 1 066 181 Einwohner nach den Zahlen der Lebensmittelkarten-Ausgabe – immer noch rund 600 000 weniger, als bei Kriegsbeginn. Vornehmlich Frauen und Kinder lebten weit verstreut in »Auffanggebieten« des Reichs – als »Bombenflüchtlingen« von der einheimischen Bevölkerung keineswegs mehr so freundlich behandelt, nachdem ihre Anwesenheit zu einem zeitlich unbestimmten Dauer-Aufenthalt geworden war.

Die 1944 auf Hamburg gefallenen Bomben hatten das Zerstörungswerk von 1943 forgesetzt. Außer einigen Vororten, Bergedorf und dem Landgebiet gab es keinen Bezirk ohne beträchtliche Schäden. Es blieb eigentlich gar nichts mehr, was einen Großangriff noch lohnend erscheinen ließ – ohnehin fielen bei fast jedem Angriff ein großer – wenn nicht der größte – Teil der Bomben in bereits zerstörtes Gebiet – in »Niemandsland«.

8.6.2 **Vom Leben in der Stadt**

Bis zum 18. Juni 1944 hatte sich das Leben in der Stadt nach den Schrecknissen des Vorjahres wieder einigermaßen »eingelaufen«. In den Zeitungen vom Samstag, dem 17. Juni 1944 stand triumphierend:
Unsere neuen Waffen über England!
Ständiges Feuer unserer schwersten Sprengmittel!
– und im übrigen sollte am Sonntag der Alsterstaffellauf stattfinden. Im Handball ging es um die Deutsche Meisterschaft – LSV Hamburg gegen VFL Hassloch am Rothenbaum! Im Theater an der Reeperbahn sollten Amateurkämpfe im Boxen stattfinden, bei den Trabern ging es um das Hinrich-Heitmann-Erinnerungsrennen, im Deutschlandpreis der Dreijährigen sollte ein »Riesenfeld« starten.

Alle diese Vorhaben gingen aber dann im Bombenhagel des Sonntags unter.

Von nun an gab es auch nur noch sehr knappe Notizen über Angriffswirkungen – wohl um dem Gegner keine Unterlagen zu liefern (Der wußte allerdings ohnehin durch Luftbilder und Agentenmeldungen gut Bescheid!).

Über die Zerstörung des Lessing-Denkmals auf dem Gänsemarkt erschien eine reichlich dümmliche Glosse (22. 6.): »Der »Fall« Lessing . . . da liegt er jetzt buchstäblich auf der Nase . . .«

Auch die Angriffs-Serie auf Harburg fand wenig Raum in der Presse, zumal seit dem 1. Oktober 1944 nur noch die »Hamburger Zeitung« als Kriegsarbeitsgemeinschaft der Zeitungen »Hamburger Anzeiger«, »Hamburger Fremdenblatt« und »Hamburger Tageblatt« erschien – zuerst noch vierseitig, ab Januar 1945 in der Regel nur zweiseitig.

Von »Weihnachtsstimmung« konnte keine Rede sein. Der Gauleiter schickte einen Gruß an alle »Buten-Hamburger«. Am 1. Weihnachtstag spielte der HSV gegen Viktoria, am 2. Weihnachtstag der FC St. Pauli gegen Blankenese/Wedel. Festliche Theateraufführungen und Kino-Vorstellungen gab es nicht mehr, die Häuser waren zerbombt und ausgebrannt. In einer eng zusammengedrängten Sammelanzeige »Für Führer, Volk und Reich gaben ihr Leben . . .« wurde der Gefallenen aus letzter Zeit gedacht. Zu Sylvester veranstaltete das Philharmonische Staatsorchester einen »Johann Strauss-Abend«, der aber »aus luftschutztechnischen Gründen« bereits um 15.00 Uhr anfing.

8.6.3 **Zur Land- Luft- und Seekriegslage**

Die am 6. Juni eingeleitete Landung der Alliierten in Frankreich hatte zügig Fortschritte gemacht und Anfang Dezember standen amerikanische und britische Kampfverbände an der deutschen Reichsgrenze.

Am 16. 12. begann die deutsche Gegenoffensive in den Ardennen – sie hatte sich bis zum Weihnachtsabend aber bereits festgelaufen.

Es würde den Rahmen dieses Berichts sprengen, auch auf die bedrängte Lage der deutschen Abwehrkräfte an allen anderen Fronten rings um die Reichsgrenzen einzugehen.

Die Luftkriegslage 1944 war gekennzeichnet durch die Wucht der von der 8. US-Luftflotte geflogenen Tagesangriffe. So schlimm die Wirkungen auch waren – sie hätten noch viel schlimmer sein können, wenn sich die Amerikaner der britischen Brandbomben-Rezepte bedient hätten. Die amerikanischen Brandbomben – ohnehin nur in geringer Zahl geworfen – hatten auch nicht annähernd jene vorzügliche Qualität, technische Sicherheit und Wirkung, wie die seit Kriegsbeginn mit wachsenden Erfolgen eingesetzten britischen Stabbrandbomben.

Es entsprach wohl amerikanischer Luftwaffen-Mentalität, lieber mit vielen tausend Kilogramm Sprengstoff zu manipulieren und zu glauben, daß im Trefferfeld eines Bombenteppichs kein Leben mehr sein und kein Stein mehr auf dem anderen liegen könne – eine Vorstellung, die auch noch 25 Jahre später im Vietnam-Krieg – ebenso erfolglos – praktiziert wurde.

Niemand aus der Bevölkerung konnte verstehen, daß hunderte vom Bombern in ausgerichteter Geschwader-Formation in Höhen um 6000 m flogen und es der Flak nicht gelang, in diese Pulks gezielte Salven zu schießen. Die Sprengwolken der Flakgeschosse lagen oft kilometerweit davor oder daneben – angeblich sollte dies der Abschreckung dienen, aber die Piloten waren gar nicht so schreckhaft veranlagt und hielten stur ihren Kurs. Damals fiel schon oft die Frage: »Kann man denn da nicht eine Rakete ähnlich der V 1 oder V 2 raufschießen und mitten im Pulk platzen lassen?« Wir konnten zwar begreifen, daß bei Nacht die Trefferprozente gering waren – nach dem so gerne erzählten Beispiel, daß man eine im dunklen Zimmer summende Fliege mit Erbsen treffen müsse. An klaren Sommertagen ließen sich aber keine derartigen Argumente finden – jedenfalls gab es in der Bevölkerung schon lange kein Vertrauen mehr auf die Wirksamkeit des Flakschutzes.

Vom Einsatz der deutschen Jäger sahen Großstadtbewohner ohnehin nichts.

Die Bombenteppiche des Jahres 1944 hatten schließlich endgültig den Selbstschutz in Keller und Bunker gezwungen – ohne daß mit dieser Feststellung hervorragende Einzelleistungen geschmälert werden. Trotzdem unternahm die Luftschutzleitung einen Anlauf, um durch öffentliche Vorführungen das Ablöschen von Brandbomben weiten Kreisen der Bevölkerung zu demonstrieren. Es blieb ja gar nichts anderes übrig, als wenigstens den Versuch zu machen, das letzte Paar Hände zum Zupacken zu bringen, um das noch Gebliebene zu erhalten. Angesichts der sich ständig steigernden Angriffswucht kann aber von einem Erfolg dieser Bemühungen nicht gesprochen werden.

Jene Männer aus den Reihen des FE-Dienstes und des Luftschutzes, die sich damals bemühten, der Bevölkerung wenigstens einige Hinweise zu geben und Erfahrungen über das Verhalten in Schadensfällen zu vermitteln, hat oft genug das Gefühl der Ohnmacht und Hoffnungslosigkeit beschlichen. Zu deutlich bestätigte das Jahr 1944 den Schluß-Satz im Bericht des Polizeipräsidenten von 1943: »... Der Krieg kann letzten Endes nicht durch Luftschutz, sondern nur durch die Vernichtung des Gegners gewonnen werden...«

Die Luftschutzpolizei und alle anderen Abwehrkräfte hatten sich 1944 ganz auf die Brandbekämpfung eingestellt. Wasser – Pumpen – Schläuche – Armaturen besaßen ersten Vorrang vor allem anderen Bedarf. Als ein besonderes Problem gesellte sich die Bergung von Verschütteten aus den von Bombenteppichen verursachten Trümmermassen hinzu.

Ende September 1944 – die Invasionsfront näherte sich den deutschen Grenzen – begann auch die Bewaffnung der deutschen Einheiten des FE-Dienstes. Geliefert wurden in Hamburg zuerst 500 Gewehre mit 35 000 Schuß Munition. Es waren französische »Donnerbüchsen« mit Einzelladung aus Beutebeständen – die notwendigen Patronenrahmen fehlten! Nach Lieferung weiterer Gewehre sollte bis Ende Februar 1945 die Ausbildung für den Kampfeinsatz mit Schwerpunkt »Straßenkampf« abgeschlossen sein. Es war ein Unterfangen von höchst fragwürdigem Wert, denn Einsätze, feuerwehrtechnische Ausbildung und all die dringend notwendigen Unterkunftsarbeiten ließen keine Zeit für diese ungeliebte und von vornherein als sinnlos angesehene Tätigkeit.

Vielleicht war damit bei den Berliner Führungsstäben – so möchte man sarkastisch anfügen – auch die Hoffnung verbunden, daß der FE-Dienst sich in Zukunft selbst die lästigen »Jabos« vom Halse halten sollte. Am 14. 9. 1944 hatte nämlich der Reichsführer SS als Befehlshaber des Ersatzheeres folgenden Befehl herausgegeben:

»1.

Die völkerrechtswidrigen Angriffe der feindlichen Jagdbomber kosten vielen deutschen Frauen und Kindern das Leben.

2.

Mit dieser Landplage müssen und werden wir fertig werden. Ich ordne daher an, daß Offiziere und Soldaten des Heeres, der OT, der Polizei, der Land- und Stadtwacht als Angehörige der deutschen Wehrmacht aus jedem vorhandenen Gewehr und Maschinengewehr sowie Flakgeschütz ohne weiteres auf jeden Jabo schießen.

3.

Durch das Feuer aus vielen einzelnen Gewehren und Maschinengewehren werden wir sowohl Abschüsse erzielen, als vor allem die Jabos in größere Höhen hinauftreiben.

4.
Jeder Abschuß, der auf diese Weise getätigt wird, ist an den BdO zu melden. Die betreffenden Schützen werden von mir ausgezeichnet.
5.
Dieser Befehl ist bis zu den kleinsten Einheiten bekanntzugeben.«

Über Abschüsse ist aber nichts bekannt geworden und jeder, der Jabo-Angriffe mitgemacht hat, weiß, daß man sich zuerst einmal schleunigst in Deckung verholen mußte, wenn man überleben wollte!

Ende 1944 wurden die Jahrgänge 1903 und jünger aus der Luftschutzpolizei herausgezogen und zu Kampfverbänden für den Frontdienst zusammengestellt. Um die dadurch entstandenen Lücken zu füllen, setzte man in den Stäben der FE-Abteilungen und in den Bereitschaftstrupps *Frauen* ein, die nicht nur im Innendienst, sondern auch im Außendienst bei und nach Luftangriffen zur Besetzung von Befehlsstellen in Schadensgebieten und als Melder verwandt werden sollten. Außerdem war beabsichtigt, sie als Fahrerinnen einzusetzen (Im britischen Civil Defense war dies seit langem üblich!). Eine Uniformierung oder Schutzkleidung für diese Frauen fehlte allerdings – der Antrag auf Ergänzung ihrer Ausrüstung wurde nach monatelanger Laufzeit schließlich vom Chef der Ordnungspolizei im März 1945 (!!!) abgelehnt.

Die Einheiten wurden ferner – gewissermaßen als »Ersatz« – mit weiteren ukrainischen Schutzmannschaften aufgefüllt, nachdem schon 1942 und 1943 Polen, Tschechen und Ukrainer in den FE-Dienst eingegliedert waren.

Seit Mitte 1943 taten beim FE-Dienst Hamburg u. a. 150 Ukrainer Dienst, die – von einem deutschen Begleitkommando mit aufgepflanztem Seitengewehr bewacht – in verschlossenen Waggons aus Kiew kamen. Die Wachen gaben an, daß auf dem Transport nach Deutschland mehrere Männer bei Fluchtversuchen erschossen worden seien. Irgendwelche Mitteilungen über den Charakter dieser Männer oder Anweisungen über die Behandlung gelangten weder schriftlich noch mündlich nach Hamburg!

Schließlich stellte sich durch Zufall heraus, daß diese Schutzmänner von Kiew als »nicht zuverlässig« auf deutsches Reichsgebiet abgeschoben worden waren in der Annahme, daß hier eine »Strafkompanie« zusammengestellt werden solle.

Offene Resistenz, Verlogenheit, starke Alkoholexzesse – darunter mit mehreren Todesfällen nach Genuß von Methylalkohol – kamen vor. Verwanzung, Verlausung und Geschlechtskrankheiten erforderten Maßnahmen, die bis dahin noch niemand erwogen hatte und die auch dem FE-Dienst völlig wesensfremd waren.

Auch jene ukrainischen Schutzmänner, die tatsächlich freiwillig gekommen waren (zum Teil zusammen mit ihren Familienangehörigen) und nicht zu der erwähnten Kategorie zwielichtiger Gestalten gehörten, wurden – leider – miserabel behandelt, nachdem im Sommer 1944 bei einer Feuerschutzpolizei-Abteilung (mot) angeblich eine »Verschwörung« entdeckt worden war. Ihre Bewegungsfreiheit unterlag danach starken Einschränkungen, sie erhielten keinen Urlaub mehr, Zivilkleidung und Ausweise wurden eingezogen.

Stimmung, Arbeitsfreudigkeit und Dienstleistung der Männer litt darunter natürlich sehr stark und sie stellten sicher zu Recht die Frage, warum sie schlechter behandelt würden, als die »Ostarbeiter«. Sie hätten diese »Ostarbeiter« einst als ukrainische Schutzmänner teils bekämpft, teils bewacht, jetzt müßten sie sehen, wie diese jederzeit frei herumlaufen. Es sei ihnen bei der Zusammenstellung als »Freiwillige« gesagt, sie würden genau so behandelt, wie die Deutschen.

Dazu kam die denkbar schlechte Behandlung ihrer Familienangehörigen.

Die Einheitsführer des FE-Dienstes standen also auch Aufgaben der Menschenführung gegenüber, von denen sie vorher nie etwas gehört hatten und zu deren Lösung ihnen ebenso zunächst niemand eine Anleitung gab – ja gar nicht geben konnte.

Unter solchen Vorbedingungen sollten die »Angehörigen der Ostvölker« in einem ihnen völlig wesensfremden Feuerwehrdienst ausgebildet werden, dann Einsätze nach schwersten Tag- und Nachtangriffen bewerkstelligen und Flächenbrände von bis dahin unvorstellbaren Ausmaßen bekämpfen!

Die geschichtliche Gerechtigkeit gebietet, mit anerkennender Bewunderung festzustellen, daß diese Männer, die 3000 km von ihrer Heimat entfernt in einem fremden Lande, ohne Sprachkenntnisse, schlecht behandelt, noch obendrein für eine ihnen letztlich gleichgültige Aufgabe hart arbeiten und ihr Leben aufs Spiel setzen mußten, in der überwiegenden Mehrzahl brav, fleißig, ausdauernd und oft mit erstaunlichem technischen Geschick ihre Zwangspflicht erfüllt haben.

In einer so sehr eng mit dem Schiffbau, der See und dem Seeverkehr verbundenen Stadt wie Hamburg fand natürlich die Entwicklung der deutschen Seekriegslage 1944 bei der Bevölkerung weit mehr Beachtung, als im Binnenlande. Zu all den bedrückenden Einschätzungen der Land- und Luftkriegslage kam gegen Jahresende die Erkenntnis, daß Deutschland seine Positionen nun auch auf See verloren hatte.

Am 12.11.1944 kenterte das letzte große deutsche Schlachtschiff, die »Tirpitz« (1941 in Dienst gestellt, 43000 t) im norwegischen Tromsö-Fjord nach einem Angriff von britischen Lancaster-Bombern. Das Schiff war schon vorher am 3.4.1944 von Flugzeugen und am 22.9.1944 von britischen Klein-U-Booten angegriffen, schwer beschädigt worden und nicht mehr einsatzfähig.

Deutsche Überwasser-Streitkräfte konnten im Atlantik nicht mehr wirksam werden!

Nach den hohen Versenkungs-Erfolgen deutscher U-Boote noch zu Anfang des Jahres 1943 (April 1943: 245 000 BRT!) hatte die britische Funkmeßtechnik die »Schlacht im Atlantik« gewonnen. Nur noch wenige Boote konnten – überall bedrängt von U-Boot-Jägern auf See und in der Luft - zum Schuß kommen und versenkten

im Oktober 1944	6131	BRT,
im November 1944	18026	BRT,
im Dezember 1944	72051	BRT.

Durch die Invasion waren die U-Boot-Stützpunkte in der Biskaya und der Bretagne verloren gegangen.

Auf den Hamburger Werften lief allerdings das U-Boot-Bauprogramm trotz aller Ausfälle bei Luftangriffen auf vollen Touren. Blohm & Voss stellte bis zu 8 Boote, meist vom Typ XXI, monatlich fertig (95). Selbst im Dezember 1944 waren es noch 8 Boote, darunter U 1405 mit Walter-Turbine, Typ XVII B.

8.6.4 **Meinungen und Hoffnungen**

Den in der Stadt verbliebenen Hamburgern ging es damals ums »Überleben«, um das Erhalten des persönlichen Eigentums und alle hochgestochenen Reden vom Glauben an den »Führer« und »Du bist nichts, Dein Volk ist Alles!« oder »Gemeinnutz geht vor Eigennutz« waren angesichts der Trümmerhaufen und Gräber nur noch Schall und Rauch!

Am 27. Oktober hatte der Reichspropaganda-Minister eine Rundfunkrede gehalten und gesagt:

». . . Die größten Sorgen bereitet uns zur Zeit der feindliche Luftkrieg . . . Es bedarf keiner Betonung, daß wir unermüdlich am Werk sind, um den feindlichen Luftterror zu brechen. Geschwader neuer Jagd- und Bomben-Flugzeuge . . . werden erstellt, und es steht zu erwarten, daß sie dem Gegner wirksam entgegentreten werden . . .

. . . Mit den Beeinträchtigungen unseres wirtschaftlichen Kriegspotentials durch den feindlichen Luftterror sind wir immer noch fertig geworden und werden wir auch in Zukunft fertig werden . . .«

Jeder in der Hamburger Industrie oder Wirtschaft Tätige konnte sich aber ausrechnen, daß ohne Treibstoff, ohne Öl, ohne Fahrzeuge, Flugzeuge und Granaten kein langer Krieg mehr geführt werden kann – auch wenn dies niemand offen auszusprechen wagte.

In seiner Sylvesteransprache tönte Goebbels weiter:

». . . Das Jahr 1944 hat die allgemeine Krise Europas, ja der ganzen gesitteten Welt, auf einen neuen Höhepunkt getragen . . .« und

». . . Wenn das vergangene Jahr uns nicht erschüttern konnte, was sollte uns dann überhaupt noch zu erschüttern vermögen? . . .«

Göring sagte in einem Aufruf: »Wir werden uns als Deutsche schlagen!«

Die Hamburger Bevölkerung hatte alle bisherigen Prüfungen hingenommen – ganz sicher nicht mehr im Vertrauen darauf, daß der so oft versprochene Endsieg durch irgendeine geheimnisvolle Waffe doch noch errungen werden könnte.

Psychologen mögen heute darüber rätseln, warum die Menschen in dieser Stadt dies alles so ertrugen. Vielleicht hatte Hermann Okrass – damals einer der führenden NS-Propagandisten in Hamburg – recht, als er zur Jahreswende 1944/45 schrieb: »Es war ein trotziges Jahr!«.

So, wie die Hamburger sich 1842, 1943 und 1962 trotz schwerer Schläge des Schicksals nicht hatten unterkriegen lassen – ganz unbeeinflußt von den politischen Strömen der Zeit, so mag es auch (vielleicht!) um die Jahreswende 1944/45 gewesen sein: Die Mehrheit der Bevölkerung fühlte, daß sie zwar unlöslich eingebunden war in das deutsche Schicksal, aber sich selbst aufgeben wollte niemand!

Der Bericht des Oberkommandos der Wehrmacht vom 31. Dezember 1944 sprach von der Winterschlacht zwischen Maas und Mosel, von Vorstößen amerikanischer Terrorverbände in westdeutsches und südwestdeutsches Gebiet, von Angriffen auf Kassel und Kaiserslautern. Es war wenig tröstlich für die deutsche Bevölkerung in den Luftkriegsgebieten, wenn der Wehrmachtsbericht mit dem Satze schloß: ». . . Die feindlichen Terrorangriffe werden weiterhin mit dem Vergeltungsfeuer auf London beantwortet . . .«

9. *1945 – Jahr der geschichtlichen Wende*

»... Indem sie unsere Städte zertrümmern, hoffen sie nicht nur die deutschen Frauen und Kinder zu töten, sondern vor allem auch die Dokumente unserer tausendjährigen Kultur zu beseitigen, denen sie Ebenbürtiges gleichzustellen nicht in der Lage sind.
... Allein so wie der Phönix aus der Asche, so hat sich zunächst aus den Trümmern unserer Städte der deutsche Wille erst recht aufs neue erhoben...
... Unsere Städte werden in ihrem äußeren Bild gewaltiger und schöner sein, als je zuvor. An die Stelle vernichteter Wohnkasernen werden gesündere Heime für den deutschen Menschen treten...«
(Adolf Hitler in seiner Rundfunkrede zum Jahreswechsel in der Neujahrsnacht 1944/45)

9.1 DAS LUFTKRIEGSGESCHEHEN IN HAMBURG VOM 1. JANUAR BIS ZUM 14. APRIL 1945

Am sonnigen, frostklaren Neujahrsmorgen nach dem Frühstück begannen wieder die Einflüge zahlreicher amerikanischer Bomberverbände. Nach ausländischen Presseberichten (Svenska Dagbladet vom 2. 1. 1945) soll dabei auch Hamburg angegriffen worden sein – aber in Hamburg fiel an diesem Tag nicht eine Bombe!

Die Stadt wurde erst am 16. Januar von schnellen britischen Kampfflugzeugen – Mosquitos – wieder angeflogen – es gab aber nur geringen Personen- und Sachschaden.

In den Mittagsstunden des folgenden Tages (17. 1.) warfen etwa 250 amerikanische Bomber erneut mehrere Bombenteppiche auf Werften und Industrieanlagen des Hafens und das Industriegebiet Harburg. Besonders hart betroffen wurde diesmal die Schiffswerft Blohm & Voss, wo Schiffszimmerei, Bauwerklager, Acetylen-Entwicklerhaus, Autoschuppen und Pechküche am Mittelkai zerstört wurden. Schwere Schäden erlitten die Maschinenfabrik II, das Hauptma-

BILD 146 Stadtteil St. Georg: Die Straße Borgesch – im Hintergrund die beiden Türme der St. Marienkirche an der Danziger Straße – Januar 1945.

gazin, die Winkelschmiede III, die Schiffbauhalle II, Gasanstalt, Gebäude für Sauerstoff- und Wasserstoff-Anlagen, elektrische Werkstatt, Filterhaus für Werftwasser und das Hauptverwaltungsgebäude. 3 U-Botte sanken und 12 wurden beschädigt.

Zum ersten Male hatten die Bombenteppiche (angeblich 948 Sprengbomben der Größen 500 und 250 GP, 500 Brandbomben 100 lbs) des auf dieses Ziel angesetzten Verbandes von 71 Flugzeugen aus 7750 m Höhe voll getroffen!

Auch auf der nahe gelegenen Schiffswerft Stülcken & Sohn, bei der Norderwerft und der Deutschen Werft sowie in der Innenstadt gab es abermals beträchtliche Schäden – BILD 146 –.

In der anschließenden, rund fünf Wochen dauernden Hamburger Luftangriffspause suchten die alliierten Bomberverbände zahlreiche andere deutsche Städte heim: Berlin, Magdeburg, die Treibstoffwerke in Leuna, Brüx, Zeitz und Wanne-Eickel, Paderborn, Kaiserslautern, Kiel, Stuttgart u.a.

Am 5. 2. 1945 wurde der Luftschutz »umorganisiert«. Es gab nunmehr einen »Chef des Luftschutzes« (Dr. Knipfer), der dem Chef des Generalstabes der Luftwaffe unmittelbar unterstellt war (49). Wir haben allerdings von all diesem »Hick-Hack« in den Führungsstellen, dem »Auflösen«, »Umstellen« und »Neuorganisieren« glücklicherweise nichts gemerkt. An der Wirksamkeit des Luftschutzes konnte all dies ohnehin nichts mehr ändern.

Die Geschichte des Luftkriegs vermerkt in dieser Zeit auch die Angriffe der alliierten Luftflotten auf die bis dahin von Bomben verschont gebliebene Stadt Dresden am 13. und 14. Februar 1945. Diese Angriffs-Serie ist vielfach als die schwerste des ganzen Krieges bezeichnet worden und die Zahl der Toten soll bis zu 250 000 betragen haben.

Der Berichter, der Dresden aus seiner Studienzeit gut kannte, war am 14. 4. 1945 in Dresden – zehn Tage, bevor sich amerikanische und sowjetische Truppen bei Torgau am 25. 4. 1945 trafen. Er hat die Hauptschadensgebiete zusammen mit dem Feuerschutzpolizei-Offizier beim Stabe des BdO abgefahren und mit »Hamburger Augen« betrachtet. Die baulichen Schäden waren mit Sicherheit erheblich geringer, als 1943 in Hamburg. Die Zahl der Toten wurde damals bereits mit 30 bis 35 000 angegeben. Es war eine begründete Schätzung nach der Zahl der bis dahin geborgenen Gefallenen (31. 3. 1945: 22 096 Personen).

Nach all den maßlosen und propagandistisch gefärbten Angaben der Nachkriegsjahre (80 000–135 000, vgl. (22) – 250 000 Tote!) sind nun auch ernsthafte Historiker von solchen Phantasieschätzungen abgerückt. Aber noch in dem 1968 veröffentlichten Buch »Der 2. Weltkrieg« (Gütersloh 1968) wird von 235 000 Toten gesprochen, darunter etwa 60 000 Einwohner Dresdens. Und 1966 wurde der Unsinn kolportiert ». . . Man sammelte 20 000 Eheringe in Eimern . . .« (22, S. 967).

Der Roman, den ein Schriftsteller (102) unter der Überschrift »Der Tod von Dresden« verfaßt und gut verkauft hat, ist in einer Buchbesprechung von Georg Feydt – einem verantwortlichen Augenzeugen der Angriffsnächte – entsprechend als »tendenziös gefärbt« eingestuft worden[145].

Inzwischen ist eine sehr ausführliche Arbeit über »Dresden im Luftkrieg« erschienen (6), in der nach Prüfung aller erreichbaren Unterlagen gesagt wird: ». . . 35 000 Tote – diese Zahl kommt der Wahrheit am nächsten . . .«.

Wir können heute als sicher annehmen: Die Verluste in Dresden 1945 waren nicht höher, als in Hamburg 1943, aber sie wogen in diesen letzten Wochen des Krieges besonders schwer, denn sie trafen eine unvorbereitete und sich seit Jahren in Sicherheit wiegende Bevölkerung sowie tausende von Flüchtlingen aus dem Osten. Weder für die Rüstungswirtschaft, noch für den Verkehr hatte Dresden besondere Bedeutung – es war ganz sicher kein »militärisches Ziel«.

Das Massaker von Dresden hat denn auch in gegenseitigen Beschuldigungen der Sieger und Besiegten und im »Kalten Krieg« der Nachkriegsjahrzehnte eine besondere Rolle gespielt[146].

Zehn Tage später – in der Nacht vom 23./24. Februar 1945 – warfen angeblich 369 Flugzeuge der RAF 1551 t Bomben auf die badische Stadt Pforzheim. Begünstigt durch die Tallage und die dichte Bebauung kam es zu einem feuersturmartigen Brandverlauf, dem die Innenstadt und 17 600 Einwohner zum Opfer fielen. Über diesen schrecklichen Verlust an Menschen – nach Hamburg und Dresden dem schwersten einer Angriffs-Serie – ist später in der Luftkriegsgeschichte allerdings kaum je ein Wort verloren worden!

Die 2800 Sprengbomben des 190. Angriffs auf Hamburg am 24. 2. 1945 trafen wiederum bei klarem, trockenen Wetter das Stadt- und Hafengebiet von Harburg sowie Teile des übrigen Hafengebiets von Hamburg. Bei diesem Angriff wurde auch das Schlüsselwerk der Schaummittel-Produktion für den norddeutschen Raum[147], die Chemische Fabrik von Dr. Richard Sthamer in der Liebigstraße getroffen. Die Produktion fiel für 14 Tage ganz aus und konnte später nur behelfsmäßig wieder aufgenommen werden.

Sehr unangenehme Folgen hatten Bombentreffer bei einem Tagesangriff am 5. 3. 1945 auf die Eisenbahnbrücke über die Süderelbe, die erneut schwer beschädigt wurde. Vier Gleise waren zerstört und der Verkehr in Richtung Bremen und Hannover gesperrt. Zwei Gleise konnten nach fieberhaften Arbeiten am 14. 3. wieder in Betrieb genommen werden. Auch die Reichsautobahn erlitt 100 m vor der Süderelbbrücke starke Schäden, die Brücke – gleichfalls beschädigt – konnte nur von leichten Fahrzeugen weiter benutzt werden. Lastwagen mußten in 80 m Abstand fahren.

Ein Nachtangriff des Bomber-Command am 7. 3. 1945 traf erneut Harburg mit dem Industriegebiet Seehafen. In der Harburger Gummiwarenfabrik Phoenix wurde ein Luftschutzraum eingedrückt und 44 Menschen kamen ums Leben. Das Werk hatte völligen Produktionsausfall für unbestimmte Zeit, weil fast alle Gebäude mehr oder minder schwer beschädigt waren. Auch die Ölbetriebe an der Hafenstraße und um das 4. Seehafenbecken erlitten neue Schäden. Alles, was in den Wochen zuvor gerade wieder in Gang gebracht war, fiel Bomben und Feuer abermals zum Opfer!

Der Lagebericht des Polizeipräsidenten verzeichnet als Sonderfall, daß vor dem LS-Stollen Grumbrechtstraße eine Sprengbombe detonierte, durch deren Luftstoß im Stollen 36 Personen getötet wurden.

Beim 195. Angriff – einem Nachtangriff in den Abendstunden des 8. 3. 1945 – fielen zum ersten Male auf Hamburger Gebiet auch *Seeminen*. Hierdurch war eine Sperrung des Elbefahrwassers zwischen den Altonaer Landungsbrücken und Schulau für etwa 2 Tage, sowie des Köhlbrands für eine Woche erforderlich. 10 Seeminen konnten teils im Wasser treibend, teils auf Land liegend sichergestellt werden. Schäden haben sie nicht verursacht.

Bei diesem Angriff wurde gegen 21.30 Uhr auch das am Hachmannkai (Howaldts-Werke) liegende KdF-Motorschiff »Robert Ley«[148] von zwei Sprengbomben und wahrscheinlich auch Brandbomben getroffen und geriet in Brand. Bis Werksangehörige das Feuer entdeckten – die eingeteilten Brandwachen saßen in einem nahegelegenen Bunker – hatten sich die Flammen in der Halle und den darunter liegenden Decks schon soweit ausgebreitet, daß Löschversuche erfolglos blieben.

Noch ehe eine Meldung über diesen Brand beim LS-Abschnitt C einging (über eine halbe Stunde nach dem Einschlag!) waren Kräfte des FE-Dienstes auf »Feuerschein« bereits ausgerückt – sie fanden die gesamten Aufbauten des Schiffs von vorn bis achtern in Flammen vor. Nach und nach wurden 24 Löschzüge, 6 Drehleitern sowie 20 Löschboote und Löschdampfer eingesetzt, mit deren Hilfe das Feuer zunächst im A-Deck abgeriegelt werden konnte.

Wegen drohender Kentergefahr – das als »labil« bezeichnete Schiff hatte etwa 30 Grad Schlagseite – mußte um 08.28 Uhr das Notsignal gegeben und alle Löschmannschaften aus dem Schiff zurückgezogen werden – gerade zu dem Zeitpunkt, als ein Eingrenzen des Brandes gelungen schien. Das Feuer nahm nun wieder schnell zu und dehnte sich auch auf B- und C-Deck aus. Die Versuche, durch Fluten von Hochtanks an der Backbordseite (nach Aufschneiden der Bordwand!) das Schiff vor dem Kentern zu bewahren, führten schließlich zum Erfolg und gegen 12.00 Uhr konnten die Löscharbeiten wieder aufgenommen werden. Sie zogen sich bis zum 12. 3. 1945 hin.

Der Verlust dieses Schiffes erregte großes Aufsehen und der Reichsstatthalter in seiner Eigenschaft als »Reichskommissar für die Seeschiffahrt« verlangte das Einleiten einer Untersuchung, ob ». . . die Ausdehnung des Brandes . . . auf das Verschulden irgend einer hiesigen Dienststelle zurückzuführen ist . . .«, da in einem solchen Falle ein kriegsgerichtliches Verfahren eingeleitet werden sollte.

Der »Robert Ley«-Brand war aber nicht anders verlaufen, als bei anderen Fahrgastschiffen in Krieg und Frieden, im In- und Ausland. Hamburg hatte ähnliche Beispiele z. B. beim Brande der »Reliance« (19 618 BRT) am 7. 8. 1938 und des Schnelldampfer-Neubaus »Europa« bei Blohm & Voss am 26. 3. 1929 erlebt. In Le Havre lag das Wrack des 1937 während eines Brandes gekenterten Passagierschiffs »Paris« und im Hafen von New York kenterte auch während eines Brandes am 9. 2. 1942 die »Normandie« (82 799 BRT) – ein als angeblich besonders »feuersicher« bezeichnetes Passagierschiff der Nordatlantik-Fahrt.

Wenige Wochen zuvor – am 31. 1. 1945 – war das Schwesterschiff, die »Wilhelm Gustloff«[149] querab Stolpmünde von drei Torpedos getroffen worden und mit 6100 Flüchtlingen und Verwundeten aus den Ostgebieten gesunken. Nur 904 Menschen konnten damals aus dem eisigen Wasser gerettet werden.

Relativ geringe Verluste – 94 Tote – verursachte ein Großangriff von 466 viermotorigen Kampfflugzeugen in den Sonntag-Mittagstunden des 11. 3. 1945. Sie warfen innerhalb von knapp 30 min 8600 Sprengbomben aller Kaliber und

BILD 147 Zerstörungen in der Michaelisstraße nach dem Angriff vom 11.3.1945.

3000 Flüssigkeitsbrandbomben (70 lbs) und verursachten damit erneut beträchtliche Schäden im Hafen, der Innenstadt, St. Pauli und Altona – **BILD 147** –.

Erstmals wurden im Hamburger Raum auch zahlreiche Brandsabotagemittel für ausländische Arbeiter (vgl. S. 342) abgeworfen.

Besonders erfolgreich war nach diesem Angriff der Bergungsdienst, denn von 452 Verschütteten konnten 417 Personen lebend geborgen werden. Hoch war dagegen die Zahl der Obdachlosen mit 8677.

An jenem Sonntag »Lätare« wurde auch die Hauptkirche St. Michaelis getroffen. 1943 – in der Nacht vom 24./25. Juli – stand das Wahrzeichen Hamburgs mitten im Flammenmeer – so wie 1940 St. Pauls Cathedral in London – und bot in seinen Gewölben fast 4000 Menschen Schutz. Mehrfach war die Kirche zwar später getroffen, aber nicht allzuschwer beschädigt worden. Diesmal jedoch lag die Kirche im Einschlagbereich eines Bombenteppichs. Die große eiserne Deckenkonstruktion wurde zerschlagen und die Decke brach zusammen – die Kirche bildete im Innern ein Trümmerfeld!

Die Schiffswerft Blohm & Voss verlor bei diesem Angriff das Dock IV, den 250-t-Drehkran und den Laufkran in der Schiffbauhalle V. Der Elbtunnel wurde auf der Steinwerder-Seite getroffen und das Fahrstuhlgetriebe so schwer beschädigt, daß es längere Zeit unbenutzbar blieb.

Beim Fruchtschuppen B am Versmannkai sank der große 350-t-Demag-Schwimmkran. Es war einer von vier Schwimmkränen gleicher Bauart – den größten der Welt – mit 2 Lasthaken für je 175 t = 350 t Gesamtlast bei einer Ausladung von 34,5 m[150].

Dieser Schwimmkran hatte 1943 schon einmal »Pech« gehabt: Er war am 14. 8. 1943 von Sturmböen gegen die Überseebrücke gedrückt worden und wickelte dabei den Brückenbogen regelrecht um sich herum. Brennschneid-Trupps des Technischen Dienstes der Feuerwehr zerschnitten damals die Brückenteile soweit, bis der Kran sich selbst befreien konnte.

Der gesunkene Kran wurde nach dem Kriege Sowjet-Rußland als Kriegsbeute zugesprochen, ist dann aber abgewrackt worden, weil man ihn angeblich nicht heben konnte. Dem Vernehmen nach war dies eine faule Ausrede – er sollte nur nicht nach Russland gehen – darin waren sich Eigner und britische Besatzungsmacht einig!

In den Nachmittagsstunden des 20. März trafen etwa 2800 Spreng- und 500 Brandbomben vornehmlich in der Innenstadt das schon am 18. Juni 1944 stark betroffene Gebiet und richteten erneut große Verwüstungen an – **BILD 148** –.

◀ **BILD 148 Blick vom zerstörten Dachgeschoß des Pressehauses an der Steinstraße in Richtung Hochbahnhaus mit dem Turmstumpf von St. Jakobi nach dem Angriff vom 20.3.1945.**

Zum 199. Male fielen Bomben auf die Hansestadt in den frühen Morgenstunden des 22. 3. 1945. Der Angriff galt wieder dem Ortsteil Wilhelmsburg und dem Hafen. Die Zahl der gefallenen Deutschen war mit 31 relativ gering, dagegen kamen in dem DAF-Lager und dem KZ-Erziehungslager auf Kattwyk zahlreiche Gefangene ums Leben – etwa 100. Das Lager selbst wurde ganz zerstört.

Die 2000 Insassen befanden sich zum Teil in Deckungsgräben, zum größten Teil aber in den Baracken.

Bei den Deutschen Erdölwerken in Wilhelmsburg wurde ein Luftschutzbunker und zwar ein »Geilenberg-Bunker«[151] mit einer Beton-Deckenstärke von 2,5 m (sogen. Salzgitter-Ausführung) von einer Sprengbombe glatt durchschlagen – **BILD 149** –. Die Decke war ein Vierteljahr zuvor geschüttet worden, hatte also sicher schon abgebunden. 18 Menschen kamen hier ums Leben, 23 wurden verwundet.

Die Hubbrücke Rethedamm erlitt so beträchtliche Schäden, daß sie längere Zeit unpassierbar war.

Nach diesem Angriff brannte auch das »Kleine Hause« in Altona (früher: Altonaer Stadttheater) aus.

Als auffällig vermerkt der Lagebericht über diesen Angriff, daß sich unter den abgeworfenen Sprengbomben sehr viele Langzeitzünder befanden, die in den ersten Stunden nach dem Angriff hochgingen.

Der 200. Angriff war ein »Moskitostich«. Vermutlich nur ein Flugzeug warf einige Spreng- und Brandbomben in Harburg-Neuland, aber diese rissen die Gleise der Reichsbahnstrecke an einer Stelle auf, so daß der Zugverkehr für einige Stunden unterbrochen werden mußte.

In den Mittagsstunden des 30. 3. 1945 (Karfreitag) fielen bei bewölktem Wetter etwa 4200 Sprengbomben und 1800 Flüssigkeits-Brandbomben erneut auf den Hamburger Hafen mit seinen Werften und Mineralölbetrieben. Sie richteten abermals Schäden in kriegswichtigen Betrieben, insbesondere den Mineralölbetrieben, an. Schier möchte man meinen, daß es hier gar nichts mehr zu zerstören gab, aber wahrlich mit dem Mut und der Wut der Verzweiflung war immer wieder noch etwas repariert und in Gang gebracht worden.

Besonders tragisch waren die Treffer auf mehrere Luftschutzräume: Der öffentliche Lufschutzraum Brauerknechtsgraben 54 wurde ganz zerstört – hier gab es allein etwa 100 Tote; auch der LS-Sonderbau Arnoldstraße 29/31 wurde zerstört, der nahe gelegene öffentliche Luftschutzraum Arnoldstraße 19 erlitt schwere Schäden – in diesen beiden Schutzräumen zusammen starben auch etwa 100 Menschen.

24 Stunden später – am 31. 3. 1945 morgens – flog die alliierte Luftwaffe – diesmal war es die RAF – ihren letzten Tages-Großangriff auf Hamburg. Nach amerikanischen Angaben sollen es 454 Maschinen (deutsche Angabe: etwa 300)

gewesen sein, die 2217 t Sprengbomben (5964 Stück mit Gewichten zwischen 500 und 1000 lbs) aus 5200 m Höhe abwarfen. Dazu kamen rund 300 Flüssigkeits-Brandbomben, von denen der amerikanische Bericht allerdings nichts vermerkt (48).

Es gab abermals beträchtliche Schäden an Wohn- und Wirtschaftsgebäuden, Industrieanlagen, Versorgungsbetrieben und Verkehrsanlagen – BILD 150 –, vor allem den Bahnhöfen Harburg, Wilhelmsburg und Hamburg-Süd sowie der Hamburger Marschenbahn (Tatenberger Brücke!)

Drei Bomber stürzten über dem Stadtgebiet ab, 6 abgesprungene Besatzungsmitglieder wurden festgenommen.

Am 4. April 1945 warf eine Angriffs-Staffel von Lancaster-Bombern 17 Sprengbomben – angeblich in Zuckerhutform – ab, die ungewöhnlich große Sprengtrichter hinterließen. Sie waren offenbar den U-Boot-Bunkern der Deutschen Werft in Finkenwerder zugedacht, fielen aber erheblich daneben, denn eine dieser Bombengruppen liegt heute noch auf den Grundstücken in Rissen, Leuchtturmweg 12–28 und hat sich allen Bergungsversuchen entzogen. Im Jahre 1952 ist von der Hamburger Blindgänger-Räumung unter schwierigsten Umständen in den Einschlagkanal einer dieser Bomben ein Schacht bis auf 16 m Tiefe vorgetrieben worden – gefunden wurden nur in 12 m Tiefe die Raketen-

BILD 149 Der von einer Sprengbombe mit Verzögerungszünder durchschlagene »Geilenberg-Bunker« bei den Deutschen Erdölwerken in Wilhelmsburg nach dem Angriff vom 22.3.1945.

sätze (vgl. S. 370). Auch mit Förster-Sonden, die in mehrere Bohrungen bis zu 35 m Tiefe abgesenkt wurden, gelang es nicht, Blindgänger im Geschiebemergel zu finden. Möglicherweise sind die Bomben auch in großer Tiefe detoniert. Die Bergung ist dann abgebrochen, da die Bergungskosten – sie hätten weit über eine Viertel Million betragen – in keinem angemessenen Verhältnis zu dem noch möglichen Schaden standen. Es ist bemerkenswert für die Schwierigkeiten, unter denen die Bombenräumer arbeiten mußten, daß von britischer Seite keine genauen Angaben mehr über die Art der Zünder und die Möglichkeit einer Zündung nach jahrelangem Liegen gemacht werden konnten. Auch bei der »anderen Feldpostnummer« ging eben bei Kriegsende vieles nicht mehr so planmäßig und genau, wie man sich dies gerne vorstellt. Ein Gutachten des Hauptquartiers der britischen Rheinarmee besagte nur, daß eine nachträgliche Detonation »wenig wahrscheinlich« sei (85).

In den späten Abendstunden des 8. April 1945 warfen über 200 Bomber innerhalb von kaum 20 min mehr als 2000 Spreng- und Brandbomben und setzten dazu in der klaren mondlosen Nacht zahlreiche Zielmarkierungs- und Leuchtbomben zur Aufhellung des Zielgebiets. Es waren abermals über 200 Tote zu beklagen.

BILD 150 **So sah das Bahngelände in Harburg nahe der Moorburger Straße nach einem Bombenteppich-Abwurf aus!**

BILD 151 Die Straße »Hohe Bleichen« – Blickrichtung »Große Bleichen« – nach dem Angriff vom 8.4.1945.

Sämtliche Hauptverkehrsstraßen in Altona mit Ausnahme der Feldstraße, General Litzmann-Straße, Allee und Holstenstraße waren durch Bombentrichter, Trümmermassen und Blindgänger oder Langzeitzünder gesperrt.

Es wurden ferner außergewöhnlich starke Detonationen mit sehr hoher, weißer Stichflamme beobachtet, nach deren Einschlag sich sofort Großbrände mit dunkelroter und giftgrüner Färbung entwickelten.

Nach amerikanischen Angaben (48) soll die RAF bei diesem Angriff zwei Bomben zu 22 000 lbs (= etwa 10 000 kg), genannt »Grand Slam« und 15 Bomben zu 12 000 lbs (= etwa 5500 kg), genannt »Tallboy«, abgeworfen haben. Diese beiden Bombentypen fielen zum ersten und vermutlich einzigen Male auf Hamburg – sie haben die beobachteten Verwüstungen und Großschäden ausgelöst – **BILD 151** –.

22 000 lbs-Bomben waren schon vorher einige Male gegen Eisenbahnziele in Nordrhein-Westfalen, z. B. gegen einen Viadukt bei Bielefeld, ferner am 15. und 19. 3. 1945 gegen einen Viadukt bei Arnsberg und schon am 22. 2. gegen einen

Viadukt bei Altenbeken eingesetzt. In Altenbeken sollte dabei ein Luftschutzstollen getroffen und der Eingang zusammengebrochen sein, wobei angeblich 125 Menschen verschüttet worden wären. Tatsächlich geborgen sind 19 Tote und die im Jahre 1957 erfolgte Öffnung des »Todesstollens« ergab, daß keine Toten mehr darin lagen.

Über die Folgen des Angriffs vom 8. 4. 1945 sagte später der amerikanische Bericht »German Submarine Industry«: ». . . Blohm and Voss and Howaldtswerke at Hamburg ceased operations after rhe raid of 8. April 1945 . . .« (Frei übersetzt: »machten weitere Angriffe überflüssig . . .«). Nach der Besetzung Hamburgs mußten die Alliierten dann allerdings mit einiger Überraschung feststellen, daß auf den Helgen von Blohm & Voss doch noch 14 U-Boote des Typs XXI in verschiedenen Fertigungsstadien lagen – nur eines von ihnen war ernstlich beschädigt! Nach dem Ausweis der lückenlosen Baunummern-Liste sind in den Jahren 1944/45 nur 6 U-Boote auf den Helgen von Blohm & Voss tatsächlich zerbomt worden (95).

Am Nachmittag des nächsten Tages – 9. 4. 1945 – griff eine Staffel britischer Lancaster-Bomber erneut die U-Boot-Bunker der Deutschen Werft mit zehn »Schwerstbomben« (wie es damals hieß!) an. Dabei erhielt Bunker I drei Volltreffer, der U-Bunker II einen Volltreffer und der U-Bunker V zwei Volltreffer, die alle die etwa 3,75 m starke Stahlbetondecke glatt durchschlugen. Vier weitere »Schwerstbomben«, die in unmittelbarer Nähe der Bunker einschlugen, zerstörten sämtliche Bunkeranbauten sowie Baracken. Das Kantinengebäude auf dem Bunker brannte aus. Es gab 15 Tote und 59 Schwerverletzte.

Der Angriff ähnelte in seiner Präzision der Zielfindung dem Angriff auf die Möhne-Talsperre – vgl. S. 163 und (107) – und den schon genannten Angriffen auf Eisenbahn-Viadukte. Verwendet wurden wahrscheinlich die rund 6 t schweren Panzerbomben AP 13500 lb, deren Endgeschwindigkeit durch zusätzliche Raketensätze (daher »Zuckerhut«!) auf etwa 300 m/s (= 1080 km/h = fast Schallgeschwindigkeit!) erhöht war. Bei einer Auftreffwucht bis zu etwa 2500 mt war ihnen keine Betondecke damaliger Luftschutzbauten gewachsen.

Gleichzeitig warfen etwa 400 andere Kampfflugzeuge noch 1500 t Sprengmunition weit verstreut auf das Stadtgebiet, ohne damit jedoch sonderlich großen Schaden anzurichten – es gab auch nicht mehr viel zu zerstören!

Es ist einer jener tragischen Zufälle im Kriegsgeschehen, daß der *letzte* schwere Luftangriff auf Hamburg ebenso ein unvermuteter Überraschungsangriff war, wie der *erste* Luftangriff fast vier Jahre zuvor. Ohne Vorwarnung durch den LS-Warndienst warfen kurz nach Mitternacht am 14. April 1945 schnelle Kampfflugzeuge (»Mosquitos«) nach Setzen von Leuchtzeichen 5 Minenbomben, etwa 320 Sprengbomben und 70 Flüssigkeits-Brandbomben ab, die zum Teil bereits vor »Kleinalarm« und »Fliegeralarm« fielen.

Diesmal konnte allerdings dem LS-Warndienst kaum ein Vorwurf gemacht werden, denn der Hamburger Warnkreis war mit dem Vorrücken der alliierten Truppen bis auf etwa 40 km Radius zusammengeschrumpft. Schnelle Kampfflugzeuge brauchten nur etwa 5 min, um den Stadtkern zu erreichen.

Die Aller-Linie war bereits von Truppen der 2. britischen Armee überschritten und Teile der 7. britischen Panzerdivision drangen auf Hamburg vor. Die 9. Armee der Amerikaner hatte am 13. April die Elbe zwischen Magdeburg und Schönebeck erreicht!

Jener Angriff verursachte in der Hauptsache beträchtliche Schäden an Wohnhäusern mit Schwerpunkt Hamburg-Innenstadt, Harvestehude und St. Georg. In zahlreichen Fällen wurden Personen, die wegen verspäteter akustischer Warnung die Luftschutzkeller nicht mehr hatten erreichen können, unter den Trümmern verschüttet.

Durch eine Panik wegen des Bombenabwurfs vor »Fliegeralarm« kamen beim Aufsuchen des LS-Bunkers der Reichsbahn am Hauptbahnhof 12 Personen ums Leben, eine größere Zahl erlitt Verwundungen.

9.2 DIE LETZTEN LUFTANGRIFFE, DIE LETZTEN EINSÄTZE

Nach dem 210. Luftangriff vom 14. April fielen in Hamburg nur noch dreimal als »Luftangriff« registrierte Sprengbomben, abgeworfen von Jagdbombern, die das Stadtgebiet kreuz und quer überflogen und auf alles schossen, was sich bewegte.

Noch am Abend des 14. 4. war am Mittelweg 154 eine Wohnung durch Tiefflieger-Beschuß in Brand geraten und der FE-Dienst mußte eingreifen.

Drei Tage später – am 17. April – wurde der letzte aktenkundige Störangriff von schnellen Kampfflugzeugen und Jagdbombern auf Hamburg geflogen. Sie schossen mit Bordwaffen und warfen gegen 17.00 Uhr in Rissen am Raalandsweg/Ecke Sülldorfer Kirchenweg zwei Sprengbomben. Diese galten wohl getarnt abgestellten Wehrmachtsfahrzeugen, richteten aber nur leichten Flurschaden an.

Auch dieser 213. Angriff wurde als knapper »Lagebericht« –**BILD 152** – festgehalten – es war aber nicht das letzte Mal, daß auf Hamburg Bomben fielen.

Am 19. April erreichte die 2. britische Armee die Elbe bei Lauenburg und am 20. April begann die Artillerie des VIII. englischen Korps mit der Beschießung Hamburgs. In der Nacht zuvor hatte der letzte britische Luftangriff auf Berlin stattgefunden.

Der Beginn der »Festungskampfzeit Hamburg« war auf den 22. April 1945

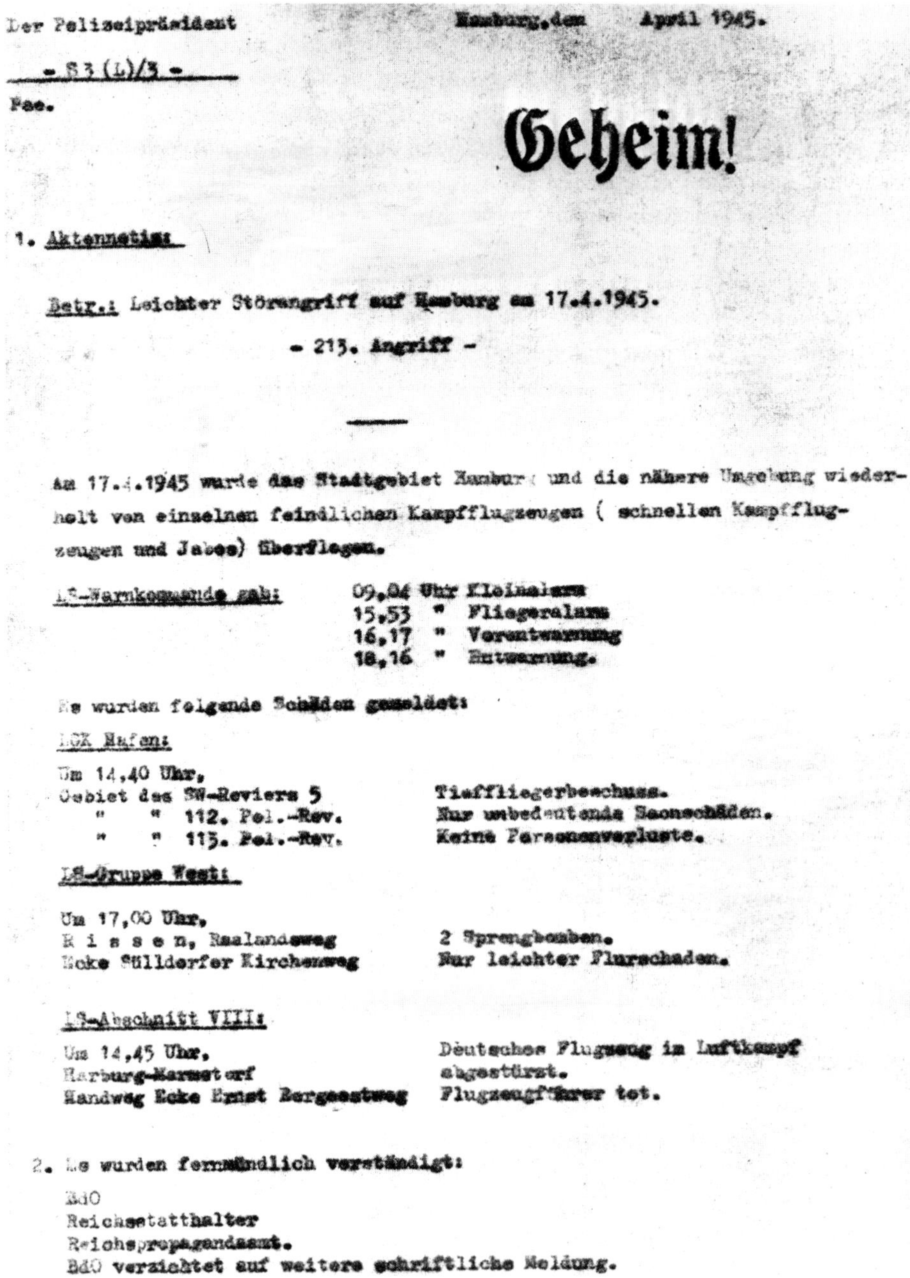

Der Polizeipräsident Hamburg, den April 1945.

- S 3 (L)/3 -

Pae.

Geheim!

1. Aktennotiz:

Betr.: Leichter Störangriff auf Hamburg am 17.4.1945.

- 213. Angriff -

Am 17.4.1945 wurde das Stadtgebiet Hamburg und die nähere Umgebung wiederholt von einzelnen feindlichen Kampfflugzeugen (schnellen Kampfflugzeugen und Jabos) überflogen.

LS-Warnkommando gab:	09,04 Uhr Kleinalarm
	15,53 " Fliegeralarm
	16,17 " Vorentwarnung
	18,16 " Entwarnung.

Es wurden folgende Schäden gemeldet:

LGK Hafen:

Um 14,40 Uhr,	
Gebiet des SW-Reviers 5	Tieffliegerbeschuss.
" " 112. Pol.-Rev.	Nur unbedeutende Sachschäden.
" " 113. Pol.-Rev.	Keine Personenverluste.

LS-Gruppe West:

Um 17,00 Uhr,	
R i s s e n, Raalandsweg	2 Sprengbomben.
Ecke Sülldorfer Kirchenweg	Nur leichter Flurschaden.

LS-Abschnitt VIII:

Um 14,45 Uhr,	Deutsches Flugzeug im Luftkampf
Harburg-Marmstorf	abgestürzt.
Sandweg Ecke Ernst Bergeestweg	Flugzeugführer tot.

2. Es wurden fernmündlich verständigt:

BdO
Reichsstatthalter
Reichspropagandaamt.
BdO verzichtet auf weitere schriftliche Meldung.

BILD 152 Der letzte »amtliche Lagebericht« vom Luftkrieg über Hamburg.

00.00 Uhr festgesetzt mit Generalmajor Wolz als Kommandant des Verteidigungsbereichs Hamburg[152]. In und um Hamburg lagen Truppenverbände aller Art – Kriegsmarine, Heereseinheiten, Luftwaffe und – in der Kaserne Langenhorn – Waffen-SS. Die Bevölkerung mußte beim Aufbau der Panzersperren helfen. Resignation und Mutlosigkeit, Entsetzen und Trauer über das bevorstehende Ende der Hansestadt und des Deutschen Reichs standen neben forscher Siegeszuversicht und dem Glauben, eben durch »Glauben« doch noch ein besseres Ende erzwingen zu können. »Politische Leiter« verbreiteten Latrinenparolen, wie etwa: »Wenn jeder deutsche Mann nur einen einzigen Engländer »abschießt«, dann ist der Sieg unser!«

Über die weitere Lagenentwicklung und die Tätigkeiten des FE-Dienstes wurde damals folgendes festgehalten:

21. 4. 1945, 16.15 Uhr

Kirchwärder Elbdeich 110, Bäckerei Ohde und Nachbarhaus in Brand geschossen. Es brennen ferner Elbdeich 107 und 108. Löschkräfte 2 B- und 9 C-Rohre vorgenommen.

21. 4. 1945, 16.30 Uhr

Zollenspieker beschossen.

25. 4. 1945, 21.05 Uhr

Turmbeobachter Michel meldet:

Die Frontbelebung nimmt in Richtung Harburg erheblich zu. Von Harburg bis Finkenwärder fortwährend Maschinengewehrfeuer. An diesem Tage flogen die Alliierten ihren letzten »strategischen« Luftangriff (Pilsen).

28. 4. 1945

Kirchwärder-Süd: Zuckerkahn von feindlichen Panzern beschossen und versenkt, dadurch unsererseits Artilleriefeuer bis zum Abend ausgelöst.

(Aus diesem Zuckerkahn, der für die Dynamitfabrik Krümmel bestimmt war, hatte die Bevölkerung noch große Mengen Zucker geholt. Wahrscheinlich ist dadurch auch der Beschuß veranlaßt worden!)

29. 4. 1945, 00.06 Uhr

Turmbeobachter Stadtpark meldet Artilleriefeuer Richtung Altengamme.

09.00 Uhr

Flakturm Wilhelmsburg meldet:

In der Nacht Aritätigkeit Raum Vahrendorf – Rönneburg – Appelbüttel.

16.40 Uhr

Oststeinbekerweg 7 *Sprengbomben,* leichter Gebäudeschaden, keine Personenschäden.

Bergedorf Brunnenstraße/Rothauschaussee 7 *Sprengbomben,* 2 Verwundete, zwei Häuser mittelschwer, weitere Häuser leicht beschädigt.

17.00 Uhr

Brennt *Schloß Friedrichsruh* durch Bombenwurf eines Tieffliegers. 2 Löschzüge und 1 Schlauchwagen eingesetzt.

19.30 Uhr

12 weitere Sprengbomben auf neuen Friedhof bei der Sternwarte Bergedorf. Artilleriefeuer.

20.30 Uhr

4 Bomben Billwärder, am alten Bahndamm. Starker Beschuß auf Krümmel.

30. 4. 1945, 09.20 Uhr

Krümmel vom Feind besetzt. Sonst keine besonderen Vorkommnisse.

30. 4. 1945, 09.36 Uhr

FE-Kräfte aus Friedrichsruh zurück. Schweizer Konsul, dessen Frau und eine Wirtschafterin tot, 3 Personen verwundet.

Die letzten 30 Bomben auf Hamburger Gebiet sind also am Sonntag, dem 29. April 1945 gefallen. Am gleichen Tage war der FE-Dienst zum letzten Male im »auswärtigen Einsatz« – zu Löscharbeiten auf Schloß Friedrichsruh.

Am gleichen Tage hatten die Hamburger Parlamentäre, der Stabsarzt Professor Dr. med. Hermann Burchard, der Direktor Albert Schäfer von den Harburger Phoenix-Werken und – als Dolmetscher – der Leutnant Dr. Otto von Laun die deutschen Linien bei Appelbüttel überschritten und die ersten Verhandlungen mit Offizieren der 7. britischen Panzer-Division eingeleitet.

Die Geschichte dieser letzten Tage Hamburgs ist im übrigen von Kurt Detlev Möller (87) und Erik Verg (116) eingehend geschildert worden, so daß dieser Hinweis im Rahmen unserer Betrachtung genügen mag.

Am Donnerstag, dem 3. Mai 1945 wurde der letzte Aufruf des Reichsstatthalters Karl Kaufmann an die Hamburger Bevölkerung veröffentlicht, der mit den Worten schloß:

». . . Dieser Krieg ist eine nationale Katastrophe für uns und ein Unglück für Europa. Mögen dies alle erkennen, die Verantwortung tragen. Gott schütze unser Volk und Reich.«

Um 13 Uhr gab der ständige Vertreter des Reichsstatthalters, Staatssekretär Georg Ahrens – bei der Hamburger Bevölkerung als »Onkel Baldrian« bekannt – seine letzte Durchsage über Drahtfunk und teilte mit, daß sich die britischen Truppen auf Hamburg in Marsch gesetzt hätten (es wird aber dann 17.00 Uhr, bis der Einmarsch wirklich beginnt!). Er verabschiedete sich von seinen Hörern und schloß mit den Worten:

»Es lebe Hamburg, es lebe Deutschland!«

Der Wehrmachtbericht vom 4. Mai 1945 erwähnte zum letzten Male die Hansestadt:

». . . Hamburg und Neumünster wurden von britischen Truppen besetzt, nachdem sie vom Oberkommando der Wehrmacht vorher zu offenen Städten erklärt worden waren . . .«

Der Kampf in der von wohl über fünfundvierzigtausend Tonnen Spreng- und Brandbomben aller Kaliber und Arten aufgerissenen, zerschmetterten und ausgebrannten Hansestadt Hamburg war zu Ende!

9.3 HAMBURGER BILANZ DES LUFTKRIEGSJAHRES 1945

9.3.1 Zahlen der Statistik

Die Hamburger Bilanz des Luftkriegsjahres 1945 schloß mit folgenden Zahlen – vgl. TAFEL 6 und 7 –:

etwa 278 Öffentliche Luftwarnungen oder »Kleinalarm«[153]

etwa 142 Fliegeralarme.

27 Luftangriffe zu allen Tages- und Nachtzeiten – Nr. 188 bis 213 der amtlichen Statistik –, dazu die als eine Angriffshandlung gewerteten Bombenabwürfe am 29. 4. 1945.

1719 Hamburger verloren ihr Leben,

1697 wurden verwundet.

Bis auf Bergedorf, das in all den Jahren kaum betroffen wurde, hatten alle Stadtteile in der Luftkriegszeit, selbst noch in den letzten Kriegsmonaten Schäden erlitten. Angesichts der abgeworfenen Bombenmengen müssen wir uns noch heute darüber wundern, daß dennoch eine ganze Menge stehen geblieben war, z.B. das Hamburger Rathaus und – wenn auch schwer beschädigt – das Wahrzeichen Hamburgs, die Michaeliskirche.

Bei der ersten Lebensmittelkarten-Ausgabe im Mai 1945 wurden 1 110 539 Einwohner gezählt – durch Rückkehrer und Flüchtlinge aus den Ostgebieten des Reiches rund 45 000 mehr, als im Dezember 1944.

9.3.2 Vom Leben in der Stadt

Die »Hamburger Zeitung« – seit dem 1. Januar in der Regel nur noch aus einem Blatt bestehend – spiegelt wenigstens etwas von dem Leben in der Stadt wieder, wenn sie auch nichts darüber aussagen kann, welche Gefühle damals die Hamburger bewegten, mit welchen Sorgen und Nöten sie leben mußten, täglich um das »Überleben« bangend.

Was in erster Linie interessierte, war der Wehrmachtsbericht und Kommentare zu der Lage an den Fronten, mehr aber vielleicht noch die Bekanntmachungen über Lebensmittel- und Sonderzuteilungen, die Sperrtage für Gas und Strom, die Verdunklungszeiten und der Verkehrsmittelbetrieb.

Jeder Verbraucher wurde wöchentlich einmal von Strom und Gas abgeschaltet! Dazu gab es Hinweise wie »Kleine Kampfmittel gegen Kohlenklau«.

Am 26. 1. 45 hieß es »Deutsche U-Boote wieder da! Der Nordatlantik wimmelt von deutschen U-Booten!« Immerhin konnten die U-Boote vom 1.–31. Januar doch im Atlantik 15 Handelsschiffe mit 80 844 BRT versenken.

Am 29. 1. 45 wurde das Schauspielhaus als *Kino* mit 1000 Plätzen eröffnet, weil das Ensemble »bei Wehrmacht und Rüstung« eingesetzt sei. Erster Spielfilm: »Der Engel mit dem Saitenspiel« in der Inszenierung von Heinz Rühmann. Die Reichsbahn hat Reisegenehmigungsstellen eingerichtet.

In einem Fußball-Gauligaspiel trennen sich Altona 93 und der FC St. Pauli 7:3. – Der HSV veranstaltet ein Hallensportfest!

– und die Hanseatische Wertpapierbörse meldet einen neuen Höchstkurs (109) für die 4 %-ige Anleihe der Hansestadt von 1942!

Am 30. Januar – sonst ein Tag großer Veranstaltungen und tönender Reden – wird unter der Überschrift »Alles für das Volksopfer!« angeordnet, daß jetzt auch alle entbehrlichen Fenstervorhänge und Gardinen aus Diensträumen von Behörden, Gemeindeverbänden und Körperschaften öffentlichen Rechts abzugeben sind.

Zwei junge Männer stahlen in einem Brotgeschäft unter Vorhalt einer Pistole die Brotmarken!

Ein Betrüger in Uniform wird gefaßt und vor dem Hanseatischen Sondergericht finden fast jeden Tag Verhandlungen wegen Verstößen gegen Kriegswirtschaftsverordnungen statt – meist sind es Lebensmittel-Diebstähle.

Am 1. Februar legt die Hamburger Sparkasse von 1827 ihren Geschäftsbericht für 1944 vor und verzeichnet einen Spareinlagenzuwachs von 245 Millionen RM bei einem Bestand von 1,32 Milliarden RM!

Für die seit Kriegsbeginn ohnehin beschlagnahmten Kaninchenfelle sind »Fellsammelstellen« eingerichtet worden.

Am 2. Februar tagt die Kreisbauernschaft und es heißt, »Der Hamburger Volkssturm ist bereit!« – aber es gibt auch die schlimme Nachricht: Die 72. und 73. Zuteilungsperiode werden um je eine Woche – bis 11. 3. statt 4. 3. und 8. 4. statt 1. 4. verlängert, d. h. jeder mußte mit den Zuteilungsmengen nun 10 statt 8 Wochen auskommen. In der 74. Zuteilungsperiode sollte es zudem keinen Zukker geben! Die Rationen für Normalverbraucher sanken von 1671 auf 1412 Kalorien.

Am 6. Februar gab der Reichsverteidigungskommissar bekannt, daß ein 5 min langer Heulton der Sirenen »Luftlandealarm« bedeutet – es handle sich jedoch lediglich um eine »Vorsichtsmaßnahme« (Damals wurde erwartet, daß die Alliierten eine See- und Luftlandung in der Deutschen Bucht versuchen würden).

Am 14. Februar stand unter der Überschrift »Mordanschlag gegen Deutschland« ein Hinweis auf die Konferenz von Jalta (4.–12. 2. 1945).

Am 15. Februar wurde über »Die Schändung Dresdens« berichtet.

Am 26. Februar lasen die Hamburger unter der Überschrift »Heute prophezeie ich den Sieg!« einen Bericht über die Traditionsfeier zur 25. Wiederkehr des Tages der Verkündung des Parteiprogramms in der »Hauptstadt der Bewegung«. Hitler erklärte, daß ». . . noch in diesem Jahr die geschichtliche Wende eintritt« und schloß mit den Worten: ». . . Heute prophezeie ich – wie immer durchdrungen vom Glauben an unser Volk – am Ende den Sieg des Deutschen Reiches!«

Am 1. März richtete Goebbels einen »Appell an den deutschen Willen«, in dem die Sätze vorkamen »Es gibt nur Tod oder Sieg« und »Unser Haß kennt keine Grenzen!«

Am gleichen – stürmischen – Tage stürzte auf dem Steindamm die Vorderfront eines Hauses auf einen vorbeifahrenden Sonderzug der Straßenbahn. Der Fahrer, 2 Mann Überwachungspersonal und 14 Häftlinge waren tot, mehrere andere verletzt.

Den wiederholten Aufrufen, alles Brachland auszunutzen folgte am 3. März »Hamburgs Grünland-Aktion« und am 19. März hieß es dazu »Ochsen pflügen am Dammtor«. Um diese Zeit berichtete auch »Svenska Dagbladet« (12. 3. 1945):

». . . In Hamburg liegen annähernd drei Viertel in Trümmern und man berechnet, daß, nur um Schutt und Trümmer wegzuräumen, fünf Jahre erforderlich sind . . .«

– und diese Prophezeiung war diesmal sogar annähernd richtig!

Was es in der 74. Zuteilungsperiode ab 9. 4. dann wirklich geben sollte, war weder aus der ersten Veröffentlichung, noch aus einer als »Nachhilfestunden« bezeichneten zweiten Erläuterung genau zu entnehmen. Die Unklarheit sollte wohl Absicht sein, weil beim Haupternährungsamt niemand mehr übersehen konnte, welche Mengen bei den unsicheren Verkehrsverhältnissen überhaupt herangeschafft werden konnten.

Zu Ostern gab es mehrere Turniere im Hamburger Sport. Der FC St. Pauli und der HSV qualifizierten sich für die Zwischenrunde!

Der Tod Roosevelts am 12. April löste allerlei Spekulationen aus – es bestand die Hoffnung, daß die westlichen Alliierten vielleicht jetzt nachgeben würden und eine gemeinsame Front gegen die Sowjet-Union möglich sei.

Vor Tieffliegern wurde laufend gewarnt, an zahlreichen Stellen waren Schutzgräben und Einmann-Löcher ausgehoben. Kinder sollten auch bei »Kleinalarm«

(der früheren Öffentlichen Luftwarnung) von der Straße verschwinden.

Am 20. April wurde zwar des »Führer-Geburtstags« gedacht, aber gleichzeitig daran erinnert, alle 14 Tage Erbsen zu säen.

Am 25. April lautete ein Bericht »An der Front vor Harburg«.

An der Hanseatischen Wertpapierbörse fanden 3½%ige Schatzanweisungen des Reichs »zu unverändert 99¼ Aufnahme« – eine schier unglaubliche Notiz, wenn wir an Hamburgs Lage um jene Zeit denken.

Am 1. Mai gab es neue Ratschläge für die Grünlandaktion: »Jetzt kommen die Bohnen dran!« – und für Volkssturmmänner wurde Salzfleisch, Butter, Kaffee (Ersatz!) und Tee als Sonderzuteilung aufgerufen.

Kurzum: Es fehlte nicht an Bemühungen und Versuchen, das Leben in dieser von Bomben so schrecklich zugerichteten Stadt so »normal« wie möglich erscheinen zu lassen und die Bevölkerung etwas abzulenken von den Gedanken an das drohende Ende.

Die letzte Nummer der »Hamburger Zeitung« erschien am Mittwoch, dem 2. Mai 1945 in der 1. Ausgabe mit der Überschrift »Der Führer gefallen!«, in der 2. Ausgabe hieß es »Der Tod des Führers« – da aber das Leben dennoch weiterging, wurde auch von einem überlegenen Tischtennis-Sieg der Postmannschaft berichtet!

Einen Tag später marschierten in den Nachmittagsstunden die britischen Truppen in Hamburg ein – und damit schloß das letzte Kapital der Kriegsgeschichte Hamburgs.

10. *Bilanz des Luftkriegs über Hamburg*

»Der Krieg hat kein Erbarmen!« (Schiller, Wallensteins Lager)

Den Berichter eines stadtgeschichtlichen Zeitabschnitts, wie den Luftkrieg über Hamburg, drängt es, am Ende seiner Darstellung noch einmal zusammenfassende Zahlen sprechen zu lassen und das Gesamtgeschehen zu betrachten – ohne sich dabei als »rückwärts gewandter Prophet« allzusehr in Erörterungen des »Was wäre, wenn . . .« zu verlieren.

Deshalb seien folgende Abschnitte angefügt:

10.1 BOMBER UND BOMBEN

Eine Rückschau auf die Angreifer und ihre Angriffsmittel

Propagandazentralen und Kriegsberichter in allen Ländern der Welt pflegen immer wieder die Wirkung von Luftangriffen aus der statistischen Zahl der eingesetzten Bomber und der abgeworfenen Bombenmenge abzuleiten. So ist denn auch nach dem zweiten Weltkriege kaum ein Buch über die Luftkriegsgeschichte aus deutscher oder alliierter Sicht erschienen, in dem etwa nicht von jenen (angeblich) 1,35 Millionen Tonnen Bombenlasten (die Zahlen schwanken!) die Rede war, die auf Deutschland abgeworfen worden sein sollen.

Abgesehen davon, daß alle solche Zahlen immer mit einem Fragezeichen versehen werden müssen, weil unter Kriegsverhältnissen weder auf deutscher, noch alliierter Seite ganz genaue Statistiken geführt werden konnten, so ist noch weniger sicher, wieviele Flugzeuge das befohlene Ziel überhaupt erreicht haben, wieviele Spreng- und Brandmittel dann in das Zielgebiet gefallen sind und wieviele Bomben schließlich wirklich ein Objekt – sei es nun ein Wohnhaus oder ein Rüstungswerk – getroffen haben.

In Anbetracht der zahlreichen Vorveröffentlichungen (25), (84) ist es heute wohl müßig, nochmals über die technischen Daten und Eigenschaften der von RAF und 8. USSAF eingesetzen Kampfflugzeuge, Langstreckenbomber oder Jäger, sowie die Konstruktion und Wirkung der einzelnen Abwurfmittel zu sprechen. Jedenfalls gab es – zum Glück für Deutschland – bei den alliierten Stäben keine einheitliche Meinung etwa über die »richtige Mischung« der einzelnen Spreng- und Brandbombentypen im Rahmen eines Angriffs. Auch die Angriffstaktik wurde laufend geändert, teils in der Hoffnung auf einen verbesserten Wirkungsgrad, teils um die Abwehr zu erschweren, zu täuschen, zu verwirren. Hierüber kritisch abwägend zu berichten, wäre Aufgabe eines luftkriegstechnischen Werkes.

Nach den Schätzungen in den »Lageberichten« waren an den 213 Luftangriffen auf Hamburg

▪ *rund 17 000 Bomben- und Kampfflugzeuge der RAF und 8. USAAF*

beteiligt. Sie warfen

▪ *etwa 101 000 Sprengbomben aller Arten und Kaliber*

ab. Bei einem angenommenen mittleren Bombengewicht von 400 kg[154] wären dies

▪ *rund 40 000 t Sprengmunition.*

Ferner fielen:

▪ *ungefähr 1 600 000 Brandbomben aller Arten und Größen.*

Bei einem angenommenen mittleren Brandbombengewicht von 3 kg sind dies aufgerundet

5000 t Brandmunition.

Das Zerstörungswerk in Hamburg ist also von insgesamt rund

45 000 t Abwurfmunition

– im Mittel etwa 2,6 t je Flugzeug – eingeleitet und dann von der entfesselten Naturgewalt »Feuer« fortgesetzt worden[155]

Von dieser Bombenlast ist allerdings – vor allem bei den Nachtangriffen – nur ein geringer Teil in die vorbestimmten (»befohlenen«) Zielgebiete gefallen und selbst hier dann noch zu gut 50 % wieder annähernd wirkungslos auf Freiflächen, in Gewässer oder bereits früher zerstörte Bauten und Betriebsanlagen.

Da von den auf Hamburg angesetzten Bombern nach britischen Schätzungen (117), (122) vor allem in den ersten drei Kriegsjahren ohnehin nur etwa 30 bis 40 % das befohlene Zielgebiet überhaupt erreicht haben – vgl. hierzu S. 100 – und von ihrer Bombenlast dann obendrein noch rund die Hälfte keine ernstliche Wirkung auslöste, können wir folgende Wirkungsrechnung aufmachen:

45000 t Einsatz-Bombenmenge (Startmenge),

davon fielen rund 35 % = etwa 15 750 t in die vorgesehenen Zielgebiete, davon wiederum hatten nur etwa 50 % tatsächlich Schadenswirkung in weitestem Sinne, d. h. etwa 7800 t.

Im rohen Überschlag – da allen diesen Zahlen sehr, sehr viel Unsicherheit anhaftet – sind also ungefähr 15 bis 18 % der Gesamt-Einsatzmenge als »Treffer« zu bezeichnen.

Dieser Wirkungsgrad – nach Ansicht des Berichters wahrscheinlich noch zu hoch – ist mit fortschreitender Zerstörung des Stadt- Hafen- und Industriegebiets von Mitte 1943 an bis Kriegsende ständig gesunken und dürfte bei den letzten großen Luftangriffen im März 1945 nur noch um etwa 3–5 % gelegen haben. Ob solche Zahlen den kühnen Erwartungen in den höheren Kommandostäben entsprachen, kann wohl sehr bezweifelt werden!

Der größte Zerstörungsgrad an Baulichkeiten und Industrieanlagen ist aber nicht durch eine Direktwirkung von Abwurfmunition, sondern durch die als Folgewirkung ausgelösten Brände erreicht worden.

In der Gesamtschadensschätzung entfallen etwa 75 bis 80 % der Schäden auf Brandwirkung, der Rest auf Sprengwirkung!

Dafür bieten die Hamburger Flächenbrandgebiete von 1943 genügend drastische Beispiele!

Zum unverhohlenen Ärger und zur Enttäuschung der Luftwaffenstäbe auf beiden Seiten ist die Macht des Feuers weder berechenbar, noch im voraus kalkulierbar und schon gar nicht »per Befehl« auszulösen. So hat z. B. bei den deutschen Stäben der »Branderfolg« in Rotterdam recht falsche Vorstellungen über die Zündwirkung einiger Sprengbomben erweckt und den alliierten Stäben gelang nicht die Wiederholung des Hamburger Zufalls-Erfolgs in der Feuersturmnacht 1943 bei den Angriffen auf Berlin.

Zwar können natürlich Brandschutzingenieure einige Aussagen hierzu machen, aber »solch unmilitärische Figuren« hatten (glücklicherweise) weder Sitz noch Stimme in Luftwaffen-Stabsquartieren (vgl. hierzu auch S. 164).

Das Verfahren »erfolgreicher« militärischer Brandstiftung ist (von der Feuerschutzpolizei) im »Hamburg-Bericht« klar und knapp angegeben:

». . . Durch den Abwurf von Spreng- und Minenbomben waren in größtem Ausmaße Dächer abgedeckt, Fenster und Türen eingedrückt und zerbrochen und die Selbstschutzkräfte in die Keller getrieben worden. Die dann in größter Dichte abgeworfenen Brandbomben aller Art fanden durch die bereits angerichteten Zerstörungen reichlichste Nahrung. Erneute Abwürfe von Spreng- und Minenbomben trieben die Selbstschutzkräfte in die Schutzräume immer und immer wieder zurück. Dieser dauernd wechselnde Abwurf von Spreng-, Minen- und Brandbomben ermöglichte an vielen Stellen eine fast ungehinderte Ausdehnung der Brände . . .«

Dieses sehr überzeugend klingende Rezept scheiterte in der Praxis vor allem der Nachtangriffe allerdings oft genug daran, daß die verschiedenen Bombenarten nicht in richtiger Reihenfolge in die gleichen Zielräume fielen – die Staffeln hatten sich in der Dunkelheit »verfranzt«, wurden vom Flakfeuer abgedrängt oder sprachen Ziele falsch an – wie das Beispiel des ersten Großangriffs 1943 auf Hamburg zeigte.

Der britische Air-Staff hielt zunächst Feuer für die beste Waffe bei Städteangriffen (99, Vol. II, S. 131/133). Air-Marshal Harris glaubte dagegen, daß Sprengbomben wirkungsvoller seien, zumal (1942) die 4000- und 8000 lb-Bomben zur Verfügung standen (»Hat we had to kill a lot of Boches before we win this war . . .«).

Der Air-Staff hatte sogar einzelne Bomber nur mit Brandmunition beladen lassen, nachdem eine Auswertung von Trefferbildern ergab, daß mit Sprengmunition etwa $1\,^{3}/_{4}$ acres (= 7000 m^2) bebautes Gelände je abgeworfene Tonne zerstört werden konnte, mit jeder Tonne Bandmunition jedoch $3\,^{1}/_{4}$ acres (= 13 100 m^2). Als Kompromiß wurden dann $^{2}/_{3}$ Brandmunition und $^{1}/_{3}$ Sprengmunition gewählt – in der Praxis aber nie recht eingehalten. Ohnehin sind hier solche »Milchmädchenrechnungen« fehl am Platze.

Es ist eine der Merkwürdigkeiten des 2. Weltkriegs, daß sich Erkenntnisse über die größere Zerstörungskraft von Brandmunition offenbar nicht in den amerikanischen Einsatzstäben herumgesprochen haben – sie zogen das Donnergetöse eines Sprengbomben-Teppichs vor! Als der Krieg begann, besaßen die Amerikaner scheinbar keinen einsatzbereiten Brandbombentyp. Was dann im weiteren Verlauf des Krieges abgeworfen wurde (z. T. mit einer Napalm-ähnlichen Füllung), konnte den Löschkräften keinen sonderlichen Respekt abgewinnen.

Ein Stahlträger oder ein Leitungsrohr mag von den Splittern einer Sprengbombe zerschlagen werden und dadurch für einige Zeit als »zerstört« gelten. Mit einem Schweißbrenner läßt sich der Schaden aber vielfach und schnell beheben.

Ein Maschinenhausdach mag vom Luftdruck einer Sprengbombenserie zusammenstürzen; wenn die darunter stehenden Maschinen von Trümmern und Dreck befreit waren, konnten sie sehr oft weiterarbeiten!

So ist denn auch zu verstehen, daß die Luftbilder der Aufklärer nach einem Bombenteppich-Angriff ein gewaltiges Trichterfeld » die »totale Vernichtung« – zeigten, und dennoch der Betrieb nach einigen Tagen oder Wochen wieder arbeitete. Um es überspitzt zu sagen: Mit geplatzten Fensterscheiben ist kein Luftkrieg zu gewinnen! Ausgeglühte Träger, Rohre oder Maschinen waren aber ein für allemal unbrauchbar!

Die Erfolgschancen eines Bombardements können jedenfalls nicht in einer einfachen Funktion – etwa abhängig von Sprengbombengewicht und Brandbomben-Stückzahl – ausgedrückt werden – diese sicher enttäuschende Erfahrung haben die Alliierten (und die Deutschen!) bei allen ihren Luftangriffen machen müssen.

Über die Anteile der beim Start eingehängten und (angeblich) über dem Ziel ausgelösten Bombentypen und -Größen enthält TAFEL 8 für das Unternehmen »Gomorrha« einige Angaben. Aus den letzten Kriegsmonaten des Jahres 1945 sind folgende Zahlen bekannt, die insofern wohl nicht als ganz repräsentativ gelten können, als beide Luftflotten zu diesem Zeitpunkt überwiegend Sprengbomben geworfen haben – wohl in der Absicht, hiermit am Besten vor allem Verkehrswege zu zerstören:

197. Angriff am 11. 3. 1945 – 466 Flugzeuge der 8. USAAF

Stück	Bombentyp	Einzelgewicht lbs	Gesamtgewicht umgerechnet kg
212	Sprengbombe GP	1000	96036
1706	GP	500	386409
414	GP	300	56262
1011	GP	250	114495
5260	GP	100	238278
8603	Sprengbomben zusammen		891480
3022	Brandbomben IB	70	95821

Verhältnis Sprengbombenzahl : Brandbombenzahl 2,8:1
Verhältnis Sprengbombengewicht : Brandbombengewicht 9,3:1
Mittleres Sprengbombengewicht 103,6 kg

202. Angriff am 31. 3. 1945 – 454 Flugzeuge der RAF

Stück	Bombentyp	Einzelgewicht lbs	Gesamtgewicht umgerechnet kg
1304	Sprengbombe MC	1000	1304000
2050	MC	500	464325
800	MC	250	90600
1360	USA (?)	500	308040
450	SAP [1])	500	101925
5964	Sprengbomben zusammen		2268800

Mittleres Sprengbombengewicht 380,4 kg

[1]) SAP = Semi Armour Piercing = Halb Panzerbrechend, wahrscheinlich als »Bunkerknacker« gedacht!

Auch heute noch – über dreißig Jahre nach Kriegsende – vergeht kaum ein Monat, in dem nicht eine lakonische kleine Zeitungsnotiz über Fund und Entschärfung einer Sprengbombe – oft mit Langzeitzünder – berichtet. Das Ende solcher Funde – z. B. bei Baggerarbeiten in der Elbe – ist nicht abzusehen und auch wohl im Jahre 2000 werden unsere Nachfahren hin und wieder den Vernichtungsmitteln des 2. Weltkriegs gegenüberstehen.

In Hamburg ist die »Blindgängerräumung« – eine Abteilung der Hauptabteilung »Straßenbau« des Amtes für Ingenieurwesen II der Baubehörde – mit der Bergungsaufgabe betraut (124). Und diese Aufgabe wird immer gefährlicher, je länger die Bomben liegen und vor allem die Zünder Zersetzungsprozessen ausgesetzt sind. Über die dabei auftretenden Probleme und Schwierigkeiten hat Walter Merz – lange Jahre Leiter dieser Abteilung – eingehend berichtet (85). Hier sei deshalb nur angemerkt, daß bis zum 31. 12. 1973 geborgen wurden:

4232 Sprengbomben aller Kaliber,
380 Sprengkörper mit Langzeitzündern,
9481 Brandbomben und
457 »Spezial«-Bomben (Minenbomben u. a.)

Wir wollen heute nicht mehr die Lagebeurteilungen und Entschlüsse der alliierten Luftwaffenstäbe erörtern, glauben aber doch aus den Nachkriegsveröffentlichungen darauf zu schließen können, daß in diesen Dienststellen eben auch alles sehr, sehr menschlich ablief – zwischen Hoffnungen und Enttäuschungen, angefüllt von Ehrgeiz und Strebertum, Neid und Mißgunst, Eitelkeit und Schönfärberei – ganz genau so, wie in Deutschland!

Hinzu kamen erhebliche Mängel in der Zusammenarbeit der durch allerlei Konkurrenzneid beeinflußten Stäbe von RAF und 8. USAAF, die eine Systematik der von den Regierungschefs so schlüssig formulierten strategischen Luftoffensive regelrecht untergruben.

Die Meinung des RAF-Marschalls Sir John Slessor (122) ». . . Wenn wir acht oder zehn weitere »Hamburgs« hätten hinlegen können, wäre es durchaus möglich, daß Deutschland aufgegeben hätte . . .« deckt sich mit der Meinung von Albert Speer (111) ». . . daß Angriffsserien dieser Art, auf sechs weitere Großstädte ausgedehnt, Deutschlands Rüstung zum Erliegen bringen müßten . . .«. Warum die Alliierten dies nicht getan haben – obwohl sie dazu organisatorisch, technisch und personell in der Lage waren – und stattdessen in strategisch so unbedeutenden Städten wie Dresden, Heilbronn, Hildesheim, Pforzheim oder Ulm unersetzliches Kulturgut der westlichen Welt zerstörten, wird immer zum Unbegreiflichen des 2. Weltkriegs gehören.

Außer Spreng- und Brandbomben hatten die Bomber der Alliierten in der Regel noch eine Partie Flugblätter geladen. Diese gerne als »vierte Waffe des Luftkriegs« (neben Spreng- Brand- und Giftstoff-Munition) bezeichneten Erzeugnisse der »psychologischen Kriegsführung« sind auch auf Hamburg vom ersten bis zum letzten Tage des Luftkriegs heruntergeregnet.

Die Flugblätter sollten zwar sofort bei der Polizei abgeliefert werden, was natürlich nicht verhindern konnte, diese vorher noch zu lesen.

In den ersten Kriegsjahren war der »Abwurfmunition Flugblätter« sicher kein Erfolg beschieden, der den Aufwand auch nur annähernd gerechtfertigt hätte. Auf jeden Fall haben sie bestimmt keinen Beitrag zum Aufweichen der Moral der Hamburger Bevölkerung geleistet. Immerhin befriedigten sie aber – vor allem in den letzten beiden Kriegsjahren – ein neugieriges Informationsbedürfnis und lieferten Gesprächsstoff »hinter vorgehaltener Hand«.

Ortwin Buchbender und Horst Schuh haben sich in ihrer Veröffentlichung »Heil Beil! – Flugblattpropaganda im Zweiten Weltkrieg« (Stuttgart 1974) mit dieser »Waffe« eingehend beschäftigt. Leider kommt darin die Flugblattpropaganda im Luftkrieg über Deutschland – wohl wegen Materialmangel – (z. B. das von amerikanischer Seite regelmäßig gelieferte »Sternenbanner« mit seiner protzigen Eigenreklame!) etwas zu kurz.

Im Rahmen unseres Berichts wollen wir uns mit der Feststellung begnügen, daß der Krieg durch die Wirkung von Flugblättern jedenfalls nicht um eine Stunde verkürzt und letztlich auch kein Dollar oder Schilling gespart wurde. Es war eine »Waffe ohne Wirkung« – im Gegensatz zum Einfluß der alliierten Rundfunksender – diskret als »die andere Feldpostnummer« bezeichnet. Deren Nachrichten – eine gefährliche Mischung von Wahrheit und Schwindel – hatten im Leben der deutschen Bevölkerung, besonders ab Mitte 1943, eine nicht zu unterschätzende Bedeutung (vgl. hierzu auch die Darstellung von Sefton Delmer (28).

10.2 VON WARNZENTRALE: »LUFTGEFAHR 15«

Eine Rückschau auf die Luftlage-Meldungen an die Hamburger Bevölkerung

Die Hamburger Bevölkerung hat während des Krieges erlebt:

778 Öffentliche Luftwarnungen
mit rund 600 Stunden Dauer (= etwa 25 Tage),
702 Fliegeralarme[156]
mit rund 830 Stunden Dauer (= etwa 35 Tage),
213 registrierte Luftangriffe
mit rund 410 Stunden Dauer.

Die Warnmeldungen kamen von der zu Kriegsbeginn in der Befehlsstelle des Polizeipräsidenten untergebrachten *LS-Warnzentrale Hamburg*. Sie war ein

Teil des (zivilen) Luftschutzwarndienstes, der seine Informationen im wesentlichen von den (militärischen) Flugwachkommandos, den »Flukos« erhielt. Diese unterstanden dem Luftgaukommando und versorgten in erster Linie die Flak mit Lagemeldungen[157].

Der Führer der Warnzentrale konnte zwar akustische Warnsignale über das Luftschutz-Warnnetz – das »Waldemar-Netz« – auslösen (in Hamburg unter weitgehender Mitverwendung des feuerwehreigenen Feuermelder- und Fernsprechnetzes), den Entschluß dazu mußte ab Mitte 1940 jedoch der Flakeinsatzführer fassen. Der Warnzentralenführer besaß nur ein Vorschlagsrecht.

Anlaß zu dieser Regelung waren die vielen Fliegeralarme in den ersten Kriegsmonaten wegen tatsächlich erfolgter Einflüge oder wegen Fehlmeldungen des Flugmeldedienstes (Sinnestäuschungen, falsch gedeutete Geräusche). ». . . Sie führten zu einer starken Nervenbelastung der Bevölkerung . . . und verursachten unnötige Verkehrsstörungen und Produktionsausfälle . . .«(49)[158].

Die dabei laut gewordene abfällige Kritik an den Warnzentralenführern führte zu der Luftwaffen-Weisung (20. 5. 1940 – nach der »Pleite« beim ersten Luftangriff auf Hamburg, vgl. S. 49), daß in den flakgeschützten Gebieten der örtlichen Flakeinsatzführer zu entscheiden hatte, ob und wann »Fliegeralarm« oder »Entwarnung« zu geben war.

». . . Der vom Reichsmarschall veranlaßte Befehl war für das einheitliche Arbeiten des LS-Warndienstes nicht sehr glücklich. Immerhin bewahrte er viele Warnzentralenführer vor dem Kriegsgericht . . .« – so heißt es – vorsichtig umschrieben – in einer Darstellung des Luftschutzwarndienstes (49). Da aber der Flakeinsatzführer sich im Zweifelsfalle ebenfalls für »Fliegeralarm« entscheiden mußte, änderte sich an dem Alarmbild praktisch nichts. Der »Militär« konnte es auch nicht besser, als der »Zivilist«!

Der Hamburger Polizeipräsident kritisierte mehrfach das Warnverfahren in seinen Lageberichten – so z. B. im Bericht über die beiden Angriffe Nr. 55/56 in der Nacht vom 20./21. 10. 1940 mit den Worten: ». . . Vor Fliegeralarm hatte schon wieder Flakschießen begonnen, so daß die Bevölkerung nicht ungefährdet in die Luftschutzräume kam . . .« Hier konnten die stark beunruhigten Bürger ja nur den Eindruck haben, daß der Nachrichtenfluß zwischen Flak und LS-Warndienst einige Engpässe aufwies.

In einem »Führerbefehl« vom 22. 10. 1940 wurden denn auch neue Grundsätze für den Warndienst angeordnet, in denen es u. a. hieß:

». . . Es ist grundsätzlich so rechtzeitig zu alarmieren, daß mindestens 10 Minuten vor dem voraussichtlichen Eintreffen des Gegners der Alarm ausgelöst wird . . .« (49).

Die deutsche Jagdabwehr – sie unterstand nicht den Luftgaukommandos –

hatte seit 1941 eine *eigene Flugmelde-Organisation* aufgebaut und zog die Fluko-Meldungen »nur zur Ergänzung« heran.

Bei den zutage getretenen Mängeln im Luftschutzwarndienst der ersten beiden Kriegsjahre hat zweifellos die damals mangelnde Zusammenarbeit z. B. zwischen Kriegsmarine und Luftwaffe und innerhalb der Luftwaffe wieder zwischen Flak und Jägern mitgespielt, die gerade im norddeutschen Küstengebiet von Bedeutung war, denn die meisten Einflüge erfolgten über See. Die Meldungen der Marine-Nachrichten- und Beobachtungsstellen kamen z. B. nicht zu den Fliegerhorsten der Jäger und schon gar nicht zum LS-Warndienst, es fehlte an Querverbindungen (vgl. hierzu die treffenden Schilderungen von C. Bekker (4).

1942 zeigte sich mit zunehmender Angriffsstärke und Flugzeugzahl, daß die Organisation des Flugmelde-Dienstes den Anforderungen nicht mehr nachkommen konnte. Die Arbeitsweise war viel zu umständlich – jede Meldung mußte dreimal hintereinander aufgeschrieben werden und dies dauerte 2 min und länger. Es war der gleiche Papierkrieg, der auch in den Luftschutzstäben praktiziert werden sollte, bis das ganze Bürokratensystem mit zunehmenden Einsatzzahlen »ad absurdum« geführt wurde.

1943 fiel (endlich!) das schriftliche Meldeverfahren weg, ersetzt durch ein mündliches Reportage-Verfahren. Der Erfolg sei »erstaunlich« gewesen, denn jetzt habe es vom Auffassen eines Flugobjekts bis zum »Nutznießer« nur noch Bruchteile einer Minute (??) gedauert (RL 19/446).

Ab 28. 8. 1943 (also nach den Großangriffen!) war für Hamburg das Luftnachrichten-Flugmelde-Regiment 101 mit Stab in Pinneberg zuständig. In Hamburg lag die IV. Abteilung beim Stabe des LGK XI mit »Hauptfluko« Hamburg und »Kleinflukos« in Lüneburg, Hittfeld, Itzehoe und Hoisdorf.

Innerhalb der Luftwaffe gab es – mindestens bis zur Neuorganisation des Flugmeldedienstes im Jahre 1944[159] keineswegs immer eine harmonische Zusammenarbeit. K. O. Hoffmann (56) berichtet darüber u. a.:

». . . Die 1. Nachtjagd-Division verbot 1941 die Durchgabe der ermittelten Flugwege an die Flukos . . .«

». . . Teilweise aus falschem Stolz, teilweise aus dem Streben nach Autarkie und Machtgelüsten wurde die Verbindung (Anm.: Zwischen dem Flugmeldedienst – der den Luftgauen unterstand, und dem »Geräte-Flugmeldedienst« – der den Jagddivisionen unterstand) untersagt . . .«

». . . 25 Jahre nach dem Geschehen kann der Verfasser dieses Buches (56) sich nicht der bitteren Ironie erwehren, wenn er daran denkt, daß man noch bis 1943 modernste Instrumente des Flugmeldedienstes, die bei der Nachtjagd eingesetzten Funkmeßgeräte, im Reichsgebiet nicht dem Flugmeldedienst zur Verfügung stellte; daß die wertvollen Geräte bis 1942 *nur nachts* arbeiteten und tagsüber still lagen, weil sich ihre Organisation ja für den bevorstehenden Nachteinsatz ausruhen mußte. Wieviele Aufklärer konnten so tagsüber ungehindert ihre Aufnahmen machen, wieviele ihrer Flugzeuge blieben unabgeschossen, weil die genauen Werte der Funkmeßgeräte nicht in den für Tagjagd, Flakartillerie und Luftschutzwarndienst wichtigen Auge-Ohr-Flugmeldedienst fließen konnten? . . .«

Der Berichter erlaubt sich hier anzumerken, daß an diesem Durcheinander der Eitelkeiten ja nun nicht nur Hitler, Göring oder Milch »schuld« waren!

Die Hamburger Bevölkerung hat diese Organisationsmängel besonders im Jahre 1940, aber auch noch in späteren Jahren zur Zeit der Mosquito-Einflüge wiederholt zu spüren bekommen, weil plötzlich Flakbeschuß ohne vorangegangene Warnung einsetzte – und hinterher dann »Entwarnung« gegeben wurde.

Da die Hamburger Lageberichte seit Juli 1940 neben den Uhrzeiten für »Luftgefahr 15« und »Fliegeralarm« die Zeit des ersten Bombenabwurfs angaben, konnte eine genaue Zeitkontrolle durchgeführt werden, ob die Forderung des »Führerbefehls« vom 22. 10. 1940 in der Praxis verwirklicht wurde. Sie ergab als Querschnitt, daß der Hamburger Bevölkerung in der Regel zwischen Fliegeralarm und erstem Bombenwurf rund *30 min* zum Aufsuchen einer Deckung zur Verfügung standen. Zwischen »Luftgefahr 15« (bis zum 28. 11. 1944 gegeben) und »Fliegeralarm« lagen durchschnittlich 12 min. Es waren also ausreichende Zeiten, die mit wenigen Ausnahmen bis zu den letzten größeren Angriffen im April 1945 gehalten werden konnten.

Die größte Panne ist zweifellos beim ersten Angriff auf Hamburg passiert. Ferner gelang es in den Jahren 1940 und 1941 einige Male Einzelflugzeugen, sich im Schutze einer dichten Wolkendecke an Hamburg »heranzumogeln«, um dann unvermutet Bomben zu werfen – so bei dem Tagesangriff am 3. 7. 1940, vgl. S. 53.

Bei dem am 12. 9. 1942 eingeführten Warnsignal »Öffentliche Luftwarnung« blieb es der Bevölkerung überlassen, ob sie sich luftschutzmäßig verhalten will oder nicht. Die Schuljugend mußte sich jedoch bei öffentlicher Luftwarnung während des Unterrichts luftschutzmäßig verhalten.

Gegen die »Mosquito-Pest« war aber kein Warnsystem recht gewachsen. Sie flogen so schnell, so hoch und änderten so abrupt ihre Kurse, daß die richtige Einschätzung ihrer Absichten Glücksache blieb.

Die Hamburger Bevölkerung wurde außerdem nach dem Auslösen von Warnsignalen seit 1941 auch über *Drahtfunk*[160] mit Luftlagemeldungen versorgt. »Onkel Baldrian« – wie er im Volksmund genannt wurde – der Staatssekretär Georg Ahrens (gestorben am 22. 10. 1974, vgl. Hamburger Abendblatt v. 7. 11. 1974) gab bis zum Kriegsende inhaltlich, psychologisch und sprachlich ganz hervorragende Reportagen zur Luftlage und wirkte – daher sein Spitzname – beruhigend auf die Bevölkerung ein. Die Hamburger wußten, daß dies nicht irgend ein kommandierter Sprecher tat, sondern ein bestinformierter Mann, der im Befehlsstand des Reichsstatthalters im Bunker der 3. Flakdivision (Sportplatz Rothenbaumchaussee) saß und durch seine klare, ruhige Sprechweise und eine bemerkenswert offene Lageschilderung (». . . jetzt ist es aber wirklich höchste Zeit, in den Keller zu gehen!«) ungewöhnlich großes Vertrauen genoß.

Seit März 1944 wurden ferner zu jeder vollen Stunde Luftlagemeldungen über alle Sender des Reichsprogramms und den Deutschlandsender gegeben. Bei Annäherung von Bomberverbänden an die einzelnen Sender-Standorte schalteten diese ab, um dem Gegner keine Peilmöglichkeit zu geben. Die Bevölkerung erhielt ihre Informationen von »Luftgefahr 25« ab dann über Drahtfunk.

In Hamburg und im ganzen norddeutschen Raum wurden sehr viel die Luftlage-Sender der Jagddivisionen, z.B. »Primadonna« abgehört. Sie sendeten auf Mittelwelle allgemeine Luftlage-Orientierungen für die Jagd-Divisionen. Die Reportagen der ausgezeichneten Sprecher z.B. mit ihrer Ansage »Achtung Primadonna. Primadonna meldet . . .« konnten allerdings nur von denen ausgewertet werden, die eine Bezugskarte mit ihrer Quadrateinteilung besaßen. Da diese Pläne bloß »etwas außerhalb der Legalität« zu beschaffen waren, dürften sie zu den meistkopierten Unterlagen jener Zeit gehört haben.

Neben den Meldeverfahren der Jagd-Divisionen hatte die Flak zur »Gefechtsluftaufklärung« noch einen eigenen Flugmeldedienst mit

flakeigenen Horchgeräten,
flakeigenen Luftspähposten,
flakeigenen Funkmeßgeräten der Würzburg-Reihe,
flakeigenen Freya-Funkmeßgeräten

aufgebaut. Warum dieses so sein mußte, ist für einen Außenstehenden schwer verständlich.

Von all den Geräten zur Ortung einfliegender Bomberverbände und dem »Radar-Duell im Dunkeln« (Einzelheiten hierüber vgl. C. Bekker (4) und L. Brandt (14) wußte die Bevölkerung nur gerüchtweise etwas. Gelenkte Propaganda und menschliche Neigung zu Übertreibungen sorgten dafür, daß den deutschen Funkmeßgeräten – wie den »Würzburg-Riesen« – wahre Wunderdinge nachgesagt wurden.

Als diese Geräte auf den Hamburger Flak-Leittürmen Heiligengeistfeld und Wilhelmsburg jedermann sichtbar wurden, war die Hoffnung auf mehr Abschußerfolge der Flak sehr groß – und die Enttäuschung bitter, wenn 1944/45 die Geschwader, sauber eingeteilt in »Pulks«, schnurgerade über die Stadt hinwegflogen, scheinbar unbekümmert ihre Rauchzeichen und danach die Bombenteppiche abwarfen.

Nachdem am 5. 2. 1944 der »Luftwaffenbefehlshaber Mitte« in »Luftflotte Reich« umbenannt war, gab es ab 28. 2. 1944 (endlich!) eine »Neuorganisation des Flugmeldedienstes beim Luftflottenkommando Reich«. Der Auge/Ohr-Flugmeldedienst und der Gerätemeldedienst sollte von nun an keine getrennte Organisation mehr sein.

Die Befehlszentralen der Warnkommandos – die »Warnzentralen« – erhielten ihre Luftlagemeldungen von den Divisions-Flugmeldezentralen der Jagd-Divisionen, in Hamburg der 2. Jagddivision im Befehlsbunker »Sokrates« bei Stade. Aufgabe des LSWD blieb:

1. Versorgung der angeschlossenen Warnstellen mit Luftlagemeldungen und Warnbefehlen,
2. Anordnung oder Auslösung von Warnsignalen,
3. Verdunklungs- und Aufhellungs-Befehle für Industrie- Verkehrs- und Energiebetriebe.

Das Luftgaukommando hatte von jetzt an nichts mehr mit dem Flugmeldedienst zu tun.

Im Ganzen ist der Warndienst in Hamburg aber seinen Aufgaben bis in die letzten Kriegstage gut nachgekommen – von einigen Pannen durch falsche Lagebeurteilung und Ortungsfehler bei der Annäherung einzelner schneller Kampfflugzeuge abgesehen. Die »Window«-Abwürfe 1943 haben die rechtzeitige Warnung der Bevölkerung nicht beeinträchtigt. Sie wirken sich nur auf die Meßgeräte der Flak und die Nachtjäger-Einweisung aus.

10.3 »ABGESCHOSSEN!«, »ABGESTÜRZT«
Eine Rückschau auf die militärische Verteidigung von Hamburg.

Die Hamburger Bevölkerung und uns alle, die wir immer wieder die entsetzlichen Folgen von Luftangriffen sahen, die wir all dem schrecklichen menschlichen Leid gegenüberstanden, hat natürlich sehr bedrückt, daß der militärischen Verteidigung von Hamburg offenbar so wenige Erfolge beschieden waren.

Warum gelang es nicht, im Scheinwerferkegel fliegende Bomber zu treffen, warum lagen die Sprengwolken der Flak so oft kilometerweit entfernt von den in Geschwaderformation fliegenden und stur ihren Kurs haltenden Bomberpulks?

Nach einer Aufstellung vom Dezember 1944 (RL 19/451) sollen im Bereich des LGK XI bis dahin 1353 Flugzeuge der Alliierten (darunter 23 Mosquitos) durch Flak der Luftwaffe, teilweise in Verbindung mit Marineflak und Jägern, abgeschossen worden sein. Bedauernd wird aber in der Aufstellung dazu erklärt, daß 594 Abschüsse (rd. 45 %!) »leider« von der Abschußkommission der Luftflotte Reich »noch nicht anerkannt« worden seien (es gab wohl zuviele Zweifel an der Richtigkeit der Meldungen!).

Wieviele Bomber durch *Jäger* im LGK-Bereich abgeschossen wurden, ist nicht bekannt.

Aus Sicht der Hamburger Bevölkerung war zwar das »Geballere der Flak« immer sehr stark – das Abschußergebnis dagegen immer sehr gering.

Über die militärische Luftverteidigung Hamburgs sei deshalb folgendes berichtet:

Die Zahl der während des ganzen Krieges *über Hamburger Gebiet* durch Flak oder Jagdflugzeuge zum Absturz gebrachten Bomber ist gering – sie dürfte zwischen 40 und 50 Maschinen gelegen haben. Eine genaue Übersicht fehlt, denn der Abschnitt »Abschüsse, Notlandungen« ist erst in den letzten Kriegsmonaten in die LS-Schadensmeldungen und Lageberichte aufgenommen worden. Vorher wurden Flugzeugabstürze in Verbindung mit den meist dadurch entstandenen Schäden bei den jeweiligen Luftschutzabschnitten vermerkt. Gab es keine Schäden, fehlte mitunter auch die Angabe.

Der (wahrscheinlich) erste (nachgewiesene) Abschuß über Hamburger Gebiet gelang der Flak bei dem 26. Angriff in der Nacht zum 29. 7. 1940. Das Flugzeug

BILD 153 Abgeschossen! Der Fallschirm des Bordschützen einer Hampden-Herford hatte sich nicht mehr rechtzeitig geöffnet! Der Körper des Fliegers ist tief in den weichen Moorboden eingeschlagen – aus der Grube laufen die Fallschirmgurte zu dem ausgebreitet auf der Weide liegenden Fallschirm.

– eine Hampden-Herford – stürzte auf eine Weide bei Moorburg. Drei Mann der Besatzung waren vorher mit dem Fallschirm abgesprungen und wurden gefangen genommen. Der Fallschirm des vierten Besatzungsmitglieds öffnete nicht mehr rechtzeitig. So grub sich denn der Körper selbst ein Grab, aus dem nur noch die Fallschirmgurte herausliefen – BILD 153 –.

Mehr als 4–5 Abschüsse über Hamburg hat es wohl bei keinem Luftangriff gegeben. Die Angabe im »Hamburg-Bericht« von 35 Abschüssen (vgl. S. 290) ist höchst fragwürdig und sicher nicht aus Erkenntnissen der Luftschutzabschnitte gewonnen.

Aus Lageberichten des Jahres 1944 seien angeführt:

Tagesangriff v. 18. 6. 1944 – etwa 800 angreifende Flugzeuge der 8. USAAF – teilweise bedeckter Himmel –

1 viermotoriger Bomber auf das Gelände der Deutschen Werft abgestürzt. Ein Fallschirmspringer festgenommen.

1 Feindflugzeug in Langebek-Rönneburg abgestürzt.

Tagesangriff v. 20. 6. 1944 – etwa 650–700 angreifende Flugzeuge der 8. USAAF – klares, sonniges Wetter – (vgl. hierzu auch Bild 132)

4 Bomber abgestürzt,
3 Fallschirmspringer festgenommen,
8 Besatzungsmitglieder tot geborgen.

Tagesangriff v. 6. 8. 1944 – etwa 500 angreifende Flugzeuge der 8. USAAF – klares, sonniges Wetter –

4 viermot-Bomber abgestürzt,
15 Mann tot geborgen,
11 Fallschirmspringer festgenommen (Die Zahl der Besatzungsmitglieder läßt darauf schließen, daß noch mehr Bomber getroffen wurden, aber nicht auf Hamburger Gebiet fielen.)

Tagesangriff v. 25. 10. 1944 – etwa 800 angreifende Flugzeuge der 8. USAAF – Bedeckter Himmel ohne Erdsicht –

1 viermot-Bomber wurde in Gut-Moor durch Flakartillerie (??) zum Absturz gebracht, 5 Besatzungsmitglieder tot, 2 von der Wehrmacht festgenommen.

Den spektakulärsten Absturz gab es am 24. 5. 1944. Ein außerhalb des Stadtgebiets angeschossener amerikanischer viermot-Bomber war von seiner Besatzung bereits verlassen worden und schwebte nun im Gleitflug – von Südosten kommend – in wenigen hundert Metern Höhe quer über das ganze Stadtgebiet, bis er schließlich in der Tornquist-Straße abstürzte, dabei mehrere Häuser in Brand setzte und noch zwei Menschen erschlug[161]. Die leichte Flak des ganzen Stadtgebiets hatte ein wahres Trommelfeuer auf die Maschine eröffnet, aber als

»Abschuß-Erfolg« dürften die beteiligten Batterien dies kaum verbucht haben können.

Über die Rolle der Flakartillerie war in der Luftwaffen-Dienstvorschrift 16 »Luftkriegsführung« gesagt:

»Die Flakartillerie schützt den eigenen Lebensraum unmittelbar. In Verbindung mit den Jagdkräften ist sie für die Verteidigung der Heimat von höchster Bedeutung . . .«

Nach den Hamburger Angriffen 1943 soll dann Generalfeldmarschall Milch gesagt haben (73):

». . . Die Flak kann niemals die Wirkung hervorzaubern, den Gegner von einem Angriff abzubringen. Sie drückt ihn in die Höhe, bringt ihm Verluste bei, aber sie reicht nicht aus, um die Angriffe zu unterbinden . . .«

Diese zweifellos realistische Ansicht traf auch für Hamburg zu, denn sicherlich hat die Hamburger Flakverteidigung die Angreifer immer in die Höhe gezwungen (Angriffshöhen der RAF bei Nachtangriffen zwischen 5500 und 6500 m, der 8. USAAF bei Tagesangriffen zwischen 6500 und 8000 m, die Mosquitos flogen noch höher!). Nur selten sind diese Höhen unterschritten worden, z. B. bei überraschenden Einzelaktionen am Tage (. . . aus den Wolken heraus . . .) in den ersten Kriegsjahren.

Bei diesen Flughöhen war das Ausmachen und vor allem Treffen von Punktzielen für die anfliegenden Bomber schon einmal praktisch ausgeschlossen. Dies war ja der Grund für die alliierten Luftwaffenstäbe, ab 1942 Flächenbombardements durchzuführen, wobei Wohnviertel die größten Trefferchancen boten.

Man tut der Hamburger Flak also Unrecht, wenn man ihre Wirkung nur nach den über Hamburg abgeschossenen Maschinen bewertet. Viele Bomber sind hier schwer beschädigt worden, stürzten auf dem Heimflug ab, wurden leichte Beute der Jäger oder mußten notlanden. Wieviele Maschinen bei einem Angriff tatsächlich verloren gingen, wußte nur die Luftwaffen-Führung in England. Sicherlich nicht ohne Grund haben noch nach dem Kriege viele der britischen Piloten, die über Hamburg eingesetzt waren, von der »Hölle der Hamburger Flak« gesprochen. Angriffsflüge nach Deutschland waren wirklich keine Spazierflüge.

»Zuständig« in Hamburg war die 3. Flakdivision, die dem LGK XI unterstand. Der Befehlsbunker befand sich beim Sportplatz Rothenbaumchaussee – hier war gleichzeitig der Befehlsstand des Reichsstatthalters in seiner Eigenschaft als Reichsverteidigungskommissar. Der letzte Divisionskommandeur, Generalmajor Alwin Wolz (seit Mai 1944) wurde bei Kriegsende Kampfkommandant von Hamburg, einer der Männer neben dem Reichsstatthalter, dem Hamburg das Überleben als »offene Stadt« verdankt – vgl. (87).

Hamburg war nach britischer Auffassung[162] ». . . eine der bestgeplanten

Flakverteidigungen Deutschlands . . .«. Zur Zeit des Höchstandes – am 31. Juli 1943 – gab es rund um Hamburg 71 Batterien mit 346 Rohren (RL 19/427), und zwar:

12,8 cm – Zwillingsgeschütze [163]
16 Rohre auf 2 Flaktürmen (Heiligengeistfeld und Wilhelmsburg) gekoppelt mit den Funkmeßgeräten »Würzburg-Riesen« auf den Leittürmen,
20 Rohre bei 5 Eisenbahn-Flakbatterien
10,5 cm – Geschütze [164]
96 Rohre bei 24 Batterien,
48 Rohre bei 12 Eisenbahn-Flakbatterien
8,8 cm – Geschütze [165]
166 Rohre bei 28 Batterien.

Dazu gehörten noch 26 leichte/mittlere Flakbatterien und 22 Scheinwerfer-Batterien mit etwa 400 Scheinwerfern (bis zu 200 cm ∅). Verschiedene Einzelobjekte waren außerdem durch ausgebaute Bordkanonen (z. B. MG 151/20) geschützt.

An der Luftverteidigung beteiligten sich auch die im Hafen liegenden Schiffe der Kriegsmarine, ohne allerdings wohl einen ernsthaften Beitrag leisten zu können.

Die Stärke der Luftverteidigung Hamburgs unterlag – ebenso wie in anderen Luftschutzorten – ständigen Änderungen. So war z. B. kurz vor den Juli-Angriffen 1943 Eisenbahn-Flak abgezogen und in das Ruhrgebiet verlegt worden.

H.-A. Koch hat in seiner Darstellung »Flak« (73) sehr zutreffend ausgeführt:

». . . zu einer konsequent einheitlichen Führung auf dem Kriegsschauplatz »Reichsluftverteidigung« kam es nie . . .« und

». . . Bedauerlicherweise kam die Spitzengliederung der Heimatluftverteidigung während des ganzen Krieges nicht zur Ruhe . . .«

Koch stellte weiter fest:

». . . Den guten Namen, den sich die Flakartillerie im Einsatz an den Fronten erwarb, konnte sie im Kampf um den Luftraum der Heimat nicht bewahren und bestätigen, wie es der Einsatzwille ihrer Soldaten und ihrer zahlreichen Helfer verdient hätte . . .«

Im Raum Hamburg gab es einen *äußeren Verteidigungsring* in der Nähe der Bombenabwurfslinie, im Durchschnitt bestehend aus 17 Stellungen mit 30 Batterien und 176 Geschützen (meist 8,8/36). Der *innere Ring* etwa nahe den Ecken der verteidigten Zone hatte 7 Stellungen mit 13 Batterien und 62 Geschützen, davon 30 mit Kaliber 10,5- und die 12,8-cm-Zwillingsflak der Flaktürme.

Schwerpunkte des inneren Rings waren die Großbatterien (2 Batterien zu je 6

Geschützen) auf den beiden Flaktürmen (angeblich auf besondere Anordnung Hitlers gebaut – auch in Berlin gab es solche Flaktürme, von denen der Zoo-Turm besonders bekannt war und in der Schlacht um Berlin eine Rolle spielte).

Dann gab es die Flakinsel[166] mitten in der Außenalster mit 6 Geschützen 10,5 cm, die »Stadtpark-Batterie« und die Autobahn-Batterie in Harburg.

Zwischen diesen beiden Ringen waren noch im Nord-West – und Süd-Ost-Sektor, den beiden Haupt-Anflugrichtungen, weitere 8 Stellungen mit 14 Batterien (70 Geschütze) als *mittlerer* Ring aufgebaut.

Die Geschütze des äußeren Rings sollen hauptsächlich zum Sperrfeuer-Schießen eingesetzt worden sein. Es habe 26 Sperrfeuer-Linien gegeben, die bei ungenügender Sicht und Ausfall der Funkmeß-Ortung gelegt wurden. Etwa 25 % aller Nachtschießen sei »Sperrfeuer« gewesen.

Anfang 1945 verfügte die Hamburger Flakverteidigung immerhin noch über 210 Rohre und zwar
16 Rohre 12,8 cm auf den beiden Flaktürmen,
16 Rohre 12,8 cm bei 4 Eisenbahn-Flakbatterien,
66 Rohre 10,5 cm bei 11 Batterien und
112 Rohre 8,8 cm bei 14 Batterien.

Außerdem 15 Rohre 3,7 cm auf den Flakgeschütz- und Leittürmen, etwa 30 Rohre 2,0 cm Flak und 200 bis 220 Rohre schwere Maschinengewehre zum Schutz von Einzelobjekten.

Sie waren der Flakgruppe Nord – Flakregiment 51 – und der Flakgruppe Süd – Flakregiment 16 – im Rahmen der 3 Flakdivision unterstellt. Dazu gehörte noch das Scheinwerfer-Regiment 161.

An die schwere Flak wurden viermal täglich ballistische Werte wie Luftdichte, Luftdruck und Windgeschwindigkeiten/Windrichtungen bis 11 000 m Höhe durchgegeben[167].

Die *Flakmunition* wurde von den Hauptmunitionsanstalten Nienburg und Hambühren bei Celle geliefert.

Der *Munitionsverbrauch* überstieg bei weitem alle Vorstellungen und Berechnungen, die z. B. nach dem Spanienkrieg angestellt waren. Nach den Ermittlungen des Generalquartiermeisters der Luftwaffe waren (bis 31. 12. 42) je Abschuß erforderlich:
3343 Schuß schwere Flak (8,8 cm und darüber) und
4941 Schuß leichte Flak (2,0 cm und darüber)
– bei einem Preis von etwa RM 80.– je 8,8-cm-Geschoß und RM 7,50 je 2,0-cm-Geschoß also über RM 300 000.– (73).

Das LGK XI hat errechnet, daß in der Zeit vom 25. 7. bis 3. 8. 1943 zur Bekämpfung des Unternehmens »Gomorrha« verschossen worden seien:

2,0 cm 67342 Schuß,

3,7 cm	3949 Schuß,
8,8 cm	169276 Schuß,
10,5 cm	73322 Schuß und
12,8 cm	9192 Schuß.

Damit sollen nach ersten Angaben des LGK XI 203 Bomber, nach späterer Berichtigung 76 Flugzeuge abgeschossen worden sein, allein 50 beim 3. Großangriff. Die RAF behauptete dagegen, es wären alles in allem 86 Maschinen verloren gegangen, darunter allein 30 durch schlechtes Wetter. Sehr wahrscheinlich stimmten die britischen Angaben und bei den deutschen Zahlen kamen Doppel- und Dreifachzählungen vor, weil oft mehrere Batterien den gleichen Abschuß für sich beanspruchten.

Im Jahre 1944 entfielen auf jeden Flugzeugabschuß mit Flakwaffen durchschnittlich

16000 Schuß 8,8-Flak 36/37
8500 Schuß 8,8-Flak 41,
6000 Schuß 10,5-Flak und
3000 Schuß 12,8-Flak

Die »Abschußkosten« waren also ganz gewaltig gestiegen, können auf rund 2,7 Millionen RM je Flugzeug geschätzt werden und lagen bereits jenseits aller »Wirtschaftlichkeitsgrenzen«. Die leichte und mittlere Flak spielte zu diesem Zeitpunkt in der Heimat-Luftverteidigung schon keine Rolle mehr (73).

Nach anderen Angaben sollen von 1000 einfliegenden Maschinen 9 von der Flak abgeschossen worden sein, das wären also rund 1 ‰[168] – für den Waffentechniker wirklich kein erhebendes Ergebnis!

In Hamburg sind jedenfalls die Schäden an Gebäuden und Menschen durch am Boden detonierende Flakgranaten – weil die eingestellte Zerleger-Automatik nicht funktioniert hatte – und durch Millionen von Flaksplittern sicher größer gewesen, als durch abgestürzte Flugzeuge.

Im norddeutschen Küstenbereich wirkte neben der Flak der Luftwaffe noch die Marine-Flakartillerie, die – natürlich! – auch ihren eigenen Flugmeldedienst besaß. Die Frage, ob eine getrennte, selbst in der Geräteentwicklung eigene Wege gehende, Flakorganisation der Marine wirklich notwendig war, soll hier nicht untersucht werden (Der Bordflak auf Kriegsschiffen gebührt selbstverständlich eine eigene Entwicklung!).

Auch bei den Marine-Feuerlöscheinheiten gab es diese Doppel-Gleisigkeit, die z. B. bei den Einsätzen in Kiel immer sehr peinlich bemerkbar wurde, denn die Marine kümmerte sich nicht um die allgemeine Luftschutzorganisation, schon garnicht um Weisungen des örtlichen Luftschutzleiters – auch wenn sie außerhalb des eigenen Geländebereichs tätig wurde.

Im Grunde waren *Angreifer* und *Verteidiger* in der gleichen Lage:

Der *Angreifer* sollte (so war jedenfalls die Vorstellung in den ersten Kriegsjahren) aus 4500 bis 7000 m Höhe ein Punktziel – etwa eine Schiffswerft – treffen. Bruchteile von Sekunden Verzögerung im Bombenauslöse-Vorgang, ein bischen falscher Wind und geringste Luftdruckunterschiede, eine kleine Beule im Bombenleitwerk führten auf dem langen Wege der Abwurfkurve bis zum anvisierten Ziel schon zu Abweichungen, die kilometerweit sein konnten.

Der *Verteidiger* sollte ein winziges Pünktchen im Luftraum – mit dem bloßen Auge oft kaum erkennbar – treffen, das sich mit einer Geschwindigkeit von 400 bis 500 km/h, d.h. etwa 130 m/s nach allen Richtungen hin bewegen konnte. Eine winzige Verzögerung im Abschußvorgang, eine nicht ganz exakte Einstellung des Zünders, eine unberechenbare Windboe und unterschiedliche Luftdichte genügten schon, um den noch so genau angemessenen Zielpunkt zu verfehlen. Wenn zudem der Zerleger-Zünder vielleicht wegen einer kleinen Klemmung in der Mechanik nicht genau funktionierte, dann detonierte das Geschoß kilometerweit vom Ziel entfernt. Einige kleine Splitter als »Treffer« genügten aber nicht, um etwa eine »Fliegende Festung« abstürzen zu lassen. Deshalb kann nicht verwundern, daß der Wirkungsgrad auf beiden Seiten oft nur nach Bruchteilen eines Prozents zu bemessen war.

Zur Hamburger Luftverteidigung gehörten bis zur Juli-Katastrophe 1943 noch 12 Batterien (2 Bataillone) *Ballonsperren* mit 288 Ballonen[169] – vgl. BILD 61 –. Der taktische Wert dieser Ballonsperren war sehr umstritten, denn nur bei einigen Tagesangriffen (1940/41) sind Flugzeuge aus den Wolken heraus so tief heruntergestoßen, daß ihnen solche Sperren hätten gefährlich werden können.

Die Ballone rissen bei den im Elbegebiet auftretenden Böen leicht ab, trieben schnell davon, blieben in Bäumen hängen und wurden dann begehrte Beute der Bevölkerung, die den Ballonstoff sehr schätzte. Nachschleifende Seile zogen Starkstrom- und Fernsprechleitungen in Mitleidenschaft.

Ganze Ballon-Batterien brannten durch elektrische Entladungen ab. Zwar hatten findige Köpfe Warngeräte konstruiert, um Spannungsschwankungen bei jeder Ballonhöhe zu beobachten. Achtmal am Tage erhielt der Kommandeur der Ballonsperren eine Wetterübersicht – aber all dies nutzte letztlich nicht viel.

Die Ballonsperren waren in der Hauptsache eine Verschwendung von Material und Personal, aber ihr Anblick machte wenigstens den Eindruck einer allumfassenden Luftverteidigung.

Von den Einsätzen der deutschen *Tag- und Nachtjäger* haben die Hamburger nicht viel gemerkt, denn deren Wirkung lag in aller Regel außerhalb des Hamburger Flak-Sperrkreises.

Wohl nur einmal konnten Abschüsse durch Nachtjäger über dem Stadtgebiet beobachtet werden: beim Angriff am 27./28.6.1941 – vgl. S. 97.

Aus den Nachkriegsveröffentlichungen (99), (122) wissen wir, wie sehr vor allem das Bomber-Command die Nachtjäger fürchtete und wieviele Anstrengungen unternommen wurden, um durch Scheinangriffe die wahren Angriffsabsichten zu verschleiern und die deutschen Jagdverbände zu zersplittern – so z. B. bei dem Angriff auf Peenemünde praktiziert – vgl. S. 293.

Über die Jägerführung – Hamburg gehörte seit 1. Mai 1942 zum Bereich der 2. Jagddivision in Stade –, die Ortungs- und Leitverfahren und die verschiedenen Angriffsmethoden – »Helle« und »dunkle« Nachtjagd, »Himmelbettverfahren«, »wilde Sau« u. a. ist an anderer Stelle (1), (5), (40) ausführlich berichtet. Auf dem Fliegerhorst Stade lagen Einheiten des Nachtjagdgeschwaders 3.

Für die deutsche Bevölkerung und das Schicksal der deutschen Städte war sicherlich tragisch, daß die technischen Möglichkeiten des Jägereinsatzes in der Heimat-Luftverteidigung nicht voll ausgenützt worden sind. Nur wenige Einzelunternehmungen, wie z. B. die Luftschlacht um Schweinfurt am 14. 10. 1943 (von 291 Bombern 77 abgeschossen oder verloren gegangen, 101 beschädigt, Verlustquote fast 60 %!) haben gezeigt, welche Chancen den Jägern gegeben waren und welch nachhaltigen Eindruck dies auf die alliierten Luftwaffenstäbe machte. Die größten Nachtverluste erlitt die RAF bei dem Angriff auf Nürnberg am 30./31. 3. 1944: von 710 Bombern 95 (= über 13 %) abgeschossen!

Der Leser etwa der »Geschichte der Deutschen Nachtjagd« (1) ist aber immer wieder erschüttert von dem heillosen Durcheinander in der deutschen Flugzeugfertigung, all diesen Konkurrenzkämpfen z. B. zwischen Heinkel, Messerschmidt und Junkers, den persönlichen Reibereien und Eifersüchteleien zwischen Luftwaffen-Generalstab und Technischem Amt, der ständigen Ärger mit den Daimler-Benz-Motoren DB 603 und DB 605, dem Kompetenzgerangel auf dem Gebiet der technischen Nachrichtenmittel, ganz zu schweigen von den auch in technischen Fragen ausgetragenen Rivalitäten zwischen Luftwaffe und Marine. Es fällt wirklich schwer zu glauben, daß auch daran immer nur die Spitze der politischen Führung schuld gewesen sein soll.

Es ist heute müßig, in rückwärts gewandter Prophetie das »Was wäre wenn . . . bei einer Änderung der Luftverteidigung« zu diskutieren. Unbestreitbare Tatsache bleibt, daß der militärischen Heimat-Luftverteidigung von Kriegsbeginn an nicht die Bedeutung zugemessen wurde, die sie dann – ab 1942 – tatsächlich erreichte. Vielleicht hat bei allen Verantwortlichen angesichts der Anfangserfolge der deutschen Luftwaffe in den »Blitzkriegen« unterschwellig der Gedanke mitgespielt, ». . . daß nicht sein kann, was nicht sein darf!«

Wie recht hatte da der »Hamburg-Bericht« mit der Feststellung (S. 183):

». . . Luftangriffserfolge der Hamburger Größe können dem Gegner immer nur dann gelingen, wenn die militärische Abwehr den Masseneinsatz auf engem Raum nicht verhindern kann . . .«

An der Suche nach »Schuldigen« hat es danach nie gefehlt. Adolf Galland überschrieb das 28. Kapitel seines Buches (40): »Hamburg – Schicksalsstunde der Luftwaffe« und berichtet darin über eine Besprechung von Göring mit seinen engsten Mitarbeitern Anfang August 1943 (wahrscheinlich kurz nach der Rückkehr Görings von seinem Hamburg-Besuch am 6. 8. 1943) über die Maßnahmen, die nach der »Katastrophe von Hamburg« notwendig seien: Radikale Umstellung auf Defensive, absolute Priorität der Luftrüstung, Forcierung der Jägerproduktion.

Die »Einmütigkeit« und »feste Entschlossenheit« aller für die Führung der Luftwaffe Verantwortlichen wurde allerdings dann tief enttäuscht: Hitler lehnte die Vorschläge der Luftwaffe rundweg ab mit dem Bemerken, Terror könne nur durch Terror gebrochen werden (vgl. S. 304).

K.-H. Völker hat sich in seinen Veröffentlichungen (118), (119) eingehend mit der Reichsluftverteidigung befaßt. Mit Recht sagt er:

». . . An der Reichsluftverteidigung wird wie an keinem zweiten Beispiel die unauflösbare Verkettung und Verflechtung von Taktik und Technik in der Luftkriegsführung deutlich . . .«

und weiter:

»...Die Reichsluftverteidigung ist von der deutschen Luftwaffenführung erst dann als die entscheidende Operation des Luftkriegs erkannt worden, als es bereits zu spät war...«

Ebenso stimmt seine Meinung, daß die Reichsluftverteidigung mit zwei Hypotheken belastet war, die auf das Konto der obersten politischen und militärischen Führung gingen:

1. fehlendes Verständnis der Konsequenzen und Auswirkungen einer strategischen Luftkriegsführung,
2. Unterschätzung des Gegners und seiner Möglichkeiten in der Luftoffensive gegen das Reichsgebiet.

Ob daraus nun aber auch gleich gefolgert werden darf, daß dies alles die Alleinschuld von Hitler oder Göring – neuerdings auch Staatssekretär Milch – gewesen sei, muß doch in Frage gestellt werden.

Es wäre wohl eine Untersuchung wert, ob der Stand der Flugzeug- und Waffentechnik in den Kriegsjahren überhaupt ausreichte, um Einflüge von mehreren hundert Bombern in das Reichsgebiet bei Tag und Nacht zu verhindern. Wahrscheinlich würden die Ergebnisse schnell zeigen, daß hier doch enge Grenzen gezogen waren, zumal sich technische Entwicklungen nicht einfach »per Befehl« erzwingen lassen, sondern allzuoft von Geist, Können - und Glück eines Einzelnen abhängen.

In diesem Zusammenhang sei die Bemerkung angefügt, daß wir gegenwärtig wieder eine ähnliche Euphorie von Politikern und Militärs erleben, wenn es um die Schilderung der Zielgenauigkeit dieser oder jener Raketensysteme geht. Heute soll die »Elektronik« alle Probleme der Zielfindung meistern – aber auch hier gilt die alte Weisheit: »Der Teufel steckt im Detail!« – und das Versagen eines simplen Schalters im Wert von DM 1,50 kann – wie die Weltraumstarts amerikanischer und sowjetrussischer Raketen gezeigt haben – das ganze System unbrauchbar machen.

10.4 TOD IM LUFTANGRIFF

Eine Schätzung der Hamburger Gefallenen und Verwundeten des Luftkriegs.

Drei Jahre nach Kriegsende veröffentlichte der Hamburger Pathologe Professor Dr. med. Siegfried Gräff einen Bericht über seine Untersuchungen zur Todesursache der im Luftkrieg Gefallenen unter dem Titel »Tod im Luftangriff« (45). Es ist ein makabres Buch, das zwischen »Straßenleichen«, »Kellerleichen« und »Bombenbrand-Schrumpfleichen« unterschied.

Vor den Augen derer, die – wie der Berichter – nach der Feuersturmnacht vom 28. Juli 1943 über die Trümmer der Straßen in Hammerbrook und Rothenburgsort geklettert sind, ziehen beim Lesen noch einmal die Bilder von Tausenden toten Hamburgern – Männern, Frauen und Kindern – vorüber.

Wie viele waren es in den Luftkriegsjahren 1940 bis 1945?

Die nach jedem Angriff aus den Einzelberichten der Polizeireviere und Luftschutzabschnitte zusammengestellten Zahlen in den Lageberichten des Polizeipräsidenten dürften wohl das zuverlässigste Zahlenwerk sein. Sie ergeben – ohne die Toten der Juli-Katastrophe – von 1940 bis 1945

■ *7053 Gefallene,* darunter 3985 Männer (= 57 %), 2389 Frauen (= 34 %) und 660 Kinder (= 9 %).

Bis heute strittig ist jedoch die Zahl der Opfer der Juli-Katastrophe und sie wird auch nie ganz genau zu ermitteln sein.

Vom Statistischen Amt ist im »Hamburg Field Report« (48) wahrscheinlich nach Polizei-Angaben die Zahl der Geborgenen aus der Juli-Katastrophe zum Stichtag 1. Mai 1945 mit 41 800 genannt. Dazu wären die außerhalb der Juli-Katastrophe gefallenen 7053 Personen zu zählen, was eine Endzahl von 48 853 Toten ergibt. Im Hamburg Field Report sind 48 572 Tote – also fast die gleiche Zahl – ausgewiesen.

Nach Einstellung der Leichenbergung am 3. 10. 1945 hat die Polizei 48 602 Bombenopfer angegeben und ist dabei auch offenbar von jenen (angeblich) 41 800 Opfern der Juli-Katastrophe ausgegangen.

Dazu müssen jene Toten gerechnet werden, die außerhalb Hamburgs ihren schweren Verletzungen erlegen sind. Ihre Zahl wird mit 2322 angegeben, was dann zu einer Gesamtzahl von 50924 bis 51175 Toten, also

rund 51000 Toten

führen würde.

Wie hoch die »Dunkelziffer« sein könnte (Fehlschätzungen bei vorgefundenen Aschenresten oder Fehlen von Vermißtenmeldungen, weil ganze Familien umkamen) ist ungewiß. Bei den Aufräumungs- und Wiederaufbauarbeiten der letzten drei Jahrzehnte sind – besonders in den Feuersturmgebieten – entgegen allen ursprünglichen Erwartungen nur noch sehr selten weitere Opfer gefunden worden – und dann in der Regel als Einzelfälle. Dies läßt darauf schließen, daß die Bergungsarbeiten damals doch sehr systematisch und mit großer Gründlichkeit durchgeführt worden sind und mit *keiner hohen Dunkelziffer* zu rechnen ist.

W. Heinsohn hat die »Menschenverluste der Hansestadt Hamburg im 2. Weltkrieg« in einer ausführlichen Studie untersucht (52). Er kommt ». . . bei vorsichtiger Schätzung« auf

». . . eine Gesamtzahl von 55000 Luftkriegstoten«

Diese inzwischen »amtliche« Zahl enthält aber eine grob geschätzte Zahl von 15000 Toten, für die jeder auch nur einigermaßen glaubhafte Nachweis fehlt.

Die Zahl der standesamtlich beurkundeten Luftkriegsopfer ist dagegen wesentlich niedriger. Nach den Angaben von W. Heinsohn waren bis Ende Dezember 1950 registriert:

Sterbejahr	Zahl der beurk. Luftkriegsopfer Gesamt	männlich	weiblich	nach den Lageberichten	nach dem Field-Report
1940	106	70	36	125	125
1941	604	289	315	626	652
1942	561	307	254	494	507
1943	30482	12064	18418	418 +	421 +
				31647	41800
1944	3551	1740	1811	3671	3624
1945	2250	1233	1017	1719	1443
zusammen	37554	15703	21851	38700	48572
in %	100,0	41,8	58,2		

Ende 1943 waren von den Bergungskräften sämtliche Straßen, Plätze, Freiflächen und alle bekannten Luftschutz- und Kellerräume in den Schadensgebieten abgesucht. Gefallene konnten nur noch vereinzelt unter Trümmerbergen an unvermuteten Zufluchtstätten liegen.

Es ist ganz unwahrscheinlich und durch keinerlei Zeugenaussagen oder Äußerungen der Luftschutzleitung belegt, daß von Ende 1943 bis Kriegsende noch rund 10000 Tote aus der Zeit der Juli-Angriffe gefunden worden sind. Woher die Zahl »41800« kommt, hat der Berichter nicht aufklären können. Da die gesamten Führungskräfte der Polizei sofort nach Einmarsch der Besatzungstruppen verhaftet oder fristlos entlassen und Akten in Bausch und Bogen beschlagnahmt wurden, sind hier Übertragungsfehler der zunächst sachunkundigen Nachfolger sehr wohl möglich.

Als »gesichert« können nur folgende Zahlen angesehen werden:

Gefallene nach den Lageberichten der Polizei vom 18. 5. 1940 bis 3. 5. 1945 *ohne* die Verluste während der Juli-Katastrophe		7053
Gefallene der Juli-Katastrophe, bis zum 30. 11. 1943 geborgen		31647
Außerhalb Hamburgs gestorben		2322
	zusammen	*41022*
oder:		
Standesamtlich beurkundet in Hamburg bis Ende 1950		37554
Außerhalb Hamburgs am Sterbeort beurkundet		2322
	zusammen	*39876*

Der Unterschied zwischen beiden Gesamtzahlen – 1146 Tote – ist schlüssig erklärbar, weil für viele Tote weder Namen feststellbar waren, noch später Vermißtenmeldungen (und damit auch Todeserkläruongen) eingingen.

Wenn wir von der als einigermaßen wirklichkeitsnah anzusehenden Schätzung von Ende 1943 – etwa 35000 Tote bei den Juli-Angriffen – ausgehen (sie ist eher zu hoch, als zu niedrig!), dann kommt man auf
rund 45000 Luftkriegstote in Hamburg,
aber nicht – wie bisher angegeben – 55000 Tote.

Es ist immer noch eine schreckliche Zahl und heute vielleicht müßig, über die Schätzungsgrade zu streiten. Eher kann in den Zahlenunterschieden ein Beispiel dafür gesehen werden, wie schwierig und unsicher Statistik in den Wirrnissen eines verlorenen Krieges ist.

Großbritannien hatte während des *ganzen Krieges* 60595 Tote durch Luftangriffe zu beklagen und zwar (122, Appendix II):
51509 durch Spreng- und Brandbomben,
6184 durch V 1-Geschosse,
2754 durch V 2-Geschosse und
148 durch Artillerie-Beschuß über den Kanal.

Das *Verhältnis* zwischen *Gefallenen* und *Verwundeten* lag dort zwischen 1:3 und 1:4, während der V-Waffen-Angriffe 1944/45 bei etwa 1:7. Die britischen Behörden hatten im übrigen genau die gleichen Schwierigkeiten in der statistischen Erfassung und ihre Zahlen sind deshalb mit ähnlichen Vorbehalten, wie die deutschen zu bewerten.

Die Gesamtzahl der Luftkriegstoten für das Deutsche Reich nach dem Gebietsstand vom 31. 12. 1937 soll nach den vorliegenden Schätzungen[170] 465000 betragen haben – ohne die Fluchtverluste der Bevölkerung aus den östlichen Vertreibungsgebieten. Wenn auch diesen Zahlen zum Teil die während des Krieges im Statistischen Reichsamt geführte amtliche Statistik der Luftkriegsverluste zu Grunde liegt, so ist sie doch mit sehr vielen Unsicherheitsfaktoren belastet und kann eben auch nur als »Schätzung« angesehen werden. Wir dürfen wohl aber als einigermaßen sicher ansehen, daß rund 10 % aller deutschen Luftkriegsverluste allein auf Hamburg entfallen.

Über die Zahl der *Verwundeten* in Hamburg gibt es nur die Angaben in den Lageberichten. Sie sprechen von 10959 Verwundeten in den Jahren 1940 bis 1945, ausgenommen die Juli-Katastrophe 1943.

Während der Katastrophe sind 37214 Verwundete in Rettungsstellen und Krankenhäusern behandelt worden. Wieviele sich selbst versorgt haben oder erste Hilfe außerhalb von Hamburg auf der Flucht fanden, weiß niemand.

Die Statistik-Zahl schließt mit 48173 Verwundeten ab. Sie kann aufgerundet mit 50000 angegeben werden, ist aber ganz sicher nicht zutreffend.

Wir wissen aus Erfahrungen bei Groß-Unfällen, daß das Verhältnis zwischen Toten und Verletzten etwa bei 1:3 bis 1:4 liegt – auch die britische Statistik kommt zu ähnlichen Zahlen. Demnach kann man auch die *Zahl der Verwundeten in Hamburg* während der Juli-Angriffe 1943 auf

etwa 125000 Menschen

schätzen. Sie erlitten Verletzungen durch Brandwunden, Splitter und Mauertrümmer, achteten aber oft in der Angst um das Leben nicht darauf und fanden erst viel später Zeit zur Behandlung.

Insgesamt dürften bei Luftangriffen auf Hamburg 1940 bis 1945

etwa 150000 Menschen

verwundet worden sein.

In diesem Zusammenhang ist zu erwähnen: Bei den Bombenteppichabwürfen der Jahre 1944 und 1945 wurden

rund 6200 Menschen verschüttet[171]

von denen 55,5 % lebend und 45,5 % nur noch tot geborgen werden konnten. Hierbei haben sich schreckliche Tragödien abgespielt, wenn der Wettlauf der meist zu schwachen und ohne große Räumgeräte arbeitenden Bergungskräfte mit dem fortschreitenden Feuer oder steigenden Wasser verloren ging, die

Hilferufe immer schwächer wurden und schließlich ganz verstummten.

In der Urkunde des Mahnmals für die Hamburger Luftkriegsopfer auf dem Ohlsdorfer Friedhof stehen die Worte:

»Möge den Menschengeschlechtern nach uns die Vernichtung Unschuldiger erspart bleiben. Möge dieses Grab für alle eine eindringliche Mahnung zur Besinnung und zur Menschenliebe sein!«

Der Berichter, der in seinem Berufsleben so viele Tote gesehen hat, die unter entsetzlichen Umständen sterben mußten, kann die statistische Erörterung der Verlustzahlen im Luftkrieg über Hamburg nicht abschließen ohne das bittere Empfinden, daß die mahnenden Worte über den Hamburger Gräbern ungehört verhallt sind. Denken wir daran, wie viele Menschen inzwischen wieder weltweit bei grausamen kriegerischen Auseinandersetzungen sterben mußten, weil Gewalt vor Recht und Ordnung ging!

10.5 **ZERBOMBT UND AUSGEBRANNT!**

Eine Überschau der Luftkriegszerstörungen in Hamburg

Nach den Ende 1945 abgeschlossenen Erhebungen der Baubehörde waren von 563533 Hamburger **Wohnungen** (1939) während des Luftkriegs

114757	unbeschädigt geblieben	= 20,5 %	
109471	leicht beschädigt	= 19,3 %	79,5 %
38970	mittelschwer beschädigt	= 6,9 %	
23005	schwer beschädigt	= 4,1 %	
277330	ganz zerstört	= 49,2 %	

Wieviele von den mittelschwer- und schwerbeschädigten Wohnungen dann später doch nicht mehr instandgesetzt werden konnten und als Verlust zu buchen sind, ist unbekannt.

Von den 122301 *Wohngebäuden* (1939) sind 43058 = 35,2 % durch Kriegseinwirkungen ganz zerstört worden[172].

Eine im Herbst 1947/Frühjahr 1948 mit Fragebogen durchgeführte Erhebung von Wohnungen in kriegsbeschädigten Gebäuden brachte etwas andere Zahlen und zwar[173]:

11516 noch kriegsbeschädigte, wiederaufbaufähige Wohngebäude mit ursprünglich

81621 Wohnungen, von denen

7,9 % unbeschädigt,

6,2 % wiederhergestellt,

50,4 % beschädigt und

35,5 % zerstört waren.

Absolut richtige Zahlen kann es nicht geben – der dazu notwendige Erhebungsaufwand hätte in gar keinem Verhältnis zum Nutzen gestanden. Schon allein eine exakte Feststellung des Beschädigungsgrades lag jenseits der praktischen Möglichkeiten. Heute dürfen wir auch so ehrlich sein, zu gestehen, daß möglichst hohe Schadenszahlen während des ganzen Krieges und in der ersten Nachkriegszeit die Aussicht auf höhere Kontingentzuteilungen an Eisen, Zement, Holz und Mauerwerk wesentlich verbesserten.

Für das Gebiet der Bundesrepublik Deutschland ist Anfang der fünfziger Jahre ermittelt, daß durch Luftkriegs- und Kampfhandlungen insgesamt
2340000 Wohnungen = 22 % des Bestandes
zerstört worden sind. Das Land Hamburg liegt in dieser Statistik mit – aufgrundet – 54 % an erster Stelle, gefolgt von Bremen mit 48 % und Nordrhein-Westfalen mit 27 %.

In diesem Zusammenhang ist etwas über die *Zahl der Ausgebombten* zu sagen. Das Statistische Landesamt hat im August 1947 im Rahmen einer Repräsentativ-Befragung folgende Zahlen ermittelt[174]:

Die Gesamtzahl der Hamburger, die während des Krieges durch Bombenangriffe alles oder einen Teil ihrer Habe verloren haben, wurde auf rund
1170000 Personen = etwa 69 % der Bevölkerung
geschätzt.
Davon waren etwa
902000 totalgeschädigt und
265000 teilgeschädigt.

Rund 107000 Menschen mußten nach den Lageberichten vorübergehend umquartiert werden (Einsturzgefahren, Räumung von Blindgängern).

Es ist danach sicher richtig, daß weit über eine Million Hamburger von Luftkriegsfolgen in ihrem Lebensraum unmittelbar betroffen wurden.

Über die Zerstörung *Hamburger Baudenkmale* haben G. Grundmann und R. Klee-Gobert ausführlich berichtet (46). Danach sind von 33 Kirchen 10 zerstört und 5 schwer beschädigt worden. 18 blieben unversehrt.
Zerstört wurden u. a. die Hauptkirchen
St. Catharinen (Gründung 1230/40)
St. Jakobi (Gründung um 1250)
St. Nicolai (Gründung um 1200, Neubau 1846/74) –
Schwer beschädigt wurden die Hauptkirchen
St. Michaelis (erster Bau 1649/61, Neubau 1750/62, zweiter Neubau nach dem Brande 1906 im Jahre 1912 eingeweiht)
St. Petri (älteste Hamburger Stadtkirche, gegründet im 12. Jahrhundert, zerstört beim Brande 1842, Neubau 1844/49, Chor im Mai 1942 zerstört)
Ferner sind zerstört worden:

die Dreieinigkeitskirche in St. Georg (Gründung 1743/47),
die kleine Michaeliskirche,
die Dreifaltigkeitskirche in Hamm (Gründung 1693),
die St. Josephskirche (1713 von Schweden zerstört, Neubau 1718/20),
die Mennonitenkirche Große Freiheit,
die Hauptkirche in Altona (Turmbau 1688/94, sonst 1742/44)
die Dreifaltigkeitskirche in Harburg (Gründung 1650).

Von 70 unter Denkmalschutz stehenden *Bürgerbauten* wurden 54 völlig zerstört, darunter
das Alte Stadthaus (Görzsches Palais) am Neuen Wall,
das Patriotische Gebäude Troostbrücke,
das Alte Johanneum,
die Neue Börse,
Teile der Alsterarkaden,
die Alte Wache am Millerntor,
das Hamburger Bürgerhaus im Grimm 30 (1690),
das Giebelhaus Catharinenstraße 17,
das Alte Rathaus in Altona (1716),
die Alte Münze,
das Alte Waisenhaus.

Das *Hamburger Rathaus* (1897) war dagegen – fast ein Wunder – nur leicht beschädigt. Ernstlich gelitten hatte der Turm oberhalb der stumpfen Pyramide, der 1943 ausbrannte.

Nahezu unversehrt war aber die Musikhalle und eine Reihe großer Verwaltungsgebäude am Gorch-Fock-Wall/Holstenwall. Dagegen hatte in dieser Gegend das Museum für Hamburgische Geschichte erhebliche Schäden davongetragen[175].

Von den ursprünglich 20530 Betten in Hamburger *Krankenhäusern* waren noch 14000 (rund 68 %) vorhanden.

Von 463 *Schulgebäuden* wurden 97 (21 %) ganz zerstört und 40 % wiederherstellbar beschädigt. 30 % blieben unversehrt.

Von den Hamburger *Volltheatern* war bei Kriegsende nur noch das Staatliche Schauspielhaus an der Kirchenallee spielfähig – wenn auch mit Beschädigungen.

Nach dem amerikanischen »Hamburg Field Report« (48) sind bei den Juli-Angriffen 1943 etwa 20 % der Hafenumschlagsanlagen zerstört worden, bis zum Juni 1944 seien es 35 % und bei Kriegsende 85 % gewesen.

Die Werft von Blohm & Voss war nach amerikanischen Angaben[176] das befohlene Ziel von 38 Angriffen der RAF und der 8. USAAF, davon bei 6 Angriffen das Hauptziel. Die Amerikaner schätzten, daß dabei 22–27 U-Boote des Typs VII c (769 t) und etwa 11 Boote des Typs XXI (1621 t) in erster Linie durch

Sprengbomben zerstört worden sind. Wahrscheinlich sind diese Zahlen aber zu hoch und finden keine Bestätigung in der Baunummern-Liste der Werft (95). Als letztes Boot wurde jedenfalls U 2552 am 24. 4. 1945 in Dienst gestellt, als bereits bei Bremen und Stade Kämpfe stattfanden.

Auf das Werksgelände seien 1264 Sprengbomben (ohne die nach dem Angriff vom 9. 4. 1945 nicht mehr ermittelten Zahlen!) gefallen. Am wirkungsvollsten wären Bomben mit Verzögerungszünder 0,25 s gewesen. Die Werft gehörte damit vom ersten bis fast zum letzten Luftangriff zu den besonderen Zielobjekten in Hamburg.

Es ist auffallend, daß weder die Howaldtswerke, noch die Deutsche Werft bis April 1945 das Direktziel von Flächenbombardements – »precision bombing« – gewesen sind. Die Howaldtwerke wurden erst durch den Angriff vom 8. 4. 1945 stillgelegt. Dabei hat z. B. Howaldt von Januar 1941 bis April 1944 33 U-Boote Typ VII c gebaut und von März 1944 bis Februar 1945 71 Sektionen V für den U-Boot-Typ XXI an Blohm & Voss geliefert.

Zu den Phänomenen des Luftkriegs gehörte, daß die deutsche U-Boot-Fertigung trotz aller Luftangriffe ständig stieg und 1944 – im Jahr der großen Bombenteppich-Abwürfe amerikanischer Geschwader – ihren Höchststand erreichte. Es wurden gebaut (49):

1940	23800 t
1941	147800 t
1942	193000 t
1943	211400 t
1944	275300 t
1945	54900 t (bis 9. Mai)

In Hamburg lagen dabei rund 45 % der gesamten deutschen U-Boot-Fertigung!

Aus dem *Hafengebiet* sind weiter folgende Zahlen bekanntgeworden[177]
Zerstört wurden:
Kaischuppen zu 89,9 %,
Kräne zu 78,6 %,
Speicher zu 71,5 %,
Hafenbahngeleise zu 67,7 %,
Landungsanlagen zu 54,5 % und
Brücken zu 42,4 %.
Es sollen rund 2300 Wasserfahrzeuge versenkt worden sein.

Die *Hamburgischen Elektrizitätswerke* konnten bei der Kapitulation von 510000 KW ursprünglich installierter Leistung nur noch rund 100000 KW liefern. Das Kraftwerk Neuhof zählte auf seinem Gelände über 100 Sprengbombentreffer, darunter 10 Volltreffer. Das 110000-V-Überlandnetz war zerrissen, die Masten an mehreren Stellen geknickt. Im 25000-V-Stadtkabelnetz wurden 460 Fehlerstellen festgestellt[178].

Relativ günstig war noch der Betrieb der *elektrischen S-Bahn* davongekommen: von den 47 Halbzügen für Gleichstrombetrieb waren »nur« 4 zerstört worden. Von den 75 Viertelzügen des Wechselstrombetriebs waren 8 ausgefallen, also noch 67 vorhanden. Nur ein Brückenbauwerk vor Altona hatte noch im April 1945 erhebliche Treffer bekommen und forderte längere Reparaturzeit. Die Schäden an Gleisanlagen, Stellwerken, Stromschienen, Oberleitungen und Signalanlagen konnten dagegen laufend beseitigt werden[179].

Die *Trümmermassen* wurden auf über 43 Millionen m^3 geschätzt!

Amerikanischen Befragern sind über die finanziellen *Auswirkungen* der Luftangriffe folgende Angaben gemacht[180]:

Gesamtschäden geschätzt auf etwa 23 Milliarden RM, davon entfielen auf
Wohnungen etwa 3 Milliarden,
Hausrat etwa 3 Milliarden,
Handel und Industrie etwa 4,25 Milliarden,
Öffentliche Bauten und Gemeindeeinrichtungen etwa 1 Milliarde,
Verdienstausfall etwa 1,5 Milliarden.
Sonstiges (Verkehrsanlagen, Kulturgüter) etwa 10 Milliarden
An *Barentschädigungen* seien bis Kriegsende
2380256924,– RM
ausgezahlt worden.

Eine Nachrechnung und Bestätigung der Schätzungen war nach dem Kriege naturgemäß nicht mehr möglich – sie sind aber als »nicht aus der Luft gegriffene« Anhaltspunkte anzusehen.

Die *Hamburger Feuerkasse* hat in den fünfziger Jahren überschlägig die Gebäudeschäden des Krieges auf etwa 2,5 Milliarden RM bei einem Versicherungsbestand von 5,7 Milliarden RM (Ende 1938) geschätzt[181].

Die *Hamburger Bevölkerung* war von 1698388 Einwohnern im Mai 1939 auf 1110539 Einwohner im Mai 1945 gesunken, d.h. 587849 weniger – und davon waren nach der amtlichen Angabe 51000 bis 55000 im Luftkrieg über der Heimat und rund 63000[182] an den Fronten gefallen, zusammen also etwa 118000 nicht mehr unter den Lebenden. Rund 470000 galten als *»Butenhamburger«*.

Nach den Zahlen der Lebensmittelkarten-Ausgabe hatte Hamburg die wenigsten Einwohner im August 1943 mit rund 800000. Das Ziel der alliierten Luftoffensive, durch Flächenangriffe auf die Wohngebiete der arbeitenden Bevölkerung eine Lebensgrundlage zu nehmen, schien damit zu einem Teil erreicht.

Eine Zählung am 10. Oktober 1943 ergab aber schon wieder 964698 Einwohner und am 4. April 1944 wurden 1021405 Lebensmittelkarten-Empfänger festgestellt (ohne »Fremdarbeiter«!). Die Zahl sank als Folge der Angriffe und weiterer Evakuierungen bis zum 9. Januar 1945 auf 958247 Einwohner und stieg dann wieder an – am 1. Mai 1945 sollen es nach Angabe des Statistischen Amtes (48) 1004325 Einwohner gewesen sein. Kurze Zeit später – Ende Mai 1945 – waren es durch den Zugang von Rückkehrern und Flüchtlingen 1110539 Einwohner (Lebensmittelkarten-Empfänger).

Ende 1975 – dreißig Jahre nach Kriegsende – weist die Bevölkerungsstatistik 1717383 Einwohner aus (Höchststand 1964: 1857431!).

10.6 WER HAT NUN EIGENTLICH MIT DEM »TOTALEN KRIEG« ANGEFANGEN?

Am Ende einer Darstellung des Schicksals von Hamburg im Luftkrieg 1939–1945 müssen wir uns wohl die Frage stellen: Wer hat nun eigentlich mit dem »totalen Krieg« angefangen?, wer hat den Krieg auch auf Gebiete ausgedehnt, die weit außerhalb der mittelalterlichen Vorstellungen vom »Schlachtfeld« und der »Front kämpfender Truppen« liegt?

Mitte 1943 – noch vor den Großangriffen auf Hamburg – gab das Auswärtige Amt ein Weißbuch »Dokumente über die Alleinschuld Englands am Bombenkrieg gegen die Zivilbevölkerung« heraus (30).

Auf 172 Seiten wurde versucht, der britischen Regierung die »Alleinschuld am Bombenkrieg gegen die Zivilbevölkerung« zuzuschieben – die eigenen Luftwaffen-Unternehmen aber als »rechtens« hinzustellen.

Die Schrift schloß mit einer »Amtlichen Verlautbarung vom 29. Mai 1943«, in der von »gemeinsten Bombenverbrechen und kulturschänderischen Untaten« und von »verbrecherischer Absicht der britisch-amerikanischen Mordkommandos und ihrer jüdischen Auftraggeber« die Rede ist.

1956 – über zehn Jahre nach Kriegsende – versuchte Eberhard Spetzler mit der ganzen Beredsamkeit eines Völkerrechtlers erneut, die Schuld Englands an der Ausweitung des Bombenkriegs auf die Zivilbevölkerung nachzuweisen. Er bezeichnet die deutschen »Nachtgroßangriffe« z.B. gegen Coventry als vollgerechtfertigte ». . . Repressalie gegen die unzulässigen Angriffe der RAF, die trotz aller deutschen Proteste und Warnungen schon seit Monaten andauerten, obgleich sich inzwischen herausgestellt hatte, daß sie den Kriegsverlauf nicht beeinflußten, umso mehr aber der deutschen Bevölkerung Leiden und Verluste zufügten. Derartige Repressalien-Luftangriffe waren nach überkommenem Kriegsrecht auch gegen Wohnsiedlungen erlaubt . . .« (112, S. 265).

Von Seiten der Alliierten wird dagegen behauptet – wer wollte ihnen dies verübeln –, daß die deutsche Luftwaffe mit den Angriffen auf Warschau und vor allem Rotterdam den uneingeschränkten Luftkrieg gegen die Zivilbevölkerung begonnen hätte (117), (122).

». . . Die Brandfackel dem Feind ins Land zu werfen, ist eine Kriegserscheinung aller Zeiten . . .« (72) und seit es Luftfahrzeuge gibt, ist von allen kriegführenden Mächten versucht, diese als »vertikale Artillerie« zu benutzen.

Von der *ersten* Haager Friedenskonfernez im Jahre 1899 über das »Genfer Giftgasprotokoll« vom 1. 7. 1925 bis zu den Entschließungen der Sonderkommission der Genfer Abrüstungskonferenz von 1932/33 ziehen wie rote Fäden die Bemühungen, in gewundenen Erklärungen Rechtfertigungen oder Verdammungen des Luftkriegs zu finden.

Auch eine Internatonale Juristenkommission war 1931 bemüht, die Möglichkeiten eines Rechtsschutzes der Zivilbevölkerung im Luftkrieg zu prüfen mit dem mageren Ergebnis, daß ein solcher Schutz weder vorhanden, noch ». . . unter den gegebenen Verhältnissen . . .« zu schaffen war.

Wer all diese Salbaderei, dieses wichtigtuerische Geschwafel von Drohnen der politischen Szene heute wieder liest, kann nur erschüttert sein über all die penetrante Verlogenheit, mit der hier angebliche Friedensbemühungen und »humanitäre Ziele« betrieben wurden.

Dabei hatte der erste Weltkrieg doch schon deutlich gemacht, daß für den Luftkrieg ebensowenig moralische Bedenken galten, wie für den Land- und Seekrieg. Wer zuerst die technischen Möglichkeiten hatte, nutzte diese nach dem alten Grundsatz »Right or wrong – my country!«, um seinen Gegner niederzuzwingen.

Zu Beginn des I. Weltkriegs besaß nur Deutschland in seinen Luftschiffen Träger für Abwurfmunition in nennenswerten Mengen. In der Nacht zum 20. 1. 1915 griffen deshalb erstmals die Marineluftschiffe L3, L 4 und L 6 britische Hafenstädte mit Spreng- und Brandbomben an – und dabei sind nicht nur »militärische Ziele« getroffen worden.

In der Nacht vom 31. Mai/1. Juni 1915 warf LZ 38 erstmals 1357 kg Spreng- und Brandbomben (4 Sprengbomben je 58 kg, 100 Brandbomben – sogen. Goldschmidt-Bomben[183] – und 50 »Fliegermäuschen«) auf London. Es gab 7 Tote und 18 596 Pfund Sterling Sachschaden. Im Gefechtsbericht des Kommandanten (Hptm. Linnarz) hieß es nüchtern:

». . . Die Stadt London war ganz beleuchtet und die Überraschung vollkommen geglückt, denn weder ein Scheinwerfer, noch ein Abwehrgeschütz trat vor Abwurf der ersten Bombe in Tätigkeit.

Erste Bombe 00.05, Höhe vor Abwurf 3300 m, nach Abwurf 3900 m.

Der durch den Bombenabwurf verursachte Schaden muß erheblich sein, denn an vielen Stellen brachen Brände aus, die zum Teil sehr rasch einen bedeutenden Umfang annahmen . . .«(29).

Aus der Sicht und mit den Worten eines Kriegsberichters las sich dies so[183]: ». . . An Backbord liegt die ragende Halle von Liverpool Station . . . Hageldicht regnen die Bomben nieder, Flammen lodern auf, eine Detonation nach der andern zerreißt die Luft. Gebäude stürzen ein, schwarzer Qualm verfinstert den Feuerschein . . . Von einem Bau schält sich die ganze Vorderwand ab, stürzt dröhnend zu Boden . . . Eine ungeheure Stichflamme brüllt blauleuchtend aus einer Gasleitung empor . . . es regnet Glas auf die Menschen, die in wilder Hast umhereilen, retten wollen, wo doch nichts mehr zu retten ist . . .«

Kaiser Wilhelm II. als oberster Kriegsherr hatte zu Beginn der Luftschiff-Angriffe in einem Befehl vom 12. 2. 1915 (101) als Angriffsziele bezeichnet:

Kriegsmaterial jeder Art, militärische Einrichtungen und Kasernen, Öl- und Petroleumtanks und die Londoner Hafenanlagen. Kein Angriff durfte auf den Regierungsbezirk von London und die königlichen Paläste (*Anmerkung:* »Die liebe Verwandtschaft!«) ausgeführt werden.

Wie ein Luftschiff-Kommandant bei Angriffshöhen über 3000 m in dunkler Nacht, ohne Kenntnis der Witterungsverhältnisse, ohne genaue Ortungsmöglichkeiten und ohne Zielgerät dieses machen sollte – darüber hatte man sich im Kaiserlichen Hauptquartier wohl keine Gedanken gemacht.

Der erste Luftangriff auf London – es war nun einmal der erste »erfolgreiche« Luft-Angriff auf eine offene Stadt – wird in der deutschen Geschichtschreibung gerne verschwiegen (vgl. Schreiber, A.: Die deutsche Marine-Luftschiff-Abteilung. Soldat und Technik 6. (1963) Nr. 11, S. 628/630).

Der erste »Terrorangriff auf die deutsche Zivilbevölkerung« (nach Goebbels Sprachregelung!) traf die badische Stadt Karlsruhe am 15. Juni 1915 – und zwar als »Vergeltung für London«! Die Bomben (angeblich französische) fielen mitten in die Stadt, es waren 30 Tote und 55 Verwundete zu beklagen[184].

Schon vorher hatten Flugzeuge der Alliierten Bomben auf deutsches Gebiet geworfen: 1914 auf die Luftschiffhalle in Düsseldorf, ein sicher rein militärisches Ziel, und am 27. 5. 1915 auf Ludwigshafen/Rhein – Oppau, um die dort gerade angelaufene Stickstoffproduktion zu stören (angeblich – vielleicht galt der Angriff auch der Rheinbrücke, über die der Nachschub für die Westfront rollte). Jedenfalls war dieser Angriff (der offenbar keine größeren Schäden verursachte) wohl mit der Anlaß, für die Errichtung eines neuen Ammoniakwerkes eine weniger *luftgefährdete* Lage zu suchen – sie wurde in Leuna bei Merseburg im Bereich des mitteldeutschen Braunkohlenbaus gefunden(vgl. Mach, E.: Entwerfen und Bauen. BASF-Schriftenreihe, Bd. 13, Ludwigshafen 1975, S. 62). Zum ersten Male hatte damit ein Luftangriff auch rüstungswirtschaftliche Folgen ausgelöst – und dies zehn Monate nach Beginn des I. Weltkriegs!

Es wäre eigentlich müßig, in einer Geschichte über das Luftkriegsgeschehen im Zweiten Weltkrieg noch einmal auf diese (kaum bekannten) Ereignisse im Ersten Weltkrieg einzugehen, wenn sich nicht so viele Umstände wiederholt hätten – getreu den Ben Akiba-Worten »Alles schon einmal dagewesen!«

Nach all den Reden über den »Totalen Krieg« in den Jahren zwischen den beiden Weltkriegen wurde auch auf deutscher Seite sehr wohl damit gerechnet, daß die Bevölkerung Luftangriffen ausgesetzt sein könnte.

Hermann Göring sagte dazu am 14. 11. 1935 im Berliner Sportpalast auf einer Kundgebung des Reichsluftschutzbundes (72):

». . . Wenn wir eine Luftflotte noch so groß aufbauen würden, wenn wir an allen Ecken und Enden Zehntausende von Kanonen und Maschinengewehren aufstellen würden, um den Luftraum zu verteidigen, so würde das niemals ausreichen, um dem deutschen Volke einen wirklichen Schutz zu gewähren, um die Volksgenossen vor den Folgen eines Luftkriegs zu bewahren . . .«

In einer Zeit, die den »totalen Krieg« – der in erster Linie ein technischer Krieg sein würde – in allen Einzelheiten beschrieb, wäre es ja wohl grob fahrlässig gewesen, von einem Gegner das Einhalten irgendwelcher wirkungsmindender Verträge zu erwarten! »Achsenmächte« und »Alliierte« haben denn auch von vornherein damit gerechnet, daß auf dem Papier stehende, letztlich aus dem vorigen Jahrhundert stammende »Kriegsregeln« nicht beachtet würden – warum

BILD 154 1915 – Schütte-Lanz-Luftschiff – Warschau bombardierend! – so lautete die Unterschrift unter einer farbigen Kunstdruckbeilage zur »Sonntags-Zeitung fürs Deutsche Haus« – Sommer 1915. Warschau ist aber nie von Luftschiffen bombardiert worden!

BILD 155 1945 – Bomben fallen aus einem »Viermot-Bomber« der Alliierten Luftflotten - rechts im Bild eine 4.000 lbs-Minenbombe.

wäre wohl sonst der Aufbau eines »zivilen Luftschutzes« erfolgt?

Alle kriegführenden Parteien haben sich zwar zu Beginn des Zweiten Weltkriegs beeilt, jenen scheinheiligen, moraltriefenden Appell des amerikanischen Präsidenten Roosevelt vom 1. 9. 1939 zu beantworten mit der Versicherung, sie würden sich selbstverständlich einer »humanen« Kriegsführung befleißigen. Was ist schon »human«, wenn es auf die »Vernichtung des Gegners« ankommt?

Auf keiner Seite fehlte es auch an Dienstvorschriften und Weisungen, wonach den Luftstreitkräften die Beschränkung ihrer Angriffe auf militärische Ziele befohlen war. Die Völkerrechtler ereiferten sich über Begriffe wie »unbefestigte« und »unverteidigte« Orte. Für »militärische Operationen« nahmen aber alle Strategen in Anspruch, daß das »Brechen des Widerstands« mit allen Mitteln erlaubt sei. Unter diesen Gesichtspunkten sind denn auch Warschau und Rotterdam bombardiert worden.

Jene unglücklichen Menschen in Städten und Dörfern, die zwischen die Fronten kämpfender Heere geraten, spüren jedenfalls nichts von humaner Kriegsführung – sie werden seit eh und je erschlagen, erschossen und verstümmelt, ihre Häuser zerstört und niedergebrannt – wer wagt es noch, hier von Recht und Gerechtigkeit oder Humanität zu schwätzen!

Seit Luftfahrzeuge die *technische Möglichkeit* geben, Kampfmittel aller Art auch von oben anzuwenden, ist davon *ohne die geringsten Hemmungen* Gebrauch gemacht worden. Es blieb dann den Juristen überlassen, in gewundenen Erklärungen und spitzfindigen Auslegungen Rechtsgrundlagen hierfür zu finden.

Eine Betrachtung der Luftkriegsführung in beiden Weltkriegen zeigt doch ganz eindeutig, daß jede der kriegführenden Parteien ihre jeweiligen technischen Möglichkeiten immer voll ausgeschöpft hat.

1915 waren es die Luftschiffe – **BILD 154** –, mit denen größere Bombenmengen befördert werden konnten. Sie fielen aus, als eine technisch verbesserte Abwehr das Verlustrisiko zu groß werden ließ. An ihre Stelle traten die wesentlich kleineren, schnelleren, weniger brandempfindlichen Bombenflugzeuge, denen praktisch nur Jagdflugzeuge etwas anhaben konnten. Die Wirkung der damals verfügbaren Flak war dagegen – mangels brauchbarer Ortungs- und Richtgeräte – eng begrenzt.

Zu Beginn des Zweiten Weltkriegs glaubten Deutsche, wie Alliierte, sich mit Flugmeldeorganisationen, Flak und Jägern gegnerischer Luftangriffe erwehren zu können. Was wir dann in der Folgezeit erlebten, war letztlich ein ständiges Wechselspiel im technischen Vorsprung. Seine spektakulärste Form wurde beim Unternehmen »Gomorrha« mit der Ausschaltung des deutschen Funkmeßdienstes durch »Windows« sichtbar. Es endete 1945 in Europa mit den Bombenteppichen der alliierten Luftflotten – **BILD 155** – und in Japan mit den Atombomben auf Hiroshima und Nagasaki.

Im »Totalen Krieg« kämpfte Nation gegen Nation mit all ihren menschlichen und technischen Fähigkeiten, in ihn waren Männer, Frauen und Kinder an ihren Arbeitsstätten und in ihren Wohnungen verstrickt. Es gab im Zweiten Weltkrieg keine »Zivilbevölkerung« mehr, die mit dem Gegner – im Gegensatz zur »kämpfenden Truppe« – eigentlich nichts zu tun hatte.

So müssen wir wohl auch das Geschehen in Hamburg sehen und dürfen bei aller Trauer über das Schicksal dieser Stadt nicht vergessen, daß Kriege noch nie »human« gewesen sind und ihrer Schrecklichkeit angesichts der Atombombendrohungen in unserer Zeit offenbar keine Grenzen gezogen werden können.

Eine Antwort auf die Frage »Wer hat nun eigentlich mit dem »Totalen Krieg« angefangen?« können wir am Ende unserer Betrachtung nicht erteilen. Es gibt bei aller persönlicher Mitschuld an unglücklichen politischen Entwicklungen – und hierzu gehört sicher der Beginn des Feldzugs gegen Polen – gewiß keinen einzelnen Menschen, dem die Alleinschuld angelastet werden könnte. Wir alle müssen wohl die Bürde des »Fortschrittglaubens« mittragen, die uns die Menschheitsgeschichte auferlegt hat.

Wer den Luftkrieg in der Heimat, den »Feuersturm über Hamburg«, miterlebt hat, muß die drängende Frage stellen: Haben denn Politiker und Militärs allen Lehren des »Totalen Krieges« von 1939 bis 1945 zum Trotz immer noch nicht verstanden, daß die Verteidigung eines Landes – nur davon wollen wir reden – *untrennbar* verbunden sein muß mit dem Bemühen um bestmöglichen Schutz *aller seiner Menschen,* seiner Bauten, Güter und Kulturwerte?

11. *Die unverzagte Stadt*

Als der Krieg zu Ende gegangen war, stand Hamburgs Wahrzeichen – der Turm von St. Michaelis – immer noch aufragend inmitten von Ruinenfeldern – gleichsam als ein Sinnbild für den ungebrochenen Lebenswillen dieser Stadt – **BILD 156** –.

Eineinhalb Jahre später nahmen die Hamburger auch die Führung ihres Gemeinwesens wieder in eigene Hand. Sie hatten am 13. November 1946 zum ersten Male wieder in freier Abstimmung eine Bürgerschaft gewählt und am 22. November wurden in feierlicher Sitzung im Hamburger Rathaus die neuen Senatoren durch den Bürgerschafts-Präsidenten Adolph Schönfelder vereidigt. Er sagte in seiner Ansprache auch dieses:

». . . Das deutsche Volk ist ein armes Arbeitsvolk geworden. Nur die Arbeit und ihre Ergebnisse können das Maß aller Dinge werden . . .
. . . In der alten Hansestadt muß ein neuer Hanseatengeist lebendig werden . . .«

In einer der nächsten Bürgerschaftssitzungen brachte der Kämmerer, Senator Dr. Walter Dudeck, den Haushaltsplan für das Rechnungsjahr 1946 ein und zog dabei »Hamburgs Eröffnungsbilanz«[185]. Das von ihm vorgetragene Zahlenbild über den Zerstörungsgrad der Wohnungen, die Lage bei den Schulen, den Krankenhäusern und im Hafen war wahrlich düster und endete mit der Feststellung

». . . Es sind 43 Millionen Kubikmeter Trümmer und Schutt übriggeblieben . . .«

◀ **BILD 156 Der Turm von St. Michaelis inmitten von Ruinenfeldern – April 1945 –.**

1947 schrieb Erich Lüth einen Bericht über die Lage in Hamburg – wohl den ausführlichsten und sachlich besten aus jener Zeit[186]. Er schloß mit den Sätzen

»... Die echteste aller Freiheiten wächst ... im eigenen Geist, in der eigenen Haltung, vor dem eigenen Gewissen, aus dem eigenen Tun, aus dem eigenen Handeln. Sie kann nur in uns selber reifen. Ja, sie muß im Schweiße des Angesichts erarbeitet werden. Sie muß erdient und sie muß verdient werden. In großer Liebe zu Hamburg, der unzerstörbaren Stadt! ...«

Im gleichen Jahr beendete auch Otto Erich Kiesel seinen Roman über das Kriegsgeschehen in Hamburg »Die unverzagte Stadt« mit den Worten (66):

»... mit allen, die diese Stadt lieben, wünschen sie nur dieses: Sie wieder groß und schön zu sehen unter den Segnungen des Friedens, um den sich auch hier die besten Herzen mühen ...«

»... Stolz, arbeitsam, aus aller Not aufstehend:
Die unverzagte Stadt!«

Seit Kriegsende sind nun über dreißig Jahre vergangen, genügend Zeit, um auch das beim Wiederaufbau Geschaffene rückschauend und vergleichend zu betrachten.

Der Berichter hat zuerst im August 1943, dann zehn Jahre später – 1953 –, nach zwanzig Jahren – 1963 –, sowie fünfundzwanzig Jahren – 1968 – zur gleichen Jahreszeit, vom gleichen Standort (z. T. von Feuerwehr-Drehleitern aus 25 m Höhe) und mit gleichem Lichtbildgerät Aufnahmen in verschiedenen Stadtgebieten gemacht.

Eine Auswahl dieser Bildgruppen mit ihren Erläuterungen – **BILD 157 a, b, c** – **BILD 158 a, b, c** – **BILD 159 a, b, c** – **BILD 160 a, b, c** – und – **BILD 161 a, b, c** – sprechen wohl deutlicher, als es Worte je vermöchten, über das, was in Feuerstürmen zerstört wurde, aber dann mit jenem nach Kriegsende beschworenem Hanseatengeist wieder aufgebaut worden ist.

Denken wir aber auch daran, daß vieles von dem, was in dieser von Flächenbränden und Feuerstürmen so schrecklich heimgesuchten Stadt an Gut und Blut erhalten blieb, dem Mut, dem Können und der Hingabe all jener Männer und Frauen und Jungen zu danken ist, die in den oft so verächtlich angesprochenen Luftschutzorganisationen jenseits aller politischen Doktrinen selbst unter Einsatz des eigenen Lebens arbeiteten. Sie konnten gegen die brutale Gewalt von Mensch und Natur keine glanzvollen Siege erringen, sondern nur als »Retter ohne Ruhm« wirken.

Verlauf und Ende des Zweiten Weltkriegs sind letztlich durch das Schicksal Hamburgs sicher nicht entscheidend beeinflußt worden, wenn auch die Feuerstürme der Juli-Katastrophe von 1943 Zeichen gesetzt haben.

Wir alle aber, die wir die bittersten Stunden der Hamburger Geschichte miterlebt haben, erinnern uns heute beim Anblick der Narben des Luftkriegs und all dessen, was neu geschaffen jetzt das Bild dieser Stadt prägt, an die dritte Strophe des vor 150 Jahren niedergeschriebenen Hammonia-Liedes:

. . . In Kampf und Not bewährt aufs neue
hat sich der freien Bürger Treue,
zur Tat für Deutschlands Ruhm bereit,
wie in der alten Hansezeit.
  Heil über Dir! Heil über Dir,
  Hammonia, Hammonia!
  O, wie so herrlich stehst Du da!

1943

1953

BILDER 157 a/b/c 1943 – Blick vom St. Michaelis-Kirchturm in südlicher Richtung auf den Hafen. Hier wurden die Schiller-Worte Wirklichkeit:

»... Leergebrannt
ist die Stätte,
wilder Stürme rauhes Bette.
In den öden Fensterhöhlen
wohnt das Grauen,
und des Himmels Wolken schauen
hoch hinein...«

1953 – Das ganze Ausmaß der Zerstörung ist erst jetzt erkennbar! Als einziger Neubau im weiten Rund steht die Dänische Kirche (Bildmitte).

1968 – Neue Wohnblocks stehen um die Kirche, die Straßen sind neu ausgebaut, aber es gibt doch noch recht viele Freiflächen zwischen »Vorsetzen« und »Schaarsteinweg«.

1943

1953

BILDER 158 a/b/c 1943 – Blick über Hammerbrook – den am stärksten zerstörten Stadtteil – in nord-ostwärtiger Richtung. Im Hintergrund (Pfeile!) der Schornstein der Badeanstalt Süderstraße.

1953 – Nach zehn Jahren sind die Trümmer beseitigt. Erst jetzt ist das ganze Ausmaß der Zerstörung erkennbar. Pfeil: Badeanstalt Süderstraße. Im Hintergrund sind einige ausgebrannte Gebäude wieder hergerichtet.

1968 – 25 Jahre später ist das Gelände fast ganz wieder bebaut. Links im Hintergrund mehrere Hochhäuser, rechts das Kravag-Haus am Heidenkampsweg. Die Badeanstalt Süderstraße ist abgerissen. Zwei Hintergrund-Schornsteine stehen aber noch.

1943

1953

BILDER 159 a/b/c 1943 – Blick von der Berlinertordamm-Brücke nach Westen – aufgenommen von einer Feuerwehr-Drehleiter aus 25 m Höhe. Rechts die Hauptfeuerwache, links die Straße »Beim Strohhause«

1953 – Wiederholungsaufnahme von fast gleicher Stelle. Über das abgeräumte Trümmerfeld gegenüber der Hauptfeuerwache bis hin zum Lindenplatz ziehen kreuz und quer Trampelpfade.

1968 – Beherrschender Blickpunkt am Berliner Tor: Das Polizei-Präsidium. Im Vordergrund die neue U-Bahn-Station.

1943

1953

BILDER 160 a/b/c 1943 – Blick von einer in der Wielandstraße (Eilbek) stehenden Feuerwehr-Drehleiter in südwestlicher Richtung: Ausgebrannte Wohngebäude, soweit das Auge reicht! Links der von einer Sprengbombe (Pfeil) getroffene Hochbunker Wielandstraße.

1953 – Die von Trümmern freigeräumten Flächen lassen das Ausmaß der Zerstörung erkennen. In Bildmitte vorn (Pfeil!) ein wieder instandgesetzter Gebäudeteil.

1968 – Nach fünfundzwanzig Jahren stehen wieder zahlreiche Wohnblocks. Der behelfsmäßig instandgesetzte Bau in Bildmitte (1953) ist aber abgerissen. Der Hochbunker wurde überholt. Im Hintergrund das Polizei-Hochhaus.

1943

1953

BILDER 161 a/b/c 1943 – Blick von der gleichen Stelle in der Wielandstraße (Bild 160 a) in nordwestlicher Richtung. Pfeile: Turm der Versöhnungskirche und der (später abgebrochene) Wasserturm am Winterhuder Weg.

1953 – Die stehengelassenen Ruinen im Vordergrund werden wieder genutzt und haben provisorische Dächer erhalten.

1968 – Nach 25 Jahren stehen auch in diesem Stadtteil wieder zahlreiche neue Wohnblocks. Beachte: Das weiße Gebäude in Bildmitte links hat alle Stürme der Zeit überdauert!

12. *Anmerkungen*

[1] Vgl. z.B. »Der Tod flog Hamburg an!«, Serie des Hamburger Abendblatts vom Juli 1953 oder »Unternehmen Gomorrha« – Serie des Hamburger Abendblatts vom Juli 1968 (25 Jahre danach).

[2] Der britische General I. F. C. Fuller, vgl. Army Ordnance Nr. 91/1935.

[3] Der Lord-Präsident des britischen Staatsrates, Stanley Baldwin, am 10. 11. 1932 im Britischen Unterhaus, vgl. (30).

[4] Der »amtliche« Luftschutz hatte in Hamburg mit der »Verfügung Nr. 1 für den Luftschutz« des Chefs der Ordnungspolizei – Luftschutzabteilung – vom 8. 5. 1933 begonnen. Durch Senatsbeschluß vom 1. 8. 1934 war Senator Richter zum Staatskommissar für Luftfahrt und Luftschutz bestellt.

[5] Es gab in Deutschland 94 LS-Orte I. Ordnung!

[6] Kehrl kam aus der Polizeioffiziers-Laufbahn. 1930 in Thüringen Polizeidirektor, 1932 Leiter der Polizeiabteilung im Thüringischen Innenministerium (unter Frick!), 1934 Ministerialdirigent im Reichsministerium des Innern, seit Januar 1937 Polizeipräsident in Hamburg. 23. 9. 1944 mit dem Ritterkreuz zum Kriegsverdienstkreuz mit Schwertern ausgezeichnet.

[7] Am 1. 4. 1938 war das Reichsgesetz über die Verfassung und Verwaltung der Hansestadt Hamburg in Kraft getreten. Die »Hamburger Feuerwehr«, die »Feuerlöschpolizei Altona« und die »Feuerlöschpolizei Harburg« bildeten von nun an eine Einheit unter der Bezeichnung » Gemeindeverwaltung der Hansestadt Hamburg – Feuerwehr«. In der Gemeindeverwaltung war sie

der *Bauverwaltung* angegliedert und blieb hier bis zur Bildung der *Behörde für Inneres* im Jahre 1962.
Nach dem am 23. 11. 1938 erlassenen »Gesetz über das Feuerlöschwesen« sollten die bisherigen Berufsfeuerwehren in »Feuerschutzpolizeien« umgewandelt werden. In Hamburg geschah dies nach Erlaß der 1. Durchführungsverordnung vom 27. 9. 1939 am 3. 10. 1939. Die Beamten waren vom gleichen Tage an »gemeindliche Polizei-Vollzugsbeamte«. Kurzbezeichnung: »FSchP«.
Dies liest sich zwar recht glatt, aber in Wahrheit war es 1939 ein recht bunt gewürfelter »Feuerwehrhaufen«. Trotz aller formalen Einheit achteten die Berufsfeuerwehr-Kollegen von Altona und Harburg peinlich darauf, daß ihre bisherige Eigenständigkeit und Eigenart ja nicht angetastet wurde. Es gab zudem 71 Freiwillige Feuerwehren unterschiedlichster Struktur, Ausbildung und Ausrüstung. Fast zwei Drittel aller vorhandenen Kraftfahrzeuge hatten offene Aufbauten und Vollgummibereifung. Handdruckspritzen, allenfalls einige fahrbare Motorspritzen bildeten im Landgebiet die Regelausstattung. Im Ganzen war die Ausrüstung der Freiwilligen Feuerwehren bei der Bildung von Groß-Hamburg miserabel schlecht, ihr taktischer Wert zum größten Teil gering – und daran konnte bis Kriegsbeginn noch nicht viel geändert werden.

8 Einzelheiten über den Luftschutzaufbau enthält das Buch »Der zivile Luftschutz im Zweiten Weltkrieg« (49).

9 Wahrscheinlich ist im Verlauf dieser Ansprache auch der schnodderige und geschickt auf den Zuhörerkreis (Arbeiter!) abgestimmte Zwischensatz gefallen (sinngemäß): ». . . Ich will Meier heißen, wenn auch nur eine Bombe auf Berlin fällt! . . .«.
In den amtlichen Texten aller Göring-Reden aus jenen Tagen ist dieser Ausspruch jedenfalls nicht enthalten. Auch die Nachforschungen des Instituts für Zeitgeschichte, München, und von M. Domarus (32, Bd. II, S. 1350, Fußnote 1001) haben keinen Nachweis erbracht.
Wohl keine Äußerung eines Machthabers jener Zeit ist aber so sehr im Gedächtnis der Bevölkerung haften geblieben und so oft mit bissigen Randbemerkungen kolportiert worden.
Die darin geäußerte Meinung entsprach jedoch sicher nicht dem Wissensstand des Luftwaffen-Chefs. Göring wußte sehr wohl, daß der deutsche Luftraum trotz aller Warn- und Abwehrmaßnahmen nicht unverletzlich ist und er hat sich auch wiederholt in diesem Sinne geäußert.
Der Göring'sche Intimfeind Joseph Goebbels dürfte aber ein Übriges getan haben, um durch »Mundpropaganda« diesen leicht eingängigen und so beruhigend klingenden Redegag zu verbreiten.

[10] Mit der Mobilmachung waren 115 Beamte = 13 % zur Dienstleistung in der Wehrmacht eingezogen. Nur wenige von ihnen konnten nach langwierigen Freistellungsverhandlungen ihren Dienst in Hamburg wieder aufnehmen.

[11] Typ B 1 El, Gewicht 1 kg, runder Elektronkörper mit Thermitfüllung und 0,2 kg Heizsatz, etwa 350 mm lang, 50 mm ∅, aus Schüttkästen (Inhalt 36 Stück) abgeworfen (94).

Ihre Technik stammte von dem Chemiker Hans Goldschmidt. Schon bei den ersten Zeppelin-Angriffen auf England – 1915 – sind »Goldschmidt-Bomben« abgeworfen worden – zu besichtigen im britischen »War Museum«. Die Behauptungen von Knipfer (72) S. 59) ». . . Die Elektron-Thermit-Brandbombe, im Jahre 1918 erfunden und der deutschen obersten Heeresleitung im August zur Verfügung stehend, wurde aus humanitären Gründen damals zur Verwendung nicht freigegeben. Nach dem Kriege hat sich das Ausland die Erfindung zunutze gemacht . . .« sind leider frommer Schwindel und in der Folgezeit nur zu gern weiterverbreitet worden!

[12] Der Oberkommandant der Warschauer Feuerwehr hatte einen »Bericht über die Tätigkeit der Warschauer Feuerwehr während der Belagerung der Stadt Warschau im September 1939« verfaßt, der vom Hauptamt Ordnungspolizei auch einer Reihe von Feuerschutzpolizei-Kommandeuren zugestellt war.

[13] Auch von deutschen Flugzeugen sind über England Flugblätter abgeworfen worden – ob sie inhaltlich besser waren, als die britischen, sei dahingestellt. Im Mai 1942 stellte die Luftwaffe jedoch diese Tätigkeit ein – angeblich aus »luftwaffen-militärischen Gesichtspunkten« (vgl. dtv-documente Nr. 578, S. 310).

[14] Vgl. Rumpf, H.: Die 4. Waffe des Luftkriegs. Gasschutz und Luftschutz 3. (1933), Nr. 4, S. 85/90; und: Thimme, H.: Weltkrieg ohne Waffen. Leipzig 1932.

[15] Vgl. Hamburger Tageblatt vom 22. 8. 1939.

[16] Vgl. Hamburger Tageblatt vom 10. 8. 1939.

[17] Vgl. Hamburger Tageblatt vom 23. 8. 1939, Oberst Spiess: Luftverteidigungsgebiete.

[18] Vgl. Luftschutz-Bericht Nr. 1/39 des Landesgruppen-Archivs vom 25. 1. 1939 – RLB-Landesgruppe Nordmark.

[19] Es war wohl keine »befohlene« Absicht, hier Wohngebiete zu zerstören und die Zivilbevölkerung zu töten, sondern das technische Unvermögen, ein »Punktziel« zu treffen. Erst im Polenfeldzug konnten Sturzkampfbomber des Typs Ju 87 diese taktische Aufgabe besser lösen. Vgl. hierzu »Der Spiegel« 31. (1977), Nr. 19, S. 126/127 und »Hamburger Abendblatt« v. 26. 4. 1977.

[20] Vgl. »Berliner Illustrirte Zeitung« Nr. 18/1927. Ferner Köhler, K.: Auf dem Wege zur Luftwaffe. Wehrwissenschaftliche Rundschau 16. (1966), S. 553/559.

[21] Vgl. »Revue militaire francaise«, Januar/April 1930, vgl. auch (100).

[22] Vgl. Knipfer, K.: Luftkriegsführung und Luftschutz. Bericht über die XXX. wissenschaftliche Tagung des Reichsvereins Deutscher Feuerwehringenieure. Berlin 1937.

[23] Das Schlachtschiff »Bismarck« war bei Blohm & Voss noch im Bau – es wurde am 24. August 1940 in Dienst gestellt (41 700 t, 150 000 Ps, über 30 kn, acht 38 cm-Geschütze, Länge 241,5 m, Breite 36,0 m, Seitenhöhe 12,6 m, 3 Getriebe-Turbinen).

Noch nicht ein Jahr später – am 27. Mai 1941 – sank die »Bismarck« im Atlantik nach einem Gefecht mit überlegenen britischen Luft- und Seestreitkräften.

[24] Vgl. hierzu (18) und (49) – dort Einzelheiten über die Umorganisation und den Gesamtaufbau des Zivilen Luftschutzes zu Beginn des Westfeldzugs.

[25] Stärke zuerst 3 Abteilungen mit je 2 Kompanien, zusammen 531 Mann. 1941 verstärkt auf 1080 Mann. Insgesamt sind 6 Regimenter aufgestellt worden, die dann ab Anfang 1943 in »Feuerschutzpolizei-Abteilungen (mot) aufgegliedert wurden (9 bei Kriegsende).

[26] Einzelvorgänge befinden sich noch in den Akten des Staatsarchivs und der Feuerwehr!

[27] Im Heidelberger Raum (nicht in der Stadt!) schlugen erstmals in der Nacht zum 30. Juli 1940 Sprengbomben (angeblich 4) ein, ohne nennenswerten Schaden anzurichten. Es war offensichtlich ein krasser Fehlwurf.

[28] Die HE 111 ist in verschiedenen Varianten und mit unterschiedlichen Motoren gebaut worden. Startgewicht etwa 10 000 kg, Spannweite 22,6 m, Länge 17,5 m, Motoren z. B. 2 × 1200 Ps. Geschwindigkeiten je nach Ausführung 300 bis 472 km/h, Dienstgipfelhöhe 7000 m, Reichweite 1650 km, Bombenzuladung etwa 2000 kg.

[29] Vgl. hierzu »Der 2. Weltkrieg. Bilder, Daten, Dokumente.« Gütersloh 1968.

[30] Der Hamburger Feuerschutzpolizei-Kommandeur Dr.-Ing. Zaps hat Anfang Juni Rotterdam besucht und die Schäden mit »Feuerwehraugen« nüchtern abgeschätzt. Sein Eindruck: Ein guter Selbstschutz und organisierte Feuerlöschkräfte hätten das Unglück vermeiden können, wenn sie nicht durch gleichzeitige Kampfhandlungen behindert worden wären. – Neu war die Beobachtung, daß auch Gebäude neuzeitlicher Bauweise (Stahlbetonbauten) völlig ausbrannten – offenbar durch Feuerübertragung von außen. Es fehlte eben die Selbstschutz-Abwehr!

31 Männer des im Harburger Rathaus liegenden leichten Löschzugs waren von Flakfeuer, Fliegergeräusch und Explosionen aufgewacht und hatten sich dann sofort eingesetzt. So ähnlich ist es den anderen LS-Hilfsdiensten ergangen.

32 Vgl. »The United States Strategic Bombing Survey, Munitions Division: German Submarine Industry-Report. Second Edition 1947« ». . . The first raid against the submarine industry was carried out by the RAF on 18. May 1940 with an attack on Hamburg . . .«

33 Festgestellt: 100 lbs (45 kg), 250 lbs (113 kg), 500 lbs (226 kg) Mehrzweck-Bomben GP (= General Purpose), vgl. (81), wahrscheinlich auch kleinere Splitterbomben. Die große Durchschlagskraft der Splitter fiel besonders auf.

34 Folgende Zeiten sind »amtlich« bekannt geworden: Erster Bombenwurf 00.35, Luftgefahr 15: 00.45, Fliegeralarm: 01.03, Luftgefahr vorbei: 03.02, Entwarnung: 03.05.

35 Die Schwierigkeiten der Zielansprache bei Nacht sind sehr anschaulich von Webster-Frankland geschildert; vgl. Conversion to a Night Force, S. 190/212 und Night precision Bombing, S. 213/232.

36 Am 20. 5. 1928 – einem warmen Sonntag-Nachmittag – riß im Industriegebiet Peute der Dom eines Lagerkessels mit etwa 40000 kg des Giftgases Phosgen – einem Überbleibsel des 1. Weltkriegs – an einer fehlerhaften Schweißnaht ab. Eine Phosgenwolke zog vorallem über Wilhelmsburg. 12 Menschen erlitten tödliche Gasvergiftungen, 332 weitere wurden verletzt. Das Unglück löste eine Fülle von Zuständigkeits-Streitereien aus, denn die Unfallstelle lag auf Hamburger Gebiet, betroffen waren aber überwiegend preußische Untertanen in Wilhelmsburg und Harburg. Es ging um Verantwortung, Prestige und vorallem – Geld! Alle Eitelkeiten von Politik und Verwaltung wurden schon damals gepflegt – nicht erst bei den Waldbränden in Niedersachsen 1975!

37 Diese Treffer waren Anlaß, im Frühjahr 1941 die ganze Binnenalster zu tarnen, eine »Schein-Lombardsbrücke« aufzubauen und auch den Hauptbahnhof zu tarnen – vgl. Abschnitt 7.2.7!

38 Vgl. »Weisungen für die Kriegführung« dtv-documente Nr. 278/279, München 1965.

39 Einige Berichterstatter geben auch den 8. 8. als Beginn der Luftschlacht um England an, die in ihren Hauptphasen bis Ende Oktober 1940 dauerte, vgl. (38), S. 132).

40 Handley-Page »Hampden« Startgewicht: 5715 kg, Spannweite 21,1 m, Länge: 16,3 m, Motoren: 2 × 1000 Ps, Höchstgeschwindigkeit: 424 km/h, Dienstgipfelhöhe: 6920 m, Reichweite: 3185 km, Bombenzuladung: 1820 kg.

41 Vickers »Wellington« Startgewicht: 12530 kg, Spannweite 26,3 m, Länge: 19,7 m, Motoren: 2 × 1145 Ps, Höchstgeschwindigkeit: 432 km/h, Dienstgipfelhöhe: 7163 m, Reichweite: 3520 km, Bombenzuladung: 2050 kg.

42 Den ersten Luftangriff auf Berlin soll nach W. Girbig (43, S. 19/20) ein französisches Flugzeug in der Nacht vom 7./8. 6. 1940 ausgeführt haben. Über die Zahl der abgeworfenen Bomben und die angerichteten Schäden ist offenbar nichts bekannt. In der Nacht zum 22. 6. 1940 fielen im Berliner Vorort Babelsberg die ersten Spreng- und Brandbomben vereinzelter Flugzeuge.

43 Unter der Leitung von Commander Aylmer Firebrace, Chief Officer of the London Fire Brigade, später Chief of Fire Staff, British Nat. Fire Service.

44 Knickebein-Verfahren: Ein schon 1934 von Plendl entwickeltes Funkführungsverfahren, bei dem ein scharf gebündelter Leitstrahl genau auf das Ziel ausgerichtet ist und von zwei weiteren quer zum Leitstrahl gelegten Funkstrahlen ein Vor- und Hauptsignal zum Bombenabwurf gegeben werden kann. Die Reichweite ist durch die Erdkrümmung begrenzt. Die geographischen Voraussetzungen zur Anwendung dieses Verfahrens waren durch die Lage der französischen Küste zu Südengland besonders günstig. Erst im Frühjahr 1941 gelang es den Engländern, dieses Verfahren wirksam zu stören. Es hat manche Ähnlichkeit mit dem britischen Oboe-Verfahren (vgl. (4) S. 224/225).

45 Nach deutschen Angaben (54) sind 238 t Sprengbomben und 941 Schüttkästen mit Brandbomben abgeworfen worden.

46 Während des ganzen 1. Weltkriegs waren – nach englischen Angaben (101) – 103 Luftangriffe auf England erfolgt. 51mal durch Luftschiffe, 52mal durch Flugzeuge. Dabei sollen insgesamt 300 t Bomben abgeworfen worden sein, die 670 Menschen töteten, 1960 verwundeten und 4820 Schadensstellen verursachten. London war am 31. Mai 1915 erstmals von einem Luftschiff angegriffen worden, das (angeblich) über eine Tonne Bomben abgeworfen hat (7 Tote, 35 Verletzte!).

47 Vgl. »Meldungen aus dem Reich« (11), Nr. 130 vom 7. 10. 1940: ». . . die Engländer hätten augenscheinlich mehr Reserven, als man dies nach den Berichten der Presse und des Rundfunks habe annehmen können . . .« und «. . . nach allem scheine es, als ob die englischen Luftangriffe auf das Reichsgebiet noch Monate dauern sollten . . .« sowie ». . . Die Evakuierung luftgefährdeter Großstädte sei ein Zeichen dafür, daß der Krieg noch viele Sorgen bringen werde . . .«.

48 Die genormten B-Schläuche haben 75 mm ∅, die C-Schläuche 52 mm ∅. Sie sind das Rückgrat der Wasserführung auf Brandstellen.

49 Es war fast alles in Kisten verpacktes Auswanderergut jüdischer Familien – im rauhen Hafenjargon als »Judenkisten« bezeichnet.

[50] Die Feuerschutzpolizei hatte eigene Turmbeobachter – erfahrene Feuerwehrmänner – z.B. auf der Michaeliskirche, dem Wasserturm Rothenburgsort, der Plangeschen Mühle in Wilhelmsburg und dem Wasserturm Stadtpark. Sie waren über feuerwehreigne Fernsprechleitungen (also keine »Postleitungen«) mit der Auswertestelle in der Hauptfeuerwache verbunden. Die Auswertezeit betrug etwa 1 ½ bis 2 ½ Minuten. Die Fehlergrenze lag etwa zwischen 15 und 50 m in einem Peilbereich von 3–12 km. Fallschirm-Leuchtbomben über Bremen, Kiel, Lübeck – also in Entfernungen bis zu 110 km – ließen sich einwandfrei orten.

[51] 1943 ersetzt durch das »Luftflottenkommando Reich«.

[52] Die »Bremen« – 51656 BRT, 286 m LüA, 31,1 m Breite, 28,5 kn – hatte am 30. 8. 1939 New York verlassen, am 6. 9. 1939 Murmansk angelaufen, war von dort am 10. 12. 1939 wieder ausgelaufen und am 12. 12. 1939 in Wesermünde eingetroffen (71).

[53] Unterlage: Brandberichte der Feuerschutzpolizei Wesermünde vom 19. und 23. 3. 1941.

[54] Vgl. Schubert, R.: Großfeuer auf dem Passagierdampfer »Europa«. Feuerschutz 9. (1929), S. 101. Die »Europa« (49746 BRT, 286,7 m LüA, 31,1 m Breite, 28,5 kn) diente während des Krieges auch als Wohnschiff der Kriegsmarine. Sie wurde 1945 als »Kriegsbeute« an Frankreich ausgeliefert, hat aber den neuen Besitzern wenig Freude gemacht. Sie riß sich am 8. 12. 1946 während eines Sturmes in Le Havre los, trieb gegen das Wrack des am 20. 4. 1939 im Verlauf eines Brandes gekenterten Schnelldampfer »Paris« (34569 BRT) und sank. 1947 gehoben, wütete bald danach ein Großfeuer in den Passagierdecks – das Zweite in der Geschichte dieses Schiffes. Die »Europa« lief dann schließlich am 17. 8. 1950 zu ihrer ersten Atlantikreise nach dem Kriege aus und wurde zehn Jahre später – im Dezember 1960 – zum Abwracken verkauft.

[55] Britische Bezeichnung »HC 2000 LB MK«, Gesamtgewicht 835 kg, Sprengstoffgewicht 625 kg. Teils mit Leitwerk, teils an einem Bremsfallschirm hängend. Länge 2700 mm, Durchmesser 460 mm. (HC = high capacity) vgl. (84). Die Angabe »Luftmine« ist sachlich nicht richtig. Dies waren von Flugzeugen abgeworfene Seeminen, z. B. zur Verminung von Hafeneinfahrten und Schiffahrtswegen.

[56] Ganz ähnliche Vorgänge kann es im Haushalt geben, wenn z.B. Wasserspritzer in hocherhitztes Fett fallen oder bei der Zubereitung von »Pommes frites« (damals in Hamburg allerdings kaum bekannt!) zu nasse Kartoffelschnitze in heißes Fett getaucht werden.

[57] Blohm & Voss ist tatsächlich bei diesen Angriffen dreimal getroffen worden – allerdings ohne wesentliche Folgen.

58 Oberleutnant Eckhardt von der in Stade liegenden II./NJG 1 schießt davon allein vier Bomber hintereinander in der »hellen Nachtjagd« ab (1), (4).

59 Schon einige der ersten von deutschen Zeppelinen 1915 über England abgeworfenen Brandbomben enthielten Phosphor zur Zündungs-Unterhaltung, vgl. Fire Diamond Jubilee 1908–1968, S. 30 (Zeichnung!).

60 Vgl. Ausbildungsvorschrift für LS-Einheiten, Teil 3, Heft D.

61 Vgl. auch Webster-Frankland, Appendix 46, (122 Vol. IV, S. 460): ». . . Most important figures used to calculate the success of bombing operations, December 1941 to February 1942, as shown by Night Photographs . . .«

62 A. Verrier bestreitet (117 S. 98), daß es eine »Krise« gewesen sei, aber Zahl und Stärke der Luftangriffe auf Deutschland um die Jahreswende 1941/42 sprechen dafür – sicher war nicht nur das Wetter daran schuld.

63 GEE war der Tarnname für eine »Hyperbel-Navigation« – ein Netz von Funkwellen, die in einem Peilempfänger im Flugzeug sichtbar gemacht werden konnten und es dem Beobachter ermöglichten, seine Richtung und Entfernung vom Hauptsender auf eine Spezialkarte abzulesen. Die Reichweite war wegen der Erdkrümmung begrenzt und ging deshalb von England nur bis Westfalen. Hamburg lag nicht mehr im Wirkungsbereich. Mit diesem Verfahren war der Auftakt zum ferngesteuerten Massenangriff gegeben (Beispiel: Köln).

64 In Lübeck war um 23.16 Uhr Fliegeralarm ausgelöst worden. Die ersten Bomben sollen schon kurz nach Fliegeralarm gefallen sein. Es hat also über drei Stunden gedauert, bis die Luftschutzleitung in Lübeck einigermaßen übersah, was geschehen war, bis sie ihre Meldung abgesetzt hatte und dann daraus »höheren Orts« die nötigen Schlußfolgerungen gezogen worden waren.

65 BASA = eigenes Selbstwähl-Fernsprechnetz der Reichsbahn, das alle Bahnhöfe und Dienststellen miteinander verband. Während des Krieges war eine Querverbindung von der Reichsbahn-Fernsprechzentrale in Hamburg-Altona zur Einsatzzentrale der Feuerschutzpolizei durchgeschaltet. Sie mußte nach dem Kriege auf Verlangen der Bundespost wieder getrennt werden.

66 Erst 1970 konnte der Dom für Gottesdienste wieder benutzt werden!

67 Länge mit Leitwerk 1460 mm, Durchmesser 300 mm, Gesamtgewicht 110 kg, Füllmenge 55 kg, 230 g-Schwarzpulver-Ausstoßladung.

68 1765 Häuser zerstört, 513 schwer beschädigt.

69 Unterlagen aus jener Zeit sind noch vollständig in der Bücherei des Feuerwehramts vorhanden.

70 Im Ganzen waren es etwa 12000 Brände, die aber überwiegend vom Selbstschutz gelöscht werden konnten.

71 Tatsächlich war die Verlustrate 4,2 %!

72 Dieses Signal wurde Ende 1944 in »Kleinalarm« umbenannt – zu einer Zeit, in der »schnelle Kampfflugzeuge« (Mosquitos) immer häufiger einzelne Bomben abwarfen und auch die Begleitjäger von Bomberpulks gelegentlich mit Maschinenwaffen z. B. auf Kraftfahrzeuge schossen.

73 OBOE – ein Leitstrahl-Verfahren mit zwei Sendern (»Katze« und »Maus«), bei dem das Ziel von England aus genau angemessen war und der Pilot ein bestimmtes Funksignal erhielt, sobald er den Abwerfpunkt erreicht hatte (ähnlich dem schon 1940 von der deutschen Luftwaffe angewandten »Knikkebein-Verfahren«). Die Reichweite war wie bei GEE durch die Erdkrümmung begrenzt (4), S. 179). Deutsche Bezeichnung »Bumerang«; eine Störung von deutscher Seite war erst Ende November 1943 möglich.

74 Am 9. 2. 1943 meldete das Flugwachkommando Kiel: »Treiben etwa 40 Störballone über Schleswig-Holstein und Jütland. 2 mit Brandkanistern von Flak abgeschossen« (E-3439).

75 Vgl. hierzu das Kompetenzgerangel bei der Waldbrandbekämpfung in Niedersachsen Sommer 1975. S. auch: Bürger, A.: Der große Brand in der Lüneburger Heide. Brandschutz 29. (1975) Nr. 10, S. 287/289, und: Erklärung des Deutschen Feuerwehrverbandes zur Waldbrand-Katastrophe in Niedersachsen. Deutsche Feuerwehrzeitung Mai 1976, S. 129/130.

76 Typ VII C, 769 t, getaucht 871 t, 3000 Ps, 17,5 kn über Wasser, 7,6 kn unter Wasser, vgl. (82) und (95).

77 Vgl. hierzu auch A. Verrier (117 S. 156/157).

78 Boeing B-17 »Flying Fortress«
Spannweite 31,64 m, Länge 22,26 m, Höhe 5,80 m
4Motore je 1200 Ps,
Leergewicht 14850 kg, Startgewicht 25000 kg
Geschwindigkeit 480 km/h in 9150 m Höhe,
Reichweite 2960 km.
Bis zu 7850 kg Bombenzuladung.

79 De Havilland »Mosquito« B IV
Spannweite 16,5 m, Länge 12,4 m, Höhe 3,8 m
Motore 2 × 1460 Ps,
Startgewicht 9750 kg,
Höchstgeschwindigkeit 635 km/h in 9740 m Höhe
Reichweite 3265 km, Bombenzuladung 2000 bis 4000 lbs
Weitgehend aus Holz gebaut, in der Regel ohne Bewaffnung.

80 H2S soll »Home sweet home« bedeutet haben. Es war ein auf der 9 cm-Welle

arbeitendes Magnetron – ein »Bodenbetrachtungsgerät« oder »Radargerät«, das die überflogene Landschaft in etwa 70 km Umkreis unabhängig von Wetter und Beleuchtung auf einer Bildröhre in groben Umrissen wiedergab. Eines dieser Geräte wurde am 3. Februar 1943 aus einem in der Nähe von Rotterdam abgeschossenen Bomber geborgen und erhielt deshalb auf deutscher Seite den Namen »Rotterdamgerät«. Die britischen und später auch die amerikanischen Bomber wurden in rasch steigendem Maße damit ausgestattet. Es ermöglichte Flächenbombardierungen auch bei geschlossener Wolkendecke.

81 Nach britischen Angaben 126 von 263 gestarteten, Abwurfmenge angeblich 344 t.

82 Nach den Juli-Angriffen auf Hamburg beschäftigten sich deutsche Wissenschaftler damit, welche Wirkung das Abwerfen von 3000 t seßhaften Kampfstoffen (Lost) auf eine Stadtfläche von 300 km² wohl haben würde und sprachen von »Stadtverlostung« (34). Was danach an notwendigen Schutzmaßnahmen erörtert wurde, lag weit jenseits aller damaligen Wirklichkeit.

83 Nach britischen Angaben 344 Flugzeuge von 417 gestarteten, Bombenmenge 913 t.

84 In jede größere angegriffene Stadt – z. B. nach München, Stuttgart, Mannheim und das Ruhrgebiet – fuhr sofort ein Hamburger Feuerschutzpolizei-Offizier, um nach auswertbaren Erfahrungen zu suchen. Dank der guten persönlichen Querverbindungen zu den jeweiligen Feuerschutzpolizeien brachten sie eine Fülle von Material und auch meist Lichtbildaufnahmen mit nach Hamburg zurück.

85 Nach »Ausmerzung« des Wortes »Katastrophe« durch einen Goebbels-Erlaß vom 9. 12. 1943 änderte sich die Bezeichnung in »Organisationsplan für einen Soforthilfe-Fall (»S-Fall«).

86 Vgl. Dokumente deutscher Kriegsschäden, Band II/1, S. 715/716 und Anlage.

87 Die im Folgenden genannten Zahlen sind überwiegend dem »Hamburg-Bericht« entnommen. Sie können als zuverlässig angesehen werden und sind nach Kenntnis des Berichters nicht »frisiert«.

88 Abteilungsstärke: 489 Offiziere und Mannschaften. Im Ganzen gab es in Deutschland etwa 50 solcher Abteilungen – vgl. (58).

89 Der Berichter war ab 1. 11. 1943 bis Kriegsende Kommandeur dieser Abteilung, die vornehmlich im Raum Hannover (z. B. in Misburg, Hänigsen, Dollbergen, Nienhagen, Hildesheim, Braunschweig) eingesetzt wurde und dem BdO XI unterstand.

90 Vorgeschrieben nach der Dritten Durchführungsverordnung zum Luftschutzgesetz (1937).

[91] Vgl. Mitteilungen zur weltanschaulichen Schulung BdO Hamburg, Folge 37 v. 20. 12. 1943.

[92] Vgl. Geschke, G.: Ihr letzter Glaube: Vergeltung! Deutsches Allgemeines Sonntagsblatt Nr. 31 v. 4. August 1968.

[93] Der »Würzburg-Riese« – FuMG 65, Typ D, hatte bei 7,5 m Parabolspiegel-Durchmesser der Sende- und Empfangsantenne und einer Wellenlänge von 53,6 cm eine Reichweite von etwa 70 bis 80 km. Das außerdem zur Feststellung von Bomber-Einflügen benutzte »Freya-Gerät« – ältestes Flugmeldegerät und schon 1939 erfolgreich von Wangerooge aus eingesetzt – arbeitete auf eine 240 cm-Welle und hatte eine wesentlich größere Reichweite mit etwa 120 km. Es konnte allerdings nicht die Höhe des angemessenen Ziels angeben, sondern nur Entfernung und Seitenwerte. Über die verschiedenen Flugmeldegeräte, Feuerleitgeräte und Bordortungsgeräte vgl. (4).

[94] Der eroberte Hochfrequenzteil lieferte den britischen Wissenschaftlern den Beweis, daß die Wellenlänge nicht verändert werden kann – also kein Ausweichen auf eine andere Frequenz möglich ist.

[95] Avro – Lancaster (88)
Spannweite 31,09 m, Länge 21,2 m, Höhe 6,0 m,
Startgewicht 28600 kg,
4 Motore je 1460 bis 1640 Ps,
Geschwindigkeit 460 km/h in 3500 m Höhe,
Reichweite 4320 km,
Bombenzuladung 6300 kg.

[96] Handley-Page »Halifax« (88)
Spannweite 31,75 m, Länge 21,37 m, Höhe 6,32 m,
Startgewicht 24700 kg,
4 Motore je 1390 bis 1800 Ps,
Geschwindigkeit 456 bis 495 km/h in 5334 m Höhe,
Reichweite 2976 km,
Bombenzuladung 5900 kg.

[97] Short-»Stirling« (88)
Spannweite 30,2 m, Länge 26,6 m, Höhe 6,93 m,
Startgewicht 27000 kg,
4 Motore je 1590 Ps,
Geschwindigkeit 416 km/h in 3200 m Höhe,
Reichweite 3090 km,
Bombenzuladung bis zu 6350 kg.

[98] Die Schadensdarstellung folgt weitgehend dem Text des »Hamburg-Berichts«. Soweit Sätze und Abschnitte wörtlich übernommen wurden, sind sie in Anführungszeichen gesetzt.

[99] Um diese Zeit starben im Öffentlichen Luftschutzraum Düsternstraße 43 Menschen an Kohlenoxydvergiftung, die Ausgänge waren verschüttet!

[100] Bei der Reparatur der Luftkriegsschäden am Rathausturm brach im Juli 1950 durch fahrlässigen Umgang mit offenem Feuer abermals ein Brand aus, der sich in den Gerüsthölzern und Stellagen sehr schnell ausbreitete. Er konnte von der Feuerwehr aber bald gelöscht werden – diesmal standen genügend Einsatzkräfte zur Verfügung.

[101] Genaue Unterlagen enthält der »Hamburg-Bericht«.

[102] Vgl. dtv-documente Nr. 160 »Der Luftkrieg über Deutschland«.

[103] »Vaterland«, 41000 BRT, Länge 225,0 m, Breite 30,0 m, Seitenhöhe 17,8 m, Tiefgang 9,5 m, 2 Turbo-Elektrik-Antriebe 45000 PsE, 2 vierflügelige Propeller. Geplante Geschwindigkeit 23, 5 kn.

[104] Den ersten Großangriff hat der Berichter nicht miterlebt. Er war in Urlaub in Süddeutschland, fuhr aber sofort am 25.7. Nachmittags zurück.

[105] Auch bei dem Angriff auf Essen in der Nacht zum 26. Juli 1943 waren »windows« abgeworfen worden.

[106] Die Masse der Schadensmeldungen ging bei den Luftschutzrevieren und Luftschutzabschnitten ein, die auch für den Einsatz zuständig waren. Die örtliche Leitung erhielt – wenn überhaupt – nur zusätzliche Meldungen z. B. von den Turmbeobachtern oder der Peilzentrale der Feuerschutzpolizei. Sie hatte aber für den Ausgleich von Kräfteanforderungen der Luftschutzgruppen zu sorgen und überörtliche Hilfe anzufordern.

[107] Oberstleutnant d. FSchP. Dr.-Ing. Richard Schubert – Erkundungsoffizier des FE Dienstes, damals 46 Jahre alt, davon 16 Jahre Großstadt-Feuerwehrdienst mit umfassenden Einsatzerfahrungen, seit Kriegsbeginn im Führungsstab der örtlichen Luftschutzleitung.

[108] Hptm. Br. = Hauptmann Brunswig.

[109] Vgl. Hagenbeck, C.-H.: Hagenbecks neuer Start. Neues Hamburg, Bd. V, Hamburg 1949.

[110] Angaben aus dem Bericht von Dr. med. habil. H. Baniecki, Vorstand am Pathologischen Institut des Allgemeinen Krankenhauses Altona vom 23. 11. 1943.

[111] Im Juni 1942 war in Duisburg ein ähnlicher viergeschossiger LS-Bunker auch seitlich in Höhe des 3. Stockwerks von einer Sprengbombe (250 lbs?) getroffen. Die 1,10 m starke Eisenbetonwand mit Klinkervormauerung wurde durchschlagen (Lochdurchmesser etwa 1 m!). Es gab 12 Tote!

[112] Von den in Deutschland vor dem Kriege bestehenden 114 »Voll« – Theatern waren bei Kriegsende 56 ganz und 16 teilweise zerstört, 14 stark beschädigt.

[113] Vgl. Foth, S.: Der Brand im Reichstagsgebäude. Feuerschutz 13. (1933), S. 50/53.

[114] Der erste Vorschlag einer Feuersturm-Demonstration mit Kerzen stammt von Ralph S. Healy, Civil Defense Activities Engineer, New York Telephone Company – vgl. Bond, H.: A first book on Fire Safety in the Atomic Age. Boston 1952. Diese Anregung ist dann vom Berichter nach den Hamburger Erfahrungen erweitert und umgesetzt worden und inzwischen vielfach kopiert.

[115] Vgl. Martin, R. E. u. a.: Effect of Fire Whirlwind Formation on solid Fuel burning Rates. Fire Technology 12. (1976), No. 1, S. 33/40.

[116] Oberstleutnant d. FSchP. Dr. rer. nat. Herbert Unglaube (Physiker und Segelflieger) von der Feuerschutzpolizei und Professor Dr. H. Seilkopf von der Seewarte.

[117] Auszug aus einer nicht veröffentlichten Darstellung von H. Seilkopf: »Zu den atmosphärischen Gegebenheiten bei den Großangriffen auf Hamburg Juli 1943«. Die damals bei Wetterflugzeug-Aufstiegen am 24., 26., 27. und 28. Juli gemessenen Werte von relativer Feuchtigkeit und Temperatur in Abhängigkeit von der Höhe liegen noch vor, vgl. auch (13), (16), (18) und (36).

[118] Vgl. Hamburger Abendblatt Nr. 86 v. 23. 7. 1949

[119] Vgl. Schubert, R. u. Mitarbeiter: Untersuchungen über die Baudichte und die Brandbelastung in den im Jahre 1943 durch Kriegseinwirkung von einem Feuersturm stark betroffenen Gebieten der Stadt Hamburg und vergleichende Untersuchungen in weiteren Wohngebieten, in denen schwere Einzelbrandschäden entstanden sind, aber kein Feuersturm aufgetreten ist. Unveröffentlichtes Gutachten vom 21. 7. 1956 für das Bundesamt für Zivilen Bevölkerungsschutz, Bad Godesberg.

[120] Brandbelastung = Wärmemenge (Heizwert) sämtlicher brennbaren Stoffe in Megacalorien je Quadratmeter = Mcal/m². Nadelholz hat etwa 4,5 Mcal/kg.

[121] Vgl. »Die Feuerlöschpolizei« 1937/38, S. 420/422. Bericht über eine Staubexplosion in einem Holzbearbeitungswerk.

[122] Vgl. Hamburger Abendblatt v. 9. 11. 1956.

[123] Typenerläuterungen, Größenordnungen und Gewichte mit Sprengstoffanteilen vgl. die Ausführungen von W. Merz (84).

[124] Vgl. »The Sunday Telegraph«, September 24. 1961, S. 4.

[125] Nur am 28. und 30. 7. ist keine Zeitung erschienen!

[126] Der Hamburger Bürgermeister Carl Vincent Krogmann hat in einem Vortrag am 12. 2. 1944 in Posen eine umfassende und treffende Zusammenstellung aller Probleme gegeben, denen die Verwaltung einer Großstadt nach einem Luftangriff gegenübersteht.

[127] Es waren keine Bagatell-Vergehen: Einer der Plünderer hatte Essgeschirr,

Kristall, Silbersachen, Wäsche Kleider in 40 (!!) Pakete verpackt und zu seiner Freundin geschafft, ein anderer brachte Wäsche und Kleider im Wert von einigen tausend Mark bei einer Nichte auf dem Lande unter!

128 Vgl. hierzu die Berichte von W. Girbig: »Im Anflug auf die Reichshauptstadt« (43), die sich allerdings mehr mit der militärischen Abwehr, als dem zivilen Bevölkerungsschutz befassen.

129 North American P 51 D »Mustang« (88), ein Motor 1490–1600 Ps, Höchstgeschwindigkeit bis 700 km/h in 7500 m Höhe, Gipfelhöhe 12000 m.

130 Der Berichter war Führer einer dieser Abteilungen.

131 Vgl. Niederschrift über die Dienstbesprechung mit den Leitern der Kreisverwaltungen und den Ortsamtsleitern vom 2. 11. 1943 unter Vorsitz von Bürgermeister Krogmann.

132 Hierzu ein typischer Satz aus den »Richtlinien für das Löschsprengen mit Wurfladungen« vom 15. 9. 1943: ». . . den Trägern des Löschsprengens ist eine außerordentlich wichtige Aufgabe übertragen, zu deren Durchführung der RFSS persönlich den Befehl erteilt hat. Wird diese so gelöst, daß sie den erwarteten Erfolg hat, so liegt hierin die Anerkennung für die aufgewendete Mühe. Bleibt sie aber durch verantwortungsloses, unsachgemäßes oder gar leichtsinniges Handeln ungelöst, so kann solchen Trägern des Löschsprengens nicht der Vorwurf erspart bleiben, in einer kriegswichtigen Angelegenheit versagt zu haben . . .«

133 Vgl. z.B. die dtv-documente Nr. 160 »Der Luftkrieg über Deutschland 1939–1945« (69). Sie enthalten auf 281 Seiten 137 Seiten Abschriften aus dem »Hamburg-Bericht«.

134 Vgl. Monatsbericht der Bauverwaltung Hamburg von Januar 1944.

135 Darunter auch die Consolidated B 24 »Liberator«, vier Motore, je 1200 Ps, Höchstgeschwindigkeit 480 km/h in 9150 m Höhe, Reichweite 3630 km, Startgewicht 19660 kg, Spannweite 33,5 m, Höhe 5,5 m, Länge 20,5 m, Bombenzuladung 5811 kg.

136 Der Berichter hat diesen Angriff nicht miterlebt. Er war zu diesem Zeitpunkt zu einem Stabsoffiziers-Lehrgang an der Reichsfeuerwehrschule Eberswalde (Offiziersschule der Ordnungspolizei) abgeordnet.

137 Vgl. » Der Spiegel« (1973), Nr. 51, S. 81.

138 Vgl. die Dokumentation »Schaumrohr vor!«, herausgegeben von der Total – Foerstner & Co., Ladenburg 1973.

139 Man schämte sich wohl einzugestehen, daß es nur 4 Maschinen waren und die »geballte Feuerkraft« der Flaktürme in Wilhelmsburg und auf dem Heiligengeistfeld nicht mehr vermocht hatte. Endgültige Zahl der Toten: 354, ferner über 300 Verwundete.

140 Vgl. United States Strategic Bombing Survey No. 119, 120, 121 Rhenania-

Ossag Mineralölwerke Hamburg. Das angeblich abgeworfene Gesamtgewicht und das aus der Bombenzahl errechnete Gewicht stimmen auch hier nicht überein.

141 Nach amerikanischen Angaben sollen es gewesen sein: 85 Minenbomben 4000 HC, 148 Sprengbomben 2000 GP, 66 Sprengbomben 1000 MC, 419 Sprengbomben 500 MC und 100 Sprengbomben 100 GP. Von Brandbomben ist in dem amerikanischen Bericht nicht die Rede – es sind aber welche gefallen und dieses bestärkt die Vermutung, daß alle derartigen Zahlenangaben mit Vorbehalt zu bewerten sind.

142 Das Schiff wurde nach dem Kriege von britischen Truppen weiter als Wohnschiff genutzt. Es ist am 13. 1. 1946 endgültig ausgebrannt. Dabei kamen drei britische Soldaten ums Leben – sie konnten sich nicht mehr rechtzeitig retten!

143 Diese »Gasgefahr« ist auch heute noch in Raffinerien und Chemiebetrieben gegeben (z. B. Chlorgas-Ausströmungen!)

144 Die Feuerwehr-Unterlagen sind leider unvollständig. Die seit Kriegsbeginn geführte genaue Statistik wurde im November 1944 eingestellt. Die Zahlen sind (85) entnommen.

145 Vgl. »Ziviler Luftschutz« 1953, Nr. 4, S. 100/102.

146 Vgl. hierzu »Rheinische Post« v. 8. 7. 1966.

147 Schaummittel wurden zur Bekämpfung von Mineralölbränden gebraucht: Es gab in Deutschland nur noch einen zweiten Hersteller, die I. G Farbenindustrie, Werk Höchst.

148 27288 BRT, 203 m lang, 24 m breit, 15 Kn Geschwindigkeit. Das Schiff hatte am 1. 4. 1939 seine Jungfernreise angetreten, lag seit September 1939 als Lazarett- und Wohnschiff in Gotenhafen und war 1945 bei der Evakuierung der Ostgebiete eingesetzt worden. Das ausgebrannte Wrack wurde 1947 in Großbritannien verschrottet.

149 25484 BRT, 208,5 m lang, 23,6 m breit, 15,5 Kn Geschwindigkeit. Jungfernreise am 2. 4. 1938, seit 1940 Wohnschiff in Gotenhafen.

159 Einzelheiten vgl. Demag-Nachrichten XVII. Band, November 1943.

151 So benannt nach dem Sonderbeauftragten für die Mineralölindustrie, Edmund Geilenberg (vgl. S. 332). Er hatte diesen Bunkertyp entwickeln und bauen lassen, um der Belegschaft von Mineralölbetrieben größeren Schutz zu geben.

152 Über die letzten Kriegstage in Hamburg berichten ausführlich: Kurt Detlev Möller in »Das letzte Kapitel« (87) und Erik Verg in »Hamburg 1945« (116).

153 Die Zahlen sind ungenau. Der FE-Dienst hat hierüber keine Aufzeichnungen mehr gemacht. Seit Mitte April wurde wegen des Ausfalls zu vieler Sirenen Fliegeralarm durch Flakschießen (5 Schuß in kurzer Folge) gegeben.

154 Geschätzt aus bekanntgewordenen, einigermaßen zuverlässig erscheinenden Einzelzahlen. Die 8. USAAF warf im Allgemeinen kleinere Bomben und keine Minenbomben mit hohen Sprengstoffgewichten. Die Durchschnittsgewichte schwankten bei den einzelnen Angriffen zwischen 300 und 550 kg.

155 Zum Vergleich: Die britische Statistik macht folgende Angaben über die von der deutschen Luftwaffe über England abgeworfenen Bombengewichte (122), Appendix III):

Sprengbomben (ohne die nicht abgeschätzten Brandbomben)		64 393 ts
V 1-Flugkörper		5 823 ts
V 2-Flugkörper		1 054 ts
	zusammen	71 270 ts

d. h. rund 65 000 (deutsche) Tonnen auf ganz England. Die alliierten Luftflotten haben auf Hamburg allein fast 60 % dieser Menge geworfen!
Die britischen und amerikanischen Angaben über abgeworfene Bombenmengen – vielfach von deutscher Seite kommentarlos übernommen – sind auch mit Vorsicht zu bewerten, denn es gab in England z. B. keine einheitliche Statistik, sondern getrennt geführte Erhebungen
des War – Room,
der Operational Research Section, Bomber Command,
der Britisch Bombing Survey Unit.

156 Zum Vergleich: In London wurden während des ganzen Krieges 101 Tages- und 253 Nachtangriffe = 354 Luftangriffe durch Flugzeuge und 1224 Fliegeralarme registriert (122), ohne die Einschläge der V 1 und V 2-Waffen.

157 Einzelheiten über Organisation und Aufgaben vgl. (49), (56), (118), (119).

158 Die längste Zeit hatte die Hamburger Bevölkerung im Jahre 1940 mit 233 Stunden in Bunkern und Luftschutzkellern zugebracht.

159 Reichsmarschall-Befehl vom 28. 2. 1944 »Neuorganisation des deutschen Flugmeldedienstes«.

160 Drahtfunk – verbreitet über das Fernsprechnetz durch Überlagern hochfrequenter Trägerfrequenzen aus dem Langwellenbereich normaler Rundfunkempfänger (250 . . . 150 kHz). Beim Teilnehmer war der normale Rundfunkempfänger über eine Fernsprech-Teilnehmer-Weiche an die Telefonleitung angeschlossen; sie trennte das niederfrequente Telefongespräch vom hochfrequenten Drahtfunk, sodaß beide gleichzeitig laufen konnten. Durch einen schaltungstechnischen »Trick« wirkten die Adern des Fernsprechnetzes auch als Antenne, strahlten ab und ermöglichten dadurch benachbarten Empfängern einen Drahtfunkempfang, die selbst keinen Telefonanschluß besaßen.

1943 gab es in Deutschland 148 Drahtfunk-Sendeämter, 1227 Drahtfunk-Verstärkerämter mit über 170000 Drahtfunkanschlüssen.

161 In Hamburg war zunächst nur »Öffentliche Luftwarnung« gegeben und erst nach dem Flakbeschuß »Fliegeralarm« ausgelöst.

162 Vgl. die Schweizer Zeitschrift »Flugwehr und Technik« 1949, S. 59/62.

163 Geschoß-Anfangsgeschwindigkeit V_0 = 930 m/s, Schußweite 22,7 km, 12 Schuß/min.

164 Geschoß-Anfangsgeschwindigkeit V_0 = 880 m/s, Schußweite 17,7 km, Schußhöhe 12,8 km.

165 Geschoß-Anfangsgeschwindigkeit V_0 = 1100 m/s (bei der 8.8/41), Schußweite 19,7 km, Schußhöhe 13,0 km.

166 Die Insel – eine Pfahlgründung – wurde 1946/47 gesprengt und abgebaut. In wochenlanger Taucherarbeit mußten große Mengen Flakmunition (10,5 cm) geborgen werden.

167 Gewonnen aus Flugzeugaufstiegen und von Pilot-Ballonen.

168 Vgl. »Der Spiegel« 23. (1969) Nr. 10, S. 52.

169 70 m^3 und 200 m^3 Inhalt, Sperrhöhen zwischen 800 und 2400 m. Bei Windgeschwindigkeiten über 12 m/s (etwa Windstärke 6) kein Einsatz mehr möglich!

170 Vgl. »Wirtschaft und Statistik« 1962, Heft 3, S. 139/141 und Sperling, H.: Die Luftkriegsverluste während des zweiten Weltkriegs in Deutschland. »Wirtschaft und Statistik« 1956, Heft 10, S. 498 ff.

171 In den Jahren 1940 bis 1943 ist hierüber keine besondere Statistik geführt. Verschüttungen waren bis zur Juli-Katastrophe kein besonderes Problem der Einsatz-Dienste.

172 Vgl. Baustatistisches Merkblatt Nr. 3 (1946) der Baubehörde.

173 Vgl. »Hamburg in Zahlen« 1948, Nr. 13 v. 11. 11. 1948.

174 Vgl. Heinsohn, O.: Wieviele Menschen wurden in Hamburg ausgebombt? »Hamburg in Zahlen« 1948, Nr. 13 v. 11. 11. 1948.

175 Vgl. Hävernick, W.: Ein Museum wird gerettet! Neues Hamburg, Bd. II, Hamburg 1947.

176 Vgl. Blohm & Voss Shipyards Hamburg Germany. The United States Strategic Bombing Survey, Physical Damage Division. Second Edition January 1947.

177 Vgl. Blumenfeld, E.: Hamburgs Hafen. Rück- und Ausblick. Neues Hamburg Bd. IV, Hamburg 1949.

178 Vgl. Herold, F.: Ein Tatsachenbericht der HEW. Neues Hamburg Bd. II. Hamburg 1947.

179 Vgl. Baustian, W.: Der Wiederaufbau des Eisenbahnbetriebs im Hamburger Bezirk. Neues Hamburg Bd. IV, Hamburg 1949.

[180] Die Angaben stammen von Senatssyndikus Dr. Grapengeter, Hamburg Field Report (48).

[181] Vgl. »275 Jahre Hamburger Feuerkasse«, Hamburg 1951.

[182] Beurkundete Sterbefälle nach dem Stand vom 31. 12. 1950, vgl. Heinsohn (52).

[183] Vgl. die Kriegspropaganda-Schrift N. N.: Zeppeline über England. Berlin 1916.

[184] Vgl. »Badische Presse« Nr. 279 v. 19. 6. 1930 (Karlsruhe).

[185] Vgl. »Neues Hamburg«, Bd. I, S. 20/25.

[186] Vgl. Lüth, E.: Die unzerstörbare Stadt. »Neues Hamburg«, Bd. III, S. 13/27.

13. *Statistische Angaben*

Allgemein:
Ein *Punkt* in einer Spalte bedeutet, daß z. B. keine Brandbomben abgeworfen wurden.
Eine *freie Spalte* bedeutet, daß keine Angaben zu ermitteln waren.
Erläuterungen zu den Spalten der Statistik der Luftangriffe auf Hamburg:
Spalte 2: Angegeben ist das Datum bei »Fliegeralarm«.
Spalte 3: Wenn eine Angabe fehlt, wurde *kein Fliegeralarm* gegeben – in den späteren Jahren nur »Öffentliche Luftwarnung«.
Spalte 4: Der erste Bombenwurf wurde in den Lageberichten der Anfangszeit nicht immer genau festgestellt.
Spalte 5: Die Angabe ist der Druckschrift »Hamburg in Zahlen« 1951, Heft Nr. 26 vom 25. September 1951 entnommen. Sie deckt sich mit den Angaben in den Lageberichten.
Spalte 6: Deutsche Schätzung der Flugzeugzahl, die das Hamburger Stadtgebiet überflogen hat. Sie deckt sich nicht mit der Zahl der Gesamteinflüge und oft auch nicht mit den britischen oder amerikanischen Angaben – diese liegen meist höher. Nur bei den Juli-Angriffen 1943 sind die britischen Angaben übernommen.
Spalte 7: Erfaßt sind alle Arten von Sprengmunition – Minenbomben, Sprengbomben einschl. Langzeitzündern.
Spalte 8: Erfaßt sind alle Arten von Brandmunition – Stabbrandbom-

ben, Phosphor-Brandbomben, Benzol-Kautschuk-Brandbomben, Flammstrahl-Brandbomben u. a., jedoch keine Brandplättchen.

Spalte 9: Die Zahlen entsprechen den endgültigen Lageberichten des Polizeipräsidenten. Es ist nicht unterschieden zwischen deutschen Einwohnern, Wehrmachtangehörigen, Kriegsgefangenen und ausländischen Arbeitern, da die Statistik hierüber in den Lageberichten nicht einheitlich ist. Da manche Verletzte später verstorben sind – mitunter auch außerhalb von Hamburg – dürfte die (nicht bekannte) Endziffer etwas höher liegen.

Spalte 10: Gleiche Bemerkungen, wie zu Spalte 9. Die Ursache der Verletzung (Bombe, Flaksplitter, Sturz, Trümmer) wird nicht unterschieden.

Spalte 11: Regelmäßige Angaben hierüber enthielten erst die Lageberichte ab 1944. Die Zahlen von Toten oder Verletzten sind in den Spalten 9 und 10 enthalten.

Spalte 12: Zahlen aus der Einsatz-Statistik der Feuerwehr. Über die Mehrzahl der Brände lagen bis 1968 noch genauere Angaben vor (Eingesetzte Einheiten, Zahl der vorgenommenen Strahlrohre, genaue Ortsangaben). Nicht erfaßt sind jedoch Brände, die von auswärtigen Einheiten, vom Werkluftschutz, Erweiterten Selbstschutz oder den Selbstschutzkräften allein gelöscht wurden. Die Feuerwehr hat hierüber nur sehr lückenhafte Meldungen erhalten.

Spalte 13/ Spalte 14: Angaben nach den Lageberichten. Die Begriffsunterscheidung zwischen »Obdachlos« und »umquartiert« ist nicht immer eindeutig. Als »umquartiert« wurden in der Regel Personen bezeichnet, die z. B. bis zur Beseitigung von Blindgängern oder Langzeitzündern anderweitig untergebracht werden mußten.

Weitere Erläuterungen sind als »Anmerkungen« bei den einzelnen Tafeln gemacht.

1940	STATISTIK DER LUFTANGRIFFE AUF HAMBURG																					TAFEL 1a	
1	2	3	4	5	6	7	8	9				10				11		12				13	14
								TOTE				VERLETZTE				GEBORGENE VERSCHÜTTETE		BRÄNDE					
ANGRIFF-NR.	DATUM	FLIEGERALARM	1. BOMBEN-ABWURF	ALARMDAUER min.	GESCHÄTZTE FLUGZEUGZAHL	SPRENGBOMBEN	BRANDBOMBEN	GESAMT	MÄNNER	FRAUEN	KINDER	GESAMT	MÄNNER	FRAUEN	KINDER	TOT	LEBEND	GESAMT	GROSSBRÄNDE	MITTELBRÄNDE	KLEINBRÄNDE	OBDACHLOS	UMQUARTIERT
1	18.05.40	01.03	00.28	122	30	80	400	34	24	9	1	72	60	10	2	2)	2)	10	6	1	3	3)	3)
2	19.05.40	00.30		178	10	3	.	.	.	.	.	1	1	.	.			.	.	.	.		
3	28.05.40	01.15		155	12	7	30	.	.	.	.	.	.	.	.			1	.	.	1		
4	31.05.40	00.25		157	20	4	.	.	.	.	.	1	1	.	.			.	.	.	.		
5	06.06.40	01.07		114	30	60	100	16	15	1	.	7	3	4	.			5	2	3	.		
6	07.06.40	01.00		144	15	12	.	.	.	.	.	.	.	.	.			.	.	.	.		
7	18.06.40	01.03		114	20	6	4	1	1	.	.	2	2	.	.			2	.	.	2		
8	19.06.40	01.23		103	12	12	100	1	1	.	.	8	8	.	.			9	6	1	2		
9	20.06.40	01.25		103	10	27	58	1	1	.	.	2	.	1	1			.	.	.	.		
10	22.06.40	01.10		121	2	11	30	.	.	.	.	.	.	.	.			.	.	.	.		
11	24.06.40	01.23		142	10	2	.	.	.	.	.	.	.	.	.			.	.	.	.		
12	26.06.40	01.20		88	5	27	.	.	.	.	.	.	.	.	.			.	.	.	.		
13	28.06.40	01.58		71	4	4	.	.	.	.	.	.	.	.	.			.	.	.	.		
14	30.06.40	00.56		119	8	12	.	2	1	1	.	12	8	2	2			.	.	.	.		
15	01.07.40	00.50		100	30	5	.	1	1	.	.	1	.	1	.			.	.	.	.		
16	03.07.40	00.40		80	15	3	.	.	.	.	.	.	.	.	.			.	.	.	.		
17	03.07.40	16.03	15.04	107	1	4	.	17	2	4	11	29	2	19	8			.	.	.	.		
18	05.07.40	00.53	01.24	150	60	34	20	1	1	.	.	6	6	.	.			4	3	1	.		
19	05.07.40	18.57	19.02	41	1	3	.	1	1	.	.	2	1	.	1			.	.	.	.		
20	15.07.40	00.59	01.10	114	25	30	83	1	1	.	.	5	4	1	.			9	.	1	8		
21	19.07.40	23.48	01.27	160	20	13	7	.	.	.	.	9	9	.	.			.	.	.	.		
22	27.07.40	00.18	01.15	144	20	28	.	1	1	.	.	4	4	.	.			.	.	.	.		
23	23.07.40	00.54	01.52	94	3	10	.	.	.	.	.	.	.	.	.			.	.	.	.		
24	24.07.40	00.18	01.00	162	20	13	.	.	.	.	.	2	2	.	.			.	.	.	.		
25	28.07.40	00.25	00.44	154	6	9	15	.	.	.	.	.	.	.	.			1	.	1	.		
26	29.07.40	00.09	01.01	234	15	14	9	.	.	.	.	2	1	1	.			1	1	.	.		
27	29.07.40	13.33	13.12	37	4	8	.	.	.	.	.	2	1	1	.			.	.	.	.		
28	30.07.40	02.42	02.47	44	3	4	.	.	.	.	.	.	.	.	.			.	.	.	.		
29	03.08.40	01.03	01.20	148	15	12	5	.	.	.	.	.	.	.	.			.	.	.	.		
30	06.08.40	00.14	00.18	182	25	54	70	.	.	.	.	4	4	.	.			2	.	2	.		
31	13.08.40	00.48	07.00	68	3	-	1)	.	.	.	.	2	.	2	.			.	.	.	.		
32	20.08.40	00.23	00.30	157	12	14	.	.	.	.	.	9	8	1	.			1	.	1	.		
33	22.08.40	00.37	00.52	88	3	4	35	.	.	.	.	4	4	.	.			.	.	.	.		
34	25.08.40	23.31		271	14	5	.	.	.		.	2	2	.	.			.	.	.	.		
35	27.08.40	.			3	4	.	.	.		.	.	.	.	.			.	.	.	.		
36	01.09.40	23.00		202	17	7	.	.	.	.	.	5	2	3	.			.	.	.	.		
37	08.09.40	22.48		272	50	96	64	1	1	.	.	12	8	3	1			7	.	.	7	.	143

1940	STATISTIK DER LUFTANGRIFFE AUF HAMBURG																						TAFEL 1 b
1	2	3	4	5	6	7	8	9				10				11		12				13	14
								TOTE				VERLETZTE				GEBORGENE VERSCHÜTTETE		BRÄNDE					
ANGRIFF-NR.	DATUM	FLIEGERALARM	1. BOMBEN-ABWURF	ALARMDAUER min.	GESCHÄTZTE FLUGZEUGZAHL	SPRENGBOMBEN	BRANDBOMBEN	GESAMT	MÄNNER	FRAUEN	KINDER	GESAMT	MÄNNER	FRAUEN	KINDER	TOT	LEBEND	GESAMT	GROSSBRÄNDE	MITTELBRÄNDE	KLEINBRÄNDE	OBDACHLOS	UMQUARTIERT
38	[illegible]	·	13.30	·	1	1	·	·	·	·	·	·	·	·	·			·	·	·	·		
39	09.09.40	23.14		187	25	26	18	·	·	·	·	2	·	2	·			2	·	·	2		
40	11.09.40	02.50		53	6	7	8	·	·	·	·	1	1	·	·			·	·	·	·		
41	11.09.40	22.48		199	18	29	19	3	2	1	·	22	6	10	6			3	3	·	·		
42	18.09.40	01.29		106	6	12	21	·	·	·	·	7	4	3	·			2	·	·	2	18	77
43	23.09.40	23.12	01.08	284	40	7	30	·	·	·	·	1	1	·	·			1	1	·	·		
44	28.09.40	23.46		139	5	·	1)	·	·	·	·	·	·	·	·			·	·	·	·		
45	02.10.40	23.26		190	25	9	7	·	·	·	·	4	1	3	·			1	·	·	1		
46	07.10.40	21.59		391	12	11	·	3	·	2	1	5	3	2	·			·	·	·	·		
47	08.10.40	22.00		117	10	43	49	·	·	·	·	1	·	·	1			·	·	·	·		
48	11.10.40	00.19	00.15	234	19	30	89	5	2	3	·	49	22	22	·			11	2	3	6		
49	11.10.40		03.00		5																		
50	14.10.40	00.30		78	6	3	·	·	·	·	·	1	·	1	·			·	·	·	·		
51	15.10.40	23.30		181	12	3	·	·	·	·	·	·	·	·	·			·	·	·	·		
52	16.10.40	22.07		179	12	13	7	·	·	·	·	1	1	·	·			·	·	·	·		
53	19.10.40	00.59	01.59	177	22	12	·	·	·	·	·	4	4	·	·			·	·	·	·		
54	20.10.40	21.06		97	6	18	49	·	·	·	·	3	2	1	·			1	·	·	1		
55	21.10.40	03.26		269	15																		
56	21.10.40	21.12			20	33	379	·	·	·	·	17	11	5	1			12	8	2	2	13	
57	24.10.40	21.30		305	25	65	375	3	2	·	1	20	14	6	·			13	5	3	5		217
58	25.10.40	22.12		173	20	28	7	1	1	·	·	5	4	1	·			·	·	·	·		
59	26.10.40	21.22		73	20	5	21	·	·	·	·	4	4	·	·			·	·	·	·		
60	27.10.40	21.26		156	9	10	39	·	·	·	·	2	2	·	·			2	·	2	·		
61	28.10.40	20.43		139	12	5	7	1	1	·	·	3	2	1	·			·	·	·	·		49
62	29.10.40	20.57		127	17	4	60	·	·	·	·	·	·	·	·			·	·	·	·		
63	05.11.40	21.13	21.20	77	19	8	195	7	2	3	2	32	17	12	3			15	4	2	9	65	171
64	14.11.40	20.18	09.30	332	10	24	125	·	·	·	·	11	10	1	·			·	·	·	·		
65	15.11.40	19.56	20.20		30	161	1369 [4]	20	9	10	1	102	63	36	3			68	16	15	37	269	1.356
66	16.11.40	09.11	09.20	147	20 (19)	(80)	(1620)																
67	16.11.40	20.12	21.20	300	50	175	377	2	2	·	·	36	28	7	1			6	2	1	3	7	179
68	24.11.40	19.57	20.05	108	70	25	92	2	2	·	·	34	22	12	·			4	1	·	3		86
69	25.11.40	05.25	05.20	41	24																		
70	13.12.40	20.34	21.10	71	2	4	10	·	·	·	·	·	·	·	·			·	·	·	·		
70	1940 GESAMT			9.575	1.136	1.417	4.248	125	74	34	17	567	363	174	30			193	60	39	94	372	2.273

ANMERKUNGEN:
1) nur Abwurf von Brandplättchen
2) 1940 roch nicht gesondert ermittelt
3) 1940 erst ab September teilweise gesondert ermittelt
4) eingeklammert: Alliierte Angaben!

1941	STATISTIK DER LUFTANGRIFFE AUF HAMBURG																						TAFEL 2 a
1	2	3	4	5	6	7	8	9				10				11		12				13	14
								TOTE				VERLETZTE				GEBORGENE VERSCHÜTTETE		BRÄNDE					
ANGRIFF-NR.	DATUM	FLIEGERALARM	1. BOMBEN-ABWURF	ALARMDAUER min.	GESCHÄTZTE FLUGZEUGZAHL	SPRENGBOMBEN	BRANDBOMBEN	GESAMT	MÄNNER	FRAUEN	KINDER	GESAMT	MÄNNER	FRAUEN	KINDER	TOT	LEBEND	GESAMT	GROSSBRÄNDE	MITTELBRÄNDE	KLEINBRÄNDE	OBDACHLOS	UMQUARTIERT
71	01.01.41	19.55	21.30	150	5	4	25	·	·	·	·	·	·	·	·			·		·		·	·
72	03.01.41	21.00	21.15	98	3	·	120	·	·	·	·	7	4	3	·			12	6	·	6	8	2
73	12.03.41	23.08	23.19		50	298	1390	8	7	1	·	96	69	25	2			205	18	17	170	462	419
74	13.03.41	04.09	05.45		(66)	(396)	(4152)																
75	13.03.41	23.12	23.15	241	90 (44)	285 (275)	4500 (3240)	51	15	31	5	139	74	61	4			119	31	25	63	523	95
76	18.4.41	00.02		122	16	·	·	·	·	·	·	·	·	·	·			·	·	·	·	·	·
77	26.04.41	01.37	02.07	93	9	2	30	·	·	·	·	1	·	1	·			·	·	·	·	·	·
78	27.04.41	00.48	01.22	135	16	74	992	6	3	2	1	12	7	4	1			·	·	·	·	147	121
79	01.05.41	00.16	02.11	170	9	19	·	·	·	·	·	·	·	·	·			·	·	·	·	·	·
80	03.05.41	00.53	01.50	207	49	82	1800	3	2	1	·	16	6	9	1			26	13	6	9	70	206
81	07.05.41	00.40	01.52	133	42	31	400	·	·	·	·	2	1	1	·			4	·	3	1	·	33
82	09.05.41	00.41	00.43	171	120 (87)	467 (402)	4500 (8660)	185	78	81	26	518	284	200	34			83	38	20	25	1271	1966
83	11.05.41	01.08	01.08	118	100 (29)	350 (110)	5000 (3590)	37	19	11	1	151	100	49	2			128	47	26	55	551	837
84	12.05.41	01.13	01.20	131	81 (46)	223 (224)	2500 (2904)	11	5	1	5	44	29	13	2			88	26	17	45	373	1096
85	16.05.41	00.50	01.35	118	19	18	80	9	3	5	1	7	5	1	1			4	3	·	1	4	59
86	19.05.41	01.32	02.10	93	21	19	219	4	1	3	·	3	1	2	·			8	3	1	4	26	12
87	19.06.41	00.49	01.41	91	8	10	·	8	5	3	·	20	7	13	·			·	·	·	·	105	11
88	21.06.41	01.01	01.44	88	7	6	30	·	·	·	·	·	·	·	·			·	·	·	·	·	·
89	28.06.41	01.12	01.20	100	35	60	600	7	7	·	·	39	27	7	·			14	4	3	7	280	55
90	30.06.41	01.21	01.45	109	25	59	100	8	5	3	·	115	52	43	20			5	5	·	·	200	465
91	13.07.41	01.23	02.00	80	2	4	·	·	·	·	·	1	1	·	·			·	·	·	·	·	·
92	15.07.41	01.33	02.00	75	6	6	55	11	5	5	1	14	5	9	·			6	·	·	6	18	12
93	17.07.41	00.53	01.16	92	30	20	127	·	·	·	·	1	1	·	·			4	·	1	3	·	154
94	26.07.41	00.58	01.20	140	13	30	625	1	1	·	·	6	4	2	·			4	4	·	·	6	140
95	03.08.41	00.13	01.20	140	20	57	500	5	4	1	·	38	18	15	5			10	5	3	2	290	498
96	04.08.41	01.09	01.15	37	8	6	·	·	·	·	·	·	·	·	·			·	·	·	·	·	·
97	09.08.41	00.35	01.10	115	38	37	240	5	3	2	·	8	6	2	·			1	1	·	·	·	20
98	13.08.41	00.00	01.00	198	28	25	100	·	·	·	·	·	·	·	·			·	·	·	·	·	·
99	15.08.41	00.12	02.10	141	12	11	58	·	·	·	·	·	·	·	·			·	·	·	·	·	·
100	18.08.41	01.38	03.20	175	6	6	·	·	·	·	·	·	·	·	·			·	·	·	·	·	·
101	20.08.41	00.23	02.15	93	2	2	40	·	·	·	·	·	·	·	·			·	·	·	·	·	·
102	15.09.41	22.25	22.45	198	45	201	968	82	36	36	10	229	96	112	21			26	7	8	11	600	841
103	29.09.41	21.32	21.40	205	49	121	343	48	28	16	4	73	30	42	1			9	2	1	6	406	696
104	30.09.41	21.30	22.10	149	28	71	302	8	3	5	·	11	8	3	·			14	1	2	11	179	312
105	12.10.41	21.58	22.17	130	36	8	216	4	2	2	·	23	21	1	1			13	3	·	10	13	·
106	20.10.41	21.09	21.45	178	30	14	·	4	2	1	1	7	5	1	1			1	1	·	·	·	·
107	23.10.41	22.01	22.30	104	16	32	600	·	·	·	·	·	·	·	·			35	·	3	32	33	124

1941				STATISTIK DER LUFTANGRIFFE AUF HAMBURG																		TAFEL 2 b	
1	2	3	4	5	6	7	8	9				10				11		12				13	14
								TOTE				VERLETZTE				GEBORGENE VERSCHÜTTETE		BRÄNDE					
ANGRIFF-NR.	DATUM	FLIEGERALARM	1. BOMBEN-ABWURF	ALARMDAUER min.	GESCHÄTZTE FLUGZEUGZAHL	SPRENGBOMBEN	BRANDBOMBEN	GESAMT	MÄNNER	FRAUEN	KINDER	GESAMT	MÄNNER	FRAUEN	KINDER	TOT	LEBEND	GESAMT	GROSSBRÄNDE	MITTELBRÄNDE	KLEINBRÄNDE	OBDACHLOS	UMQUARTIERT
108	26.10.41	[illegible]	[illegible]	[illegible]	[illegible]	[illegible]	[illegible]	[illegible]	[illegible]	[illegible]	9	139	[illegible]	[illegible]	6			[illegible]	[illegible]	[illegible]	[illegible]	[illegible]	[illegible]
109	31.10.41	21.22	22.08	189	45	60	1200	1	1	·	·	8	3	4	1			14	7	4	3	75	100
110	01.11.41	21.19	21.58	130	1	5	·	1	1	·	·	4	·	4	·			·	·	·	·	·	·
111	09.11.41	20.33	21.20	167	30	99	332	13	11	2	·	56	27	28	1			3	3	·	·	185	208
112	30.11.41	20.30	20.55	185	65	300	1047	65	30	26	9	176	83	80	13			22	2	2	18	847	1689
42	1941 GESAMT			5854	1250	3201	29939	626	297	256	73	1959	1086	756	117			880	233	145	503	7015	10178

1942				STATISTIK DER LUFTANGRIFFE AUF HAMBURG																		TAFEL 3	
1	2	3	4	5	6	7	8	9				10				11		12				13	14
								TOTE				VERLETZTE				GEBORGENE VERSCHÜTTETE		BRÄNDE					
ANGRIFF-NR.	DATUM	FLIEGERALARM	1. BOMBEN-ABWURF	ALARMDAUER min.	GESCHÄTZTE FLUGZEUGZAHL	SPRENGBOMBEN	BRANDBOMBEN	GESAMT	MÄNNER	FRAUEN	KINDER	GESAMT	MÄNNER	FRAUEN	KINDER	TOT	LEBEND	GESAMT	GROSSBRÄNDE	MITTELBRÄNDE	KLEINBRÄNDE	OBDACHLOS	UMQUARTIERT
113	14.01.42	20.44	21.05	101	15	75	841	6	2	4	·	22	10	11	1			12	7	3	2	155	184
114	15.01.42	21.03	21.55	153	12	54	1684	3	2	1	·	25	20	5	·			36	3	3	30	78	103
115	17.01.42	20.23	20.37	110	12	20	640	5	2	2	1	12	6	5	1			11	4	3	4	26	45
116	26.02.42	02.45	03.00	57	1	3	·	·	·	·	·	·	·	·	·			·	·	·	·	·	·
117	28.02.42	23.15	23.58	184	7	·	261	·	·	·	·	2	1	1	·			8	1	·	7	·	·
118	08.04.42	23.29	00.05	157	75	29	523	17	9	4	4	119	53	56	10			8	3	2	3	125	29
119	18.04.42	02.27	03.02	126	50	62	1651	23	19	4	·	66	40	22	4			75	33	13	29	97	210
120	04.05.42	01.14	01.20	113	60	30	3471	77	34	34	9	243	144	79	20			113	57	18	38	1525	99
121	26.06.42	01.13	01.55	109	20	18	550	·	·	·	·	6	5	1	·			6	2	2	2	8	·
122	27.07.42	00.42	00.43	96	120 (304)	619	69.760	337	136	164	37	1027	633	350	44			819	523	143	153	12.315	2.392
123	29.07.42	00.37	01.05	143	50	34	4288	13	11	2	·	48	44	4	·			56	15	16	25	161	145
124	18.08.42	14.27	14.29	36	2	3	·	2	1	1	·	32	19	13	·			·	·	·	·	31	·
125	24.09.42	03.02	03.12	58	3	6	·	·	·	·	·	1	·	1	·			·	·	·	·	·	·
126	13.10.42	21.31	22.15	146	20	8	156	8	2	6	·	43	21	17	5			3	2	·	1	214	185
127	09.11.42	19.46	20.08	122	10	5	1100	3	1	1	1	16	12	4	·			26	6	6	14	15	2
15	1942 GESAMT			1711	457	966	84.925	494	219	223	52	1662	1007	569	85			1174	656	209	308	14.750	3.394

1943	STATISTIK DER LUFTANGRIFFE AUF HAMBURG																							TAFEL 4	
1	2	3	4	5	6	7	8	9				10				11		12				13	14
								TOTE				VERLETZTE				GEBORGENE VERSCHÜTTETE		BRÄNDE					
ANGRIFF-NR.	DATUM	FLIEGERALARM	1. BOMBEN-ABWURF	ALARMDAUER min.	GESCHÄTZTE FLUGZEUGZAHL	SPRENGBOMBEN 1)	BRANDBOMBEN 1)	GESAMT	MÄNNER	FRAUEN	KINDER	GESAMT	MÄNNER	FRAUEN	KINDER	TOT	LEBEND	GESAMT	GROSSBRÄNDE	MITTELBRÄNDE	KLEINBRÄNDE	OBDACHLOS	UMQUARTIERT
128	17.01.43	19.19	21.10	124	3	·	180	2	1	·	1	6	5	·	1			3	·		3	·	·
129	31.01.43	02.46	03.00	50	20	131	8991	58	32	18	8	164	73	69	22			119	71	20	28	775	528
130	03.02.43	20.28	20.40	104	60	87	13 220	55	39	14	2	40	28	11	1			124	45	35	44	286	163
131	01.03.43	20.48	21.55	100	7	·	500	·	·	·	·	3	2	1	·			3	1	2	·	·	
132	03.03.43	20.54	21.15	143	20	63	11078	27	13	12	2	95	63	32	·			100	51	24	25	414	30.604
133	30.03.43	00.54	01.15	157	6	2	64	·	·	·	·	·	·	·	·			1	·	·	1	·	400
134	04.04.43	23.01	23.38	75	3	1	420	·	·	·	·	·	·	·	·			1	1	·	·	·	·
135	29.06.43	01.20	01.20	26	3	4	·	·	·	·	·	·	·	·	·			·	·	·	·	3	25
136	04.07.43	01.17	01.13	50	1	2	·	·	·	·	·	·	·	·	·			·	·	·	·	·	·
137	06.07.43	01.18	01.20	52	1	2	·	·	·	·	·	·	·	·	·			·	·	·	·	·	·
138	25.07.43	00.33	00.55	148	740 (791)	1.668	309.070																
139	25.07.43	14.40		162	40	400	·																
140	26.07.43	10.38		132	71	672	348																
141	27.07.43	00.20		42	6	2	·	41800 2)				125000 3)						5896 4)					
142	27.07.43	23.40	00.55	180	739 (793)	2 230	325.000																
143	29.07.43	23.58	00.35	137	726	2.230	325.000																
144	03.08.43	00.59	01.47	151	457 (740)	1117	315.258																
145	03.10.43	21.44	22.09	64	2	3	·	4	2	1	1	·	·	·	·			3	3	·	·	·	60
146	05.11.43	19.11	19.25	47	7	3	2	·	·	·	·	4		2				·	·	·	·	·	·
147	22.11.43	19.09		77	2	2	80	·	·	·	·	1	1					1	·	1	·	18	·
148	13.12.43	11.56	13.00	108	120 (92)	870 (581)	2300 (1992)	272	194	58	20	449	281	149	19			194	70	35	89	2866	·
21	1943 GESAMT			1999	3034	9489	1.351.461	42218	281 5)	103 5)	34 5)	125.757	453 5)	259 5)	43 5)			6444	242 5)	117 5)	190 5)	43622 5)	31780 5)

ANMERKUNGEN:

1) Bombenzahlen der Juli-Angriffe nach amerikanischen Einzelangaben (48)

2) Nach Angaben des Statistischen Amts, Stichtag 1. Mai 1945 (Aus dem "HAMBURG Field Report" (48)

3) Geschätzt nach der Erfahrungszahl, daß auf 1 Toten etwa 3 Verletzte kommen (Durchschnitt aus Großunfällen)

4) Erfaßt sind nur die vom FE-Dienst HAMBURG bekämpften Brände. Die Zahl der von auswärtigen Einheiten, dem Werk-Luftschutz, dem erweiterten Selbstschutz und dem Selbstschutz bekämpften Brände ist nicht bekannt.

5) Zahlen OHNE die Juli-Angriffe

1944 — STATISTIK DER LUFTANGRIFFE AUF HAMBURG — TAFEL 5

1	2	3	4	5	6	7	8	9				10				11		12				13	14
								TOTE				VERLETZTE				GEBORGENE VERSCHÜTTETE		BRÄNDE					
ANGRIFF-NR.	DATUM	FLIEGERALARM	1. BOMBEN-ABWURF	ALARMDAUER min.	GESCHÄTZTE FLUGZEUGZAHL	SPRENGBOMBEN	BRANDBOMBEN	GESAMT	MÄNNER	FRAUEN	KINDER	GESAMT	MÄNNER	FRAUEN	KINDER	TOT	LEBEND	GESAMT	GROSSBRÄNDE	MITTELBRÄNDE	KLEINBRÄNDE	OBDACHLOS	UMQUARTIERT
149	02.01.44	02.42	02.38	82	3	2	20	·	·	·	·	4	1	3	·	·	·	·	·	·	·	·	·
150	20.01.44	22.02		66	2	1	-	·	·	·	·	·	·	·	·	·	·	·	·	·	·	·	·
151	11.03.44	21.33		27	10	27	32	·	·	·	·	·	·	·	·	·	·	·	·	·	·	·	·
152	24.03.44	21.31		170	2	2	·	·	·	·	·	·	·	·	·	·	·	·	·	·	·	·	·
153	06.04.44	22.17	22.15	52	20	109	200	39	31	8	·	161	94	66	1	12	23	7	·	7	·	322	152
154	27.04.44	01.22		54	5	15	·	·	·	·	·	·	·	·	·	·	·	1	·	1	·	50	·
155	28.04.44	23.28		71	5	7	30	2	2	·	·	·	·	·	·	·	·	3	·	·	3	11	86
156	21.05.44	11.59		116	5	2	·	·	·	·	·	·	·	·	·	·	·	·	·	·	·	·	·
157	18.06.44	08.43	09.15	121	800	9220	3360	679	408	224	47	738	399	293	46	464	485	182	69	37	76	5470	2.099
158	20.06.44	07.52		214	700	7400	1400	354	298	43	13	302	250	43	9	·	·	54	50	3	1	432	316
159	23.06.44	01.10	01.15	42	7	29	12	7	3	3	1	29	11	15	3	·	·	10	·	4	6	57	15
160	27.07.44	01.43	01.45	48	40	212	825	23	20	3	·	178	103	69	6	12	13	8	6	2	·	280	290
161	27.07.44	00.02	00.20	94	20	53	·	8	6	2	·	22	18	3	1	·	·	5	1	2	2	157	·
162	29.07.44	00.38	01.06	70	300 (300)	2830 (818)	2700	265	143	110	12	492	255	175	12	253	132	113	25	33	55	5183	12519
163	04.08.44	12.23	13.25	228	300	1800	·	62	60	1	1	98	80	13	5	32	5	12	11	1	·	354	71
164	06.08.44	10.38	11.53	55	500 (126)	3400 (2015)	·	25	15	10	·	62	46	14	2	10	10	32	30	2	·	224	529
165	18.08.44	23.42	00.10	101	4	4	·	·	·	·	·	·	·	·	·	·	·	·	·	·	·	·	·
166	26.08.44	22.28	22.43	146	30	25	60	·	·	·	·	2	2	·	·	·	·	·	·	·	·	·	277
167	30.08.44	00.37	00.50	142	25	71	·	85	79	3	3	77	71	5	1	·	·	3	1	-	2	35	1020
168	06.09.44	22.32	22.26	54	12	44	·	68	42	22	4	73	60	12	1	45	98	5	3	1	1	579	130
169	30.09.44	21.04	21.10	45	30	107	180	103	53	46	4	259	137	114	8	95	120	15	4	4	7	1560	468
170	02.10.44	00.38	00.55	43	3	3	·	·	·	·	·	2	1	1	·	·	·	·	·	·	·	·	·
171	06.10.44	10.45	12.02	204	700	1813	7026	70	50	15	5	61	52	8	1	24	12	137	11	5	121	219	375
172	12.10.44	20.34	20.45	61	40	129	·	36	19	13	4	57	35	20	2	31	34	7	·	3	4	525	438
173	14.10.44	23.44	23.38	48	18	70	·	11	6	4	1	148	110	28	10	6	4	3	·	1	2	67	153
174	15.10.44	19.11	19.35	106	40	104	·	·	·	·	·	31	21	10	·	·	·	5	1	1	3	518	240
175	22.10.44	18.33	18.53	56	40	112	120	11	10	1	·	36	25	10	1	7	18	16	5	8	3	916	351
176	25.10.44	12.20	13.01	124	800	7500	30000	779	271	366	142	563	368	171	24	620	62	475	199	276	·	23.213	16.328
177	30.10.44	12.45	13.15	73	300	1850	30	127	51	59	17	44	14	23	7	116	39	6	1	3	2	1049	1862
178	31.10.44	19.22	19.58	125	30	11	240	26	17	9	·	64	27	33	4	40	13	12	10	2	·	852	173
179	31.10.44	20.58	21.25		50																		
180	04.11.44	11.10	11.44	110	400 (181)	3200 (1742)	·	220	91	85	44	237	127	88	22	86	103	28	18	4	6	5.688	1460
181	06.11.44	10.07	10.50	111	400	4200	·	67	34	25	8	69	39	25	5	37	49	35	19	6	10	2008	906
182	11.11.44	18.36	19.10	120	300	2850	46.800	119	73	42	4	94	56	33	5	59	50	654	442	212	·	5208	1563
183	21.11.44	11.20	12.03	115	400 (345)	3300 (4952)	· (31)	272	99	148	25	194	91	92	11	222	154	30	18	6	6	4572	2153
184	30.11.44	20.19	20.35	52	50	76	·	1	1	·	·	30	22	7	1	·	·	1	·	1	·	42	54
185	11.12.44	19.35	20.00	49	40	74	·	·	·	·	·	8	2	5	1	·	·	2	·	·	2	72	90
186	28.12.44		03.02		1	5	·	·	·	·	·	1	1	·	·	·	·	·	·	·	·	·	·
187	31.12.44	10.46	11.34	108	500 (72)	4300 (848)	7850 (500)	212	195	11	6	233	212	20	1	145	148	75	47	7	21	1323	472
39	1944 GESAMT			3503	6932	54957	100825	3671	2077	1253	341	4319	2730	1399	190	2316	1572	1936	971	632	333	62.981	49.599

1945	STATISTIK DER LUFTANGRIFFE AUF HAMBURG																							TAFEL **6**	
1	2	3	4	5	6	7	8	9				10				11		12				13	14
								TOTE				VERLETZTE				GEBORGENE VERSCHÜTTETE		BRÄNDE					
ANGRIFF-NR.	DATUM	FLIEGERALARM	1. BOMBEN-ABWURF	ALARMDAUER min.	GESCHÄTZTE FLUGZEUGZAHL	SPRENGBOMBEN	BRANDBOMBEN	GESAMT	MÄNNER	FRAUEN	KINDER	GESAMT	MÄNNER	FRAUEN	KINDER	TOT	LEBEND	GESAMT	GROSSBRÄNDE	MITTELBRÄNDE	KLEINBRÄNDE	OBDACHLOS	UMQUARTIERT
188	16.01.45	20.47	21.07	59	12	6	·	·	·	·	·	4	4	·	·	·		1	·	1	·	·	·
189	17.01.45	11.45	11.55	80	250 (71)	2550 (696)	330	60	59	1	·	133	118	13	2	25	20	23	20	2	1	96	8
190	24.02.45	11.54	12.25	75	300	2200	·	208	79	90	39	142	97	34	11	89	43	15	8	3	4	1339	42
191	01.03.45		20.17	127	1	1	·	·	·	·	·	·	·	·	·	·	·	·	·	·	·	·	·
192	05.03.45	02.39	03.20	127	3	3	·	·	·	·	·	·	·	·	·	·	·	·	·	·	·	·	·
193	05.03.45	09.42	10.19	98	250	2100	3500	35	16	15	4	27	19	8	5	33	22	8	6	1	1	138	112
194	07.03.45	20.52	21.50	104	300	2380	3000	230	121	99	10	110	62	47	1	192	30	49	37	9	3	5500	600
195	08.03.45	20.54	21.20	77	150 (309)	1658 (3380)	3000	118	48	49	21	172	122	41	9	65	82	54	38	4	12	3180	3118
196	10.03.45		20.15	46	10	5	·	·	·	·	·	·	·	·	·	·	·	·	·	·	·	·	·
197	11.03.45	12.19	12.52	90	800 (486)	6.325 (8.623)	5000 (3022)	97	56	26	15	155	99	52	4	35	417	253	85	83	85	8677	4045
198	20.03.45	15.40	16.02	79	400 (353)	2800	500	138	70	65	3	127	84	42	1	88	135	53	31	3	19	2200	1072
199	22.03.45	03.32	03.57	67	200	1600	3000	139	113	19	7	78	74	4	·			15	10	2	3		
200	30.03.45	02.55	03.18	78	2	4	120	·	·	·	·	1	1	·	·	·	·	·	·	·	·	·	·
201	30.03.45	12.58	13.18	65	600 (431)	4200	1800	185	87	74	27	137	92	37	8	55	206	101	40	28	33	3113	952
202	31.03.45	08.19	08.42	74	300 (454)	2250 (5969)	300	75	63	10	2	146	120	23	3	22	30	29	13	7	9	1511	662
203	04.04.45	08.43	09.25	89	20	17	·	·	·	·	·	·	·	·	·	·	·	·	·	·	·	·	·
204	04.04.45	21.58	22.25	110	200	1100	800	19	10	9	·	23	13	10	·	·	·	28	12	5	11	170	40
205	08.04.45		04.10	45	1	2	·	·	·	·	·	·	·	·	·	·	·	·	·	·	·	·	
206	08.04.45	21.20	22.23	94	250 (414)	1800 (3892)	500	292	198	36	8	106	67	34	5	241	311	51	46	2	3	3935	3440
207	09.04.45	17.40	17.37	68	50 (424)	180 (5258)	·	22				104						4	4	·	·		
208	09.04.45	21.35	22.13	89	10	20	100	1	1	·	·	·	·	·	·	·	·	2	2	·	·	6	92
209	12.04.45	23.14	23.49	23	1	2	·	·	·	·	·	·	·	·	·	·	·	·	·	·	·	·	·
210	14.04.45	01.17	00.55	47	100	325	70	150	116	27	7	227	92	129	6	119	43	20	18	2	·	683	239
211	14.04.45		22.30			2	·	·	·	·	·	·	·	·	·	·	·	1	1	·	·	·	·
212	15.04.45	22.39	23.45	90		1	·	·	·	·	·	3	1	2	·	·	·	·	·	·	·	·	·
213	17.04.45	15.53	17.00	25		2	·	·	·	·	·	·	·	·	·	·	·	·	·	·	·	·	·
26	1945 GESAMT			1926	4210	31533	22020	1719	1037	520	143	1695	1060	476	55	959	1339	707	371	152	189	30048	14417

1940–1945	STATISTIK DER LUFTANGRIFFE AUF HAMBURG																						TAFEL 7
1	2	3	4	5	6	7	8	9				10				11		12				13	14
								TOTE				VERLETZTE				GEBORGENE VERSCHÜTTETE		BRÄNDE					
								a	b	c	d	a	b	c	d								
JAHR	Ö. LUFTWARNUNG	FLIEGERALARME	LUFTANGRIFFE	ALARMDAUER STUNDEN/min.	GESCHÄTZTE FLUGZEUGZAHL	SPRENGBOMBEN	BRANDBOMBEN	GESAMT	MÄNNER	FRAUEN	KINDER	GESAMT	MÄNNER	FRAUEN	KINDER	TOT	LEBEND	GESAMT	GROSSBRÄNDE	MITTELBRÄNDE	KLEINBRÄNDE	OBDACHLOS	UMQUARTIERT
1940	·	123	70	233 h 35	1.136	1.417	4.248	125	74	34	17	567	363	174	30	·	·	193	60	39	94	372	2.273
1941	·	78	42	143 h 03′	1.250	3.201	29.939	626	297	256	73	1959	1086	756	117	·	·	880	233	145	503	7.015	10.178
1942	11	65	15	56 h 51′	957	966	84925	494	219	223	52	1662	1007	569	85	·	·	1174	656	209	308	14750	3.394
1943	89	112	21	125 h 57′	3.034	9489	1.351.461	42218	281	103	34	125757	453	259	43	·	·	6444	242	117	190	4362	31780
1944	400	182	39	168 h 49′	6.932	54957	100.825	3671	2077	1253	341	4379	2730	1399	190	2.316	1.572	1936	971	632	333	62981	44599
1945	278	142	26	104 h 17′	4.210	31533	22.020	1719	1037	520	143	1695	1060	476	55	959	1.339	707	371	152	184	30.048	14417
GESAMT	778	702	213	837 h 12′ = 35 Tage	17.019	101563	1.593.418	48.853	3.985	2.389	660	135.959	6.699	3.633	520	3.275	2.911	11.334	2.533	1.294	1.612	119.528	106.641

ANMERKUNGEN: Die Spalten 9 und 10 b, c, d im Jahr 1943 OHNE die (nicht bekannten) Verluste bei den Juli-Angriffen.
Auch Spalte 13 und 14 für 1943 OHNE die (nicht bekannten) Zahlen der Juli-Angriffe!

1943	ANGREIFER UND ANGRIFFSMITTEL UNTERNEHMEN "GOMORRHA"										TAFEL 8
1	2	3	4	5	6	7	8	9	10	11	12
SPRENG- u. BRANDBOMBEN TYPEN u. GRÖSSEN	1) RAF 25.7.43	1) 8. USAAF 25.7.	1) 8. USAAF 26.7.	1) RAF 27.7.43	2) RAF 28.7.43	2) RAF 30.7.43	1) RAF 03.8.43	GESAMT STÜCKZAHL	GESAMT GEWICHT ts	DEUTSCHE SCHÄTZUNGEN	BRITISCHE ANGABEN
8000 HC	11	·	·	·	5	5	1	22	88		
4000 HC	326	·	·	·	300	300	209	1.135	2270	1.200	1.215
2000 HC	·	·	·	·	25	25	8	58	58		
2000 GP	256	·	·	·	250	250	·	756	756		
1000 GP	750	·	·	2	750	750	648	2.900	1.450		
500 GP	650	400	427	·	650	650	·	2.777	695	25.000	7.716
500 MC	·	·	·	·	·	·	251	251	63		
250 GP	260	·	272	·	250	250	·	1.032	129		
STÜCKZAHL	2.253	400	699	2	2.230	2.230	1.117	8.931	↓	26.200	8.931
GEWICHT ts	1.522	100	141	1	1.464	1.464	817	→	5509	·	
70 lb	·	·	348	·	·	·	·	348	12	·	
30 lb	25.000	·	·	·	25.000	25.000	19.636	94.636	1420	80.000	
4 lb	324.070	·	·	·	300.000	300.000	295.622	1.219.692	2440	3.000.000	
SONSTIGE	·	·	·	·	·	·	·	·	·	3) 5.500	
STÜCKZAHL	349.070	·	348	·	325.000	325.000	315.258	1.319.676	↓	3.085.500	1.319676
GEWICHT ts	1 024	·	12	·	975	975	886	→	3872	·	·
ABWURF-GESAMT-GEWICHT ts	2.546 (2.300)	100	153	1	2.439 (2.312)	2.439 (2.277)	1.703 (939)	→	9.381	·	·
ABWURF-GESAMT-GEWICHT t	2.309	91	139	0.9	2.212	2.212	1.545	→	8.508	·	·
FLUGZEUG-ZAHLEN	740 (791) (725)	40 (122)	71 (54)	6	739 (793)	726	457 (425)	→		über 3000	2779

ANMERKUNGEN:
Eingeklammerte Zahlen weisen auf andere - nicht nachprüfbare - Zahlen hin.

1) Nach Angaben des amerikanischen Berichts "BLOHM & VOSS Shipyard..."

2) Nach Schätzungen der allgemeinen amerikanischen und britischen Angaben

3) Nach deutschen Schätzungen sollen auch 250 lbs-Flüssigkeits-Brandbomben und (500) Phosphorkanister gefallen sein. Phosphorkanister sind jedoch NICHT nachgewiesen. Dagegen ist zweifelhaft, ob nicht doch auch Flüssigkeits-Brandbomben (250 lbs) gefallen sind.

14. *Quellen und Schrifttum*

14.1 QUELLENLAGE UND QUELLEN-HINWEISE

Als Arbeitsunterlage dienten vornehmlich die (bis 1968) fast lückenlos erhaltenen »Einsatzberichte« und »Luftschutzakten« der Feuerwehr Hamburg sowie die nach jedem Luftangriff herausgegebenen »Lageberichte« des Polizeipräsidenten als »örtlicher Luftschutzleiter«.

Lageberichte oder (ab 1944) *LS-Schadensmeldungen* gab es in zwei verschiedenen und im Umdruckverfahren vervielfältigten Fassungen:

1. *Kurzberichte,* die nur wenige Zahlen und keine Einzelheiten enthielten – in der Regel 8-fach gefertigt und für LGK XI und BdO bestimmt.
2. Ausführliche *Lageberichte* mit genauen Zahlenangaben und Schadensdarstellungen – in der Regel 50 bis 60-fach gefertigt und verteilt an die Dienststellen des Polizeipräsidenten, der Luftschutzorganisationen und die Hamburgischen Behörden. Ab 26. 1. 1944 waren diese Berichte »Geheim« und sind deshalb auch bei Kriegsende vernichtet worden. Es gab wohl nur noch eine vollständige Sammlung im Privatbesitz, die für die vorliegende Ausarbeitung genutzt werden konnte, inzwischen leider aber nach dem Tode des Besitzers auch vernichtet wurde. Bei größeren Angriffen wurden mitunter zuerst »Vorläufige Lageberichte« ausgegeben und diese nach Abschluß der Ermittlungen durch »Endgültige Lageberichte« ersetzt.

Gedruckt erschienen und bereits während des Krieges einem größeren Kreise

zugänglich gemacht sind zwei Sonderberichte des Polizeipräsidenten – S 3(L) – über die Juli-Katastrophe 1943:
Der erste »Gesamtbericht über die 4 Großluftangriffe und 3 schwächeren Zwischenangriffe auf Hamburg in der Zeit vom 25. Juli bis 3. August 1943 – 138. bis 144. Angriff –« trägt das Datum 10. September 1943, war »Nur für den Dienstgebrauch« bestimmt und enthält lediglich die Angriffsdaten und zusammengefaßte Sachangaben.
Der »Bericht des Polizeipräsidenten in Hamburg als örtlicher Luftschutzleiter über die schweren Großluftangriffe auf Hamburg im Juli/August 1943 – Erfahrungen –« wurde am 1. Dezember 1943 ausgegeben und lief unter »Geheim!«. Er bestand aus einem »I. Teil: Berichtsband« (Auflage 150 Stück) und einem »II. Teil: Anlagenband« (Auflage 70 Stück). Der Reichsführer SS bekam davon 25 Stück, ferner alle Luftschutzorte 1. Ordnung eine Ausfertigung. Ein genauerer Verteiler ist nicht mehr bekannt.

Durchgesehen und ausgewertet sind ferner die Bestände des Staatsarchivs an Luftschutzvorgängen sowie die Luftschutz- und Luftkriegs-Schriften der Staatsbibliothek. Leider besitzt das Staatsarchiv nur wenige und unvollständige Unterlagen bis etwa zum Jahre 1942, weil die zur Ablieferung von Archivgut verpflichteten Behörden und Ämter teils durch Bombenwirkungen alles verloren haben, teils in der Unordnung der ersten Nachkriegszeit alte, scheinbar »wertlose« Luftschutzakten lieber gegen Neupapier eintauschten.

Schließlich konnte der Berichter die Bestände des Bundesarchivs – Militärarchiv – in Freiburg (Breisgau) einsehen.

1959 hat der Berichter ein dreibändiges umfassendes Gutachten über »Einsatzerfahrungen des Brandschutzdienstes – Eine kritische Darstellung der Brandschutzorganisation, Brandschutztechnik und Brandschutztaktik des zivilen Luftschutzes im zweiten Weltkrieg« für das Bundesamt für zivilen Bevölkerungsschutz, Bonn-Bad Godesberg, erstattet (Staatsarchiv und Feuerwehramt haben je 1 Ausfertigung!). Darin sind vornehmlich Hamburger Erfahrungen ausgewertet. – Dieses Gutachten ist vom amerikanischen »Office of Civil Defense« übersetzt, im Juni 1966 in einem Text- und Bildband herausgegeben und an alle in Amerika mit Luftschutzfragen befaßten Stellen verteilt.

Leider war es aus Kostengründen nicht möglich, die jetzt zugänglichen britischen und amerikanischen Archivbestände auszuwerten, z. B. das Luftbildarchiv der Universität Keele.

Sehr zu bedauern und dem Wert der vorliegenden Arbeit abträglich ist, daß von folgenden Stellen keine Unterlagen mehr zur Verfügung standen:
Instandsetzungsdienst – mit genaueren Angaben über die durchgeführten Menschenbergungen und technischen Sicherungsarbeiten,
Sanitätsdienst – mit Angaben über Zahl und Versorgung von Verletzten,

Veterinärdienst – mit Angaben über die Behandlung verletzter Tiere,
Havariedienst – mit Angaben z. B. über die Lecksicherung bei Schiffen und die Bergung von Hafeneinrichtungen,
Nationalsozialistische Volkswohlfahrt (NSV), der die Betreuung und erste Versorgung der von Bombenwirkungen betroffenen Bevölkerung oblag
– und schließlich all der Dienststellen und Ämter der Gemeindeverwaltung, angefangen beim Hauptwirtschaftsamt, die in das Luftkriegsgeschehen eingeschaltet waren.

Weiter ausgewertetes Schriftgut ist unter 14.2 »Schrifttum« oder in »Anmerkungen« (Abschnitt 12) aufgeführt.

14.2 SCHRIFTTUM

(1) Aders, G.: Geschichte der deutschen Nachtjagd. Stuttgart 1977
(2) Archiv der Gegenwart, IX. bis XV. Jahrgang (1939–1945). Wien 1962
(3) Baumbach, W.: Zu spät? 2. Aufl. München 1949
(4) Bekker, C.: Augen durch Nacht und Nebel. Oldenburg 1964
(5) Bekker, C.: Angriffshöhe 4000. 3. Aufl. Oldenburg 1964
(6) Bergander, G.: Dresden im Luftkrieg. Köln 1977
(7) Beumelburg, W.: Kampf um Spanien. Oldenburg 1939
(8) Biel, R.: Ein kurzer Rückblick auf den Warn- und Alarmdienst während des letzten Krieges. Ziviler Bevölkerungsschutz 15. (1970), Nr. 9
(9) Bishop, E.: Die Schlacht um England. München 1962
(10) Blackstone, G. V.: A History of the British Fire Service. London 1957
(11) Boberach, H.: Meldungen aus dem Reich. dtv-dokumente Nr. 477, München 1968
(12) Boelcke, W. A.: Wollt ihr den totalen Krieg? dtv-documente Nr. 578, München 1969
(13) Bond, H.: Fire and the Air War. Boston 1946
(14) Brandt, L.: Geschichte der Radartechnik. VDI-Nachrichten Nr. 22 v. 29. 5. 1968, S. 9
(15) Brunswig, H.: Neuere Erfahrungen bei der Bekämpfung von Mineralölbränden. Erdöl und Kohle 2. (1949), S. 193/199
(16) Brunswig, H.: Flächenbrände und Feuerstürme. Z. Forsch. u. Technik i. Brandschutz 1. (1952), Nr. 1, S. 3/12
(17) Brunswig, H.: Brandschutz und Luftschutz. Brandschutz 11. (1957), Nr. 5, S. 94/102
(18) Brunswig, H.: Einsatzerfahrungen des Brandschutzdienstes. 3 Bde, 410

S., 500 Abb. Hamburg 1959.
(19) Brunswig, H.: Carl Metz. Ein Pionier der Organisation, der Technik und der Taktik in der Brandbekämpfung. VDI-Nachrichten Nr. 1 v. 2. 1. 1960
(20) Brunswig, H.: Sturmflut über Hamburg. Brandschutz 17. (1963), Nr. 1 u. 2, S. 2/15, 28/38
(21) Caidin, M.: The Night Hamburg died. New York 1960
(22) Cartier, R.: Der Zweite Weltkrieg. München 1967
(23) Churchill, W.: Der Zweite Weltkrieg. Fünfter Band, Zweites Buch »Von Teheran bis Rom«. Bonn – Stuttgart 1953
(24) Collier, R.: Adlertag. Hamburg 1966
(25) Cooper, B. u. Batchelor, J.: Bomber 1939–1945. Heyne Bildpaperback München
(26) Darsow, H. u.a.: Luftschutzrecht. München - Berlin 1943
(27) Deighton, L.: Bomber. Berlin 1971
(28) Delmer, S.: Die Deutschen und ich. Hamburg 1963
(29) Dieckerhoff, O.: Deutsche Luftschiffe 1914–1918. Selbstverlag 1973
(30) Dokumente über die Alleinschuld Englands am Bombenkrieg gegen die Zivilbevölkerung. Weißbuch des Auswärtigen Amtes, Berlin 1943
(31) Domarus, M.: Der Untergang des alten Würzburg und seine Vorgeschichte. Selbstverlag Wiesentheid 1950
(32) Domarus, M.: Hitler. Reden und Proklamationen 1932–1945. Bd. I und II. Würzburg 1962
(33) Douhet, G.: Luftherrschaft. (Deutsch von R. E. Strunk) Berlin 1935
(34) Dräger, H. u. Stampe, G.: Hinweise für den zivilen Gasschutz. Geheimer Manuskriptdruck Lübeck 1944
(35) Dreckmann, H.: Hamburg nach der Kapitulation. Hamburg 1970
(36) Ebert, Ch. H.: Der Faktor Wetter beim Hamburger Feuersturm. Luftwaffenamt – Fachliche Mitteilungen. Reihe I, Nr. 124 Juli 1966
(37) Faulwasser, J.: Der große Brand und der Wiederaufbau von Hamburg. Hamburg 1892
(38) Feuchter, G. W.: Der Luftkrieg. 3. Aufl. Frankfurt – Bonn 1964
(39) Fischer, J.: Köln '39–'45 – Der Leidensweg einer Stadt. Köln 1970
(40) Galland, A.: Die Ersten und die Letzten. München 1953
(41) German Submarine Industry Report. The United States Strategic Bombing Survey – Munitions Division. Second Edition, January 1947
(42) Girbig, W.: 1000 Tage über Deutschlang. München 1964
(43) Girbig, W.: ». . . Im Anflug auf die Reichshauptstadt . . .« Stuttgart 1970
(44) Goebbels Tagebücher vom 27. 1. 1942 – 9. 12. 1943. Institut für Zeitgeschichte München. Archiv Nr. 1327/54, F 12/1–34

(45) Gräff, S.: Tod im Luftangriff. Hamburg 1948
(46) Grundmann, G. u. Klee-Gobert, R.: Hamburgs Baudenkmale. Hbg. 1951
(47) Hamburg und seine Bauten 1929–1953. Hamburg 1953
(48) Hamburg Field Report. Library of Congress, No. PB 23 359 – LC Washington
(49) Hampe, E.: Der Zivile Luftschutz im Zweiten Weltkrieg. Frankfurt 1963
(50) Harris, A.: Bomber – Offensive. London 1947
(51) Heiber, H.: Hitlers Lagebesprechungen. Stuttgart 1962
(52) Heinsohn, W.: Die Menschenverluste der Hansestadt Hamburg im 2. Weltkrieg. Hamburg in Zahlen 1951, Heft Nr. 26
(53) Herzog, B.: 60 Jahre deutsche U-Boote 1906–1966. München 1968
(54) Hillgruber, A. u. Hümmelchen, G.: Chronik des zweiten Weltkrieges. Frankfurt 1966
(55) Hoch, A.: Der Luftangriff auf Freiburg am 10. Mai 1940. Vierteljahreshefte für Zeitgeschichte. April 1956, S. 115/144, Stuttgart
(56) Hoffmann, K. O.: LN – die Geschichte der Luftnachrichtentruppe 2 Bde. Neckargemünd 1965
(57) Hubatsch, W.: Hitlers Weisungen für die Kriegführung. dtv-documente Nr. 278/79, München 1965
(58) Hütten, H.-J.: Aus der Geschichte des Luftschutzes. Die historische Entwicklung der überörtlichen Luftschutz-Einsatzkräfte. Ziviler Luftschutz 22. (1958), Nr. 12, S. 281/284
(59) Iklé, F. Ch.: The social Impact of Bomb Destruction. University of Oklahoma Press 1958
(60) Irving, D. J.: . . . Und Deutschlands Städte starben nicht! Zürich 1963
(61) Irving, D. J.: Der Untergang Dresdens. ro-ro-Sachbuch Nr. 6607–6608. Gütersloh 1964
(62) Irving, D. J.: Die Tragödie der Deutschen Luftwaffe. 3. Aufl. Berlin 1970
(63) Jacobsen, H.-A.: Dokumente zum Westfeldzug 1940. Göttingen 1960
(64) Jakobsen, H.-A. u. Dollinger, H.: Der Zweite Weltkrieg in Bildern und Dokumenten. 1. Band: Die Blitzkriege 1939/1940, 2. Band: Krieg gegen Großbritannien 1940/1941. München 1968
(65) Kehrl, H.: Krisenmanager im Dritten Reich. Düsseldorf 1973
(66) Kiesel, O. E.: Die unverzagte Stadt. 2. Auflage, Hamburg 1957
(67) Kiesel, O. E.: Der Tod flog Hamburg an! Ein Bericht aus den Tagen der Katastrophe 1943. Hamburger Abendblatt v. 18. 7.-4. 8. 1953
(68) Kirst, H. H.: Keiner kommt davon! Berichte aus den letzten Tagen Europas. München 1957
(69) Klöss, E.: Der Luftkrieg über Deutschland 1939–1945. dtv-documente Nr. 160, München 1963

(70) Klöss, E.: Reden des Führers. Politik und Propaganda Adolf Hitlers. dtv-documente Nr. 436, München 1967
(71) Kludas, A.: Die großen deutschen Passagierschiffe. Oldenburg 1971
(72) Knipfer, K. u. Hampe, E.: Der Zivile Luftschutz. 3. Auflage, Berlin 1937
(73) Koch, H.-A.: Flak – Die Geschichte der Deutschen Flakartillerie und der Einsatz der Luftwaffenhelfer. Bad Nauheim 1965
(74) Kurowski, F.: Der Luftkrieg über Deutschland. Düsseldorf 1977
(75) Lange, C. A.: Der Zeichner und Bildner Fritz Husmann. Hamburg 1955
(76) Lawrence, W. J.: No. 5 Bomber Group R. A. F. (1939–1945). London 1951
(77) v. Lehe, E. u. a.: Heimatchronik der Freien und Hansestadt Hamburg. 2. Auflage, Köln 1967
(78) Lindner, K.: Der Aufbau des Feuerlöschwesens für den Luftschutz. Bericht über die 30. wissenschaftliche Tagung des Reichsvereins Deutscher Feuerwehringenieure in Darmstadt. Berlin 1937
(79) Ludendorff, E.: Der totale Krieg. München 1936
(80) Lüth, E.: Neues Hamburg. Zeugnisse vom Wiederaufbau der Hansestadt. Folge I–VIII, Hamburg 1947–1958
(81) Maack, P.: Die Systematik der Schadensstellen. Baulicher Luftschutz 1942, Heft 5 u. 6
(82) Malaparte, C.: Die Haut. Karlsruhe 1950
(84) Merz, W.: Bombenentwicklung, Blindgänger-Räumung und Langzeit-Zünder-Entschärfung im 2. Weltkrieg. Der Wehrtechniker 2. (1956), Nr. 4/5, S. 18/26 und 3. (1957), Nr. 3/4 und 6/7, S. 6/9 u. 3/6
(85) Merz, W.: Feuerwerker: Namenlose Helden der Bombennächte. Rastatt 1970
(86) Miller, C. F. u. Kerr, J. W.: Field Notes on World War II – German Fire Experience. Stanford Research Institute Menlo Park 1965
(87) Möller, K. D.: Das letzte Kapitel. Geschichte der Kapitulation Hamburgs. Hamburg 1947
(88) Munson, K.: Die Weltkrieg II – Flugzeuge. Stuttgart 1973
(89) Murawski, E.: Der Deutsche Wehrmachtsbericht 1939–1945. Schriften des Bundesarchivs – 9 – Boppard 1962
(90) Nadler, F.: »Ich sah, wie Nürnberg unterging . . .« Nürnberg 1955
(91) Nossak, H.-E.: Der Untergang. Hamburg 1948
(92) O'Brien, T. H.: Civil Defence. London 1955
(93) Osterkamp, Th. u. Bacher, F.: Tragödie der Luftwaffe? Neckargemünd 1971
(94) Ploetz, A. G.: Geschichte des Zweiten Weltkrieges. 2. Auflage, Würzburg 1960

(95) Prager, H.-G.: Blohm + Voss. Schiffe und Maschinen für die Welt. Herford 1977
(96) Price, A.: Luftschlacht über Deutschland. Stuttgart 1974
(97) Raethjen, P.: Zur Morphologie und Dynamik der »lebendigen« Atmosphäre. Naturwissensch. Rundschau 6. (1953), S. 320/326
(98) Revie, A.: . . . War ein verlorener Haufen . . . Die Geschichte des Bomber Command der Royal Air Force 1939–1945. Stuttgart 1974
(99) Richards, D. u. Saunders, H. St. G.: Royal Air Force 1939–1945. 3 Bände, London 1953
(100) Richert, H.: Zusatzbestimmungen des Polizeipräsidenten Hamburg zu den Durchführungsverordnungen und Ausführungsbestimmungen zum Luftschutzgesetz. Hamburg 1939
(101) Robinson, D. H.: The Zeppelin in combat. A History of the German Naval Airship Division 1912–1918. London 1962
(102) Rodenberger, A.: Der Tod von Dresden. Dortmund 1952
(103) Rumpf, H.: Die Aufgaben der Feuerwehr bei der Durchführung von Luftschutzmaßnahmen. Bericht über die 23. Tagung des Reichsvereins Deutscher Feuerwehringenieure in Breslau. Berlin 1928
(104) Rumpf, H.: Brandbomben. Ein Beitrag zum Luftschutzproblem. Berlin 1932
(105) Rumpf, H.: Der hochrote Hahn. Darmstadt 1952
(106) Rumpf, H.: Warum brannte Berlin nicht? Brandschutz 10. (1956), Nr. 6, S. 118/121
(107) Rumpf, H.: Das war der Bombenkrieg. Oldenburg 1961
(108) Schliemann, W.: Der große Brand in Hamburg im Jahre 1842. Feuerschutztechnik 22. (1942), Nr. 5, S. 55/59
(109) Schmidt, P.: Statist auf diplomatischer Bühne 1923–1945. Bonn 1949
(110) Schramm P. E.: Kriegstagebuch des Oberkommandos der Wehrmacht. Band I–IV. Frankfurt 1961–1965
(111) Speer, A.: Erinnerungen. Berlin 1969
(112) Spetzler, E.: Luftkrieg und Menschlichkeit. Die völkerrechtliche Stellung der Zivilpersonen im Luftkrieg. Göttingen 1956
(113) v. Studnitz, H.-G.: Als Berlin brannte. Stuttgart 1963
(114) Study (a detailed) of the Effects of Area Bombing on Hamburg. Library of Congress No. PB 23 350 LC Washington
(115) United States Strategic Bombing Survey – Over all Report. (European War) Washington, September 30. 1945
(116) Verg, E.: Hamburg 1945. 20 Tage zwischen Tod und Leben. Hbg. 1975
(117) Verrier, A.: Bomberoffensive gegen Deutschland 1939–1945. Frankfurt 1970

(118) Völker, K.-H.: Die deutsche Luftwaffe 1933–1945. Stuttgart 1967
(119) Völker, K. H.: Die deutsche Heimaltluftverteidigung im Zweiten Weltkrieg. Wehrwissenschaftliche Rundschau 16. (1966), S. 87/111 und 158/171
(120) Völker, K.-H.: Dokumente und Dokumentarfotos zur Geschichte der deutschen Luftwaffe. Stuttgart 1968
(121) Wagenführ, R.: Die deutsche Industrie im Kriege 1939–1945. 2. Auflage, Berlin 1963
(122) Webster, Ch. u. Frankland, N.: The Strategic Air Offensive against Germany 1939–1945. 4 Bände, London 1961
(123) Werner, F.: Das Gesicht der Hansestadt Hamburg im Wandel der Jahre 1939–1945. Hamburg 1945
(124) Wiese, O.: Ortung von Bombenblindgängern mit Hilfe von Luftbildern. Mitteilungsblatt des Vermessungsamtes Hamburg. Nr. 37, April 1963, S. 25/29
(125) Wirth, F. u. Muntsch, O.: Die Gefahren der Luft und ihre Bekämpfung. 3. Auflage, Berlin 1940
(126) Zaps, O.: Aufgaben der Feuerwehr beim Luftangriff auf Städte. Feuerpolizei 35. (1933), S. 167
(127) Zaps, O.: Großversuche zum Ablöschen von Mineralölen mit Wasser, Luftschaum und chemischem Schaum im August/September 1936 in Hamburg. Feuerpolizei 38. (1936), S. 223

15. *Namen- und Stichwortverzeichnis*

Weitere Bücher zur Zeitgeschichte

Hans von Ahlfen
Der Kampf um Schlesien
Diese Dokumentation nach Augenzeugenberichten beleuchtet den gesamten Ablauf der schweren Kämpfe bis zum endgültigen Zusammenbruch.
248 Seiten, 42 Bilder, 8 Karten
Bestell-Nr. 10480 **€ 22,–**

Werner Girbig
Start im Morgengrauen
Das Buch vom Untergang der Jagdwaffe im Westen 1944/1945 als Sonderausgabe. Im Mittelpunkt steht das Unternehmen »Bodenplatte« vom 1. Januar 1945.
282 Seiten, 109 Bilder
Bestell-Nr. 01292 **€ 16,–**

Heinrich Haape
Endstation Moskau 1941/42
Das erste Jahr des Rußlandfeldzuges aus der Sicht des Bataillonsarztes Dr. Heinrich Haape.
376 Seiten, 56 Bilder, 2 Karten
Bestell-Nr. 10733 **€ 16,–**

Kurt Dieckert/Horst Großmann
Der Kampf um Ostpreußen
Kapitulation in Ostpreußen. Die Autoren waren Zeugen der verlustreichen Kämpfe.
232 Seiten, 48 Bilder
Bestell-Nr. 10436 **€ 16,–**

Werner Girbig
Im Anflug auf die Reichshauptstadt
Berlin gilt neben Dresden als die meistzerstörte deutsche Stadt des Krieges
248 Seiten, 38 Bilder, 12 Zeichnungen
Bestell-Nr. 10172 **€ 12,–**

Werner Girbig
Die Luftoffensive gegen die deutsche Treibstoffindustrie und der Abwehreinsatz 1944–1945
224 Seiten, 50 Bilder
Bestell-Nr. 02360 **€ 14,90**

IHR VERLAG FÜR ZEITGESCHICHTE

Motor buch Verlag

Postfach 10 37 43 · 70032 Stuttgart
Tel. (07 11) 2108065 · Fax (07 11) 2108070

Stand Juli 2003 – Änderungen in Preis und Lieferfähigkeit vorbehalten

Weitere Bücher zur Zeitgeschichte

Otto Lasch
So fiel Königsberg
Diese Spezialausgabe ist der Bericht über die verlustreichen Kämpfe um die Hauptstadt Ostpreußens, eingebettet in die militärische Großlage im Frühjahr 1945. Er stammt aus der Feder eines unmittelbar beteiligten Zeitzeugen.
144 Seiten, 19 Bilder, 8 Karten
Bestell-Nr. 02207 € 12,–

Eberhard Möller
Enzyklopädie deutscher U-Boote
Alle deutschen U-Boote seit 1904.
300 Seiten, 240 Bilder
Bestell-Nr. 02245 € 34,90

Holger Nauroth
Schlachtkreuzer Scharnhorst und Gneisenau
Die »eisernen Schwestern«.
256 Seiten, 404 Bilder
Bestell-Nr. 02200 € 26,–

Alexander McKee
Der Untergang der Heeresgruppe Rommel
Der Kampf in der Normandie.
292 Seiten, 90 Bilder
Bestell-Nr. 01094 € 16,–

Mike J. Whitely
Deutsche Kreuzer im Zweiten Weltkrieg
Die Geschichte jedes Schiffes.
212 Seiten, 142 Bilder, 35 Zeichn.
Bestell-Nr. 01207 € 22,–

Werner Niehaus
1945 - Entscheidung zwischen Rhein und Weser
Ein Mosaik des Untergangs.
240 Seiten, 263 Bilder, 3 Zeichn., 22 Karten
Bestell-Nr. 10862 € 16,–

IHR VERLAG FÜR ZEITGESCHICHTE

Postfach 10 37 43 · 70032 Stuttgart
Tel. (07 11) 2108065 · Fax (07 11) 2108070

Motor buch Verlag